Russian
for
Everybody

Textbook

Русский язык для всех

Учебник

Под редакцией
В. Костомарова

Москва
Русский язык
1984

Russian
for
Everybody
Textbook

Edited by
V. Kostomarov

Moscow
Russky Yazyk
1984

ББК 81 2Р-96
Р 89

E. M. Stepanova, Z. N. Ievleva,
L. B. Trushina, R. L. Baker

Adaptation by *Robert L. Baker*
Middlebury College

Елена Михайловна Степанова,
Зинаида Николаевна Иевлева,
Людмила Борисовна Трушина,
Роберт Бейкер

РУССКИЙ ЯЗЫК ДЛЯ ВСЕХ
Учебник
(для говорящих на английском языке)

Зав. редакцией *Н. П. Спирина*
Редакторы *И. Н. Малахова, С. Н. Власова*
Редактор английского текста *Е. Г. Коненкин*
Художник *В. Г. Алексеев*
Переплет художника *А. С. Дзуцева*
Художественный редактор *З. Ю. Буттаев*
Технический редактор *В. Ф. Андреенкова*
Корректоры *М. С. Карелина, М. А. Лупанова*

ИБ № 1985

Сдано в набор 15.09.83. Подписано в печать 11.07.84. Формат
70 x 90 $^1/_{16}$. Бумага офсетная № 1. Гарнитура тип таймс. Печать
офсетная. Усл. печ. л. 36,27. Усл. кр.-отт. 72,83. Уч.-изд. л. 36,51.
Тираж 12 600 экз. Заказ № 592. Цена 2 р. 27 к. Издательство
„Русский язык". 103012, Москва, Старопанский пер., 1/5.

Можайский полиграфкомбинат Союзполиграфпрома при Государст-
венном комитете СССР по делам издательств, полиграфии и книж-
ной торговли. 143200, г. Можайск, ул. Мира, 93.

Р $\frac{4602010000-167}{015(01)-84}$ 66—84

Preface

This textbook is an adaptation by an American teacher of a set of teaching materials prepared in Moscow by a team of Soviet specialists at the Pushkin Russian Language Institute. The American adapter has worked closely with members of the original team of authors to assure pedagogical effectiveness and adherence to current norms of standard conversational Russian in the Soviet Union.

It is expected that most students will use this textbook in an organized course under the supervision of a teacher, but the materials should be effective also for use by an individual outside of a formal course, particularly if used in conjunction with the supplementary materials available.

It is also expected that college or university courses meeting three hours per week should be able to cover the textbook in one academic year, while high schools will probably find that the materials can be comfortably covered in two years of study. The availability of a language laboratory for use by the students at least one hour per week will greatly enhance their active control of the material, particularly in the areas of listening comprehension and speaking.

This textbook of Russian is based entirely on the norms of *contemporary conversational* literary Russian in the Soviet Union and upon the principles of the communicative competence approach. The advantages of learning first the conversational language cannot be underestimated. Students who have mastered the elements of the conversational language, including pronunciation and intonation, can easily master the additional elements necessary for mastery of the written literary language. However, students who have learned first the more bookish literary norms very seldom make the transition to a natural use of the conversational language.

Although the teacher may wish to emphasize the acquisition of certain language skills over others in keeping with local circumstances or student interest, the aim of this textbook is a harmonious development of all four language skills: listening comprehension, speaking, reading, and writing. Based upon the results of use of these materials in field testing, the authors are confident in asserting that a conscientious mastery of this textbook and the supplementary booklet *Давайте поговорим и почитаем*, together with the recorded supplement, can produce results in all four language skills previously attained often in two years of college instruction. After mastering these materials the student can be expected to speak Russian comfortably and without offending the ears of native speakers on a broad range of everyday and cultural topics, in both monologic and dialogic speech situations, using the language in a natural sounding fashion (including the use of particles, suitable word order, elliptical sentences, etc.); to write Russian correctly on the same range of topics; to read texts of intermediate difficulty; and to have a firm foundation for further study of Russian, either in formal classes or individually. Those who are interested in Russian principally as a tool for reading in other disciplines should be able to undertake reading in their own fields of interest with the help of a dictionary.

In adapting the materials for American academic use, the textbook has been reduced to 30 lessons and six review lessons (one following each five lessons). We have, however, included four supplementary lessons at the end for schools with more than three contact hours per week. These lessons contain no new grammar essential for conversational use.

The grammar content of these lessons will, however, be necessary for *reading* texts in the written literary language. In cases where only the basic lessons are covered in a formal course, those students who will not be taking further courses but who wish to read Russian, should be able to cover these lessons independently.

This course covers practically all major morphological paradigms and syntactic patterns, including the role of word order in Russian. At the end of the course the student will also have a good understanding of Russian word formation and derivation to serve as a foundation for the acquisition of further vocabulary.

The version for English-speaking students stresses those morphological and syntactic features which many years of experience have shown to be most troublesome for such students. Although new grammatical material is first presented in a manner to allow for an inductive assimilation by the observant student, linguistically sound explanations fully adequate for this level of instruction are given throughout. A previous knowledge of grammatical or linguistic terminology is not required, since each new concept is explained in an easily understandable fashion upon its first occurrence. Students who master the material of this textbook should be able to avoid some of the mistakes of Russian made by many Americans who have been studying the language for a number of years but who did not have the proper foundation laid in the beginning.

The lexical units intended for active mastery total about 1,200. By "lexical units" we refer not to a simple count of words, but to each item which requires memorization, including set expressions with words which are also known individually. In this total each member of imperfective / perfective aspect pairs is counted individually, as are masculine / feminine pairs such as the words referring to professions. The total number of words is closer to 800. In addition 120 words are presented in the four supplementary lessons, as well as a few words which occur only for passive recognition. About 200 of the words in the textbook can be considered international, so that their memorization will be simplified.

While almost all of the words intended for active mastery are high-frequency items, a few words of lower frequency are included for the purpose of making a particular lesson more interesting. While these words will recur in later lessons in materials requiring only passive recognition, they will not be used in exercises requiring active recall within a few lessons after their original occurrence.

Many of the morphological and syntactic patterns of the language are introduced first as lexical items or as conversational patterns, so that their assimilation is made easier when these matters are treated formally. In addition, the material is presented in a cyclical fashion, in which the lexical items and constructions are presented over a number of lessons, and then are carefully reintroduced from time to time to help students remember them. A conscious attempt has been made to insure that all really important words recur with sufficient frequency to keep them fresh in the student's mind.

The textbook contains an introductory section: "Preliminary Lessons on the Russian Sound System and Handwriting", five lessons which introduce the sound system one element at a time, stressing those points at which the Russian system differs from that of English. Utilizing a phonetic transcription paralleled by the Russian symbols, these lessons provide for a gradual introduction to the sound system and at the same time an opportunity to assimilate the Russian symbols in an easy and painless manner. These lessons also contain an introduction to the Russian system of handwritten symbols, always delaying the latter until after the sounds themselves are mastered. It should be possible to cover each these five lessons in one class session.

Conscientious attention during these preliminary lessons will pay dividends later in the correctness of pronunciation and intonation and in the ease with which students will recognize the written symbols and reproduce them in writing. Each of these five lessons does contain a number of meaningful utterances and short dialogs which can be used immediately in the classroom in real communication.

The lessons of the textbook proper are characterized by a common format:

1. The basic grammatical constructions treated in the lesson are presented in a box at the top of the first page of the lesson, almost always using already familiar vocabulary. The relevant grammatical constructions are printed in bold-face type.

2. Following this there are brief phonetics and intonation drills which review the points of the Russian sound system known to be most troublesome for Americans. Almost all of the words used in these drills are already known actively by the student.

3. The new grammatical structures of the lesson are presented as simply and as graphically as possible, by means of pictures, model sentences, etc. Whenever possible these presentations are based on familiar vocabulary. The relevant structures are presented in bold-face type.

4. Some of the new vocabulary is presented by means of pictures, model sentences, etc., which should make the meaning clear without glossing. Each new word is, however, printed at the bottom of the page on which it first occurs, accompanied by an English gloss in most cases. Words are not glossed, however, in the case of readily recognizable cognates; and whenever possible words are glossed by means of a reference to a familiar Russian word (a synonym, antonym, or the related member of an imperfective / perfective aspect pair).

5. The new grammatical constructions are presented one by one, first by means of model sentences or tables, then in explanations and rules. There follow exercises designed to lead to mastery of the particular grammar item involved. The order of presentation of grammatical items does not always correspond to their relative importance. In some cases this order is dictated by methodological considerations: it provides for a gradual build-up from simpler elements to more complex ones.

6. Notes on the use of individual words—a section which provides special instructions on the proper use of individual words or explanations of their cultural content.

7. The basic text of the lesson (generally a narrative text, but sometimes involving a dialog). This text stresses the new grammatical and lexical items of the lesson. The topics of these texts acquaint the student with the life of Soviet people and traditions and customs.

8. Dialogs, based on the grammatical and lexical items of the lesson and aimed at leading to natural use of these items in conversational contexts.

9. Additional exercises based on the speech patterns which occur in the dialogs and on the use of individual words and set expressions.

10. Exercises aimed at allowing the student to use the newly learned words and structures in talking about himself, his family, his work, his studies, etc.

11. Word study—a section aimed at helping the student to see the relationships between Russian words and English words or between more than one Russian word. This section should help the student in memorizing new words and in recognizing them in the future when they contain familiar roots or derivational models.

12. A word list containing all of the new words and set expressions encountered in the lesson, presented without English glosses, for use as a check-list or reminder in reviewing the contents of the lesson.

Following each five lessons there is a review lesson, which summarizes the grammatical content of the relevant lessons and gives review exercises.

The appendices contain grammatical tables with the paradigms of the basic declension and conjugation patterns and a reference list of nùmerals; a complete Russian-English vocabulary, containing all words presented in the textbook; and an English-Russian vocabulary, containing only those words presented for active mastery; an index of grammar topics treated.

In addition to the basic textbook, the following supplemental components are available:

1. The recorded supplement, containing the phonetics drills in the introductory lessons and in the lessons of the basic textbook as well as the dialogs of each lesson.
2. The workbook containing the worksheets used in the listening comprehension tests provided in the recorded supplement, the written exercises of each lesson, covering the new grammar structures and most of the new vocabulary. In addition to fill-the-blanks and transformation drills, English-Russian translations are included. These drills should be used only after the contents of the lesson have been mastered orally.
3. The booklet containing additional materials to aid in the development of spoken Russian and reading (*Давайте поговорим и почитаем!*). This booklet is recommended particularly for use in programs with more than three contact hours per week.
4. The teacher's manual, containing methodological suggestions, keys to the exercises and oral drills (which do not duplicate those printed in the textbook) to aid in mastering the grammatical and lexical content of the lesson. Also included are brief listening comprehension tests, which allow students to check on their own mastery of the material. There are sometimes additional explanations.

The authors and editors would be grateful for any criticisms or suggestions, which may be sent to the American co-author or to the following address: *СССР 103012, Москва, Центр, Старопанский пер., 1/5, Издательство «Русский язык».*

Robert L. Baker
Middlebury College
Middlebury, Vermont 05753

Table of contents

Preliminary Lessons
on the Russian Sound System
and Handwriting

LESSON I

INTRODUCTION TO THE RUSSIAN SOUND SYSTEM

The purpose of these preliminary lessons is to introduce you to the sound system of Russian and to the corresponding letters. Some of the items used for pronunciation practice will be isolated syllables or words whose meaning is of no immediate relevance, but each preliminary lesson contains certain complete sentences which you will be expected to memorize and use actively in the classroom. Usually no comment will be made concerning the grammatical forms used and you should simply learn them in the form given you, striving to imitate as closely as possible the recorded materials or your teacher.

You must always keep in mind the importance of the *spoken* models presented. While descriptions, transcriptions and diagrams may be of some help, you should rely mainly on the spoken model in your attempts to approximate the sound patterns of Russian.

Remember always that at the early stage of instruction it is the *sounds* of the language that are our primary concern, not the written forms, which are a secondary and imperfect system of representing speech. While Russian spelling is more regular than that of English, there are places where it does not represent the sound system accurately. Strive always for good pronunciation, and don't let the written forms mislead you!

During the preliminary lessons you will be introduced to the Russian letters accompanied by an approximate English transcription. Remember that in such a transcription a symbol always stands for the same sound, while in the regular spelling of English, one symbol may represent many different sounds and different sounds may be represented by one symbol. If you observe the correspondences between the transcription and the Russian letters, you should find yourself able to read the Russian letters by the end of any given lesson—without even trying to learn the alphabet as such! But remember that at present the main objective is correct pronunciation. (You are *not* to learn the transcription for active use, and you should not practice writing it at any time.)

Although it is generally thought that for most people past the age of 10 or 12 natural maturation processes and subtle psychological factors make it difficult to master the pronunciation of a foreign language, experience has shown that with suitable materials it *is* possible for adults to learn to speak Russian with excellent accent. If you hope to attain such a goal, however, it will be necessary for you to learn to be uninhibited in class and to practice conscious exaggeration, particularly during the early lessons. Don't worry about feeling uncomfortable—remember that everyone in class feels the same way. And it's worthwhile feeling a bit silly now in order to avoid possible cultural misunderstandings later. And remember that it's not too hard to achieve good pronunciation if you are attentive at the very beginning, and almost impossible to correct poor pronunciation once bad habits have been formed.

I. Слушайте!   *Listen!*

(Do not try to produce these utterances yet! Just listen carefully to the Russian sounds.)

[étə‿dóm] *This/That's a house.*
Это дом.

[étə‿ón] *This/That's it.*
Это он.

[ón‿tám] *It's (over) there.*
Он там.

[étə‿mámə] *This/That's Mama.*
Это мáма.

[étə aná] *This / That's she.*
Это она.

[ón tám] *He's (over) there.*
Он там.

[étə pápə] *This / That's Papa.*
Это папа.

[mámə dómə] *Mama's at home.*
Мама дома.

[étə ón] *This / That's he.*
Это он.

[aná dómə] *She's at home.*
Она дома.

[étə áñə] *This / That's Anna.*
Это Анна.

[a pápə tám] *But Papa's (over) there.*
А папа там.

[aná tút] *She's here.*
Она тут.

[áñə tút] *Anna's here.*
Анна тут.

[étə antón] *This / That's Anton.*
Это Антон.

[a antón tám] *But Anton's (over) there.*
А Антон там.

A. The Russian Accented Vowels [á], [ú], [ó], [é]

Russian accented vowels sound much richer and fuller than their English equivalents. This is because Russian is spoken much more vigorously than is English—there is greater muscular tension throughout the organs used in speech production: the lips, cheeks, jaw, and muscles of the throat are used much more vigorously.

I. Слу́шайте! *Listen!*

[ma ... am ... mú ... úm ... mó ... óm ... mú-mó ... úm-óm]
ма ... ам ... му ... ум ... мо ... ом ... му-мо ... ум-ом

Listen now to the following contrasts between the Russian vowel sounds and their closest English equivalents. Note the greater richness and sonority of the Russian sounds. →[1]

II. Слу́шайте! *Listen!*

| [má] ма Mama | [ám] ам prom | [mú] му moon | [úm] ум room |

This same rich, full-voiced quality also characterizes all Russian *voiced* consonants, including the [m] in the above examples. Voiced consonants are those in whose production the vocal cords vibrate. In Russian the vocal cords vibrate vigorously throughout the entire length of the consonant, while in English there is a tendency for the vocal cords to vibrate only during the latter part of the consonant. In order to become aware of the vibrations of the vocal cords, place your fingers over the voice box area in the front part of the neck or close each ear with a finger. Do not open your lips until you can feel the buzzing of the vocal cords! In order to achieve the required tension in the Russian accented vowels and in the voiced consonants, you will need to exaggerate consciously at the beginning.

The accented Russian vowel [á] is similar to the first vowel sound in the word '*father*', but the mouth is somewhat more open. To produce the sound properly, place the tip of the tongue on the back of the lower teeth.

Note that Russian vowel sounds are joined to consonant sounds smoothly, with no jerkiness and no catch in the throat. This is true also of the beginning of words whose first sound is a vowel. The onset is smooth, without the catch in the throat which exists in some languages you may have studied.

Now practice the following syllables until you become aware of the tension in the vocal

---

[1] The symbol → indicates a listening comprehension drill in the supplementary recorded materials. The answer sheets for these drills are in the workbook.

system and the vibration of the vocal cords. Remember not to open the lips until you feel the buzzing of the vocal cords.

III. *Слушайте и повторяйте!* *Listen and repeat!*

[má.. ám.. má.. ám.. má.. ám]
ма   ам.. ма... ам... ма... ам

Russian accented vowels retain their purity throughout the length of the sound (and except in very emotional speech tend to be somewhat shorter than English accented vowels). English accented vowels are drawn out and change quality during the vowel, becoming diphthongs. A Russian will usually hear the accented vowel in '*home*' as two sounds, [o] + [u]. Listen to the following contrasts between the Russian pure vowel sounds and their closest English equivalents:

IV. *Слушайте!* *Listen!* →

[má] mob   [mó] mode   [óm] home   [ˈétə] bed
ма   мо   ом   это

In order to keep the quality of the vowel pure, make certain that your tongue and lower jaw are held tense and do not move during the sound. Listen again to the accented Russian vowels [ú] and [ó].

V. *Слушайте!* *Listen!*

[mú.. úm.. mó.. óm]
му... ум... мо.. ом

These two vowels are pronounced with a great deal more lip-rounding than are the corresponding English sounds. The vowel [ú] is pronounced somewhat like the vowel in '*school*', but the lips are strongly protruded—you should be able to see your own lips. The back part of the tongue is raised farther towards the back of the mouth than is the case in English. →

VI. *Слушайте и повторяйте!* *Listen and repeat!*

[mú... úm... mú... úm... mú... úm]
му... ум... му... ум... му... ум

The accented vowel [ó] is pronounced somewhat like the vowel in '*saw*', but the lips are rounded and protruded more than in English. The lips are more rounded at the very beginning of the sound, giving it a *very slight* w-like on-glide, but this must not be exaggerated to the extent that it becomes a separate element. This is the Russian vowel which speakers of English tend most to diphthongize by giving it an off-glide. Remember to keep the sound pure by keeping the tongue and lower jaw tense and motionless!

VII. *Слушайте и повторяйте!* *Listen and repeat!*

[mó... óm... mó... óm... mó... óm ... mú-má.. úm-óm]
мо... ом... мо... ом... мо... ом ... му-мо... ум-ом

The Russian accented [é] is very similar to the vowel in '*let*', but the tongue is slightly farther back in the mouth and the student must strive for greater tension and purity than in the English vowel. In the pronunciation of this vowel the lips are neutral, and are not rounded as in the two preceding vowels.

VIII. *Слушайте и повторяйте!* *Listen and repeat!*

[ém.. ém.. ém]
эм... эм... эм

B. The Bilabial Stop Consonants [p] and [b]

(Stop consonants are those in whose production the air stream is stopped off entirely for a moment and then released. Bilabial consonants are those which are articulated by the two lips.)

13

I. Слу́шайте! *Listen!*

[пу́... ип́... по́... ор́... па́... ап́]
пу... уп... по... оп... па... ап

The Russian voiceless consonant [p] is similar to the corresponding English sound, but does not have the relatively strong aspiration which the English sound usually has at the beginning of words. Listen to the following Russian word and its English equivalent to see if you can hear the little puff of empty air which accompanies the opening of the lips in English:

II. Слу́шайте! *Listen!*

[па́рэ] Papa
па́па

At first it may be difficult to avoid this explosive type of pronunciation, since you are probably not aware of it in your native speech. In order to avoid aspiration: (1) Lessen the strength of the air stream from the lungs. Use good, deep breathing from the diaphragm, but don't push the air stream too hard. (2) Pay more attention to the quality of the vowel sound than to the consonant, striving for vigor and fullness in the following *vowel*; try to eliminate the little puff of empty air. Now practice the following syllables, striving to make the vowels as full and rich as you can: →

III. Слу́шайте и повторя́йте! *Listen and repeat!*

[пу́... по́... па́... пу́-по́]
пу... по... па... пу-по

At the end of words in English one can just close the lips, without letting the stream of air escape for the [p]. In Russian the [p] must be released at the end of words. Compare the following Russian syllable with an English word, which will be pronounced twice, first with the final consonant unreleased, then with the consonant released:

IV. Слу́шайте! *Listen!*

[ап́]   sto(p)   stop
ап

The voiced equivalent of [p] is [b]. Remember the importance of having the vocal cords vibrate vigorously throughout the length of the sound—otherwise Russians will be unable to distinguish between [p] and [b] in your speech. Many speakers of English pronounce only semi-voiced consonants, with the vocal cords beginning to vibrate only in the middle of the sound. For Americans the real difference is not between voiced and voiceless consonants, but between *lax* and *tense* pronunciation, with tense consonants being pronounced with aspiration at the beginning of words. Unconsciously we hear aspiration, but we think we hear a voiced-voiceless contrast. If '*poison curls*' is pronounced without the usual aspiration, most Americans will think they hear '*boys and girls*'. →

V. Слу́шайте! *Listen!*

[пу́-бу́... по́-бо́... па́-ба́... бу́... бо́... ба́]
пу-бу... по-бо... па-ба... бу... бо... ба

Now pronounce these syllables, remembering to increase the tension in the throat without at the same time increasing the strength of the air stream. Don't open your lips until the vocal cords are vibrating.

VI. Слу́шайте и повторя́йте V! *Listen and repeat V!*

C. The Russian Dental Consonants [n], [t], [d]

(Dental consonants are those pronounced with the tongue touching the teeth.)

14

I. Слу́шайте! Listen!

[ná... án... nú... ún... nó... ón... nám]
на... ан... ну... ун... но... он... нам

The Russian dental consonants differ from the corresponding English sounds in that the Russian sounds are pronounced by the tongue against the upper teeth, while the English sounds are produced against the alveolar ridge, the ridge of flesh just behind the upper teeth. To produce the Russian sounds properly, place the tip of the tongue against the *lower* teeth and the *blade* of the tongue (the portion just behind the tip) *firmly* against the back of the upper teeth; the middle and back portions of the tongue must remain low. The area of contact of the blade of the tongue with the upper teeth is not large, but it must be very firm. Now practice these items, remembering proper tongue placement and striving for full voicing in both vowels and consonants.

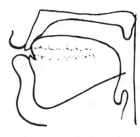

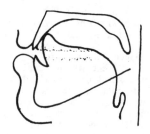

Russian [t]   English [t]

II. Слу́шайте и повторя́йте I! Listen and repeat I!

The dental stop consonants [t] and [d] are pronounced with the tongue in the same position as the Russian [n]. In pronouncing [t] at the beginning of words, remember to avoid aspiration by paying attention to the following vowel sound. At the end of words remember always to release the [t]. When pronouncing [d] remember the need for full voicing from the very beginning of the sound. →

III. Слу́шайте и повторя́йте! Listen and repeat!

[tá ... tú ... tó ... át ... út ... ót ... tám ... tóm ... tút ... tót]
та... ту... то... ат... ут... от... там ... том ... тут... тот

[tá-dá ... tú-dú ... tó-dó ... tám-dám ... tóm-dóm... dám ... dóm]
та-да... ту-ду... то-до... там-дам... том-дом... дам ... дом

D. The Russian Stress Pattern, Accented vs. Unaccented Vowels

In both English and Russian the quality of vowel sounds depends on the presence or absence of accent or stress on the vowel. Accent or stress refers to the system of relative strength of syllables in a language. Compare the quality of the vowel sounds in the accented and unaccented syllables of the following Russian word and its English equivalent:

I. Слу́шайте! Listen!

[má mə]   Máma
ма́ма

Both English and Russian have strong stress, but in English the stressed syllable is marked more by length than by tension and vigor.

The two languages also have different ways of distributing the speech energy over the length of a word. English words of three or more syllables usually have three levels of stress: main

15

stress, secondary stress, and unaccented syllables. The secondary stress will be found at least two syllables away from the main stress. In Russian all of the stress energy is concentrated on one syllable of the word. The energy builds up very rapidly just before the stressed syllable, and falls off even more rapidly after the stress. Compare the following English word and its Russian equivalent to observe this difference:

II. Слу́шайте!   Listen!

auditórium

[au̯d'itór'iyə]

Note that in the English word the second-strongest syllable is two syllables away from the main stress, while in the Russian word the second-strongest syllable is the one immediately before the stressed syllable. This is due to the fact that it shares slightly in the build-up of energy on the main syllable.

In materials printed for native speakers accents are not marked. In materials for teaching Russian to foreigners, however, accents are generally marked in words of two or more syllables: Анто́н до́ма. Accents are generally not marked on capitalized letters: Анна [áñə][1]. Keep in mind, however, that these markings refer only to relative stress within a word. Within a sentence a more complex system exists, with some one word usually being heavily stressed, while other words which are stressed when pronounced in isolation will be basically unstressed in the over-all sentence stress distribution. In neither English nor Russian do we "read" all of the blank spaces as pauses—rather we pronounce whole phrases as units, with strong and weak words within the larger units.

In Russian the stress may occur on any one syllable, and within the forms of a particular word may shift its position. The stress is an integral part of the word itself—it may differentiate between words or between various forms of a single word. The stress must be learned when the word is learned—the best way to do this is to let your *ear* do the learning for you, don't make it an intellectual process.

Unstressed vowels are, in general, shorter and less tense than the corresponding accented vowels. Lack of stress has relatively little effect on the vowel [u], the unaccented variant being simply less tense and full-sounding.

III. Слу́шайте! Listen!

[tút-tudá]

тут-туда́

Lack of stress has more effect on the vowel [a]. In the syllable just before the main stress of the word (the second-strongest syllable) the sound will be somewhat less tense and full-sounding, similar to the vowel in 'but'. In other unaccented syllables the vowel becomes even more lax and is similar to the sound at the end of 'Papa'. In this course the unaccented variant of [a] which occurs in the syllable just before the accented vowel will be indicated by [a] (that is, the same symbol as used for the accented vowel, minus the accent mark). The variant occurring in other unaccented syllables will be indicated by the symbol [ə].

Lack of stress has an even greater influence on the vowel [o]—in fact this vowel *sound* does not occur as a rule in unaccented syllables, although it is often *written* in such syllables. Instead of [o] there will appear in unaccented syllables the same two varieties of unaccented vowel sound that were described in the discussion of unaccented [a] above.

Always keep in mind the pattern of energy distribution in the word, as diagrammed above. If you keep this constantly in mind, you will not need to worry about the relative values of the unaccented vowels—the pattern of energy build-up and drop-off will take care of this for you. (Failure to pay proper attention to the dynamics of the stress system is one of the greatest mistakes Americans make when speaking Russian, but it can be easily mastered if practiced conscientiously at the very beginning.)

---

[1] A horizontal bar above a symbol indicates length. In this case the tongue is kept in contact with the teeth for a moment during the pronunciation of [ñ].

16

IV. Слу́шайте! Listen!

[ón-aná... ón-anó... tóm-tamá... dóm-damá... tút-tudá]
он-она́... он-оно́... том-тома́.. дом-дома́ ... тут-туда́

[mámə... pápə ... áп̄ə ... dómə... étə ... étət ... aná... antón]
ма́ма... па́па ... А́нна ... до́ма... э́то ... э́тот... она́... Анто́н

V. Слу́шайте и повторя́йте IV! Listen and repeat IV!

E. The Intonation of Russian Declarative Sentences — Intonation Contour 1 (IC-1)

Intonation refers to the melody of a sentence, the meaningful rises and falls in voice pitch. In both English and Russian a falling intonation contour is an indication of completeness of expression. In both languages statements which are pronounced without any special emotional overtones are characterized by falling tone, but there is an important difference in the way this fall takes place in the two languages.

In normal friendly speech in English there is usually a rise above normal pitch level on the strongest syllable of the sentence, followed by a drop to a low pitch:

I can't see from here.

If the strong accent of the sentence is on the very last syllable, the rise and fall of tone occur within the one syllable, which is drawn out even more than is usual for accented vowels:

John's going home.

To native speakers of Russian this rise in tone before the drop makes the sentence sound non-neutral, and they will understand the sentence as having some special emotional connotation.

In speaking of intonation, "low pitch", "mid pitch", and "high pitch" are to be understood in relative terms. Each speaker has a normal level of "mid pitch", which is used in non-emotional speech, and it is in contrast with this level that low pitch and high pitch are perceived within the speech of that particular speaker.

The Russian non-emotional (neutral) declarative sentence intonation contour consists of a more or less sharp fall in pitch on the accented syllable of the most important word of the sentence (the word which conveys the most important new information). Note that the fall is confined within one syllable, and the vowel of that syllable will be lengthened *slightly*. All syllables preceding the strong accent will be at the speaker's mid level.

I. Слу́шайте! Listen!

Э́то до́м.
[étə ‿dóm]

If there are any syllables following the fall in pitch, they must remain at a low level.

II. Слу́шайте! Listen!

Э́то ма́ма.
[étə ‿mámə]

The fall in tone may be more or less sharp, but in Russian this makes no difference in the meaning or "tone" conveyed. To an American an abrupt fall in tone may seem to indicate gruffness or indifference which is not intended by the Russian. It turns out, therefore, that what is neutral in English is non-neutral in Russian, and vice versa. It is important for the student to strive to imitate the correct Russian intonation as closely as possible. It is precisely in matters

2—592

of intonation that inter-cultural misunderstandings can easily occur—even if the message gets across, the receiver of the message may misinterpret the feelings and attitudes of the speaker.

In these preliminary lessons the type of intonation contour will be indicated by a small superscript number, which will replace the accent mark for that word.

In the following exercise note that all of the sentences are read smoothly, and with no pauses between words (the symbol ‿ will be used to remind you to join words in one smooth utterance). Note also that when two vowels come together on the borderline between words, they are joined smoothly and with no catch in the throat to separate them.

III. Слушайте! Listen!

[étə ‿ dóm] *This/That's a house.*
Э́то   дом.

[étə ‿ antón] *This/That's Anton.*
Э́то   Антóн.

[étə ‿ ón] *This/That's it.*
Э́то   он.

[on ‿ tám] *He's (over) there.*
Он   там.

[on ‿ tám] *It's (over) there.*
Он   там.

[étə ‿ mámə] *This/That's Mama.*
Э́то   мáма.

[étə ‿ aná] *This/That's she.*
Э́то   онá.

[mámə ‿ dómə] *Mama's at home.*
Мáма   дóма.

[étə ‿ pápə] *This/That's Papa.*
Э́то   пáпа.

[aná ‿ dómə] *She's at home.*
Онá   дóма.

[étə ‿ ón] *This/That's he.*
Э́то   он.

[a ‿ pápə ‿ tám] *But Papa's (over) there.*
А   пáпа   там.

[étə ‿ áпə] *This/That's Anna.*
Э́то   А́нна.

[áпə ‿ tút] *Anna's here.*
А́нна   тут.

[aná ‿ tút] *She's here.*
Онá   тут.

[a ‿ antón ‿ tám] *But Anton's (over) there.*
А   Антóн   там.

Now practice these sentences several times. Learn them by heart. →

IV. Слушайте и повторяйте III! Listen and repeat III! →

After you have mastered the sounds and intonation patterns of the lesson, practice reading the following exercise, in which the transcription has been omitted.

V. Читáйте! Read!

бу ... бо ... ба
ну ... но ... нам ... нáдо ... дан ... онó
том ... тот ... потóм ... тудá ... том-томá ... тут-тудá
да ... дам ... дáма ... данá ... том-дом ... там-дам
Э́то пáпа. Э́то он. Он тут.
Э́то мáма. Э́то онá. Онá там.
Э́то дом. Э́то он. Он там.
Э́то Антóн. Э́то он. Он дóма.

18

Э́то А́нна. Э́то она́. Она́ ту́т.

Ма́ма до́ма. А па́па ту́т.

А́нна ту́т. А Анто́н та́м.

Following are some Russian words which have closely related English counterparts (cognates). Can you read them? But be certain to read them with a Russian accent! Cognates are fun to work with, but present a special danger—the closer the word is to English, the greater will be the temptation to fall back on English pronunciation habits (and the meanings may not always correspond exactly). (You are not expected to learn these words!)

тон	мо́да	поэ́т
том	да́ма	бана́н
Дон (*a river*)	да́та (*date*)	поэ́ма
	то́нна (*ton*)	
	а́том	

LESSON II

A. The Russian Labio-Dental Fricative consonants [f] and [v]

I. *Слу́шайте*!

[fú... úf... fó... óf... fótə... fákt]
фу... уф... фо... оф... фо́то... факт

[fú-vú ... fó-vó ... fá-vá ... vót ... vón ... vám ... vadá]
фу-ву ... фо-во... фа-ва ... вот... вон ... вам ... вода́

[dvá... davnó]
два... давно́

(Labio-dental consonants are those produced by contact of the upper teeth with the lower lip. Fricative consonants are those in whose production the air is not stopped off completely, but in which there is a narrowed passage which causes the air stream to produce a hissing or rushing sound.)

The Russian fricative consonants [f] and [v] are similar to their English counterparts except that they are pronounced with slight lip-rounding. Remember to strive for full voicing when pronouncing the voiced consonant [v]. →

II. *Слу́шайте и повторя́йте I*!

B. The Dental Fricative Consonants [s] and [z]

I. *Слу́шайте*!

[sá ... ás ... só... ós... sú... ús... sám ... són ... súp]
са... ас... со... ос... су... ус... сам ... сон ... суп

[nás ... vás ... nós ... stó ... svá ... svó]
нас... вас... нос... сто ... сва ... сво

The Russian dental fricative consonant [s] is similar to the Russian [t] in that it is pronounced farther forward in the mouth than the corresponding English sound. The tip of the tongue should touch the *lower* teeth slightly, while the blade of the tongue is brought near the upper teeth. The middle and back parts of the tongue must be kept low.

Listen again to the last two items in this exercise:

II. *Слушайте*!

[svá ... svó]
сва ... сво

Your English speech habits will tempt you to turn the [v] in these syllables into an [f]. This is due to the type of consonant assimilation which exists in English. (Assimilation is the process through which a sound becomes similar to a nearby sound in some way.) Compare the last sounds in 'bats' and 'bags'. The last *letters* are written the same, but are pronounced differently, [s] or [z], depending on whether they follow a voiceless or a voiced consonant. Russian does not have the sort of consonant assimilation in which the first consonant determines the quality of the second, so you will need to practice to avoid this habit in Russian.

III. *Слушайте и повторяйте I and II*!

IV. *Слушайте*!

[sá-zá ... só-zó ... sú-zú ... zá ... zó ... zú ... vázə ... zavút]
са-за ... со-зо ... су-зу ... за ... зо ... зу ... ваза ... зовут

Now practice this exercise, striving for full voicing of [z]. →

V. *Слушайте и повторяйте IV*!

C. The Devoicing of Consonants at the End of Words

In listening to the next exercise pay particular attention to the Russian spelling of the last consonants of the words.

I. *Слушайте*!

[sát ... sút ... zavót ... zúp... gás ... súp-zúp]
сад ... суд ... завод... зуб ... газ ... суп-зуб

Russian voiced consonants which have voiceless counterparts do not normally occur at the end of words. In this position they are replaced by their voiceless counterparts in pronunciation. (Since [m] and [n] do not have voiceless counterparts, they are not affected by this rule.)

II. *Слушайте и повторяйте I*!

D. The Russian Vowel [i]

I. *Слушайте*!

[ím ... ís ... maí ... staím ... staít ... idú ... idút ... iván]
им ... из ... мой... стойм ... стойт ... иду ... идут ... Иван

The Russian vowel [i] is similar to the vowel sound in 'seen', but the accented variant is pronounced closer to the front part of the mouth, with the middle part of the tongue higher and tenser than in English. Remember to keep the accented variant pure and undiphthongized. The unaccented variant is somewhat less tense and full in sound. →

II. *Слушайте и повторяйте I*!

E. The Russian Consonant [y]

While listening to the following exercise, note that the consonant [y] is expressed in various ways in the writing system. Sometimes it is combined with a vowel sound in one symbol.

20

[yá... yú... yó... yé... á-yá... ú-yú... ó-yó... é-yé]
я ... ю ... ё ... е ... а-я ... у-ю ... о-ё ... э-е

[yá... yém... yést ... mayá... mayó... payú ... payút... payót]
я ... ем ... ест ... моя ... моё ... пою ... поют ... поёт

[payóm ... dayú ... dayót ... máy ... dáy ... móy ... svoy ... tvóy]
поём ... даю ... даёт ... май ... дай ... мой ... свой ... твой

The Russian consonant [y] is similar to its English counterpart, but is produced with considerably greater tension, and the tongue is closer to the front part of the mouth, even closer than for the Russian vowel sound [i].

Russian does not have any single symbol for this consonant sound. Before a vowel sound the consonant [y] is not represented by a separate symbol, but is combined with the vowel sound into one symbol. Thus, four of the Russian vowels have two symbols each, one of which represents the vowel alone, and one of which represents the consonant [y] plus the vowel sound. The latter occurs when the consonant stands at the beginning of a word or after another vowel letter.

[á-yá]   [ú-yú]   [ó-yó]   [é-yé]
a-я   у-ю   о-ё   э-е

When it comes after a vowel sound, with no other vowel sound following, [y] is represented by the symbol й.

When practicing this exercise remember to strive for extra tension in both this consonant and in the accented vowels. Also pay close attention to the last two items of the exercise — do not let the [v] become an [f]!

II. Слушайте и повторяйте I!

F. Reading of Possessive Modifiers as One Word with Nouns

I. Слушайте!

[móy dóm] *my house / home*
мой дом

[móy sát] *my garden*
мой сад

[móy pápə] *my Papa*
мой папа

[tvóy dóm] *your house / home*
твой дом

[mayá mámə] *my Mama*
моя мама

[tvayá mámə] *your Mama*
твоя мама

Remember what was said in Lesson I about reading words as phrases, without pauses. This is particularly important in the case of possessive modifiers, which are read as a unit with the noun to which they refer.

II. Слушайте и повторяйте I!

G. The Velar Stop Consonants [k] and [g]

I. Слушайте!

[kudá ... kót ... kák ... ták ... któ]
куда ... кот ... как ... так ... кто

[magú ... gót ... gás ... mnógə ... kagdá]
могу ... год ... газ ... много ... когда

(Velar consonants are produced by the back part of the tongue at the velum, the soft area of the rear portion of the roof of the mouth, which separates the mouth from the nasal cavity.) →

One word which you just heard may seem difficult at first, since it begins with a cluster of consonants which never occurs at the beginning of words in English (although the cluster does occur in other parts of English words).

II. *Слу́шайте*!

[któ]

кто

Be careful not to insert a superfluous vowel between the two consonants. The trick is to pronounce the two consonants at practically the same instant, not as separate stop consonants, each with its own release; instead release the [k] at the back of the mouth and the [t] at the upper teeth *at the same time.* →

Remember to avoid aspiration of the unvoiced consonant and to release it at the end of words. Strive for full-voicing of the voiced consonant.

III. *Слу́шайте и повторя́йте*!

[kú... kó... ká... úk... ók... ák]

ку... ко... ка... ук... ок... ак

[kudá ... yúk ... kót ... katók... kakóy... takóy]

куда́ ... юг ... кот ... като́к... како́й ... тако́й

[kák... ták ... aknó ... maskvá ... knám ... kvám ... któ]

как ... так ... окно́ ... Москва́... к нам... к вам ... кто

[kú-gú ... kó-gó ... ká-gá... gú ... gó ... gá]

ку-гу ... ко-го ... ка-га... гу ... го ... га

[magú ... gót ... gás ... bumágə ... mnógə ... kagdá]

могу́ ... год... газ ... бума́га ... мно́го ... когда́

Particular care is required in pronouncing [n] before the velar consonants [k] and [g]. Before these consonants English has a special type of *n* produced not at the front of the mouth, but at the back. Russian does not have this sound. Listen to the contrast between the English back [ŋ] and the Russian dental [n] in these cognates:

IV. *Слу́шайте*!

bank [bánk]
      банк

When pronouncing the Russian [n] be sure to keep the tongue in firm contact with the teeth and do not let it stray to the back part of the mouth, no matter what sound may follow.

V. *Слу́шайте и повторя́йте*! →

[bánkə... bánk.. stayánkə]

ба́нка ... банк ... стоя́нка

H. The Russian High Central Vowel [i]

I. *Слу́шайте*!

[mú-mí ... bú-bí ... nú-ní ... dú-dí ... vú-ví ... tút-tí]

му-мы́... бу-бы́ ... ну-ны́ ... ду-ды́ ... ву-вы́ ... тут-ты́

[mí ... bí ... pí ... ví ... fí ... ní ... dí ... tí ... zí ... sí]

мы ... бы ... пы ... вы ... фы ... ны ... ды ... ты ... зы ... сы

[umí.. bít ...sín ... tí i mí ... mí i ví ... gódí ... zúbí]

умы́... быт... сын... ты и мы ... мы и вы ... го́ды ... зу́бы

[búkvɨ... ón i tí ... k ivánu]
бу́квы... он и ты... к Ива́ну

Although most speakers of English do not have a sound just like [ɨ] in their speech, it is not difficult to master with a little concentrated practice. The closest English equivalent is the vowel in '*kill*', but the middle and back part of the tongue are higher and farther back in Russian, similar to the position for the Russian vowel [u]. However for [u] the lips are rounded, while for [ɨ] the lips must be kept spread and not rounded. Try saying [ɨ] and then moving the tongue back in the mouth without rounding the lips. Then practice saying [u] and then producing [ɨ] by unrounding and spreading the lips (as in the pronunciation of [ɨ]).

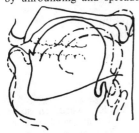

—[i] ――[ɨ] ---[ú]

The unaccented [ɨ] is pronounced more laxly, but does not lose its basic quality.

Note carefully the last two items in the exercise. Note that what is written as и at the beginning of a word is pronounced as [ɨ] when it comes immediately after a word ending in a consonant such as н, к. →

Now practice the exercise on this vowel, remembering to keep the lips spread during the production of the vowel sound.

II. Слу́шайте и повторя́йте I!

I. The Velar Fricative Consonant [x]

I. Слу́шайте!

[úk-úx... ók-óx... ák-áx... kú-xú... kó-xó... ká-xá]
ук-ух ... ок-ох... ак-ах ... ку-ху ... ко-хо... ка-ха

[úxə... súx... vózdux... xót... paxót ... íx ... víxət ... fxót]
у́хо... сух... во́здух... ход.. похо́д ... их... вы́ход... вход

The velar fricative [x] is pronounced at the same place in the mouth as [k]. In English we do not have a fricative sound produced at this part of the mouth. Make certain that the air is not shut off completely, but is allowed to escape freely through a narrow passage between the back part of the tongue and the back part of the roof of the mouth. (Do not let the fact that this sound is often transcribed as *kh* in English mislead you into beginning the Russian sound with a stoppage of the air as for [k].)

Note particularly the last word in this exercise. Although the first letter is в, we pronounce [f]. This is due to the process of assimilation, which was referred to in Section B of this lesson. Since the following consonant, [x], is voiceless, the voiceless counterpart of [v] is pronounced in front of it. (Note that this is just the opposite of the effect of English assimilation—here the second consonant determines the quality of the first.) →

While practicing this exercise remember to strive for a smoothly produced fricative sound, without a sharp stop-like attack at the beginning of the sound.

II. Слу́шайте и повторя́йте I!

J. Review Exercise on Accented and Unaccented Vowels

While practicing these exercises keep in mind the dynamics of Russian stress and its effect on vowel quality.

I. Слушайте и повторяйте!

[ón-anó ...   ón-aná-aɲɘ   ... dóm-dómə-damá-damóy ... móy-mayá]
он-онó ...   он-онá-Áнна   ... дом-дóма-домá-домóй ... мой-моя́

[sám-samá ... tvóy-tvayá ... svóy-svayá]
сам-самá ... твой-твоя́ ... свой-своя́

[dómə...búkvə ... fótə ... víxət ... yédut ... damóy... tvayá... payót]
дóма...бýква ... фóто... вы́ход... éдут ... домóй... твоя́ ... поёт

[kudá ... kakóy ... zavút ... iván ... idút ... mayó ... vmaskvú]
кудá ... какóй.. зовýт... Ивáн ... идýт... моё ... в Москвý

[kakáyə...   bumágə]
какáя ...   бумáга

K. Intonation Contour 1 in Various Parts of the Sentence

In Lesson I all sentences presented had the major sentence stress on the last word. In some contexts the sentence stress will occur on an earlier word in order to point this word out as conveying the new information of the utterance or to provide mild emphasis. Remember not to let the tone rise again following the drop in tone on the main sentence stress of IC-1.

I. Слушайте и повторяйте!

[ón ‿ yést ‿ sup]   *He's eating soup.*
Он   ест   суп.

[i ‿ aná ‿ yést ‿ sup]   *And she's eating soup (too).*
И онá   ест   суп.

[pápə ‿ i ‿ mámə ‿ idút ‿ damóy]   *Papa and Mama are going home.*
Пáпа   и   мáма идýт   домóй.

[i ‿ yá ‿ idú ‿ damóy]   *And I'm going home (too).*
И   я   идý домóй.

[étə ‿ móy ‿ dom]   *This/That's my house.*
Это мой дом.

[étə ‿ móy ‿ dóm]   *This/That's <u>my</u> house.*
Это мой дом.

[étə ‿ móy ‿ pápə]   *This/That's my Papa.*
Это мой пáпа.

[étə ‿ móy ‿ pápə]   *This/That's <u>my</u> Papa.*
Это мой пáпа.

[étə ‿ tvayá ‿ mámə]   *This/That's your Mama.*
Это твоя́   мáма.

[étə ‿ tvayá ‿ mámə]   *This/That's <u>your</u> Mama.*
Это твоя́   мáма.

24

L. Intonation Contour 2 (IC-2)—Questions Containing a Question Word

I. Слушайте!

[kto² ‿ étə]   *Who's this/that?*
Кто это?   Кто это?

[kto² ‿ on]   *Who's he?*
Кто он?

[kto² ‿ aná]   *Who's she?*
Кто она́?

[kto² ‿ tám]   *Who's there?*
Кто там?

[któ ‿ dŏ²mə]   *Who's at home?*
Кто до́ма?   Кто дома?

[któ ‿ payŏ²t]   *Who's singing?*
Кто поёт?   Кто поёт?

[któ ‿ yést ‿ su²p]   *Who's eating soup?*
Кто ест   суп?

[kudá ‿ idút ‿ mámə ‿ i ‿ pắpə]   *Where are Mama and Papa going?*
Куда́ иду́т ма́ма и па́па?

[kakáyə ‿ étə ‿ bumá²gə]   *What kind of paper is this?*
Кака́я это бума́га?

[kák ‿ íx ‿ zavú²t]   *What are their names?*
Как их зову́т?

In both English and Russian questions which contain an interrogative (question) word are generally pronounced with falling intonation. The presence of the interrogative word makes it unnecessary to signal the question by means of a special intonation contour. In Russian IC-2 is somewhat like IC-1, but the emphasized word is pronounced with increased energy and tension and may be somewhat higher in tone. The accented vowel is somewhat longer than in other words. Be careful not to confuse simple loudness with the required increased tension! When the main sentence stress is on the last syllable of the sentence, the tone will fall within the accented syllable, but will not fall as far or as sharply as in IC-1. Any syllables following the syllable bearing the main intonational stress must remain at a low level and not be allowed to rise above the speaker's normal mid-tone.

The emphasized word will normally be at the end of the sentence except in contexts where intonation is used to mark the new element in the question. Exceptions occur in the case of very short questions containing a pronoun or adverb at the end of the question (cf. the first four examples). Placing the emphasis on the interrogative word in other cases will normally result in a very peremptory question or one with special emotional overtones.

While practicing the items in this exercise, remember to strive for smoothness throughout the whole sentence, with no extraneous pauses between words.

25

II. Слу́шайте и повторя́йте I!

M. In the following exercise note that in some cases both short and long answers are given.

As in English, it is most common in conversational Russian to give in the answer only the new information asked for. During the early stages of study, however, there may be times when your teacher will want you to give full answers for the extra linguistic practice which this provides.

While practicing this exercise, remember to strive for smoothness throughout the sentences. Remember about the proper distribution of energy within the word, and that in each sentence there will be one word picked out for special stress, while other words will be relatively unstressed (without losing their own identity and relative vowel values). Avoid extraneous pauses. Practice these items until you know them by heart.

I. Слу́шайте и повторя́йте!

[któ étə]   *"Who's this/that?"*

— Кто э́то?

[étə мо́у па́рə]   [мо́у па́рə]   [па́рə]   *"This/That's my Papa." "My Papa." "Papa."*

— Э́то мой па́па.   Мой па́па.   Па́па.

[któ étə]   *"Who's this/that?"*

— Кто э́то?

[étə tvayá mámə]   [tvayá mámə]   *"This/That's your Mama. „Your Mama."*

— Э́то твоя́ ма́ма.   Твоя́ ма́ма.

[któ tám]   *"Who's there?"*

— Кто там?

[étə yá]   *"It's I."*

— Э́то я.

[któ dómə]   *"Who's at home?"*

— Кто до́ма?

[mámə i pápə dómə]   [mámə i pápə]   *"Mama and Papa are at home."*

— Ма́ма и па́па до́ма.   Ма́ма и па́па.   *"Mama and Papa."*

[i yá dómə]   *"And I'm at home (too)."*

— И я до́ма.

[któ payót]   *"Who's singing?"*

— Кто поёт?

[ivan payót]   [ivan]   *"Ivan's singing." "Ivan."*

— Ива́н поёт.   Ива́н.

[ivan i anə payút]   [ivan i anə]   *"Ivan and Anna are singing."*

— Ива́н и А́нна пою́т.   Ива́н и А́нна.   *"Ivan and Anna."*

[i mɨ payóm]   *"And we're singing (too)."*

— И мы поём.

26

[któ⌣yést⌣su̅p] *"Who's eating soup?"*

— Кто ест суп?

[ón⌣yést⌣súp] [ón] *"He's eating soup." "He (is)."*

— Он ест суп. Он.

[i⌣ya̍⌣yém⌣súp] *"And I'm eating soup (too)."*

— И я ем суп.

[kudá⌣idút⌣án̅ə⌣i⌣antón] *"Where are Anna and Anton going?"*

— Куда́ иду́т А́нна и Анто́н?

[damóy] *"Home."*

— Домо́й.

[i⌣ya̍⌣idú⌣damóy] *"And I'm going home (too)."*

— И я иду́ домо́й.

[kudá⌣yédut⌣mámə⌣i⌣pa̅pə] *"Where are Mama and Papa going (riding)?"*

— Куда́ е́дут ма́ма и па́па?

[vmaskvu̍] *"To Moscow."*

— В Москву́.

[kakóy⌣étə⌣zvu̅k] *What sound is this?*

Како́й э́то звук?

[kaká́yə⌣étə⌣bu̅kvə] *What letter is this?*

Кака́я э́то бу́ква?

[vót⌣móy⌣sat] *Here's/There's my garden.*

Вот мой сад.

[vót⌣mayá⌣bumágə] *Here's/There's my paper.*

Вот моя́ бума́га.

[vót⌣vi̍xət] *Here's/There's the exit.*

Вот вы́ход.

[fxót⌣tam] *The entrance is (over) there.*

Вход там.

[étə⌣fakt] *This/That's fact.*

Э́то факт.

Notes:

1. You have now had two words equivalent to the English *'and'*. The Russian **и** is a simple *'and'*, indicating something in common and acting like a plus-sign.

Ма́ма и па́па иду́т домо́й. И я иду́ домо́й.

Э́то Анто́н и А́нна.

Анто́н до́ма. И А́нна до́ма.

The Russian **a** is a contrastive or comparative '*and*' (and is sometimes the equivalent of a mild '*but*').

Ма́ма тут. А па́па там.

Анто́н поёт. А А́нна ест суп.

2. Do not confuse **вот** with **тут**/**там**. The latter two words tell about the location of something or somebody. **Вот** is used only to point out things '*Here is/are, There is/are...*'

Бума́га тут.	*The paper's here.*
Вот моя́ бума́га.	*Here's/There's my paper.*

3. Note that Russian makes more of a distinction than is usual in English for '*to go*':

Я иду́ домо́й.	*I'm going (walking) home.*
Я е́ду в Москву́.	*I'm going (riding) to Moscow.*

After you have mastered the sounds and intonation patterns of this lesson, practice reading the following exercise, in which the transcription has been omitted. Remember not to let the written forms distract you from the sounds you have learned, and remember to strive for smoothness of reading, without extraneous pauses. Don't read the blank spaces in these sentences as pauses!

II. *Читáйте!*

1. – Кто э́то?
   – Э́то мой па́па. А э́то моя́ ма́ма.

2. – Кто э́то?
   – Э́то твой па́па и моя́ ма́ма.

3. – Кто до́ма?
   – Ма́ма и па́па до́ма. И я до́ма.

4. – Кто поёт?
   – Ива́н и А́нна пою́т. И мы поём.

5. – Кто ест суп?
   – Ива́н ест суп. И я ем суп.

6. – Кто ест суп?
   – А́нна ест суп. Она́ ест твои́ суп.

7. – Куда́ иду́т А́нна и Ива́н?
   – Домо́й. И я иду́ домо́й.

8. – Куда́ е́дут ма́ма и па́па?
   – В Москву́. И я е́ду в Москву́.

9. – Вот мой дом и са́д.

10. Э́то моя́ бума́га.

11. Э́то вы́ход. Вход там.

12. Э́то мой суп. Твой суп там.

13. Кака́я э́то бу́ква?

14. Како́й э́то зву́к?

15. Э́то фа́кт.

Note on punctuation:

Note that Russian uses dashes to separate the various speeches in a conversation, rather than putting quotation marks around each direct speech utterance.

In reading the following cognates remember to do it with a Russian accent!

газ	ва́за	тома́т (*a kind of sauce*)	эпо́ха	па́уза
май (*a month*)	фа́за	таба́к	ата́ка	
нос	э́хо	компо́т (*stewed fruit*)	кома́нда	
стоп	ма́сса	фонта́н		
тост	ма́ска	фойе́		
пост (*duty*)	ко́мпас	комба́йн (*farm equipment*)		
банк				

28

INTRODUCTION TO THE RUSSIAN WRITING SYSTEM

You will now begin to learn to write the symbols for the first sounds which you learned. Your first assignments will consist of copying individual letters and sentences. Do not underestimate the importance of very careful work now just because it seems simple — it is extremely important that you learn the necessary habits for proper formation of the letters now, while you can pay attention just to the mechanical details, rather than later, when you will need to be thinking also of the content of what you are writing.

The reputation of the Russian language as a difficult one can be attributed partly to an unfamiliar alphabet. But you have already seen that many of the symbols are familiar to you (such as **a, o, м, т**). A few letters will be entirely unfamiliar and will simply have to be learned (such as **б**). But the ones you will have to pay the greatest attention to are those which look like English letters, but which represent different sounds (such as **y, H**).

For the time being you will not need to know the alphabetical order of the letters, and you will not be learning them in this order. A complete list in alphabetical order is given at the end of the preliminary lessons (and one is to be found in most dictionaries).

Russian handwriting is more standardized than English, and you should follow the models given very closely. Also, Russians never block-print letters, and you should never do so. All of your work should be done in connected writing, even if you do not connect your letters in English.

Russians tend to interrupt the line of writing by picking up the pen between letters more often than we do, and in some cases it is obligatory to pick up the pen between letters within a word.

Be sure to note carefully the relative size of letters. Most lower-case letters are no higher than lower-case vowel letters, and Russian has few loop-letters extending above or below the line of writing. Also note that all capital letters are contained within the writing space — none of them extend below the line of writing.

Note that some written letters do not bear a very close resemblance to the printed forms (such as **т, д**). The Italic typeface is based more on Russian handwriting than it is on the regular printed forms, and the Italic forms are included for your reference, since they are used in the textbook.

You need not write accent marks on words unless you are specifically instructed to do so in certain exercises.

In your early writing assignments it is a good idea to say aloud the sounds and words you are writing.[1]

Аа *Аа*   Оо *Оо*   Ээ *Ээ*   Уу *Уу*

Мм *Мм*   Пп *Пп*   Бб *Бб*   Нн *Нн*   Тт *Тт*   Дд *Дд*

Syllabification: When splitting words between lines, the new line should begin with a consonant if at all possible: па-па, сту-дент. Where two consonants occur in sequence, split between them: бук-ва, де-воч-ка. Do not leave a single vowel or anything less than a complete syllable at the end of a line when dividing words.

Notes on the formation of certain letters:

1. Be particularly careful to distinguish between **a** and **o**. The latter must not descend to the line at the end. Sometimes it will be necessary to lift the pen and start the line of writing again when making connections from this letter to the following letter.

---

[1] The first printed letter in each case is the standard printed form. The second variant is the Italic form. You will note that the written forms are sometimes more similar to Italic printed forms than to the standard printed forms.

2. The letter м must always be preceded by a very small hook at the line.

3. The lower-case б ends far above the line and cannot be joined directly with any following letter.

4. It is good practice to place a short line above the letter т to make it easier to read rapidly any word containing this letter.

Это мама.
Это мама.

Она там.
Она там.

Это мама. Она там.

Это папа.
Это папа.

Он тут.
Он тут.

Это папа. Он тут.

Это Анна.
Это Анна.

Она дома.
Она дома.

А Антон тут.
А Антон тут.

Это Анна. Она дома. А Антон тут.

Мама дома.
Мама дома.

Папа там.
Папа там.

Это дом.
Это дом.

Мама дома. Папа там. Это дом.

Дом там.
Дом там.

Там Анна.
Там Анна.

Дом там. Там Анна.

Note:
The words **мáма, пáпа** are not capitalized in Russian unless they begin the sentence.

ASSIGNMENT:
1. Write a full line of each capital and lower-case letter.
2. Write each sentence three times.

LESSON III

A. The Intonation of Questions without an Interrogative Word (IC-3)

I. Слу́шайте!

[któ $\overset{2}{\smile}$ dómə]　　"Who's at home?"
— Кто до́ма?

[mámə dómə]　　"Mama's at home."
— Ма́ма до́ма.

[ánə $\smile$ dómə]　　"Is Anna at home?"
— А́нна до́ма?

[i $\overset{1}{\smile}$ ánə $\smile$ dómə]　　"Anna's at home too."
— И А́нна до́ма.

[któ $\smile$ payót]　　"Who's singing?"
— Кто поёт?

[yá $\smile$ payú]　　"I'm singing."
— Я пою́.

[ánə $\smile$ payót]　　"Is Anna singing?"
— А́нна поёт?

[i $\smile$ ánə $\smile$ payót]　　"Anna's singing too."
— И А́нна поёт.

[aná $\smile$ payót] [payót]　　"Is she singing?"
— Она́ поёт? — Поёт.　"Yes, she is."

[aná payót] [aná]　　"Is it she who's singing?"
— Она́ поёт? — Она́.　"Yes, it's she."

At first it might seem that the intonation of questions without an interrogative word is the most difficult Russian intonation contour for Americans. But the very fact that it is so strikingly different from any contour we use in unemotional speech makes it easy for the student to keep its importance in mind. On the other hand, it is easy to forget about the *subtle* differences which exist, for example in the intonation of neutral statements in the two languages, and therefore there is a tendency to become sloppy with them (cf. IC-1 in Lesson I).

In this type of question in English the voice usually rises at the last emphasized word and stays at a high level throughout the rest of the sentence.

II. Слу́шайте!

Is Anna at |home?

Is it |she who's singing?

In the Russian contour the syllables preceding the accented syllable of the emphasized word are pronounced at the speaker's mid-level. The pitch rises *very abruptly* at the beginning of the accented syllable and continues to rise *within the syllable*. The vowel of this syllable will also be somewhat longer than usual. It is extremely important that any syllables following this accented syllable be pronounced at a low level—the voice must not be allowed to rise again, no matter how long the sentence may be.

III. Слу́шайте!

Это дом?　　　Это ма́ма?　　　Она́ поёт?

The main difficulty the American student will have in producing IC-3 is in making the rise in pitch sharp enough and high enough. Subtle psychological factors are at work here. In American English we tend to use a rather narrow range of pitches except in highly emotional or "gushy" speech. Although we have rising intonation contours in English, none of them are as extreme as is IC-3. As a result even non-emotional Russian speech may appear to be emotionally-charged

31

or gushy to an American, and an American student (particularly a man) may feel uncomfortable trying to produce IC-3. In order to master IC-3 you will need to throw aside your inhibitions and be willing to exaggerate consciously.

An additional problem is created by the fact that our own intonation system tends to make us react to any very strong intonation as a *falling* contour. For this reason you may find yourself making sharp falling contours, even when trying your hardest to make sharp rising contours. (In so doing you will be producing not questions but emotional exclamations.) →

IV. Слушайте!

Э́то дом?³   Э́то он?³   Э́то она́?³   А́нна там?³   Она́ поёт?³

In this exercise the intonation shift occurs on the very last syllable. Strive to make the rise in pitch very sharp—do not let it trail off gradually as we often do in English.

V. Слушайте и повторя́йте IV!

In the following exercise contrast IC-3 and IC-1.

VI. Слушайте и повторя́йте!

Э́то дом?³
Э́то дом.³

Это дом?   Это дом.

— Э́то он?³ — Э́то он.¹ — Э́то она́?³ — Э́то она́.¹ — Э́то Анто́н?³ — Э́то Анто́н.¹
— А́нна там?³ — А́нна там.¹ — Она́ поёт?³ — Она́ поёт.¹

VII. Слушайте! →

Э́то ма́ма?³   Э́то па́па?³   Ма́ма до́ма?³   Па́па до́ма?³   Это ма́ма?

While practicing this exercise make certain that the pitch remains *low* on the final syllables of the questions. (Otherwise you will be expressing doubt, disbelief, or surprise instead of neutral questions.)

VIII. Слушайте и повторя́йте VII!

In the following drill practice contrasting IC-3 and IC-1, with the stress not on the last syllable.

IX. Слушайте и повторя́йте! →

Это ма́ма?

Э́то ма́ма?³
Э́то ма́ма.¹

Это ма́ма.

— Э́то ма́ма?³ — Э́то ма́ма.¹ — Э́то па́па?³ — Э́то па́па.¹
— Ма́ма до́ма?³ — Ма́ма до́ма.¹ — Па́па до́ма?³ — Па́па до́ма.¹

In the next exercise the stressed syllable is even earlier in the sentence—make certain not to let the syllables following the stressed syllable rise above a low level.

X. Слушайте и повторя́йте!

Ма́ма до́ма?³   Па́па до́ма?³   А́нна до́ма?³

In the next exercise the answers contain two intonation units or contours, which we call syntagmas. Each syntagma expresses a relatively complete thought and has its own contour. There is a very small pause between the syntagmas. (The symbol / is used to show the boundary between syntagmas.)

XI. Слушайте и повторяйте!

– Э́то ма́ма? – Да, / э́то ма́ма. Да, / ма́ма. *"Is that Mama?" "Yes, it's Mama." "Yes, Mama."*

– Э́то па́па? – Да, / э́то па́па. Да, / па́па.

– Ма́ма до́ма? – Да, / ма́ма до́ма. Да, / до́ма.

– Па́па до́ма? – Да, / па́па до́ма. Да, / до́ма.

The rise in tone of IC-3 occurs within the accented syllable of the most important word of the question, the word indicating the new information being sought. Note in the following exercise how the answer varies, depending on the location of the intonation shift in the question.

XII. Слушайте!

– Ма́ма до́ма?	– Да, / до́ма.	– Она́ поёт?	– Да, / поёт.
– Ма́ма до́ма?	– Да, / ма́ма.	– Она́ поёт?	– Да, / она́.
– А́нна там?	– Да, / там.		
– А́нна там?	– Да, / А́нна.		

XIII. Слушайте и повторяйте XII! →

B. Review Exercise on the Consonant [y]
Remember to pronounce [y] very vigorously.

I. Слушайте и повторяйте!

[yá... yú... yó... yé... mayá... mayú... mayó... mayéy]
я ... ю ... ё ... е ... моя́ ... мою́ ... моё ... мое́й

[tvayá... tvayú... tvayó... tvayéy]
твоя́ ... твою́ ... твоё ... твое́й

C. The Palatalized Dental Consonants

The Russian consonant system has a systematic distinction missing in English—a distinction between *unpalatalized* and *palatalized* consonants. Traditionally these are called "hard" and "soft" consonants. Soft consonants differ from their hard counterparts in that they have a secondary articulation occurring at the same time as the basic articulation, the added feature of palatalization. Palatalization occurs when the middle part of the tongue rises toward the front part of the roof of the mouth (the hard palate), to the same position the tongue assumes for the pronunciation of the consonant [y]. A soft consonant is one with a [y] or [i] overtone.

I. Слушайте!

[ná-n'á ... nú-n'ú ... nó-n'ó ... ní-n'í]
на-ня ... ну-ню ... но-нё ... ны-ни

[tá-t'á ... tú-t'ú ... tó-t'ó ... tí-t'í]
та-тя ... ту-тю ... то-тё ... ты-ти

[dá-d'á ... dú-d'ú ... dó-d'ó ... dí-d'í]
да-дя ... ду-дю ... до-дё ... ды-ди

[sá-s'á ... sú-s'ú ... só-s'ó ... sí-s'í]
са-ся ... су-сю ... со-сё ... сы-си

3—592

33

[zá-z'á ... zú-z'ú ... zó-z'ó ... zí-z'í]
за-зя ... зу-зю ... зо-зё ... зы-зи

(A small apostrophe-like symbol after a consonant letter will be used throughout to indicate pai-atalization.)

The secondary articulation, palatalization, must take place at *exactly the same time* as the basic articulation of the consonant. It is not something added on after the basic articulation. The middle of the tongue must be in position for the [y] from the very beginning of the basic consonant sound. Soft consonants are not consonants followed by a [y], but consonants which contain a [y] *within themselves*. Because of the raising of the middle part of the tongue, the area of contact of the tongue during the production of soft consonants is considerably greater than during the corresponding hard consonants. This contact must be *firm*, but brief. →

While practicing the following items be sure to avoid a superfluous [y] between the consonant and vowel—make a soft consonant followed immediately by a vowel sound.

II. Слу́шайте и повторя́йте!

[ná-n'á ... zvan'át ... nú-n'ú ... zvan'ú ... nó-n'ó ... anó-an'óm]
на-ня ... звоня́т ... ну-ню ... звоню́ ... но-нё ... оно́-о нём

[dn'om ... n'et ... an'éy   mn'é ... ní-n'i ... aná-an'í ... n'ínə]
днём ... нет ... о ней   мне ... ны-ни ... она́-они́ ... Ни́на

[sn'ím ... dn'í... kn'ígə... zvan'ím]
с ним.. дни... кни́га... звони́м

There *are*, however, cases in Russian when a consonant is followed by a [y] which serves as a *separate* consonant. It is important for the student to be able to distinguish clearly in speech between a soft consonant followed by a vowel and a consonant followed by [y] plus a vowel.

III. Слу́шайте!

[ná-n'á-n'yá ... nú-n'ú-n'yú ... nó-n'ó-n'yó ... ní-n'í-n'yí   ... n'é-n'yé]
на-ня-нья ... ну-ню-нью ... но-нё-ньё   ... ны-ни-ньи ... не-нье

(Note that hard consonants do not generally occur before the vowel [e].) →

Now perform this exercise, avoiding a superfluous [y] where there should not be one, and striving for vigor in [y] when it is present.

IV. Слу́шайте и повторя́йте III!

From the point of view of the structure of the language, Russian has a set of hard and soft consonants, but the orthography does not have a separate set of symbols for the fifteen soft consonants. Instead the softness of the consonant is most frequently indicated by means of a set of five additional vowel symbols, making a total of ten vowel symbols:

"Hard series vowel" symbols: а у о ы э

"Soft series vowel" symbols: я ю ё и е

But you must remember that this terminology is for the sake of convenience only—the hardness is a characteristic of the consonant, not of the vowel.

The "soft series vowel" symbols indicate the consonant [y] plus a vowel sound only when these symbols come at the beginning of a word, after another vowel symbol, or after the "soft sign" symbol, ь:

я ... твоя́ ... пою́... поёт ... ест ... пью
[yá... tvayá... payú... payót... yést... p'yú].

(The symbol и does *not* indicate a [y] before the vowel, as do the other "soft vowel" symbols.)

When the "soft vowel" symbols follow a consonant directly, they do *not* symbolize the presence of a [y]; they merely indicate the softness of the preceding consonant. You will need to be careful to avoid a superfluous [y] in such cases.

34

ня ... ню... нё ... ни ... не
[n'á... n'ú... n'ó... n'í ... n'é]

When an independent [y] follows another consonant, this will be indicated most frequently by the soft sign symbol between the consonant and the following vowel:

нья ... нью... ньё ... ньи ... нье
[n'yá... n'yú... n'yó... n'yí ... n'yé]

(Although used in materials prepared for teaching Russian, the symbol ё is almost never used in materials prepared for native speakers—one simply knows from experience when the symbol e stands for [é / yé] and when it symbolizes [ó / yó].)

The production of the soft dental stop sounds [t'] and [d'] follows the same principles as that of soft [n']—the middle part of the tongue is raised vigorously toward the hard palate, providing a wider area of contact than in the case of the corresponding hard consonant. Remember that the contact must be firm but very brief. Americans often pronounce instead of [t'] the combination [ts] or a sound similar to that at the beginning of 'children'. Similarly they replace [d'] with [dz] or the sound at the beginning of 'judge'. To avoid this make sure that the [y] is entirely contained within the basic consonant sound and does not continue after it.

V. Слу́шайте!

[tá-t'á-t'yá ... tú-t'ú-t'yú ... tó-t'ó-t'yó ... t'é-t'yé ... tí-t'í-t'yí]
та-тя-тья ... ту-тю-тью ... то-тё-тьё ... те-тье ... ты-ти-тьи

[dá-d'á-d'yá ... dú-d'ú-d'yú ... dó-d'ó-d'yó ... d'é-d'yé ... dí-d'í-d'yí]
да-дя-дья ... ду-дю-дью ... до-дё-дьё ... де-дье ... ды-ди-дьи

[tí-it'í ... sadí-id'í ... ad'ín ... dóm-id'óm... id'ót ... stud'ént]
ты-идти́ ... сады́-иди́ ... оди́н ... дом-идём ... идёт ... студе́нт

Now practice these items. →

VI. Слу́шайте и повторя́йте V!

The next drill deals with the soft dental fricative consonants, [s'] and [z']. Remember to move the tongue farther forward in the mouth than for the corresponding English sounds and to raise the middle of the tongue vigorously toward the hard palate.

VII. Слу́шайте и повторя́йте!

[sá-s'á-s'yá ... zá-z'á-z'yá ... sú-s'ú-s'yú ... zú-z'ú-z'yú... só-s'ó-s'yó]
са-ся-сья ... за-зя-зья ... су-сю-сью ... зу-зю-зью... со-сё-сьё

[zó-z'ó-z'yó ,,, s'é-s'yé ... z'é-z'yé ... sí-s'í ... zí-z'í]
зо-зё-зьё ... се-сье ... зе-зье ... сы-си ... зы-зи

[sát-s'ádu ... sút-s'udá ... fs'ó ...fs'ém-syém ... fs'é]
сад-ся́ду ... суд-сюда́ ... всё ...всем-съем[1] ... все

[sín-s'id'í ... maks'ím... z'ínə ... z'imá... muz'éy]
сын-сиди́ ... Макси́м.. Зи́на ... зима́ ... музе́й

In the next exercise the soft consonants occur at the very end of words—be sure to keep the [y] contained within the basic consonant and do not allow a superfluous fricative sound to follow the consonant.

VIII. Слу́шайте!

[ón-d'én' ... stakán-fstán' ... sát-s'át' ... yést-yés't' ... syést-syés't']
он-день ... стака́н-встань ... сад-сядь ... ест-есть ... съест-съесть

---

[1] The so-called "hard-sign" symbol ъ serves the same purpose as would the soft sign between a consonant and a vowel; it indicates the presence of a [y]: съем [syem].

[zvan'ít-zvan'ít'   ... mát'... dát' ... znát'... p'át'... z'd'és'   ... xat'ét']
звони́т-звони́ть   ... мать.. дать.. знать... пять.. здесь   ... хоте́ть

[s'id'ét' ... p'ét'... p'it' ... xad'ít' ... gós't' ... yés't' ... s'és't']
сиде́ть ... петь... пить ... ходи́ть ... гость ... есть   ... сесть

(Note that when [s] or [z] stand before [t'/d'] they too are softened by assimilation to the following consonant.) →

IX. Слу́шайте и повторя́йте VIII!

D. Stress Dynamics and Vowel Quality (continuation)

In this exercise some of the items have three syllables, with the accent on the last syllable. Remember that in Russian the second-strongest syllable is the one just before the main accent— do not put a secondary stress on the first syllable (as you would in English). (In the examples where two words are written in Russian, the first word is a preposition, which must be read together with the following word.)

I. Слу́шайте и повторя́йте!

[patóm-pətamú ... zvan'ú-pəzvan'ú ... aknó-nəaknó ... zavót-nəzavót]
пото́м-потому́ ... звоню́-позвоню́ ... окно́-на окна́.. заво́д-на заво́д

[məgaz'ín ... muzikánt ... kakóy-nəkakóm]
магази́н ... музыка́нт ...какой-на како́м

[z'ínə ... n'ínə ... nóviy... kn'ígə ... nóvəyə... payú ... payót... maks'ím]
Зи́на ... Ни́на... но́вый. кни́га ... но́вая ... пою́ ... поёт ... Макси́м

[stud'ént ... stat'yá ... stud'éntkə]
студе́нт ... статья́ ... студе́нтка

E. Review Exercise on IC-3 and IC-1

I. Слу́шайте и повторя́йте!

[fs'é] (3)	[fs'é] (1)	"Everybody?" "Everybody."
— Все?	— Все.	
[ad'ín] (3)	[ad'ín] (1)	"One?" "One."
— Оди́н?	— Оди́н.	
[id'ót] (3)	[id'ót] (1)	"Is he/she coming?" "He/She's coming."
— Идёт?	— Идёт.	
[an'í] (3)	[an'í] (1)	"Is it they?" "It's they."
— Они́?	— Они́.	
[zvan'ít] (3)	[zvan'ít] (1)	"Is it ringing?" "It's ringing."
— Звони́т?	— Звони́т.	
[stat'yá] (3)	[stat'yá] (1)	"Is it an article?" "It's an article."
— Статья́?	— Статья́.	

F. Developing Smoothness in Phrases and Sentences

While practicing the following items strive for smoothness and avoid pauses within phrases and sentences.

36

I. Слу́шайте и повторя́йте!

[aknó]   [nəakn'é]   [kn'ígə]   [tvayá‿kn'ígə]
окно́   на окне́   кни́га   твоя́ кни́га
window   *on the windowsill*   *a book*   *your book*

[tvayá‿kn'ígə‿nəakn'é]
Твоя́   кни́га   на окне́.
Your book is on the windowsill.

[stat'yá]   [tvayá‿stat'yá]   [étə‿tvayá‿stat'yá]
Статья́?   Твоя́   статья́?   Это твоя́   статья́?
An article?   *Your article?*   *Is this your article?*

[stud'ént]   [nóviy‿stud'ént]   [étə‿nóviy‿stud'ént]
Студе́нт?   Но́вый студе́нт?   Это но́вый студе́нт?
A student?   *A new student?*   *Is this a new student?*

Practice the following items until you know them by heart.

I. Слу́шайте и повторя́йте!

1. — Кто до́ма?   *"Who's at home?"*
   — Ма́ма до́ма.   *"Mama's at home."*
   — Ни́на   до́ма?   *"Is Nina at home?"*
   [n'ínə‿dómə]
   — И Ни́на до́ма.   *"Nina's at home too."*

2. — Кто поёт?   *"Who's singing?"*
   — Я пою́.   *"I'm singing."*
   — Макси́м поёт?   *"Is Maxim singing?"*
   [maks'ím]
   — И Макси́м поёт.   *"Maxim's singing too."*

3. — Кто э́то?   *"Who's that?"*
   — Это Анто́н. *"That's Anton."*
   — Он но́вый   студе́нт?   *"Is he a new student?"*
   [on‿nóviy‿stud'ént]
   — Да.   *"Yes."*

4. — Кто э́то?   *"Who's that?"*
   — Это Зи́на.   *"That's Zina."*
        [z'ínə]

---

[1] Since the words are read without pause, the [s] joins with the following sound to form a long [z].

   — Она́ но́вая студе́нтка?   *"Is she a new student?"*
    [aná nóvəyə stud'éntkə]

   — Не́т.   *"No."*

5. — Вы но́вый студе́нт?   *"Are you a new student?"*
    [vɨ nóvɨy stud'ént]

   — Да́.   *"Yes."*

   — Как вас зову́т?   *"What's your name?"*
    [kák vázavút] [1]

   — Макси́м.   *"Maxim."*

6. — Куда́ идёт Ни́на?   *"Where's Nina going?"*
    [kudá id'ót n'ínə]

   — Ни́на идёт домо́й.   *"Nina's going home."*

7. — Где моя́ кни́га?   *"Where's my book?"*
    [gd'é mayá kn'ígə]

   — Твоя́ кни́га на окне́.   *"Your book's on the windowsill."*
    [tvayá kn'ígə nəakn'é]

8. — Э́то твоя́ статья́?   *"Is this your* article? *"*
    [étə tvayá stat'yá]

   — Да́, / статья́.   *"Yes, (it's my) article."*

9. — Э́то твоя́ статья́?   *"Is this* your *article?"*

   — Да́, / моя́.   *"Yes, mine."*

10. — Макси́м и Ни́на пою́т?   *"Are Maxim and Nina singing?"*

   — Да́, / они́ пою́т.   *"Yes, they're singing."*

II. *Чита́йте!*

1. — Кто до́ма?
   — Макси́м и Ни́на до́ма.
   — Анто́н до́ма?
   — И Анто́н до́ма.

2. — Зи́на и Анто́н пою́т?
   — Да́, / они́ пою́т.
   — Ни́на поёт?
   — Не́т.

3. — Кто поёт?
   — Мы́ поём.
   — Макси́м поёт?

   — И Макси́м поёт.

4. — Кто вы?
   — Я́ но́вый студе́нт.
   — Как вас зову́т?
   — Анто́н.

5. — Кто́ э́то?
   — Э́то Ни́на.
   — Она́ но́вая студе́нтка?
   — Да́.

6. — Где моя́ статья́?
   — Твоя́ статья́ на окне́.

38

7. — Куда́ иду́т Ни́на и Макси́м?
    — Они́ иду́т домо́й. И я иду́ домо́й.

8. — Э́то моя́ кни́га?
    — Да, / твоя́.

9. — Э́то мой суп?
    — Нет, / э́то мой суп.
    — Где мой суп?
    — Твой суп там.

10. — Куда́ е́дут ма́ма и па́па?
    — Они́ е́дут в Москву́. И я е́ду в Москву́.

11. — Кто ест суп?
    — Анто́н ест суп.

12. — Где моя́ бума́га?
    — Вот она́.

13. — Э́то факт?
    — Да, / э́то факт.

14. — Вот мой дом и сад.

15. — Э́то вход. Вы́ход там.

16. Кака́я э́то бу́ква?

17. Како́й э́то звук?

III. Чита́йте! Read with a Russian accent! (*Remember the rules of word dynamics in Russian.*)

текст	меню́	А́зия	иде́я	капита́н	коме́дия
	такси́	му́зыка	систе́ма	коммуни́зм	акаде́мия
	визи́т		сино́ним	коммуни́ст	
	паке́т		газе́та	докуме́нт	
	дива́н		анто́ним	оптими́ст	
	моме́нт			пиани́ст	

WRITTEN ASSIGNMENT

И и *И и*   Я я *Я я*   Ё ё *Ё ё*   Е е *Е е*   Ю ю *Ю ю*

ы *ы*   й *й*   Ф ф *Ф ф*   В в *В в*   С с *С с*

З з *З з*   К к *К к*   Г г *Г г*   Х х *Х х*

Notes on the formation of certain letters:

1. The letters **ы** and **й** do not normally occur at the beginning of words.
2. Note the steps in the formation of **Ф, Ю** and **Я**. Note that **я** must always be preceded by a very small hook at the line.

3. Although the two dots are seldom printed on the letter **ё** in materials for native speakers and seldom used in their writing, it is a good idea for the student to write them in, at least during the early lessons. This vowel symbol occurs only in accented position and an accent mark is never written over it.

4. Be careful not to confuse the writing of **э** and **з**. Make certain that the first has a round back and the second has an indentation in the back.

Э э Э э   З з З з

Э э   З з

5. Note that **ы** and the lower-case **к** are not loop letters and are no taller than the lower-case vowel letters.

Москва,   выход

Москва, выход

6. Note that **x** is written as two opposing half-circles, not by crossing one stroke with the other.

7. Note that the word **я** (*I*) is capitalized only if it begins a sentence.

— Кто это?
— Кто это?

— Это мой папа.
— Это мой папа.

— Кто это? — Это мой папа.

А это моя мама.
А это моя мама.

Это факт.
Это факт.

А это моя мама. Это факт.

— Кто поёт?
— Кто поёт?

— Иван и Анна поют.
— Иван и Анна поют.

— Кто поёт? — Иван и Анна поют.

И я пою.
И я пою.

— Кто ест суп?
— Кто ест суп?

— Я ем суп.
— Я ем суп.

И я пою. — Кто ест суп? — Я ем суп.

Как вас зовут?
Как вас зовут?

Вот выход.
Вот выход.

Как вас зовут? Вот выход.

Мама и папа едут в Москву.
Мама и папа едут в Москву.

Мама и папа едут в Москву.

ASSIGNMENT:
1. Write a full line of each capital and lower-case letter.
2. Write each sentence three times.

LESSON IV

A. The Soft Labial and Labio-Dental Consonants

In the case of the labial and labio-dental consonants, palatalization is somewhat simpler than in the case of dental consonants, since the tongue is not involved in the basic articulation. Remember, however, to make sure that the tongue is in position for the [y] before the basic articulation begins.

I. Слушайте и повторяйте!

[má-m'á-m'yá ... mú-m'ú-m'yú... mó-m'ó-m'yó ... m'é-m'yé ... mí-m'í]
ма-мя-мья ... му-мю-мью ... мо-мё-мьё   ... ме-мье ... мы-ми

[m'ásə... m'éstə ... m'ímə... m'ínus]
мясо ... место ... мимо... минус

[pá-p'á-p'yá... bá-b'á-b'yá... pú-p'ú-p'yú... bú-b'ú-b'yú]
па-пя-пья ... ба-бя-бья ... пу-пю-пью... бу-бю-бью

[pó-p'ó-p'yó... bó-b'ó-b'yó... p'é-b'é ... pí-p'í-p'yí ... bí-b'í-b'yí]
по-пё-пьё ... бо-бё-бьё ... пе-бе   ... пы-пи-пьи ... бы-би-бьи

[p'át' ...   ab'ét ... usp'éx ... p'ít'-b'ít'   ... p'yú-b'yú... p'yót-b'yót]
пять ...   обéд ... успéх ... пить-бить ... пью-бью... пьёт-бьёт

[fá-f'á-f'yá ... vá-v'á-v'yá   fú-f'ú-f'yú ... vú-v'ú-v'yú]
фа-фя-фья ... ва-вя-вья ... фу-фю-фью... ву-вю-вью

[fó-f'ó-f'yó ... vó-v'ó-v'yó... f'é-v'é ... fí-f'í-f'yí ... ví-v'í-v'yí]
фо-фё-фьё ... во-вё-вьё ... фе-ве   ... фы-фи-фьи... вы-ви-вьи

[sv'ét ... vmaskv'é ... f'íz'ik ... gatóf-gatóf' ... zavót-zav'ót-v'yót]
свет ... в Москвé ... физик ... готóв-готóвь... завóд-зовёт-вьёт

B. The Soft Velar Consonants

In the case of the soft consonants already learned, the basic place of articulation did not change during palatalization. In the case of the velar consonants the place of the basic articulation is moved farther forward in the mouth. This is natural since it is difficult for the tongue to strive toward the back of the mouth and the front of the mouth at the same time. This should cause no problems for Americans, however, since we do the same thing—say 'keep cool', observing the position of the tongue for the two [k] sounds. The one at the beginning of 'keep' is considerably farther forward than the one at the beginning of 'cool'.

I. Слушайте и повторяйте!

[k'é ... g'é ... x'é ... k'í ... g'í ... x'í]
ке ... ге ... хе ... ки ... ги ... хи

[pak'ét ... k'ém ... k'inó ... k'iósk ... pəmag'í... kn'íg'i ... s't'ix'í]
пакéт ... кем ... кинó ... киóск ... помогú... кнúги ... стихú

[x'ím'ik-x'ím'ik'i ... f'íz'ik-f'íz'ik'i ... nagá-nóg'i]
хúмик-хúмики ... фúзик-фúзики ... ногá-нóги

When pronouncing the following items remember to keep the articulation of [n] firmly on the teeth—do not let it stray to the back of the mouth.

II. Слушайте и повторяйте!

[bánk-vbánk'i ... d'én'g'i]
банк-в бáнке... дéньги

C. Unaccented Vowels (continuation)

I. Слушайте!

[m'ásə-m'isnóy ... m'éstə-m'istá ... yá-yizík ... yéy-yiyó ... yivó]
мясо-мяснóй ... мéсто-местá ... я-язык ... ей-еë ... егó[1]

In unstressed syllables Russian has only three vowels, [i/i], [a], [u]. In unstressed syllables following *soft* consonants (including [y], which is soft by the very nature of its articulation), the system is reduced even farther. The vowels [e] and [a] in this position are replaced by the unstressed vowel [i]. If you have mastered the dynamics of Russian stress and the principles of palatalization, you should have no trouble with this—the reduction in vowel sound is a natural result of the interplay of these two factors within the sound system of the language.

II. Слушайте и повторяйте!

[m'ásə-m'isnóy ... yá-yizík ... p'át'-p'it'í ... d'és'it' ... d'év'it' ... pám'it']
мясо-мяснóй ... я-язык ... пять-пятú ... дéсять ... дéвять ... пáмять

[m'éstə-m'istá ... yéy-yiyó ... yivó... m'iná ... t'ib'á ... s'ib'á ... yimú]
мéсто-местá ... ей-еë ... егó ... меня ... тебя ... себя ... емý

[s'im'yá... fs'igdá ... znáyit ... v'íd'it' ... s'im'í ... vós'im']
семья ... всегдá ... знáет ... вúдеть ... семú ... вóсемь

An exception exists when **я** is written at the very end of a word. In this case the vowel is pronounced [ə].

III. Слушайте и повторяйте!

[ím'ə... d'ád'ə ... t'ót'ə ... s'ivódn'ə]
úмя... дядя ... тëтя ... сегóдня

---

[1] Note the spelling here. This is a special ending you will learn later.

42

In unstressed syllables in English it is possible to pronounce either [ə] or an unaccented [i] without changing the meaning (in such words as 'Episcopal', for example). In Russian grammatical endings я is pronounced as [ə] when unaccented. It is important that the student be able to distinguish between [i] and [ə] in unaccented syllables, since this can make a difference in meaning.

IV. Слушайте и повторяйте!

[ón‿v'íd'it ... an'í‿v'íd'ət] *he sees ... they see*
он видит ... они видят

[ón‿kúp'it ... an'i‿kúp'ət] *he will buy ... they will buy*
он купит ... они купят

[kn'ígə‿stóit ... kn'íg'i‿stóyət] *the book costs ... the books cost*
книга стоит ... книги стоят

An exception to the general rule about the quality of unstressed **a** and **o** occurs when these are the very first letters of a word. In this case one always pronounces the unaccented [a], *not* [ə], no matter how far in front of the accented syllable this may be.

V. Слушайте и повторяйте!

[aftamát ... aftəzavót ... astanófkə ... apt'im'íst]
автомат ... автозавод... остановка ... оптимист

D. The Intonation of Incomplete Questions Introduced by the Conjunction *a* (IC-4)

The fourth intonation contour should not be difficult to produce, since it is very close to the English contour in questions without a question word. The problem will be in avoiding the use of this contour where it is unsuitable, since using it in regular questions in Russian will give them a non-neutral tone, indicating emotional overtones such as disbelief, uncertainty, surprise. In Russian IC-4 occurs in only one type of neutral question—*incomplete* questions (i.e., questions missing either subject or verb) which begin with the conjunction **a** (which is the equivalent of a contrastive '*and*').

In IC-4 any syllables before the main stressed syllable are pronounced at the speaker's mid-level. When the accented syllable is the last syllable, the tone rises *gradually* within this syllable. If there are syllables following the stressed syllable, the stressed syllable has lower than mid-level tone, and the rise occurs in the following syllable(s). The vowel of the accented syllable will be longer than is usual in either case.

I. Слушайте!

А вы?   А это?

II. Слушайте и повторяйте!

[a‿vɨ́]   [a‿maks'ím]   [a‿fxót]   [a‿étə]   [a‿vɨ́xət]   [a‿n'ínə]
А вы?   А Максим?   А вход?   А это?   А выход?   А Нина?

E. The "Flap" or "Trilled" Consonant [r]

I. Слушайте!

[právdə ... pras'it' ... záftrə ...   frúktí ... dóbrɨy ... urók]
правда ... просить ... завтра ...   фрукты ... добрый ... урок

[zdaróf ... v'íktər ... spórt ... párk]
здоров... Виктор ... спорт... парк

43

The Russian "flap" or "trilled" consonant [r] is very similar to the consonant in the middle of *'better'*. The tip of the tongue vibrates against the alveolar ridge (just behind the upper teeth), but a bit farther forward than we pronounce [t] in English.

The flap sound differs from the [t] in a word such as *'tall'* in that the latter is a *controlled* articulation. Although we are not conscious of it in normal speech, we can consciously control the various stages of its pronunciation and make the sound longer by delaying the release. In the case of the flap sound it is impossible to control the sound once the muscular impulse has been set off, and the contact cannot be made longer—this is a *ballistic* articulation. As when one throws a ball, the tongue is hurled with such force that it cannot be stopped until it bounces off the alveolar ridge. (The impulse can be repeated, but each individual "throw" is uncontrollable once it has been initiated.) The number of times the tongue tip strikes the alveolar ridge varies from speaker to speaker and depends upon the preciseness of speech at a given moment and the position within the word. Listen carefully during the exercise and imitate the native speakers or your teacher as closely as possible. (It is better to attain one good tap than to overdo it attempting a multiple trill unless the latter comes easily for you.) →

Be careful when pronouncing this sound not to let the tip of the tongue turn up toward the roof of the mouth—make certain it is aimed directly at the alveolar ridge behind the upper teeth.

II. *Слу́шайте и повторя́йте*!

[strá-s'istrá ·... trá-utrá ... zdrá-zdrástvuy ... pazdráv'it']
стра-сестра́ ... тра-утра́ ... здра-здра́вствуй ... поздра́вить

[ránə ... tramváy ... v'érə ... stró-stróit ... tró-m'itró]
ра́но ... трамва́й ... Ве́ра ... стро-стро́ит ... тро-метро́

[rózə ... urók ... strú-s'istrú ... trú-trúdnə ... drúk ... rúsk'iy]
ро́за ... уро́к ... стру-сестру́ ... тру-тру́дно ... друг ... ру́сский

[strí-s'istrí ... ríbə ... staríy ... záftrə ... spras'ít' ... právdə]
стры-сестры́ ... ры́ба ... ста́рый ... за́втра ... спроси́ть ... пра́вда

[frúktí ... katóriy ... brát ... dóbriy ... nav'érnə ... v'íktər]
фру́кты ... кото́рый ··· брат ... до́брый ... наве́рно ... Ви́ктор

[nóm'ir ... párk ... tórt ... spórt ... t'iátr]
но́мер ... парк ... торт ... спорт ... теа́тр

F. The Soft "Flap" Consonant [r']

The soft [r'] is also a vibrated or "tap" sound, but in addition to the basic articulation the middle part of the tongue is raised toward the hard palate. This gives the tongue a more restricted range of action and makes it more difficult for the American tongue to deliver the required ballistic articulation. Also, since the air passage is reduced, the sound may seem somewhat fricative. You must, however, be careful not to allow a fricative sound to replace the required tap of the tip of the tongue.

I. *Слу́шайте и повторя́йте*!

[trá-tr'á ... trú-tr'ú ... tró-tr'ó ... trí-tr'í ... rá-r'á ... rú-r'ú]
тра-тря ... тру-трю ... тро-трё ... тры-три ... ра-ря ... ру-рю

[ró-r'ó ... rí-r'í ... r'é ... rát-r'át ... r'ádəm ... gəvar'át ... kúr'ət]
ро-рё ... ры-ри ... ре ... рад-ряд ... ря́дом ... говоря́т ... ку́рят

[kur'í ... gəvar'í ... kúr'it ... smatr'ét' ... tr'ét'iy ... s'igar'étə]
кури́ ... говори́ ... ку́рит ... смотре́ть ... тре́тий ... сигаре́та

[vr'ém'ə ... ró-r'ó-r'yó ... urók ... fp'ir'ót ... s'ir'yóznə ... v'éru-v'er'u]
вре́мя ... ро-рё-рьё ... уро́к ... вперёд ... серьёзно ... Ве́ру-ве́рю

[kur'ú ... gəvar'ú ... d'v'ér'i-d'v'ér' ... vyinvar'é-yinvár' ... t'ip'ér']
курю́ ... говорю́ ... две́ри-дверь ... в январе́-янва́рь ... тепе́рь

G. Additional Uses of IC-2

I. Слу́шайте!

[dóbriy _ d'én']
Добрый день!   *Good day!* (upon meeting) Добрый день!

[dóbrəyə _ útrə]
Доброе у́тро!   *Good morning!*   Доброе утро!

[dəsv'idán'iə]
До свида́ния!   *Good-bye!*

[zdrástvuy]¹
Здра́вствуй!   *Hello!* (familiar)²   Здравствуйте!

[zdrástvuyt'i]¹
Здра́вствуйте!   *Hello* (polite)²

[spas'íbə]
Спаси́бо!   *Thank you!*

[prast'ít'i]   or   [izv'in'ít'i]
Прости́те!   Извини́те!   *Pardon me!* ³

[n'ínə / zdrástvuy]
Ни́на, здра́вствуй!   *Nina, hello!*

[ánə _ p'itróvnə / zdrástvuyt'i]   *Anna Petrovna, hello!*
А́нна Петро́вна, здра́вствуйте!

A variant of IC-2 is used in greetings and similar polite formulas, and when addressing a person by name. In this variant of IC-2 the stressed syllable is pronounced at a higher level than in the basic variant and the tone falls within the accented syllables (but does not fall as far as in IC-1).

II. Слу́шайте и повторя́йте I!

H. IC-3 in Requestioning

If a speaker repeats part or all of a question because the answer has not been heard clearly, IC-3 will be used in the repeated question, no matter what the intonation of the original question was. (We do something similar in English, so this should cause no difficulty in Russian if the student has mastered the sharp rise of IC-3.)

I. Слу́шайте и повторя́йте!

1. — Кто́ э́то?   — Кто́?   2. — Как вас зову́т?   — Как?
— Э́то Макси́м.   — Макси́м.   — Ни́на.   — Ни́на.

¹ Note that one of the letters which is written is dropped in the pronunciation of these forms. Russians normally use such greetings only upon the first encounter of the day, not on each following meeting.
² Familiar forms of address are used in addressing a member of one's family, a close friend of about the same age, a child, or an animal. Polite forms of address are used to other persons or whenever more than one person is addressed.
³ These forms are used only if asking forgiveness, not when excusing oneself from the table or leaving a room.

3. — Где мои́ сигаре́ты? *cigarettes*
   — На окне́.
   — Где?
   — На окне́.

4. — Куда́ идёт Зи́на?
   — Зи́на идёт в теа́тр. [ft'iàtr] *to the theater*
   — Куда́?
   — В теа́тр.

I. Review Exercise on the Contrast Between IC-3 and IC-1

I. Слу́шайте и повторя́йте!

[étə‿d'ád'ə]

— Э́то дя́дя? *"Is this your uncle?"*

[étə‿z'inə]

— Э́то Зи́на? *"Is this Zina?"*

[étə‿kn'igə]

— Э́то кни́га? *"Is this a book?"*

[étə‿p'is'mó]

— Э́то письмо́? *"Is this a letter?"*

[étə‿d'ád'ə]

— Э́то дя́дя. *"This is (my) uncle."*

[étə‿z'inə]

— Э́то Зи́на. *"This is Zina."*

[étə‿kn'igə]

— Э́то кни́га. *"This is a book."*

[étə‿p'is'mó]

— Э́то письмо́. *"This is a letter."*

II. Слу́шайте и повторя́йте! Вы́учите наизу́сть! Learn by heart!

Remember to strive for smoothness and for lack of superfluous pauses.

1. — Э́то твоя́ ма́ма?
   — Нет, / э́то не ма́ма. Э́то тётя [t'òt'ə]
     "This is (my) aunt."
   — Кто?
   — Э́то моя́ тётя.

2. — Э́то его́ [yivó] па́па? *"Is that his Papa?"*
   — Нет,/ э́то его́ дя́дя. *"No, that's his uncle."*
   — Как его́ зову́т? *"What's his name?"*
   — Макси́м.

3. — Кто э́то?
   — Э́то мой знако́мый. [znakóm‍iy]
     "That's an acquaintance of mine." (m.)
   — Как его́ зову́т?
   — Его́ зову́т Анто́н.
   — Кто он?
     "What is he?"
   — Он хи́мик. [x'im'ik]
     "He's a chemist."

4. — Кто э́то?
   — Э́то моя́ знако́мая. [znakóməyə]
     "This is an acquaintance of mine." (f.)
   — Как её [yiyó] зову́т?
     "What's her name?"
   — Её зову́т Ве́ра.
   — Кто она́?
   — Она́ фи́зик. [f'iz'ik]
     "She's a physicist."

5. — Где вы́ход?
   — Здесь. [z'd'és']
     (здесь = тут; тут is more conversational
     in tone.)
   — А вход?
   — Вход там.

6. — Ни́на до́ма?
   — Нет.
   — А Макси́м?
   — Макси́м до́ма.

7. – Это кни́ги?
   "Are these books?"

   – Да́.
   – А э́то?
   – Э́то газе́та. [gaz'etə]
   "That's a newspaper."

8. – Куда́ идёт Макси́м?
   – В кино́. [fk'ino]
   "To the movies."

   – А Зи́на?
   – Зи́на идёт домо́й.

9. [zdrastvuyt'i]
   – Здра́вствуйте!
   "Hello! "

   [dóbrəyə utrə v'iktər] [1]
   – До́брое у́тро, Ви́ктор!
   "Good morning, Victor."

   – А́нна Петро́вна до́ма?
   "Is Anna Petrovna at home?"

   – Нет.
   – А Ни́на?
   – Ни́на до́ма.

10. [mayo m'éstə]
   – Э́то моё ме́сто?
   "Is this my seat?"

   – Нет, / э́то моё ме́сто.
   – А где моё ме́сто?
   – Твоё ме́сто там.

11. – Где мои́ сигаре́ты? [s'igar'eti]
    "Where are my cigarettes?"

    – На окне́.
    – Где?
    – На окне́.

12. [tvayi s't'ix'i]
    – Э́то твои́ стихи́?
    "Is this your poetry (verses)?"

    – Да, / мои́.

13. [vi kur'it'i] [xat'it'i s'igar'étu]
    – Вы ку́рите? Хоти́те сигаре́ту?
    "Do you smoke? Want a cigarette?"

    [spas'ibə] [ya n'i kur'u]
    – Нет, / спаси́бо. Я не курю́.
    "No, thanks. I don't smoke".

    – А вы?
    "How about you?"

    – И я не курю́.
    "I don't smoke either."

14. [dóbriy d'én']
    До́брый день!
    Good day!

15. [dəsv'idan'iə]
    До свида́ния!
    Good-bye!

16. [pras't'it'i] [izv'in'it'i]
    Прости́те! or Извини́те!
    Pardon me! / Excuse me!

III. Чита́йте!

1. – Э́то его́ ма́ма?
   – Нет, / э́то его́ тётя.
   – Как её зову́т?
   – А́нна Петро́вна.

2. – Э́то твой дя́дя?

   – Нет, / э́то мой па́па.
   – Кто он?
   – Он хи́мик.
   – А твой дя́дя?
   – Фи́зик.

---

[1] Note that when the greeting comes before the name there is only one syntagma. Do not let yourself be tricked into reading a pause wherever Russian has a comma—many of them are a purely formal device which does not correspond to actual speech.

3. — Кто́ э́то?

— Э́то мой знако́мый. Он но́вый студе́нт.

— Как его́ зову́т?

— Анто́н.

4. — Кто́ э́то?

— Э́то моя́ знако́мая.

— Она́ но́вая студе́нтка?

— Да́. Её зову́т Ве́ра.

5. — Э́то вхо́д?

— Не́т, / э́то вы́ход.

— А где вхо́д?

— Вхо́д там.

6. — Кто́ э́то?

— Э́то Макси́м. Он мой но́вый знако́мый.

7. — Э́то твои́ кни́ги?

— Да́.

— А э́то?

— Э́то моя́ газе́та.

8. — До́брое у́тро, Ве́ра!

— Здра́вствуйте, А́нна Петро́вна! Макси́м до́ма?

— Не́т, / Макси́м в кино́.

— А Ни́на?

— Ни́на до́ма.

9. — Моё ме́сто здесь.

— А моё ме́сто?

— Вот твоё ме́сто.

— Не́т, / э́то не моё ме́сто.

10. — Где мои́ кни́ги?

— Та́м, / на окне́.

— Где́?

— На окне́.

11. — Извини́те, / где моё ме́сто?

— Вот оно́.

— Спаси́бо.

12. — До́брый де́нь, Анто́н!

— Здра́вствуй, Зи́на!

13. — Ви́ктор! Куда́ ты?

— Домо́й. До свида́ния!

14. — Вы ку́рите? Хоти́те сигаре́ту?

— Не́т, / спаси́бо. Я не курю́.

— А вы́?

— И я́ не курю́.

15. — Кто́ э́то?

— Э́то Ве́ра.

— Кто́?

— Ве́ра. Она́ но́вая студе́нтка.

16. — Э́то его́ стихи́?

— Не́т, / э́то мои́ стихи́.

17. — Прости́те, / где вы́ход?

— Вы́ход здесь.

— Спаси́бо.

18. — Кто́ ест суп?

— Анто́н. И я́ ем суп.

19. — Извини́те, / э́то вхо́д?

— Не́т, / э́то вы́ход. А вхо́д там.

20. — Э́то моя́ статья́?

— Не́т, / э́то моя́ статья́.

— А где моя́ статья́?

— Она́ на окне́.

21. — Где бума́га?

— Та́м, / на окне́.

— Где́?

— На окне́.

— Да́, / вот она́. Спаси́бо.

22. — Э́то фа́кт?

— Да́, / фа́кт.

23. — Макси́м физи́к?

— Да́, / физи́к.

— А твой дя́дя?

— И дя́дя фи́зик.

— А Зи́на?

— Зи́на хи́мик.

24. Э́то но́вая бу́ква.

25. Э́то но́вый звук.

IV. Чита́йте!

парк	фо́рма	мото́р	А́фрика	актри́са	рестора́н
сорт	до́ктор	теа́тр	о́пера	гита́ра	вариа́нт
грамм	фра́за	бюро́	а́рмия	дире́ктор	сувени́р
спорт	пре́фикс	тури́ст		програ́мма	самова́р
порт	ро́за	конгре́сс		раке́та	секрета́рь
	гру́ппа	Сиби́рь		фигу́ра	аппара́т
	ма́стер	пара́д			партиза́н
	ю́мор	сюрпри́з			инструме́нт
	па́спорт	хокке́й			пессими́ст
	тра́ктор	спортсме́н			коридо́р
	тре́нер				

иро́ния	стюарде́сса	аэропо́рт	геогра́фия	архитекту́ра
профе́ссия	санато́рий	экспериме́нт	биогра́фия	
грамма́тика	экскава́тор	аккордео́н	фотогра́фия	
Аме́рика		пенсионе́р	киберне́тика	
траге́дия				
эне́ргия				
тео́рия				
экску́рсия				

WRITTEN ASSIGNMENT

Note that the soft sign is not a loop-letter and is no taller than the lower-case vowel letters. The soft sign never occurs at the beginning of words.

ь ь

б

— Кто э́то?

— Кто э́то?

— Э́то Анто́н.

— Э́то Анто́н.

— Кто он?

— Кто он?

— Кто э́то? — Э́то Анто́н. — Кто он?

Он но́вый студе́нт?

Он но́вый студе́нт?

— Да.

— Да.

Он но́вый студе́нт? — Да.

— Вот идёт Зина.
— *Вот идёт Зина.*

— Она новая студентка?
— *Она новая студентка?*

— Вот идёт Зина. — Она новая сту-

— Нет.
— *Нет.*

— Это твоя статья?
— *Это твоя статья?*

дентка? — Нет. — Это твоя статья?

— Да, моя.
— *Да, моя.*

— Где моя книга?
— *Где моя книга?*

— Да, моя. — Где моя книга?

— На окне.
— *На окне.*

Нина идёт домой.
Нина идёт домой.

— На окне. Нина идёт домой.

— Это факт?
— *Это факт?*

— Да, это факт.
— *Да, это факт.*

— Это факт? — Да, это факт.

Зина и Нина поют.
Зина и Нина поют.

И Максим поёт.
И Максим поёт.

Зина и Нина поют. И Максим поёт.

ASSIGNMENT:
1. Write half a line of the soft sign.
2. Write each sentence three times.

50

LESSON V

A. The Hard Consonant [l]

I. Слушайте!

[klúp ... xalódnіy ... stalí ... dólgə ... glás ... lámpə]
клуб ... холо́дный ... столы́ ... до́лго .. глаз ... ла́мпа

[pól ... dál ... kup'íl]
пол... дал... купи́л

The closest English equivalent to the Russian hard [l] is the sound at the end of such words as 'fall', but the Russian sound is even "darker" in coloration. To produce the Russian sound correctly you must place the tip of the tongue *very firmly* on the back of the upper teeth, at the same time raising the back part of the tongue toward the back portion of the roof of the mouth, where the vowel [ú] is pronounced. (It is the raising of the back part of the tongue which gives the sound its "dark" coloration.) Since both the tip and the back of the tongue are raised, the middle portion of the tongue forms a saddle. The tongue is much tenser than in the corresponding English sound.

The English "dark" [l] occurs only at the end of words or before other consonants, while the Russian sound occurs in all positions, including the beginning of words. To avoid confusing the Russian sound with the corresponding English sound, make certain that the contact of the tip of the tongue is firm and the back of the tongue is raised very far towards the back of the mouth. →

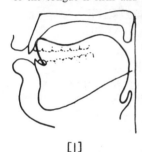

[l]

II. Слушайте и повторяйте!

[klúp... glúpiy ... vuglú ... glóbus ... pólka... dólgə]
клуб.. глу́пый.. в углу́... гло́бус... по́лка.. до́лго

[kalxós ... xalódnіy ... d'iplóm... plóxə ... t'ipló ... glás]
колхо́з... холо́дный... дипло́м.. пло́ха.. тепло́... глаз

[glávniy ... klás ... kladú ... lámpə ... ládnə ... dalá]
гла́вный ... класс ... кладу́ ... ла́мпа ... ла́дно ... дала́

[bilá ... stalí ... ulípka ... b'éliy ... dalá-dal ... ználə-znál]
была́ ... столы́ ... улы́бка ... бе́лый ... дала́-дал ... зна́ла-знал

[yél ... v'íd'il ... gəvar'íl]
ел ... ви́дел ... говори́л

4*

51

B. The Soft Consonant [l']

I. Слу́шайте!

[íl'i ... kup'íli ... gul'át' ... l'úd'i ... l'ót ... fíl'm ... apr'él']
и́ли ... купи́ли ... гуля́ть ... лю́ди ... льёт ... фильм... апре́ль

English has no real equivalent of the Russian soft [l'], the English "bright" sound in such words as '*lit*' being pronounced in quite a different fashion. For the Russian sound the tip of the tongue should be placed *firmly* on the back of the *lower* teeth. The blade of the tongue (the part just behind the tip) touches the back of the upper teeth, and as much as possible of the middle part of the tongue is raised toward the hard palate. The tongue is less tense than for the Russian hard [l] but there must be *firm* contact. It may help you to learn to produce the sound if you place your tongue in the position just described and then let it glide back and forth slightly over the area of contact. →

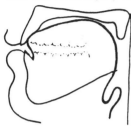

[l']

II. Слу́шайте и повторя́йте!

[íl'i ... p'íl'i ... kup'íl'i ... vas'íl'iy ... v'íd'il'i ... yél'i ... s'él'i]
и́ли ... пи́ли ... купи́ли ... Васи́лий ... ви́дели ... е́ли ... се́ли

[s'id'él'i ... b'il'ét ... dál'i ... zvál'i ... d'élǝl'i ... bíl'i]
сиде́ли ... биле́т ... да́ли ... зва́ли ... де́лали ... бы́ли

[l'í ... l'ídǝ ... l'és ... l'étǝ ... gul'át' ... n'id'él'ǝ ... l'úd'i ... l'ót]
ли ... Ли́да... лес ... ле́то ... гуля́ть ... неде́ля ... лю́ди ... лёд

[yéy-yél' ... dáy-dál' ... yúk-l'úk ... yót-l'ót ... lí-l'í-l'yí]
ей-ель ... дай-даль... юг-люк ... йод-лёд ... лы-ли-льи

[ló-l'ó-l'yó ... lá-l'á-l'yá ... l'ót-l'yót-l'yút ... straít'il'i-straít'il']
ло-лё-льё ... ла-ля-лья ... лёд-льёт-льют ... строи́тели-строи́тель

[partf'él'i-partf'él' ... rubl'í-rúbl' ... angl'íysk'iy ... xl'ép ... z'iml'á]
портфе́ли-портфе́ль ... рубли́-рубль ... английский ... хлеб ... земля́

[kupl'ú ... l'ubl'ú ... fíl'm ... pal'tó ... tól'kǝ ... skól'kǝ]
куплю́... люблю́... фильм... пальто́... то́лько... ско́лько

C. The Russian Fricative Consonants [ž] and [š]

I. Слу́шайте!

[xažú ... žárkǝ ... žal' ... žít' ... p'išú ... sášǝ ... šés't' ... mašínǝ]
хожу́ ... жа́рко... жаль ... жить ... пишу́... Са́ша ... шесть ... маши́на

52

The closest English equivalent to the voiced Russian fricative [ž] is the *r* at the beginning of such words as *'red'* if *strongly exaggerated*. The voiceless corresponding sound is [š]. These are sounds with two focus points (as was the case with the Russian hard [ł]) — both the tip and the back part of the tongue are raised, with a saddle in the middle of the tongue. To produce the sounds correctly turn the tip of the tongue up and slightly back, at the same time raising the back part of the tongue to the area where the vowel [ú] is pronounced. It helps if you will set the lower jaw firmly and jut it forward a bit.

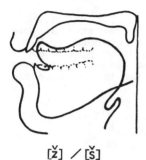

[ž] ∕ [š]

By looking carefully at the diagram above you can see easily why these two sounds have no soft equivalents — they are hard by nature. Since the middle of the tongue must be low, it cannot possibly be raised to the necessary position for palatalization. Beware of the Russian spelling however, for the "soft" vowel letters и, e *are* written after these consonants, as is the soft sign ь. Whatever may be written following ж/ш, remember to keep the consonants hard. When the vowel и follows these consonants, it will be pronounced [i]. →

III. *Слушайте и повторяйте*!

[žú ... xažú ... skažú ...v'ížu... žó ... žón... žá ... žál']
жу ... хожý ... скажý... вúжу... жо... жён... жа... жаль

[žárkə ... pažáləstə ... žé ... žénsk'iy ... žł ... žít ... žiná]
жáрко ... пожáлуйста ... же ... жéнский ... жи ... жить ... женá

[skažít'i ... móžnə ... núžnə ... káždiy ... ždát' ... žd'ót'i]
скажúте ... мóжно ... нýжно ... кáждый ... ждать ... ждёте

[žíl-šíl ... sážə-sášə ... šú ... šútkə ... p'išú ... ušól]
жил-шил ... сáжа-Сáша ... шу ... шýтка ... пишý ... ушёл

[xərašó ... šápkə ... šáxməti ... šés't' ... mašinə ... šistóy]
хорошó ... шáпка ... шáхматы ... шесть ... машúна ... шестóй

[štó[1] ... ušlá ... bal'šóy ... loškə ... škólə ... v'íd'iš ... id'óš]
что ... ушлá ... большóй ... лóжка ... шкóла ... вúдишь ... идёшь

D. The Intonation of Alternative Questions

Alternative questions (questions containing **или** = *or*) must be pronounced as two syntagmas. The first syntagma is pronounced with IC-3, the rise being on the key word of the syntagma; the second syntagma is pronounced with IC-2.

I. *Слушайте и повторяйте*!

Мáма дóма / или нéт?

---

[1] Note that the [š] in this word is represented by a different symbol.

Вы идёте домо́й[3] / и́ли не́т?[2]

Э́то твоя́ статья́[3] / и́ли не́т?[2]

Твой па́па фи́зик[3] / и́ли хи́мик?[2]

Э́то кни́га[3] / и́ли газе́та?[2]

E. The Russian Affricate Consonants [ts] and [č]

Affricates are consonant sounds having two phases of articulation. The first phase is a stop sound, the second phase a fricative sound produced at the same place of articulation. Instead of the clear-cut release of a stop consonant, the tongue is withdrawn from the point of contact a very short distance for a very short period of time and the air flows through this narrowed passage. It is important, however, that the two phases form a unit, that they be pronounced *in very rapid* succession.

I. *Слу́шайте!*

[at'éts ... l'itsó ... kan'éts ... čístə ... čáy ... óčin' ... ačk'í]
отец ... лицо́ ... коне́ц ... чи́сто ... чай ... о́чень ... очки́

[atsá ... d'étsk'iy ... dvátsət' ... ká̇žitsə ... katátsə]
отца́ ... де́тский ... два́дцать... ка́жется ... ката́ться

The hard Russian affricate [ts] begins as a hard Russian [t], which turns into a fricative at the same point of articulation. Since it is related to hard [t], this affricate will always be *hard* no matter what letter may be written after it.

Note in the second line of examples above that this affricate is represented in the writing system not only by ц, but also in some cases by тс, тьс, дц. Also note that when it occurs after т/д or in the combinations -тся/-ться a long affricate results. This is produced by holding the tongue in position for the stop phase a fraction of a second longer than usual. →

II. *Слу́шайте и повторя́йте!*

[atsá ... atsú ... atsóm ... atsí ... tsá ... tsó ... tsú ... tsí]
отца́... отцу́ ... отцо́м ... отцы́ ... ца ... цо ... цу ... цы

[l'itsó ... úl'itsə ... af'itsér ... tséntr ... nətsianál'nəs't' ... at'éts]
лицо́ ... у́лица ... офице́р ... центр ... национа́льность ... отец

[kan'éts ... tsv'ití ... stsénə ... kal'tsó ... kantsért ... n'im'étsk'iy]
коне́ц ... цветы́ ... сце́на ... кольцо́ ... конце́рт ... неме́цкий

[d'étsk'iy ... sav'étsk'iy ... dvátsət' ... ká̇žitsə ... učítsə ... katátsə]
де́тский ... сове́тский ... два́дцать... ка́жется... учи́ться... ката́ться

The soft Russian affricate [č] begins as a soft Russian [t'], which changes to a fricative sound at the same point of articulation. The sound is always *soft*, no matter what letter is written after it. In fact, the Russian sound is softer than the corresponding English sound — remember to keep the tip of your tongue behind the *lower* teeth and the middle part of the tongue high.

III. *Слу́шайте и повторя́йте!*

[čístə ... čitát' ... učít' ... čilav'ék ... čéy ... začém ... óčin']
чи́сто... чита́ть... учи́ть... челове́к ... чей ... заче́м ... о́чень

[čáy ... čás ... s'ičás ... čórnɨy ... učónɨy ... učú ... kr'ičú]
чай... час ... сейча́с ... чёрный ... учёный ... учу́ ... кричу́

[mál'čik ... kón'čit' ... pačt'í ... fčirá ... d'évəčka ... ačk'í]
ма́льчик ... ко́нчить ... почти́ ... вчера́ ... де́вочка ... очки́

[čá-čyá ... čó-čyó ... čí-čyí ... čú-čyú ... nóčyu ... l'éč ... kl'úč]
ча-чья ... чё-чьё ... чи-чьи... чу-чью ... ночью... лечь ... ключ

[dóč ... ivánivánəvič ... šá-čá... šú-čú ... šó-čó ... šé-čé ... ší-čí]
дочь ... Иван Иванович... ша-ча... шу-чу... шо-чё... ше-че...ши-чи

[šés't'-čés't' ... d'évəčkə-d'évuškə ... v'ét'ir-v'éčir ... vrát'-vráč]
шесть-честь ... девочка-девушка ... ветер-вечер ... врать-врач

[t'éx-čéx ... t'ésnə-čésnə ... stat'yá-čyá]
тех-чех ... тесно-честно ... статья-чья

F. The Long Soft Russian Fricative [š']

I. Слушайте!

[iš'í ... yiš'ó ... v'éš'i ... š'itát' ... dóš]
ищи... ещё ... вещи ... считать... дождь

This *long* soft fricative is *not* a counterpart to the hard fricative [š], at least not in the sense in which other hard and soft consonants form pairs. This consonant is produced by lowering the tip of the tongue and raising the middle part of the tongue toward the hard palate, and it is always a long sound. Note that this sound may be represented in the spelling not only by щ but also by сч and by ждь at the very end of a word.

II. Слушайте и повторяйте!

[iš'í ... š'í ... v'éš'i ... óvəš'i ... š'ótkə ... yiš'ó ... ší-š'í]
ищи... щи ... вещи ... овощи... щётка ... ещё ... ши-щи

[šé-š'é ... šá-š'á ... šó-š'ó ... šú-š'ú ... v'éš'i-v'éš' ... dóš]
ше-ще ... ша-ща... шо-щё... шу-щу... вещи-вещь ... дождь

G. The Intonation of Requests

Polite requests are normally pronounced with IC-3.

I. Слушайте и повторяйте!

[fxad'ít'i]   [pədažd'ít'i]

Входите!   *Come in!*   Подождите!   *Wait!*

[slušəyt'i]   [skažit'i̯ pažáləstə / gd'é n'inə]

Слушайте!   *Listen!*   Скажите, пожалуйста, где Нина?
                          Tell (me) please, where's Nina?

[p'išit'i]

Пишите!   *Write!*

In *peremptory commands* IC-2 is used.

II. Слушайте!

[slušəyt'i]   [pədažd'ít'i]

Слушайте!   Подождите!

(This use will not be drilled actively.)

55

H. Repetition of a Question Before Answering

If the person addressed repeats a question before answering, this will be done with IC-3, and the main stress will always be on the last word, no matter where it was in the original question.

I. Слу́шайте и повторя́йте!

— Как его́ зову́т?

— Как его́ зову́т? Анто́н.

— Где моя́ кни́га?

— Твоя́ кни́га? На окне́.

I. The Intonation of Questions Having an Implication of Request

Questions which are at the same time a request (as when filling out a questionnaire, etc.) are pronounced with IC-4, the slow-rise intonation.

I. Слу́шайте и повторя́йте!

[vášɨ im'ə]
— Ва́ше и́мя?   *"Your first name?"* (polite address)

— Ива́н.

[óčistvə]
— О́тчество?   *"(Your) patronymic?"* (A name derived from the father's first name.)

[ivanəv'íč]
— Ива́нович.

[fam'il'iyə]
— Фами́лия?   *"(Your) last name?"*

[ivanóf]
— Ивано́в.   *"Ivanov."*

[natsɨanal'nəs't']
— Национа́льность?   *"(Your) nationality?"*

[rúsk'iy]
— Ру́сский.   *"Russian."*

Repeat the preceding exercise and the following items until you know them by heart.

I. Слу́шайте и повторя́йте! Вы́учите наизу́сть!

1. — Де́вочка, / как тебя́ зову́т?   *"What's your name, little girl?"* (familiar)

   — Ма́ша.   *"Masha."*

   — У тебя́ есть сестра́?   *"Do you have a sister?"*

   — Есть.   *"I do."*

   — Как её зову́т?   *"What's her name?"*

   — Как её зову́т? Ната́ша.   *"What's her name? Natasha."*

   — А па́пу?   *"And (your) Papa?"*

   — Его́ зову́т Ива́н Ива́нович.   *"His name is Ivan Ivanovich."*

2. [pəznakóm't'is'   étə‿móy‿brát‿val'er'iy]
— Познако́мьтесь, / э́то мой брат Вале́рий.   *"Meet my brother Valery."*

— Ве́ра.   *"Vera."*

— Вале́рий.   *"Valery."*

3. [al'ó]
— Алло́!¹ А́нна Петро́вна?   *"Hello! Anna Petrovna?"*
Здра́вствуйте!

Э́то говори́т Ви́ктор.   *"This is Victor."*

— Здра́вствуйте, Ви́ктор!   *"Hello, Victor! "*

— А́нна Петро́вна, / Лари́са до́ма /   *"Anna Petrovna, is Larisa at home*
и́ли нет?   *or not? "*

— Нет.   *"No."*

— Вы не зна́ете, где она́?   *"Do you happen to know, where she is? "*
[vɨns't'itut'i]

— В институ́те.   *"At the institute."*

— Где?   *"Where?"*

— В институ́те.   *"At the institute."*

[spas'ibə]   [fs'ivó‿xaróšivə]

— Спаси́бо.   Всего́   хоро́шего!²   *"Thank you. Good-bye."*

4. [skažɨt'i‿pažáləstə]   [cyi‿
— Скажи́те,   пожа́луйста, /   чьи   *"Tell me please, whose*
‿étə‿v'eš'i]   *things are these?"*
э́то   ве́щи?

— Чьи э́то ве́щи? Мой.   *"Whose things are these? Mine."*

5. — Вы говори́те по-англи́йски?   *"Do you speak English?"*

— Говорю́.   *"I do."*

— А по-ру́сски?   *"And Russian?"*

— Немно́го. Я изуча́ю ру́сский язы́к.   *"A little. I'm studying Russian."*

6. — Ты зна́ешь э́ти стихи́?   *"Do you know these verses?"*

— Да. А ты?   *"Yes. Do you?"*

— Я их не зна́ю.   *"I don't know them."*

7. Ни́на учени́ца.   *(schoolgirl, pupil)*

Ве́ра студе́нтка.   *(student, higher education)*

---

¹ **Алло́!** is used only on the telephone. Note soft [l'].
² **Всего́ хоро́шего!** means literally '*Best of everything*!'.

Лари́са аспира́нтка.   *(graduate student)*

8. Вале́рий учени́к.   *(schoolboy, pupil)*

   Ви́ктор студе́нт.   *(student, higher education)*

   Анто́н аспира́нт.   *(graduate student)*

9. А́нна Петро́вна преподава́тельница.   *(teacher)*

   Её сестра́ профе́ссор.

10. Ива́н Ива́нович преподава́тель. Он преподаёт в шко́ле.   *(teaches in school)*

   Его́ дя́дя профе́ссор. Он преподаёт в университе́те.

Word-Study

учени́к — учени́ца	-ник / -ница
преподава́тель — преподава́тельница	/ -ница
студе́нт — студе́нтка	/ -ка
аспира́нт — аспира́нтка	/ -ка

(But **профе́ссор** has only one form.)

Note that Russians are much more careful than we are about the specific level of instruction—in English we can get along with the word *'student'* for most levels of study. In Russian an awkward situation may result if you use the wrong word.

II. *Чита́йте!*

1. — Де́вочка, как тебя́ зову́т?
   — Ната́ша.
   — У тебя́ есть брат?
   — Есть.
   — Как его́ зову́т?
   — Как его́ зову́т? Макси́м.

2. — Вале́рий, у тебя́ есть сестра́?
   — Есть.
   — Как её зову́т?
   — Как её зову́т? Ма́ша.
   — А па́пу?
   — Па́пу? Его́ зову́т Анто́н Ива́нович.

3. — Познако́мьтесь, э́то моя́ сестра́.
   — Ви́ктор.
   — Ни́на.

4. — Алло́! Ива́н Ива́нович? Здра́вствуйте! Э́то говори́т Ве́ра.
   — Здра́вствуй, Ве́ра.
   — Ива́н Ива́нович, Макси́м до́ма и́ли нет?
   — Нет.
   — А вы не зна́ете, где он?
   — Макси́м в институ́те.
   — Спаси́бо. Всего́ хоро́шего!

5. — А́нна Петро́вна! Скажи́те, пожа́луйста, где мои́ ве́щи?
   — Твои́ ве́щи? Вот они́, на окне́.
   — Спаси́бо. До свида́ния!

6. — Скажи́те, пожа́луйста, чьи э́то сигаре́ты?
   — Сигаре́ты? Твои́.
   — Чьи?
   — Э́то твои́ сигаре́ты.

7. — Вы говори́те по-ру́сски?
   — Да, говорю́.
   — А по-англи́йски?
   — Немно́го говорю́.

8. — Зи́на, кто э́то?
   — Э́то моя́ но́вая знако́мая.
   — Как её зову́т?
   — Ма́ша.
   — Кто она́? Она́ студе́нтка?
   — Нет, она́ фи́зик.

9. — Ви́ктор, куда́ ты идёшь? Домо́й?
   — Нет, я иду́ в кино́.

10. — Кто ест суп?
    — А́нна ест суп. И я ем суп.

11. — Кто поёт?
    — Мы поём.

12. — До́брое у́тро, Ви́ктор!
   — Здра́вствуйте, Ива́н Ива́нович!
13. — Де́вочка, где твоё ме́сто?
   — Моё ме́сто здесь.
14. — Ма́ма, где А́нна Петро́вна?
   — В институ́те.
15. — Макси́м, кто твой па́па?
   — Мой па́па хи́мик.
   — А дя́дя?
   — Дя́дя фи́зик.
16. — Прости́те, где мои́ кни́ги?
   — Кни́ги? Вот они́.
17. — Хоти́те сигаре́ту?
   — Нет, спаси́бо. Я не курю́.
   — А вы?
   — И я не курю́.
18. — Ви́ктор, у тебя́ есть газе́та?
   — Есть. Вот она́.
19. — Чья э́то статья́?
   — Э́то моя́ статья́.
20. — Макси́м, у тебя́ есть бума́га?
   — Нет.
   — А у тебя́, Ма́ша?
   — Есть. Она́ тут, на окне́.
21. — Извини́те, пожа́луйста, где здесь вход?

   — Вход там.
   — Спаси́бо.
22. — До́брый день! Я но́вый студе́нт.
   — Ва́ше и́мя?
   — Анто́н.
   — О́тчество?
   — Ива́нович.
   — Фами́лия?
   — Ивано́в.
   — Национа́льность?
   — Ру́сский.
23. — Ты зна́ешь э́ти стихи́?
   — Нет, я их не зна́ю. А вы?
   — Я их зна́ю.
24. — Я изуча́ю ру́сский язы́к и немно́го говорю́ по-ру́сски.
25. Кака́я э́то бу́ква?
26. Како́й э́то звук?
27. Её брат учени́к и́ли студе́нт?
28. Её сестра́ студе́нтка и́ли аспира́нтка?
29. Его́ дя́дя профе́ссор.
30. Её ма́ма преподава́тельница.

III. Чита́йте! (*Remember the rules of word dynamics in Russian.*)

царь	кло́ун	футбо́л	маши́на	шокола́д	мело́дия
борщ	кли́мат	конце́рт	экза́мен	фестива́ль	тради́ция
фильм	Во́лга	сигна́л	флами́нго	офице́р	телегра́мма
цирк	ла́мпа	альбо́м	термо́метр	лейтена́нт	балери́на
	ма́ршал	бага́ж		алфави́т	специали́ст
	су́ффикс	проце́нт		баскетбо́л	капитали́зм
	ску́льптор	режи́м		журнали́ст	аппендици́т
		гара́ж		инжене́р	буржуази́я
		проце́сс		телефо́н	филосо́фия
		моде́ль		чемпио́н	авиа́ция
		секре́т			биоло́гия
		Ура́!			ситуа́ция
		шофёр			экспеди́ция
		балко́н			интона́ция
		сала́т			конститу́ция
		мета́лл			револю́ция
					температу́ра
					фотоаппара́т
					аудито́рия
					интеллиге́нция
					демократи́ческий

J. Reading Rules

Although the Russian orthography reflects more closely the pronunciation than is the case in English, it is still not a truly phonetic representation of the spoken language. Nevertheless, by following a few simple rules one can read correctly any new Russian word, provided one knows which syllable is accented.

Vowels: Remember that the soft vowel symbols я, ю, ё, е represent the consonant [y] plus a vowel sound only in the following situations:

1. when the first letter in a word: я [yá], юг [yúk], ёлка [yólkə], ем [yém];
2. following vowel letters: моя [mayá], мою [mayú], моё [mayó], моей [mayéy];
3. after the soft sign or hard sign: семья [s'im'yá], семью [s'im'yú], семьёй [s'im'yóy], семьé [s'im'yé], съел [syél].

Following consonant symbols the soft vowel letters merely indicate the softness of the consonant, and there must *not* be an independent [y] before the vowel: дядю [d'ád'u], живём [živ'óm].

Remember that [o] and [e] do not normally occur except in accented syllables. Elsewhere they are replaced by the unaccented varieties of а and и.

Consonants: Russian consonants are pronounced hard before hard vowel symbols and soft before soft vowel symbols and the soft sign (семья, мать, письмó). The hardness or softness of a consonant is an important component of a word stem. Remember that when read without a pause a word beginning with и is pronounced as if written with ы if the preceding word ends in a hard consonant: в институте [vinst'itút'i], Ивáн Ивáнович [iván‿ivánəv'ič], сын и дочь [sin‿i‿doč]. The hard consonant of the preceding word is kept hard by pronouncing the proper variant of vowel after it.

Voiced and Voiceless Consonants, Assimilation and Devoicing:

Voiceless	п ф т с ш к
Voiced	б в д з ж г

None of these voiced consonants occurs at the end of a word before a pause. The voiceless counterpart is pronounced in this position: муж [múš], сосéд [sas'ét], Олéг [al'ék].

None of these voiced consonants occurs before a voiceless consonant: The voiceless counterpart is pronounced instead: вторóй [ftarój], в шкóле [fškól'i], сосéдка [sas'étkə].

None of these voiceless consonants occurs before any voiced consonant except м, н, р, л, в and [y]. Note that while в becomes devoiced before voiceless consonants, it does *not* cause a preceding voiceless consonant to become voiced: óтдых [ódix] (тд⟩ дд⟩д), к дóму [gdómu]; *but* свой [svóy], к вам [kvám].

Certain consonants are always hard or soft by nature (due to the manner in which their basic articulation occurs), no matter what letter may be written after them:

Always hard: ж, ш, ц женá [žiná], живý [živú], живёшь [živ'óš], цирк [tsírk].
Always soft: ч, щ, [y] сейчáс [s'ičás], ещё [yiš'ó].

Some Special Cases

The genitive singular pronoun егó and the genitive singular modifier endings -ого/-его are pronounced with [v] in place of [g]: егó [yivó], ничегó [n'ičivó].

The combinations -тся, -ться are pronounced as if spelled -цца: ýчится [účitsə], учи́ться [učítsə]. (The consonant here is actually a *long* affricate, made by holding the tongue at the point of contact for a fraction of a second before producing the fricative portion of the sound.)

K. Spelling Rules

The following rules concern *spelling only* and have no effect on pronunciation. But you must know them so well that they become automatic. Otherwise learning the grammatical endings of Russian words will be more difficult than necessary for you.

Spelling Rule No. 1: Following the letters г, к, х, ж, ш, ч, щ (the three velar consonants and the four so-called "hushing consonants") the vowel symbols: я, ю, ы are not written. In their place you must write the corresponding hard or soft counterpart vowel symbol: кни́ги, пáрки, стихи́, живý, спешý, сейчáс.

Spelling Rule No. 2: Following the letter ц never write я, ю: отцá, отцý. After this letter -ы is used in endings (отцы́), but и occurs in the roots of some words (цирк 'circus').

Spelling Rule No. 3: When adding endings after the three velar consonants к/г/х always add -о when there is an -о/-е choice: дéтский—дéтское, другóй—другóе, плохóй—плохóе.

(But remember that in the *noun* endings for the *prepositional* case singular there is no hard/soft choice: кни́га — в кни́**ге**.)

Spelling Rule No. 4: When adding endings after the four "hushing consonants" **ш, ж, ч, щ** and after **ц**, when there is an **-о**/**-е** choice, always add **-о** if the accent is on this vowel, otherwise add **-е:** хоро́ший — хоро́**шее** — хоро**шо́**, большо́й — боль**шо́е** — бо́ль**ше**, каранда́ш — каранда**шо́м**, муж — с му́**жем**.

WRITTEN ASSIGNMENT

L. Most Russians do not close the hump of the letter **р** (i. e., it is not a closed circle like the English letter which it resembles).

Р р *Р р*

Рр

Здравствуйте! Доброе утро!
Здравствуйте! Доброе утро!

Здравствуйте! Доброе утро!

Добрый день!
Добрый день!

Простите!
Простите!

Извините!
Извините!

Добрый день! Простите! Извините!

Мои сигареты на окне.
Мои сигареты на окне.

Мои сигареты на окне.

– Куда идёт Максим? – В кино.
– Куда идёт Максим? – В кино.

– Куда идёт Максим? – В кино.

– Вы курите? Хотите сигарету?
– Вы курите? Хотите сигарету?

– Вы курите? Хотите сигарету?

– Нет, спасибо. Я не курю.
– Нет, спасибо. Я не курю.

—Нет, спасибо. Я не курю.

– Это моя новая знакомая.
– Это моя новая знакомая.

—Это моя новая знакомая.

– Как ее зовут?   – Вера.   – Кто она?
– Как ее зовут?   – Вера.   – Кто она?

—Как её зовут? — Вера. — Кто она?

– Физик.   – Это мой дядя.   – Как его зовут?
– Физик.   – Это мой дядя.   – Как его зовут?

—Физик. —Это мой дядя. —Как его

– Максим.   – Кто он? – Химик.
– Максим.   – Кто он? – Химик.

зовут? —Максим.—Кто он?—Химик.

ASSIGNMENT:
1. Write one line of the capital and lower-case **p**.
2. Write each sentence three times.

Повторяйте!   *Review!*

Do you remember all the following words?

а	Всего хорошего!	Доброе утро!
Алло!	вход	Добрый день!
аспирант/-ка	вы	дом
брат	(Как вас зовут?)	дома
буква	выход	домой
бумага	газета	До свидания!
в (в Москву, в институте)	где	дядя
ваш/ваша/ваше/ваши	говорю, говорит, говорите	его
вещи	да	еду, едете, едут
вот	девочка	ем, ест

62

есть (У тебя́ есть...?)
звук
здесь
Здра́вствуй(те)!
знако́мый / знако́мая
зна́ешь, зна́ете
зову́т (Как ... зову́т?)
и
иду́, идёшь, идёт, иду́т
Извини́те!
изуча́ю
и́ли
и́мя
институ́т (в институ́те)
Как ... зову́т?
како́й / кака́я
кино́ (в кино́)
кни́га, кни́ги
кто
куда́
курю́, ку́рите
ма́ма
ме́сто
мой / моя́ / моё / мои́
Москва́ (в Москву́)
мы
на (на окне́)
национа́льность
не
немно́го
нет
но́вый / но́вая
окно́ (на окне́)
он (Как его́ зову́т?)
она́ (Как её зову́т?)

они́ (Как их зову́т?)
оно́
о́тчество
па́па (Как зову́т па́пу?)
по-англи́йски
пожа́луйста
Познако́мьтесь!
пою́, поёт, пою́т
по-ру́сски
преподава́тель / -ница
преподаёт
Прости́те!
профе́ссор
ру́сский
ру́сский язы́к
сад
сестра́ (сестру́ зову́т)
сигаре́та (сигаре́ту, сигаре́-
  ты)
Скажи́те!
спаси́бо
статья́
стихи́
студе́нт / -ка
суп
там
твой / твоя́ / твоё / твои́ /
  твою́
тётя
тут
ты (Как тебя́ зову́т?, У тебя́
  есть...?)
у (у тебя́)
университе́т (в университе́-
  те)

у́тро (До́брое у́тро!)
учени́к / учени́ца
факт
фами́лия
фи́зик
хи́мик
хоро́ший (Всего́ хоро́шего!)
хоти́те
чья, чьи
шко́ла (в шко́ле)
э́то
я
язы́к

First names
А́нна
Анто́н
Вале́рий
Ве́ра
Ви́ктор
Зи́на
Ива́н
Лари́са
Макси́м
Ма́ша
Ната́ша
Ни́на

Patronymics
Ива́нович
Петро́вна

Surnames
Ивано́в

The Russian Alphabet

Printed letter	Italic type	Written letter	Name of letter	Printed letter	Italic type	Written letter	Name of letter
А а	*А а*	*Аа*	а	П п	*П п*	*Пп*	пэ
Б б	*Б б*	*Бб*	бэ	Р р	*Р р*	*Рр*	эр
В в	*В в*	*Вв*	вэ	С с	*С с*	*Сс*	эс
Г г	*Г г*	*Гг*	гэ	Т т	*Т т*	*Тт*	тэ
Д д	*Д д*	*Дд*	дэ	У у	*У у*	*Уу*	у
Е е	*Е е*	*Ее*	е (йэ)	Ф ф	*Ф ф*	*Фф*	эф
Ё ё	*Ё ё*	*Ёё*	ё (йо)	Х х	*Х х*	*Хх*	ха
Ж ж	*Ж ж*	*Жж*	жэ	Ц ц	*Ц ц*	*Цц*	цэ
З з	*З з*	*Зз*	зэ	Ч ч	*Ч ч*	*Чч*	чэ
И и	*И и*	*Ии*	и	Ш ш	*Ш ш*	*Шш*	ша
Й й[1]	*Й й*	*Йй*	и (и краткое)	Щ щ	*Щ щ*	*Щщ*	ща
К к	*К к*	*Кк*	ка	ъ[1]	*ъ*	*ъ*	твёрдый знак
Л л	*Л л*	*Лл*	эл (эль)	ы[1]	*ы*	*ы*	ы
М м	*М м*	*Мм*	эм	ь[1]	*ь*	*ь*	мягкий знак
Н н	*Н н*	*Нн*	эн	Э э	*Э э*	*Ээ*	э
О о	*О о*	*Оо*	о	Ю ю	*Ю ю*	*Юю*	ю (йу)
				Я я	*Я я*	*Яя*	я (йа)

NUMERALS: Note that some Russian numerals are written differently than their English equivalents (note particularly 1, 7, 9):

1 2 3 4 5 6 7 8 9 10

[1] Does not occur at the beginning of words.

УРОК № 1 (НОМЕР ОДИН) — ПЕРВЫЙ УРОК

— **Кто э́то?** — **Э́то Макси́м.** Э́то Ни́на **и** Макси́м.
— **Что э́то?** — **Э́то журна́л.** Э́то газе́та и журна́л.
— **Где** газе́та? — Газе́та **здесь.**
— Где Макси́м? — Макси́м здесь. **Он** здесь.
— Где Ни́на? — **Она́** там.
— Где письмо́? — **Оно́** здесь.
— Где Ни́на и Макси́м? — **Они́** здесь.
Макси́м здесь, **а** Ни́на там.

Фоне́тика:

Read pp. 12-13 concerning the pronunciation of the Russian accented vowels.

Слу́шайте и повторя́йте! Listen and repeat!

(Remember the rules of word dynamics in Russian, pp. 15-16)

там ... парк ... дом ... он ... кто ... что [štó] ... где ... здесь ... э́то Анна [áɲə] ... Ни́на ... кни́га ... она́ ... журна́л ... Ива́н ... оно́ ... письмо́ ... они́ ... Макси́м ... оди́н ... газе́та

Интона́ция:

Read pp. 17-18 concerning IC-1 in statements and p. 25 concerning IC-2 in questions with an interrogative word. As you listen to and repeat the sentences from this lesson make certain that in statements the tone does not rise before falling. In questions make certain that the voice does not rise at the end.

— **Кто э́то?**

— Это Ива́н Ива́нович.
— Это Анна Петро́вна.
— Это Ни́на и Макси́м.

— **Что э́то?**

— Это дом.

— Это кварти́ра № 1.

уро́к lesson	кто who	что what
но́мер (№)	э́то this / that / these / those, is /	дом building, house
оди́н (1)	are, it is	кварти́ра apartment, flat
пе́рвый уро́к = уро́к № 1	и and, too, also	

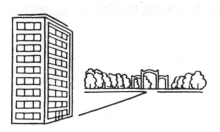

— **Где** дом?   — **Где** парк?
— Дом **здесь.**   — Парк **там.**

— Это кни́га и
  журна́л.

Это **Макси́м.**
Он здесь.

Это **Ни́на.**
Она́ там.

Это **Ни́на** и **Анна Петро́вна.**
Они́ там.
И Макси́м там.

Это **журна́л. Он** здесь.
Это **газе́та. Она́** там.
Журна́л здесь, **а** газе́та там.

ГРАММА́ТИКА

Это **письмо́. Оно́**
здесь.
Это **письмо́** и **жур-
на́л.**
Они́ там.

Это **сигаре́ты.**
Они́ здесь.

1.1

Это This/it	is	Макси́м. Maxim.
Он He	is	здесь. here.

э́то = this / that / it / these / those is / are

1.2 Grammatical Gender

Макси́м_ дом_ парк_ журна́л_ па́па	он_	Ни́на кварти́ра кни́га газе́та тётя	она́	письмо́ упражне́ние	оно́	Макси́м и Ни́на кни́га и газе́та сигаре́ты	они́

где where	**кни́га** book	**они́** they	**письмо́** letter	**па́па**
здесь here	**журна́л** magazine	**газе́та** newspaper	**оно́** it	**тётя** aunt
парк	**он** he, it	**а** and, but, while, whereas	**сигаре́ты** cigarettes	**упражне́ние** exercise
там there	**она́** she, it			

A *noun* is a word which denotes a person, place, thing, action, or condition. Russian has three genders, traditionally called "masculine", "feminine", and "neuter". Russian gender is *not* a logical category, but a formal grammatical category. All three genders contain words of both animate and inanimate categories. Gender in Russian is determined by the ending of the noun in its *written* form.

Masculine: Nouns referring to male beings and inanimate nouns with no ending ("zero" ending) and having as their last letter a consonant (**он**-words). We will sometimes indicate a zero ending as follows: Максим_.

Feminine: Nouns referring to female beings and inanimate nouns with the ending **-а / -я** (**она́**-words).

Neuter: Nouns with the ending **-о / -е** (**оно́**-words).

A *pronoun* is a word which can substitute for a noun (pro + noun). The pronouns **он, она́, оно́, они́** replace nouns within their own class. Thus, **он** can be the equivalent of both 'he' and 'it', and **она́** the equivalent of both 'she' and 'it'.

The plural pronoun **они́** substitutes for all plural nouns or for more than one noun. (A gender distinction is generally made only in the singular.)

Note how the pronoun forms hold the key to the gender endings:

Basic Ending			*Spelled*
он_	—	Максим_, парк_	—
он-а	-А	Анн-а, тёт-я	-а / -я
он-о	-О	письм-о́, упражне́ни-е	-о / -е
он-и	-Ы	сигаре́т-ы	-ы / -и

(Capital Russian letters will sometimes be used in this course to indicate structural units of Russian, such as the basic endings. These are based on the underlying structure of the language, not on the orthography. For example, -A refers to the basic ending of one type of feminine nouns. In the writing system this may be spelled as **-а** or **-я**, depending on whether the preceding consonant is hard or soft. The orthography of Russian sometimes makes the grammar system seen more complicated than it actually is when analyzed on the basis of the spoken language.

Russian bold-faced letters will sometimes be used to represent the *written* symbols of the language.)

1.3 Patronymics

Russians never have "second names" the way we do. Adult Russians with whom one is not on a first-name terms are usually addressed by first name and patronymic. This form suffices for all except the most formal and official situations. Words equivalent to 'Mr.', 'Mrs.', 'Miss' are seldom used (except to foreigners).

Patronymics are formed from the first name of the father. In this lesson we meet:

Ива́н Ива́н**ович**, whose father was also named Ива́н,
Васи́лий Никола́**евич**, whose father was named Никола́й,
Анна Петро́**вна,** whose father was named Пётр.

For men the basic ending is **-ович** (**-евич** after a soft consonant; if the consonant is **-й**, this disappears, since the first letter of the ending contains [y].) For women the basic ending is **-овна** (**-евна** after soft consonants).

What will be the patronymics of **Макси́м** and **Ни́на** when they grow up?

In conversational Russian many patronymics are shortened in pronunciation, so that **Ива́нович** becomes [Ива́ныч], **Ива́новна**—[Ива́нна]. In your own speech imitate your teacher or the voices in the recorded materials.

1.4 The Conjunctions **и, а**

Макси́м **и** Ни́на там.
Это Макси́м **и** Ни́на.
Макси́м здесь. **И** Анна Петро́вна здесь.
Макси́м здесь, **а** Ни́на там.

A *conjunction* connects words, phrases, clauses or sentences. (A *clause* is a group of words containing both its own subject-actor and predicate, which makes a statement about the subject.)

The conjunction **и** is like a plus sign, joining things which have something in common. It is the equivalent of a simple 'and'. It joins compound subjects or compound predicates, as in the first two examples. It is used to join clauses which express common actions, features, etc., as in the third example.

The conjunction **а** indicates a comparison or mild contrast, and is the equivalent of 'and', 'while', 'whereas' or a mild 'but', as in the fourth example.

Russian clauses in a compound sentence must always be separated by a comma:

Макси́м **здесь**, и Ни́на **здесь**.
Макси́м **здесь**, а Ни́на **там**.

(But commas do not separate compound subjects or compound predicates. See the first two examples in this section.)

Упражне́ния (**Exercises**)

1. — Кто э́то?

— Что э́то?

 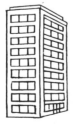   

  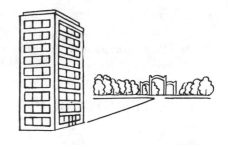

2. Макси́м здесь.   Ни́на ... .   Дом ... .
Ива́н Ива́нович   Анна Петро́вна   Парк ... .
там.   ... .

3. *Образе́ц (Model):*   Это Макси́м.— *Кто э́то?*

1. Это Ни́на. 2. Это Ива́н Ива́нович и Макси́м. 3. Это Ве́ра. 4. Это Анна Петро́вна. 5. Это Ве́ра и Анто́н. 6. Это Ива́н Ива́нович.

4. *Образе́ц:* Это парк.— *Что э́то?*

1. Это дом. 2. Это кни́га и газе́та. 3. Это кварти́ра № 1. 4. Это сига-ре́ты. 5. Это письмо́. 6. Это упражне́ние.

5. *Образе́ц:* Это Макси́м.— *Кто э́то?* Это дом.— *Что э́то?*

1. Это Макси́м и Ни́на. 2. Это газе́та и журна́л. 3. Это письмо́. 4. Это сига́реты. 5. Это Анна Петро́вна. 6. Это кварти́ра № 1. 7. Это Ива́н Ива́нович и Макси́м. 8. Это уро́к № 1. 9. Это кни́га. 10. Это Анто́н. 11. Это упражне́ние. 12. Это дом и парк.

6. *Образе́ц:* — Где дом № 1?— *Дом № 1 здесь.*

1. Где Ива́н Ива́нович? 2. Где парк? 3. Где Ни́на и Анна Петро́вна? 4. Где письмо́? 5. Где уро́к № 1? 6. Где Макси́м?

7. *Образе́ц:* — Где Ни́на?— *Она́ там.*

1. Где дом № 1? 2. Где Анна Петро́вна? 3. Где сига́реты? 4. Где Макси́м и Ни́на? 5. Где письмо́? 6. Где кварти́ра № 1? 7. Где кни́га? 8. Где Ива́н Ива́нович? 9. Где журна́л? 10. Где упражне́ние № 1?

8. *Образе́ц:* — Макси́м, где Ни́на?— *Она́ здесь.*

1. Ни́на, где упражне́ние? 2. Ива́н Ива́нович, где Никола́й Петро́вич? 3. Анна Петро́вна, где Макси́м? 4. Макси́м, где парк? 5. Ни́на, где дом № 1? 6. Анна Петро́вна, где сига́реты? 7. Пётр Ива́нович, где письмо́? 8. Мак-си́м, где кни́га? 9. Ива́н Ива́нович, где журна́л? 10. Ни́на, где газе́та и журна́л?

9. *Образе́ц:* — Где парк?— *Он там.*

1. Где кварти́ра № 1? 2. Где упражне́ние № 1? 3. Где Ива́н Ива́нович? 4. Где дом № 1? 5. Где кни́га? 6. Где сига́реты? 7. Где газе́та? 8. Где уро́к № 1? 9. Где письмо́? 10. Где Пётр Ива́нович и Ни́на Ива́новна? 11. Где журна́л? 12. Где парк?

10. *Образе́ц:* Это Макси́м и Ни́на.— *Макси́м здесь, а Ни́на там.*

1. Это кни́га и журна́л. 2. Это газе́та и письмо́. 3. Это Анна Петро́вна и Ива́н Ива́нович. 4. Это журна́л и кни́га. 5. Это дом и парк. 6. Это Макси́м и· Ни́на. 7. Это Никола́й Петро́вич и Пётр Никола́евич. 8. Это сигаре́ты и письмо́.

ДАВА́ЙТЕ ПОГОВОРИ́М:

Познако́мьтесь:
— Ива́н Ива́нович.
— Васи́лий Никола́евич.

— Кто́ э́то?
— Макси́м.

— Кто́ э́то?
— Это Анна Пет-
  ро́вна и Ива́н
  Ива́нович.

— Что э́то тако́е?
— Кни́га.

— Что э́то тако́е?
— Это дом.

— Что э́то тако́е?
— Парк.

— Где дом?
— Там.
— Где парк?
— Там.

— Где Ива́н Ива́нович?
— Он там.

— Где Ива́н Ива́нович и
  Анна Петро́вна?
— Они́ здесь.

Дава́йте поговори́м! Let's chat!
Познако́мьтесь. Meet
(Get acquainted)!
Что́ э́то тако́е? = *Что́ э́то?*

The longer expression is used in asking for clarification of the exact identity or nature of something which is perceived but about which there is uncertainty in the mind of the speaker. (In some cases a good English equivalent would be 'Just what is...?/ What exactly is...?')

— Как по-ру́сски 'cigarettes'?
— 'Cigarettes' по-ру́сски — сигаре́ты.
— Как по-англи́йски «кварти́ра»?
— «Кварти́ра» по-англи́йски — 'apartment, flat'.

Упражне́ния

11. а. Познако́мьтесь: *э́то Ни́на.*

Познако́мьтесь: Познако́мьтесь:

б. ....: э́то Анна Петро́вна
........: э́то Ни́на и Макси́м.
........: э́то Васи́лий Никола́евич.

12. — *Кто э́то?* — Анна Петро́вна.
— ......? — Ива́н Ива́нович.
— ......? — Макси́м и Ни́на.

14. — Где Ива́н Ива́нович?
— Где Анна Петро́вна?
— Где Макси́м?
— Где Ни́на?

13. — *Что э́то тако́е?* — Кни́га.
— ....? — Журна́л.
— ....? — Газе́та и письмо́.
— ....? — Парк.

1.5 Word Study

The sound system and grammar of any language can be mastered in a fairly short time, but learning new words and how to use them is an activity which will remain for all of the years one studies the language. Russian and English are both distantly related members of the Indo-European family of languages, and therefore there are relationships which may not be immediately evident to you. We will point out to you some of these relationships to help you to recognize and master new words more quickly.

Some words are immediately recognizable as borrowings, such as **газе́та, парк,** and we will not bother pointing out such relationships. In other cases there is not a borrowing but a relationship through a shared Indo-European root: **дом,** Latin 'domus', English 'domestic'. Note, however, that some words which appear similar have entirely different meanings (**магази́н** 'store' and 'magazine'). We will also point out the inter-relationships between Russian words which may not be immediately apparent to you.

Как по-ру́сски...? How do you say in Russian...?
Как по-англи́йски...? How do you say in English...?
(Remember that in Russian the [n] must always be pronounced on the teeth, even before [g] where we pronounce a back [ŋ] in English.)

When you meet a new word, always pronounce it. *aloud*—this will sometimes help you to recognize a cognate which isn't immediately obvious on the basis of the written form.

Василий — Basil
квартира — quarters
Познакомьтесь! — знакомый/знакомая (cf. preliminary phonetics lessons)

WRITTEN ASSIGNMENT

Л л *Л л*   Ж ж *Ж ж*   Ш ш *Ш ш*   Ц ц *Ц ц*   Ч ч *Ч ч*   Щ щ *Щ щ*

Л л   Ж ж   Ш ш   Ц ц   Ч ч   Щ щ

Notes on the formation of certain letters:

1. Note that lower-case **л** is not a loop letter and that it must begin with a small hook, just like **м, я.**
2. Note the stroke-by-stroke formation of the letter **ж:**

Э Ж Ж Ж Ж

3. It is good practice to write a small line under the lower-case **ш**. Note also that this letter must return to the line—it must not end up in the air like the English **w**.
4. The small tail on the letters **ц, щ** must be kept very small—it is not like the loop on such letters as **y**.

Ц ц *Ц ц*   Щ щ *Щ щ*   У у *У у*

Ц ц   Щ щ   У у

5. Note that the tail on the capital **ч** must turn to the right, in the opposite direction to that of the capital **y**.

Ч *Ч*   У *У*

Ч   У

6. Be particularly careful when writing the lower-case letters **г** and **ч**. The first must have a rounded hump, the second must have a squared-off top.

г *г*   ч *ч*

г   ч

Познакомьтесь, это мой брат Валерий.
Познакомьтесь, это мой брат Валерий.

Познакомьтесь, это мой брат

Мою сестру зовут Наташа.
Мою сестру зовут Наташа.

Валерий. Мою сестру зовут Наташа.

Скажите, пожалуйста, чьи это вещи?
Скажите, пожалуйста, чьи это вещи?

Скажите, пожалуйста, чьи это вещи?

Нина ученица.　　　　　　　　　А Наташа
Нина ученица.　　　　　　　　　*А Наташа*

Нина ученица. А Наташа

студентка.
студентка.

студентка.

– Ваше имя и отчество?
– Ваше имя и отчество?

– Ваше имя и отчество?

– Иван Иванович.　　　　　　　– Национальность? – Русский.
– Иван Иванович.　　　　　　　*– Национальность? – Русский.*

– Иван Иванович. – Национальность?

Я немного говорю по-русски.
Я немного говорю по-русски.

– Русский. – Я немного говорю

Я изучаю русский язык.
Я изучаю русский язык.

по-русски. Я изучаю русский язык.

ASSIGNMENT:

1. Write a line of each capital and lower-case letter.
2. Write each sentence three times.

Но́вые слова́ и выраже́ния
(New Words and Expressions)

а	кварти́ра	парк	уро́к	Никола́й (Никола́евич/
газе́та	кни́га	пе́рвый	что	Никола́евна)
где	кто	письмо́	Что э́то тако́е?	Ни́на
Дава́йте поговори́м!	но́мер	по-англи́йски	э́то	Пётр (Петро́вич/ Пет-
дом	оди́н	Познако́мьтесь!		ро́вна)
журна́л	он	по-ру́сски	Анна	
здесь	она́	сигаре́ты	Васи́лий	
и	они́	там	Ива́н (Ива́нович/ Ива́-	
как	оно́	тётя	новна)	
Как по-англи́йски...?	па́па	упражне́ние	Макси́м	
Как по-ру́сски...?				

УРОК № 2 (ДВА) — ВТОРОЙ УРОК

Это **его́** кни́га. Это **её** кни́га. Это **их** кни́га.
— **Что де́лает** Ива́н Ива́нович? — **Он чита́ет.**
— **Что они́ де́лают?** — Они́ **чита́ют.**
— **Что** чита́ет Ива́н Ива́нович? — Он чита́ет **кни́гу.**
— Ни́на сейча́с чита́ет?
— Да. (— Да, она́ сейча́с чита́ет).
— Нет. (— Нет, она́ сейча́с **не** чита́ет).
— **Где** Ни́на? — **Вот** она́.

Интона́ция:

A. Intonation Contour 3: Read pp. 31-33 concerning the use of IC-3 in questions without an interrogative word. Strive for a very sharp rise in tone on the accented syllable and make certain that any syllables following this rise are at a low level.

Слу́шайте и повторя́йте! *Listen and repeat!*

Это дом³? ... Это парк³? ... Это журна́л³? ... Это письмо́³? ... Дом там³? ... Макси́м здесь³? ... Ни́на там³? ... Анна Петро́вна там³? ... Ива́н Ива́нович здесь³? ... Это газе́та³? ... Это кни́га³? ... Это сигаре́ты³? ... Это упражне́ние³? ... Это Ива́н Иванович³? ... Это Анна Петро́вна³? ... Это Васи́лий Николаевич³?

B. Alternative Questions: Read p. 53 concerning the intonation of alternative questions (questions containing **и́ли** = 'or').

Слу́шайте и повторя́йте! *Listen and repeat!*

Это Макси́м³ / и́ли Ни́на²? ... Это кни́га³ / и́ли журна́л²? ... Это письмо́³ / и́ли газе́та²? ... Сигаре́ты здесь³ / и́ли там²? ... Письмо́ здесь³ / и́ли там²?

C. Intonation Contour 4: Read p. 43 concerning the use of IC-4. Remember to use it only in incomplete questions introduced by **a**.

Слу́шайте и повторя́йте! *Listen and repeat!*

— Это Макси́м¹. — А это⁴? — Это Ни́на. ... — Это кни́га¹. — А это⁴?
— Это письмо́¹. ... — Где Ни́на? — Она́ здесь¹. — А Ива́н Ива́нович⁴?
— Он там¹. ... — Где сигаре́ты²? — Они́ здесь¹. — А кни́га⁴? — Она́ там¹.

два, второ́й

Это Анна Петро́вна и Ива́н Ива́нович.

Анна Петро́вна и Ива́н Ива́нович жена́ и муж.

он	→	**его́**	сын
она́	→	**её**	журна́л
они́	→	**их**	дочь
			газе́та

Это Ива́н Ива́нович.

Анна Петро́вна **его́** жена́.
Ни́на **его́** дочь.
Макси́м **его́** сын.

Это Ни́на и Макси́м.
Они́ сестра́ и брат.

Анна Петро́вна **их** мать (ма́ма).
Ива́н Ива́нович **их** оте́ц (па́па).

Анна Петро́вна и Ива́н Ива́нович **их** роди́тели.

Это Анна Петро́вна.

Ива́н Ива́нович **её** муж.
Ни́на **её** дочь.
Макси́м **её** сын.

Это Анна Петро́вна и Ива́н Ива́нович.
Ни́на **их** дочь.
Макси́м **их** сын.
Ни́на и Макси́м **их** де́ти.

Ива́н Ива́нович сейча́с до́ма.
Его́ жена́ и дочь то́же до́ма.
— **Что де́лает** Анна Петро́вна?
— **Она́ слу́шает ра́дио.**
— **Что де́лают** Ива́н Ива́нович и Ни́на?
— Они́ **чита́ют.**
— **Что** чита́ет Ива́н Ива́нович?
— Он чита́ет **журна́л.**
— **Что** слу́шает Анна Петро́вна?
— Она́ слу́шает **му́зыку.**
— Ни́на чита́ет **письмо́** и́ли **кни́гу?**
— Она́ чита́ет **кни́гу.**

Ни́на Nina	is	сейча́с now	до́ма. at home.

— Ни́на сейча́с чита́ет?
— **Да.** (— Да, она́ сейча́с чита́ет.)
— **Нет.** (— Нет, она́ сейча́с **не** чита́ет.)

жена́ wife	сестра́ sister	что де́лает / де́лают what / is / are ... doing?
муж husband	брат brother	слу́шает / слу́шают is / are listening (to)
его́ [yivó] his	мать (ма́ма)	ра́дио
дочь daughter	оте́ц (па́па)	чита́ет / чита́ют is / are reading
сын son	роди́тели parents	му́зыка
её her	сейча́с now	и́ли or
их their	до́ма at home	да yes
де́ти children	то́же also, too	нет no
		не not

75

— Где ра́дио?
— Вот оно́.

Это стихи́.

ГРАММАТИКА И УПРАЖНЕНИЯ

2.1. Это Ива́н Ива́нович. Анна Петро́вна его́ жена́. Макси́м и Ни́на его́ ... .
Это Анна Петро́вна. Ива́н Ива́нович её ... . Макси́м её ... . Ни́на её ... .
Это Ива́н Ива́нович и Анна Петро́вна. Макси́м их ... . Ни́на их ... .
Это Макси́м и Ни́на. Ива́н Ива́нович их ... . Анна Петро́вна их ... .
Это Ни́на. Макси́м её ... . Анна Петро́вна и Ива́н Ива́нович её ... .
Это Макси́м. Ни́на его́ ... .
Это Макси́м и Ни́на. Ива́н Ива́нович и Анна Петро́вна их ... .

2.2. Это Макси́м. Это его́ кни́га.
Это Ни́на. Это ... журна́л.
Это Анна Петро́вна. Это ... письмо́.
Это Ива́н Ива́нович и Ни́на. Это ... кварти́ра.
Это Макси́м и Ни́на. Это ... роди́тели.
Это Макси́м. Это ... па́па.

2.3. The Conjugation of Verbs

— Что де́ла**ет** Ива́н Ива́нович? — Он чита́**ет**.
— Что де́ла**ют** Макси́м и Ни́на? — Они́ чита́**ют**.

Verbs are words which express an action ('to read') or the existence of a state or condition ('to be', 'to live'). *Conjugation* refers to the way in which verbs change form to express such relationships as who the actor is, when the action takes place, etc. *Person* refers to the subject (actor): *first person* refers to the speaker(s) (I, we); *second person* to the person(s) addressed (you); *third person* to some person(s) other than the speaker or person addressed (he, she, it, they).

Except for the verb 'to be' ('am', 'are', 'is'), English has no verb endings in the present tense except for the *-s* of the third-person singular form. Russian has a full set of forms to distinguish the various persons, singular and plural, in the present tense.

All four verbs which you learn in this lesson belong to what is called the *First Conjugation*. For the third-person singular forms the ending is -ЕТ (pronounced [it] when unaccented). The third-plural ending is -УТ (spelled **-ют** after vowel letters).

Упражне́ние 2.3

— Что де́лает Ива́н Ива́нович? — Он *чита́ет*.
— Что де́лают Ни́на и Ива́н Ива́нович? — Они́ ... .
— Что де́лает Анна Петро́вна? — Она́ *слу́шает* му́зыку.
— Что де́лает Макси́м? — Он ... ра́дио.

вот here is / are, there is / are (used only in pointing out things)   **стихи́** verses, poetry

— Что *де́лает* А́нна Петро́вна?— Она́ чита́ет.
— Что ... Ни́на?— Она́ чита́ет письмо́.
— Что ... Макси́м и Ни́на?— Они́ слу́шают ра́дио.
— Что ... Ива́н Ива́нович?— Он чита́ет газе́ту.

Макси́м ... . Ни́на то́же	чита́ет кни́гу, чита́ют кни́гу
А́нна Петро́вна ... . Ива́н Ива́нович и Ни́на то́же	слу́шает му́зыку, слу́шают му́зыку
Ива́н Ива́нович ... . А́нна Петро́вна то́же	чита́ет, чита́ют
Ни́на и Макси́м то́же	

— **Кто** слу́шает му́зыку?	— А́нна Петро́вна слу́шает му́зыку.
	— А́нна Петро́вна и Ни́на слу́шают му́зыку.

As in English, the interrogative **кто** is always used with a singular verb.

2.4 The Russian Case System

Это	журна́л. письмо́. кни́га. стихи́.	– Что чита́ет Ива́н Ива́нович?	
		– Он чита́ет	журна́л_. письмо́. кни́гу. стихи́.

In English nouns do not change to indicate their function in a sentence (except for the possessive forms such as 'mother's'). The function of the noun is indicated by word order ('The dog bit the boy./The boy bit the dog'.) and by the use of function-words, such as prepositions ('by', 'to', 'for', 'of', etc.).

Russian has a system of endings added to nouns to indicate their functions in the sentence. This is called a *case system*, and the process of changing the form of a word to indicate case is called *declension* (*to decline*).

In Lesson 1 we were actively concerned only with the *nominative* case, which can be used for the *subject* of the sentence (the person or thing about which a statement is made): **Ни́на** чита́ет. It can also function as the *complement* in an *equational sentence* (a definition or description of the subject): Это **Ива́н Ива́нович**. Это **кни́га**. The nominative case is the form you will normally find in dictionaries and word lists.

In Lesson 2 we encounter the *accusative* case used as the direct object of a *transitive verb*. A transitive verb is one which refers to an action performed by a subject upon some "victim"—the *direct object*, the recipient of the action. A transitive verb normally requires a direct object for its meaning to be complete, such as 'to give'. On the other hand, verbs such as 'to be sitting', 'to work', 'to die' are *intransitive*.

Nouns of the **оно́**-class (**письмо́**), *inanimate* nouns of the **он**-class (**журна́л**), and all plural *inanimate* nouns have the same form in the accusative case as in the nominative. The same is true of feminine nouns written with a soft sign at the end:

Это его мать. Он слушает мать.
Это её дочь. Она слушает дочь.

Words of the **она**-class have in the accusative case the basic ending -У
(spelled **-у / -ю**):

Это газе́та. Макси́м чита́ет газе́ту.
Это му́зыка. Ни́на слу́шает му́зыку.
Это их тётя. Они́ слу́шают тётю.

Nouns of masculine gender with the ending -A (spelled **-а / -я**) act in the
sentence like masculine nouns, but take the same endings as nouns of feminine
gender with the nominative case in **-a**:

— Где па́па? — Он здесь.
Ни́на слу́шает па́пу.
Макси́м слу́шает дя́дю.

Упражне́ние 2.4

а.

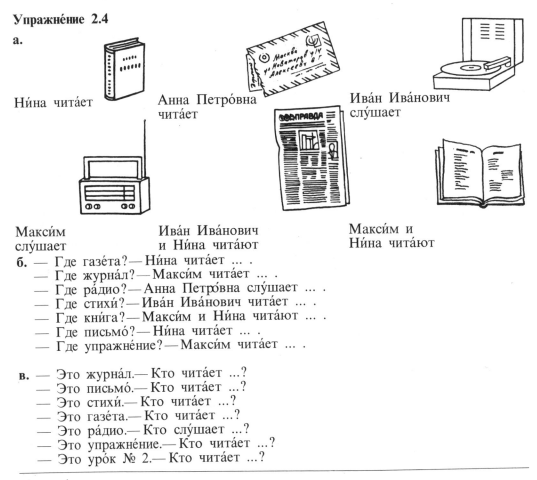

Ни́на чита́ет

Анна Петро́вна
чита́ет

Ива́н Ива́нович
слу́шает

Макси́м
слу́шает

Ива́н Ива́нович
и Ни́на чита́ют

Макси́м и
Ни́на чита́ют

б. — Где газе́та? — Ни́на чита́ет ... .
— Где журна́л? — Макси́м чита́ет ... .
— Где ра́дио? — Анна Петро́вна слу́шает ... .
— Где стихи́? — Ива́н Ива́нович чита́ет ... .
— Где кни́га? — Макси́м и Ни́на чита́ют ... .
— Где письмо́? — Ни́на чита́ет ... .
— Где упражне́ние? — Макси́м чита́ет ... .

в. — Это журна́л. — Кто чита́ет ...?
— Это письмо́. — Кто чита́ет ...?
— Это стихи́. — Кто чита́ет ...?
— Это газе́та. — Кто чита́ет ...?
— Это ра́дио. — Кто слу́шает ...?
— Это упражне́ние. — Кто чита́ет ...?
— Это уро́к № 2. — Кто чита́ет ...?

дя́дя uncle

2.5 Word Order in Questions with an Interrogative Word

1 Он	2 читáет	3 кни́гу.
3 Что	1 он	2 читáет?
3 Что	2 читáет	1 Ивáн Ивáнович?

When the subject of a question containing an interrogative word is a *pronoun*, the subject *must* precede the verb. But a *noun* subject most often follows the verb.

Упражнéние 2.5

Образéц: *Преподавáтель:*   *Студéнт 1:*   *Студéнт 2:*
        Брат читáет.   *Что он дéлает?*   *Что дéлает брат?*

Продолжáйте!

1. Егó дочь и сын слýшают мýзыку. 2. Егó женá читáет письмó. 3. Её муж читáет газéту. 4. Их дéти читáют стихи́.

Образéц: Он слýшает мýзыку.   *Что он слýшает?*
        Ивáн Ивáнович слýшает мýзыку.   *Что слýшает Ивáн Ивáнович?*

Продолжáйте!

1. Мáма читáет журнáл. 2. Онá читáет журнáл. 3. Пáпа слýшает рáдио. 4. Он слýшает рáдио. 5. Они́ слýшают стихи́. 6. Дéти слýшают стихи́. 7. Ивáн Ивáнович читáет письмó. 8. Он читáет письмó. 9. Онá читáет кни́гу. 10. Анна Петрóвна читáет кни́гу.

2.6 Notes on Individual Words

Note that **мáма, пáпа** are often used in conversation not only of one's own parents, but also of the parents of one's friends. Note also that these words are not capitalized unless they begin a sentence.

In words still felt to be foreign borrowings Russians sometimes pronounce [o] in unaccentuated syllables. This is the case in **рáдио.**

Квартúра № 2

Это квартúра № 2. Ивáн Ивáнович сейчáс дóма. Егó женá и дочь тóже дóма. Ни́на читáет кни́гу.
— А что дéлают Ивáн Ивáнович и Анна Петрóвна?
— Ивáн Ивáнович тóже читáет, Анна Петрóвна слýшает мýзыку.
— Что читáет Ивáн Ивáнович?
— Он читáет журнáл.

преподавáтель instructor, teacher   **студéнт / студéнтка**

— А где их сын Макси́м?
— Он гуля́ет.

ДАВА́ЙТЕ ПОГОВОРИ́М:

— Кто э́то?
— Па́па.
— А э́то?
— Это его́ брат.

— Что э́то тако́е?
— Это дом.
— А э́то?
— Парк.

— Где сейча́с Макси́м?
— Гуля́ет.
— А ма́ма?
— Ма́ма до́ма.

— Ни́на здесь. А где же па́па?

— Макси́м до́ма. А где же Ни́на?
— Ни́на то́же до́ма. Она́ там.
— Что она́ де́лает?
— Слу́шает ра́дио.

— Журна́л здесь, письмо́ то́же здесь.
  А где же газе́та?
— Она́ там.

— Это Макси́м.

— А э́то кто тако́й?

а—Note that this word often begins a sentence in a continuing conversation, serving to turn attention to another item or topic.

гуля́ет / гуля́ют is / are strolling, out playing / out walking.

А э́то?—Note that in an incomplete question **а** is often an equivalent of 'And how about...?'

А где же...?—**же** is a particle which emphasizes the preceding word. It is always unaccented and pronounced as one word with the preceding word. A possible English equivalent would be 'But where in the world is...?', but more often the emphasis would be expressed by just tone of voice and special stress on the word involved.

кто тако́й—cf. p. 70 (**Что э́то тако́е?**)

— Кто э́то?
— Э́то Ива́н Ива́нович.
— А э́то?
— Э́то его́ жена́ Анна Петро́вна.
— А кто же э́то?
— !?

Па́па чита́ет. Ни́на то́же чита́ет.

Упражне́ние 2.7

— *Кто э́то?* — Ни́на. — *А э́то?* — Анна Петро́вна.
— ...? — Ива́н Ива́нович. — ...? — Макси́м.
— ...? — Макси́м и Анна Петро́вна. — ...? — Ни́на и Ива́н Ива́нович.

Упражне́ние 2.8

Газе́та здесь. *А где же* журна́л?
Журна́л здесь. ... кни́га?
Кни́га здесь. ... письмо́?

Упражне́ние 2.9

— Что чита́ет Анна Петро́вна?
— Кни́гу.
— А Ива́н Ива́нович?
— Он чита́ет ... .
— Ни́на то́же чита́ет газе́ту?

— Что чита́ет Ни́на?
— Журна́л.
— А Ива́н Ива́нович?
— Он чита́ет ... .
— Анна Петро́вна то́же чита́ет письмо́?

Упражне́ние 2.10

— Ни́на до́ма. А Макси́м?
— Макси́м *то́же до́ма.*
— Анна Петро́вна чита́ет. А Ива́н Ива́нович?
— ....
— Ни́на слу́шает му́зыку. А Анна Петро́вна?
— ....

Упражне́ние 2.11

— *Что де́лает Ни́на?* — *Она́ чита́ет.*
— .... Ива́н Ива́нович? — ... .
— .... его́ жена́? — ... .
— .... Макси́м? — ... .

А кто же э́то?

— Что он де́- лает?	— Он чита́ет жур- на́л. — Он слу́шает ра́- дио. — Он гуля́ет.	
— Что она́ де́- лает?	— Она́ гуля́ет. — Она́ чита́ет кни́гу. — Она́ слу́шает му́- зыку.	

2.12 Word Study

When you look for relationships between Russian and English words, it is often more helpful to look at the consonants than at the vowels, since the vowels changed more than the consonants in the history of some Indo-European languages:

два — two (**в** *in Russian word often corresponds to a* **w** *in English*)
брат — bro**th**er (*and Latin* 'fra**ter**')
сестра́ — sister
мать — mo**th**er (*and Latin* 'ma**ter**')
сын — son
дочь — dau**gh**ter
второ́й — Повторя́йте!

Но́вые слова́ и выраже́ния

а	де́ти	зна́чит	ра́дио
А где же Макси́м?	до́ма	и́ли	роди́тели
А э́то?	дочь	их	сейча́с
брат	дя́дя	мать (ма́ма)	сестра́
вот	его́	муж	слу́шает / слу́шают
второ́й	её	му́зыка	стихи́
гуля́ет / гуля́ют	же	не	студе́нт / -ка
да	А где же...? А кто	нет	сын
два	же э́то?	оте́ц (па́па)	то́же
де́лает / де́лают	жена́	преподава́тель	чита́ет / чита́ют

УРОК № **3** (ТРИ)
— ТРЕТИЙ УРОК

— **Кто он?** — Он шофёр.
— **Где рабо́тает** Анна Петро́вна?
— Она́ рабо́тает **в шко́ле.**
— **Кто рабо́тает?** — **Я** рабо́та**ю, ты** рабо́та**ешь**...
Ни́на чита́ет **не** газе́ту, **а** письмо́.

Фоне́тика:

Read pp. 12-13 concerning the quality of Russian accented vowels. In this exercise strive for vigor and avoid diphthongization in the accented vowels.

Слу́шайте и повторя́йте! (*Remember the rules of word dynamics in Russian.*)

парк ... там ... он ... что ... дом ... вот ... где ... па́па ... то́же ... но́мер ... э́то ... кни́га ... Ни́на ... оно́ ... письмо́ ... уро́к ... его́ ... оди́н ... стихи́ ... му́зыка ... слу́шает ... по-ру́сски ... роди́тели

Интона́ция:

Макси́м здесь, / а Ни́на там.   Макси́м здесь, / а Ни́на там.

The use of IC-3 in the first syntagma makes the contrast more emphatic.

Слу́шайте и повторя́йте!

Макси́м здесь, / а Ни́на там. ... Макси́м здесь, / а Ни́на там.
Это кни́га, / это журна́л. ... Это кни́га, / а это журна́л.
Ни́на до́ма, / а Макси́м гуля́ет. ... Ни́на до́ма, / а Макси́м гуля́ет.
Дом здесь, / а парк там. ... Дом здесь, / а парк там.
Письмо́ здесь, / а сигаре́ты там. ... Письмо́ здесь, а сигаре́ты там.

— Кто э́то?
— Это Ива́н Ива́нович.
— **Кто он?**
— Он шофёр.

Анна Петро́вна — учи́тельница.
Она́ рабо́тает в шко́ле.

три, тре́тий
шофёр driver (*professional*)
учи́тель / **-ница** teacher (*grades* 1-10)

рабо́тать to work
шко́ла school

Он строи́тель.
Она́ то́же строи́-
тель.

Кто рабо́тает?

я рабо́таю	**мы** рабо́таем
ты рабо́таешь	**вы** рабо́таете
он рабо́тает	**они́** рабо́тают

Это институ́т.
— Где рабо́тает
   Зи́на?
— Зи́на рабо́тает
   в институ́те.
   Она́ фи́зик.

Это библиоте́ка.
Я рабо́таю **в би-
блиоте́ке.**

Это Ива́н Ива́но-
вич и его́ семья́.

Ни́на чита́ет **не** газе́ту, **а** письмо́.

Это Москва́. Они́
живу́т **в Москве́.**

Это Новосиби́рск.
— Где сейча́с Оле́г?
— **В Новосиби́рске.**

Ива́н Ива́нович живёт в кварти́ре № 2.
Васи́лий Никола́евич—его́ сосе́д; он
живёт в кварти́ре № 3. Васи́лий Ни-
кола́евич **уже́ не** рабо́тает, он на пе́н-
сии.

— Ни́на Петро́вна **ещё** рабо́тает?
— Нет, она́ **уже́ не** рабо́тает. Она́ на
  пе́нсии.

— А́нна Петро́вна **уже́** до́ма?
— Да, она́ **уже́** до́ма. (— Нет, она́
  ещё в шко́ле.)

строи́тель construction worker	**в** in, at	**пе́нсия** pension
я I	**фи́зик** physicist	**на пе́нсии** retired
ты you (*fam.*)	**библиоте́ка** library	**уже́** already
мы we	**семья́** family	**уже́ не** no longer
вы you (*pol. & pl.*)	**жить** (**живёт** / **живу́т**) to live	**ещё** still
институ́т	**сосе́д** / -**ка** neighbor	

ГРАММАТИКА И УПРАЖНЕНИЯ

3.1 — Кто э́то?
— Это Ива́н Ива́нович.
— Кто он?
— Он шофёр.

Никола́й Петро́вич — учи́тель. Анна Петро́вна — учи́тельница. Пётр Ива́нович — фи́зик. Зи́на то́же фи́зик.

Speaking of professions, in some cases Russian has separate words for male and female workers, but in most cases one word serves for both. In referring to mixed groups the masculine form must be used. While there are the feminine words **учи́тельница, преподава́тельница, студе́нтка,** there are no separate feminine forms for **шофёр, строи́тель, фи́зик, профе́ссор.**

Note that in Russian **кто** is always used of animate nouns, while in English we use 'what' when asking about occupations.

Упражне́ние 3.1

— Кто он?
— Он ... .

— Кто она́?
— Она́ ... .

— Кто он?
— Он ... .
— А она́?
— Она́ ... .

— Кто она́?
— Она́ ... .

Оле́г — строи́тель. Анна Ива́новна то́же ... .
Анна Петро́вна — учи́тельница. Анто́н Ива́нович то́же ... .
Васи́лий Никола́евич — фи́зик. Его́ дочь Зи́на то́же ... .
Ива́н Ива́нович — шофёр. Ве́ра то́же ... .
Анто́н — студе́нт. Лари́са то́же ... .
Пётр Никола́евич — преподава́тель. Ве́ра Петро́вна то́же ... .

— Кто он?
— Он ... .

3.2 The Gender of Nouns Ending in -ь

The gender of nouns written with a soft sign at the end (this is not an ending as such) must, in most cases, be learned when the noun is learned. In the case of **мать** and **дочь** the meaning clearly indicates gender. Nouns with the suffix **-тель,** indicating the performer of the action represented by the root of the verb, are always **он**-words, and their gender will be not indicated in word lists: **строи́тель, учи́тель, преподава́тель.** You can assume nouns ending in **-ь** are **она́**-words (f.) unless they have the suffix **-тель** or unless they are marked as **он**-words (m.).

преподава́тель / -ница   профе́ссор

3.3 Familiar and Polite Address

Зи́на, что ты де́лаешь?
Васи́лий Никола́евич, что вы де́лаете?
Зи́на и Оле́г, что вы де́лаете?

Russian has two equivalents for 'you'. The "familiar" **ты** (related to the archaic English 'thou') is used in addressing a member of one's own family, a close friend of about the same age, any child or animal. It is normally used for those whom one would address by first name or familiar form of the first name.

The "polite" **вы** is used for all plurals and in addressing one person with whom one is not on such familiar terms. It *must* be used when addressing a person by first name and patronymic.

(Since **вы** can be used for either a polite singular or any plural, there may be moments of ambiguity in oral drilling—should the student answer with **я** or **мы**? Unless otherwise clear from the context, either is correct. But for the sake of simplicity the following convention is suggested for use in purely oral exercises. The student should answer a question containing **вы** by using **я**. Likewise, if the question contains **мы**, the student should answer **мы**, although **вы** may also be correct.)

3.4 The Present Tense of First-Conjugation Verbs

— Где **ты** рабо́та**ешь**, Зи́на?—**Я** рабо́та**ю** в институ́те.
— Оле́г и Зи́на, где **вы** рабо́та**ете**?—**Мы** рабо́та**ем** в шко́ле.
— Где рабо́та**ет** Оле́г?—**Он** рабо́та**ет** в Новосиби́рске.
— Где **ты** живё**шь**, Макси́м?—**Я** живу́ в Москве́.
— Макси́м и Ни́на, где **вы** живё**те**?—**Мы** живё**м** в Москве́.
— Где живё**т** **Ива́н Ива́нович**?—**Ива́н Ива́нович** и его́ **семья́** живу́**т** в Москве́.
— Где **вы** живё**те**, Ива́н Ива́нович?—**Я** живу́ в Москве́.

Russian has only one type of present tense:

Ни́на чита́ет = 'Nina reads / is reading / does read'.

(Note that Russian does *not* use helping verbs such as 'be', 'do' to form the present tense.)

You now have the forms for all persons, singular and plural, of the present tense of first-conjugation verbs.

			Ending Spelled		*Basic Ending*
я жив-у́	рабо́та-ю				
ты жив-ёшь	рабо́та-ешь		**-у** / **-ю**		+ -У
он | жив-ёт	рабо́та-ет		**-ёшь** / **-ешь**	soft cons.	+ -ОШЬ
она́			**-ёт** / **-ет**	soft cons.	+ -ОТ
мы жив-ём	рабо́та-ем		**-ём** / **-ем**	soft cons.	+ -ОМ
вы жив-ёте	рабо́та-ете		**-ёте** / **-ете**	soft cons.	+ -ОТЕ
они́ жив-у́т	рабо́та-ют		**-ут** / **-ют**		+ -УТ

(Remember the use of the "soft series" vowel letters to indicate the softness of the preceding consonant, and that [o] and [e] occur only in accented syllables—in unaccented syllables after soft consonants both are pronounced [i]. Also remember that **ш** is always pronounced hard—the soft sign at the end of the **ты**-form has no phonetic meaning.)

Note that the consonant before the endings of the **ты, он, мы, вы** forms is always soft (if it has a soft variant). After vowel *letters* always write **-ю, -ют** (not **-у, -ут**).

All of the verbs learned in Lesson 2 have the stress on the stem and are conjugated just like **рабо́таю, рабо́таешь...**

Here we have a case where the *spoken* language is simpler than the written language, and the orthography misleads us. Actually all of the verb stems we are dealing with here end in a consonant. The orthography makes it seem that in the verb **рабо́та-ю** the stem ends in **-a** and the ending is **-ю**. In reality the consonant [y] in **-ю** belongs to the stem:

рабо́таю = рабо́тай + У [rabótəy-u]
рабо́таешь = рабо́тай + ОШЬ [rabótəy-iš]

The *infinitive* is the verb form which has no reference to person or time (in English it is usually preceded by 'to': 'to live', 'to work'). It is normally the dictionary entry form. Most Russian infinitives have the ending **-ть: жить, рабо́тать, гуля́ть, де́лать, слу́шать, чита́ть.**

Unfortunately the infinitive is not the most useful form to start from, for it sometimes fails to reveal what consonant comes at the end of the stem in the present tense. Therefore in this book you will be given *basic forms*, from which you can make any form needed (including the infinitive): **ЖИВ-У́Т, РАБО́-ТАЙ +, ГУЛЯ́Й +, ДЕ́ЛАЙ +, СЛУ́ШАЙ +, ЧИТА́Й +.** In some cases the basic form is an actual form of the verb, such as **жив-у́т.** In the other cases given here the basic form is an abstraction, from which actual forms can be made by adding the proper endings (the + means that an ending must be added in order to obtain an actual form of the verb).

A consonant which comes before the infinitive ending **-ть** is normally lost: **жи(в)-ть = жить, рабо́та(й) + ть = рабо́тать,** etc.

(For a couple of lessons you will be given both the basic form and the infinitive of new verbs. When you have become accustomed to this system, we will list only the basic form in lesson word lists, but both basic form and infinitive will be given in the book-end vocabulary.)

Упражне́ние 3.4. *Запо́лните про́пуски.*

1. ... рабо́таю в шко́ле. ... то́же рабо́таете в шко́ле? 2.—Ива́н Ива́нович гуля́ет. ... то́же гуля́ешь?—Да, ... то́же гуля́ю. 3. ... живём в Новосиби́рске. А где ... живёте? 4.—Что ... сейча́с де́лаешь?—... сейча́с чита́ю газе́ту. 5. ... живу́ в до́ме № 3. А где ... живёшь?

6. Я жив... в Москве́. Ива́н Ива́нович жив... в кварти́ре № 2. Мы жив... в до́ме № 1. Его́ де́ти жив... в Новосиби́рске. Ты жив... здесь? Анто́н и Ве́ра, где вы жив...?

7. А́нна Петро́вна рабо́та... в шко́ле. Вы то́же рабо́та... в шко́ле? А мы рабо́та... в библиоте́ке. Зи́на и Оле́г рабо́та... в институ́те. Я рабо́та... в Москве́. А ты рабо́та... в Новосиби́рске?

8. Макси́м гуля́... в па́рке. Его́ роди́тели то́же гуля́... . А я не гуля́..., я слу́ша... ра́дио. Ни́на то́же слу́ша... ра́дио.

9. Васи́лий Никола́евич чита́... кни́гу, а его́ дочь Зи́на и его́ сын Оле́г чита́... журна́л. Что э́то ты чита́..., Ви́ктор? А вы что чита́..., Оле́г и Анто́н?

10.—Что вы де́ла..., де́ти?—Мы слу́ша... му́зыку. А ты, ма́ма? Что ты де́ла...?—Я рабо́та... .

3.5 Verb Agreement with a Compound Subject

Васи́лий Никола́евич и Ива́н Ива́нович живу́т здесь.
В кварти́ре № 3 живёт Васи́лий Никола́евич и его́ семья́.

A compound subject is one consisting of two or more nouns or pronouns. Normally a verb with a compound subject is in the plural, but if the verb comes before the subject, as in the second example, it may agree with the nearest noun or pronoun.

3.6 The Prepositional Case

— Где он (она́) рабо́тает?
— Он (она́) рабо́тает здесь.
в институ́те.
в шко́ле.
в Москве́.
в библиоте́ке.
в Новосиби́рске.

что?	где?
Новосиби́рск_	в Новосиби́рске
институ́т_	в институ́те
дом_	в до́ме
Москва́	в Москве́
шко́ла	в шко́ле
библиоте́ка	в библиоте́ке
пе́нсия	на пе́нсии

Васи́лий Никола́евич уже́ не рабо́тает. Он на пе́нсии.

With the exception of the nominative case, most Russian cases have uses both with and without prepositions. The *prepositional case* derives its name from the fact that it is never used without a preposition. Its major use is to indicate *location* when used with the prepositions **в** ('in', 'at') and **на** ('on', 'at'): **в шко́ле, в институ́те, на рабо́те.**

Remember that before adding endings, any previous ending a word may have must be removed. The basic ending for the prepositional case is -E (the consonant before the ending will be softened, of course, if it has a soft counterpart). For most nouns the ending is spelled **-е**, but for nouns which have **-и-** written just before the ending (actually the stem ends in [у]) the ending is spelled **-и**:

пе́нсия—на пе́нсии, упражне́ние—в упражне́нии

Упражне́ние 3.6

1. Анна Петро́вна рабо́тает в (шко́ла). 2. Оле́г сейча́с в (Новосиби́рск). 3. Его́ сестра́ Зи́на рабо́тает в (институ́т). 4. Их мать рабо́тает в (библиоте́ка). 5. Ива́н Ива́нович и Васи́лий Никола́евич живу́т в (Москва́). 6. Ива́н Ива́нович живёт в (дом № 1). 7. Его́ сын Макси́м сейча́с гуля́ет в (па́рк). 8. Его́ сосе́д Васи́лий Никола́евич живёт в (кварти́ра № 3). 9. Он уже́ не рабо́тает, он на (пе́нсия).

3.7 The Negative Particle не

Васи́лий Никола́евич уже́ **не** рабо́тает, он на пе́нсии.
Ни́на чита́ет **не** газе́ту, а письмо́.
А́нна Петро́вна рабо́тает **не** в институ́те, а в шко́ле.

The negative particle immediately precedes that part of the sentence which is to be negated. While this will often be the verb (as in the first example), it may also be other parts of the sentence.

3.8 Reading Rules and Spelling Rule No. 1

Review carefully the reading rules on pp. 60-61 and learn spelling rule No. 1 on page 60. Knowing the spelling rules so well that they become automatic will make it much easier for you to learn to spell the words correctly, and they will become increasingly important as you learn to put endings on words.

3.9 Notes on Individual Words

— Ни́на Петро́вна ещё рабо́тает?— Нет, она́ уже́ не рабо́тает. Она́ на пе́нсии.
— А́нна Петро́вна ещё в шко́ле?— Да, она́ ещё в шко́ле.
                                                  — Нет, она́ уже́ до́ма.
— А́нна Петро́вна уже́ до́ма? — Да, она́ уже́ до́ма.
                                                  — Нет, она́ ещё в шко́ле.

The use of **уже́** and **ещё** can become confusing (particularly when used with a negation) *if* you think in terms of specific English equivalents. It's best to think in terms of the ideas expressed: **ещё** indicates a continuing status, more of the same; **уже́** indicates a change of status, a new situation.

Note that the pronoun **я** is not capitalized unless it begins a sentence. **учи́тель** / **учи́тельница** is used of a teacher in elementary and secondary education (grades 1-10) or of a teacher in a non-academic setting (such as a music teacher); **преподава́тель** / **преподава́тельница** is used in higher education to refer to a teacher of non-professorial rank. (American children sometimes address their teachers as 'Teacher' — the Russian equivalents are never used as forms of address.) Russian students address their teachers by first name and patronymic.

3.10 The Use of the Dash

Ива́н Ива́нович — шофёр. А́нна Петро́вна — учи́тельница.
Ива́н Ива́нович не строи́тель, а шофёр.
Он шофёр.

As you are aware, Russian does not use an equivalent of the verb 'to be' in equational sentences in the present tense. In its place a dash is often used when both the subject and the predicate nominative (the complement in an equational sentence) are nouns. It is not used if one of them is a pronoun and tends not to be used if the predicate nominative is preceded by a negation.

Они́ живу́т в Москве́

Васи́лий Никола́евич и Ива́н Ива́нович живу́т в Москве́. Э́то дом № 2. Васи́лий Никола́евич и Ива́н Ива́нович живу́т здесь. В кварти́ре № 3 живёт

Васи́лий Никола́евич и его́ семья́: жена́ и дочь. Его́ сын Оле́г — строи́тель. Он сейча́с в Новосиби́рске. Васи́лий Никола́евич сейча́с уже́ не рабо́тает, он на пе́нсии. Его́ жена́ рабо́тает в библиоте́ке. Их дочь Зи́на — фи́зик. Она́ рабо́тает в институ́те.

Ива́н Ива́нович — их сосе́д. Он живёт в кварти́ре № 2. Ива́н Ива́нович — шофёр. Его́ жена́ Анна Петро́вна рабо́тает в шко́ле. Она́ учи́тельница.

ДАВА́ЙТЕ ПОГОВОРИ́М:

— Где ты рабо́таешь, Зи́на?
— В институ́те.
— Бори́с то́же там рабо́тает?
— Нет, он рабо́тает в шко́ле.

— Кто рабо́тает здесь?
— Я рабо́таю здесь.
— А там?
— Там — Оле́г.

— Это Бори́с. Он уже́ фи́зик.
— А э́то Анна! Где она́ сейча́с рабо́тает?
— В библиоте́ке. А где сейча́с Оле́г?
— Он живёт в Новосиби́рске.
— А Васи́лий Никола́евич сейча́с рабо́тает в шко́ле?
— Нет, он уже́ не рабо́тает. Он на пе́нсии.

А э́то Анна!

Разгово́ры
по телефо́ну

— Это шко́ла № 3?
— Да.
— Здесь рабо́тает Анна Петро́вна?
— Да, рабо́тает.

— Это Ни́на?
— Нет, э́то Макси́м.
— Твоя́ сестра́ до́ма?
— Нет.
— А где же она́?
— В шко́ле.

— Зи́на ещё до́ма?
— Нет, она́ уже́ на рабо́те.
— Она́ рабо́тает в институ́те?
— Да.

— Макси́м уже́ до́ма?
— Нет, он ещё в па́рке.
— А Ни́на?
— До́ма. Входи́те, пожа́луйста.

— Васи́лий Никола́евич живёт в кварти́ре № 3?
— Да.
— Спаси́бо.
— Пожа́луйста.

— Здесь живёт Зи́на?
— Да, здесь.
— Она́ до́ма?
— Да, входи́те, пожа́луйста.

телефо́н
разгово́р (*pl.* разгово́ры)
  по телефо́ну phone conversation(s)
твоя́ (сестра́) your (*fam.*)
на рабо́те
Входи́те, пожа́луйста. Come in, please.
— Спаси́бо. "Thank you." — Пожа́луйста. "Don't mention it. / You're welcome." (Note that пожа́луйста is a polite formula with more than one meaning.)

— Входи́те, пожа́-
луйста!

— Спаси́бо.
— Пожа́луйста.

Упражне́ния

3.11. — Где рабо́-
тает Зи́-
на?
— *Она́ рабо́-
тает в
институ́-
те.*

— Где работает
Бори́с?

— Где живёт Мак-
си́м?

— Где рабо́тает
их сосе́дка?

— ....

— ....

— ....

3.12. *Replace the italicized words with words in parentheses at the end of the exercise.*

— Здесь живёт *Оле́г?*
— Да, здесь. Входи́те, пожа́луйста.

(Васи́лий Никола́евич, Макси́м, Зи́на, Ни́на)

3.13. — Васи́лий Никола́евич рабо́-
тает? — *Да, он рабо́тает. —
Нет, он не рабо́тает.*

— Макси́м сейча́с гуля́ет? — Да,
... . — Нет, ...
— Ни́на чита́ет? — Да, ... — Нет,
... .
— Их ма́ма сейча́с слу́шает ра́-
дио? — Да, ... — Нет, ...
— Зи́на до́ма?
— *Нет,* она́ в институ́те.
— Макси́м в па́рке?
— ..., он уже́ до́ма.
— Ива́н Ива́нович рабо́тает в биб-
лиоте́ке?
— ..., он рабо́тает в институ́те.
— Оле́г живёт здесь?
— ..., он сейча́с живёт в Ново-
сиби́рске.

3.14. — Это *шко́ла* № 3?
— Да.
— Здесь рабо́тает *Анна Петро́в-
на?*
— Да, здесь.
— Спаси́бо.
— Пожа́луйста.

(институ́т — Зи́на, библиоте́-
ка — Анна Петро́вна, шко́ла —
Ива́н Ива́нович)

3.15. *Запо́лните про́пуски* (ещё *or* уже́).

— Макси́м ... гуля́ет в па́рке?
— Нет, он ... не гуля́ет. Он ...
до́ма.

— Оле́г ... живёт в Москве́?
— Нет, он ... не живёт в Мо-
скве́. Он живёт в Новосиби́р-
ске.

91

— Анна Петро́вна ... чита́ет газе́ту?

— Нет, она́ ... не чита́ет газе́ту. Она́ сейча́с слу́шает му́зыку.

— Васи́лий Никола́евич ... рабо́тает?

— Нет, он ... не рабо́тает. Он ... на пе́нсии.

3.16 Где живёт Васи́лий Никола́евич?

Он уже́ не рабо́тает?

Он уже́ на пе́нсии?

Что он сейча́с де́лает?

·Что он чита́ет?

Это его́ жена́?

Она́ ещё рабо́тает?

Она́ уже́ на пе́нсии?

Где она́ рабо́тает?

3.17 Word Study

библиоте́ка — bibliography, *etc.*

в, входи́те

Новосиби́рск — contains the two roots for 'new' (**nov**elty) and 'Siberia'

разгово́р — **говор**ю́, по**говор**и́м

стро́итель — const**ruct**ion

учи́тель — из**уча́**ю

шко́ла — **school**, **schol**ar

Но́вые слова́ и выраже́ния

а	мы	спаси́бо	шофёр
Не Ни́на, а Анна.	на	стро́итель	я
библиоте́ка	пе́нсия: на пе́нсии	твоя́	
в	пожа́луйста	телефо́н: по телефо́ну	Анто́н
Входи́те!	преподава́тель / -ница	тре́тий	Бори́с
вы	профе́ссор	три	Ве́ра
ещё, ещё не	рабо́та: на рабо́те	ты	Ви́ктор
жив-у́т (жить)	рабо́тай + (рабо́тать)	уже́, уже́ не	Зи́на
институ́т	разгово́р (разгово́ры)	учи́тель / -ница	Лари́са
Кто он?	семья́	фи́зик	Оле́г
Москва́	сосе́д / -ка	шко́ла	

УРОК № 4 (ЧЕТЫРЕ) — ЧЕТВЁРТЫЙ УРОК

— **Чья** э́то кни́га?	кто э́то.
— Это **моя́** (**твоя́, на́ша, ва́ша**) кни́га.	что́ э́то.
Па́па (не) зна́ет,	что́ э́то тако́е.
	что́ де́лает его́ сын.
— **Почему́** па́па не зна́ет, где его́ газе́та?	что́ чита́ет Макси́м.
— Он не зна́ет, где его́ газе́та, **потому́ что** на́ша ма́ма на рабо́те.	где Ни́на.

Фоне́тика:

Read pp. 12-13 concerning the quality of [ó] and [ú]. In this exercise stress lip-rounding. Remember the rules of word dynamics in Russian.

Слу́шайте и повторя́йте!

кто ... что ... дом ... вот ... шко́ла ... оно́ ... письмо́ ...
рабо́та ... муж ... му́зыка ... слу́шает ... по-ру́сски ... институ́т

Интона́ция:

Pronounce the following sentences as one syntagma, without internal pauses. Do not allow the tone to rise before it falls.

A. *Слу́шайте и повторя́йте!*

Его́ сын — / строи́тель. Васи́лий Никола́евич / живёт в кварти́ре № 3.
Его́ дочь — / фи́зик. Его́ жена́ / рабо́тает в библиоте́ке.

When a declarative sentence is spoken as two syntagmas, the first syntagma may be pronounced with either IC-3 or IC-4. IC-3 is more commonly used in lively conversational Russian, IC-4, in a more formal style.
Pronounce the following sentences as two syntagmas, using IC-3 in the first syntagma.

B. *Слу́шайте и повторя́йте!*

Его́ сын — строи́тель. Васи́лий Никола́евич живёт в кварти́ре № 3.
Его́ дочь — фи́зик. Его́ жена́ рабо́тает в библиоте́ке.

— Чей э́то порт-фе́ль?
— Это **мой** порт-фе́ль.
— Это **твой** порт-фе́ль.

— Чей э́то дом?
— Это **наш** дом.
— Это **ваш** дом.

четы́ре, четвёртый
чей, чья, чьё, чьи whose?
мой, моя́, моё, мои́ my / mine
портфе́ль *m.* (он) briefcase

твой, твоя́, твоё, твои́ your / yours (*fam.*)
наш, на́ша, на́ше, на́ши our / ours
ваш, ва́ша, ва́ше, ва́ши your / yours (*pol.*)

93

Это **твой** портфе́ль.
Это **ваш** портфе́ль.

— Когда́ вы за́втракаете?
— Вы за́втракаете у́тром.

Утром мы за́втракаем.

Днём мы обе́даем.

Ве́чером мы у́жинаем.

Утром Ни́на опа́здывает.

Это дом о́тдыха.
Ма́ма в до́ме о́тдыха.
Она́ там отдыха́ет.

Это га́лстук, руба́шка и пальто́.

Па́па зна́ет, где его́ пальто́.

— **Почему́** па́па не зна́ет, где его́ пальто́?
— Па́па не зна́ет, где его́ пальто́, **потому́ что** на́ша ма́ма сейча́с в до́ме о́тдыха.

— Как мы за́втракаем, когда́ на́ша ма́ма до́ма?
— Когда́ на́ша ма́ма до́ма, мы за́втракаем споко́йно.

у́тром in the morning
за́втракай+ (**за́втракать**) to have/eat breakfast
днём in the afternoon/daytime
обе́дай+ (**обе́дать**) to have/eat dinner, dine
ве́чером in the evening
у́жинай+ (**у́жинать**) to have/eat supper
когда́ when
опа́здывай+ (**опа́здывать**) to be late
дом о́тдыха, в до́ме о́тдыха rest home (i.e., resort, vacation center)

отдыха́й+ (**отдыха́ть**) to rest, vacation
га́лстук (neck)tie
руба́шка shirt
пальто́ (over)coat
знай+ (**знать**) to know
почему́ why
потому́ что because
как how
споко́йно/не- calmly, (un-)

4.1 The Possessive Modifiers

Это This / It	is	моя my	кни́га. book.

чей_?		чья?		чьи?		чьё?
мой_		моя́		мои́		моё
твой_		твоя́		твои́		твоё
его́	журна́л_	его́	кни́га	его́	сигаре́ты	его́	письмо́
её		её		её		её
наш_		на́ша		на́ши		на́ше
ваш_		ва́ша		ва́ши		ва́ше
их		их		их		их

The third-person possessive modifiers **его́, её, их** do not change their form (since they mean literally 'of him', 'of her', 'of them'). The remaining possessive modifiers must agree in gender with the thing(s) possessed (*not* the possessor).

The endings for these modifiers are the same endings that appear on the third-person pronouns:

он_ — zero ending, _
она́ — basic ending -A (spelled **-а / -я**)
оно́ — basic ending -O (spelled **-о / -ё / -е**)
они́ — basic ending -Ы (spelled **-ы / -и**)

Masculine nouns of the **-а / -я** class function like masculines in the sentence and require masculine modifiers: мой па́па, твой дя́дя.

Note that **наш, ваш** keep the accent on the stem, while **мой, твой** have the accent on the endings (except, of course, where there is zero ending).

As with the verb, the orthography hides the fact that the final [y] of the masculine forms is retained throughout, but is represented differently in the spelling: **мо́я = мой + А, моё = мой + О.**

In your pronunciation be certain to distinguish clearly between **мой** (one syllable) and **мои́** (two syllables, with accent on the ending).

The root of the interrogative possessive **чей** is **чь-** [čy-], and the **e** in the masculine form is just a "fill" vowel needed to make the word fully audible in speech when there is no ending. Again we see how the various ways of spelling [y] can appear to make the system more complicated than it is.

Possessive modifiers are frequently omitted when the "owner" is clear from context: — Кто э́то? — Это мо́я ма́ма. / Это ма́ма.

Упражне́ние 4.1

a. Я не зна́ю, где	*мой* портфе́ль.	Мы не зна́ем, где	*на́ши* роди́тели.
	... руба́шка.		... сын.
	... пальто́.		... дочь.
	... сигаре́ты.		... письмо́.
Ты не зна́ешь, где	*твоя́* сестра́?	Вы не зна́ете, где	*ва́ше* упражне́ние?
	... брат?		... де́ти?
	... письмо́?		... оте́ц?
	... роди́тели?		... мать?

б. Это моё письмо́, а э́то ва́ше письмо́.

Это мо... ма́ма, а э́то тво... ма́ма. Это тво... журна́л, а э́то наш... журна́л. Это её кни́га, а э́то мо... кни́га. Это наш... газе́ты, а э́то ваш... газе́ты. Это мо... па́па, а э́то тво... па́па. Это его́ пальто́, а э́то тво... пальто́. Это наш... кварти́ра, а э́то ваш... кварти́ра. Это мо... га́лстук, а э́то ваш... га́лстук. Это тво... пальто́, а э́то мо... пальто́. Это мо... сигаре́ты, а э́то ваш... сигаре́ты. Чь... э́то пальто́? Чь... э́то руба́шка? Чь... э́то де́ти?

4.2 New Verbs

All new verbs learned in this lesson conjugate just like **рабо́тай+**: за́втра-кай+, обе́дай+, у́жинай+, знай+, опа́здывай+, отдыха́й+.

Упражне́ние 4.2

Я чита́ю				я у́жина... и отдыха́...
Ты чита́ешь				ты ....
Он чита́ет	кни́гу.	**Ве́чером**		он ....
Мы чита́ем				мы ....
Вы чита́ете				вы ....
Они́ чита́ют				они́ ....

1. Утром я за́втрака... . Я чита́... газе́ту и слу́ша... ра́дио. 2. Ты обе́да... до́ма. Там ты отдыха́... и чита́... журна́л. 3. Сейча́с мы у́жина..., слу́ша... му́зыку и отдыха́... . 4. Вы рабо́та... в институ́те? Там вы и обе́да... ? 5. Ве́чером они́ у́жина..., гуля́... в па́рке и́ли слу́ша... му́зыку. 6. Вы сейча́с опа́здыва... ? 7. Утром Ни́на опа́здыва... . 8. Па́па зна́..., где Макси́м и Ни́на? 9. Вы не зна́..., где мои́ сигаре́ты? 10. Я сейча́с опа́здыва... . 11. Днём мы обе́да... до́ма. 12. Ты обе́да... в институ́те?

4.3 Complex Sentences

— Что она́ чита́ет?—Я не зна́ю, что́ она́ чита́ет.
— Кто э́то?—Я не зна́ю, кто э́то.
— Где мои́ кни́ги?—Я не зна́ю, где ва́ши кни́ги.
— Когда́ они́ отдыха́ют?—Мы не зна́ем, когда́ они́ отдыха́ют.
— Почему́ она́ опа́здывает?—Мы не зна́ем, почему́ она́ опа́здывает.

Questions containing an interrogative word can be incorporated into a statement with no modification. In this case they become *dependent clauses*. (A dependent clause is one which does not by itself express a complete thought.) Remember that all such clauses must be separated from the rest of the sentence by a comma. But in this type of sentence the comma is a purely formal requirement—in most cases the sentence is read as one syntagma, without pause.

In such sentences the interrogative word **что** retains relatively strong stress and often has an accent written over it (cf. first example).

Ты не зна́ешь, что́ он чита́ет.   You don't know what he's reading.

Ты не зна́ешь, что́ он чита́ет?   You don't happen to know what he's reading?

Questions containing an interrogative word can also be incorporated into a sentence as *indirect questions*. The question mark here refers not to the dependent clause, but to the whole sentence (and in this example the intonation center is the word **зна́ешь**). Such sentences are normally read as one syntagma, without pause and with the tone not rising again following the intonation center in the first clause.

Па́па до́ма. Я уже́ зна́ю, что па́па до́ма.	I already know (that) Papa's at home.

The word **что** serves not only as an interrogative word, but also as a *conjunction* equivalent to 'that'. In this case the **что** is never accented (and is pronounced [štə]). In English we frequently omit 'that'. But in Russian it is omitted only in very colloquial speech and the student must get into the habit of including the **что**.

Упражне́ние 4.3

Образе́ц:—Где моё пальто́?—*Я не зна́ю, где ва́ше пальто́.*

1. Кто э́то? 2. Где рабо́тает Зи́на? 3. Почему́ Оле́г опа́здывает? 4. Как по-англи́йски «руба́шка»? 5. Когда́ они́ обе́дают? 6. Что сейча́с де́лает Анто́н? 7. Как Ве́ра э́то де́лает? 8. Что э́то тако́е?

4.4 Ты не зна́ешь, что́ де́лает Анто́н?

In polite requests for information or aid Russians tend in conversation to negate the verb in the main clause. The English equivalent might be 'You don't happen to know...?'.

4.5 Word Order

Adverbs are words which modify verbs, adjectives, or other adverbs. They answer such questions as 'how', 'when', 'where'. Russian adverbs most frequently precede a verb which they modify: Утром мы споко́йно за́втракаем. Placing the adverb after the verb puts special emphasis on it: Утром мы за́втракаем споко́йно.

Since Russian has many grammatical endings, word order can be used for different purposes than in English, where it must be used to indicate the function of the words in a sentence. In Russian word order plays an important role in indicating the most important, the new information in the sentence. There is a strong tendency for the new information to come *at the end* of the sentence. It is important for the student to learn to use the correct Russian word order, particularly in answering questions—if giving a full answer, put the known information at the beginning of the answer, followed by the new information. (Normally in short answers only the new information is given.)

— Кто живёт в кварти́ре № 2?	— Где живёт Ива́н Ива́нович?
— (В кварти́ре № 2 живёт) Ива́н Ива́нович.	— (Ива́н Ива́нович живёт) в кварти́ре № 2.

But remember that word order and intonation are closely interconnected. If one uses intonation to mark logical stress, it is possible to put the new information earlier in the sentence:

— Кто живёт в кварти́ре № 2?	— Ива́н Ива́нович (живёт в кварти́ре № 2).

As you see, the new information receives the strong stress, wherever it comes in the sentence.

4.6 Assimilation of Consonants

In earlier lessons you have seen examples of the devoicing of normally voiced consonants at the end of words or before voiceless consonants (в шко́ле, второ́й, сосе́д). In this lesson you see the first example of the reverse procedure, the voicing of normally voiceless consonants before voiced paired consonants: о́тдых [о́дɪ̆х] (тд › дд › д̄), and similarly in отдыха́ть.

Voiceless consonants are *not* affected by a following consonant which does not have a voiceless counterpart, **р, л, м, н,** [у] or before **в**: сестра́, **с**лу́шают, письмо́, кни́га, кварти́ра.

4.7 Adding Endings to Words Ending in -ь

Before adding endings to a word written with a soft sign at the end of the nominative case, the soft sign must be dropped (remember this is just an indication of the softness of the consonant): портфе́ль, в портфе́ле. A soft sign *within the stem* of a word is *not* dropped: семь**я́**, в семь**е́**.

4.8 The Use of the Comma (continuation)

In English it is possible to place a comma before 'and' preceding the last item in a series. In the corresponding Russian construction a comma is *never* used:

Ве́чером мы у́жинаем, слу́шаем му́зыку и отдыха́ем.
Ве́чером мы у́жинаем, слу́шаем му́зыку, отдыха́ем.

4.9 The Use of Individual Words

дом о́тдыха — Note that the second word does not change form: **в до́ме о́тдыха** (since the expression means literally 'house of rest'). The expression does not refer to an old folks' home or nursing home, but to a resort or vacation center. Part or all of the cost of a vacation at such a center may be borne by the worker's union. Husband and wife do not necessarily vacation at the same time, as we see in the story in this lesson.

обе́дать — Russians normally dine sometime between noon and two or three o'clock, and this is the largest meal of the day. Supper is generally a simpler meal and does. not include the soup course, which is considered almost obligatory for dinner.

опа́здывать = 'to be late'. Sometimes a Russian verb may correspond to a verb plus adjective or adverb in English—a further reminder of the danger of trying to translate word-for-word from one language to another. (In the future we will use this little figure to remind you not to attempt to translate word-for-word.)

Наша ма́ма в до́ме о́тдыха

Сейча́с на́ша ма́ма до́ма. Утром мы споко́йно за́втракаем. Па́па зна́ет, где его́ га́лстук. Я зна́ю, где мой портфе́ль. Макси́м зна́ет, где его́ пальто́. Днём ма́ма и па́па рабо́тают, я в шко́ле, Макси́м до́ма. Обе́даем мы до́ма. Ве́чером мы отдыха́ем, слу́шаем ра́дио, у́жинаем. Па́па чита́ет газе́ту, а я чита́ю кни́гу. Ма́ма и Макси́м слу́шают му́зыку.

А сейча́с ма́ма в до́ме о́тдыха. У́тром мы не за́втракаем — мы опа́здываем. Па́па не зна́ет, где его́ руба́шка, я не зна́ю, где мой портфе́ль. Макси́м не зна́ет, где его́ пальто́... На́ша ма́ма в до́ме о́тдыха!

ДАВА́ЙТЕ ПОГОВОРИ́М:

— Вы не зна́ете, где живёт Ива́н Ива́нович?
— Он наш сосе́д, он живёт в кварти́ре № 2.

— Вы не зна́ете, где отдыха́ет А́нна Петро́вна?
— В до́ме о́тдыха «Строи́тель».

— Ты не зна́ешь, где мой га́лстук?
— Не зна́ю.
— А где мой портфе́ль?
— Вот он.

— Вы не зна́ете, где здесь институ́т?
— Вот он.

— Спаси́бо.
— Пожа́луйста.

— Вы не зна́ете, что́ э́то тако́е?
— Это библиоте́ка.
— А э́то?
— Это шко́ла.

— Почему́ Ни́на опа́здывает?
— Она́ опа́здывает, потому́ что её ма́ма сейча́с в до́ме о́тдыха.
— Когда́ вы у́жинаете?
— Мы у́жинаем ве́чером.

— Макси́м, па́па уже́ до́ма.
— Я зна́ю, что он до́ма. А где же Ни́на?

— Где мой портфе́ль?
— Вот он.

— Это мой журна́л!
— Нет, не твой. Это мой журна́л!

— Познако́мьтесь, пожа́луйста, Ива́н Ива́нович, э́то мой сын.
— Влади́мир.
— Очень прия́тно.

Вы не зна́ете... ?

Очень прия́тно. Pleased to meet you.

7*

99

Упражнения

4.10 а. — Вы не зна́ете, где здесь *библиоте́ка?*
— Вот *она́.*
— Спаси́бо.
— Пожа́луйста.

(кварти́ра № 4, парк, институ́т, шко́ла № 3, дом № 1)

4.11 — Ты не зна́ешь, где живёт *Васи́лий Никола́евич?*

4.12 а. — Это ваш портфе́ль? — Да, *мой.*
— Это твоя́ кни́га? — Да, ...
— Это ва́ше письмо́? — Да, ...

б. — Вы не зна́ете, кто живёт *в кварти́ре № 2?*
— Там живёт *Ива́н Ива́нович и его́ семья́.*

(в кварти́ре № 3 — Васи́лий Никола́евич и его́ семья́, в Новосиби́рске — Оле́г)

(Анна Петро́вна, Макси́м, Оле́г, Ива́н Ива́нович и Анна Петро́вна)

б. — Это твоя́ газе́та? — Нет, *не моя́.*
— Это твой журна́л? — Нет, ...
— Это ва́ше пальто́? — Нет, ...

в. Это *моя́ руба́шка*, а э́то *его́ руба́шка.*

Это *мой портфе́ль*, а э́то

Это *моё пальто́*, а э́то

Это *на́ша кварти́ра*, а э́то

4.13 — Где ты *рабо́таешь?*
— В шко́ле. А ты?
— В библиоте́ке.
— Где он ...?
— В институ́те.
— А где ... его́ оте́ц?
— То́же в институ́те.

— А где они́ ...?
— В Новосиби́рске.
— А их брат?
— Он то́же ... там.
— А где ... их мать?
— Она́ уже́ не..., она́ на пе́нсии.

4.14 — Познако́мьтесь, пожа́луйста, *Ива́н Ива́нович.*
— *Лари́са.*
— Очень прия́тно.

(Анна Петро́вна — Оле́г, Васи́лий Никола́евич — Ни́на, Анна Петро́вна — Васи́лий Никола́евич).

4.15 Ask your classmates questions about where they and their parents live and work, when they take their meals, etc.—but restrict yourself to the words and forms you know.

4.16 Word Study

днём — день, day. Sometimes a root may appear without a vowel in some forms, with a vowel in other forms (cf. чей, чья).

100

за́втракай +, у́тром — [v] and [u] are closely related, not only in the development of Russian, but in the history of languages in general.

когда́, кто, како́е — Interrogative words beginning with к — are related to English interrogative words beginning with **wh**. The first letter of где is just the voiced counterpart. The **ч** in что, чей, почему́ is the result of a palatalization of the **к**.

портфе́ль — portfolio

Но́вые слова́ и выраже́ния

ваш

ве́чером

га́лстук

днём

за́втракай + (за́втра-
    кать)

знай + (знать)

как

когда́

мой

наш

обе́дай + (обе́дать)

опа́здывай + (опа́зды-
    вать)

о́тдых

    дом о́тдыха

отдыха́й + (отдыха́ть)

Очень прия́тно.

пальто́

портфе́ль

потому́ что

почему́

руба́шка

споко́йно / не-

твой

у́жинай + (у́жинать)

у́тром

чей

четвёртый

четы́ре

Влади́мир

УРОК № 5 (ПЯТЬ) —ПЯТЫЙ УРОК

Я хорошо́ **говорю́** по-ру́сски.
Я говорю́ **по-ру́сски.** Я зна́ю **ру́сский язы́к.**
Ни́на понима́ет по-англи́йски, **но** говори́т пло́хо.
Это журна́лы.
— **О чём** говори́т Лари́са?—Она́ говори́т **о рабо́те.**
Лари́са не зна́ет, говори́т **ли** пассажи́р по-ру́сски.

Фоне́тика:

Remember that in unaccented syllables **o** is replaced by the unaccented varieties of **a** (cf. pp. 16, 17). Unaccented **e** is pronounced [i]. Remember the rules of word dynamics in Russian.

Слу́шайте и повторя́йте!

она́ ... оно́ ... они́ ... оди́н ... оте́ц ... Оле́г ... Москва́ ... Бори́с ... но ...
твоё ... когда́ ... портфе́ль ... по-ру́сски ... профе́ссор ... опа́здывать ... отдыха́ть ...
по-англи́йски ... библиоте́ка ... э́то ... спаси́бо
семья́ ... телефо́н ... почему́ ... но́мер ... гуля́ет ... чита́ет ... отдыха́ет ...
четы́ре ... четвёртый ... ве́чером ... строи́тель ... преподава́тель

Интона́ция:

In this exercise read the sentences as one syntagma, without pauses. Do not let the tone rise again after it falls. The longer the sentence, the faster the unaccented parts will be read.

Слу́шайте и повторя́йте!

Зна́ете?
Не зна́ете?
Вы не зна́ете?
Вы не зна́ете, где Ни́на?
Вы не зна́ете, где Ни́на и Макси́м?
Вы не зна́ете, где сейча́с Ни́на и Макси́м?

Вы не зна́ете, что сейча́с де́лают Ни́на и Макси́м?
Вы не зна́ете, почему́ Ни́на и Макси́м сейча́с опа́здывают?

говори́ть				
я говорю́		говорю́	по-ру́сски.	Я зна́ю ру́сский язы́к.
ты говори́шь	Я	чита́ю	по-англи́йски.	изуча́ю англи́йский язы́к.
он ⎫ говори́т она́ ⎭		понима́ю	по-францу́зски.	францу́зский язы́к.
мы говори́м				
вы говори́те				
они́ говоря́т				

пять, пя́тый
говор-и́-ть to speak, talk, say
понима́й + (понима́ть) to understand
по-францу́зски (in) French

изуча́й + (изуча́ть) to study
ру́сский язы́к the Russian language
англи́йский язы́к
францу́зский язы́к

Это окно́.

Это сигаре́та.

Это сигаре́ты.

журна́л — журна́лы
портфе́ль — портфе́ли
га́лстук — га́лстуки
газе́та — газе́ты
кни́га — кни́ги
сестра́ — сёстры
письмо́ — пи́сьма
окно́ — о́кна

Это Лари́са.
Она́ ру́сская.
Лари́са — стюар-
де́сса. Она́ рабо́-
тает в Аэрофло́те.

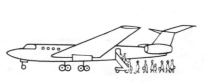

Это самолёт.
Это пассажи́ры.

Лари́са спра́ши-
вает: «Вы зна́ете
ру́сский язы́к?»
Пассажи́р отвеча́-
ет: «Да».

Это Нью-Йо́рк.
Я живу́ в Нью-Йо́рке.
Я говорю́ по-англи́йски.
Я америка́нец.

Джон — америка́нец.
Мэ́ри — америка́нка.
Они́ живу́т в Аме́рике.

Ни́на хорошо́ понима́ет по-англи́йски,
но говори́т пло́хо. Лари́са говори́т:
«Я стюарде́сса». «Я стюарде́сса»,— го-
вори́т Лари́са.

Это Пари́ж. Я жи-
ву́ в Пари́же. Я
говорю́ по-фран-
цу́зски. Я францу́з.

Лари́са спра́шивает: «Вы говори́те по-
ру́сски?»,— потому́ что она́ не зна́ет,
говори́т **ли** пассажи́р по-ру́сски.

— **О ком** спра́шивает Лари́са?
— Она́ спра́шивает **о Джо́не.**
— **О чём** говори́т Лари́са?
— Лари́са говори́т **о Нью-Йо́рке.**
— Как вы ду́маете, Джон хорошо́ зна́ет
   ру́сский язы́к?
— Я ду́маю, что да (нет).

окно́ window
сигаре́та
ру́сский / ру́сская a Russian
стюарде́сса
Аэрофло́т (Soviet state airline)
самолёт airplane
пассажи́р passenger
спра́шивай + (спра́шивать) to ask
отвеча́й + (отвеча́ть) to answer
америка́нец / америка́нка
Аме́рика

Пари́ж Paris
францу́з / францу́женка Frenchman / -woman
хорошо́ well (*adv.*)
но but
пло́хо ≠ хорошо́
о *ком / чём* about, concerning (*whom / what*)
ли (*interrogative particle*)
ду́май + (ду́мать) to think
   — **Как вы ду́маете...?** What do you think...?
   — **Ду́маю, что да / нет.** I think so / not.

ГРАММАТИКА И УПРАЖНЕНИЯ

5.1 The Second Conjugation: **говор-и́-ть**

		Basic Ending	Spelled
я говорю́		soft cons. + -У	-ю / -у
ты говори́шь		soft cons. + -ИШЬ	-ишь
он говори́т	по-ру́сски	soft cons. + -ИТ	-ит
мы говори́м		soft cons. + -ИМ	-им
вы говори́те		soft cons. + -ИТЕ	-ите
они́ говоря́т		soft cons. + -АТ	-ят / -ат

Russian has only two classes of conjugation. Most verbs with the suffix **-и-** (infinitives in **-и-ть**) belong to the second conjugation, while verbs whose stem ends in a consonant (**жив +, рабо́тай +**) belong to the first conjugation.

For second-conjugation verbs the infinitive can serve as the basic form, but you must remember to drop the vowel suffix **-и-** before adding endings (**говор-(и́) +**). The final consonant of the stem is soft in the second conjugation in *all* forms (while it is sometimes hard in the first conjugation — **жив-у́, жив-у́т**).

Упражне́ние 5.1

1. Вы говор... по-ру́сски? 2. Мой брат чита́ет по-англи́йски, но говор... пло́хо. 3. Мы хорошо́ говор... по-ру́сски. 4. Ты хорошо́ говор... по-францу́зски? 5. Я понима́ю по-ру́сски, но говор... пло́хо. 6. Ва́ши де́ти то́же говор... по-ру́сски?

5.2 Nouns, Adjectives and Adverbs of Nationality and Language

Ива́н Ива́нович — ру́сский. Анна Петро́вна — ру́сская.
Джон — америка́нец. Мэ́ри — америка́нка.
Жан — францу́з. Мари́ — францу́женка.

While Russian uses nouns for the male and female members of other national groups, the words for 'a Russian' are actually adjectives serving as nouns. (Adjectives are words which modify or qualify nouns.)

Я говорю́, чита́ю и понима́ю **по-ру́сски.**
I speak, read and understand *Russian.*
Я изуча́ю **ру́сский язы́к.** Я зна́ю **ру́сский язы́к.**
I know *Russian.*

The form **по-ру́сски** is an adverb, answering the question 'how?'. It is used with verbs such as 'to speak', 'to read', 'to understand', 'to ask', 'to answer'. The phrase **ру́сский язы́к** is an adjective-noun phrase serving as direct object of the transitive verbs 'to study', 'to know' (*What* do you study / know?). English usually does not make a distinction between language as direct object and as a means of communication (*how*).

104

Упражне́ние 5.2

Образе́ц: Лари́са зна́ет (*English*) и хорошо́ говори́т (*English*).—*Лари́са зна́ет*
англи́йский язы́к и хорошо́ говори́т по-англи́йски.

1. Ни́на хорошо́ понима́ет (*English*), но говори́т пло́хо. 2. Мои́ де́ти хорошо́
зна́ют (*Russian*), они́ изуча́ют ... в шко́ле. 3. Джон и Мэ́ри чита́ют (*Russian*),
но не говоря́т ... . 4. Жан хорошо́ зна́ет (*French*) — он францу́з. 5. В самолёте
Лари́са говори́т (*Russian*) и (*English*).

5.3 The Conjunctions **а, но**

Я рабо́таю в Москве́, а мой брат рабо́тает в Новосиби́рске.
Я понима́ю по-ру́сски, но говорю́ ещё пло́хо.
Оле́г живёт в Новосиби́рске, но он сейча́с в Москве́.
Мэ́ри живёт в Москве́, но она́ не понима́ет по-ру́сски.
Ни́на не гуля́ет, а чита́ет.

The conjunction **а** expresses a *comparison* or mild contrast (first example),
while **но** is used to express a *restriction* on some statement (second and third
examples), or something which is *contrary to expectations* (fourth example). The
conjunction **а** is used of mutually exclusive items (as in last example — Nina
cannot be doing both things at the same time).

Упражне́ние 5.3. *Запо́лните про́пуски* (а / но).

1. А́нна Петро́вна сейча́с не рабо́тает, ... отдыха́ет. 2. Лари́са хорошо́
понима́ет по-англи́йски, ... говори́т пло́хо. 3. Это мои́ сигаре́ты, ... э́то ва́ши.
4. Ве́чером я слу́шаю му́зыку, ... мой па́па чита́ет газе́ту. 5. Я изуча́ю
ру́сский язы́к, ... ещё пло́хо понима́ю по-ру́сски. 6. Это не шко́ла, ... библиоте́ка.
7. Я стро́итель, ... моя́ сестра́ — фи́зик. 8. Зи́на рабо́тает в институ́те, ...
она́ сейча́с в до́ме о́тдыха. 9. А́нна Петро́вна не до́ма, ... в шко́ле.

5.4 Hard & Soft Stems, Adding Endings

In the case of verbs we saw that the final consonant of the stem is softened by
some endings (**жив-у́** vs. **живёт**). Also the stem of the third-person pronoun
shows a change from hard to soft in the plural (**он_** vs. **он-и́**).

In nouns and adjectives, however, a stem must be kept either hard or soft
whenever possible throughout the declension. The hardness or softness of a stem
refers to the quality of the *last consonant* of the stem. Examples of hard stems:
журна́л_, сигаре́т-а, письм-о́. Examples of soft stems: **портфе́л(ь)_, тёт-я, упражне́-
ни-е** (упражне́ний + О). (Remember that the soft sign at the end of a noun is not
an ending but simply an indication of the softness of the consonant, and is removed
before endings are added.)

Hardness or softness is an important characteristic of the stem and must be
retained by adding the appropriate hard or soft vowel symbols:

журна́л_ — журна́л-**ы**   портфе́ль_ — портфе́л-**и**
сигаре́т-а — сигаре́т-**ы**   тёт-я — тёт-**и**
письм-о́ — пи́сьм-**а**   упражне́ни-е — упражне́ни-**я**

Always remember, however, the spelling rules: уро́к — уро́к-**и**, кни́г-а — кни́г-**и**.

Also remember that in the prepositional case there is no choice—the ending -e softens all those consonants which have soft counterparts: журна́л_ — в журна́л-е.

5.5 The Nominative Plural of Nouns

The basic endings for the nominative plural of nouns are:

он-words **она́**-words	-Ы (spelled -ы / -и)	**оно́**-words -A (spelled -а / -я)	
пассажи́р_	пассажи́р-ы	окн-о́	о́кн-а
портфе́ль_	портфе́л-и	упражне́ни-е	упражне́ни-я
кварти́р-а	кварти́р-ы		
пе́нси-я	пе́нси-и		
уро́к_	уро́к-и		
кни́г-а	кни́г-и		

Many feminine nouns with accent on the ending in the nominative singular and many neuter nouns shift the accent in the nominative plural. Of these you know:

сестр-а́ — сёстр-ы   письм-о́ — пи́сьм-а
жен-а́ — жён-ы   окн-о́ — о́кн-а
семь-я́ — се́мь-и

Some masculine nouns, including **оте́ц, америка́нец,** have a *fill vowel* which occurs only in the form with a zero ending, but does not occur in other forms where the vowel of the endings helps to break up the consonant cluster. The real stem can be considered **отц-, америка́нц-.** The plural endings are regular: отц-ы́, америка́нц-ы. (Cf. the fill vowel in **чей**). To help you recognize the fill vowels, they will be indicated in word lists as follows: **от(е́)ц.**

A few masculine nominative plural nouns have the ending *accented* -A:

дом_ — дом-а́, учи́тель_ — учител-я́, профе́ссор_ — профессор-а́

There is also a small group of masculine nouns which have the ending -A (not always accented) but which also have the stem extended in the nominative plural:

брат_ — бра́ть-я, муж_ — мужь-я́, сын_ — сыновь-я́

The noun **сосе́д** becomes a soft-stem noun in the plural: **сосе́ди.**

Two feminine nouns, **мать** and **дочь,** form a separate class. In all forms except the nominative singular they have a longer stem: мать_ — ма́тери, дочь_ — до́чери. (Note how the full stem makes these two words much more obvious as cognates of the corresponding English words.)

Words of foreign origin which Russians still feel to be borrowings and which do not have what Russians recognize as regular *masculine* or *feminine* endings do not decline, that is, they do not change form to show case or number, but have one unchanging form: моё пальто́ — на́ши пальто́ — о пальто́, ра́дио — о ра́дио, Мэ́ри — о Мэ́ри.

Study hint: Do not try to learn the plural forms as abstractions—make your ear learn them for you by using the recorded materials until the forms become second nature to you.

Review Spelling Rule No. 2, on page 60.

106

Упражнéние 5.5

а. *Образéц:* Это мой журнáл, а э́то вáши *журнáлы.*

1. Это моя́ газéта, а э́то вáши ... . 2. Это мой портфéль, а э́то вáши ... . 3. Это мой сын, а э́то их ... . 4. Это моё письмó, а э́то вáши ... . 5. Это моя́ кни́га, а э́то вáши ... . 6. Это мой брат, а э́то её ... . 7. Это моя́ сестрá, а э́то егó ... . 8. Это моё пальтó, а э́то вáши ... . 9. Это моя́ дочь, а э́то их ... . 10. Это мой гáлстук, а э́то вáши ... . 11. Это моё окнó, а э́то вáши ... . 12. Это моя́ квартира, а э́то вáши ... . 13. Это моя́ рубáшка, а э́то вáши ... . 14. Это мой журнáл, а э́то вáши ... .

б. *Use nouns in parentheses in the plural form.*

1. Дéти здесь, а где же их (учи́тель)? 2. Дéти в пáрке, а где же их (мать)? 3. Ивáн Ивáнович и Васи́лий Николáевич здесь, а где же их (женá)? 4. Анна Ивáновна и Лари́са Петрóвна здесь, а где же их (муж)? 5. Это Макси́м, а э́то егó (тётя). 6. Это студéнты, а э́то их (профéссор). 7. Студéнты здесь, а где же (преподавáтель)? 8. Дéти ужé здесь, а где же их (отéц)? 9. Джон и Майкл (америкáнец). 10. Где же вáши (упражнéние)?

5.6 The Preposition о / об = 'about' / 'concerning'

— О ком вы говори́те?   — Мы говори́м **о пассажи́ре.**
— О чём вы говори́те?   — Мы говори́м **об урóке** нóмер пять.

This is the third preposition used with the prepositional case. Before words beginning with a vowel *sound* (written with **а-, у-, о-, и-, э-**) the variant form **об** must be used: об Амéрике, об урóке, об окнé, об институ́те. (Note that this variant is *not* used before words beginning with those vowel *letters* which include the *sound* [у]—**я-, ю-, ё-, е-:** о языкé.)

Note the prepositional case forms of the interrogative pronouns: **о ком, о чём.**

5.7 The Prepositional Case of Feminine Nouns in -ь and Nouns in -ий

— О ком он спрáшивает, о мáтери?—Нет, о дóчери и о Васи́лии Николáевиче.

The prepositional case ending for *feminine* nouns in **-ь** is spelled **-и** (thus the form is the same as the nominative plural for these words).

Nouns in **-ий** have the prepositional case ending spelled just as do those ending in **-ия, -ие.**

Упражнéние 5.7

Образéц: Мы говори́м (урóк № 5).—Мы говори́м *об урóке* № 5.

1. Ивáн Ивáнович спрáшивает (Васи́лий Николáевич и Зи́на). 2. Вы говори́те (егó отéц и́ли егó мать)? 3. (кто) они́ спрáшивают, (сын и́ли дочь)? 4. Ни́на спрáшивает (пальтó и портфéль). 5. Нáши сосéди говоря́т (дом óтдыха). 6. Учи́тельница спрáшивает (урóк № 5). 7. Макси́м и Ни́на говоря́т (учи́тель). 8. (что) вы говори́те, (óтдых и́ли рабóта)?

5.8 Word Order, Adverbs (continuation)

Ма́ма **сейча́с** до́ма.
Мы **споко́йно** за́втракаем.
Ни́на **хорошо́** зна́ет англи́йский язы́к.
Ни́на **хорошо́** понима́ет по-англи́йски, но говори́т **пло́хо.**
— Когда́ вы за́втракаете? — Мы за́втракаем **у́тром.**
— Что вы де́лаете у́тром? — **У́тром** мы за́втракаем.

The most usual position for an adverb is *before* the verb. Placing it after the verb puts special emphasis on the adverb (fourth example). But within context the placement of the adverb will depend on what is the given and what is the new information in a sentence (fifth and sixth examples).

5.9 Word Order Accompanying Quoted Speech

Лари́са говори́т: «Я стюарде́сса».
«Я стюарде́сса», — говори́т Лари́са.

When the words indicating the speaker come after the words quoted, the verb *must* come before the subject.

Note that in their printed form Russian quotation marks differ from those used in English. In handwriting the forms are similar to those in English, but are reversed in sequence, and the first pair is placed at the bottom of the line of writing:

Лариса говорит: „Я стюардесса".
Лариса говорит: *„Я стюардесса".*

Лариса говорит:„Я стюардесса".

5.10 Indirect Speech and the Interrogative Particle ли

Лари́са спра́шивает: «Где вы живёте?»
Лари́са спра́шивает, где живёт пассажи́р.

Лари́са спра́шивает: «Вы живёте в Москве́?»
Лари́са спра́шивает, в Москве́ ли живёт пассажи́р.
Лари́са не зна́ет, в Москве́ ли живёт пассажи́р.

Ни́на спра́шивает: «Па́па до́ма?»
Ни́на спра́шивает, до́ма ли па́па.
Ни́на не зна́ет, до́ма ли па́па.

Лари́са спра́шивает: «Вы францу́з?»
Лари́са спра́шивает, францу́з ли пассажи́р.
Лари́са не зна́ет, францу́з ли пассажи́р.
Лари́са спра́шивает, пассажи́р живёт в Москве́?

Questions containing an interrogative word can be incorporated into a sentence as an indirect question similarly to the way it is done in English.

If the question does not contain an interrogative word, it is turned into an indirect question by means of the interrogative particle **ли**, which is placed after the word in the question which receives the strong sentence stress represented by the intonation shift (IC-3). This stressed word is placed at the beginning of the indirect question. The result is the equivalent of an English clause introduced by 'whether' (or 'if' = 'whether').

In colloquial speech an indirect question can be made simply by means of intonation (cf. the last example above).

Упражнéние 5.10.

а. *Образéц:* – Где Максúм? – *Я не знáю, где Максúм.*

1. Что дéлает Нúна? 2. Что читáет мáма? 3. Когдá рабóтает Зúна? 4. Чья это кнúга? 5. Кто это?

б. *Образéц:* – Нúна дóма? – *Я не знáю, дóма ли Нúна.*

1. Ларúса на рабóте? 2. Дéти гуляют? 3. Олéг сейчáс в Москвé? 4. Мáма слýшает рáдио? 5. Нúна понимáет по-англúйски? 6. Нúна читáет журнáл? 7. Зúна сейчáс отдыхáет? 8. Пассажúр говорúт по-рýсски? 9. Нúна сейчáс в шкóле? 10. Джон – американец? 11. Олéг рабóтает в Новосибúрске? 12. Джон живёт в Нью-Йóрке?

в. *Turn direct questions into indirect questions.*

1. Максúм спрáшивает: „Где мáма?" 2. Максúм спрáшивает: „Мáма ужé дóма?" 3. Ларúса спрáшивает: „Олéг сейчáс в Москвé?" 4. Василий Николáевич спрáшивает: „Когдá вы отдыхáете?" 5. Ларúса спрáшивает: „Вы понимáете по-рýсски?" 6. Нúна спрáшивает: „Это вáша газéта?" 7. Нúна спрáшивает: „Чья это газéта?" 8. Максúм спрáшивает: „Где пáпа и мáма?" 9. Максúм спрáшивает: „Пáпа сейчáс на рабóте?" 10. Нúна спрáшивает: „Что дéлает мáма?" 11. Ларúса спрáшивает: „Вы живёте в Москвé?" 12. Ларúса спрáшивает: „Вы физик?"

5.11 The Use of Individual Words

англúйский — Remember that Russian [n] must *always* be pronounced on the upper teeth — do not allow the following back consonant to draw the [n] to the back of the mouth, as in English.

Джон — The consonant cluster at the beginning of this name is found in Russian only in borrowed words. In Russian it is pronounced as two separate consonants, just as it is written.

Мэри — It is not typical of Russian to have hard consonants before [e], and this normally happens only in borrowed words.

стюардéсса — This is still felt to be a borrowed word and the consonant [d] is normally pronounced hard.

язык — Note that in declension this noun has the accent on the endings: **языкú.**

А вы понима́ете по-ру́сски?

Познако́мьтесь: э́то Лари́са. Она́ живёт в кварти́ре № 5. Лари́са стюарде́сса, она́ рабо́тает в Аэрофло́те. Лари́са зна́ет англи́йский и францу́зский языки́. Она́ хорошо́ говори́т по-англи́йски, по-францу́зски чита́ет и понима́ет, но говори́т пло́хо. В самолёте она́ говори́т по-ру́сски и по-англи́йски.

Лари́са расска́зывает до́ма:

Пассажи́р в самолёте говори́т по-англи́йски. Я спра́шиваю: «Вы говори́те по-ру́сски?» «Да»,—отвеча́ет он.—«Вы живёте в Москве́?» — «Нет».—«Вы живёте в Нью-Йо́рке?» — «Да». Пото́м я говорю́: «Сигаре́ты, пожа́луйста». Он отвеча́ет: «Да». Он хорошо́ зна́ет ру́сский язы́к.

Джон расска́зывает:

Я америка́нец. Я говорю́ по-англи́йски, хорошо́ зна́ю францу́зский язы́к. Но я не говорю́ и не понима́ю по-ру́сски. Сейча́с я зна́ю по-ру́сски то́лько «да» и «нет». В самолёте стюарде́сса говори́т: «Москва́, Нью-Йо́рк, сигаре́ты...» И я понима́ю! Я уже́ понима́ю по-ру́сски!

ДАВАЙТЕ ПОГОВОРИМ:

— Лари́са, пассажи́р говори́т по-испа́нски, а я не понима́ю по-испа́нски. Ты зна́ешь испа́нский язы́к?
— Да. Я понима́ю по-испа́нски, но говорю́ пло́хо. Я изуча́ю сейча́с испа́нский язы́к.

— Вы говори́те по-ру́сски?
— Нет, я говорю́ то́лько по-италья́нски, но немно́го понима́ю по-ру́сски и по-англи́йски.

— Кто здесь зна́ет неме́цкий язы́к?
— Я немно́го говорю́ по-неме́цки.

— Лари́са, как ты ду́маешь, пассажи́рка—америка́нка?
— Нет, она́ францу́женка, но она́ хорошо́ говори́т по-англи́йски. Она́ живёт в Пари́же.

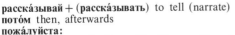

расска́зывай + (расска́зывать) to tell (narrate)
пото́м then, afterwards
пожа́луйста:
   Сигаре́ты, пожа́луйста. Would you like cigarettes?
то́лько only, just

испа́нский язы́к, по-испа́нски
италья́нский язы́к, по-италья́нски
немно́го a little
неме́цкий язы́к, по-неме́цки German, in German
пассажи́рка

— Ни́на, ты уже́ хорошо́ говори́шь по-англи́йски?
— Нет, я хорошо́ чита́ю по-англи́йски, но говорю́ ещё пло́хо. Я хорошо́ зна́ю испа́нский язы́к.

Где живёт...?

— Ты не зна́ешь, где живёт Лари́са?
— В кварти́ре № 5, но она́ сейча́с на рабо́те.
— Спаси́бо.
— Пожа́луйста.

— Скажи́те, пожа́луйста, вы не зна́ете, где живёт шофёр Ива́н Ива́нович?
— В кварти́ре № 2.
— Спаси́бо.
— Пожа́луйста.

— Это ваш журна́л?
— Да, мой.
— Пожа́луйста...
— Спаси́бо.

Разгово́р по телефо́ну

— Слу́шаю!
— Кто э́то говори́т? Зи́на? Ма́ма до́ма?
— Это ты, па́па? Нет, она́ ещё на рабо́те.

— Я слу́шаю.
— Это шко́ла № 4?
— Да.
— Скажи́те, пожа́луйста, Анна Петро́вна сейча́с в шко́ле?
— Да, пожа́луйста.

Упражне́ния

5.12 — Лари́са хорошо́ говори́т по-англи́йски. А вы?—*Я то́же хорошо́ го*-
ворю́ по-англи́йски.

— Макси́м хорошо́ говори́т по-ру́сски. А вы?—...
— Ни́на зна́ет неме́цкий язы́к. А вы?—...
— Зи́на хорошо́ говори́т по-францу́зски и немно́го по-неме́цки. А вы?—...
— Я говорю́ то́лько по-ру́сски. А вы?—...
— Ви́ктор зна́ет испа́нский язы́к. А вы?—... .
— Анто́н немно́го говори́т по-италья́нски. А вы?—... .

5.13 — Это ва́ша *газе́та*?   — Спаси́бо.
— Да, мо*я́*.   — Пожа́луйста!
— Пожа́луйста!   (ваш журна́л, ва́ша кни́га)

Пожа́луйста. Here (you are).   **Слу́шаю!** (по телефо́ну)
Скажи́те, пожа́луйста... Tell (me), please...

5.14 — Скажи́те, пожа́луйста, вы не зна́ете, где здесь *институ́т*?
— Вот он.
— Спаси́бо.
— Пожа́луйста.

(дом № 5, шко́ла № 3, кварти́-ра № 1, дом о́тдыха)

5.15 — *Скажи́те, пожа́луйста*, где живёт Макси́м?
— В кварти́ре № 2.
— Спаси́бо.
— Пожа́луйста.

— ..., Зи́на рабо́тает в шко́ле?
— Нет, она́ рабо́тает в институ́те.

— ..., Лари́са до́ма?
— Да, пожа́луйста.

5.16 — Я слу́шаю!
— Ива́н Ива́нович? Скажи́те, по-жа́луйста, *Ни́на* до́ма?
— Нет, она́ *в шко́ле*.
— Спаси́бо.
— Пожа́луйста.

(Анна Петро́вна — на рабо́те, Макси́м — гуля́ет)

5.17 — Как по-англи́йски *журна́л, парк, самолёт, пассажи́р*, etc.?
— По-англи́йски журна́л — magazine.

5.18 Find out from your classmates and teacher what languages they know and how well they know them.

5.19 Word Study

говор-и́-ть — разгово́р
изуча́й + — учи́тель, уче́бник, учени́к
окно́ — oculist (window = wind-eye)
пять — penta(thlon)
расска́зывай + — Скажи́те!

Но́вые слова́ и выраже́ния

америка́нец / америка́н-ка
англи́йский язы́к
по-англи́йски
говор-и́-ть
ду́май + (ду́мать)
  Как вы ду́маете, ... ?
  Ду́маю, что да / нет.
изуча́й + (изуча́ть)
испа́нский язы́к
  по-испа́нски
италья́нский язы́к
  по-италья́нски
ли

неме́цкий язы́к
  по-неме́цки
немно́го
но
о / об *чём / ком*
окно́
отвеча́й + (отвеча́ть)
пассажи́р / -ка
пло́хо
пожа́луйста
  1. Сигаре́ты, пожа́-луйста.
  2 — Это ваш жур-на́л? — Да, мой.—
  Пожа́луйста.

понима́й + (понима́ть)
пото́м
пя́тый
пять
расска́зывай + (расска́-зывать)
ру́сский / ру́сская
ру́сский язы́к
  по-ру́сски
самолёт
сигаре́та
Скажи́те, пожа́луйста!
Слу́шаю! (*по телефо́-ну*)

спра́шивай + (спра́ши-вать)
стюарде́сса
то́лько
францу́з / францу́женка
францу́зский язы́к
  по-францу́зски
хорошо́
язы́к

Аме́рика
Аэрофло́т
Нью-Йо́рк
Пари́ж

УРОК-ПОВТОРЕНИЕ I (УРОКИ 1-5)
REVIEW LESSON I (LESSONS 1-5)

Nouns and Their Declension

You know the three genders of Russian nouns and the basic endings which characterize them in the nominative case, as well as the use of the pronouns **он, она́, оно́** and **они́** as replacer pronouns:

Masculine—(он) zero ending (i.e., stems ending in a hard or soft consonant with no ending).
Feminine—(она́) basic ending -A, or stem ending in a soft consonant with zero ending and written with **-ь**
Neuter—(оно́) basic ending -O (spelled **-о / -е**).

мужско́й род	же́нский род	сре́дний род
брат_	библиоте́ка	окно́
га́лстук_	газе́та	пальто́
дом_	жена́	письмо́
журна́л_	кварти́ра	ра́дио
портфе́ль_	семья́	упражне́ние
	мать_	
	дочь_	

A few masculine nouns referring to male beings end in -A (spelled **-а / -я**): **мой па́па, мой дя́дя.**
You know how to differentiate hard and soft stems and how to add endings to them. The plural (**они́**) basic endings are: *Masculine* and *Feminine* **-Ы**, *Neuter* **-A**.
You know Spelling Rules I and II, which are basic to the proper selection of the written form when adding endings to stems.

журна́л_ — журна́лы	газе́та — газе́ты	письмо́ — пи́сьма
га́лстук_ — га́лстуки	кни́га — кни́ги	упражне́ние — упражне́ния
портфе́ль_ — портфе́ли	тётя — тёти	

You know the irregular plurals:

брат_ — бра́тья	дом_ — дома́	мать_ — ма́тери
муж_ — мужья́	учи́тель_ — учителя́	дочь_ — до́чери
сын_ — сыновья́	профе́ссор_ — профессора́	сосе́д_ — сосе́ди

You know that some borrowed words (which do not have recognizable *masculine* or *feminine* Russian endings) do not decline, i.e. do not change form for number or case: пальто́—о пальто́, ра́дио—о ра́дио, Мэ́ри—о Мэ́ри.
You know that some nouns have a fill vowel which is present only in forms which have zero endings: от(е́)ц — отцы́, америка́н(е)ц — америка́нцы.
You know that Russian nouns decline (change form for case), and know the following cases and their uses and the corresponding endings:

Nominative case: **Оте́ц** до́ма. Это мой **оте́ц.**
Accusative case: Я чита́ю **журна́л,** а он чита́ет **газе́ту.**
Prepositional case with the prepositions **в, на, о / об**: Он рабо́тает **в шко́ле.** Она́ **на рабо́те.—О ком** вы говори́те?—**О до́чери.—О чём** вы говори́те?—**Об уро́ке.**

Pronouns and Forms of Address

Personal pronouns: **я, ты, он, она́, оно́, мы, вы, они́.**
Interrogative pronouns: **что, кто.**
You know how to use *familiar* and *polite* forms of address.
Remember that **кто** is used of *animate* nouns in all situations:
— **Кто она́?—Она́ строи́тель.** You also know that the interrogative pronouns always require a singular verb:—**Де́ти гуля́ют.—Кто гуля́ет?**

Possessive Modifiers in Nominative Singular and Plural

чей		чья		чьё		чьи	
мой		моя		моё		мои	
твой		твоя		твоё		твои	
его, её	брат	его, её	сестра	его, её	письмо	его, её	сигареты
наш		наша		наше		наши	
ваш		ваша		ваше		ваши	
их		их		их		их	

Remember that possessive modifiers are often omitted when the meaning is clear from context: — **Кто это?** — **Это папа.**

Verbs and Their Conjugation

You know how to form the present tense and infinitive forms of verbs from the basic form:

жив-у́т (жить)	рабо́тай + (рабо́тать)	говор-и́-ть
я живу́	я рабо́таю	я говорю́
ты живёшь	ты рабо́таешь	ты говори́шь
он живёт	он рабо́тает	он говори́т
мы живём	мы рабо́таем	мы говори́м
вы живёте	вы рабо́таете	вы говори́те
они́ живу́т	они́ рабо́тают	они́ говоря́т

Negation

You know how to use the *negative particle* **не:** Она́ **не** чита́ет. Он **не** шофёр. Это **не** мой портфе́ль. Он чита́ет **не** кни́гу, а газе́ту. Он **не** до́ма, а на рабо́те.

Adverbs

You know the *adverbs*: здесь, там, до́ма, у́тром, днём, ве́чером, пло́хо, хорошо́, споко́йно / не-, ещё, уже́, немно́го, о́чень, пото́м, сейча́с, то́же, то́лько.

You know that adverbs most frequently precede the verbs they modify, but may be found in other positions for special emphasis or due to context.

The Demonstrative Particle

You know the demonstrative particle **вот:** — Где мои́ кни́ги? — **Вот** они́.

Numerals

You know the *numerals* and *adjective-numerals*:
1 оди́н — пе́рвый
2 два — второ́й
3 три — тре́тий
4 четы́ре — четвёртый
5 пять — пя́тый

Conjunctions

You know the *conjunctions* **и, а, но, и́ли**

Это кни́га **и** журна́л. Я чита́ю газе́ту, **и** па́па то́же чита́ет газе́ту. Я чита́ю кни́гу, **а** па́па чита́ет журна́л. Я чита́ю не журна́л, **а** кни́гу. Лари́са понима́ет по-англи́йски, **но** говори́т пло́хо. Лари́са говори́т по-ру́сски **и́ли** по-францу́зски?

Complex Sentences

Он (не) зна́ет,	**кто** живёт в кварти́ре № 2.
	что э́то тако́е.
	что мы сейча́с де́лаем.
	где рабо́тает её брат.
	когда́ мы у́жинаем.
	чьи э́то сигаре́ты.
	почему́ Ни́на опа́здывает.
	как мы э́то де́лаем.
	что па́па до́ма.

Ни́на опа́здывает, **потому́ что** её ма́ма в до́ме о́тдыха.
Лари́са не зна́ет, говори́т **ли** пассажи́р по-ру́сски.

Word Order

You know how to use proper *word order*: (1) putting the new information at the end (particularly in answering questions); (2) in questions with an interrogative word (**Что он де́лает? Что де́лает па́па?**); (3) in the explanatory words accompanying quoted speech (**Лари́са говори́т: «Я стюарде́сса». «Я стюарде́сса»,—говори́т Лари́са.**)

Punctuation

You know the use of the comma, the dash in equational sentences, and the Russian form of quotation marks.

Expressions Containing the Names of Languages

You know how to express *languages as a direct object* (**Лари́са зна́ет / изуча́ет англи́йский язы́к.**) or as a *means of communication* (**Лари́са говори́т по-ру́сски.**).

Conversational Expressions

You know the following expressions used in introducing people and getting acquainted: **Позна-ко́мьтесь, ... Очень прия́тно.**
Russians answer the telephone with: **Слу́шаю.**
To a knock on the door Russians respond with: **Входи́те, пожа́луйста!**
Russians express thanks and respond to it with:—**Спаси́бо.—Пожа́луйста.**
Пожа́луйста, in the proper context, can also mean "Here you are.":—Это ва́ша кни́га?—Да, моя́.— Пожа́луйста.— Спаси́бо.
Russians ask for information with: **Скажи́те, пожа́луйста,... , Вы не зна́ете,...?**
Russians ask for the meaning of foreign words and phrases with: **Как по-ру́сски (по-англи́йски) ...?, Что зна́чит ...?**
Russians ask for another's opinion with:—**Как вы ду́маете,...?—Ду́маю, что... (да / нет).**

REVIEW EXERCISES

1. *Образе́ц*: его́ журна́л.—*Это его́ журна́л, а на́ши журна́лы там.*

Продолжа́йте!

1. их дом. 2. её газе́та. 3. его́ дочь. 4. её оте́ц. 5. его́ кни́га. 6. его́ га́лстук. 7. его́ пальто́. 8. их учи́тель. 9. её брат. 10. его́ руба́шка. 11. её сын. 12. его́ сестра́. 13. их окно́. 14. его́ мать. 15. её письмо́. 16. его́ кварти́ра.

2. *Образе́ц*: кни́га, я— *Чья э́то кни́га?—Это моя́ кни́га.*

Продолжа́йте!

1. па́па, я. 2. сигаре́ты, ты. 3. пальто́, вы. 4. руба́шка, он. 5. дом, мы. 6. дочь, она́. 7. портфе́ль, ты. 8. письмо́, мы. 9. стихи́, она́. 10. кварти́ра, я. 11. журна́л, вы. 12. учи́тельница, они́.

3. *Образе́ц*: — Где Макси́м? (шко́ла)— *Ни́на говори́т, что он в шко́ле.*
— Где Макси́м? (гуля́ть)— *Ни́на говори́т, что он гуля́ет.*

Продолжа́йте!

1. Где оте́ц? (гара́ж) 2. Где ма́ма? (шко́ла) 3. Где Анна Петро́вна? (дом о́тдыха) 4. Где Зи́на? (институ́т) 5. Где Оле́г? (Новосиби́рск) 6. Где Жан? (Пари́ж) 7. Где живёт Макси́м? (Москва́) 8. Где ма́ма? (парк) 9. Где де́ти? (гуля́ть) 10. Где рабо́тает Лари́са? (Аэрофло́т) 11. Где па́па? (рабо́та) 12. Где Анна Петро́вна? (обе́дать)

4. *Образец*: Вот Анна Петро́вна.— *Мы сейча́с говори́м об Анне Петро́вне.*

Продолжа́йте!

1. Вот Васи́лий Никола́евич. 2. Вот Макси́м. 3. Вот Ни́на. 4. Вот учи́тельница. 5. Вот шофёр. 6. Вот Анто́н. 7. Вот её па́па. 8. Вот строи́тель. 9. Вот его́ мать. 10. Вот их сын.

5. *Ask as many questions as you can about each of the following sentences (use кто, что, где, как, когда́, почему́, чей).*

Образец: Утром па́па чита́ет газе́ту. *Когда́ па́па чита́ет газе́ту?*
Кто у́тром чита́ет газе́ту?
Что де́лает па́па у́тром?
Что чита́ет па́па у́тром?

Продолжа́йте!

1. Анто́н чита́ет газе́ту. 2. Де́ти гуля́ют в па́рке. 3. Мой оте́ц слу́шает ра́дио. 4. Его́ брат чита́ет письмо́. 5. Ве́чером они́ отдыха́ют. 6. Ма́ма в до́ме о́тдыха. 7. Зи́на сейча́с опа́здывает. 8. Наш сосе́д рабо́тает в библиоте́ке. 9. Ма́ма слу́шает му́зыку. 10. Лари́са спра́шивает: «Вы говори́те по-ру́сски?» 11. Утром они́ споко́йно за́втракают. 12. Это мои́ сигаре́ты. 13. Днём Ни́на в шко́ле. 14. Оле́г рабо́тает в Новосиби́рске. 15. Ива́н Ива́нович обе́дает в институ́те.

6. *Отвеча́йте!*

1. Где вы рабо́таете? 2. Кто ваш оте́ц? 3. Где он рабо́тает? 4. Кто ва́ша мать? 5. Она́ рабо́тает? 6. Где она́ рабо́тает? 7. Кто ваш дя́дя (ва́ша тётя)? 8. Он (она́) ещё рабо́тает, и́ли он (она́) на пе́нсии? 9. Кто ваш брат? Где он рабо́тает? 10. А ва́ша сестра́? 11. Где вы живёте? 12. Где живёт ва́ша семья́? 13. Вы говори́те по-ру́сски? 14. Как вы говори́те по-ру́сски? 15. Вы изуча́ете ру́сский язы́к? 16. Где отдыха́ет ва́ша семья́? 17. Когда́ вы отдыха́ете?

УРОК № **6** (ШЕСТЬ) — ШЕСТОЙ УРОК

Я е́ду. Он идёт.
Я е́ду **на авто́бусе**, а он идёт **пешко́м**.
— **Куда́** идёт па́па? — Па́па идёт **домо́й**.

Фоне́тика:

Read p. 60 concerning the devoicing of consonants at the end of words or before voiceless consonants.

Слу́шайте и повторя́йте! (*Remember the rules of word dynamics in Russian.*)

муж ... сосе́д ... Оле́г ... Пари́ж ... францу́з ... второ́й ... сосе́дка ... входи́те ... за́втракаю ... в шко́ле ... в кварти́ре

Интона́ция:

In enumerations one may use either IC-1 or IC-3 in nonfinal syntagmas.

Слу́шайте и повторя́йте!

Здесь живу́т Ма́ша, / её па́па, / ма́ма / и ба́бушка.
Здесь живу́т Ма́ша, / её па́па, / ма́ма / и ба́бушка.
В па́рке гуля́ют Анна Петро́вна, / Ива́н Ива́нович, / Ни́на / и Макси́м.
В па́рке гуля́ют Анна Петро́вна, / Ива́н Ива́нович, / Ни́на / и Макси́м.
в портфе́ле мои́ кни́ги, / газе́та, / журна́л / и пи́сьма.
В портфе́ле мои́ кни́ги, / газе́та, / журна́л / и пи́сьма.

Вот на́ша у́лица.
Е́дут маши́ны,
иду́т лю́ди.

**Ма́ма е́дет
на авто́бусе.**

ид-у́т (идти́)	
я иду́	мы идём
ты идёшь	вы идёте
он идёт	они́ иду́т

**Ни́на е́дет
на трамва́е.**

е́д-ут (е́хать)	
я е́ду	мы е́дем
ты е́дешь	вы е́дете
он е́дет	они́ е́дут

шесть, шесто́й	маши́на car	авто́бус
у́лица street	ид-у́т (идти́) to go (walk)	на авто́бусе
е́д-ут (е́хать) to go (ride, drive)	лю́ди people	трамва́й streetcar

117

Па́па е́дет **на трол-
ле́йбусе.**

Это такси́.

Это мой па́па, а
э́то его́ ма́ма.
Она́ моя́ ба́бушка.

— Куда́ идёт па́-
па?
— Он идёт **домо́й.**

— Где па́па?
— Он **до́ма.**

Ба́бушка и Ма́ша
смо́трят в окно́.

Макси́м е́дет **на
маши́не,** а Ма́ша
идёт **пешко́м.**

Макси́м идёт до-
мо́й оди́н, а па́па
и ма́ма вме́сте.

ГРАММАТИКА И УПРАЖНЕНИЯ

6.1 The "Going Verbs" (Verbs of Motion) ид-у́т, е́д-ут

Ма́ма **е́дет** домо́й на тролле́йбусе, а па́па **идёт** пешко́м.

Note that Russians make a distinction in manner of motion which we do not
make as consistently in English.

Although **ид-у́т** (**идти́**) refers to action under one's own power, if manner of
travel is *stressed* or *contrasted*, 'on foot' should be expressed by the adverb **пешко́м.**

With the words which you learn in this lesson for various types of vehicles
the verb of motion used *of the vehicle itself* is **е́хать:**

Вот на́ша у́лица. **Е́дут** маши́ны, **иду́т** лю́ди.
Here's our street. There are cars *driving* along and people *walking* (along it).

троллле́йбус trolleybus
такси́ (*indeclinable*, оно́)
ба́бушка grandmother
куда́ where (*dir.*)
домо́й home(ward) (*dir.*)

смотр-е́-ть в окно́ to look out the window
  смотрю́, смо́тришь, смо́трят
пешко́м on foot
оди́н (одна́, одни́) alone
вме́сте together

When describing action actually being observed at the moment of speech, both of these verbs are the equivalents of both 'to go' and 'to come':

Вот **идёт**/**éдет** Ни́на. Here *comes*/There *goes* Nina.

Both of these verbs are regular first-conjugation verbs, but both have infinitives which are formed irregularly. (Remember that the infinitive tends to be the most irregular form of the Russian verb.)

(The verb **ид-у́т** is used of purposeful, goal-oriented motion; **гул-я́й** + is used only of walking for pleasure, 'to be out walking.')

Упражне́ние 6.1

а. Васи́лий Нико-
ла́евич е́дет на

Лари́са е́дет на    Анна Петро́вна и
Макси́м е́дут на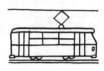

1. Я éду домо́й на трамва́е. А ты? — *Я то́же éду домо́й на трамва́е.*
2. Мы éдем на тролле́йбусе. А он? — ...
3. Анна Петро́вна éдет на авто́бусе. А Васи́лий Никола́евич? — ...
4. Ива́н Ива́нович éдет на маши́не. А они́? — ...

Ма́ша ..., а Мак-
си́м ... на ... .

Ива́н Ива́нович ...
на ... , а Макси́м
... .

Стюарде́сса ..., а пассажи́ры ... на ... .

Ба́бушка ... на ..., а Ма́ша ... . Кто
ещё ...? — Макси́м ... .

б. 1. — Ты ... домо́й на трамва́е?
  — Да, на трамва́е. А ты?
  — А я ... домо́й на маши́не.
2. — Вы ... домо́й? На такси́?
  — Нет, мы ... на тролле́йбусе.

  — А Анто́н?
  — Анто́н ... на трамва́е.
3. — Ма́ма и па́па сейча́с ... домо́й
    на такси́?
  — Нет, они́ ... на авто́бусе.

Кто ещё... ? Who else... ?

— А Василий Николаевич?
— Он ... на машине.
4. — Мы ... домой на такси. А вы?
— Я ... домой пешком. Максим и Нина тоже ... .
5. — Мы сейчас ... домой пешком. А вы?

— Я ... на трамвае.
— А ваша сестра?
— Она ... домой пешком.
6. — Вы сейчас ... домой? На машине?
— Нет, я ... пешком. Ты тоже ... ?
— Нет, я ... на автобусе.

6.2 Location versus Direction

— Куда идёт папа?
— Папа идёт **домой**.

— Где сейчас папа?
— Он сейчас **дома**.

The Russian grammar and lexical system makes a consistent distinction between location and direction, a contrast seldom expressed by formal means in English (but cf. the archaic forms 'whither', 'hither', 'thither').

Упражнение 6.2

а. *Заполните пропуски* (дома / домой).

1. Мама ещё на работе, а папа уже едет ... . 2. Вечером папа отдыхает ... . 3. ... мы ужинаем, слушаем радио или читаем журналы. 4. Как вы едете ..., на машине или на автобусе? 5. Мы завтракаем ... , а обедаем в институте. 6. Анна Петровна уже едет сейчас ... .

б. *Заполните пропуски* (где / куда).

Образец: Папа сейчас дома. *Где папа?*   Папа едет домой. *Куда едет папа?*

1. Максим и Нина обедают в школе. 2. Анна Петровна идёт домой пешком. 3. Василий Николаевич едет домой на машине. 4. Утром Зина едет в институт. 5. Иван Иванович ещё на работе. 6. Его жена уже едет домой. 7. Нина сейчас в школе.

6.3 смотр-è-ть

— Что ты делаешь? — Я смотрю в окно. — А Максим и Нина? — Они тоже смотрят в окно.

This is a regular verb of the second conjugation, but the infinitive has a suffix new to you, **-е-**. The accent pattern of this verb is different, however, from that of **говор-и-ть**. In the present tense of **смотр-è-ть** the accent is on the ending in the first-person singular form, but moves back to the stem in other forms. In word lists and where the verb is presented in its basic form (in an "exploded form", with hyphens between the component parts) this type of accent pattern will be indicated in this textbook by using the "grave" accent mark (`). Remember, however, that the only effective way to *learn* the accent of a word is to let your *ear* learn it for you.

Упражнение 6.3

1. — Что ты делаешь, Нина? — Я смотр... в окно. 2. — Нина и Максим, почему вы смотр... в окно? — Мы смотр... в окно, потому что мама и папа сейчас идут домой. Вот они идут. 3. Маша и бабушка смотр... в окно.

6.4 Word Order in Answering Questions

— Когда́ вы отдыха́ете?—Мы отдыха́ем **ве́чером.**
— Что вы де́лаете ве́чером?—Ве́чером мы **отдыха́ем.**

The normal tendency of Russians to put the new information at the end of the sentence does not apply to questions with an interrogative word, since the interrogative word normally comes first in the question. But in the answers to such questions the student must acquire the habit of beginning the sentence with the known information, followed by the new information. An exception can be made *in the spoken language* by placing the strongest sentence stress on the new information earlier in the sentence:

— Что вы де́лаете ве́чером?   — Мы отдыха́ем ве́чером.

But in writing the student should always use the *neutral* word order, with the new information at the end.

In a similar fashion, if one were to make up questions which would call forth as an answer a particular sentence, one should assume that the new information is at the end of the statement:

Анна Петро́вна рабо́тает **в шко́ле.**—Где рабо́тает Анна Петро́вна?
В шко́ле рабо́тает **Анна Петро́вна.**—Кто рабо́тает в шко́ле?

Упражне́ние 6.4

a. *Answer the questions using the words given in parentheses. Observe proper Russian word order.*

1. Где моя́ газе́та? (портфе́ль) 2. Что в портфе́ле? (мои́ кни́ги) 3. Кто сейча́с обе́дает? (Макси́м) 4. Что вы де́лаете ве́чером? (отдыха́ть) 5. Кто живёт в Москве́? (Васи́лий Никола́евич)

б. *Supply the questions to which the following sentences represent neutral answers.*

1. Анна Петро́вна рабо́тает **в шко́ле.** 2. В институ́те рабо́тает **Зи́на.** 3. В кварти́ре № 2 живёт **Ива́н Ива́нович и его́ семья́.** 4. Ве́чером мы **слу́шаем ра́дио.** 5. Мы обе́даем **днём.**

6.5 Familiar Forms of First Names

Just as we do in English, Russians often address members of their own family and close friends not with the full first name, but with a familiar form. The Russian name **Ма́ша** is the familiar form of **Мари́я.** Some Russian names have more than one common familiar form. Following are the names which you know together with their corresponding familiar forms:

Анна — Аня	Бори́с — Бо́ря
Зинаи́да — Зи́на	Васи́лий — Ва́ся
Лари́са — Ла́ра	Ви́ктор — Ви́тя
Мари́я — Ма́ша	Влади́мир — Воло́дя / Во́ва
	Ива́н — Ва́ня
	Никола́й — Ко́ля
	Пётр — Пе́тя

The following names do not have commonly used familiar forms: **Ве́ра,
Ни́на, Анто́н, Макси́м, Оле́г.**

The familiar forms of most masculine names have the endings **-a/-я** in the
nominative case.

Names, including the familiar forms, decline like nouns:

Вы уже́ зна́ете **Ва́ню?** Мы сейча́с говори́м об **Ане.**

6.6 Notes on Individual Words

ба́бушка—Note the accent! (Do not pronounce the word with the accent
as in the borrowed English word meaning 'head-scarf'!)

лю́ди—like the English word 'people', this noun is plural only.

од(и́)н (одна́, одни́)—This word can be used not only in the meaning 'one',
but can also mean 'alone' (and in this meaning has a plural):

Макси́м идёт домо́й **оди́н.** Ма́ша идёт домо́й **одна́.**

Па́па и ма́ма иду́т домо́й **одни́.**

На́ша у́лица

Вот наш дом. Это кварти́ра № 6. Здесь живу́т Ма́ша, её па́па, ма́ма
и ба́бушка. Сейча́с па́па и ма́ма на рабо́те, а Ма́ша и ба́бушка до́ма.

— Ба́бушка, ма́ма сейча́с на рабо́те?—спра́шивает Ма́ша.

— Нет, она́ уже́ е́дет домо́й,—отвеча́ет ба́бушка.

— Она́ е́дет на авто́бусе?

— Нет, ма́ма е́дет на трамва́е.

— А па́па?

— Па́па то́же сейча́с е́дет домо́й. Он е́дет на метро́.
Ма́ша смо́трит в окно́ и говори́т:

— Вот на́ша у́лица. Еду́т маши́ны, авто́бусы, тролле́й-
бусы, иду́т лю́ди. Ба́бушка, это наш сосе́д Васи́лий Никола́евич.

— Да, э́то он. А вот иду́т вме́сте па́па и ма́ма.

И вот ма́ма и па́па уже́ до́ма. Сейча́с Ма́ша, её ба́бушка, ма́ма и па́па
обе́дают. Пото́м па́па чита́ет газе́ту, ба́бушка слу́шает ра́дио, а Ма́ша игра́ет.

ДАВА́ЙТЕ ПОГОВОРИ́М:

— Вы е́дете домо́й на метро́?

— Нет, на авто́бусе. А вы?

— Я то́же на авто́бусе.

— Вот хорошо́! Едем вме́сте.

— Вы е́дете домо́й на тролле́йбусе?

— Нет, не на тролле́йбусе, а на такси́.

— Это ва́ша маши́на?

— Да. Я е́ду домо́й. Вы то́же е́дете
домо́й? Пожа́луйста!

— Вы говори́те по-ру́сски?

— Я немно́го понима́ю по-ру́сски.

игра́й + to play   **метро́** (*indecl.*) subway, metro, underground   **Вот хорошо́!**

— Скажи́те, пожа́луйста, где здесь оста-
но́вка авто́буса?
— Вот она́.
— Спаси́бо.
— Пожа́луйста.

— Ма́ма до́ма?
— Нет, она́ на ра-
бо́те.

— Ма́ша, смотри́, э́то идёт Васи́лий Никола́евич.
— Это не Васи́лий Никола́евич, ба́бушка!
— Не Васи́лий Никола́евич? А кто же э́то?
— Не зна́ю, но э́то не Васи́лий Никола́евич.

Разгово́р по телефо́ну

— Да, я слу́шаю.
— Здра́вствуйте. Это говори́т Лари́са.
— Здра́вствуйте!
— Оле́г до́ма?
— До́ма. Подожди́те мину́точку.
— Спаси́бо!

— Это Макси́м? Здра́вствуй, э́то Васи́-
лий Никола́евич.
— Здра́вствуйте.
— Ма́ма до́ма?
— Нет, она́ на рабо́те.
— А па́па?
— Па́па до́ма. Подожди́те мину́точку.

Упражне́ния

6.7 — Скажи́те, пожа́луйста, где здесь *остано́вка трамва́я*?
— Вот она́.
— Спаси́бо.
— Пожа́луйста.

(остано́вка тролле́йбуса, остано́вка авто́буса)

6.8 — Вы е́дете домо́й *на авто́бусе*?
— Да.
— Вот хорошо́. Я то́же е́ду на авто́бусе.

(на трамва́е, на метро́, на тролле́йбусе)

6.9 — Спроси́те, Ива́н Ива́нович е́дет домо́й на трамва́е? *— Ива́н Ива́нович,
вы е́дете домо́й на трамва́е?*

остано́вка авто́буса bus stop
смотри́! (*fam.*)
здра́вствуй (*fam.*), здра́вствуйте (*pol.*) hello
Это говори́т...

Подожди́те мину́точку. Wait just a minute. (*pol.*)
остано́вка тролле́йбуса, трамва́я
спроси́те ask! (*pol.*)

123

Спроси́те, Анна Петро́вна е́дет домо́й на метро́? — ... .
Спроси́те, Васи́лий Никола́евич е́дет домо́й на авто́бусе? — ... .
Спроси́те, Лари́са е́дет домо́й на тролле́йбусе? — ... .
Спроси́те, Ни́на е́дет домо́й на метро́? — ... .

6.10 ... Ни́на! *Ты* идёшь домо́й?
— Да.
— Я то́же.

... , Анна Петро́вна! *Вы* е́дете на метро́?
— Да.
— Я то́же.

... , Лари́са! *Вы* е́дете на такси́?
— Да.
— Я то́же.

(здра́вствуй, здра́вствуйте)

6.11 — Лари́са, смотри́, вот идёт *Ива́н Ива́нович*.
— Это не Ива́н Ива́нович, а *Васи́лий Никола́евич*.

(Оле́г — Вади́м, Анна Петро́вна — Мари́я Никола́евна, Ни́на — Ве́ра)

6.12 — Я слу́шаю.
— Это *Анна Петро́вна*? Здра́вствуйте.
— Здра́вствуйте!
— *Ива́н Ива́нович* до́ма?
— Да. Подожди́те мину́точку.
— Хорошо́.

(Васи́лий Никола́евич — Ни́на, Зи́на — Оле́г, Ива́н Ива́нович — Ни́на)

6.13 — Здра́вствуйте!
— Здра́вствуйте! Входи́те.
— Скажи́те, пожа́луйста, Зи́на до́ма?
— Нет.
— А где же она́?
— *На рабо́те.*

(в институ́те, в библиоте́ке, в па́рке)

6.14

Му́зыка	
Ра́дио	
Шофёр	
Институ́т	
Инжене́р	по-англи́йски ... .
Библиоте́ка	
Акаде́мия	
Диало́г	
Геоло́гия	

6.15 Кто вы? А кто ва́ша жена́ (ваш муж)?
Где вы рабо́таете? А где рабо́тает ва́ша жена́ (ваш муж)?
Как вы е́дете домо́й? А как е́дет домо́й ва́ша жена́ (ваш муж)?
Утром вы опа́здываете? А домо́й вы опа́здываете?

6.16 Word Study

автóбус — [v] *was in origin a* [u] *which came to function as a consonant rather than as a vowel*; *cf. also* Евро́па, Евге́ний.
куда́ — кто, како́е, как, когда́, *etc.*
метро́ — *borrowed from the French* 'métro' ('métropolitain').
пешко́м — pedal
спроси́те! — спра́шивай +
трамва́й — *Note particularly the correspondence between* в *and English* w ('tramway').

Но́вые слова́ и выраже́ния

автóбус	мину́точка	шесть
ба́бушка	од(и́)н / одна́ / одни́	
вме́сте	окно́: смотр-ѐ-ть в окно́	Аня
Вот хорошо́!	остано́вка автóбуса (трамва́я,	Бо́ря
говори́ть: Это говори́т...	тролле́йбуса)	Вади́м
домо́й	пешко́м	Ва́ня
е́д-ут (е́хать)	Подожди́те мину́точку!	Ва́ся
ещё: Кто ещё...?	смотр-ѐ-ть	Ви́тя
здра́вствуй(те)	смотри́!	Воло́дя (Во́ва)
игра́й +	спроси́те!	Зинаи́да (Зи́на)
ид-у́т (идти́)	такси́	Ко́ля
куда́	трамва́й	Ла́ра
лю́ди	тролле́йбус	Мари́я (Ма́ша)
маши́на	у́лица	Пе́тя
метро́	шесто́й	

УРОК № 7 (СЕМЬ) — СЕДЬМОЙ УРОК

— Куда́ вы идёте? — Я иду́ **в шко́лу**, а па́па идёт **на рабо́ту**.
— **Како́й** э́то портфе́ль? — Это **но́вый** портфе́ль. — **Како́й хоро́ший** портфе́ль!
— **Ско́лько сейча́с вре́мени?** — Сейча́с **пять часо́в**.
— Куда́ идёт Лари́са? — Она́ сего́дня **никуда́ не** идёт.

Фоне́тика:

Read pp. 14-15, 22 concerning the lack of aspiration in **п, т, к** at the beginning of words.

Слу́шайте и повторя́йте! (*Remember the rules of word dynamics in Russian.*)

парк ... па́па ... пальто́ ... пото́м ... портфе́ль ... потому́ ... пассажи́р
там ... ты ... то́же ... такси́ ... как ... кто ... Ко́ля ... когда́ ... куда́

Интона́ция — IC-5:

What a good briefcase!

Какой хороший портфель!   Как хорошо́ он говори́т по-ру́сски!

IC-5 expresses an emotional evaluation and is used particularly in exclamations beginning with **како́й, как.** The tone rises gradually on the first stressed syllable and remains above mid-level until the final accented syllable, when it falls. The final word may be stressed heavily, so that the sentence has, in effect, two intonational centers.

А. Слу́шайте и повторя́йте!

Како́й хоро́ший портфе́ль! ... Кака́я хоро́шая кварти́ра! ...
Како́е хоро́шее письмо́! ... Каки́е хоро́шие сигаре́ты!

In questions without an interrogative word the place of the intonation shift will determine the answer received.

В. Слу́шайте и повторя́йте!

— Ни́на сейча́с идёт в магази́н? — Да, Ни́на. (— Нет, Макси́м.)
— Ни́на сейча́с идёт в магази́н? — Да, сейча́с. (— Нет, она́ ещё не идёт.)
— Ни́на сейча́с идёт в магази́н? — Да, идёт. (— Нет, не идёт.)
— Ни́на сейча́с идёт в магази́н? — Да, в магази́н. (— Нет, на рабо́ту.)

 Это гара́ж.

 Это де́тский сад.

семь, седьмо́й   гара́ж   де́тский сад kindergarten

126

Это заво́д.
Он идёт **на заво́д**.

Ни́на опа́здывает
в шко́лу.

— Како́й э́то портфе́ль?—Это но́вый портфе́ль.
— Кака́я э́то руба́шка?—Это но́вая руба́шка.
— Како́е э́то пальто́?—Это но́вое пальто́.
— Каки́е э́то сигаре́ты?—Это но́вые сигаре́ты.

Он спеши́т **на ра-
бо́ту.**

Это магази́н.
А э́то моё но́вое
пальто́.
Это о́чень хоро́шее
пальто́.

А э́то моё ста́рое
пальто́.
Это плохо́е паль-
то́.

Макси́м
улыба́ется.

час

Ско́лько сейча́с
вре́мени?
(Кото́рый час?)

2 часа́

4 часа́
5 часо́в

6 часо́в
7 часо́в

Сейча́с   3 часа́

Мой па́па—Ива́н Ива́нович Петро́в.
Моя́ ма́ма—Анна Петро́вна Петро́ва.
Я то́же Петро́в, а моя́ сестра́—Ни́на
Петро́ва. Мы все Петро́вы.

фи́зик
шофёр

Петро́в, Петро́ва
Ивано́в, Ивано́ва
Соколо́в, Соколо́ва

— Все иду́т на рабо́ту?—Нет, **никто́ не** идёт на рабо́ту.
— Где рабо́тает Васи́лий Никола́евич?—Он **нигде́ не** ра-
бо́тает, он на пе́нсии.
— Куда́ идёт Лари́са?—Она́ сего́дня **никуда́ не** идёт. Она́
отдыха́ет.
— Вы сейча́с опа́здываете?—Нет, я **никогда́ не** опа́здываю.

кто?	никто́	
что?	ничто́	не
где?	нигде́	
куда́?	никуда́	

заво́д (на) plant (factory)
спеш-и́-ть *куда́* to hurry
магази́н store
но́в|ый, -ая, -ое, -ые new
о́чень very, very much
хоро́ш|ий, -ая, -ее, -ие good
ста́р|ый, -ая, -ое, -ые ≠ но́вый
плох|о́й, -а́я, -о́е, -и́е ≠ хоро́ший
как|о́й, -а́я, -о́е, -и́е What kind of...?, What a...!

улыба́й + ся (улыба́ться) to smile
    улыба́юсь, улыба́ешься, улыба́ются
Ско́лько вре́мени? (Кото́рый час?) What time is it?
час hour
все everybody, all (*plural*!)
никто́ (не) nobody
нигде́ (не) nowhere (*loc.*)
никуда́ (не) nowhere (*dir.*)
никогда́ (не) never

ГРАММАТИКА И УПРАЖНЕНИЯ

7.1 Direction vs. Location (continuation)

	— В институ́те.		— В институ́т_.
— Где он рабо́та-	— В библиоте́ке.	— Куда́ он идёт?	— В библиоте́ку.
ет?	— В шко́ле.		— В шко́лу.

The distinction which we observed in Lesson 6 between direction and location (куда́/где, домо́й/до́ма) operates also in the grammatical system. The prepositions в and на are used with the accusative case to indicate direction (куда́?), but with the prepositional case for location (где?).

This distinction is made not only for physical motion, but also in more abstract concepts: Ма́ша смо́трит в окно́ (куда́?).

Note also that the following verbs are used with expressions of direction:

Мои́ бра́тья опа́здывают в шко́лу.

Мои́ сёстры спеша́т на рабо́ту.

When a context involves both a place and an event or activity, Russian uses two directional constructions, while in English we tend to think in terms of direction to an activity located at a place:

Мари́я Влади́мировна Соколо́ва у́тром идёт на рабо́ту в библиоте́ку.

...to work at the library.

7.2 The Prepositions в and на

А́ня рабо́тает в библиоте́ке, а её брат на заво́де.

Зи́на спеши́т в институ́т на рабо́ту.

Студе́нты сейча́с на ле́кции.

Russian has no single equivalent for 'to' or 'at'. It is impossible to translate these English prepositions directly—you must first consider the noun they are used with.

The preposition в means literally 'in/into' and is used in reference to containers, enclosed spaces, cities, countries, organizations, texts, etc.

The preposition на means literally 'on/onto' and is used of unenclosed surfaces, such as остано́вка, у́лица, or with nouns normally used with в when what is meant is *on top of*: Письмо́ на кни́ге.

As you have seen the preposition на is also used with nouns which refer not to a place but to an *event* or an *activity*: на ле́кции, на рабо́те, на уро́ке. (Warning: шко́ла refers to the building, not to the classes that take place in it!)

There is an extremely limited number of cases in which one must simply learn that a noun is used with на. Such cases will be indicated in word lists as follows: заво́д (на).

But a means of transportation demands на (with the prepositional case) when the noun is used with a going verb: Ма́ма е́дет домо́й на маши́не. (Note that direction is involved since the vehicle is moving, but Mama is *located* on the vehicle, hence the prepositional case.) When such nouns are used in a sense of location only, with no going verb, в is used: Подожди́те в маши́не.

ле́кция lecture, class (*at university level*)

128

Упражнёния 7.1-2

a.

Куда́ идёт Ни́на? | Куда́ идёт Макси́м? | Куда́ е́дет Ива́н Ива́нович? | Куда́ иду́т Зи́на и Лари́са?

б. (идти́ ~ е́хать)

1. Ива́н Ива́нович ... в гара́ж на авто́бусе. 2. Зи́на и Лари́са ... в библиоте́ку пешко́м. 3. Васи́лий Никола́евич ... в библиоте́ку на такси́. 4. Анна Петро́вна ... в шко́лу пешко́м, а Ни́на ... на тролле́йбусе. 5. Мы ... на рабо́ту на маши́не. 6. Вы ... в магази́н на метро́ и́ли на авто́бусе? 7. Макси́м ... в парк пешко́м.

в.

Образе́ц: Анна Петро́вна рабо́тает в шко́ле. *Она́ сейча́с е́дет в шко́лу.*

1. Зи́на рабо́тает в институ́те. 2. Ива́н Ива́нович рабо́тает в гараже́. 3. Мари́я Влади́мировна рабо́тает в библиоте́ке. 4. Ве́ра рабо́тает в магази́не. 5. Оле́г рабо́тает в Новосиби́рске. 6. Анто́н рабо́тает в Москве́. 7. Джон живёт в Аме́рике. 8. Вади́м рабо́тает на заво́де. 9. Жан живёт в Пари́же.

г.

Образе́ц: Анна Петро́вна — учи́тельница. *Утром она́ идёт в шко́лу.*

1. Наш сосе́д — шофёр. 2. Моя́ сестра́ — стюарде́сса. 3. Зи́на — фи́зик.

д. *Answer the questions using the words given in parentheses*:

Образе́ц: Куда́ идёт Макси́м у́тром? (де́тский сад) — *Утром он идёт в де́тский сад.*

1. Куда́ идёт Ма́ша у́тром? (парк) 2. Куда́ идёт Ви́ктор у́тром? (институ́т, ле́кция) 3. Куда́ сейча́с е́дет Ве́ра? (рабо́та) 4. Куда́ е́дет Вади́м у́тром? (заво́д) 5. Куда́ идёт Ни́на у́тром? (шко́ла, уро́к) 6. Куда́ сейча́с иду́т де́ти? (у́лица)

7.3 Adjective Endings in the Nominative Case

— Како́й э́то портфе́ль? — Это хоро́ший но́вый портфе́ль.
— Кака́я э́то кварти́ра? — Это хоро́шая но́вая кварти́ра.
— Како́е э́то пальто́? — Это хоро́шее де́тское пальто́.
— Каки́е э́то кни́ги? — Это хоро́шие но́вые кни́ги.

To make the learning of the adjective endings as easy as possible, you must learn Spelling Rules 3 and 4 (cf. p. 60-61). Remember also that in Russian word structure the vowels **o**/**e** are a "hard"/"soft" pair.

Just like the possessive modifiers (**мой,** etc.) Russian adjectives must agree with the noun modified in gender, number, and case. In the adjective forms which you are learning now the accent will always be on the same syllable.

The basic forms are:

он — -ЫЙ (spelled **-ый** / **-ий**), if accented -ОЙ но́в-ый, втор-о́й, де́тск-ий, хоро́ш-ий
она́ — -АЯ (spelled **-ая** / **-яя**) но́в-ая, втор-а́я, де́тск-ая, хоро́ш-ая
оно́ — -ОЕ (spelled **-ое** / **-ее**) но́в-ое, втор-о́е, де́тск-ое, хоро́ш-ее
они́ — -ЫЕ (spelled **-ые** / **-ие**) но́в-ые, втор-ы́е, де́тск-ие, хоро́ш-ие

Note that for the feminine and neuter genders and the plural number the first vowel of the ending is the same vowel that we expect as typical of those genders and of the plural, as seen in the third-person pronouns.

You can see that if you know the spelling rules by heart you will need to learn only one set of endings for the adjective—if you don't learn them you will need to learn several sets of endings!

Упражне́ние 7.3

а. *Образе́ц:* — Вот мой дом. — *Это но́вый дом? Како́й хоро́ший дом!*

1. Вот мои́ кни́ги. 2. Вот моя́ кварти́ра. 3. Вот моё пальто́. 4. Вот мой портфе́ль. 5. Вот моя́ руба́шка. 6. Вот мои́ руба́шки. 7. Вот моя́ маши́на. 8. Вот наш де́тский сад. 9. Вот на́ша шко́ла. 10. Вот наш дом.

б. *Complete the sentences by supplying the proper endings.*

1. Это нов... де́тск... пальто́. 2. Вот стар... плох... руба́шка. 3. Вот нов... англи́йск... кни́ги. Они́ о́чень хоро́ш... . 4. Вот мои́ стар... га́лстуки, а вот нов... . 5. Это стар... плох... дом, а там хоро́ш... нов... дома́. 6. Это мои́ стар... ру́сск... журна́лы. 7. Вот о́чень хоро́ш... де́тск... пи́сьма. 8. Это на́ши нов... сосе́ди. Они́ о́чень хоро́ш... лю́ди.

7.4 Telling Time (*to seven o'clock*)

— Ско́лько вре́мени? (*conversational*) — Кото́рый час? (*more bookish*)	What time is it?

	— Сейча́с час.
	два
	три | часа́.
	четы́ре
	пять
	шесть | ча-
	семь | со́в.

Сейча́с Now	it	is	два часа́. two o'clock.

Упражне́ние 7.4

Ско́лько сейча́с вре́мени?

Сейча́с ... Сейча́с ... Сейча́с ... Сейча́с ...

Сейча́с ... (3.00, 1.00, 6.00, 4.00, 7.00, 2.00, 5.00)

(Note that in Russian a period is used instead of a colon when time is indicated in figures.)

7.5 Asking and Answering Questions — Questions without an Interrogative Word

In questions without an interrogative word the place of the intonation shift will determine the answer received. (Cf. intonation drill on p. 126.)

Упражне́ние 7.5

a. *Образе́ц:* — Вы живёте в Москве́?
— Да, в Москве́.

1. Вы рабо́таете на заво́де? 2. Это хоро́шее пальто́? 3. Ве́ра чита́ет по-англи́йски? 4. Вы сейча́с отдыха́ете? 5. Вы е́дете на рабо́ту?

6. *Read the following questions with correct intonation in order to obtain the answers indicated.*

1. — Васи́лий Никола́евич живёт в кварти́ре № 2? — Нет, Ива́н Ива́нович.
2. — Это ваш портфе́ль? — Нет, не мой. Мой портфе́ль там.
3. — Вы идёте в магази́н? — Иду́.
4. — Лари́са хорошо́ зна́ет англи́йский язы́к? — Хорошо́.
5. — Ви́ктор Ива́нович хоро́ший учи́тель? — Да, хоро́ший.

7.6 Verbs with the Suffixed Particle **-ся**

Макси́м улыба́ется. Я улыба́юсь. (улыба́й + ся)

Verbs with the particle **-ся** conjugate regularly. After *vowel* sounds the particle appears in a shorter variant form **-сь**. Remember that both **-тся** and **-ться** are pronounced with a long *hard* affricate: [tsə].

Упражне́ние 7.6. *Complete the sentences by supplying the proper endings.*

1. Ни́на улыба́... ? 2. Де́ти сейча́с не улыба́... . 3. — Почему́ вы никогда́ не улыба́... ? — Что вы говори́те! Я сейча́с улыба́... . 4. Мы всегда́ улыба́... . 5. Почему́ ты не улыба́... ? 6. Почему́ профе́ссор не улыба́... ?

7.7. Surnames Ending in **-ов**

Это Ива́н Ива́нович Петро́в. А э́то его́ жена́ Анна Петро́вна Петро́ва. Это их де́ти, Ни́на и Макси́м Петро́вы.

Most Russian surnames are adjectives in origin and agree with the person(s) to whom they refer. Be careful not to confuse the feminine last name with the patronymic in **-овна.**

7.8 The Emphatic Particle **ни-**

— Все иду́т на рабо́ту? — Нет, **никто́ не** идёт на рабо́ту. No, *nobody* is going to work. (There is *not anybody* going to work.)
— Где рабо́тает Васи́лий Никола́евич? — Он **нигде́ не** рабо́тает, он на пе́нсии.

— Куда́ идёт Лари́са?—Она́ **никуда́ не** идёт. Она́ отдыха́ет.

— Почему́ Бори́с не улыба́ется?—Он **никогда́ не** улыба́ется.

Words prefixed with **ни-** must be accompanied by the negative particle **не**, and usually they immediately precede the negative particle. (A double negation does *not* result in Russian.)

Упражне́ние 7.8 *Answer in the negative using words with the particle* ни-.

1. Куда́ иду́т Ни́на и Макси́м? 2. Когда́ отдыха́ет ваш па́па? 3. Где гуля́ет Ни́на? 4. Кто сейча́с отдыха́ет? 5. Куда́ иду́т ва́ши до́чери? 6. Кто сейча́с слу́шает ра́дио?

7.9 Кто куда́ идёт у́тром? *Who goes where in the morning?*

If there are two interrogative words in Russian, they will normally both be at the beginning of the sentence, while in English one will occur later in the sentence.

7.10 Notes on Individual Words

ведь (cf. text)—This particle is often difficult to convey in English, but sometimes it is the equivalent of 'you know, after all'. (The ability to use such particles will do much to make your speech sound more natural and less textbookish.)

все—Note that the Russian form is *plural* and requires a plural verb: **Все иду́т** на рабо́ту.

гара́ж—Note that the accent is always on the ending: **в гараже́, гаражи́**.

и—This conjunction must be used (and not **а**) when what it introduces is a natural result of what precedes: Он **опа́здывает и е́дет** на рабо́ту **на такси́**.

иду́т—**Куда́ идёт** пя́тый авто́бус?
Usually of a vehicle itself one uses **е́хать**, but if the *route* is *stressed* one should use **идти́**.

ле́кция—Used for "a class" at the university level (**уро́к** is used at lower levels or for private lessons).

о́чень—**Я о́чень спешу́.** *I'm in a big hurry.*
With adverbs or adjectives this word means 'very'. But it can also be used with verbs to indicate intensity of action, 'very much' or some other equivalent depending on the specific verb and context.

сад—for location **в саду́** (but **о са́де**).

Кто куда́ идёт у́тром?

Сейча́с семь часо́в. Все иду́т на рабо́ту. Вот Ива́н Ива́нович Петро́в. Он идёт в гара́ж. Он рабо́тает недалеко́. А его́ жена́ идёт в шко́лу, она́ учи́тельница. Они́ иду́т вме́сте. Их дочь Ни́на то́же идёт в шко́лу. А Макси́м и Ма́ша иду́т в де́тский сад.

В кварти́ре № 3 живу́т Соколо́вы. Мари́я Влади́мировна Соколо́ва у́тром идёт на рабо́ту в библиоте́ку. Зи́на Соколо́ва спеши́т в институ́т. Это симпа-

далеко́ / не- far

тичная и очень серьёзная девушка. «Здравствуйте, Зина»,—говорю я. Она отвечает и всегда улыбается. А вот Вадим—её новый сосед. Он сегодня опаздывает и едет на работу на такси. А Виктор спешит в университет на занятия.

А куда же идёт Лариса? Она ведь сегодня не работает, она отдыхает. Наверно, она идёт в магазин.

ДАВАЙТЕ ПОГОВОРИМ:

— Здравствуйте, Анна Петровна.
— Здравствуйте.
— Куда вы идёте?
— На работу. Простите, я очень спешу, я уже опаздываю.
— Вы едете на такси?
— Да.
— До свидания.

— Простите, пожалуйста, вы не знаете, куда идёт пятый автобус?
— В центр.
— Спасибо.
— Пожалуйста.

— Сколько времени?
— Шесть часов.
— Уже шесть часов? Мы опаздываем!

— Простите, вы не знаете, сколько сейчас времени?
— Два часа.
— Спасибо.
— Пожалуйста.

Разговоры по телефону

— Я слушаю.
— Здравствуйте. Это говорит Зина.
— Здравствуйте, Зина.

— Иван Иванович, вы едете на работу?
— Нет, я сегодня не работаю. Я еду в центр.
— В центр? Вот хорошо! Я тоже еду в центр. Давайте поедем вместе.
— Пожалуйста. Вот моя машина.
— Это ваша новая машина? Какая красивая!

— Простите, пожалуйста!
— Пожалуйста.

— Скажите, пожалуйста, Лариса уже дома?
— Нет, она ещё на работе.

симпатичный / не- nice (of living being only)
серьёзный / не- serious
девушка girl
всегда always
университет
занятия (neut.pl.) classes (university level) (loc. на занятиях)
сегодня [s'ivódn'ə] today

ведь (particle) after all, you know
наверно probably
До свидания. Good-bye.
центр downtown
Давайте поедем вместе.
красивый / не- beautiful, handsome
Простите, пожалуйста! Pardon me, please.
Пожалуйста. That's OK. Don't mention it.

— Прости́те, пожа́луйста.
— Пожа́луйста.

— Я слу́шаю.
— Здра́вствуйте. Это говори́т Лари́са.
— Здра́вствуйте, Лари́са.
— Скажи́те, пожа́луйста, Ви́ктор ещё до́ма?
— Нет, он уже́ в университе́те на заня́тиях.
— Прости́те, пожа́луйста.
— Пожа́луйста.

— Я слу́шаю.
— Здра́вствуйте, Мари́я Влади́мировна. Это говори́т Ви́ктор. Скажи́те, пожа́луйста, Зи́на до́ма?
— Нет, она́ сейча́с в институ́те на ле́кции.
— Прости́те, пожа́луйста.
— Пожа́луйста.

Упражне́ния

7.11 Узна́йте, е́дет ли Лари́са на рабо́ту на метро́.—*Лари́са, вы е́дете на рабо́ту на метро́?*
Узна́йте, е́дет ли Анна Петро́вна в центр на авто́бусе.
Узна́йте, идёт ли Ви́ктор на заня́тия пешко́м.
Узна́йте, е́дет ли Зи́на на ле́кцию на тролле́йбусе.
Узна́йте, е́дет ли Ни́на в шко́лу на трамва́е.
Узна́йте, е́дет ли Ви́ктор в университе́т на такси́.

7.12 — Прости́те, пожа́луйста, вы не зна́ете, *второ́й авто́бус* идёт в центр?
— Идёт.
— Спаси́бо.
— Пожа́луйста.
(пе́рвый тролле́йбус, четвёртый трамва́й, седьмо́й авто́бус)

7.13 — Я сейча́с иду́ *в парк.*—В парк? А я *в библиоте́ку.*
(в магази́н — на рабо́ту, в шко́лу — в институ́т, в де́тский сад — в шко́лу)

Како́й краси́вый! Кака́я краси́вая! Како́е краси́вое! Каки́е краси́вые!
— Вот моё но́вое пальто́.   — Смотри́те, вот мой но́вый га́лстук.
— ...!   — ...!
— Это наш дом.   — Вот на́ша но́вая шко́ла.
— ...!   — ...!

7.15 — Да, я слу́шаю.
— Здра́вствуйте, это говори́т Вади́м.
— Здра́вствуйте.
— *Зи́на* до́ма?
— Нет, она́ *в библиоте́ке.*
— Прости́те, пожа́луйста.
— Пожа́луйста.

(Ива́н Ива́нович — на рабо́те, Васи́лий Никола́евич — в шко́ле, Лари́са — в магази́не)

узна́йте! find out! (*pol.*)

7.16 1. Куда́ вы идёте у́тром? А ве́чером?
Вы на заня́тия е́дете и́ли идёте пешко́м? Как вы е́дете в университе́т?
Как вы е́дете домо́й? Вы далеко́ живёте?
2. Куда́ спеши́т у́тром ваш оте́ц? А ва́ша мать?
3. Ваш дом / Ва́ша кварти́ра но́вый / но́вая?
4. Ваш сосе́д серьёзный студе́нт?
Ва́ша сосе́дка симпати́чная де́вушка? Она́ краси́вая?

7.17 Word Study

A Russian word may have the following parts:

a) **Root:** The part of the word which bears the basic lexical meaning:

дом, до́м-а, дом-о́й
говор-и́-ть, раз-гово́р
втор-о́й, по-втор-я́йте

b) **Prefix:** An element added to the beginning of the word to modify its lexical or grammatical meaning:

по-вторя́йте
раз-гово́р
не-далеко́

c) **Suffix:** An element added to the end of a root to modify the lexical meaning or to form a word belonging to a different part of speech:

де́т-и, де́т-ск-ий
францу́з, францу́з-ск-ий

d) **Ending:** An element added to a stem to indicate the grammatical function of the word in the sentence:

дом_, в до́м-е, дом-а́
игра́-ет, игра́-ют, игра́-ть
но́в-ый, но́в-ая

e) **Stem:** The root with its prefixes and suffixes, but without grammatical endings:

де́тск-ий
некраси́в-ый

ведь — wit
все, всегда́
всегда́ — когда́, никогда́
кото́рый — как, кто, како́й, *etc.*
наве́рно — **Ве́ра** (= Faith)
но́вый — Новосиби́рск, novelty, new
сего́дня — день, днём (= of this day)
узна́йте! — знай +
центр — center (*There is a regular correspondence between* ц *and English* c *before* e / i / у.)
час — сейча́с (= this hour)

Но́вые слова́ и выраже́ния

ведь
все
всегда́
гара́ж
Дава́йте пое́дем!
далеко́ / не-
де́вушка
де́тский
  де́тский сад
До свида́ния!
заво́д (на)
заня́тия (на заня́тиях)
како́й
краси́вый / не-
ле́кция
магази́н
наве́рно
нигде́
никогда́
никто́

никуда́
но́вый
о́чень
плохо́й / не-
— Прости́те, пожа́луйста. — Пожа́луйста.
сад: де́тский сад
сего́дня
седьмо́й
семь
серьёзный / не-
симпати́чный / не-
  Ско́лько вре́мени? (= Кото́рый час?)
спеш-и́-ть
ста́рый
узна́йте!
улыба́й + ся
университе́т
хоро́ший
центр
час

УРОК № 8 (ВОСЕМЬ) — ВОСЬМОЙ УРОК

Учи́тельница **начина́ет** уро́к в во́семь часо́в. Уро́к **начина́ется** в во́семь часо́в.
— **Когда́** Лари́са до́ма?—**В суббо́ту** и **в воскресе́нье.**
Это **Макси́м.** Вы уже́ **давно́** зна́ете **его́.**
— Это хоро́шая кни́га.— Да, вы **пра́вы,** э́то хоро́шая кни́га.

Фоне́тика:

Read pp. 14-15 concerning the place of articulation of the dental consonants н, д, т. Be particularly careful when pronouncing д / т between vowels.

Слу́шайте и повторя́йте! (*Remember the rules of word dynamics in Russian.*)

на ... наш ... но́мер ... но́вый ... зна́ю ... она́ ... одна́ ... жена́ ... окно́ ... дом ... дочь ... днём ... е́дут ... ду́маю ... иду́ ... куда́ ... далеко́ ... обе́даю ... опа́здываю ... там ... ты ... твой ... то́же ... то́лько ... такси́ ... пото́м ... э́то ... газе́та ... рабо́та ... кото́рый ... сигаре́та

Интона́ция:

Review IC-3, contrasted with IC-1.

Слу́шайте и повторя́йте!

— Он та́м? — Он та́м.
— Она́ здесь? — Она́ здесь.
— Зи́на до́ма? — Зи́на до́ма.

— Ни́на в шко́ле? — Ни́на в шко́ле.
— Ма́ма на рабо́те? — Ма́ма на рабо́те.

Ди́ктор начина́ет переда́чу в три часа́.

Переда́ча начина́ется в три часа́. Переда́ча конча́ется в во́семь часо́в.

Ско́лько вре́мени? Кото́рый час?	Когда́? В кото́ром часу́?
час	в час
два часа́	в два часа́
три часа́	в три часа́
четы́ре часа́	в четы́ре часа́
пять часо́в	в пять часо́в
во́семь часо́в	в во́семь часо́в

во́семь, восьмо́й
ди́ктор announcer
начина́й + (**ся**) to start, begin

переда́ча broadcast, program
конча́й + (**ся**) to end, finish
В кото́ром часу́? At what time? (*bookish*)

136

Кто́ э́то тако́й?
Это Макси́м. Вы уже́ **давно́** зна́ете **его́.**

Ни́на уже́ давно́ зна́ет **меня́** (**тебя́, его́, её, нас, вас, их**).

Како́й сего́дня день ?	Когда́ ?
Сего́дня понеде́льник. вто́рник. среда́. четве́рг. пя́тница. суббо́та. воскресе́нье.	в понеде́льник. во вто́рник в сре́ду в четве́рг в пя́тницу в суббо́ту в воскресе́нье

Ива́н Ива́нович живёт в Москве́, он москви́ч.
Ива́н Ива́нович счита́ет, что э́то хоро́шая переда́ча. Он **хо́чет** её **посмотре́ть.**
Поэ́тому он говори́т: «**Дава́йте посмо́трим** переда́чу».

Ива́н Ива́нович и Анто́н Никола́евич игра́ют в ша́хматы.
Зна́чит, они́ не смо́трят телеви́зор?

— Макси́м, **дава́й сыгра́ем** в ша́х-маты!
— Хорошо́, да-ва́й.

Они́ смо́трят телеви́зор. По телеви́зору выступа́ет их сосе́д Вади́м.
— Это хоро́шая переда́ча.
— Да, вы **пра́вы.** Это хоро́шая переда́ча.

я,	ты,	он	прав
я,	ты,	она́	права́
мы,	вы,	они́	пра́вы

Анто́н Никола́евич прихо́дит в во́семь часо́в.
Он ухо́дит в де́сять часо́в.

Кто́ э́то тако́й?
давно́ (for) a long time
д(е)нь *m.* day
понеде́льник Monday
вто́рник Tuesday
среда́ (в сре́ду) Wednesday
четве́рг Thursday
пя́тница Friday
суббо́та Saturday
воскресе́нье Sunday
телеви́зор television (set)
  смотре́ть телеви́зор to watch TV
выступ-а́й + to appear (perform)
  выступа́ть по телеви́зору

москви́ч/ -ка a Muscovite
счита́й + to consider (that...)
он хо́чет he wants
поэ́тому therefore
Дава́йте посмо́трим... Let's watch...
прав, права́, пра́вы right (*in one's opinions*)
ша́хматы chess (*pl. only*)
  игра́й + в ша́хматы
Дава́й сыгра́ем! Let's play! (*fam.*)
Зна́чит,... So...
приход-й-ть to arrive, come (*on foot*)
  прихожу́, прихо́дишь, прихо́дят
уход-й-ть ≠ приход-й-ть
  ухожу́, ухо́дишь, ухо́дят

ГРАММАТИКА И УПРАЖНЕНИЯ

8.1 Telling Time When

— Когда́	прихо́дит	— Он прихо́дит	в час		
— В кото́ром часу́	Анто́н Никола́-евич?		в два		
			в три	часа́.	
			в четы́ре		
			в пять		
			в шесть	часо́в.	
			в семь		

В кото́ром часу́...? is more bookish and formal than is **Когда́... ?**

Упражне́ние 8.1

а. Переда́ча «Москва́ и москвичи́» начина́ется *в 7 часо́в*.
Уро́к начина́ется (2 часа́).
Рабо́та конча́ется (5 часо́в).
Переда́ча конча́ется (8 часо́в).

б. Лари́са идёт на рабо́ту в

Ма́ша и Макси́м иду́т домо́й в   Ива́н Ива́нович идёт в гара́ж в

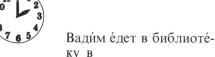

Зи́на идёт в институ́т в   Вади́м е́дет в библиоте́-ку в

в. 1. Когда́ вы за́втракаете? 2. Когда́ вы обе́даете? 3. Когда́ вы у́жинаете? 4. Когда́ вы смо́трите телеви́зор? 5. Когда́ вы слу́шаете ра́дио? 6. Когда́ вы чита́ете газе́ту? 7. Когда́ вы идёте на заня́тия?

8.2 Intransitive Verbs with the Particle -ся

Ди́ктор **начина́ет** переда́чу в час.	The announcer *begins* the broadcast at 1 o'clock.
Переда́ча **начина́ется** в час.	The broadcast *begins* at 1 o'clock.
Ди́ктор **конча́ет** переда́чу в 2 часа́.	The announcer *ends* the broadcast at 2 o'clock.
Переда́ча **конча́ется** в 2 часа́.	The broadcast *ends* at 2 o'clock.

The verb **улыба́ться** never occurs without the particle **-ся.** These two new verbs occur both with and without the particle. English grammar seldom indicates

138

the function of a word by its *form*. Russian grammar is more apt to do so. One might say that, in this sense, Russian grammar is very *form*alistic. In the above English sentences there is no *formal* difference between transitive and intransitive verbs, while in Russian the *intransitive* equivalent of these verbs have the particle **-ся.** Remember that a transitive verb *must* have a direct object either present or clearly implied. You will need to become aware of the transitive/intransitive contrast.

While not all intransitive verbs have the particle **-ся** (cf. **жить, рабо́тать**) all verbs which do have this particle are intransitive.

The direct object of **начина́ть, конча́ть** can be expressed by an infinitive:

На́ши сыновья́ начина́ют **за́втракать** в 7 часо́в.
На́ша семья́ конча́ет **у́жинать** в 8 часо́в.

Упражне́ние 8.2

а. *Образе́ц*: Ди́ктор начина́ет переда́чу в 3 часа́.— *Переда́ча начина́ется в 3 часа́.*

1. Учи́тель начина́ет уро́к в час. 2. Вади́м конча́ет переда́чу в 7 часо́в. 3. Она́ начина́ет рабо́ту в 8 часо́в. 4. Ди́ктор начина́ет переда́чу в 5 часо́в. 5. Учи́тельница конча́ет уро́к в 6 часо́в. 6. Ви́ктор конча́ет рабо́ту в 2 часа́. 7. Профе́ссор начина́ет ле́кцию в час.

б. (начина́ть / начина́ться)

1. Уро́к ... в 2 часа́. 2. Ива́н Ива́нович ... рабо́тать в 8 часо́в. 3. Ди́ктор всегда́ ... переда́чу в 5 часо́в. 4. Переда́ча ... в 6 часо́в. 5. Де́тские переда́чи ... в 3 часа́. 6. Учи́тельница всегда́ ... уро́к в час. 7. Анна Петро́вна ... рабо́ту в 8 часо́в. 8. Заня́тия в университе́те ... в 5 часо́в.

(конча́ть / конча́ться)

9. Ди́ктор ... переда́чу в час. 10. Уро́к всегда́ ... в 2 часа́. 11. Его́ рабо́та ... в 6 часо́в. 12. Он ... рабо́тать в 4 часа́. 13. Переда́ча ... в 2 часа́. 14. Де́тские переда́чи ... в 7 часо́в. 15. Зи́на ... обе́дать в 3 часа́. 16. Вади́м ... переда́чу в 3 часа́. 17. Заня́тия в институ́те ... в 6 часо́в. 18. Преподава́тель ... ле́кцию в 3 часа́. 19. Ле́кция всегда́ ... в 5 часо́в.

8.3 Days of the Week

		Среда́.
It	is	Wednesday.

— Когда́ вы рабо́таете?
— Мы рабо́таем в понеде́льник.
во вто́рник.
в сре́ду.
в четве́рг.
в пя́тницу.

— Како́й сего́дня день?
— Сего́дня понеде́льник.
вто́рник.
среда́.
четве́рг.
пя́тница.
суббо́та.
воскресе́нье.

— Когда́ вы отдыха́ете?
— Мы отдыха́ем в суббо́ту.
в воскресе́нье.

What case is used to express the day on which something happens?

Note that Russians consider Monday to be the first day of the week, and that the days of the week are not capitalized. Also note the fill vowel in the preposition in **во вто́рник** (to break up the difficult consonant cluster which would otherwise occur).

Упражне́ние 8.3

Образе́ц: — Когда́ вы игра́ете в ша́хматы? — *В воскресе́нье.*

1. Когда́ он выступа́ет по телеви́зору? (пя́тница) 2. Когда́ он е́дет в Москву́? (вто́рник) 3. Когда́ ваш пе́рвый уро́к? (понеде́льник) 4. Когда́ по телеви́зору переда́ча «Москва́ и москвичи́»? (суббо́та) 5. Когда́ вы е́дете в дом о́тдыха? (среда́) 6. Когда́ по телеви́зору де́тские переда́чи? (суббо́та и воскресе́нье) 7. Когда́ Оле́г е́дет в Новосиби́рск? (четве́рг)

8.4 The Accusative Case of Personal and Interrogative Pronouns

я — меня́	мы — нас	что — что
ты — тебя́	вы — вас	кто — кого́ [kavó]
он оно́ } его́ [yivó]	они́ — их	
она́ — её		

Note that the neuter third-person singular accusative form is like the masculine accusative form, not like the neuter nominative!

The usual position for the accusative pronouns is before the verb (which is in keeping with the general tendency of Russian word order, since pronouns, being noun replacers, normally refer to the known rather than the unknown part of the sentence): Это Макси́м. Вы **его́** уже́ зна́ете. But they may be found in other positions, depending on context and intonation or for greater emphasis.

Упражне́ние 8.4

Образе́ц: Он говори́т по-ру́сски. Вы понима́ете *его́?*

1. Макси́м живёт в до́ме № 1, *Ма́ша* то́же живёт там. Макси́м ... хорошо́ зна́ет. 2. Наш *сосе́д* выступа́ет по телеви́зору. Мы ... хорошо́ зна́ем. 3. Вот иду́т *Макси́м и Ни́на,* вы, наве́рно, ... уже́ зна́ете. 4. *Я* сейча́с говорю́ по-ру́сски. Вы понима́ете ...? 5. *Мы* говори́м то́лько по-англи́йски. Вы ... понима́ете? 6. Что *ты* говори́шь? Я ... не понима́ю. 7. Почему́ *вы* всегда́ говори́те по-неме́цки? Я не зна́ю неме́цкий язы́к, и когда́ *вы* говори́те по-неме́цки, я ... не понима́ю. 8. *Они́* всегда́ опа́здывают. Спроси́те ... , почему́ они́ опа́здывают.

8.5 Это Макси́м. Вы уже́ давно́ зна́ете его́. *You've known him (for) a long time.*

Russian has no special forms for an action which began in the past and continues into the present (such as 'have known') — such actions are expressed by a simple present tense form. (In Russian **уже́** very often occurs with **давно́,** even if there is no 'already' in the English sentence.)

8.6 The Verb Stem ход-и́-ть

— Когда́ вы **прихо́дите** на рабо́ту? — Я **прихожу́** на рабо́ту в 8 часо́в.
— Наш сосе́д всегда́ **прихо́дит** в 6 часо́в и **ухо́дит** в 8 часо́в.

A mutation (alternation, change) of consonant, д > ж, is regular in the я-form of second-conjugation verbs which have д at the end of the stem. Although ж is now hard, it is the result of a historical process of palatalization which is not unique to Russian. Compare 'video' and 'vision', both borrowed from Latin at different stages in the history of English. Note also the same process in rapid speech: *Did you eat yet?* pronounced *Jeet jet?*

The verb ход-и́-ть has the same shifting accent pattern as смотр-е́-ть.

The verb при-ход-и́-ть always refers to *repeated* actions, it cannot refer to a single action in process. Refer to Lesson 6 if you do not remember how to say *Here comes ...* .

Упражне́ние 8.6. *Запо́лните про́пуски* (приход-и́-ть).

1. Наш па́па всегда́ ... домо́й в 6 часо́в. 2. Вади́м и Ве́ра ... ве́чером гуля́ть в э́тот парк. 3. Я всегда́ ... на рабо́ту в 8 часо́в. 4. Мы всегда́ ... домо́й в 5 часо́в. 5. — Почему́ вы никогда́ не ... игра́ть в ша́хматы? — Я не ..., потому́ что я пло́хо игра́ю в ша́хматы.

8.7 The Short-Form Adjective прав

«Вы **пра́вы**», — говори́т Ива́н Ива́нович.
Ива́н Ива́нович счита́ет, что Анна Петро́вна не **права́**.
А она́ счита́ет, что он не **прав**.

Some Russian adjectives are used in a short form, which has noun-type endings, rather than the longer endings which you learned for adjectives in Lesson 7. While long-form adjectives keep the accent always on the same syllable, note that the feminine form права́ has the accent on the ending. (Short-form adjectives are used only as *predicate adjectives*, that is after a verb like 'to be' in an equational sentence: Вы пра́вы. They are never used as *attributive adjectives*, modifying a noun directly: Это о́чень краси́вая де́вушка.)

When used with вы short-form adjectives must be plural, while long-form adjectives used with this pronoun agree with the actual person(s) referred to in gender and number: Анна Петро́вна, кака́я вы сего́дня краси́вая! Аня и Ве́ра, каки́е вы краси́вые!

Упражне́ние 8.7. *Запо́лните про́пуски* (прав).

1. Аня, ты не ..., э́то хоро́шая кни́га. 2. Макси́м и Ни́на ..., э́то о́чень хоро́шая переда́ча. 3. Ва́ня, ты не ..., Лари́са хорошо́ говори́т по-англи́йски. 4. Васи́лий Никола́евич говори́т: «Я всегда́ ...». 5. Анна Петро́вна, вы не ..., Лари́са никогда́ не опа́здывает на рабо́ту. 6. Зи́на счита́ет, что она́ всегда́ ... .

8.8 The Use of the Infinitive after Certain Verbs

Анто́н Никола́евич **не хо́чет смотре́ть** телеви́зор.

Anton Nikolaevich *doesn't want to watch* television.

Антóн Николáевич **прихóдит игрáть** в шáхматы.

Anton Nikolaevich *comes to play chess.*

Когдá они́ **кончáют смотрéть** телеви́зор, они́ **начинáют игрáть** в шáхматы.

When they *finish watching* television, they *begin playing* chess.

English also uses the infinitive after the verb 'to want' and after going verbs, but after the verbs 'to begin', 'to finish', etc., we more often use an '-ing' word.

8.9 Capitalization

Note that in Russian the names of days of the week are not capitalized unless they begin a sentence, nor are words derived from proper nouns, such as **москви́ч**. Also, in contemporary Russian only the first word of most titles is capitalized (except for proper names in the title): **передáча «Москвá и москвичи́».**

8.10 Word Order (continuation)

В кварти́ре № 2 живёт Ивáн Ивáнович.
Вéчером по телеви́зору хорóшие передáчи.
В суббóту в 8 часóв начинáется передáча «Москвá и москвичи́».

If a whole sentence consists of new information, the subject will normally be at the *end* of the sentence. If there is an expression of time or place this will be put at the beginning of the sentence.

8.11 Culture through Language: Chess

Chess is much more widely played in the Soviet Union than in the United States and is taken very seriously by both adults and children. Many of the major players in the history of the game have been Russians.

8.12 Notes on Individual Words

игрáй + в шáхматы—Note that the name of the game is not used as direct object in Russian. Instead one uses the preposition **в** with the accusative case.
Кто э́то такóй/такáя/таки́е?—cf. **Что э́то такóе?**
москви́ч—Note that this noun always has the accent on the ending: **москвичи́.**

В суббóту вéчером

В кварти́ре № 2 живёт Ивáн Ивáнович. Вы ужé давнó знáете егó. Вéчером по телеви́зору интерéсные передáчи, и он смóтрит телеви́зор. В суббóту в вóсемь часóв начинáется передáча «Москвá и москвичи́». И обы́чно в суббóту вéчером егó сосéд Антóн Николáевич прихóдит игрáть в шáхматы.

интерéсный/не-   обы́чно usually   давáйте сыгрáем (*pol.*)

— Здра́вствуйте, Ива́н Ива́нович,— говори́т он.— Дава́йте сыгра́ем в ша́хматы.
— Хорошо́, дава́йте. Но ве́чером по телеви́зору быва́ют интере́сные переда́чи. Сейча́с начина́ется переда́ча «Москва́ и москвичи́». Дава́йте посмо́трим. Выступа́ют интере́сные лю́ди: строи́тели, фи́зики...
— Вы пра́вы, э́то интере́сная переда́ча. Но дава́йте снача́ла сыгра́ем в ша́хматы.
— Хорошо́.
Но вот начина́ется переда́ча, и они́ вме́сте смо́трят телеви́зор. Переда́ча «Москва́ и москвичи́» конча́ется, начина́ется друга́я переда́ча. Ива́н Ива́нович и Анто́н Никола́евич смо́трят и э́ту переда́чу. И так всегда́ в суббо́ту ве́чером Ива́н Ива́нович и Анто́н Никола́евич «игра́ют в ша́хматы».

ДАВА́ЙТЕ ПОГОВОРИ́М:

— Когда́ вы е́дете в Москву́?
— В понеде́льник.
— Утром?
— Нет, ве́чером, в во́семь часо́в.

— Ма́ма, наш па́па выступа́ет по телеви́зору в пя́тницу?
— Нет, в суббо́ту.
— А когда́?
— В шесть часо́в.

— Макси́м, пойдём в парк!
— Но у́тром по телеви́зору быва́ют интере́сные переда́чи.
— Де́тские переда́чи уже́ конча́ются.
— Хорошо́, идём!

Дава́йте посмо́трим телеви́зор

— Ни́на и Макси́м, сего́дня по телеви́зору де́тская переда́ча. Дава́йте посмо́трим её.
— А когда́ она́ начина́ется?
— В пять часо́в.
— Но ведь мы идём сего́дня в парк!

— Здра́вствуйте, Ива́н Ива́нович. Дава́йте сыгра́ем в ша́хматы.
— Но ведь ве́чером быва́ют интере́сные переда́чи. Наприме́р, сейча́с начина́ется переда́ча «Москва́ и москвичи́». Дава́йте посмо́трим.
— Хорошо́, дава́йте.

— Макси́м, э́то о́чень интере́сная кни́га.
— Ты не права́, Ни́на. Это неинтере́сная кни́га.

быва́й + to be (*repeatedly*)
снача́ла first (at first)
друго́й another (different)
так so, thus

Идём. Let's go.
наприме́р for example

— Вы уже́ ухо́дите?
— Да, уже́ во́семь часо́в.
— Дава́йте сыгра́ем в ша́хматы.
— Хорошо́, дава́йте.

— Макси́м, кто э́то?
— Э́то моя́ сестра́.
— Как её зову́т?
— Её зову́т Ни́на.

— Вы игра́ете в ша́хматы?
— Пло́хо.
— Я то́же пло́хо. Дава́йте сыгра́ем.
— Дава́йте.

...
— О! Вы не пра́вы. Вы хорошо́ игра́ете!

— Кто э́то?
— Э́то на́ши но́вые сосе́ди.
— Как их зову́т?
— Ива́н Ива́нович и А́нна Петро́вна Петро́вы.

Упражне́ния

8.13 — Когда́ вы е́дете?
— Когда́ вы е́дете в Москву́?
— Когда́ вы и ваш брат е́дете в Москву́?

— В суббо́ту.
— В суббо́ту ве́чером.
— В суббо́ту ве́чером, в во́семь часо́в.

8.14 (дава́й, дава́йте)
— Вади́м, ты не зна́ешь, «Москва́ и москвичи́» интере́сная переда́ча?
— ... посмо́трим.
— Хорошо́.

— А́нна Ива́новна, в воскресе́нье по телеви́зору выступа́ет наш но́вый сосе́д.
— ... посмо́трим.
— Хорошо́.

— Макси́м, в шесть часо́в начина́ется интере́сная переда́ча.
— ... посмо́трим.
— Хорошо́.

8.15 Кто обы́чно прихо́дит в суббо́ту ве́чером?
Что говори́т Анто́н Никола́евич?

Кто э́то?
Что говори́т ди́ктор?

Ива́н Ива́нович и его́ сосе́д игра́ют в ша́хматы?
А что они́ де́лают?

Как её зову́т? (*You can now see that this expression means literally* 'How do they call her?')

144

8.16 — Па́па, дава́й *сыгра́ем в ша́хматы.*
— Но ведь сейча́с мы *у́жинаем!*

(дава́й пое́дем в парк — слу́шаем интере́сную переда́чу, дава́й сыгра́ем в ша́хматы — идём в библиоте́ку)

8.17 Интере́сная переда́ча

Кака́я э́то переда́ча?
Ма́ша смо́трит переда́чу?
А кто же смо́трит переда́чу?
Кто говори́т, что э́то интере́сная переда́ча?
Кто счита́ет, что э́то неинтере́сная переда́ча?

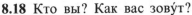

8.18 Кто вы? Как вас зову́т?
Вы рабо́таете? Где вы рабо́таете?
Куда́ вы обы́чно спеши́те у́тром? Вы обы́чно опа́здываете?
Когда́ вы за́втракаете (обе́даете, у́жинаете)?
Вы смо́трите телеви́зор? Когда́ вы обы́чно смо́трите телеви́зор?
Что вы обы́чно де́лаете ве́чером?
Что вы обы́чно де́лаете в суббо́ту (в воскресе́нье)?
Вы игра́ете в ша́хматы? Вы хорошо́ игра́ете?

8.19 Word Study

быва́й + **be**
во́семь, восьмо́й — **oct**agon
выступа́й + *literally* to **step** out; вы́ход (вы- = out)
д(е)нь — сего́дня
поэ́тому — э́то
приход-и́-ть, у-ход-и́-ть — входи́те
снача́ла — начина́й +
счита́й + — чита́й +
так, тако́й, тут, там, туда́ — *cf. English demonstrative words beginning with* th- (thus, that, there, this, thither, *etc.*)
ша́хматы — **shah,** (check)**mate**

Days of the week:

вто́рник — второ́й	пя́тница — пя́тый
четве́рг — четвёртый	суббо́та — Sabbath

Но́вые слова́ и выраже́ния

быва́й +
во́семь
воскресе́нье
восьмо́й
вто́рник
выступа́й +
— Дава́й(те) посмо́трим / сыгра́ем.
— Дава́й(те).
давно́
д(е)нь
ди́ктор

друго́й
Зна́чит,...
зову́т: Как его́ зову́т?
игра́й + *во что*
Идём!
интере́сный / не-
конча́й + (ся)
кото́рый: В кото́ром часу́?
Кто э́то тако́й?
москви́ч / -ка
наприме́р

начина́й + (ся)
обы́чно
переда́ча
понеде́льник
поэ́тому
прав / права́ / пра́вы
приход-и́-ть
пя́тница
смотр-е́-ть телеви́зор
снача́ла
среда́
суббо́та

счита́й +
так
телеви́зор
смотре́ть телеви́зор
по телеви́зору
уход-и́-ть
хо́чет
час: В кото́ром часу́?
четве́рг
ша́хматы

УРОК № **9** (ДЕВЯТЬ) — ДЕВЯТЫЙ УРОК

У меня́ есть брат.

У нас · но́вая кварти́ра.

Когда́ мы смо́трим телеви́зор, па́па и Анто́н Никола́евич игра́ют в ша́хматы.

— **Здра́вствуй,** Ма́ша!

— **Здра́вствуйте,** Мари́я Петро́вна!

Фоне́тика:

Read pp. 15-16 concerning the dynamics of word stress in Russian. Also remember to read prepositions together with the following nouns.

Слу́шайте и повторя́йте!

пассажи́р ... разгово́р ... никогда́ ... никуда́ ... москвичи́ ...
наприме́р ... телеви́зор ... в институ́те ... сигаре́та ...
стюарде́сса ... по телефо́ну ... остано́вка ... подожди́те ...
До свида́ния! ... симпати́чный ... отдыха́ет ... америка́нец ...
библиоте́ка ... университе́т ... в университе́те ...

Интона́ция:

Non-final syntagmas which express a complete thought are normally pronounced with IC-1.

A. Слу́шайте и повторя́йте!

Ве́чером по телеви́зору интере́сные переда́чи, / и он смо́трит телеви́зор.

Вы пра́вы, / э́то интере́сная переда́ча.

Но вот начина́ется переда́ча, / и они́ вме́сте смо́трят телеви́зор.

Non-final syntagmas which do not express a complete thought are most often pronounced with IC-3.

B. Слу́шайте и повторя́йте!

Когда́ мы смо́трим телеви́зор, / па́па и Анто́н Никола́евич игра́ют в ша́хматы.

Когда́ Ива́н Ива́нович чита́ет газе́ту, / Ни́на слу́шает ра́дио.

Когда́ моя́ ма́ма в до́ме отдыха́, / я всегда́ опа́здываю на заня́тия.

Когда́ прихо́дит наш сосе́д, / он говори́т: „Дава́йте сыгра́ем в ша́хматы."

де́вять, девя́тый

Это мой брат. — У меня́ есть брат.

Это стол.
Кни́га на столе́.
Письмо́ в столе́.

кто — У кого́ есть... ?	
я — **у меня́ есть**	журна́л
ты — **у тебя́ есть**	журна́лы
он — **у него́ есть**	газе́та
она́ — **у неё есть**	газе́ты
мы — **у нас есть**	письмо́
вы — **у вас есть**	пи́сьма
они́ — **у них есть**	

Когда́ мы смо́трим телеви́зор, па́па и Анто́н Никола́евич игра́ют в ша́хматы.

Это моя́ ма́ма. У неё есть оте́ц. Он мой де́душка.

Это мой де́душка и ба́бушка.

Это большо́й го́род.

А э́то дере́вня. Мой де́душка живёт в дере́вне.

Это река́. Там лес.

Это сад.

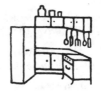

Ма́ша пока́зывает кварти́ру: «Де́душка, посмотри́, э́то ку́хня».

Это ку́хня.
У нас есть газ.

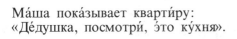

У кого́ есть кни́га? Who has a book?
когда́ while
стол table
  в столе́ in the (table) drawer
де́душка *m.*
большо́й large, big
го́род (*pl.* -а́) city, town
дере́вня village, the country

река́ (*pl.* **ре́ки**) river
лес (*pl.* **-а́**) forest, woods
сад (**в саду́**; *pl.* **сады́**) garden, orchard
пока́зывай + to show
ку́хня kitchen
посмотри́(те)
газ

Это ва́нная и туа-
ле́т.
Здесь горя́чая во-
да́, а здесь холо́д-
ная вода́.

Это больша́я ко́мната, а э́то ма́лень-
кая.

ГРАММАТИКА И УПРАЖНЕНИЯ

9.1 Equivalents of 'to have'

— У кого́ есть маши́на? — У меня́ есть маши́на.
У него́ есть бра́тья.

The normal construction for expressing possession means literally 'At (me) there is....' The preposition **y** is used with the genitive case of the word indicating the *possessor*, and the *thing possessed is the subject* in Russian. (The word **есть** is the only remaining form of the verb **быть** = 'to be' in the present tense.)

The genitive case forms of **кто** and the personal pronouns are the same as the accusative forms, except that those of the third person are preceded by the letter **н-:**

я	—у меня́	мы	—у нас	кто—у кого́
ты	—у тебя́	вы	—у вас	
он	—у **н**его́	они́	—у **н**их	
она́	—у **н**её			

— У вас есть маши́на? — Да, есть.

— У вас но́вая маши́на? — Да, но́вая.

The English verb 'to have' is often used with meanings other than that of possession, such as the meaning of the location of an object. In Russian **есть** appears in this construction *only when possession itself is in question* (since the form comes from the verb 'to be', it is really a question of existence). If the stress is on something other than existence, such as the *quality* of something already known to exist, the form **есть** is not used.

— У кого́ **есть** ша́хматы? — У меня́ **есть** (ша́хматы).
"Who *has* a chess set?" "I *have* (a chess set)."

— У кого́ ша́хматы? — (Ша́хматы) у меня́.
"Who *has* the chess set?" "I *have* (the chess set)."

— Каки́е э́то у тебя́ ша́хматы? — (У меня́) но́вые ша́хматы.
"What kind of set is it you *have*?" "(I *have*) a new chess set."

In the second and third examples 'have' refers not to possession, but to the *location* or *quality* of something already known to exist, as we can tell

---

ва́нная bathroom	вода́ water	ма́ленький ≠ большо́й
туале́т	холо́дный ≠ горя́чий	
горя́чий hot	ко́мната room	

148

from the definite article 'the' and the possessive modifiers. Therefore **есть** is not used. Note that, although Russian does not have separate words equivalent to the definite and indefinite articles 'the', 'a/an', it does have other ways of expressing this contrast. Compare also:

— Что на столе́?—На столе́ **письмо́.** ...*a* letter.
— Где письмо́?—**Письмо́** на столе́. *The* letter...

Here word order is used to express the definite/indefinite contrast.

The construction у + personal pronoun is often used in conversational Russian as an equivalent of the possessive modifier: **у неё** в ко́мнате = **в её** ко́мнате. Using this construction can help to make your Russian speech sound more natural, less bookish.
(This construction cannot be used in equational sentences, such as **Это моя́ кни́га.**)

Упражне́ние 9.1
а.

(вы) *У вас* есть маши́на?
1. (я) У ... есть дочь.
2. (ты) У ... есть пальто́?
3. (он) У ... есть ма́ленький сын?
4. (мы) У ... есть ба́бушка.
5. (они́) У ... есть телеви́зор?
6. (она́) У ... есть но́вый журна́л?

У меня́ есть

У вас есть

б. *Образе́ц*: Это мой журна́л.— *У меня́ есть журна́л.*

1. Это его́ кварти́ра. 2. Это на́ша маши́на. 3. Это их сад. 4. Это ва́ши ша́хматы. 5. Это твой телеви́зор. 6. Это мои́ до́чери. 7. Это её сыновья́. 8. Это ваш портфе́ль.

в. *Отвеча́йте*!

1. У вас есть портфе́ль? 2. У вас но́вый портфе́ль? 3. У неё но́вая кварти́ра? 4. У неё есть кварти́ра? 5. У них ста́рый дом? 6. У них есть дом? 7. У тебя́ есть телеви́зор? 8. У тебя́ большо́й телеви́зор? 9. У него́ ма́ленький сад? 10. У нсго́ ссть сад?

г. *Add* есть *only to those sentences in which it is needed.*

1.—У кого́ ... маши́на?—У нас есть. 2.—У кого́ ... ру́сский журна́л?—У неё есть. 3.—У кого́ ... мой ру́сский журна́л?—Он ... у меня́. 4.—У кого́ ... моё пальто́?—Оно́ ... у неё. 5.—У вас ... хоро́ший сад?—Да, хоро́ший. 6.—У вас ... но́вый портфе́ль?—Нет, ста́рый.

9.2 Когда́ = *while/when* in Complex Sentences. The Punctuation of Complex Sentences

Я не зна́ю, когда́ они́ игра́ют в ша́хматы.
Когда́ мы смо́трим телеви́зор, па́па и Анто́н Никола́евич игра́ют в ша́хматы.

Remember that in Russian subordinate clauses must always be separated from main clauses by commas. This is true even when the subordinate clause comes first, as in the second example above.

149

Упражне́ние 9.2

Образе́ц: Ма́ма и па́па на рабо́те. Ба́бушка и Ма́ша до́ма.—

Когда́ ма́ма и па́па на рабо́те, ба́бушка и Ма́ша до́ма.

1. Па́па идёт на рабо́ту. Макси́м идёт в де́тский сад.— Когда́ ... .
2. По телеви́зору выступа́ет наш сосе́д. Мы все смо́трим телеви́зор.— Когда́ ... .
3. Па́па чита́ет газе́ту. Ни́на слу́шает му́зыку.— Когда́ ... .

9.3 Russian Equivalents of *it*

Both **э́то** and the pronouns **он / она́ / оно́ / они́** can be equivalents of 'it', but they have different functions and serve in different contexts. (They also have, of course, other English equivalents: 'this / that / these / those, he, she, they'.)

The unchanging form **э́то** is used in requesting or giving an identification or definition:

— Что э́то (тако́е)?— Э́то моё пальто́.	"What's this?" "It's my coat."
— Кто э́то (тако́й)?— Э́то наш сосе́д.	"Who's this?" "It's our neighbor."

The replacer pronouns **он / она́ / оно́ / они́** can be used as equivalents of 'it' only when there is a specific noun to which they refer back, and from which they take their number and gender.

— Где твои́ **кни́ги?**— **Они́** на столе́. Вот **они́**.

— Где ваш **портфе́ль?**— **Он** на столе́. Вот **он**.

Since these are replacer pronouns, standing in place of a noun, they are not used if the noun itself is present in the sentence. Here **э́то** is used.

— Вот ва́ше пальто́.— **Э́то** не моё пальто́.

(The replacer pronouns *can* be used of *people*, but this should cause no confusion, since the English equivalent will be not 'it' but 'he / she / they'.)

The most misleading kind of 'it' is the so-called 'empty it', since it may tempt you to use some word for it in Russian sentences where no word is needed at all. In order for an English sentence to be complete, it must have some word in the position of subject, and if there is no subject we put an "empty it" in its place. Russian sentences can be complete without any word in this position.

Вот идёт Вади́м. **Он** наш но́вый сосе́д. *He* is our new neighbor.

Сейча́с Now	it	is	два часа́. two o'clock.
	It	is	Среда́. Wednesday.

Упражне́ние 9.3. *Запо́лните про́пуски (some blanks may need no word).*

1.—Где моя́ руба́шка?— Вот ... .—Нет, ... не моя́ руба́шка. 2.— Кто ...?—... Оле́г.—Кто ... ?—... строи́тель. 3.—Где мой ша́хматы?—Вот ... . 4.—... ва́ши кни́ги?—Нет, ... его́ кни́ги. 5.—Где моя́ газе́та?—... на столе́.—Нет, здесь ... её нет.—А в столе́?—Да, вот ... . Спаси́бо. 6.—Чьё ... пальто́?—...

моё пальто́. 7.—Ско́лько сейча́с вре́мени?—Сейча́с ... 5 часо́в. 8.—У кого́ его́ телеви́зор?—... у меня́. 9.—Чей ... портфе́ль?—... мой портфе́ль. 10.—Како́й сего́дня ... день?—... суббо́та. 11.—Вы уже́ ухо́дите?—Да, ведь уже́ ... 3 часа́.

9.4 Imperatives: Familiar vs. Polite

Здра́вствуй, Ва́ня. Входи́, пожа́луйста.
Здра́вствуйте, Ива́н Ива́нович. Входи́те, пожа́луйста.

You are already familiar with a number of imperatives (commands or requests) in either the familiar or polite form, and you have probably realized that it is a simple matter to make one form from the other by the addition or removal of the ending **-те.** (This is the same **-те** found at the end of the second-person plural verb form.)

Familiar	Polite
входи́	входи́те
дава́й (поговори́м, *etc.*)	дава́йте
Здра́вствуй!	Здра́вствуйте! (*literally* 'Be well!')
подожди́	подожди́те
прости́	прости́те
скажи́	скажи́те
смотри́	смотри́те
спроси́	спроси́те
узна́й	узна́йте

The accent of the imperative is on the same syllable as that of the first-person singular form. This means that for verbs with shifting accent the imperative will be accented differently than the present-tense second-person plural form: **вы смо́трите,** but **смотри́те!**

Упражне́ние 9.4. *Запо́лните про́пуски.*

1. (здра́вствуй / здра́вствуйте) ..., де́ти! ..., Ива́н Петро́вич! ..., Зи́на!
2. (входи́ / входи́те) Аня, ..., Анна Ива́новна. ..., де́вушки.
3. (дава́й / дава́йте сыгра́ем) Ива́н Ива́нович, ... в ша́хматы. Ви́тя, ... в ша́хматы.
4. (подожди́ / подожди́те) Ко́ля, ... мину́точку. Васи́лий Никола́евич, ... мину́точку.
5. (прости́ / прости́те) ..., пожа́луйста, где здесь остано́вка авто́буса?
6. (скажи́ / скажи́те) ..., пожа́луйста, Ле́на, что э́то тако́е? ..., пожа́луйста, де́ти, где живёт Макси́м?
7. (смотри́ / смотри́те) ..., Ма́ша, вот идёт Никола́й Петро́вич. ..., Ва́ня и Ко́ля, вот иду́т Макси́м и Ни́на.
8. (спроси́ / спроси́те) Ива́н Ива́нович, ... их, куда́ они́ иду́т. Ма́ша, ... ба́бушку, что она́ де́лает.

9.5 Modifier Agreement with More than One Noun

Это мой де́душка. Это моя́ ба́бушка. Это **мои́** де́душка и ба́бушка.
Instead of repeating the modifier in order to make it agree with more than one noun, it is preferable in conversational Russian to use the modifier just once in the plural.

151

9.6 The Conjunctions **а** / **но**

Лари́са сего́дня не рабо́тает, **а** отдыха́ет.

Джон не америка́нец, **а** англича́нин.

Де́душка живёт в дере́вне, **но** сейча́с он в Москве́.

— Де́душка, твой дом в дере́вне большо́й и́ли ма́ленький?

— Не о́чень большо́й, **но** и не ма́ленький.

Remember that **а** is used with mutually exclusive items, **но** when the items are not mutually exclusive. The above examples from this lesson should help you to get a feeling for the use of these conjunctions.

9.7 Notes on Individual Words

ва́нная — Note that (like **ру́сский** / **ру́сская**) this is an adjective used as a noun.

газ — a substance in a gaseous state; used for cooking and heating gas, *not* for 'gasoline'.

дере́вня — Russian farmers usually lived in villages, not on isolated farmsteads. Therefore the Russian expression **в дере́вне** is an equivalent of 'in the country.'

Но́вая кварти́ра

Дава́йте посмо́трим, кто живёт в кварти́ре № 6. Это Никола́й Петро́вич, его́ жена́, его́ дочь — ма́ленькая Ма́ша и её ба́бушка. А кто э́то? Это де́душка. Он живёт в дере́вне, но сейча́с он в Москве́.

Ма́ша пока́зывает кварти́ру. У них но́вая кварти́ра, и Ма́ша пока́зывает её с удово́льствием.

— Это на́ша больша́я ко́мната, — говори́т она́. — Здесь мы ве́чером смо́трим телеви́зор. А когда́ мы смо́трим телеви́зор, па́па и Ива́н Ива́нович игра́ют в ша́хматы.

— Хоро́шая ко́мната. А что здесь? — спра́шивает де́душка.

— Здесь живу́ я и ба́бушка, э́то на́ша ко́мната. Ви́дишь, у меня́ есть большо́й стол.

— А что на столе́?

— Моя́ но́вая маши́на.

— А кни́ги у тебя́ есть, Ма́шенька?

— Коне́чно. Вот мои́ кни́ги, в столе́.

Пото́м они́ иду́т в ку́хню.

— Де́душка, вот ку́хня, ва́нная и туале́т. У нас есть горя́чая и холо́дная вода́ и газ.

— А где живу́т ма́ма и па́па, где их ко́мната?

— Там, дава́й посмо́трим.

— Очень хоро́шая кварти́ра.

— Де́душка, а твой дом в дере́вне большо́й и́ли ма́ленький?

— Не о́чень большо́й, но и не ма́ленький.

— А телеви́зор у тебя́ в дере́вне есть?

— У нас в дере́вне есть телеви́зоры.

с удово́льствием with pleasure
ви́д-е-ть (ви́дишь, ви́дите) to see

Ма́шенька (*diminutive*)
коне́чно [kan'éšnə] of course

— А сад?

— Конéчно, есть, óчень хорóший сад.

— И рекá у вас есть?

— И рекá.

— А лес у вас есть?

— Есть.

— Всё[1] равнó в Москвé лýчше.

— Мóжет быть.

ДАВАЙТЕ ПОГОВОРИМ:

— Мáма, где мой портфéль?

— На столé.

— Здесь нет.

— А в столé?

— И в столé нет.

— Не знáю... Мóжет быть, в кýхне?

— Пётр Николáевич, здрáвствуйте!

— Здрáвствуйте, Ивáн Ивáнович. Как живёте?

— Спасúбо, хорошó. А вы?

— Тóже хорошó. Я сейчáс живý в дерéвне.

— В дерéвне? Ну и как?

— Хорошó. Недалекó большóй лес.

— А рекá есть?

— Да, есть. У нас большáя рекá. В дерéвне сейчáс хорошó...

— Что сегóдня по телевúзору?

— Не знáю. У тебя есть прогрáмма?

— Да, у меня есть газéта, а в газéте есть прогрáмма. Но где же газéта? Бáбушка, где газéта?

— На столé.

— Да, вот онá. Сейчáс дéтская передáча, а потóм нóвый фильм.

— Давáй посмóтрим фильм.

— Входúте, пожáлуйста. Вот нáша нóвая квартúра. Вúдите, это нáша большáя кóмната. Здесь мы отдыхáем, вéчером смóтрим тслсвúзор.

— А что здесь?

— Это вáнная, а там кýхня.

— Какáя большáя кýхня! А горячая водá и газ у вас есть?

— Конéчно, у нас есть и горячая водá, и газ.

— Очень хорóшая квартúра!

всё равнó all the same
лýчше better
мóжет быть maybe, perhaps
Note: To avoid ambiguity, the student should always mark the two dots over всё (otherwise it may be mistaken for все = 'everybody').
и... не / нет not... either
Ну... Well,...
Ну и как?

фильм (*i.e.,* *a 'movie'*)
и...и... both...and...
You should be able to understand these expressions:
— **Как живёшь / живёте?**
— **Спасúбо, хорошó.**
прогрáмма program (schedule)
Что сегóдня по телевúзору?

— Ба́бушка, ты не зна́ешь, у кого́ моя́ кни́га?
— Она́ у меня́. Вот она́.

Упражне́ния

9.8 — У тебя́ есть *журна́л*?
— Есть.
— А где *он*?
— На столе́.
— Здесь нет.
— Мо́жет быть, *он в столе́*.
— И в столе́ нет.

    (кни́га, портфе́ль, газе́та)

9.9 — Мо́жет быть, *ма́ма сейча́с е́дет домо́й*?
— Мо́жет быть.

    (Макси́м игра́ет в па́рке? Ва́ша сестра́ сейча́с в институ́те? Мои́ газе́ты в портфе́ле? Лари́са сего́дня не рабо́тает?)

9.10 — Дава́йте *посмо́трим телеви́зор*!
— С удово́льствием.

    (сыгра́ем в ша́хматы, поговори́м по-ру́сски, пое́дем в парк)

9.11 — Здра́вствуйте, *Анна Петро́вна*!
— Здра́вствуйте, *Лари́са*. Как живёте?
— Спаси́бо, хорошо́. А вы?
— То́же хорошо́, спаси́бо.

    (Васи́лий Никола́евич—Ива́н Ива́нович, Оле́г—Анна Петро́вна, Лари́са—Анто́н Никола́евич)

9.12 Па́па и Оле́г *игра́ют в ша́хматы*. Мы то́же *игра́ем в ша́хматы*.
У них *есть маши́на*. У нас то́же ... .
Ве́чером мы *слу́шаем му́зыку*. Они́ то́же ве́чером ... .
Мой де́душка *живёт в дере́вне*. На́ша ба́бушка то́же ... .
Кни́га *на столе́*. Письмо́ то́же ... .

9.13 — О́чень хорошо́ жить в го́роде.
— Мо́жет быть. *Всё равно́* в дере́вне лу́чше.

— Ива́н Ива́нович хорошо́ игра́ет в ша́хматы.
— Мо́жет быть. ... Анто́н Никола́евич игра́ет лу́чше.

— Лари́са хорошо́ говори́т по-англи́йски.
— Мо́жет быть. ... Зи́на говори́т лу́чше.

— Э́то о́чень хоро́шая переда́ча.
— Мо́жет быть. ... переда́ча «Москва́ и москвичи́» лу́чше.

9.14 — Ма́шенька, у тебя́ есть *кни́ги*?
— Коне́чно, есть. Вот *они́*.

    (маши́на, портфе́ль, ко́мната, пальто́, стол, журна́л)

9.15 — Это на́ша кварти́ра. (хоро́шая)
— *Кака́я хоро́шая кварти́ра!*
— *Вы пра́вы, о́чень хоро́шая кварти́ра.*

— Это наш дом. (большо́й) — ...
— Это наш сад. (хоро́ший) — ...
— Это река́. (больша́я) — ...

9.16 1. Вы живёте в го́роде и́ли в дере́вне?
У вас есть дом? У вас есть кварти́ра? Кварти́ра у вас больша́я и́ли ма́ленькая?
У вас но́вый дом (но́вая кварти́ра)? Дом у вас большо́й и́ли ма́ленький?
У вас больша́я ко́мната?
2. У вас есть кни́ги? Кни́ги у вас в столе́ и́ли на столе́?
У вас есть телеви́зор? У вас в ку́хне есть горя́чая вода́? А газ? А сад у вас есть?
3. У вас есть де́душка и ба́бушка? Где они́ живу́т, в го́роде и́ли в дере́вне?
Где живёт ва́ша семья́?
У вас есть бра́тья? У вас есть сёстры?
4. Как вы ду́маете, лу́чше жить в го́роде и́ли в дере́вне?

9.17 Word Study

большо́й — Bolshoi Theater
быть — be
ви́д-е-ть — video, vision, телеви́дение, До свида́ния! (= until meeting [you])
вода́ — water
всё — все, всегда́
го́род — Ленингра́д
есть — id est, is
ку́хня — cook
Ма́шенька — *The suffix* -еньк- (also seen in the word ма́ленький) *is an emotive-expressive suffix, often called simply "diminutive." While the meaning in fact is sometimes that of smallness, this suffix as often as not has other emotional connotations, such as tenderness, approbation. (Remember that* н *before* к *must always be pronounced on the teeth, not at the back of the mouth.)*
мо́жет — may
пока́зывай + — расска́зывай +, скажи́те
холо́дный — cold

Но́вые слова́ и выраже́ния

большо́й	де́вять	коне́чно	сад
быть: мо́жет быть	де́душка	ку́хня	стол, в столе́
ва́нная	дере́вня, в дере́вне	лес	телеви́зор: Что сего́дня
ви́д-е-ть (ви́дишь, ви́дите)	есть: у (кого́) есть (кни́га)?	лу́чше	по телеви́зору?
		ма́ленький	гуале́т
вода́	жив-у́т: Как живёшь / живёте?	мо́жет быть	у (кого́) есть (кни́га)
всё равно́		ну: Ну и как?	фильм
газ	и...и...	пока́зывай +	холо́дный
го́род	и...не / нет	програ́мма	
горя́чий	когда́	река́	Ма́шенька
девя́тый	ко́мната	с удово́льствием	

УРОК № 10 (ДЕСЯТЬ)
— ДЕСЯ́ТЫЙ УРОК

Вчера́ он **чита́л** журна́л. Вчера́ Ни́на **была́** до́ма.
— **Кого́** вы ви́дите? — Я ви́жу **Макси́ма** и **Ни́ну.**
— Я ви́жу Ви́ктора, **кото́рый** живёт в кварти́ре № 10.
Он всегда́ покупа́ет **газе́ту «Пра́вда».**

Фоне́тика:

Read p. 23 concerning the vowel **ы.** Remember that if a word beginning with the letter **и** follows without pause a word ending in a hard consonant, this vowel is pronounced as **ы; он и ты.** Also review reading rules, p. 60.

Слу́шайте и повторя́йте!

сын ... язы́к ... обы́чно ... пассажи́р ... маши́на ... спеши́т ... отцы́ ... сады́ ... столы́ ... гаражи́ ... му́зыка ... о́тдых ... ва́ши ... живу́т ... у́жинаю ... жена́ ... шесто́й в институ́те ... он **и** ты ... сын **и** дочь ... Ива́н Ива́нович

Интона́ция:

Even when read as two syntagmas, declarative sentences differ from questions consisting of the same words, since the questions are spoken as one syntagma.

Слу́шайте и повторя́йте!

Его́ сын — / строи́тель. Его́ сын — строи́тель?
Его́ дочь — / фи́зик. Его́ дочь — фи́зик?
Ва́ша ма́ма / в до́ме о́тдыха. Ва́ша ма́ма в до́ме о́тдыха?
Вади́м и Лари́са говоря́т по-англи́йски. Вади́м и Лари́са говоря́т по-англи́йски?

Сего́дня суббо́та, я не рабо́таю.
Вчера́, в пя́тницу, я **рабо́тал.**

	Сего́дня	Лари́са		до́ма.
	Вчера́	Лари́са	**была́**	до́ма.

	рабо́та-й +	**говор-и́-ть**	**жив-у́т**	**быть**
я, ты, он	рабо́та-л	говори́-л	жи-л	бы-л
я, ты, она́	рабо́та-ла	говори́-ла	жи-ла́	бы-ла́
оно́	рабо́та-ло	говори́-ло	жи́-ло	бы́-ло
мы, вы, они́	рабо́та-ли	говори́-ли	жи́-ли	бы́-ли

де́сять, деся́тый
вчера́ yesterday
быть (*past* был, была́, бы́ло, бы́ли) to be

Я ви́жу **авто́бус**.
Я ви́жу **Макси́ма**, но я его́ не слы́шу.

Сего́дня		суббо́та.
Вчера́	была́	пя́тница.

ви́деть знать слу́шать спра́шиват слы́шать	кого́? что?

Что вы ви́дите?	Я ви́жу	журна́л. письмо́. газе́ту.
Кого́ вы ви́дите?		бра́та. строи́теля. Ива́на Ива́новича. сестру́. А́нну Петро́вну. Ва́ню. дя́дю. дочь. мать.

Я ви́жу сосе́да. Сосе́д идёт в магази́н.
Я ви́жу сосе́да, **кото́рый** идёт в магази́н.

Я ви́дел кни́гу. Кни́га была́ на столе́.
Я ви́дел кни́гу, **кото́рая** была́ на столе́.

Я ви́дел письмо́. Письмо́ бы́ло на столе́.
Я ви́дел письмо́, **кото́рое** бы́ло на столе́.

Я ви́дел сигаре́ты. Сигаре́ты бы́ли на столе́.
Я ви́дел сигаре́ты, **кото́рые** бы́ли на столе́.

кото́рый кото́рая кото́рое	кото́рые

— Каки́е газе́ты есть сего́дня?
— Есть газе́ты «Пра́вда» и «Изве́стия».
— Как называ́ется э́та газе́та?
— Э́та газе́та называ́ется «Вече́рняя Москва́».

Это стул.

Ива́н Ива́нович покупа́ет телеви́зор.

Ра́ньше он жил в Ленингра́де. Тепе́рь он живёт в Москве́.

Это газе́тный кио́ск. Здесь рабо́тает Та́ня.

ви́д-е-ть (**ви́жу, ви́дишь**) to see
слы́ш-а-ть (**слы́шу, слы́шишь**) to hear
кото́рый which, who (*relative pron.*)
стул (*pl.* **сту́лья**) chair
покупа́й + to buy, shop for
ра́ньше earlier, formerly, previously
тепе́рь now

есть there is / are
«Пра́вда» *The Truth*
«Изве́стия» *News* (*neut. pl.*)
Как называ́ется...? What is ... called?
«Вече́рняя Москва́» *Evening Moscow*
газе́тный кио́ск newsstand
Та́ня (**Татья́на**)

157

Гали́на Васи́льев-
на — пожила́я же́н-
щина.
Васи́лий Никола́-
евич — пожило́й
мужчи́на.

Ви́ктор — молодо́й
челове́к. Он сту-
де́нт. Ви́ктор и
Оле́г — молоды́е
лю́ди.

— **Почему́** Ви́ктор прихо́дит в кио́ск? — Он прихо́дит потому́, что здесь
рабо́тает Та́ня.
— **Заче́м** Ви́ктор прихо́дит в кио́ск? — Он прихо́дит покупа́ть газе́ты и жур-
на́лы.

ГРАММАТИКА И УПРАЖНЕНИЯ

10.1 The Past Tense

Сего́дня суббо́та.	Вади́м Лари́са строи́тели	не рабо́тает. (не рабо́тают.)	Вчера́, в пя́тницу,	он рабо́тал_. она́ рабо́тала. они́ рабо́тали.

The *present* tense in Russian changes form for person and number. The
past tense, however, changes only to agree with number, and, in the singular,
with the *gender* of the subject. Its forms are, therefore, more like those of a pronoun
than of a verb. The past-tense ends in **-л**, which is added to the basic form.
To this are added the same endings as are found on the third-person pronouns:

он_   рабо́та-л-_   (рабо́та(й) + л)   жи-л-_   (жи(в) + л)
он-а́   рабо́та-л-а   жи-л-а́
он-и́   рабо́та-л-и   жи́-л-и

As was the case in the formation of infinitives, a consonant must be removed
before the **-л** is added.

Сего́дня Лари́са до́ма. Вчера́ Лари́са **была́** до́ма.

You are accustomed to the fact that in the present tense the verb **быть**
is normally a zero-form. It does, however, have explicit forms in the past tense:
он был, она́ была́, оно́ бы́ло, они́ бы́ли.
Many verbs which have one-syllable stems shift the accent to the feminine
ending in the past tense: **она́ была́, она́ жила́.** If the verb **быть** is negated
in the past tense, the accent will be on the negative particle except in the
feminine form: **он не́ был, она́ не была́, оно́ не́ было, они́ не́ были.**
The past tense of verbs with the particle **-ся/-сь** is formed simply by adding
the proper variant of the particle following the gender or plural ending: Макси́м
улыба́лся. Ма́ша улыба́лась. Макси́м и Ма́ша улыба́лись.
When the subject is **я** or **ты** the gender depends on the person speaking
or being spoken to. With **вы** the verb is plural at all times.

заче́м why (what for)?   **же́нщина** woman   **мужчи́на** *m.* man (*male*)   **молоды́е лю́ди**
пожило́й elderly   **Гали́на (Га́ля)**   **молодо́й** young

— Ви́тя, где **ты был?**—Я был на заво́де.
— Та́ня, где **ты была́?**—Я была́ в магази́не.
— Анна Петро́вна, где **вы бы́ли?**—Я была́ на рабо́те.

With masculine nouns such as **па́па, де́душка, Ва́ня** the past tense form is masculine: **Де́душка** ра́ньше **жил** в дере́вне.

The interrogative pronoun **кто** always takes a masculine past tense form, **что**—a neuter form:

— Там была́ Ни́на.—**Кто** там **был?**
— В столе́ бы́ли мои́ кни́ги.—**Что** там **бы́ло?**

Упражне́ние 10.1

а. Сейча́с Та́ня чита́ет журна́л «Москва́», а вчера́ она́ *чита́ла* журна́л «Семья́ и шко́ла».

1. Мой де́душка тепе́рь не рабо́тает, а ра́ньше он ... в шко́ле. 2. Тепе́рь Оле́г живёт в Новосиби́рске, а ра́ньше он ... в Москве́. 3. Сего́дня мы смо́трим переда́чу «Москва́ и москвичи́», а вчера́ мы ... переда́чу «Мы говори́м по-англи́йски». 4. Фи́льмы у нас начина́ются в 8 часо́в, а ра́ньше они́ ... в 7 часо́в. 5. Тепе́рь переда́ча конча́ется в 3 часа́, а ра́ньше она́ ... в 4 часа́. 6. Мой па́па тепе́рь рабо́тает в институ́те, а ра́ньше он ... на заво́де.

б. Сего́дня Лари́са до́ма. Вчера́ она́ *была́* в Пари́же.

1. Сейча́с Ива́н Ива́нович до́ма. Днём он ... в гараже́. 2. Сейча́с Ма́ша и Макси́м в па́рке. Утром они́ ... в де́тском саду́. 3. Сего́дня де́душка в Москве́, а вчера́ он ... в дере́вне. 4. Сейча́с письмо́ на столе́, а ра́ньше оно́ ... на окне́. 5. Где мой журна́л? Ра́ньше он ... здесь на столе́. 6. Сейча́с Анна Петро́вна до́ма. Утром она́ ... на рабо́те.

в. — Макси́м сего́дня гуля́л в па́рке.—Кто сего́дня *гуля́л* в па́рке?

1.—Васи́лий Никола́евич ра́ньше рабо́тал в шко́ле.—Кто ра́ньше ... в шко́ле? 2.—Лари́са вчера́ была́ в Пари́же.—Кто вчера́ ... в Пари́же? 3.—Здесь ра́ньше была́ на́ша шко́ла.—Что здесь ...? 4.—Де́ти сего́дня смотре́ли телеви́зор. —Кто сего́дня ... телеви́зор? 5.—На столе́ бы́ли мои́ ша́хматы.—Что там ...?

10.2 The Accusative Case of Animate Nouns

— Кого́ вы ви́дите?—Я ви́жу **Макси́ма** и **Ни́ну.**
— Вот идёт Васи́лий Никола́евич и его́ сын Ва́ня.—Мы уже́ зна́ем **Васи́лия Никола́евича** и его́ **сы́на Ва́ню.**
— Познако́мьтесь. Это его́ **дочь.**—Я уже́ зна́ю его́ **дочь.**

Masculine *animate* nouns with zero ending in the nominative have the basic ending -A (spelled **-а/-я**) in the accusative case. Feminine nouns have the same accusative endings -У (spelled **-у/-ю**) for both animate and inanimate nouns. Feminine nouns in **-ь** have the same form in the accusative as in the nominative.

Упражнёние 10.2

а.
1. Máша смóт-рит в окнó и вúдит

2. Вúктор поку-пáет

3. Максúм хорошó знáет

4. Молодóй человéк спрáшивает ..., где живёт Ларúса.

б. *Образéц:* — Вот идёт Максúм. — *Мы ужé знáем Максúма.*

1. Вот идёт Вéра. 2. Вот идёт её дочь. 3. Вот идёт преподавáтель Максúм Ивáнович. 4. Вот идёт Василий Николáевич. 5. Вот идёт Анна Петрóвна. 6. Вот идёт Ивáн Ивáнович. 7. Вот идёт его дéдушка. 8. Вот идёт его брат. 9. Вот идёт Тáня. 10. Вот идёт её сестрá. 11. Вот идёт её мать. 12. Вот идёт её муж. 13. Вот идёт Вáня.

10.3 The Relative Adjective котóрый

Вот стрóитель, **котóрый** рабóтает в Новосибúрске.
Вот кнúга, **котóрая** былá на столé.
Вот письмó, **котóрое** бы́ло на столé.
Вот дéти, **котóрые** игрáли в пáрке.

Я вúжу сосéда, **котóрый** идёт в магазúн.
Я вúдел кнúгу, **котóрая** былá на столé.
Я вúдел письмó, **котóрое** бы́ло на столé.

A *relative adjective* introduces an adjective clause (a clause which modifies a noun). The relative adjective must agree with the noun modified in gender and number. But since it has its own function in the adjective clause, it needs not agree with the noun in *case*. In the first four examples both the noun and the relative adjectives are subjects of their own clauses. Why, in the second set of examples, is the relative adjective in a different case than is the noun it refers to?

(Note that **кто** occurs only as an *interrogative* pronoun, not as the relative pronoun 'who.')

Упражнёние 10.3

Образéц: Вот студéнтка. Онá живёт в Москвé. — *Вот студéнтка, котóрая живёт в Москвé.*

1. Вот дéти. Онú гуля́ли в пáрке. 2. Вот студéнт. Он знáет Ларúсу. 3. Вот письмó. Онó бы́ло на столé. 4. Вы знáете жéнщину? Онá смóтрит в окнó. 5. Я читáю кнúгу. Онá былá на окнé. 6. Вот журнáлы. Онú бы́ли на стýле. 7. Я вúжу дéвушку. Онá рабóтает в киóске. 8. Это наш сосéд. Он рабóтает в инститýте. 9. Я знáю мужчúну. Он читáет газéту.

160

10.4 The Verbs слу́шай +, смотр-е́-ть ~ слы́ш-а-ть, ви́д-е-ть

Макси́м **слу́шает** ра́дио и не **слы́шит,** что говори́т его́ ма́ма.
Анна Петро́вна **смо́трит** телеви́зор и не **ви́дит,** что де́лают де́ти.

While **слы́ш-а-ть** and **ви́д-е-ть** refer simply to *passive* perception, the verbs **слу́шай +** and **смотр-е́-ть** refer to *active attention* on the part of the subject.

Note that **слы́ш-а-ть** is a second-conjugation verb. It would appear from the infinitives that **слы́шать** and **слу́шать** should be of the same type, but the basic form makes it clear that they are of different types.

Упражне́ние 10.4

a. *Insert the verbs* слы́ш-а-ть *or* слу́шай + *in the correct form.*

1.— Что вы де́лаете?— ... му́зыку. 2. Ни́на ... ра́дио и не ... , что говори́т Ива́н Ива́нович. 3.— Что вы де́лаете ве́чером?— Ве́чером мы обы́чно ... ра́дио. 4. Зи́на ... му́зыку и не ..., что говоря́т её роди́тели. 5. Вы ... *(past tense),* что Лари́са расска́зывала о Пари́же?

б. *Insert the verbs* ви́д-е-ть *or* смотр-е́-ть *in the correct form.*

1. Ма́ша ... в окно́ и ... Макси́ма. 2.— Что ты де́лаешь?— ... переда́чу «Москва́ и москвичи́». 3. Оле́г чита́ет газе́ту и не ..., что де́лает его́ сын. 4. ... там дом? Это наш дом. 5.— Что де́лают де́ти?— Они́ ... фильм. 6. Кого́ ты ... вчера́ в библиоте́ке? 7. Вы ... *(past tense),* как Лари́са спеши́ла на рабо́ту? 8. Анна Петро́вна до́ма и не ... , что де́лает Макси́м в па́рке.

10.5 The Declension of Titles

Ра́ньше он покупа́л газе́ту «Изве́стия», а тепе́рь он покупа́ет газе́ту «Пра́вда».
Утром он всегда́ покупа́л «Пра́вду».

If the titles of books, films, newspapers, broadcasts, etc., are quoted, they are declined unless the word **кни́га, фильм, газе́та, переда́ча** etc., is present in the sentence.

10.6 The Soft-Stem Adjective вече́рний

Ви́ктор покупа́ет газе́ту «Вече́рняя Москва́».
Каки́е вече́рние переда́чи вы смо́трите по телеви́зору?

In previous cases where there have been "soft" endings on adjectives it has been due to spelling rules (**больши́е, де́тские, хоро́шее,** etc.). In the case of **вече́рний** the last consonant of the stem is soft and must be kept soft by writing the appropriate soft vowel letters whenever endings are added. (There are relatively few adjectives of this type.)

10.7 есть = *there is / there are*

— Каки́е газе́ты **есть** в кио́ске?
— В кио́ске есть газе́ты «Изве́стия» и «Вече́рняя Москва́».

What kind of newspapers are there at the newsstand?

Since **есть** means 'is', it often occurs in equivalents of 'there is/there are'. And since in such constructions we are questioning or affirming the existence or presence of something, the **есть** will normally be present, even if there is reference to quality, quantity, etc. (Note that this 'there' is *not* an adverb of place, but is an "empty" word, similar to the "empty *it*". Therefore it has no equivalent in the Russian sentence.)

Note that there are a number of equivalents of 'There is/are...':
1. Pointing out something: Вот на́ша у́лица. *There's our street.*
2. Empty phrase used with verb form in '*-ing*': Сейча́с начина́ется интере́сная переда́ча. *There's an interesting program starting now.*
3. Expressing existence: Каки́е газе́ты есть сего́дня в кио́ске? *What newspapers are there at the newsstand today?*

10.8 Adjectives Derived from Nouns

В воскресе́нье быва́ют хоро́шие **де́тские** переда́чи.
Я смотрю́ в окно́ и ви́жу **газе́тный** кио́ск.
Я там покупа́ю газе́ту «**Вече́рняя** Москва́».

In English we do not usually make distinctions in the *form* of a word to indicate its function. To turn a noun into an adjective we simply place it before another noun: '*newspaper stand*', "*Evening Moscow*". In Russian a formal distinction is made between parts of speech. The most common adjective-forming suffixes are **-н-** and **-ск-**: газе́т-а—газе́т-н-ый, ве́чер-_—вече́р-н-ий, де́т-и—де́т-ск-ий.

10.9 Notes on Individual Words

зачем means 'why' when referring to the *goal* or *aim* of an action; **почему́** means 'why' when referring to the *reason* for an action or state:
— Заче́м Анто́н Никола́евич идёт в кио́ск?—Он идёт в кио́ск купи́ть журна́л «Москва́».
— Почему́ Лари́са сего́дня до́ма?—Она́ до́ма, потому́ что она́ сего́дня отдыха́ет.

молодо́й—never used of children; use instead **ма́ленький (ма́ленькие де́ти)**
молодо́й челове́к—young man
молоды́е лю́ди—young people/young men

Молодо́й челове́к and **де́вушка** are commonly used in addressing sales persons, in asking help from strangers, etc., as long as the age of the person addressed is suitable.

называ́й + ся: Как называ́ется/называ́ются...?—This verb is used only with things. **Как (вас) зову́т?** is used only of people.

пожило́й—elderly (used of people only, more polite than **ста́рый**).

«**Изве́стия Сове́тов Наро́дных Депута́тов СССР**» (*News*)
The central newspaper published by the Presidium of the Supreme Soviet of the U.S.S.R. (Note that this is a *neuter plural* form.)

«**Пра́вда**» (*The Truth*)—organ of the Central Committee of the Communist Party of the Soviet Union.

тепе́рь means 'now' when a comparison is made with a previous state of affairs or when a transition from one action to another is indicated; **сейча́с** means simply 'now', 'at this time'.

челове́к — 'man', 'person', while мужчи́на — 'man (male)'. But the word combination молодо́й челове́к refers to a young male (the counterpart of де́вушка). As in English, the plural of челове́к has a different root — лю́ди.

Наш газе́тный кио́ск

Я смотрю́ в окно́ и ви́жу газе́тный кио́ск. В кио́ске рабо́тает пожила́я же́нщина — Гали́на Васи́льевна. А ра́ньше здесь рабо́тала Та́ня, симпати́чная молода́я де́вушка. И все молоды́е лю́ди, кото́рые живу́т недалеко́, приходи́ли сюда́, покупа́ли газе́ты и журна́лы то́лько здесь. Они́ покупа́ли газе́ты «Пра́вда», «Изве́стия», «Комсомо́льская пра́вда», «Вече́рняя Москва́», «Сове́тский спорт», журна́лы «Сове́тский Сою́з», «Москва́», «Октя́брь», «Ша́хматы в СССР».

Вади́м, кото́рый живёт в кварти́ре № 7, ви́дел Та́ню и у́тром и ве́чером. Вади́м выпи́сывает газе́ты «Комсомо́льская пра́вда» и «Сове́тский спорт». Но у́тром он покупа́л в на́шем кио́ске газе́ты «Пра́вда» и «Моско́вская пра́вда», а ве́чером газе́ты «Изве́стия» и «Вече́рняя Москва́».

Вади́м не игра́ет в ша́хматы, но он покупа́л журна́л «Ша́хматы в СССР». А Ви́ктор — студе́нт, кото́рый живёт в кварти́ре № 10, не то́лько покупа́л в кио́ске газе́ты и журна́лы, но и проводи́л здесь свобо́дное вре́мя. Он покупа́л журна́лы «Москва́», «Октя́брь», «Сове́тский Сою́з» и да́же журна́лы «Семья́ и шко́ла» и «Сове́тская же́нщина».

А сейча́с я ви́жу в кио́ске Гали́ну Васи́льевну, кото́рая скуча́ет, и Ви́ктора, кото́рый идёт ми́мо и ничего́ не покупа́ет, да́же «Сове́тский спорт».

Где же на́ша Та́ня?

Note on capitalization:

The current practice is to capitalize only the first word in most titles and names (other than personal names, of course): «Комсомо́льская пра́вда», «Сове́тский спорт». Place names or personal names occurring within titles are, of course, capitalized: «Вече́рняя Москва́». But note that in Сове́тский Сою́з both words are capitalized.

все all (of) (*modifier*)
сюда́ here (*dir.*)
сове́тский Soviet
  Сове́тский Сою́з Soviet Union
спорт sport(s) (*sing. only!*)
октя́брь *m.* October (*not capitalized unless the 'Great October Socialist Revolution' is implied*)
СССР ([esesesér]) U.S.S.R.
выпи́сывай + газе́ты to subscribe to newspapers
моско́вский of Moscow, Muscovite
не то́лько..., но и... not only..., but also...
провод-и́-ть (провожу́, прово́дишь) свобо́дное вре́мя to spend free time
  (вре́мя *neut.!*)
да́же even
скуча́й + to be bored
ми́мо past, by

ничего́ (не) ([n'ičivó]) nothing, not...anything
комсомо́льский of the Комсомо́л (Young Communist League)
газе́ты: «Пра́вда»
    «Изве́стия»
    «Комсомо́льская пра́вда» (*organ of the Central Committee of the Young Communist League*)
    «Вече́рняя Москва́»
    «Сове́тский спорт»
    «Моско́вская пра́вда»
журна́лы: «Сове́тский Сою́з»
    «Москва́»
    «Октя́брь»
    «Ша́хматы в СССР»
    «Семья́ и шко́ла»
    «Сове́тская же́нщина»

ДАВАЙТЕ ПОГОВОРИМ:

— Та́нечка, здра́вствуйте! Как живёте?
— Спаси́бо, хорошо́. Вот ваш «Сове́тский спорт» и «Вече́рняя Москва́».
— Спаси́бо. А что вы де́лаете сего́дня ве́чером?
— Ве́чером я до́ма. Сего́дня по телеви́зору интере́сный фильм.

— Молодо́й челове́к, вы не зна́ете, где здесь газе́тный кио́ск?
— Ви́дите, там метро́? Недалеко́ газе́тный кио́ск.
— Спаси́бо.
— Пожа́луйста.

— Де́вушка, у вас есть «Вече́рняя Москва́»?
— Есть.
— А «Изве́стия»?
— То́же есть.
— А «Москва́»?
— Пожа́луйста.

— «Пра́вду» и «Сове́тский спорт».
— Пожа́луйста, что ещё?
— Бо́льше ничего́, спаси́бо.

— Каки́е журна́лы у вас есть?
— «Москва́», «Сове́тский Сою́з», «Ша́хматы в СССР», «Семья́ и шко́ла».
— «Сове́тский Сою́з» и «Ша́хматы в СССР», пожа́луйста.
— Что ещё?
— Спаси́бо, бо́льше ничего́.

— Лари́са, что вы де́лаете сего́дня ве́чером?
— Ве́чером я на рабо́те.
— Жаль, у меня́ есть биле́ты в кино́.
— А како́й фильм?
— «Га́млет».
— О, э́то о́чень хоро́ший фильм! О́чень жаль.

— Вади́м, заче́м приходи́л сюда́ Ми́ша вчера́ ве́чером?
— Он приходи́л игра́ть в ша́хматы.

Упражне́ния

10.10 — Ма́ша вчера́ ве́чером *чита́ла*?
— Нет, но сего́дня у́тром она́ *чита́ет*.

(смотре́ть телеви́зор, слу́шать ра́дио, чита́ть по-англи́йски, рабо́тать)

10.11 — А вот идёт *Макси́м*.
— Ты зна́ешь *Макси́ма*?
— Зна́ю о́чень хорошо́. Он живёт недалеко́.

(Ни́на, Оле́г, Ма́ша, Ве́ра, Вади́м)

10.12 — Вы не зна́ете, *Анна Петро́вна* сейча́с здесь?
— Не зна́ю, я ви́дел *её* у́тром.

(Ива́н Ива́нович, Лари́са, Васи́лий Никола́евич, Оле́г, Ве́ра, Ни́на)

сего́дня ве́чером this evening, tonight
что ещё what else?
бо́льше ничего́ nothing more
жаль that's a pity/too bad, I'm sorry
кино́ (*indecl.*) movies (*cinema art or movie theater*)

биле́т *куда́* ticket
биле́ты в кино́
«Га́млет» *Hamlet*
вчера́ ве́чером yesterday evening, last night

10.13 — У вас есть «*Комсомо́льская пра́вда*»?
— Пожа́луйста, что ещё?
— Бо́льше ничего́, спаси́бо.

(«Вече́рняя Москва́», «Сове́тский спорт», «Семья́ и шко́ла», «Сове́тский Сою́з»)

10.14 а. Спроси́те Та́ню, Ни́ну, Ви́ктора, Макси́ма, как они́ живу́т.
— *Та́ня, как ты живёшь?*

б. Спроси́те Ива́на Ива́новича, Анто́на Никола́евича, Ни́ну Петро́вну, как они́ живу́т.
— *Ива́н Ива́нович, как вы живёте?*

10.15 Спроси́те, каки́е журна́лы есть в кио́ске.
Спроси́те, каки́е газе́ты есть в кио́ске.

10.16 В кио́ске рабо́тает Га́ля, кото́рая живёт в кварти́ре № 7. Вы её сосе́д. Сейча́с вы покупа́ете газе́ты:
— *Здра́вствуй, Га́ля!*... (продолжа́йте)

10.17 а. — Ле́на, что ты де́лаешь сего́дня ве́чером?
— ... .
— Жаль, ...
— А како́й фильм?
— ... .
— О, э́то о́чень хоро́ший фильм. Очень жаль.

(ве́чером я в институ́те, на рабо́те; у меня́ есть биле́ты в кино́; «Анна Каре́нина», «Дя́дя Ва́ня»)

б. — Анто́н, что ты де́лаешь сего́дня ве́чером?
— ... .
— А у нас в кино́ о́чень хоро́ший фильм.
— ... .
— Есть. Идём, да?
— ... .

(Ничего́; А биле́ты есть?; С удово́льствием)

10.18 1. Каки́е газе́ты вы чита́ете? Каки́е журна́лы? Вы их покупа́ете в кио́ске и́ли выпи́сываете? Где вы покупа́ете газе́ты и журна́лы? Каки́е газе́ты чита́ют ва́ши роди́тели (ваш брат, ва́ша сестра́)?
2. Где вы живёте? Где вы жи́ли ра́ньше? Где рабо́тает ваш оте́ц (ва́ша ма́ма)? Где он (она́) рабо́тал (рабо́тала) ра́ньше?
3. Как вы обы́чно прово́дите свобо́дное вре́мя?

10.19 Word Study

Васи́льевич / Васи́льевна — *Note that in most patronymics formed from names in* -**ий** *the* -**и**- *becomes a soft sign:* Васи́лий → Васи́льевич.

вчера́ — ве́чер
выпи́сывай + — письмо́; вы́ход, выступа́й +
де́сять — de**c**ade, de**ci**mal

жаль — пожа́луйста
зачéм — что, почемý
кинó — cinema
комсомóльский — Коммунисти́ческий Сою́з Молодёжи (cf. молодóй)
называ́й + ся — зовýт
пожилóй — жил
слы́ш-а-ть — слýшай +

Нóвые словá и выражéния

билéт *кудá*
бóльше ничегó
быть
вечéрний
вéчером: сегóдня / вчерá вéчером
ви́д-е-ть
врéмя
все
вчерá
выпи́сывай +
газéтный
да: (Идём), да?
дáже
дéсять, деся́тый

есть: Каки́е газéты есть сегóдня?
ещё: Что ещё?
жаль
жéнщина
зачéм
извéстия
кинó
киóск
комсомóльский
котóрый
ми́мо
молодóй
    молодóй человéк, молоды́е лю́ди
москóвский

мужчи́на
называ́й + ся: Как называ́ется / называ́ют-ся...?
ничегó (не)
октя́брь
пожилóй
покупáй +
прáвда
провод-и́-ть (свобóдное врéмя)
рáньше
свобóдный: свобóдное врéмя
слы́ш-а-ть
совéтский

сою́з: Совéтский Сою́з
спорт
СССР
стул
сюдá
тепéрь
тóлько: не тóлько..., но и...
человéк
что ещё?

Васи́льевич / Васи́льевна
Гали́на (Гáля)
Татья́на (Тáня; Тáнечка)

УРОК-ПОВТОРЕНИЕ II (УРОКИ 6-10)

Nouns

You now know the accusative case of *animate* nouns in the singular:
Это Макси́м и Ва́ня. Вы хорошо́ зна́ете **Макси́ма и Ва́ню**. -А (spelled **-а / -я**)
Это Ма́ша. Вы хорошо́ зна́ете **Ма́шу**. -У (spelled **-у / -ю**)
Among the new nouns you know, the following are indeclinable: **кино́, метро́, такси́**. The following nouns are used only in the plural: **заня́тия, лю́ди, ша́хматы**. The noun **вре́мя** is neuter. The noun **ва́нная** is an adjective in form.
You know the familiar forms of many names: **Ива́н — Ва́ня, Анна — Аня**.
Surnames change form to agree with the person(s) referred to: Макси́м Петро́в, Ни́на Петро́ва, Макси́м и Ни́на Петро́вы.
You know that the titles of newspapers, books, films, etc., are declined unless preceded by the word **кни́га, фильм** etc.: Я чита́ю «Пра́вду». Я чита́ю газе́ту «Пра́вда».
You have encountered the use of emotive-expressive ("diminutive") suffixes: Ма́шенька, ма́ленький, Та́нечка.

Pronouns

You know the accusative case of personal and interrogative pronouns and the forms of pronouns used with the preposition **у**:

Nominative	*Accusative*	*With* **у** (*Genitive*)
я	меня́	у меня́
ты	тебя́	у тебя́
он, оно́	его́	у него́
она́	её	у неё
мы	нас	у нас
вы	вас	у вас
они́	их	у них
кто	кого́	у кого́
что	что	

You are acquainted with the use of the genitive forms with **у** in conversational speech as replacements for the possessive modifiers: Это **моя́** ко́мната. **У меня́** в ко́мнате большо́й стол. (= **В мое́й** ко́мнате...)
You know various equivalents of the English 'it':
The unchanging pronoun **э́то**: — Что э́то? — Это стол. — Чей э́то стол? — Это мой стол.
The replacer pronouns **он, она́, оно́, они́**: Где твой портфе́ль? — Он на столе́.
The "empty *it*" has no equivalent in the Russian sentence: **Сейча́с 8 часо́в.**

Modifiers

You know the nominative case endings, singular and plural, for adjectives, including the soft-stem adjective **вече́рний**. Remember the importance of the spelling rules, particularly when adding adjective endings.

он (-ЫЙ, -ОЙ)	**она́ (-АЯ)**	**оно́ (-ОЕ)**	**они́ (-ЫЕ)**
(spelled **-ый, -ий, -ой**)	(spelled **-ая, -яя**)	(spelled **-ое, -ее**)	(spelled **-ые, -ие**)
но́вый (второ́й)	но́вая	но́вое	но́вые
вече́рний	вече́рняя	вече́рнее	вече́рние
ма́ленький	ма́ленькая	ма́ленькое	ма́ленькие
большо́й	больша́я	большо́е	больши́е
горя́чий	горя́чая	горя́чее	горя́чие

You are acquainted with adjectives derived from nouns: газе́тный, вече́рний, де́тский.
You are acquainted with the relative adjective **кото́рый**, which is used in complex sentences: Мы ви́дим де́вушку, **кото́рая** живёт в кварти́ре № 6.

You know the short-form adjective **прав**: Ты не **прав**, Макси́м. Ты не **права́**, Ни́на. Вы не **пра́вы**, Ива́н Ива́нович.

You are acquainted with the use of a plural modifier with two or more singular nouns: Это **мои́** де́душка и ба́бушка.

Verbs

The past tense of verbs agrees not with person but with gender and number:

говор-и́-ть: говори́л, говори́ла, говори́ли
де́лай + : де́лал, де́лала, де́лали
жив-у́т: жил, жила́, жи́ли
быть: был, была́, бы́ли

Verbs with accent shift in the present tense: **смотр-ѐ-ть**: смотрю́, смо́трят.

Verbs with consonant mutation in the **я**-form (in the first person singular form) of the present tense:

провод-и́-ть: провожу́, прово́дят
приход-и́-ть: прихожу́, прихо́дят
ви́д-е-ть: ви́жу, ви́дят

You know that some intransitive verbs have the particle -**ся**: **улыба́й + ся, начина́й + ся, конча́й + ся**. Distinguish carefully between transitive and intransitive verbs:

Профе́ссор **начина́ет** ле́кцию в 9 часо́в.
Ле́кция **начина́ется** в 9 часо́в.

You know the use of the "going verbs" **ид-у́т, е́д-ут**: Е́дут маши́ны, **иду́т** лю́ди. Па́па **е́дет** домо́й **на** автобусе, а ма́ма **идёт пешко́м**. Remember that приход-и́-ть cannot be used of motion in progress; instead we say Вот **идёт** / **е́дет** Ма́ша.

You know that an action which began in the past and continues into the present is expressed in the present tense: Вы уже́ **давно́ зна́ете** Макси́ма.

You know that after certain verbs one uses an infinitive: хо́чет, приходи́ть, начина́ть, конча́ть + игра́ть, etc.

You know how to change familiar commands into polite, and vice versa: Пе́тя, **скажи́**, что́ э́то тако́е? Анна Петро́вна, **скажи́те**, что́ э́то тако́е?

Есть Used to Express Possession and as the Equivalent of *there is* / *there are*

1. Possession: Used with **у** + genitive case. The **есть** is omitted if stress is not on possession itself: У нас **есть** кварти́ра. У нас **больша́я** кварти́ра.
2. 'there is / there are':—В Новосиби́рске **есть** университе́т?—Да, **есть**. Каки́е газе́ты **есть** в кио́ске?
   You know when **есть** is *not* used:
   In referring to the quality of something already known to exist:—У вас но́вая маши́на?—Да, но́вая.
   In referring to the location of something already known to exist:—Что на столе́?—На столе́ письмо́.
   In sentences whose English equivalents begin with the "empty" construction 'there is / are' used with a verb form in -'ing': Сего́дня в кио́ске рабо́тает молода́я де́вушка. 'Today there's a young girl working at the newsstand.'

Directional Constructions vs. Locational Constructions

You know how to distinguish between direction and location constructions by using the adverbs **куда́ / где, сюда́ / здесь** and the accusative / prepositional cases:

— Куда́ вы идёте?—Я иду́ **в университе́т на ле́кцию**.
— Ва́ня уже́ **здесь**?—Нет, вот он сейча́с идёт **сюда́**.
— Где вы рабо́таете?—Я рабо́таю **в шко́ле**.
— Я спешу́ **на рабо́ту в библиоте́ку**.

The Generalizing Particle ни-

Complete sentences containing words with the particle **ни**- (**нигде́, никогда́, никто́, никуда́, ничего́** etc.) must contain the negative particle **не**: Я сего́дня **никуда́ не** иду́, я отдыха́ю.

Time Expressions

You know the time expressions: telling time and telling at what time something happens / happened: Сейча́с **семь часо́в.** Анто́н Никола́евич обы́чно прихо́дит **в во́семь часо́в.** Days of the week and telling on what day something happens / happened: Сего́дня **суббо́та.** Обы́чно **в суббо́ту** прихо́дит Анто́н Никола́евич.

You know that the names of days and months are not capitalized.

You know the expressions сего́дня ве́чером, вчера́ ве́чером.

Word Order, Answering Questions

In neutral statements, particularly in written form, the new information is put at the end of the sentence:

— Что на столе́? — На столе́ **письмо́.**
— Где письмо́? — Письмо́ **на столе́.**
— Что вы де́лаете ве́чером? — Ве́чером **мы отдыха́ем.**

In questions without an interrogative word the location of the intonation shift (IC-3) will indicate the answer required:

— Вы идёте домо́й³? — Да, домо́й. (— Нет, в библиоте́ку.)
— Вы идёте в кино́³? — Да, иду́. (— Нет, не иду́.)

When the whole sentence consists of new information, the subject will normally be at the end:
В суббо́ту в во́семь часо́в прихо́дит их **де́душка.**

Prepositions

You know the use of the prepositions **в / на:** в столе́, **на** столе́, в шко́ле, **на** заво́де, **на** уро́ке.

Complex Sentences

You know the complex sentence structures:
Когда́ по телеви́зору выступа́ет наш сосе́д, мы все смо́трим переда́чу.
Я ви́жу Ви́ктора, **кото́рый** живёт в кварти́ре № 8.

Conversational Expressions

To express uncertainty Russians say: **наве́рно, мо́жет быть.**
When Russians are in agreement with someone, they say: **Вы пра́вы.**
Russians express disagreement with: **Вы не пра́вы.**
Russians accept an invitation: **С удово́льствием.**
Russians express regret: **Очень жаль.**
Russians greet people and take leave: **Здра́вствуй,** Ни́на. **Здра́вствуйте,** Анна Петро́вна. **До свида́ния.**
Russians apologize and respond to an apology: — **Прости́(те)!** — **Пожа́луйста.**
Russians identify themselves on the telephone: — **Это говори́т** Лари́са.
Russians draw conclusions: Ива́н Ива́нович и Анто́н Никола́евич игра́ют в ша́хматы. **Зна́чит,** они́ не смо́трят переда́чу.
Russians express delight:
— Вот моя́ маши́на. Я е́ду в центр. Пое́дем вме́сте. — **Вот хорошо́!**
Russians express disagreement with a comment:
— В дере́вне тепе́рь о́чень хорошо́.
— **Всё равно́** в Москве́ лу́чше.

УПРАЖНЕ́НИЯ

1. *Образе́ц:* Вот Ма́шенька. — *Вы, наве́рно, уже́ зна́ете Ма́шеньку.*

1. Вот его́ де́душка. 2. Вот Анто́н Бори́сович. 3. Вот его́ дочь. 4. Вот Бо́ря. 5. Вот Макси́м и Ни́на. 6. Вот Васи́лий Никола́евич. 7. Вот Мари́я Влади́мировна. 8. Вот Пе́тя. 9. Вот его́ ма́ма. 10. Вот Зинаи́да Васи́льевна.

2. *Supply the necessary adjective endings.*

1. Как... краси́в... но́в... у́лица! 2. Как... серьёзн... де́ти! 3. Как... хо́лодн... день! 4. Как... ста́р... пальто́! 5. Как... вече́рн... газе́ты у вас есть? 6. Окна у нас о́чень больш... . 7. Кварти́ра у неё ма́леньк..., но хоро́ш... . 8. У вас есть де́тск... руба́шки? 9. У них есть и горя́ч... и хо́лодн... вода́. 10. Это не пе́рв... уро́к, а втор... . 11. Где моя́ ру́сск... газе́та? 12. Это о́чень хоро́ш... францу́зск... сигаре́ты. 13. Это восьм... и́ли девя́т... дом?

3. *Change the following sentences into past tense.*

1. Лари́са в Пари́же. 2. Оле́г живёт в Новосиби́рске. 3. Макси́м всегда́ улыба́ется. 4. Ма́ма отдыха́ет в до́ме о́тдыха. 5. Пассажи́р расска́зывает о Пари́же. 6. Ма́шенька с удово́льствием пока́зывает кварти́ру. 7. Ни́на изуча́ет англи́йский язы́к. 8. Переда́ча начина́ется в 10 часо́в. 9. Каки́е газе́ты есть в кио́ске? 10. Ты меня́ не слы́шишь? 11. Макси́м не ви́дит ма́му. 12. Мы смо́трим переда́чу «Вре́мя». 13. Заня́тия всегда́ конча́ются в 4 часа́. 14. Мы счита́ем, что э́то хоро́ший фильм. 15. Зи́на живёт в Москве́. 16. Мы обе́даем до́ма. 17. Вади́м выпи́сывает «Пра́вду». 18. Макси́м прово́дит свобо́дное вре́мя в па́рке.

4. *Complete the sentences with the proper forms of words given in parentheses.*

1. Лари́са сейча́с спеши́т на ... (рабо́та). 2. Ива́н Ива́нович рабо́тает в ... (гара́ж). 3. Ви́ктор сего́дня опа́здывает на ... (ле́кция). 4. Макси́м сего́дня идёт в ... (де́тский сад) пешко́м. 5. Мари́я Влади́мировна е́дет в ... (библиоте́ка) на метро́. 6. Бори́с Петро́вич рабо́тает на ... (заво́д). 7. Сего́дня в ... (кио́ск) не Та́ня, а пожила́я же́нщина. 8. Макси́м сейча́с гуля́ет в ... (парк). 9. Анна Петро́вна спеши́т на ... (рабо́та) в ... (шко́ла). 10. Де́душка живёт в ... (дере́вня).

5. *Complete the sentences.*

Образе́ц: Где Макси́м? Моя́ кни́га *у него́.*

1. Где де́ти? На́ши ша́хматы ... . 2. Где Анна Петро́вна? Моё пальто́ ... . 3. Где Ива́н Ива́нович? Твоя́ газе́та ... . 4. Где Ива́н Васи́льевич? Ва́ши сигаре́ты ... . 5. Где Макси́м и Ни́на? Мой портфе́ль ... . 6. Где Анто́н Никола́евич? Ваш журна́л ... . 7. Где Ко́ля? Ва́ша кни́га ... . 8. Где Ни́на? Ва́ши стихи́ ... .

6. *Add* есть *where needed in the following sentences.*

1.— У вас ... маши́на? — Да, есть. 2.— У кого́ ... моя́ газе́та? 3.— У кого́ ... ру́сский журна́л? — У нас есть. 4. У них в ку́хне ... горя́чая вода́? 5.— У тебя́ ... но́вая руба́шка? — Нет, она́ уже́ ста́рая. 6.— У вас ... большо́й сад? — Нет, ма́ленький. 7. Ваш портфе́ль сейча́с ... у меня́ в ко́мнате. 8.— У вас ... де́ти? — Да, ... оди́н сын.

7. *Give long answers to the questions, using the numerals given in parentheses.*

1. Кото́рый сейча́с час? (2) 2. Когда́ обы́чно прихо́дит Га́ля? (10) 3. Во ско́лько начина́ется фильм? (1) 4. Ско́лько сейча́с вре́мени? (8) 5. Когда́

Лари́са начина́ет рабо́тать? (9) 6. Ско́лько сейча́с вре́мени? (3) 7. Когда́ конча́ется уро́к? (4) 8. Когда́ начина́ется переда́ча? (6) 9. Когда́ Ива́н Ива́нович прихо́дит домо́й? (7)

8. *Complete the sentences with the proper forms of* кото́рый.

1. Вот иду́т де́ти, ... живу́т в кварти́ре № 10. 2. Вы уже́ зна́ете де́вушку, ... рабо́тает в кио́ске? 3. Вади́м расска́зывает о фи́льме, ... мы вчера́ ви́дели вме́сте. 4. Вы слы́шали о преподава́теле, ... живёт в на́шем до́ме? 5. Где журна́л, ... я вчера́ чита́л? 6. Вот идёт шофёр, ... живёт в кварти́ре № 9. 7. Где сигаре́ты, ... бы́ли у меня́ на столе́? 8. Вот де́вушка, ... рабо́тает в институ́те. 9. Это наш сосе́д, ... вчера́ выступа́л по телеви́зору.

9. *Insert the proper forms of* ви́д-е-ть *or* смотр-е́-ть.

1. Макси́м и Ни́на сейча́с ... переда́чу по телеви́зору. 2. Анна Петро́вна ... в окно́ и ... Макси́ма на у́лице. 3. Это о́чень хоро́ший фильм. Вы его́ уже́ ... ? 4. Я ... наш газе́тный кио́ск, но я не ... Та́ню. 5. Кого́ ты ..., когда́ ты был в магази́не?

Insert the proper forms of слы́ш-а-ть *or* слу́ш-ай +.

6. Макси́м ... переда́чу по ра́дио и не ... , что́ говори́т его́ сестра́ Ни́на. 7. Вы ..., что Оле́г тепе́рь рабо́тает в Новосиби́рске? 8. Что вы ... об э́том фи́льме? 9. Ве́чером мы обы́чно ... му́зыку по ра́дио. 10. Ни́на далеко́ и не ... , что́ мы говори́м.

Я уже́ чита́л э́ту кни́гу.

Здесь **говоря́т** то́лько по-ру́сски.

— **Ско́лько вре́мени** Анто́н чита́л журна́л? — **Два часа́.**

— Вы **до́лго** чита́ли э́ту кни́гу? — Нет, **недо́лго**, то́лько **пять часо́в.**

— Вы **давно́** чита́ете э́ту кни́гу? — Нет, я на́чал её чита́ть то́лько вчера́.

Он **чита́л** журна́л два часа́. Сейча́с он уже́ **прочита́л** журна́л.

Фоне́тика:

Read pp. 20-21 concerning the vigorous Russian [у].

Слу́шайте и повторя́йте!

я ... ю ... ё ... е ... е́ду ... есть ... моя́ ... твоя́ ... мою́ ... твою́ ... моё ... твоё ... мой ... твой ... домо́й ... друго́й ... како́й ... трамва́й

чей ... чья ... чью ... чьё ... семья́ ... семью́ ... о семье́ ... Нью-Йо́рк

Интона́ция:

Read p. 45 concerning the variant of IC-2 used in salutations and when addressing a person by name.

Слу́шайте и повторя́йте!

Здра́вствуй! ... Здра́вствуйте! ... До свида́ния! ... Прости́те! ... Спаси́бо!

Ни́на, / здра́вствуй! ... Анна Петро́вна, / здра́вствуйте!

Вот идёт мой брат. Вы, наве́рно, зна́ете **моего́** бра́та.

мой_ дом	мо**его́** сы́на	мо**ю́** сестру́, кни́гу	моё письмо́
твой_ дом	тво**его́** сы́на	тво**ю́** сестру́, кни́гу	твоё письмо́
его́ дом	его́ сы́на	его́ сестру́, кни́гу	его́ письмо́
её дом	её сы́на	её сестру́, кни́гу	её письмо́
наш_ дом	на**ше**го сы́на	на**шу** сестру́, кни́гу	на**ше** письмо́
ваш_ дом	ва**ше**го сы́на	ва**шу** сестру́, кни́гу	ва**ше** письмо́
их дом	их сы́на	их сестру́, кни́гу	их письмо́
э́тот дом	э́т**ого** сы́на	э́ту сестру́, кни́гу	э́то письмо́
оди́н_ дом	одн**ого** сы́на	одну́ сестру́, кни́гу	одно́ письмо́
весь дом		всю кни́гу	всё письмо́

оди́ннадцать, оди́ннадцатый   од(и́)н, одна́, одно́, одни́

э́тот, э́та, э́то, э́ти   в(е)сь, вся, всё, все

Ви́ктор чита́л кни́гу **два часа́**. **Ско́лько вре́мени** он чита́л?

 Ви́ктор **чита́л** кни́гу два часа́. Сейча́с он **прочита́л** кни́гу.

— Вы **до́лго** чита́ли э́ту кни́гу?
— Нет, **недо́лго**, то́лько **пять часо́в**.
— Вы **давно́** чита́ете э́ту кни́гу?
— Нет, я на́чал её чита́ть то́лько вчера́.

Ско́лько вре́мени? (Как до́лго?)	1 (оди́н) час, год 1 (одну́) мину́ту 2 (два), 3, 4 часа́, го́да 2 (две), 3, 4 мину́ты 5, 6... часо́в, мину́т, лет весь ве́чер всю суббо́ту до́лго

Imperfective Aspect	Perfective Aspect
чита́ть	прочита́ть
стро́ить	постро́ить
де́лать	сде́лать
расска́зывать	рассказа́ть
пока́зывать	показа́ть
начина́ть	нача́ть

Это теа́тр. Этот теа́тр **стро́или** год.

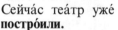

Сейча́с теа́тр уже́ **постро́или.**

Это кафе́.

Академгородо́к стои́т в лесу́.

Анна Петро́вна рабо́тает в шко́ле, а Ни́на у́чится в шко́ле.

ско́лько вре́мени (for) how long
чита́й + / прочита́й +
до́лго / недо́лго (for) a long time
начина́й + / нача́ть (на́чал, начала́, на́чали)
год (5 лет) year
мину́та
две f. two
ве́чер
стро́-и-ть / по- to build
де́лай + / с-

расска́зывай + / расска́з-а-ть
пока́зывай + / показ-а́-ть
теа́тр
кафе́ (indecl.)
Академгород(о́)к
сто-я́-ть to stand (be standing)
  стою́, стои́шь
лес: в лесу́
уч-и́-ть-ся где, как to study (be a student / pupil)
  учу́сь, у́чишься

Это совреме́нный го́род. А э́то стари́нный го́род.

Ра́ньше Оле́г до́лго жил в Москве́. Но тепе́рь он уже́ давно́ живёт в Новосиби́рске и ре́дко быва́ет в Москве́.

Я ча́сто быва́ю в библиоте́ке — я ведь провожу́ там всё свобо́дное вре́мя.

ГРАММАТИКА И УПРАЖНЕНИЯ

11.1 The "Special Modifier" э́тот, э́та, э́то, э́ти

Э́то мой портфе́ль.	*This is* my briefcase.	**Э́тот** портфе́ль мой.	*This* briefcase is
Э́то моя́ кни́га.		**Э́та** кни́га моя́.	mine.
Э́то моё пальто́.		**Э́то** пальто́ моё.	
Э́то мои́ сигаре́ты.		**Э́ти** сигаре́ты мои́.	

Э́тот is a modifier meaning 'this/that', and must agree in gender, number and case with the word modified. It has the same endings as the third-person pronouns. (The masculine form has a syllable **-от** which does not occur in other forms.)

The *unchanging* form **э́то** which you already know is not a modifier, but a pronoun, which stands *in place* of a noun or whole idea. **Э́тот** can be used only as a direct modifier of some noun in the sentence (or in the immediate context):

> Э́то мой портфе́ль.
> — Э́тот портфе́ль мой. — Вот э́тот?

Remember that in the expressions **Чей э́то стол?** and **Како́й э́то стол?** the unchanging form is used rather than the modifier.

(The term "*special modifier*" is used to include the possessive modifiers and a number of other modifiers which have noun-like endings in the nominative and accusative cases, adjective-like endings in other cases.)

Упражне́ние 11.1. *Supply the necessary forms of* э́тот *or the unchanging form* э́то.

1. ... мои́ кни́ги. А ... кни́ги твои́. 2. ... наш студе́нт. ... студе́нт изуча́ет испа́нский язы́к. 3. — Чьи ... де́ти? — ... мои́ де́ти. 4. ... не моё пальто́. ... пальто́ о́чень ста́рое. 5. — Каки́е ... у вас журна́лы? — ... ру́сские журна́лы. 6. ... го́род о́чень краси́вый и совреме́нный. А ... о́чень ста́рый го́род. 7. — Чьё ... письмо́? — ... твоё письмо́. 8. ... га́лстук некраси́вый, а вот ... га́лстук о́чень краси́вый. 9. — Чья ... маши́на? — ... моя́ но́вая маши́на.

совреме́нный contemporary, modern
стари́нный ancient
ре́дко seldom, rarely

ча́сто ≠ ре́дко
быва́й+ to visit, frequent

174

11.2 The Special Modifiers один, весь

У него то́лько **оди́н** портфе́ль, **одна́** кни́га и **одно́** письмо́.
Мы рабо́тали **весь** э́тот ве́чер (**всю** э́ту суббо́ту, **всё** э́то воскресе́нье, **все** э́ти дни).
Здесь покупа́ли газе́ты и журна́лы **все** молоды́е лю́ди, кото́рые живу́т недалеко́.
Всё равно́ лу́чше жить в дере́вне.

Note that **весь** has **-е-** in endings where other special modifiers you know have **-и-**.

он-_	э́тот-_	од(и́)н-_	в(е)сь-_
он-а́	э́т-а	одн-а́	вс-я
он-о́	э́т-о	одн-о́	вс-ё
он-и́	э́т-и	одн-и́	вс-е

You already know the plural form **все** = 'everybody', 'all' (the noun **лю́ди** is understood) and the neuter form **всё** = 'everything', 'all'.
Note the proper word order of **все** when used with nouns and pronouns:

Все сосе́ди смотре́ли переда́чу.
Мы **все** смотре́ли переда́чу.

11.3 The Accusative Case of Special Modifiers

Мы уже́ ви́дели | **ваш** дом.
твою́ кварти́ру.
э́то кафе́.
все э́ти дома́.

Мы уже́ зна́ем | **э́того** студе́нта.
э́ту студе́нтку.

When used with *masculine inanimate*, feminine or neuter singular nouns and with any plural *inanimate* noun, special modifiers take the same endings in the accusative as are taken by nouns.

When used with *masculine animate* nouns the basic ending is **-ОГО** (spelled **-ого**/**-его**, pronounced [v] where **г** is written). If the *endings* of the modifier are accented, the accent will be on the *last* syllable of the ending: **моего́, твоего́, одного́, всего́, чьсго́.**

Упражне́ние 11.2-3. *Supply the correct form of the modifiers given in parentheses. Be particularly careful of the location of the accents.*

1. Вы уже́ зна́ете (наш) учи́тельницу? 2. Анна Петро́вна, вы не ви́дели (мой) сы́на? 3. Вы уже́ чита́ли (э́тот) стихи́? 4. В теа́тре мы ви́дели (твой) бра́та и (его́) дочь. 5. Я уже́ прочита́л (весь) (э́тот) кни́гу. 6. Мы ещё не зна́ем (ваш) де́душку. 7. Там мы ви́дели то́лько (оди́н) студе́нт и (оди́н) студе́нтку. 8. Вы уже́ смотре́ли (весь) (э́тот) фи́льмы? 9. Подожди́те (оди́н) мину́точку! 10. Мы уже́ ви́дели (его́) кварти́ру, а (ваш) кварти́ру мы ещё не ви́дели. 11. Вы, наве́рно, уже́ зна́ете (наш) профе́ссора. 12. Мы уже́ прочита́ли (весь) (твой) письмо́. 13. (Твой) па́пу мы ви́дели, а (твой) ма́му мы не ви́дели. 14. Я уже́ посмотре́л (ваш) журна́л, спаси́бо. 15. Ви́ктор прово́дит (весь) свобо́дное вре́мя в библиоте́ке. 16. Я там ви́дел (ваш) жену́, а (его́) жену́ я не ви́дел. 17. В магази́не мы ви́дели (твой) му́жа и (его́)

сестру́. 18. Мы уже́ зна́ем (её) дочь, а (ваш) дочь мы не зна́ем. 19. Вы, наве́рно, уже́ зна́ете (наш) сы́на и (его́) дочь. 20. Вы уже́ прочита́ли (э́тот) газе́ту?

11.4 Indefinite Subjects

Э́тот дом стро́или до́лго.
Как вас зову́т?

Where English uses an indefinite 'they' or 'one', Russian simply uses the third-person *plural* verb form without a subject pronoun. Use **они́** *only* if you can identify the persons referred to! (Remember that the replacer pronouns are used only in reference to a specific noun.)

This construction is often the equivalent of English passive constructions. In such constructions the main attention is not on the actor, but on the action itself.

11.5 год / лет

оди́н **год**	два три четы́ре	**го́да**	пять шесть, etc.	**лет**

For use with numerals 5 and above the word **год** takes its form from another root entirely (meaning "summer").

Упражне́ние 11.4-5. *Supply the appropriate forms of* год / лет.

1. Э́тот теа́тр стро́или два .., а наш теа́тр стро́или то́лько оди́н ... . 2. Э́тот го́род стро́или 7 ..., а наш го́род—то́лько 5 ... . 3. Мы жи́ли в Новосиби́рске то́лько 3 ... , а в Москве́ 11 ... . 4. Мой брат рабо́тал 4 ... в институ́те. 5. Анто́н 7 ... рабо́тал на заво́де. 6. Де́душка и ба́бушка жи́ли в дере́вне 9 ... . 7. Ма́ша 4 ... жила́ в Новосиби́рске. 8. Оле́г 8 ... рабо́тал в Академгородке́.

11.6 Duration of Time

— С к о́ л ь к о в р е́ м е н и вы чита́ли э́ту кни́гу? — Недо́лго, то́лько **пять часо́в.**
— С к о́ л ь к о в р е́ м е н и Ма́ша смотре́ла в окно́? — Она́ смотре́ла в окно́ **пятна́дцать мину́т.**
Мы рабо́тали **всю суббо́ту.**
С к о́ л ь к о в р е́ м е н и е́хать в центр?
С к о́ л ь к о в р е́ м е н и вы обе́даете?

What case is used to express the length of time that an action or state lasts? (Note that if a numeral is involved, it is the numeral which is in the accusative case, while it in turn requires a special form of the noun.)

Note the Russian equivalent for 'How long does it take to...' in the last two examples.

Упражне́ние 11.6. *Complete the sentences or answer the questions with the appropriate forms of words in parentheses.*

1.—Ско́лько вре́мени вы гуля́ли в лесу́?—(2 часа́, 5 часо́в, весь ве́чер, вся суббо́та, всё воскресе́нье). 2.—Ско́лько вре́мени ты чита́л газе́ту?—(2 мину́ты,

176

10 мину́т, час, 3 часа́, весь ве́чер). 3.—Ско́лько вре́мени Ива́н Ива́нович смотре́л телеви́зор?—(5 мину́т, 10 мину́т, час, 4 часа́, весь день, всё воскресе́нье). 4. Я рабо́тал (час, 6 часо́в, весь день, весь вто́рник, вся пя́тница, до́лго). 5. Ма́ша смотре́ла в окно́ (1 мину́та, 2 мину́ты, 4 мину́ты, 5 мину́т, 10 мину́т, час, весь ве́чер, недо́лго). 6.—Ско́лько вре́мени вы е́дете на рабо́ту?—(2 мину́ты, 7 мину́т, 11 мину́т, час, 2 часа́, недо́лго). 7. На трамва́е мы е́дем в теа́тр (4 мину́ты, 8 мину́т, 10 мину́т). 8.—Ско́лько вре́мени е́хать в центр?—(5 мину́т, 9 мину́т, 10 мину́т, до́лго).

11.7 до́лго ~ давно́ = (for) a long time

— Вы до́лго рабо́тали в Академгородке́?—Нет, недо́лго, то́лько три го́да.
— Вы давно́ рабо́таете в Академгородке́?—Нет, то́лько два го́да.
— Когда́ постро́или ваш дом?—Его́ уже́ давно́ постро́или.

Both of these adverbs are equivalents of '(for) a long time', but they express different concepts and answer different questions.

До́лго—implies measure of time completely contained in any one time period—past, present, future. In the present tense **до́лго** refers to a *generalized*, recurring action, not to a specific single occurrence of an action: **Вади́м ка́ждый день до́лго чита́ет.**

Давно́—is used with actions which began in the past and continue in the present (it really means "since a long time ago"). It also is used to refer to when (**Когда́...?**) an action took place.

As we saw in Lesson 8, an action which began in the past and continues into the present is expressed by means of the present tense in Russian. If the action or state is negated, however, the *past* tense is used (which is logical: since the action never began, it cannot continue into the present):

Мы никогда́ не́ были в Академгородке́.

We *have never been* in Akademgorodok.

The past tense is also used of continuing actions with **всегда́:**—Где вы рабо́тали ра́ньше?—Я **всегда́ рабо́тал** на заво́де. I *have always worked*...

Упражне́ние 11.7. *Supply* давно́ *or* до́лго *as needed.*

1. Мы ... живём здесь, уже́ пять лет. 2. Де́ти всегда́ ... гуля́ют в па́рке. 3. Мы ... жи́ли в Новосиби́рске, а в Москве́ то́лько год. 4.—Вы уже́ ... стои́те здесь?—Нет, то́лько де́сять мину́т. 5. Мы вчера́ ... смотре́ли телеви́зор. 6.—Ты ... чита́ешь э́ту кни́гу?—Нет, я на́чал её чита́ть вчера́ ве́чером. 7. Наш дом уже́ ... постро́или. 8. Наш институ́т ... стро́или, два го́да. 9. Зи́на уже́ ... рабо́тает в институ́те, а ра́ньше она́ ... рабо́тала в шко́ле. 10. Мы уже́ ... жи́ли в Москве́, когда́ на́чали стро́ить э́тот институ́т.

11.8 The Aspects of the Russian Verb

Ви́ктор чита́л кни́гу два часа́.	Victor read the book for two hours.
Сейча́с он прочита́л кни́гу.	Now he has finished reading the book.
Этот теа́тр стро́или год.	It took them a year to build this theater.
Сейча́с теа́тр уже́ постро́или.	Now they have finished building the theater.

Máша до́лго пока́зывала кварти́ру.	Masha showed the apartment for a long time.
Когда́ она́ показа́ла всю кварти́ру, они́ на́чали смотре́ть телеви́зор.	When she had shown the apartment, they began watching TV.

You already know that the simple Russian form **чита́ю** may be the equivalent of 'I read, am reading, do read, have been reading'. The past tense form **я чита́л(а)** can be the equivalent of 'I read, was reading, did read, used to read, would read'. What can be expressed by the one-word form in Russian may require a verb phrase or may require the use of other words such as adverbs to express the same thing in English. Some of the different forms of the English past tense represent different ways of viewing the action: 'was reading'—the action is viewed as in progress (progressive meaning); 'used to read, would read'—habitual meaning. These different meanings are expressed by what we call "aspects"—the *attitude* or *view* which the speaker takes of the action being described. The Russian system of aspects is more developed than that of English, and as you have seen, aspect is expressed more within the one-word form itself, without the help of other words. Compare now **я чита́л(а)** ('I read, was reading, used to read, would read') with **я прочита́л(а)** ('I finished reading, read completely').

Fortunately in learning the system of aspects you will not need to learn any new endings or new types of conjugation—you already know most of what there is to learn about conjugating verbs in Russian! You will need instead to become used to paying attention to the *type* of action involved and to the *view* of it being taken by the speaker. Beyond that it is a simple matter of learning vocabulary items. (Usually the forms of the two aspects are closely related. The two members of an aspect pair usually differ only in the presence or absence of a prefix or suffix.)

The Russian aspects, *imperfective* and *perfective*, should *not* be viewed as opposites. Instead we will define the perfective aspect very precisely, and everything which does not fit this definition will automatically be imperfective.

The use of the *perfective* aspect indicates that *the speaker views the action as a complete* act of limited nature, a total event. Such an action has a definable result or consequence, produces a new state of affairs, and this result or new state of affairs is felt to be still in effect or relevant at the time of speech. A perfective verb views an action as *accomplishment*, rather than as process. Now examine the examples above with this definition in mind. In **Ви́ктор чита́л кни́гу два часа́** the action is in the past, but it is *not complete*; it is viewed as a process (in its duration) rather than as a result or accomplishment. In **Сейча́с он прочита́л кни́гу** the action is viewed as a *single, total, complete* event. It has a product (a book finished), which has resulted in a new situation, making further reading impossible or meaningless.

It should be obvious that for a verb to have a perfective aspect it must represent a type of action which is capable of being viewed as a total event, a complete action whose conclusion represents an *accomplishment* and not just an *interruption* of the action. Verbs which indicate a continuing state of being or an action which does not lead to a definable result or change of state will *not* normally have perfective forms with this *resultative* meaning. Such verbs include **быть, гуля́ть, жить, знать, рабо́тать.** These verbs represent a linear kind of action or state, which might be graphically indicated as follows: _____.

A perfective verb which represents a change of state or an accomplishment might be indicated as follows: ◉

Imperfective verbs in the past tense do not necessarily mean that the action is not complete, though this may be true; they simply *make no statement concerning the completeness* of the act. They indicate that it is not completeness which is being *stressed* by the speaker: **Вы чита́ли э́ту кни́гу?** 'Have you (ever) read this book?' Here it is simply a question of whether or not the action ever took place, whether or not the person addressed is acquainted with the book. If, however, I knew that you had been reading the book and wanted to know whether you had finished it (perhaps I want to read it next), the question would be: **Вы прочита́ли э́ту кни́гу?** 'Have you finished reading that book?'

In addition to this "general factual" meaning, the imperfective can refer to actions viewed as *process* or in their *duration* (progressive meaning):

> Когда́ па́па и Анто́н Никола́евич игра́ли в ша́хматы, мы смотре́ли телеви́зор.
> While Papa and Anton Nikolaevich played (were playing) chess, we watched (were watching) TV.
> Ви́ктор два часа́ чита́л э́ту кни́гу.
> Victor read the book for two hours.

It may also express repeated or habitual actions: Все молоды́е лю́ди, кото́рые живу́т недалеко́, **приходи́ли** сюда́ покупа́ть газе́ты и журна́лы.

Since perfective verbs indicate a complete action, it is logical that perfective verbs have no present tense—an action being viewed as in progress cannot at the same time be viewed as a result, as a total event.

There is one very firm rule of aspect usage: following verbs meaning 'to begin', 'to continue', 'to end', *always* use an *imperfective* infinitive: Когда́ на́чали **стро́ить** э́тот дом?

Упражне́ния 11.8. а. *Complete sentences with the appropriate past tense or infinitive forms of the appropriate aspect.*

(чита́ть / прочита́ть)

1. Татья́на Соколо́ва у́тром всегда́ ... «Пра́вду». 2. Ле́на ре́дко ... газе́ты и журна́лы. 3. Когда́ я ... журна́л, я на́чал смотре́ть телеви́зор. 4. Вчера́ мы посмотре́ли фильм «А́нна Каре́нина», а сего́дня я на́чал ... кни́гу. 5. Мари́я Петро́вна до́лго ... его́ письмо́. Сейча́с она́ его́ уже́ ... .

(стро́ить / постро́ить)

1. Этот но́вый го́род ... шесть лет. Сейча́с его́ уже́ ... . 2. Когда́ ... наш дом, на́чали ... друго́й но́вый дом. 3. Како́й хоро́ший но́вый дом! Его́ давно́ ... ? 4. Оле́г до́лго жил в Новосиби́рске, где он ... дома́. 5. Таки́е дома́ обы́чно ... о́чень до́лго. 6. Го́род ... до́лго, но сейча́с уже́ ... дома́, шко́лы, теа́тр, институ́т.

(расска́зывать / рассказа́ть)

1. Оле́г до́лго ... о рабо́те в Академгородке́, а пото́м он на́чал ... об институ́те, где он учи́лся. 2. Когда́ Оле́г всё ... , мы на́чали смотре́ть телеви-

зор. 3. Ма́ша до́лго ... о де́душке и ба́бушке, кото́рые живу́т в дере́вне. Когда́ она́ всё ... , мы на́чали игра́ть в ша́хматы. 4. Влади́мир ча́сто ... о до́ме о́тдыха. 5. Лари́са недо́лго ... о пассажи́ре в самолёте.

(пока́зывать / показа́ть)

1. Ве́ра ре́дко ... нам свои́ кни́ги, но сего́дня, когда́ мы бы́ли у неё, она́ до́лго их ... . 2. Когда́ Пётр Анто́нович ... все фотогра́фии, он сказа́л: «Дава́йте сыгра́ем в ша́хматы». 3. Я не знал, где мой портфе́ль, и Воло́дя ..., где он. 4. Ма́ша всегда́ с удово́льствием ... свою́ но́вую кварти́ру.

(де́лать / сде́лать) *Read the answer in each item before deciding on the form to use in the question.*

1.— Что вы ... вчера́ ве́чером? — Мы смотре́ли хоро́шую переда́чу по телеви́зору. 2.— Что ... Еле́на Влади́мировна, когда́ она́ прочита́ла э́ту кни́гу? — Она́ начала́ чита́ть другу́ю кни́гу. 3.— Что ... строи́тели, когда́ они́ постро́или ваш дом? — Они́ на́чали стро́ить ещё оди́н но́вый дом.

6. *Образе́ц:* Он о́чень до́лго писа́л письмо́. — А сейча́с он уже́ *написа́л* письмо́.

1. Он пять часо́в чита́л кни́гу. А сейча́с он э́ту кни́гу уже́ ... . 2. Наш дом до́лго стро́или. А сейча́с его́ уже́ ... . 3. Оле́г весь ве́чер расска́зывал об Академгородке́. А сейча́с он уже́ всё ... . 4. Ма́ша до́лго пока́зывала кни́ги. А сейча́с она́ всё уже́ ... . 5. Ви́ктор ча́сто расска́зывает о Та́не. Но сего́дня он ещё не на́чал ... . 6.— Наш теа́тр стро́или два го́да. — Когда́ его́ ... ? 7. Ди́ктор обы́чно начина́л э́ту переда́чу в во́семь часо́в. Но сего́дня он её ... в де́вять часо́в. 8. Учи́тельница всегда́ начина́ла уро́к в четы́ре часа́. Но сего́дня она́ его́ ... в пять часо́в.

11.9 Prepositional Case in -у́

Де́вушки до́лго гуля́ли **в саду́.**
Академгородо́к стои́т **в лесу́.**

A very small number of masculine nouns have a special prepositional ending to indicate location, accented **-у́.**

11.10 Verb Agreement with что

— **Что** стоя́ло в ко́мнате? — В ко́мнате стоя́л большо́й стол.
When the subject is **что,** the verb must be neuter and singular.

11.11 Notes on Individual Words

Академгород(о́)к = академи́ческий город(о́)к — Here you see the diminutive form of **го́род. Академгородо́к** near Novosibirsk, built following the decision to set up a Siberian division of the U.S.S.R. Academy of Sciences, has now become a major center of Soviet science.

быва́й + — When used with a personal subject this verb means 'to visit from time to time': Оле́г рабо́тает в Новосиби́рске и **ре́дко быва́ет** в Москве́.

де́лай + / с- to make

всё вре́мя—'all the time, constantly'

два / две—Note the special form of this numeral for use with feminine nouns (and note that the endings of the numeral itself are not what you expect for the different genders!): **два часа́, два го́да,** but: **две мину́ты**

сто-я́ть (= стой-а́-ть): **стою́, стои́шь**
To which conjugation does this verb belong?
Russian is more specific than English in indicating location, and frequently where we use just 'to be' ('located') Russian uses 'to stand' ('sit', 'lie', etc.): **Академгородо́к стои́т в лесу́.**

уч-и́-ть-ся—You can immediately determine from the particle **-ся** that this verb is intransitive. While **из-уч-а́й** + means 'to study something' (and must *always* have a direct object), **уч-и́-ть-ся** means 'to study' in the sense of to be a student: **Зи́на пять лет учи́лась в институ́те. Ни́на хорошо́ у́чится.** 'Nina's a good student'.

«Наш Академгородо́к...»

Сейча́с Оле́г до́ма. Вы ведь его́ уже́ зна́ете: он живёт в кварти́ре № 3. Он строи́тель и в Москве́ быва́ет не ча́сто. Вчера́ он весь день расска́зывал, как стро́или Академгородо́к в Новосиби́рске.

— Ско́лько вре́мени стро́или Академгородо́к?—спра́шивает Зи́на.
— Его́ стро́или три го́да. Сейча́с Академгородо́к уже́ постро́или. Это краси́вый совреме́нный го́род. Он стои́т в лесу́. Институ́ты, дома́, теа́тр, кафе́, де́тские сады́ и шко́лы—всё в лесу́. Здесь живу́т, рабо́тают, отдыха́ют учёные: фи́зики, матема́тики, гео́логи...
Когда́ Оле́г рассказа́л э́то, он на́чал пока́зывать фотогра́фии.
— Вот лес, там мы стро́или на́шу шко́лу. Здесь у́чатся бу́дущие матема́тики и фи́зики. А э́то на́ша у́лица—Университе́тский проспе́кт, как в Москве́. Остано́вки авто́буса здесь—«Хи́мия», «Фи́зика».
Оле́г до́лго пока́зывал фотогра́фии.
— Здесь сейча́с мо́ре. Мы прово́дим свобо́дное вре́мя на мо́ре и в лесу́. Наш го́род молодо́й, и живу́т здесь молоды́е...
Ви́дите, Оле́г уже́ говори́т «наш» го́род.

ДАВА́ЙТЕ ПОГОВОРИ́М:

— Здра́вствуйте, Алекса́ндр Петро́вич!
— Здра́вствуйте!
— Как вы живёте там, в Академгородке́?
— Очень хорошо́. Институ́т недалеко́, мо́ре то́же, всё в лесу́... У нас хоро́шая совреме́нная кварти́ра... А вы как живёте?

учёный scientist, scholar (*adj. in form*)
матема́тик
гео́лог
фотогра́фия
бу́дущий future (*adj.*)
университе́тский

проспе́кт avenue
хи́мия chemistry
фи́зика physics
мо́ре sea
  на мо́ре at the seashore
Алекса́ндр (**Са́ша / Шу́ра**)

— Спаси́бо, непло́хо. Как вы, Алекса́ндр Петро́вич, не скуча́ете там? Вы ведь москви́ч.
— Нет. У нас есть теа́тр, хоро́шая библиоте́ка, кафе́... В Академгородке́ живу́т о́чень интере́сные лю́ди.

— Ни́на, ты уже́ прочита́ла но́вый журна́л?
— Ещё нет. Вчера́ я чита́ла весь ве́чер, но ещё не всё прочита́ла.

— Как вы ду́маете, что здесь стро́ят?
— Не: зна́ю. Мо́жет быть, институ́т.
— А· мо́жет быть, шко́лу.

— Что э́то тако́е?
— Наш но́вый кинотеа́тр.
— Како́й краси́вый! А э́то?
— Э́то кафе́ «Архиме́д».
— О́чень совреме́нное кафе́.

— Здра́вствуйте, Ната́лья Никола́евна. Как вы живёте?
— Спаси́бо, хорошо́. А вы?
— То́же непло́хо. Де́ти уже́ больши́е. У́чатся в институ́те. А как ва́ша семья́?
— Ничего́. Сын уже́ давно́ ко́нчил институ́т и рабо́тает в Академгородке́. Вот фотогра́фии, кото́рые он там сде́лал.
— Како́й краси́вый совреме́нный го́род! Что э́то?
— Э́то институ́т, где он рабо́тает.

— Влади́мир Алекса́ндрович, здра́вствуйте! Э́то ва́ша но́вая маши́на? Кака́я краси́вая!
— Да, краси́вая. Мы сего́дня е́дем в Су́здаль.
— О, э́то о́чень интере́сный стари́нный го́род. Ско́лько вре́мени е́хать в Су́здаль?
— На авто́бусе 4 часа́, а на маши́не то́лько 3 часа́.
— Э́то недо́лго.

Упражне́ния

11.12 — Скажи́те, пожа́луйста, ско́лько вре́мени е́хать в центр?
— *На маши́не 10 мину́т.*
(на трамва́е — 11, на метро́ — 5, на авто́бусе — 8, на такси́ — 5)

11.13 — Скажи́те, пожа́луйста, ско́лько вре́мени идти́ *в кафе́*?
— *5 мину́т.*
(шко́ла — 10, теа́тр — 4, де́тский сад — 2, магази́н — 5, кинотеа́тр — 11)

11.14 Спроси́те, ско́лько вре́мени е́хать в библиоте́ку?
(в центр, в теа́тр, в Москву́, в Новосиби́рск, в Пари́ж)

непло́хо
кинотеа́тр
Ната́лья (Ната́ша)
Как ва́ша семья́?
ничего́ OK, so-so

ко́нч-и-ть *p.*
ко́нч-и-ть институ́т to graduate from the institute
Су́здаль *m. (one of the oldest Russian towns, dating to at least 1024, northeast of Moscow)*

11.15 — Ви́дишь, э́то *Та́ня.*

— Не мо́жет быть! Это, наве́рно, *её сестра́!*

(Вади́м — его́ брат, наш сосе́д — его́ сын, Лари́са — её ма́ма)

11.16 Вы е́дете в го́род Н. Спроси́те, како́й э́то го́род, когда́ его́ постро́или, что там есть.

Words to use: *институ́т, теа́тр, кинотеа́тр, кафе́, шко́ла, де́тский сад, лес, река́, мо́ре, давно́.*

11.17 Ваш брат сейча́с в Академгородке́. Вы живёте здесь уже́ давно́ и расска́зываете: *В Академгородке́ живу́т учёные...* (продолжа́йте)

11.18 — Смотри́те, стро́ят *кинотеа́тр.*

— А мо́жет быть, э́то *кафе́?*

— Не ду́маю.

(институ́т — шко́ла, магази́н — кафе́, теа́тр — библиоте́ка)

11.19 — Здра́вствуйте, *Анна Серге́евна!* Как вы живёте?

— Спаси́бо, хорошо́. А вы?

— То́же непло́хо. Де́ти уже́ больши́е. Учатся *в университе́те.* А как ва́ша семья́?

— Ничего́. *Муж сейча́с в Новосиби́рске.*

(Вади́м, шко́ла, жена́, Академгородо́к; Татья́на Влади́мировна, институ́т; муж, пе́нсия)

11.20 Ва́ша дочь посмотре́ла переда́чу по телеви́зору. Она́ ви́дела там стюарде́ссу Лари́су и расска́зывает вам: «*Лари́са рабо́тает в Аэрофло́те...*» (продолжа́йте)

11.21 1. Ско́лько вре́мени вы за́втракаете (обе́даете, у́жинаете, чита́ете газе́ту)?

2. Где вы живёте? Это стари́нный го́род? Он стои́т в лесу́ (на мо́ре, на реке́)? Вы там давно́ живёте? Где вы жи́ли ра́ньше? Вы там до́лго жи́ли?

3. Вы ча́сто игра́ете в ша́хматы (смо́трите телеви́зор, смо́трите фи́льмы, у́жинаете в кафе́)?

Где вы у́читесь? Вы там давно́ у́читесь?

Где вы обы́чно отдыха́ете? На мо́ре (в лесу́, в до́ме о́тдыха)?

11.22 Word Study

Word roots: A word root is one of the basic lexical units of the language in its most elementary form, without prefixes or suffixes. A root itself is not a word (but there may be a word similar or identical, generally with a zero-ending, as ДОМ. Thus, ЖИВ is the root of the verb **жить,** КАЗ is the root of **с-каз-а́-ть, рас-с-каз-а́-ть, по-каз-а́-ть.** All Russian roots of Slavic origin end in a consonant, and the great majority of them consist of only one syllable (ГОВОР, ГОРОД are exceptions). Also, almost all Russian roots have the shape consonant + vowel + consonant (there may be more than one consonant either before or after the vowel, as in the roots СТРОЙ, КОНЧ). Foreign borrowings, such as **институ́т, теа́тр, стюарде́сса,** obviously have roots which do not fit the Slavic pattern.

бу́дущий — быва́ть, **быть** (*Russian* **ы** *developed from a long vowel* [ū].)

в(е)сь — всегда́

Не мо́жет быть! That can't be.   Не ду́маю.

183

до́лго — продолжа́йте

мо́ре — ma**ri**ne

оди́ннадцать = оди́н-на-дцать (*the last portion is related to* де́сять)

совреме́нный — вре́мя, **co**ntemporary (**co** = *Latin* **con** = together, with; *look up the derivation of the English word in a big dictionary*.)

стоя́ть — stand

учёный, уч-й-ть-ся — из-уч-а́й +, уче́бник, учи́тель

Но́вые слова́ и выраже́ния

бу́дущий
быва́й + *где*
в(е)сь
ве́чер
вре́мя: всё вре́мя
  Ско́лько вре́мени (е́хать)... ?
гео́лог
год (лет)
два
де́лай + / с-
до́лго / не-
ду́май +: Не ду́маю.
как: Как ва́ша семья́?
кафе́

кинотеа́тр
ко́нч-и-ть *p.*
лес: в лесу́
матема́тик
мину́та
мо́жет быть
  Не мо́жет быть!
мо́ре
  на мо́ре
нача́ть *p.*
неплохо́
ничего́:
  — Как ва́ша семья́? — Ничего́.
од(и́)н

оди́ннадцать, оди́ннад-цатый
показ-а́-ть *p.*
прочита́й + *p.*
расска́з-а-ть *p.*
ре́дко
совреме́нный
стари́нный
сто-я́-ть
стро́-и-ть / по-
теа́тр
университе́тский
учёный
уч-й-ть-ся *где, как*

фи́зика
фотогра́фия (на)
хи́мия
ча́сто / не-
э́тот

Академгород(о́)к
Алекса́ндр (Са́ша / Шу́ра)
Ната́лья (Ната́ша)
Са́ша (Алекса́ндр)
Су́здаль *m.*
Шу́ра (Алекса́ндр)

УРОК № 12 (ДВЕНАДЦАТЬ) — ДВЕНАДЦАТЫЙ УРОК

Оле́г рассказа́л **нам,** как стро́или Академгородо́к.
Ве́ра **должна́ прочита́ть** журна́л сего́дня.
Когда́ молоды́е лю́ди **игра́ли** в ша́хматы, де́вушки **смотре́ли**
телеви́зор.
Когда́ Оле́г всё **рассказа́л,** он **на́чал** пока́зывать фотогра́фии.
За́втра я **прочита́ю** но́вый журна́л.

Фоне́тика:

Read pp. 33-36 and 41 concerning palatalized consonants. In this drill remember to strive for very soft consonants particularly before **и** and unaccented **е**.

Слу́шайте и повторя́йте!

Аме́рика ... неме́цкий ... ми́мо ... но́мер ... метро́ ... мину́та ... обе́даем ...
биле́т ... библиоте́ка ... пять ... пя́тница ... пе́нсия ... письмо́ ... пешко́м ...
спеши́м ... переда́ча ...
живём ... четвёртый ... ве́чером ... в Москве́ ... две ... наве́рно ... москви́ч ...
ви́дел ... телеви́зор ... до свида́ния ... шофёр ... профе́ссор ... фи́зик ... фильм ...
фотогра́фия

кто?	кому́?		
я			мне
ты			тебе́
он	Он	рассказа́л	ему́
она́		показа́л	ей
мы			нам
вы			вам
они́			им

Анто́н рассказа́л **нам,** как стро́или Ака-
демгородо́к. Пото́м он показа́л **нам**
фотогра́фии.

Ве́ра **должна́ прочита́ть** журна́л сего́дня.

я, ты, он **до́лжен**
я, ты, она́ **должна́** + *инфинити́в*
мы, вы, они́ **должны́**

Когда́ молоды́е лю́ди **игра́ли** (*imp.*)
в ша́хматы, де́вушки **смотре́ли** (*imp.*)
телеви́зор.
Когда́ Оле́г всё **рассказа́л** (*p.*), он **на́чал**
(*p.*) пока́зывать фотогра́фии.

Сего́дня, в суббо́ту, я покупа́ю журна́л
«Октя́брь».
За́втра, в воскресе́нье, я **куплю́** журна́л
«Огонёк».

Анто́н покупа́ет хлеб.

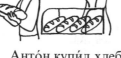

Анто́н купи́л хлеб.

двена́дцать, двена́дцатый
до́лж(е)н, должна́, должны́ must, to have to
когда́ after (when) (*with p. verb*)

хлеб bread
за́втра tomorrow
«Огон(ё)к» (*Little*) *Light*

Present tense Imperfective aspect	Future tense Perfective aspect
я говорю́	я скажу́ (с-каз-а́-ть)
я обе́даю	я пообе́даю (по-обе́д-ай +)
я покупа́ю	я куплю́ (куп-й-ть)
я спра́шиваю	я спрошу́ (с-прос-и́-ть)
я начина́ю	я начну́ (нача́ть)

Это Анто́н, он врач.

Ви́ктор пошёл в институ́т в 8 часо́в.

Он пришёл домо́й в 5 часо́в. Сейча́с он до́ма.

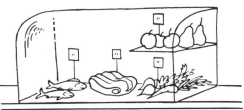

Это ры́ба и мя́со. Это фру́кты и о́вощи.

Ве́ра чи́стит ры́бу.

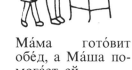

Ма́ма гото́вит обе́д, а Ма́ша помога́ет ей.

— Вы не зна́ете, говори́т ли Лари́са по-англи́йски?
— По-мо́ему, говори́т.

ГРАММАТИКА И УПРАЖНЕНИЯ

12.1 The Dative Case of Pronouns

— **Кому́** Оле́г пока́зывал фотогра́фии?   — Он пока́зывал фотогра́фии **нам.**

я — мне	он — ему́	мы — нам	они́ — им	кто — кому́
ты — тебе́	она́ — ей	вы — вам		

говор-и́-ть / сказ-а́-ть (скажу́, ска́жешь)
обе́дай + / пообе́дай +
покупа́й + / куп-й-ть (куплю́, ку́пишь)
спра́шивай + / спрос-й-ть (спрошу́, спро́сишь)
начина́й + / нача́ть (начну́, начнёшь)
врач (врачи́) doctor (physician)
пойти́ (пойду́т; *past* пош(ё)л, пошла́) *p.* to go, set out
при-ход-и́-ть / прийти́ (приду́; приш(ё)л, пришла́)

ры́ба fish
мя́со meat
фру́кты fruit
о́вощи vegetables
чи́стить / по- (чи́щу, чи́стишь) to clean
гото́в-и-ть / при- (гото́влю, гото́вишь) to prepare, cook
обе́д
помога́й + *кому́* to help
по-мо́ему = я ду́маю, in my opinion

12.2 Dative Case for Indirect Objects

— **Кому́** Анна Петро́вна э́то сказа́ла? — **Мне.**

Ма́ма гото́вит **нам** обе́д.

Ма́ша пока́зывает **им** кварти́ру.

Я купи́л **тебе́** сигаре́ты.

One of the main uses of the *dative case* is to express the *indirect object* of a verb: the person(s) in whose interest or for whose benefit something is done. The examples above have both direct objects and indirect objects.

Almost all verbs of *communication* require the dative case of the person(s) communicated to/with. Note that the term "communication" is used in a broad sense and includes actions such as smiling.

говори́ть / сказа́ть	**Кому́** вы э́то сказа́ли?
отвеча́ть / отве́тить	Стюарде́сса говори́т по-ру́сски, а мы
расска́зывать / рассказа́ть	отвеча́ем **ей** по-англи́йски.
чита́ть / про-	Лари́са рассказа́ла **нам** об америка́нце
улыба́ться	в самолёте.
	Ба́бушка чита́ет **мне** э́ту кни́гу.
	Зи́на всегда́ улыба́ется **нам.**

(Many of these verbs of communication also take a direct object, expressing *what* is communicated.)

Note, however, that **спра́шивать / спроси́ть** takes a *direct object* of person asked (as does its English equivalent): — **Кого́** вы спроси́ли об Академгородке́? — **Оле́га.**

Also remember that **слу́шать** takes a *direct object* in Russian — don't let the English verb phrase 'to listen *to*' mislead you in Russian!: Макси́м не слу́шает **нас.**

In the case of a very few verbs you must simply learn, when learning the verb itself, what case it requires. For example, 'to help' is a transitive verb in English, but its Russian equivalent requires dative case (literally 'to give assistance to'): Ма́ма гото́вит обе́д, а Ма́ша помога́ет **ей.**

Упражне́ние 12.1-2. *Supply the correct form of appropriate personal pronouns.*

1. Я говорю́: «Здра́вствуй», и Зи́на улыба́ется ... . 2. Прихо́дят на́ши роди́тели, и мы пока́зываем ... но́вые фотогра́фии. 3. Это Ни́на и её брат Макси́м. Ни́на чита́ет ... кни́гу. 4. Это Пётр Ива́нович и его́ сыновья́. Он покупа́ет ... но́вые пальто́. 5. Когда́ мы его́ ви́дели, он сказа́л ..., что он тепе́рь живёт в Новосиби́рске. 6. Макси́м гото́вит уро́ки, и Ни́на ... помога́ет. 7. Когда́ я ви́жу Та́ню, она́ всегда́ улыба́ется ... . 8. Ба́бушка и Ма́шенька сейча́с до́ма. Ба́бушка чита́ет ... кни́гу. 9. Ва́ня, я купи́л ... но́вый портфе́ль. 10. Когда́ мы гото́вим у́жин, на́ши до́чери всегда́ помога́ют ... . 11. Эти америка́нцы не понима́ют по-ру́сски, и стюарде́сса отвеча́ет ... по-англи́йски. 12. Когда́ вы спра́шиваете по-англи́йски, преподава́тель отвеча́ет ... по-англи́йски и́ли по-ру́сски? 13. Оте́ц де́лает стол, а сын помога́ет ... . 14. У вас сейча́с есть свобо́дная мину́та? Я расскажу́ ... об Оле́ге. 15. Де́вушка спра́шивает, где здесь остано́вка авто́буса, и я отвеча́ю ... . 16. Ма́шенька, я купи́л ... э́ту маши́ну.

12.3 до́лж(е)н = *must, have to*

Макси́м, ты **до́лжен** пригото́вить уро́к.

Ни́на должна́ прочита́ть э́ту кни́гу сего́дня.
Ма́ма гото́вит у́жин, а **де́ти должны́** помога́ть ей.
Ива́н Ива́нович, **вы должны́** пойти́ на рабо́ту.

Like **прав**, **до́лж(е)н** is a short-form adjective.

Упражне́ние 12.3. *Supply the appropriate form of* до́лж(е)н.

1. Анто́н ... купи́ть фру́кты и о́вощи. 2. Ма́ша ... помога́ть, когда́ ма́ма гото́вит обе́д. 3. Макси́м, ты ... всё рассказа́ть мне. 4. Мой брат до́лго жил в Москве́. Он ... непло́хо говори́ть по-ру́сски. 5. Ни́на, ты ... сейча́с гото́вить уро́ки. 6. Макси́м и Ни́на ещё де́ти. Они́ ... приходи́ть домо́й в во́семь часо́в. 7. Ви́тя, ты ... купи́ть нам мя́со. 8. Прости́те, мы опа́здываем. Мы ... спеши́ть. 9. Де́ти, вы ... мне помога́ть. 10. Уже́ шесть часо́в. Анна Петро́вна ... уже́ быть до́ма. 11. Аня и Ве́ра, вы ... купи́ть хлеб и фру́кты. 12. Вади́м Петро́вич ... ко́нчить рабо́ту в шесть часо́в.

12.4 Simultaneous vs. Consecutive Actions

Когда́ жена́ **гото́вила** обе́д, муж **смотре́л** телеви́зор. While the wife *was cooking* dinner, the husband *watched* TV.

Когда́ жена́ **пригото́вила** обе́д, они́ **пообе́дали.** After/When the wife *had cooked* dinner, they *had dinner*.

Since an imperfective verb can describe an action in progress it is used to express actions which occur at the same time. On the other hand, the perfective is used for complete actions which follow one another, one being complete before the next action occurs. Note that the word **когда́** has different English equivalents in these two types of context.

12.5 The Past Tense of the Verbs пойти́, прийти́, уйти́

— Где Зинаи́да Васи́льевна?—Она́ **пошла́** в институ́т на рабо́ту. Де́ти ещё не **пришли́** домо́й?

— Анто́н Никола́евич ещё здесь?—Нет, он уже́ **ушёл.**

In the past tense verbs built on the verb **идти́** have the root Ш(Ё)Л, with a fill vowel in the masculine form.

Упражне́ние 12.4-5

a. 1. — Скажи́те, пожа́луйста, Ива́н Ива́нович до́ма?
— Да, до́ма. Он ... в пять часо́в.

2. — Вы не зна́ете, Лари́са до́ма?
— Нет, она́ ... в библиоте́ку.

3. — Оле́г, ты уже́ до́ма?
— Да, я ... в три часа́.

4. — Аня, де́ти до́ма?
— Нет, они́ ... гуля́ть в парк.

5. — Скажи́те, пожа́луйста, Ива́н Ива́нович уже́ на рабо́те?
— Нет, он ещё не ... .

6. — Макси́м и Ни́на, я не знал, что вы уже́ до́ма.
— Да, мы уже́ давно́ ... .

пошёл
пошла́
пошли́
пришёл
пришла́
пришли́

6. *Complete the sentences using the verbs in parentheses in the correct form.*

1. Пе́тя (пойти́) в де́тский сад в 9 часо́в и (прийти́) домо́й в 4 часа́.
2. Гали́на Васи́льевна (пойти́) на рабо́ту в 7 часо́в. Она́ (прийти́) на рабо́ту
в 8 часо́в. 3. Мои́ бра́тья (пойти́) в шко́лу в 8 часо́в и (прийти́) домо́й
то́лько в 5 часо́в. 4.—Где Бори́с Влади́мирович?—Он (пойти́) в институ́т.
5.—Где ва́ши сыновья́?—Они́ ещё не (прийти́) домо́й. 6. Молодо́й челове́к
и де́вушка (пойти́) вме́сте в теа́тр. 7. Когда́ Анто́н (прийти́) домо́й, Ве́ра
уже́ пригото́вила обе́д.

в. *Образе́ц:* Па́па чита́л газе́ту. Ма́ма слу́шала ра́дио.—*Когда́ па́па чита́л
газе́ту, ма́ма слу́шала ра́дио. Indicate in each case whether actions
are simultaneous or consecutive.*

1. Ве́ра гото́вила обе́д. Анто́н смотре́л телеви́зор. 2. Ве́ра купи́ла ры́бу
и хлеб. Она́ пошла́ домо́й. 3. Вади́м выступа́л по телеви́зору. Сосе́ди смотре́ли
его́ переда́чу. 4. Ве́ра почи́стила о́вощи и ры́бу. Анто́н пришёл в ку́хню.
5. Оле́г показа́л все фотогра́фии. Мы пошли́ домо́й. 6. Оле́г расска́зывал
об Академгородке́. Все его́ слу́шали. 7. Ни́на пришла́ домо́й. Она́ начала́
гото́вить уро́ки. 8. Ни́на гото́вила уро́ки. Макси́м игра́л. 9. Мы пообе́дали.
Пришла́ на́ша ба́бушка. 10. Пришёл Анто́н Никола́евич. Он сказа́л: «Дава́йте
сыгра́ем в ша́хматы».

г. *Complete the sentences with the verbs of the required aspect in the correct form.*

1.—У вас но́вый телеви́зор?—Да, мы его́ (покупа́ть / купи́ть) в четве́рг.
2.—Ни́на, что ты де́лала вчера́ ве́чером?—Я (гото́вить / пригото́вить) уро́ки
3. Когда́ Ве́ра (покупа́ть / купи́ть) о́вощи и мя́со, она́ (идти́ / пойти́) домо́й.
4. Когда́ Анто́н (чи́стить / почи́стить) ры́бу, он на́чал гото́вить обе́д. 5. Когда́
(приходи́ть / прийти́) Васи́лий Никола́евич, я (спра́шивать / спроси́ть) его́, где сей-
ча́с его́ сын Оле́г. 6. Когда́ Анто́н пришёл домо́й, он (начина́ть / нача́ть)
смотре́ть телеви́зор. 7. Снача́ла они́ (обе́дать / пообе́дать), пото́м сыгра́ли в ша́х-
маты. 8. Что Га́ля (говори́ть / сказа́ть) вам, когда́ вы (спра́шивать / спроси́ть),
где её па́па? 9. Бо́ря уже́ (чита́ть / прочита́ть) «Огонёк» и хо́чет купи́ть друго́й
журна́л. 10. Когда́ мои́ до́чери (покупа́ть / купи́ть) всё, они́ пришли́ домо́й
и на́чали (гото́вить / пригото́вить) обе́д. 11. Когда́ Ве́ра (чи́стить / почи́стить)
о́вощи, её муж смотре́л переда́чу. 12. Джон (говори́ть / сказа́ть) то́лько по-ру́сски,
когда́ он был в Москве́. 13. Что вам (говори́ть / сказа́ть) Аня, когда́ вы (спра́-
шивать / спроси́ть) её о рабо́те? 14. О чём вы (говори́ть / сказа́ть) вчера́ ве́чером
в институ́те? 15. Когда́ они́ (обе́дать / пообе́дать), они́ на́чали (игра́ть / сыгра́ть)
в ша́хматы. 16. Ра́ньше я всегда́ (покупа́ть / купи́ть) газе́ты в кио́ске, а тепе́рь
я их выпи́сываю. 17. Ве́ра до́лго (чи́стить / почи́стить) о́вощи, пото́м она́
начала́ (чи́стить / почи́стить) ры́бу. 18. Ско́лько вре́мени вы (гото́вить / приго-
то́вить) уро́ки? 19. Когда́ Ве́ра (гото́вить / пригото́вить) у́жин, мы помога́ли ей.

12.6 Relationships Between Imperfective and Perfective Verb Stems

A pair of corresponding imperfective and perfective verbs may be related to each
other in various ways. In some cases a perfective is formed from an imperfective
stem by means of a prefix. (In the future in discussing word formation and in
word lists we will separate both prefixes and suffixes with hyphens to make the
stem more obvious.)

чит-а́й + — **про**-чит-а́й +
стро́-и-ть — **по**-стро́-и-ть
обе́д-ай + — **по**-обе́д-ай +
чи́ст-и-ть — **по**-чи́ст-и-ть

де́л-ай + — **с**-де́л-ай +
игр-а́й + — **с**-ыгр-а́й + (note vowel change to keep the prefix hard)
гото́в-и-ть — **при**-гото́в-и-ть

In the great majority of cases, adding a prefix to an imperfective verb makes it perfective. In the case of the verbs above this is all that occurs. In other cases the verb is not only made perfective; a new lexical meaning may emerge in the prefixed verb:

с-каз-а́-ть — to say, tell (*some single specific thing*)
рас-с-каз-а́-ть — to narrate, relate, tell
по-каз-а́-ть — to show

These verbs are all based on the simple root КАЗ. Removing the prefix would also remove the new lexical meaning, so a different type of formation must be used to derive an imperfective verb. The most commonly used suffix for this purpose is -ЫВА́Й + : **рас-с-ка́з-ывай +**, **по-ка́з-ывай +**. **С-пра́ш-ивай + / с-прос-и́-ть** is also of this type, but there is a change in the consonant at the end of the root and a change in the root vowel.

In the case of a *very few* verbs the perfective and imperfective stems come from entirely different roots: **говор-и́-ть / с-каз-а́-ть, при-ход-и́-ть / прийти́.**

One imperfective/perfective pair is unusual in that the imperfective is formed by adding both a suffix and a prefix, although the perfective takes no prefix: **по-куп-а́й + / куп-и́-ть.**

Infinitives of the prefixed forms of **идти́** show alterations in spelling, but in the spoken language the root is still obvious: **идти́ / пойти́ (пош(ё)л), прийти́ (приш(ё)л).**

The prefix **по-** occurs in Russian with various meanings in perfective verbs:

(1) A "true", *resultative* perfective: **по-стро́-и-ть, по-обе́д-ай +, по-чи́ст-и-ть.**

(2) A special variety of perfective verb indicating a *limited amount* of the action ('for a little while': **по-говор-и́-ть**). (Note that this verb also has a "regular" resultative perfective, **с-каз-а́-ть**). A perfective verb indicating a limited amount of action might be diagrammed thus: ├──────────────┤
The limited action *can* be viewed as a total event: Дава́йте поговори́м! 'Let's chat / talk for a bit!'

(3) On going verbs this prefix indicates the *beginning* of the action, the setting out stage: **пойти́.** In the sentence **Вади́м пошёл в магази́н** we know for certain that he has left, that he is no longer here. Unless the context indicates otherwise, we generally assume that the goal was reached, but this is not implicit in the verb itself. This type of action could be represented thus: ↦ While the trip itself may not be complete, the *beginning* stage, the setting out, is complete.

In the future when a perfective verb is formed simply by adding a prefix, this will be indicated in an abbreviated form in word lists: **гото́в-и-ть / при-.**

12.7 The Future Tense of Perfective Verbs

Бо́ря **чита́ет** интере́сную кни́гу. Он её **прочита́ет** сего́дня ве́чером.

Мы сейча́с **обе́даем.** Когда́ мы **пообе́даем,** мы посмо́трим телеви́зор.

Perfective verbs have no present tense, since an action cannot be viewed as in

190

process and at the same time as complete. Perfective verbs do have a form which has endings like the present tense, but these forms have *future* meaning. (Remember that perfective verbs indicate *complete* actions, *not completed* actions. Future perfective forms refer to actions which it is implied will be complete, total events in the future.)

Look again at the second example above. The English equivalent would be 'When we've finished dinner...' or 'When we finish dinner.' In English we use a simple present tense or a present perfect form in a 'when'-clause referring to a future action. The act is not yet complete, so Russian uses the future tense.

Note the perfective future of verbs based on **идти**. The root can be clearly recognized, though some changes have occurred in the spelling (particularly in the infinitive).

я пойду́, ты пойдёшь, они́ пойду́т (пойти́)

я приду́, ты придёшь, они́ приду́т (прийти́)

я уйду́, ты уйдёшь, они́ уйду́т (уйти́)

Упражне́ния 12.7

а. *Образе́ц:* Ва́ня до́лжен прочита́ть э́ти стихи́. — *Он прочита́ет э́ти стихи́ за́втра.*

1. Де́ти должны́ ко́нчить э́ту рабо́ту. 2. Ни́на должна́ сде́лать уро́ки. 3. Я до́лжен э́то сде́лать. 4. Вы должны́ прочита́ть э́ту кни́гу. 5. Мы должны́ прочита́ть э́тот журна́л. 6. Ма́ша должна́ прийти́ в пять часо́в. 7. Вы должны́ пойти́ в магази́н. 8. Я до́лжен ко́нчить э́ту рабо́ту. 9. Мы должны́ пойти́ в библиоте́ку. 10. Васи́лий Анто́нович до́лжен прийти́ в два часа́. 11. Мои́ бра́тья должны́ пойти́ на заво́д. 12. Ты до́лжен прочита́ть э́ту кни́гу. 13. Мои́ сёстры должны́ сде́лать уро́ки. 14. Вы должны́ всё сде́лать сего́дня.

б. *Образе́ц:* — Аня уже́ пришла́? — *Нет, она́ сейча́с придёт.*

1. Де́ти уже́ пообе́дали? 2. Вы уже́ ко́нчили э́ту рабо́ту? 3. Васи́лий Никола́евич уже́ пообе́дал? 4. Ва́ши до́чери уже́ прочита́ли двена́дцатый уро́к? 5. Ты уже́ всё сде́лал? 6. Вы уже́ пообе́дали? 7. Га́ля уже́ пришла́?

12.8 New Types of Consonant Mutation in Second-Conjugation Verbs

с-прос-и́-ть — спрошу́, спро́сишь, спро́сят	с — ш
чи́ст-и-ть — чи́щу, чи́стишь, чи́стят	ст — щ
куп-и́-ть — куплю́, ку́пишь, ку́пят	п — пл(ь)
гото́в-и-ть — гото́влю, гото́вишь, гото́вят	в — вл(ь)

The first new mutation presented resembles the one you already know (**прово́дят, провожу́**) — a consonant made with the front part of the tongue becomes a "hushing" sound. In the second example two consonants made with the front part of the tongue change *together* to become a "hushing" sound.

The other two mutations presented are of a new types: verb stems whose root ends in a lip-consonant (**п, б, ф, в, м**) keep the lip-consonant in the first-person singular form, but add after it a *soft* **л**.

Упражне́ние 12.8

Образе́ц: — Ты уже́ спроси́л Макси́ма о кни́ге? — *Я его́ сейча́с спрошу́.*

1. Ве́ра уже́ спроси́ла Анну Петро́вну о фи́льме? 2. Ма́ша, ты уже́ спроси́ла Ива́на Ива́новича о журна́ле? 3. Де́ти уже́ купи́ли кни́ги? 4. Аня уже́ купи́ла газе́ту? 5. Ве́ра и Ма́ша, вы уже́ купи́ли о́вощи? 6. Ве́ра, ты уже́ почи́стила ры́бу? 7. Де́вушки, вы уже́ почи́стили фру́кты и о́вощи? 8. Анто́н уже́ почи́стил моё пальто́? 9. Ни́на, ты уже́ пригото́вила уро́ки? 10. Ма́ма уже́ пригото́вила у́жин? 11. Ба́бушка и Ма́ша уже́ пригото́вили обе́д? 12. Ма́ша и Са́ша, вы уже́ пригото́вили уро́ки?

12.9 First-Conjugation Verbs with Consonant Mutation

с-каз-а́-ть — скажу́, ска́жешь, ска́жут
по-каз-а́-ть — покажу́, пока́жешь, пока́жут   з — ж
рас-с-каз-а́-ть — расскажу́, расска́жешь, расска́жут

There are predictable consonant mutations also in the first conjugation, but here the mutation occurs in *all* forms of the present/future tense, not just in the first-person singular form.

The orthography of Russian masks the difference between first-conjugation verbs such as **чита́ть** and **сказа́ть**, since it appears that they should be conjugated in the same way. Knowing the basic form clears up the confusion: чит-а́й + (чита́ю; чита́л, with the final consonant of the stem, -й, lost before the consonant ending of the past tense); с-каз-а́-ть (скажу́; сказа́л, with the vowel of the basic form, -а-, lost before the vocalic endings of the future tense). (It is only when a vowel has been dropped in this way that the final consonant of the root undergoes mutation.)

Упражне́ние 12.9

Образе́ц: — Оле́г уже́ показа́л вам фотогра́фии? — *Нет, он за́втра пока́жет.*

1. Ма́ша уже́ показа́ла вам кварти́ру? 2. Ты уже́ сказа́л им э́то? 3. Де́ти уже́ рассказа́ли об о́тдыхе в дере́вне? 4. Вы уже́ сказа́ли ей, что вы придёте за́втра? 5. Лари́са уже́ показа́ла вам Пари́ж? 6. Джон и Мэ́ри уже́ показа́ли вам Нью-Йо́рк? 7. Макси́м, ты уже́ сказа́л, что ты купи́л ей кни́гу? 8. Оле́г уже́ рассказа́л вам о рабо́те в Новосиби́рске? 9. Вади́м и Ви́ктор уже́ показа́ли тебе́ все но́вые фотогра́фии?

12.10 The Verb нача́ть

нача́ть — начну́, начнёшь, начну́т; на́чал, начала́, на́чали

In the future tense we see reappear the -н- which is present in the imperfective, на-чин-а́й +, but the vowel of the root is absent in the perfective stem.

Упражне́ние 12.10

Образе́ц: — Ко́ля уже́ на́чал гото́вить уро́ки? — *Нет ещё. Он сейча́с начнёт.*

1. Ма́ма уже́ начала́ гото́вить обе́д? 2. Де́ти уже́ на́чали смотре́ть фильм? 3. Ива́н Ива́нович уже́ на́чал рабо́тать? 4. Зинаи́да Ви́кторовна уже́ начала́ у́жинать? 5. Ты уже́ на́чал э́ту рабо́ту? 6. Бо́ря и Пе́тя уже́ на́чали расска́зывать о Москве́? 7. Ве́ра уже́ начала́ чи́стить о́вощи? 8. Вы уже́ на́чали чита́ть газе́ту?

192

12.11 The Use of the Going Verbs

Утром в пя́тницу Ве́ра и Анто́н пошли́ на рабо́ту.

The verb **идти́** can be used not only of motion specifically on foot, but also as a *generalized* verb of motion when the emphasis is on *destination* rather than mode of travel—but only within the limits of a particular city, never of travel to other cities. We really do not know whether Vera and Anton go to work on foot or by vehicle in the example above. (Of course if a vehicle is mentioned, one has to use **е́хать**). See also the first dialog on page 133.

12.12 Notes on Individual Words

двена́дцать—Note the *unchanging* form of the first component of this word, which is the form usually associated with use with feminine nouns.

«Огонёк»—a popular Soviet weekly magazine with articles on a wide range of topics, short stories, poetry, and many illustrations.

Вку́сный обе́д

Анто́н и Ве́ра живу́т в кварти́ре № 12. Он врач, а его́ жена́ инжене́р. Они́ ещё совсе́м молоды́е лю́ди и живу́т здесь то́лько два го́да. Анто́н ча́сто говори́т, что он совреме́нный муж.

Вот и сего́дня он говори́т:

— Ве́рочка, я понима́ю, что до́лжен помога́ть тебе́. Ты рабо́таешь и ещё ве́чером у́чишь англи́йский язы́к. В пя́тницу я пригото́влю обе́д. Хорошо́?

— Коне́чно, хорошо́.

— А ты то́лько ку́пишь мя́со и ры́бу.

— Что ещё?

— Ну, ещё о́вощи, фру́кты, хлеб...

— Хорошо́.

Утром в пя́тницу они́ пошли́ на рабо́ту. Ве́чером Ве́ра пришла́ домо́й и пошла́ в магази́н. Когда́ Анто́н пришёл домо́й, она́ уже́ всё купи́ла: о́вощи, фру́кты, мя́со, ры́бу.

— Ну, всё купи́ла?—спроси́л он.—Хорошо́! Ты почи́стишь ры́бу и о́вощи и пригото́вишь мя́со. А я посмотрю́ по телеви́зору футбо́л.

Когда́ Ве́ра всё почи́стила и пригото́вила, муж пришёл в ку́хню, положи́л всё в кастрю́ли и опя́ть пошёл смотре́ть телеви́зор.

Когда́ они́ пообе́дали, Анто́н спроси́л:

— Ну, вку́сный я пригото́вил обе́д?

— Очень вку́сный. Спаси́бо,—улыбну́лась Ве́ра.

вку́сный delicious, tasty
инжене́р
совсе́м quite, completely
Ве́ра — Ве́рочка
уч-и́-ть *что* = из-уч-а́й +
смотр-е́-ть / по-

футбо́л soccer, European football
по-лож-и́-ть *куда́ p.* to put (*in lying position*)
кастрю́ля pot, sauce(pan)
опя́ть again, back
у-лыб-а́й + ся / у-лыб-ну́-ть-ся (улыбну́сь, улыб-нёшься)

ДАВАЙТЕ ПОГОВОРИМ:

— Лари́са, у тебя́ журна́л «Москва́»? Когда́ ты его́ прочита́ешь?
— Я уже́ прочита́ла. Вчера́ чита́ла весь ве́чер.
— А где он?
— Вот, пожа́луйста.

— Я слу́шаю!
— Макси́м? Э́то Ни́на. Ма́ма до́ма?
— Нет, она́ пошла́ в магази́н.
— Скажи́ ей, что я пошла́ в библиоте́ку. А ты что де́лаешь?
— Смотрю́ по телеви́зору футбо́л.

— Слу́шаю!
— Вы не ска́жете, Ива́н Ива́нович уже́ пришёл?
— Да, он до́ма. Подожди́те мину́ту.
— Хорошо́, спаси́бо.

— Зи́на, когда́ ты купи́ла э́ту кни́гу?
— Совсе́м неда́вно, в кио́ске.
— Очень хоро́шая кни́га! Я куплю́ её за́втра у́тром.

— Аня, я иду́ в магази́н. Что я до́лжен купи́ть?
— Мя́со и хлеб.
— Э́то всё?
— Мо́жет быть, ещё фру́кты.

— Ве́рочка, я купи́л мя́со, хлеб и фру́кты. Что ещё я до́лжен сде́лать?
— Спаси́бо, бо́льше ничего́.

Интере́сно, что́ сего́дня на обе́д?

— Ве́рочка, что́ у нас сего́дня на обе́д?
— Ры́ба.
— А что ещё?
— О́вощи.
— Вот хорошо́!

— Вам ча́ю и́ли ко́фе?
— Ко́фе, пожа́луйста... Спаси́бо.
— А вам ча́ю?
— Да, ча́ю... Како́й вку́сный чай!
— Ко́фе то́же о́чень вку́сный.

Вы не ска́жете,...? = Скажи́те, пожа́луйста,...
неда́вно (*note accent*) recently
за́втра у́тром (ве́чером)
Что у нас сего́дня на обе́д (за́втрак, у́жин)?
Интере́сно,...? I wonder,... ?

чай tea
ча́ю some tea
ко́фе *m*.
Вам ча́ю и́ли ко́фе?

194

В рестора́не

— Пожа́луйста, ры́бу.
— Что ещё?
— Скажи́те, а фру́кты у вас есть?
— Есть.
— Тогда́ фру́кты, пожа́луйста.
— А мне, пожа́луйста, мя́со, о́вощи и фру́кты.
— Сейча́с.

— Ба́бушка, что у нас сего́дня на обе́д?
— Суп, мя́со и о́вощи.
— А что ещё?
— Фру́кты.
— Вот хорошо́!

Упражне́ния

12.13 — Вы не ска́жете, где здесь *остано́вка авто́буса*?
— Здесь, недалеко́.
— Спаси́бо.
— Пожа́луйста.

(теа́тр, но́вое кафе́, остано́вка трамва́я, институ́т, рестора́н, библиоте́ка)

12.14 — Ты не ку́пишь мне сигаре́ты?
— *Хорошо́, с удово́льствием.*
— Ты не почи́стишь мне пальто́?
— ....
— Вы не посмо́трите в газе́те, что сего́дня по телеви́зору?
— ....
— Вы не пока́жете нам фотогра́фии, кото́рые вы сде́лали в Москве́?
— ....

12.15 (вы) — *Вам* ко́фе? — Да, ко́фе, пожа́луйста.
(ты) — ... ры́бу и́ли мя́со? — Ры́бу, пожа́луйста.
(ты) — ... ча́ю и́ли ко́фе? — Ча́ю, пожа́луйста.
(вы) — ... суп? — Да, пожа́луйста.
(вы) — ... о́вощи? — Да, пожа́луйста.
(ты) — ... хлеб? — Да, пожа́луйста.

12.16 — Интере́сно, что сего́дня на у́жин?
— *Ры́ба и о́вощи.*
— Вот хорошо́!

(мя́со и о́вощи, ры́ба и фру́кты, ры́ба и о́вощи, мя́со и фру́кты)

рестора́н
тогда́ then (in that case, at that time) (пото́м = then, afterwards)

сейча́с right away, immediately
суп

12.17 Вы пришли́ в рестора́н. *Make up dialogs with the waiter using the words and expressions*: Скажи́те, пожа́луйста,... У вас есть...? вку́сный, Тогда́, пожа́луйста,... Что ещё? И ещё... Сейча́с.

12.18 1. Кто у вас гото́вит обе́д? Ва́ша ма́ма хорошо́ гото́вит? Вы помога́ете, когда́ ва́ша ма́ма гото́вит обе́д? Кто гото́вит обе́д, когда́ ва́ша ма́ма в до́ме о́тдыха? Вы хорошо́ гото́вите?

Где вы обы́чно за́втракаете (обе́даете, у́жинаете)? Вы ча́сто обе́даете (у́жинаете) в рестора́не (кафе́)?

2. Вы игра́ете в футбо́л? Вы ча́сто смо́трите футбо́л по телеви́зору?

12.19 Word Study

двена́дцать = две + на + дцать
за́втра, за́втрак — у́тром
кастрю́ля — casserole
помога́й + мо́жет (быть)
совсе́м — в(е)сь (*literally* 'with all')
тогда́ — так, тако́й, там, то́же, **the, this, that, then,** *etc.*; *also* всегда́, когда́
хлеб — loaf
чай — **China**

Но́вые слова́ и выраже́ния

вку́сный / не-
врач (врачи́)
гото́в-и-ть / при-
двена́дцать, двена́дца-
   тый
до́лж(е)н
ещё: Нет ещё / Ещё нет.
за́втра
   за́втра у́тром, за́втра
   ве́чером
за́втрак
инжене́р
Интере́сно,... ?
кастрю́ля

когда́
ко́фе *т.*
куп-и́-ть *р.*
мя́со
нача́ть *р.* (начну́т)
неда́вно
обе́д
о́вощи
опя́ть
пойти́
по-лож-и́-ть *р.*
по-мог-а́й + *кому́*
по-мо́ему
по-обе́д-ай + *р.*

по-смотр-е́-ть *р.*
прийти́ *р.* (прид-у́т)
рестора́н
ры́ба
сейча́с
с-каз-а́-ть *р.*
   Вы не ска́жете,... ?
совсе́м
с-прос-и́-ть *р.*
суп
тогда́
у́жин
уйти́ *р.*
у-лыб-ну́-ть-ся

уч-и́-ть *что*
фру́кты
футбо́л
хлеб
чай
   Вам ча́ю?
чи́ст-и-ть / по-
Что сего́дня на за́втрак
   (обе́д, у́жин)?

Ве́рочка
«Огон(ё)к»

УРОК № **13** (ТРИНАДЦАТЬ) — ТРИНАДЦАТЫЙ УРОК

Мне ну́жно (на́до) отдохну́ть.
Анто́н ничего́ не купи́л. Ве́ра купи́ла **всё, что** ну́жно.
Анто́н положи́л в портфе́ль **свой** журна́л и твою́ кни́гу.
— Макси́м хо́чет игра́ть в футбо́л.— **Пусть** игра́ет.
Ни́на, когда́ ты была́ в шко́ле, **приходи́ла** Ле́на.

Фоне́тика:

Review pp. 33-36 concerning the palatalized dental consonants. Remember to strive for soft consonants particularly before **и** and unaccented **е**.

Слу́шайте и повторя́йте!

заня́тия ... днём ... начнёт ... Ва́ню ... сего́дня ... нет ... инжене́р ... кни́га ... они́ ... одни́ ... понима́ю ... у них ... вече́рний ... университе́т ... дя́дя ... идём ... идёт ... дя́дю ... где ... де́ти ... здесь ... де́душка ... ди́ктор ... роди́тели ... входи́ ... подожди́ ... лю́ди ... дере́вня ... октя́брь ... тётя ... тётю ... стюарде́сса ... оте́ц ... библиоте́ка ... пойти́ ... прости́ ... кварти́ра ... стихи́ ... институ́т ... теа́тр ... телефо́н ... газе́та ... Зи́на ... фи́зик ... магази́н ... вся ... всё ... всю ... сюда́ ... семь ... все ... спаси́бо ... сигаре́та

Я весь год мно́го рабо́тал.
Мне ну́жно (на́до) отдохну́ть.

Мне	ну́жно	отдохну́ть.
I	need	to get rested up.

Мне Тебе́ Ему́ Ей Нам Вам Им	(на́до) **ну́жно** хорошо́ **отдохну́ть.**

Это **мой** журна́л.	Я положи́л в портфе́ль **свой** журна́л.
Это **твой** журна́л.	Ты положи́л в портфе́ль **свой** журна́л.
Это **его́** журна́л.	Он положи́л в портфе́ль **свой** журна́л.
Это **её** журна́л.	Она́ положи́ла в портфе́ль **свой** журна́л.
Это **наш** журна́л.	Мы положи́ли в портфе́ль **свой** журна́л.
Это **ваш** журна́л.	Вы положи́ли в портфе́ль **свой** журна́л.
Это **их** журна́л.	Они́ положи́ли в портфе́ль **свой** журна́л.

Лари́са купи́ла **всё, что** ну́жно.

Зи́на ничего́ не купи́ла.

три́надцать, трина́дцатый
мно́го

от-дых-а́й + / от-дох-ну́-ть (отдохну́, отдохнёшь)
свой one's own

Это моя́ бри́тва. Возьми́ мою́ бри́тву.
Это твоя́ бри́тва. Я возьму́ твою́ бри́тву.
Это твоя́ бри́тва. Возьми́ **свою́** бри́тву.

— Макси́м хо́чет игра́ть в футбо́л.— **Пусть** игра́ет.
Ни́на, когда́ ты была́ в шко́ле, **приходи́ла** Ле́на. Она́ придёт опя́ть сего́дня ве́чером.

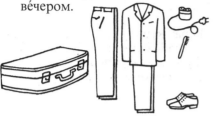

Это мои́ ве́щи: чемода́н, брю́ки, костю́м, ту́фли, бри́тва и зубна́я щётка.

Ива́н Ива́нович положи́л в чемода́н **свой** га́лстук, **её** ту́фли и **его́** руба́шку.

дать

я дам	мы дади́м
ты дашь	вы дади́те
он даст	они́ даду́т

дай!

Я сейча́с получи́л э́то письмо́. Когда́ я его́ прочита́ю, я дам его́ тебе́. За́втра я отве́чу на него́.

Я забы́л до́ма свою́ бри́тву.
Я всегда́ забыва́ю до́ма свои́ ве́щи.
Я никогда́ не по́мню, где моя́ бри́тва.

Бри́тва была́ на сту́ле.
Анто́н взял её и положи́л её в чемода́н.

Почему́ ты не отве́тил на мой вопро́с?

ГРАММА́ТИКА И УПРАЖНЕ́НИЯ

13.1 The Expression of Necessity

Ты мно́го рабо́тал. **Тебе́ ну́жно (на́до)** хорошо́ отдохну́ть.

пусть Let / Have...
вещь thing
чемода́н suitcase
брю́ки (*pl. only*) trousers, pants
костю́м suit
ту́фля shoe
бри́тва razor
зубна́я щётка toothbrush
дать *p.* to give

по-луч-а́й + / **по-луч-и́-ть** to receive
от-веч-а́й + / **от-ве́т-и-ть** (отве́чу, отве́тишь) *кому́ на что* to answer
за-бы́в-а́й + / **за-бы́-ть** (забу́ду, забу́дешь; забу́дь!) to forget
по́-мн-и-ть to remember
возьм-у́т (взять; возьми́!) *p.* to take
ма́ло ≠ **мно́го**
вопро́с question

Either **ну́жно** or **на́до** can be used to express the necessity of performing some action. What case is used for the person involved? (This is because the expression means literally 'it's necessary to...'.)

These expressions differ from **до́лж(е)н** in that the latter suggests personal responsibility on the part of the subject '(I) must, am obligated to, have to...'. **Ну́жно / на́до** imply instead necessity due to external circumstances—'I need to, find it necessary to...'.

Уже́ 10 часо́в! Мне ну́жно идти́ домо́й.

Although expressions of necessity are used with the infinitive of both aspects depending on whether or not reference is to a single complete act (cf. examples), when the meaning 'it's time to...', the imperfective is generally used.

Упражне́ния 13.1

a. *Образе́ц:* — У него́ есть биле́т в кино́?— *Нет, ему́ ну́жно купи́ть биле́т.*

1. У нас есть газе́та «Изве́стия»? 2. У них есть фру́кты? 3. У неё есть чемода́н? 4. У тебя́ есть портфе́ль? 5. У него́ есть га́лстук? 6. У нас есть до́ма сигаре́ты?

б. *Complete the sentences using the pronouns in the correct form.*

1. Ты хо́чешь купи́ть газе́ты? (ты) на́до пойти́ в газе́тный кио́ск. 2. Пальто́ у меня́ о́чень ста́рое, (я) на́до купи́ть но́вое пальто́. 3. Мы не зна́ем, что сего́дня по телеви́зору. (мы) ну́жно посмотре́ть програ́мму в газе́те. 4. У тебя́ о́чень плоха́я бри́тва, (ты) на́до купи́ть но́вую бри́тву. 5. Он взял э́ту кни́гу в библиоте́ке, потому́ что (он) на́до её сего́дня прочита́ть. 6. У неё ко́нчился ко́фе, (она́) ну́жно купи́ть ко́фе. 7. (мы) на́до спеши́ть, мы опа́здываем. 8. Вади́м хо́чет пое́хать в Ло́ндон. (он) на́до купи́ть но́вый чемода́н. 9.—Ма́ма, я иду́ в магази́н.—Что (ты) ну́жно купи́ть? 10. Та́ня хо́чет пригото́вить у́жин, (она́) ну́жно купи́ть ры́бу и о́вощи. 11. Сейча́с студе́нты расска́зывают о Москве́ по-ру́сски, пото́м (они́) на́до всё рассказа́ть по-англи́йски.

13.2 The Relative Pronoun **что**

Лари́са купи́ла всё, **что** ну́жно. Вот ве́щи, **кото́рые** купи́ла Лари́са.

You already know the *relative adjective* **кото́рый,** which introduces a new clause and refers back to a *noun* in the preceding clause. If reference is back to a pronoun, one must use instead the *relative pronoun* **что** (reference here is to **всё**).

Упражне́ние 13.2. *Запо́лните про́пуски* (кото́рый ~ что).

1. Оле́г нам показа́л все фотогра́фии, ... он сде́лал в Академгородке́. 2. Это всё, ... нам сказа́ла Татья́на Влади́мировна. 3. Я уже́ зна́ю всё, ... вам рассказа́л Оле́г. 4. Пётр Петро́вич забы́л до́ма всё, ... ему́ ну́жно. 5. Ма́ленькая Ма́ша показа́ла нам все кни́ги, ... у неё есть. 6. Я хорошо́ по́мню всё, ... ты мне сказа́л.

13.3 The Reflexive Possessive Modifier **свой**

Анто́н зна́ет, где **его́** журна́л. Он положи́л **свой** журна́л в портфе́ль.

Я не ви́жу **своего́** бра́та. Я не зна́ю, где **мой** брат.

Макси́м зна́ет, где **его́** руба́шка. Он положи́л **свою́** руба́шку в чемода́н. Де́ти зна́ют, где **их** кни́ги. Они́ положи́ли **свои́** кни́ги в стол.

The *reflexive possessive modifier* **свой** replaces all specific possessive modifiers for all persons, singular and plural, when reference is back to the subject of the immediately relevant verb. In the first example above **свой** is not used, because the subject of the immediate verb is **журна́л** (subject of the zero-form of the verb **быть**). The reflexive possessive may not, as a rule, modify the subject of a verb. The reflexive possessive **свой** declines just like **мой.**

Мне ну́жно положи́ть в чемода́н **свой** костю́м.

In this example the relevant verb, **положи́ть,** is an infinitive. The subject of the action indicated by the infinitive would be **я,** so the reflexive possessive is used here (although the necessity construction is impersonal — 'It's necessary for ...').

Упражне́ния 13.3

а. *Образе́ц*: Это ваш журна́л? — *Возьми́те свой журна́л.*

1. Это ва́ши ве́щи? 2. Это ва́ше письмо́? 3. Это ва́ша руба́шка? 4. Это ва́ши сигаре́ты? 5. Это ва́ша рабо́та? 6. Это ваш портфе́ль? 7. Это ва́ша кни́га? 8. Это ва́ши брю́ки? 9. Это ваш костю́м? 10. Это ва́ша бри́тва?

б. *Образе́ц*: Это мои́ ве́щи. — *Я не забу́ду свои́ ве́щи.*

1. Это её сигаре́ты. 2. Это ва́ша бри́тва. 3. Это на́ши биле́ты. 4. Это твоё пальто́. 5. Это их журна́лы. 6. Это его́ га́лстук. 7. Это моя́ руба́шка. 8. Это на́ши чемода́ны. 9. Это твоя́ кни́га. 10. Это на́ши ве́щи. 11. Это его́ костю́м.

в. *Запо́лните про́пуски.*

1. Макси́м сказа́л, что э́то не твой портфе́ль, а его́. Он взял ... портфе́ль. 2. Та́нечка не зна́ет, где ... ма́ленький брат. 3. Алекса́ндр Ива́нович забы́л здесь все ... ве́щи. 4. Са́ша Соколо́в ре́дко забыва́ет ... ве́щи. 5. Еле́на Никола́евна показа́ла нам ... ко́мнату. 6. Вы не забы́ли до́ма... биле́ты? 7. Ва́ся забы́л, куда́ он положи́л ... кни́гу. 8. Я не ви́жу ... дочь. Вы не зна́ете, где она́? 9. Шу́ра не зна́ет, где ... бра́тья. 10. Шофёр зна́ет, что ... авто́бус стои́т в гараже́. 11. Никола́й Ива́нович живёт в Москве́, а ... роди́тели живу́т в Новосиби́рске. 12. А́нна Петро́вна не ви́дит ... сы́на Макси́ма. 13. Васи́лий Никола́евич сказа́л, что ... дочь рабо́тает в институ́те. 14. Ни́на смо́трит телеви́зор и не ви́дит ... бра́та. 15. Ни́на чита́ет кни́гу и не ви́дит, что де́лает ... брат Макси́м. 16. Ма́ша зна́ет, что ... ба́бушка пригото́вит ей вку́сный обе́д. 17. Анто́н зна́ет, что ему́ ну́жно положи́ть в чемода́н ... костю́м. 18. Ве́ра говори́т, что все ... ве́щи уже́ в чемода́не. 19. Ве́ра не зна́ет, где ... ту́фли. Она́ не зна́ет, что Анто́н уже́ положи́л ... ту́фли в чемода́н. 20. Ты идёшь в шко́лу? Не забу́дь, что ну́жно взять ... кни́гу. 21. Это её ту́фли и его́ га́лстук. Анто́н положи́л в чемода́н ... ту́фли и ... га́лстук.

13.4 Verbs with the Consonant Mutation т > ч and the Use of отвеча́й + / отве́тить

— Когда́ вы отве́тите на э́то письмо́? — Я отве́чу на него́ за́втра.

Second-conjugation verbs with the root ending in **т** have **ч** in the first-person singular form. Note that the same mutation occurs in the imperfective stem, which belongs to the first conjugation — **от-веч-áй +**.

Влади́мир Васи́льевич никогда́ не отвеча́ет **мне**.
Почему́ ты не отве́тил **на мой вопро́с?**

As with most verbs of communication, this verb takes the *dative* case of the person answered. That to which answer is made is in the accusative case with the preposition **на**. As *direct object* this verb can have only the actual words answered, in the form of a quotation or a clause:

На мой вопро́с он отве́тил: «Да, я взял всё, что ну́жно».

(Remember that when the forms of **он, она́, оно́, они́** are governed by prepositions, an **н-** appears at the beginning of the pronoun: у **него́** есть, отве́чу на **него́**.)

Упражне́ние 13.4. *Запо́лните про́пуски* (от-ве́т-и-ть *in the future tense*).

1.—Когда́ ты ... на их письмо́?—Я за́втра ... . 2. На э́тот вопро́с он, наве́рно, не ... . 3. Ма́ма сказа́ла, что она́ ... на наш вопро́с. 4. Когда́ вы ... мне? 5. Де́ти сейча́с получи́ли интере́сное письмо́. За́втра они́ ... на него́. 6. Мы вам ... за́втра. 7. Я за́втра ... на э́ти пи́сьма.

13.5 Two First-Conjugation Verbs with Different Stems in Present / Future & Past

— Когда́ ты **забу́дешь** её?—Я уже́ **забы́л** её.
— Когда́ они́ **возьму́т** свои́ ве́щи?—Они́ их **взя́ли** вчера́.

за-бу́д-ут; забы́ть; забы́л, забы́ла (note accent!), забы́ли; забу́дь! забу́дьте!
возьм-у́т; взять; взял, взяла́ (note accent!), взя́ли; возьми́! возьми́те!

These verbs have regular first-conjugation endings. Note that in **забы́ла** the accent differs from that of the unprefixed **была́**.

Упражне́ния 13.5

а. *Запо́лните про́пуски.* (*Use the verb* забы́ть.)

1. Вы ..., что ва́ши ве́щи у меня́? 2.—Чьи э́то ве́щи?—Наве́рно, Ми́ша их ... здесь. 3.—Де́ти нас ещё по́мнят?—Я ду́маю, что они́ нас никогда́ не ... . 4. Я ду́маю, что Аня уже́ ..., что я ей сказа́л вчера́. 5. ..., пожа́луйста, об э́том! 6.—Скажи́, что ты меня́ никогда́ не ... .—Коне́чно, не ... . 7. Вы не ... о на́шем разгово́ре? 8. Вы не ..., что за́втра ле́кция?

б. (взять)

1.—Когда́ ты ... свои́ ве́щи?—Я их ... за́втра. 2. Когда́ придёт Мари́я Бори́совна, она́ ... э́ти кни́ги и журна́лы. 3. Ва́ши брю́ки здесь, ... их, пожа́луйста! 4. Мои́ сыновья́ ... свои́ ве́щи за́втра ве́чером. 5. Ната́лья Ива́новна уже́ вчера́ ве́чером ... свои́ кни́ги. 6.—Где моя́ но́вая бри́тва?—Вади́м её ... . 7.—Где на́ши ша́хматы?—Наве́рно, де́ти их ... . 8. Подожди́те мину́точку. Я ... свой портфе́ль, и мы пойдём. 9.—Вы ... э́ти ве́щи сего́дня и́ли за́втра?—Мы их ... сего́дня днём.

13.6 The Irregular Verb дать

я дам	мы дадим	дал, дала́, да́ли
ты дашь	вы дади́те	дай!
он даст	они́ даду́т	

There are in Russian only two completely irregular verbs, all of the present or future tense forms of which must be simply memorized by the student. The perfective equivalent of 'to give' is one of these.

Упражне́ние 13.6. *Заполните про́пуски.* (*Use the verb* дать.)

1. За́втра я тебе́ ... э́ту кни́гу. 2. Вы не ... мне свою́ газе́ту? 3. Когда́ придёт ма́ма, она́ ... тебе́ но́вую кни́гу. 4. Вот идёт Макси́м. ... ему́, пожа́-луйста, э́ти ве́щи. 5. Вчера́ Лари́са ... нам свою́ но́вую фотогра́фию. 6. За́втра учителя́ ... нам но́вые кни́ги. 7. У вас есть журна́л «Октя́брь»? Вы не ... мне ваш журна́л? 8. Ты нам не ... свою́ фотогра́фию? 9. За́втра мы ... тебе́ э́ти журна́лы. 10. Это письмо́ ... мне вчера́ Васи́лий Никола́евич. 11. Ни́на вчера́ ... мне э́ти но́вые стихи́. 12. На́ши роди́тели ... нам вчера́ э́ти кни́ги.

13.7 *Let / Have him do it.*

— Макси́м хо́чет игра́ть в футбо́л.— **Пусть** игра́ет.

— Макси́м хо́чет купи́ть э́ту кни́гу.— **Пусть** ку́пит.

The particle **пусть** can be used with verb forms of either aspect to form a sort of indirect imperative (command) directed toward a third party (normally imperatives are thought of as being only direct commands, in the second person). It is important to remember that imperatives have no tense—the forms bear only their aspect meanings in this construction.

Упражне́ние 13.7. *Заполните про́пуски.*

1.—Анто́н хо́чет взять свою́ бри́тву.—Пусть ... . 2.—Пе́тя хо́чет посмотре́ть э́ту переда́чу.—Пусть ... . 3.—Лари́са хо́чет нам рассказа́ть о Пари́же.—Пусть ... . 4.—В пя́тницу Анто́н хо́чет пригото́вить обе́д.—Пусть ... . 5.—Ни́на хо́чет пойти́ на э́тот фильм.—Пусть ... . 6.—Ма́ша хо́чет погуля́ть в па́рке.—Ну что ж? Пусть ... . 7.—Оле́г хо́чет взять на́ши фотогра́фии.—Хорошо́, пусть ... . 8.—Ма́ша хо́чет показа́ть нам свою́ ко́мнату.—Пусть ... , я с удово́льствием её посмотрю́. 9.—Макси́м хо́чет положи́ть свои́ ту́фли в чемода́н.—Пусть ... . 10.—Ни́на хо́чет купи́ть э́ту кни́гу.—Ну что же? Пусть ... .

13.8 Aspects of the Verb (continuation)

Ни́на, **пришла́** Ле́на. Вы бу́дете игра́ть в ша́хматы? (*Ле́на ещё здесь.*)

Ни́на, когда́ ты была́ в библиоте́ке, **приходи́ла** Ле́на. Она́ придёт опя́ть сего́дня ве́чером. (*приходи́ла = пришла́ и ушла́, сейча́с её здесь нет*)

The perfective aspect stresses the *result* of an action, and the result is usually still in effect at the time of speech. For certain types of actions there exists an opposite action which reverses or annuls the result of the action ('to come', 'to go'). If the result of the action has been annulled, the *imperfective* is normally used. In the first example it is clear that Lena is still here. In the second example, Lena came but then left, so the imperfective is used.

Вам **не ну́жно покупа́ть** чемода́н, возьми́те мой.

Вам **ну́жно купи́ть** чемода́н.

Об э́том ему́ **не на́до говори́ть!**

The *imperfective* aspect is normally used in contexts where the undesirability or lack of necessity of performing an action is expressed.

Упражне́ние 13.8. *Use the proper form of imperfective / perfective verbs chosen from those in parentheses.*

1. Васи́лий Никола́евич (покупа́ть / купи́ть) э́ту кни́гу, когда́ он был в Аме́рике. 2. Лари́са ча́сто быва́ет в Пари́же и всегда́ (покупа́ть / купи́ть) там интере́сные францу́зские кни́ги. 3. Ве́ра сего́дня ничего́ не (покупа́ть / купи́ть) на у́жин. 4.—Вам не на́до (покупа́ть / купи́ть) э́ту кни́гу. Она́ у меня́ уже́ есть.—Я всё равно́ за́втра (покупа́ть / купи́ть) её. 5. Ни́на слу́шала ра́дио и не слы́шала, что́ (де́лать / сде́лать) в ку́хне Анна Петро́вна. 6.—Ле́на забы́ла (покупа́ть / купи́ть) тебе́ сигаре́ты.—Ничего́, я сейча́с (идти́ / пойти́) в кио́ск. 7.—Ни́на, что́ ты де́лала вчера́ ве́чером?—Гуля́ла, (чита́ть / про-), смотре́ла телеви́зор. 8.—Лари́са, ты уже́ ко́нчила (чита́ть / про-) э́тот журна́л?—Нет, за́втра (чита́ть / про-). 9.—Ты уже́ (говори́ть / сказа́ть) ей, что мы идём в кино́?—Нет ещё, сейча́с (говори́ть / сказа́ть). 10. Обы́чно Анто́н (говори́ть / сказа́ть) мне «Здра́вствуйте», а сего́дня он (говори́ть / сказа́ть) «Кака́я вы краси́вая!» 11. Мы до́лго (отдыха́ть / отдохну́ть) на мо́ре. Мы там о́чень хорошо́ (отдыха́ть / отдохну́ть). 12.—Когда́ (приходи́ть / прийти́) де́ти?—Они́ (приходи́ть / прийти́), когда́ ко́нчатся заня́тия. 13. Я о́чень хочу́ (смотре́ть / по-) э́тот но́вый францу́зский фильм, говоря́т, что он о́чень хоро́ший. 14. Ва́ся, когда́ ты пойдёшь в магази́н, не забу́дь (покупа́ть / купи́ть) ко́фе. 15. Ма́ша вчера́ (говори́ть / сказа́ть), что она́ (приходи́ть / прийти́) за́втра. 16. Когда́ ты был на рабо́те, (приходи́ть / прийти́) Анто́н Никола́евич. Он (говори́ть / сказа́ть), что ве́чером (приходи́ть / прийти́) игра́ть в ша́хматы. 17. Макси́м, (приходи́ть / прийти́) Оле́г. Он хо́чет (идти́ / пойти́) в парк. 18. Уже́ двена́дцать часо́в! Мне на́до (идти́ / пойти́) на заня́тия. 19. Каки́е краси́вые сту́лья! Где вы их (покупа́ть / купи́ть)? 20.—Что ты де́лал, когда́ я была́ на рабо́те, Макси́м?—(игра́ть / сыгра́ть), (смотре́ть / по-) по телеви́зору де́тские переда́чи. 21.—Вади́м, что́ ты сейча́с (чита́ть / про-)?—«Вече́рнюю Москву́».—Когда́ ты её (чита́ть / про-), дай её мне, пожа́луйста.

13.9 Notes on Individual Words

взять — Note the expression **взять кни́ги в библиоте́ке** ('to check out books at the library', 'to take out books from the library'): — Кака́я интере́сная кни́га! Где ты её купи́л? — Я её взял в библиоте́ке.

ко́нчиться — Note the expression **У неё ко́нчился ко́фе** ('She's run out of coffee.')

ма́ло — '(too) little', 'not enough' (a negative concept); do not confuse with **немно́го** — 'a little' (a positive concept).

мно́го — 'much', 'a lot of'; a quantity expression only. Do not use for intensity of feeling or action — you already know how to use **о́чень** to express intensity with such verbs as **спеши́ть, хо́чет:** Прости́те, я о́чень спешу́. Макси́м о́чень хо́чет купи́ть э́ту кни́гу.

путёвка — vacation pass (a document entitling the bearer to accomodations in a rest home or sanatorium. Part or all of the cost of a vacation pass may be borne by the worker's union).

Ленингра́д — the second-largest city of the Soviet Union. It was there that Lenin announced the victory of the Socialist Revolution. Founded in 1703 by Peter the Great, the city was first called St. Petersburg, and later Petrograd. After Lenin died in 1924, the city's workers decided to rename the city in his honor.

Ки́ев — capital of the Ukrainian Soviet Socialist Republic and the third largest city of the Soviet Union. Founded in the fifth century, in the ninth century it became the capital of the first state of the Eastern Slavs (Kievan Rus).

Ничего́ не забы́л

Во вто́рник Анто́н пришёл домо́й и сказа́л:

— Ве́ра, нам ну́жно отдохну́ть. Я получи́л путёвки в дом о́тдыха. В суббо́ту мы пое́дем на юг.

— Прекра́сно, — отве́тила Ве́ра.

Ве́ра хорошо́ зна́ет, что муж всегда́ всё забыва́ет, поэ́тому в сре́ду она́ спроси́ла:

— Что тебе́ ну́жно взять в дом о́тдыха?

— Мне ничего́ не ну́жно, — отве́тил Анто́н, — возьми́ то́лько бри́тву и зубну́ю щётку.

— Нет, — сказа́ла Ве́ра, — на ю́ге ты всегда́ говори́шь, что я забыва́ю до́ма твои́ ве́щи. Возьми́ чемода́н и положи́ туда́ всё, что тебе́ ну́жно.

В четве́рг она́ спроси́ла:

— Твои́ руба́шки ну́жно взять?

— Коне́чно, — отве́тил муж.

— А брю́ки?

— Брю́ки то́же.

В пя́тницу Анто́н положи́л в чемода́н свой костю́м. В суббо́ту Ве́ра положи́ла ещё его́ ту́фли.

И вот они́ на ю́ге. Ве́ра говори́т: «Прекра́сно, мы взя́ли всё, что ну́жно. Мы ничего́ не забы́ли».

Она́ ещё не зна́ет, что Анто́н забы́л до́ма чемода́н.

ДАВА́ЙТЕ ПОГОВОРИ́М:

Кому́ ну́жно в центр? Пожа́луйста.

— Ты всё купи́ла?

— Да, я купи́ла всё, что ну́жно.

— А сигаре́ты?

— Прости́, пожа́луйста, я забы́ла, что тебе́ ну́жно купи́ть сигаре́ты.

по-е́д-ут (пое́хать) *p.*
юг (на) south

прекра́сно (it's) fine, excellent
туда́ there (*dir.*)

204

— Ты ничего́ не забы́ла купи́ть?
— Нет, я всё купи́ла.
— А ры́бу?
— Да, мне ведь ну́жно купи́ть ещё ры́бу!

— Ты взял руба́шки?
— Коне́чно, взял.
— А бри́тву?
— Бри́тву забы́л. Положи́ её, пожа́луйста, в мой чемода́н.

— Анто́н, вот твой чемода́н.
— Спаси́бо.
— Ты положи́л руба́шки?

— Да, положи́л.
— А брю́ки?
— То́же положи́л. А где моя́ бри́тва? Дай мне её, пожа́луйста.
— Вот она́, возьми́.
— Спаси́бо. Ве́ра, где твой но́вые ту́фли?
— Вот они́.
— Ты возьмёшь их на юг?
— Коне́чно, возьму́.
— А э́ти ве́щи? Не забу́дь их.
— Хорошо́, возьму́. Анто́н, возьми́ свой но́вый костю́м.
— Хорошо́, возьму́.

— Уже́ де́вять часо́в! Мне ну́жно идти́ домо́й!
— Не спеши́! Дава́й ещё сыгра́ем в ша́хматы.
— Нет, нет, спаси́бо. Я до́лжен сейча́с идти́. Мне ведь ну́жно ещё занима́ться. Я сего́дня ма́ло рабо́тал и до́лжен ещё мно́го сде́лать.

— Мне ну́жно идти́. Мне ведь на́до быть до́ма в четы́ре часа́.
— Уже́ идёшь? Тогда́ возьми́ свой журна́л.
— А где же он?
— На окне́.

— У вас есть сигаре́ты «Столи́чные»?
— Нет. Есть «Но́вость», «Стюарде́сса».
— Да́йте, пожа́луйста, «Но́вость».
— Что ещё?
— Бо́льше ничего́. Ах да, я совсе́м забы́л. Да́йте мне ещё спи́чки.
— Пожа́луйста, молодо́й челове́к.
— Большо́е спаси́бо.

— Ни́на, я забы́ла тебе́ сказа́ть, что приходи́ла Лари́са.
— Лари́са? И давно́?
— В два часа́. Она́ получи́ла путёвку в дом о́тдыха.
— Да, я уже́ слы́шала. А когда́ она́ е́дет?
— Я забы́ла спроси́ть.

— Я в понеде́льник е́ду в Ленингра́д.
— Я то́же е́ду в понеде́льник. Пое́дем вме́сте!
— Прекра́сно. Пое́дем.

— Ты всё ви́дишь?
— Нет, ничего́ не ви́жу.

— Ты не так смо́тришь. Ну́жно смотре́ть вот так.
— Да, сейча́с я всё ви́жу. Прекра́сно!

ну́жно / на́до *кому́ + инфинити́в* it's necessary (I need to...)
за-ним-а́й + ся to study, do one's lessons (*at higher education level*)
на окне́ on the windowsill
«Но́вость» Novelty
ах!
спи́чки match
Большо́е спаси́бо.
Ты не так смо́тришь. You're looking the wrong way.
Ну́жно смотре́ть вот так. You need to look this way.

Упражнéния

13.10 — В четвéрг я éду *в Москвý.*
— Я тóже éду в четвéрг. Поéдем вмéсте!
— Прекрáсно. Поéдем.
(Ленингрáд, Новосибúрск, Сýздаль, Кúев)

13.11 Вы и вáша женá éдете отдыхáть. Вáша женá спрáшивает: «*Что нýжно положúть в чемодáн?*» Вы отвечáете: «*Не забýдь взять брúтву*» ...
(продолжáйте)

13.12 Это ваш журнáл? *Возьмúте свой журнáл!*
Это ваш портфéль? ...!
Это вáша кнúга? ...!
Это вáша газéта? ...!
Это ваш чемодáн? ...!
Это вáше пальтó? ...!

13.13 Сейчáс два часá. В три часá вы должны́ быть в инститýте. Вам нýжно éхать в инститýт на метрó, а потóм на трамвáе. Ивáн Ивáнович говорúт: «Давáйте пообéдаем вмéсте!» Что вы емý отвéтите?
Сейчáс 7 часóв. В 8 часóв вы должны́ быть в теáтре. Антóн Николáевич говорúт: «Давáйте посмóтрим телевúзор»! Что вы емý отвéтите?

13.14 Вы вúдите киóск. Вам нýжно купúть сигарéты «Стюардéсса».
(У вас есть...?, Дáйте, пожáлуйста,... , Пожáлуйста, что ещё?, Бóльше ничегó., Большóе спасúбо.)

Вы вúдите киóск. Вам нýжно купúть газéту «Москóвская прáвда».
Вы вúдите магазúн. Вам нýжно купúть кóфе.

13.15 — *Я сегóдня получúл путёвку в дом óтдыха.*—Прекрáсно! (купúть нóвый телевúзор, получúть интерéсное письмó, получúть нóвые фотогрáфии, купúть билéты на фильм «Гáмлет», купúть билéты в теáтр)

13.16 1. Вы обы́чно занимáетесь в библиотéке úли дóма?
2. Что вы дéлаете, когдá вам нýжно отдохнýть? Где вы обы́чно отдыхáете? Что нýжно взять, когдá вы éдете отдыхáть?
3. Вы всегдá пóмните всё, что вам нýжно?
Вы чáсто забывáете взять свои вéщи?

13.17 Word Study

брю́ки — breeches
возьмýт — воскресéнье (*The prefix* воз-/вос-/вз-/вс- *means* upward, воскресéнье = up from the cross.)
вопрóс — спросúть
дать — dative
забы́ть — быть
занимáться — заня́тия, понимáть
Ленингрáд — гóрод
мáло — мáленький
пóмнить — mind, mental, mnemonic

Но́вые слова́ и выраже́ния

ах!
бри́тва
брю́ки
вещь
возьм-у́т (взять) *р.*
вопро́с
дать (дай!) *р.*
за-быв-а́й + / за-бу́д-ут
  (забы́ть)
за-ним-а́й + ся
зубна́я щётка
ко́нч-и-ть-ся: У нас ко́н-
  чился ко́фе.

костю́м
ма́ло
мно́го
на́до
ну́жно
окно́: на окне́
от-ве́т-и-ть *р. кому́ на*
  что
о́чень хо́чет, о́чень
  спеши́т
по-е́д-ут (пое́хать) *р.*
  Пое́дем!

по-луч-а́й + / по-
  луч-и́-ть
по-мн-и-ть
прекра́сно
пусть
путёвка
свой
се́вер (на)
спаси́бо
  Большо́е спаси́бо.
спи́чка
так

трина́дцать, трина́дца-
  тый
туда́
ту́фля
чемода́н
щётка
юг (на)

Ки́ев
Ленингра́д

УРОК № **14** (ЧЕТЫРНАДЦАТЬ)
— ЧЕТЫРНАДЦАТЫЙ УРОК

Анто́н купи́л **но́вую** руба́шку и **но́вый** га́лстук.
— Когда́ Анто́н придёт домо́й? — **Че́рез час.**
Вади́м **ка́ждый год** быва́ет на ю́ге.
Сего́дня ве́чером я **бу́ду** до́ма.
Я весь ве́чер **бу́ду чита́ть** э́ту кни́гу.
Дава́йте смотре́ть телеви́зор. **Дава́йте посмо́трим** э́ту переда́чу.
Дава́йте не бу́дем говори́ть об э́том.

Фоне́тика:

Read p. 23 concerning the pronunciation of **x**.

Слу́шайте и повторя́йте!

дом о́тдыха ... пло́хо ... е́хал ... приходи́ть ... уходи́ть ... плохо́й ... ах! ...
их ... о́тдых ... хорошо́ ... холо́дный ... хо́чет ... хлеб ... входи́те ... ку́хня ...
ша́хматы

Это но́**вый** журна́л и но́**вая** кни́га.
Анто́н купи́л но́**вый** журна́л и но́**вую** кни́гу.
— Како́й журна́л он купи́л? — Но́вый.
— Каку́ю кни́гу он купи́л? — Но́вую.
— Како́е пальто́ он положи́л в чемода́н? — Но́вое.
— Каки́е ту́фли он положи́л в чемода́н? — Но́вые.

— Когда́ Анто́н придёт домо́й? — **Че́рез час.**

— Че́рез	Когда́? час, 2 часа́, 5 часо́в. день. неде́лю. ме́сяц. год.

Вади́м **ка́ждую суббо́ту** прихо́дит игра́ть
в ша́хматы. (*как ча́сто?*)

Сейча́с	я		на рабо́те.
Ве́чером	я	бу́ду	до́ма.

1 неде́ля = 7 дней
1 ме́сяц = 30 (три́дцать) дней и́ли 31 день
Сейча́с 2 часа́. Анто́н придёт в 4 часа́. Он придёт **че́рез 2 часа́.**

быть — *future tense*: бу́ду, бу́дешь, бу́дут

Я весь ве́чер **бу́ду чита́ть** э́ту кни́гу.
Я сего́дня **прочита́ю** её.

четы́рнадцать, четы́рнадцатый
че́рез *что* in (after)
неде́ля week
ме́сяц month

три́дцать 30
ка́ждый each, every
быть (*fut.* бу́д-ут)

	Imperfective	Perfective
Present Tense	чита́ю, чита́ешь ...	—
Past Tense	чита́л, чита́ла ...	прочита́л, прочита́-ла ...
Future Tense	бу́ду бу́дешь ... чита́ть	прочита́ю, прочи-та́ешь ...

Я весь ве́чер **бу́ду смотре́ть** телеви́зор.
Анто́н **бу́дет отдыха́ть**, когда́ он **бу́дет смотре́ть** телеви́зор.
Когда́ Вади́м **придёт**, мы **сыгра́ем** в ша́хматы.
Анто́н сказа́л, что он сего́дня **придёт** игра́ть в ша́хматы.

Дава́йте говори́ть то́лько по-ру́сски.
Дава́йте поговори́м по-ру́сски.
Дава́йте не бу́дем говори́ть об э́том. Let's not...

хоте́ть + *инфинити́в*

| Я хочу́
Ты хо́чешь
Он хо́чет
Мы хоти́м
Вы хоти́те
Они́ хотя́т | рабо́тать в Академгород-ке́.
отдыха́ть на ю́ге.
купи́ть но́вую руба́шку. |

Они́ танцу́ют.

танц-ев-а́-ть
я танцу́ю
ты танцу́ешь
они́ танцу́ют

Дава́йте потан-цу́ем!
(немно́го)

Она́ **хо́чет пойти́** в теа́тр, а он **хо́чет смотре́ть** телеви́зор.

Когда́ Вади́м отдохнёт, он опя́ть **за-хо́чет пое́хать** на юг.

Мы обы́чно **встаём** в 7 часо́в.
За́втра мы **вста́нем в 6 часо́в.**

вста-ва́й + (встава́ть) / вста́н-ут (встать)
я встаю́   я вста́ну ты встаёшь   ты вста́нешь они́ встаю́т   они́ вста́нут

Similarly: у-ста-ва́й + / у-ста́н-ут

сыгр-а́й + *p.* to play (*a single game of...*)
хот-е́-ть / за- to want
  хочу́, хо́чешь, хо́чет,
  хоти́м, хоти́те, хотя́т

танц-ев-а́-ть (танцу́ют) / по-
вста-ва́й + (встаю́т) / вста́н-ут to get up, stand up, rise
у-ста-ва́й + (устаю́т) / у-ста́н-ут to tire, get tired

— Максим, я не знала, что ты уже дома!
— Да, я уже давно вернулся.

Это Чёрное море и пляж.
Все загорают или купаются.

Это четвёртый и пятый этажи.
Маша едет на лифте.
Максим поднимается без лифта.

ГРАММАТИКА И УПРАЖНЕНИЯ

14.1 The Preposition через in Time Expressions

Сейчас два часа. Антон сказал, что он придёт в четыре часа. Значит, он придёт **через два часа.**
Вера сказала, что она вернётся **через неделю.**

The preposition **через** is used with the accusative case to express a period of time after which something will occur.

Упражнение 14.1

Образец: Борис Иванович будет там час.—*Он вернётся через час.*

1. Володя будет там две минуты. 2. Галина Васильевна будет там неделю.
3. Нина Васильевна будет там месяц. 4. Петя и Галя Ивановы будут там один год. 5. Мы будем там десять часов. 6. Наташа будет там десять минут.
7. Дети будут там один день. 8. Мы будем там неделю.

14.2 The Verb хот-é-ть / за-хот-é-ть

— Где вы хотите отдыхать?—Я хочу отдыхать на юге.
Если я захочу отдохнуть, я поеду на юг.

я хоч-у́	мы хот-и́м
ты хо́ч-ешь	вы хот-и́те
он хо́ч-ет	они хот-я́т

он хотел, она хотела, они хотели

Everything about this verb is regular except that it changes from first conjugation to second conjugation between singular and plural. Note also that the accent pattern changes at the same time.

As in English, this verb is used with the infinitives of verbs it governs.

чёрный black
  Чёрное море
пляж beach
за-гор-а́й + / за-гор-е́-ть (загоря́т) to sunbathe
  (*p.* to get a suntan)
куп-а́й + ся to bathe

эта́ж (этажи́) floor (story)
лифт: на ли́фте by elevator / lift
  без ли́фта without the elevator / lift
под-ним-а́й + ся to go up, rise
вер-ну́-ть-ся (верну́тся) *p.* to return, to / come back

The perfective, **захотéть** indicates the *beginning* of a desire. (Since the verb refers to a state of mind, it cannot have a resultative perfective.)

In Russian verbs expressing mental states are used with adverbs expressing *not* quantity, but intensity: Я óчень хочý купи́ть э́ту кни́гу. 'I very much want to...'

Упражнéния 14.2

а. *Запóлните прóпуски* (хот-é-ть).

1. Лéна ... учи́ться в институ́те, где учи́лись её сёстры. 2. Ты не ... пойти́ в нóвое кафé? 3. Дéти не ... идти́ домóй пешкóм. 4. В срéду я ... пойти́ в теáтр. У меня́ ужé есть билéты. 5. Лари́са ужé не ... рабóтать в Акадéм-городкé. 6. Сегóдня по телеви́зору óчень интерéсные вечéрние передáчи. Вы не ... посмотрéть телеви́зор? 7. В воскресéнье мои́ сыновья́ ... поéхать в Ленингрáд. 8. Я ... посмотрéть фотогрáфии, котóрые Вади́м сдéлал в Ки́еве. 9. Ты не ... сыгрáть в шáхматы? 10. Вы не ... пойти́ в лес? 11. Макси́м говори́т: «Я сегóдня не ... идти́ в дéтский сад». 12. Мы ... купи́ть нóвые сту́лья.

б. *Запóлните прóпуски* (хот-é-ть / за-).

1. Когдá Зи́на прочитáет э́тот журнáл, онá, навéрно, ... купи́ть ещё оди́н журнáл. 2. Когдá мы пообéдаем, ты, навéрно, ... сыгрáть в шáхматы. 3. Олéг пять лет рабóтал в Новосиби́рске, потóм он ... рабóтать в другóм гóроде. 4. Мой брáтья, навéрно, ... посмотрéть зáвтра передáчу «Москвá и москвичи́». 5. Дéти дóлго слу́шали рáдио. Потóм они́ ... поигрáть в саду́. 6. Когдá Тáня прихóдит, онá всегдá ... игрáть в шáхматы. 7. Чéрез год ты, навéрно, опя́ть ... поéхать в дом óтдыха. 8. Когдá я сказáл, что я иду́ в библиотéку, Мáша тóже ... пойти́ тудá.

14.3 Accusative Adjective Endings

Антóн купи́л нóв**ый** костю́м, нóв**ую** рубáшку, нóв**ое** пальтó и нóв**ые** ту́фли.
Вы ещё не ви́дели нáшего нóв**ого** сосéда?

The only new ending for you here is that of the feminine singular, -УЮ (spelled **-ую** / **-юю**: нóв**ую**, вечéрн**юю**).

Упражнéния 14.3

а. *Образéц*: Какáя совремéнная библиотéка!—*Вы не хоти́те посмотрéть э́ту совремéнную библиотéку?*

1. Каки́е краси́вые фотогрáфии! 2. Какáя интерéсная передáча! 3. Каки́е интерéсные кни́ги! 4. Какóй стари́нный гóрод! 5. Каки́е интерéсные совремéнные домá! 6. Каки́е краси́вые чёрные ту́фли! 7. Какóе большóе нóвое кафé!

б. *Complete the sentences with appropriate forms of words given in parentheses.*

1. Мы выпи́сываем («Вечéрняя Москвá» и «Комсомóльская прáвда»). 2. Вы ещё не знáете (э́тот симпати́чный молодóй человéк)? 3. Я купи́л тебé (хорóшая дéтская кни́га). 4. Шофёр не ви́дит (пожилáя жéнщина). 5. Моя́ дочь чáсто слу́шает (серьёзная совремéнная му́зыка). 6. В киóске мы покупáем (англи́йские и францу́зские газéты). 7. Строи́тели нам показáли (интерéсные нóвые домá).

8. Вы не ви́дели (мой ма́ленький сын)? 9. Макси́м хо́чет посмотре́ть (э́та де́тская переда́ча). 10. Мне ну́жно купи́ть (но́вое пальто́). 11. Вы зна́ете (э́тот пожило́й мужчи́на)?

14.4 Expressing Repeated Occasions with ка́ждый

Анто́н Никола́евич **ка́ждую суббо́ту** прихо́дит игра́ть в ша́хматы.
Мы **ка́ждый год** отдыха́ем на ю́ге.

What case is used to express repeated occasions with the adjective **ка́ждый**?

Упражне́ние 14.4. *Complete the sentences with appropriate forms of words given in parentheses.*

1. Мы (ка́ждая неде́ля) покупа́ем «Огонёк». 2. Оле́г (ка́ждый ме́сяц) быва́ет в Москве́, где живу́т его́ роди́тели. 3. Э́тот францу́з (ка́ждый год) быва́ет в Ленингра́де. 4. Моя́ жена́ (ка́ждый день) покупа́ет «Моско́вскую пра́вду» в кио́ске. 5. Мы (ка́ждое воскресе́нье) смо́трим э́ту переда́чу. 6. (Ка́ждая пя́тница) Анто́н гото́вит нам вку́сный обе́д. 7. (Ка́ждый вто́рник) прихо́дит Ви́ктор, и мы идём в парк игра́ть в футбо́л. 8. (Ка́ждый понеде́льник) я покупа́ю э́тот журна́л.

14.5 The Future Tense of быть

Сейча́с я на рабо́те, а ве́чером я **бу́ду** до́ма.
Как вы ду́маете, когда́ они́ здесь **бу́дут**?
Ива́н Ива́нович сказа́л, что он **бу́дет** до́ма в 12 часо́в.

As you can see, the future tense of **быть** has regular, unaccented endings of the first conjugation, but the root (which you have seen in **бу́дущий**) must be learned separately. (Cf. **забы́ть** in Lesson 13).

Упражне́ние 14.5. *Запо́лните про́пуски.* (*Use the verb* быть *in the future tense.*)

1. За́втра мы уже́ ... в Москве́. 2. Вы не зна́ете, А́нна Петро́вна ве́чером ... до́ма? 3. За́втра у́тром он ... не в шко́ле, а в библиоте́ке. 4. За́втра, в воскресе́нье, все де́ти ... до́ма. 5. Вы за́втра ... на заня́тиях? 6. Че́рез де́сять мину́т ты ещё ... здесь? 7. Я за́втра весь день ... в це́нтре. 8. Че́рез неде́лю мы уже́ ... в до́ме о́тдыха на се́вере.

14.6 The Imperfective Future

Сего́дня ве́чером я бу́ду до́ма. Я весь ве́чер *бу́ду чита́ть* но́вый журна́л.

The imperfective future is the only Russian tense form made up by means of a helping verb. (The helping verb is *never* used with perfective infinitives!)
Congratulations! You now know the formation of *all* of the Russian tenses. With the exception of a few more types of consonant mutation, you know 99% of all there is to learn about adding endings to Russian verbs. (Cf. the chart on p. 236).
Warning: the verb **хоте́ть** has no imperfective future, only perfective future (see **захоте́ть** in section 14.2).

Упражнéния 14.6

а. *Образéц*: Сегóдня мы отдыхáем.— *Зáвтра мы тóже бýдем отдыхáть.*

1. Сегóдня дéти купáются в мóре. 2. Сегóдня ты готóвишь ýжин. 3. Сегóдня я загорáю на пляже. 4. Сегóдня Олéг расскáзывает о рабóте в Академгородкé. 5. Сегóдня Ларúса читáет интерéсную кнúгу. 6. Сегóдня вы готóвите урóки. 7. Сегóдня я поднимáюсь на седьмóй этáж без лúфта. 8. Сегóдня Вадúм ничегó не дéлает. 9. Сегóдня мы обéдаем в ресторáне.

б. *Образéц*:— Мы сейчáс обéдали. А ты?— *Я бýду обéдать потóм.*

1. Мы сейчáс купáемся. А Вúктор? 2. Мы сейчáс зáвтракаем. А вы? 3. Мы сейчáс готóвим ýжин. А Áнна Петрóвна? 4. Мы сейчáс читáем эти нóвые стихú. А вы, дéти? 5. Мы сейчáс отдыхáем. А вáши родúтели? 6. Мы сейчáс покупáем óвощи и фрýкты. А ты? 7. Мы сейчáс игрáем в футбóл. А Вúктор и Вадúм? 8. Мы сейчáс гуляем. А Ларúса?

14.7 Verb Tenses in Indirect Speech

Вúктор сказáл: «Я прочитáл эту кнúгу в срéду».
Вúктор сказáл, что он прочитáл эту кнúгу в срéду.

Вúктор сказáл: «Я читáю эту кнúгу».
Вúктор сказáл, что он читáет эту кнúгу.
Victor said that he was reading this book.

Вúктор сказáл: «Я зáвтра прочитáю эту кнúгу».
Вúктор сказáл, что он зáвтра прочитáет эту кнúгу.
Victor said that he would finish reading this book tomorrow.

In English we often change verb tenses when we transfer direct (quoted speech) into indirect speech. In Russian the tense of the actual statement made *must be kept unchanged.* (Note that the English form 'would' often serves to indicate a future tense from a past-tense point of view in indirect speech.)

Упражнéние 14.7. *Turn the following quotes into indirect speech.*

1. Мáма сказáла: «Пáпа придёт в четы́ре часá». 2. Антóн сказáл: «Моя женá—инженéр». 3. Ларúса сказáла: «Я всю недéлю былá в Парúже». 4. Вéра сказáла: «Я сейчáс приготóвлю зáвтрак». 5. Пáпа сказáл: «Зáвтра я куплю́ мясо и хлеб». 6. Вадúм сказáл: «Моú брáтья рабóтают на завóде». 7. Зúна сказáла: «Я зáвтра не пойдý в институт». 8. Мáша сказáла: «Я сегóдня дóлго игрáла в садý». 9. Максúм сказáл: «Пáпа и мáма бýдут дóма в три часá». 10. Антóн Николáевич сказáл: «Я сегóдня вéчером придý игрáть в шáхматы».

14.8 The Present Tense of Verbs with the Suffix -ОВ-

Вчерá в кафé Вадúм весь вéчер танцевáл. Он и сегóдня хóчет танцевáть. Сегóдня вéчером он тóже танцýет.
Давáйте потанцýем! Let's dance a bit!

Verbs with the suffix -ОВ- (spelled **-ов-/-ев-**) replace this suffix with -УЙ- in forms of the present / future. Such verbs take regular first-conjugation endings:

танцу́й + у = танцу́ю, танцу́ешь, танцу́ют. If the accent is on the suffix **-á-** in the infinitive, it will be on **-ý-** in present / future forms.

Упражне́ние 14.8. *Запо́лните про́пуски* (танц-ева́-ть).

1.— Почему́ Зи́на не ...? — Потому́ что она́ не хо́чет ... . 2. Когда́ я отдыха́ю на ю́ге, я ка́ждый ве́чер ... в кафе́. 3. Дава́йте ...! 4. Мы вчера́ до́лго ... в кафе́. 5. Когда́ молоды́е лю́ди поу́жинают, они́ ... . 6. Почему́ Лари́са вчера́ ве́чером не ... ?

14.9 Verbs with the Imperfectivizing Suffix -ВАЙ-

Ра́ньше мы всегда́ **встава́ли** в шесть часо́в. Тепе́рь мы **встаём** в во́семь часо́в. Ра́ньше, когда́ я игра́л в футбо́л, я о́чень **устава́л.** Тепе́рь я не так **устаю́.**

Like the suffix -ЫВАЙ-, -ВАЙ- is used to make imperfective verbs from perfective roots. In verbs in which this suffix follows the vowel **a,** the suffix is lost in *present tense forms only.* Such verbs take regular first-conjugation endings: встаю́, встаёшь, встаю́т; устаю́, устаёшь, устаю́т.

Упражне́ния 14.9

а. *Запо́лните про́пуски* (вста-ва́й +).

1. Когда́ мы до́ма, мы всегда́ ... в 8 часо́в. 2. Ра́ньше мы ... в 8 часо́в. 3. Когда́ Зи́на учи́лась в институ́те, она́ всегда́ ... в 6 часо́в. Тепе́рь она́ ... в 7 часо́в. 4. Когда́ ну́жно идти́ в шко́лу, на́ши де́ти ... в 7 часо́в. 5.— Когда́ ты обы́чно ...? — Тепе́рь я обы́чно ... в 6 часо́в, а ра́ньше я всегда́ ... в 7 часо́в.

б. *Запо́лните про́пуски* (у-ста-ва́й +).

1. Мы ка́ждый ве́чер игра́ем в футбо́л и о́чень ... . 2. Когда́ Ви́ктор рабо́тал в библиоте́ке, он о́чень ... . 3. Ты не ... , когда́ так мно́го рабо́таешь? 4. Де́ти ка́ждый день до́лго игра́ют в па́рке, но не ... . 5. Ра́ньше я не так ... , а тепе́рь я ка́ждый день о́чень ... .

14.10 The Verb Root -СТА́Н-

— Когда́ вы хоти́те за́втра **встать?** — Мы за́втра **вста́нем** в шесть часо́в. Мы, наве́рно, о́чень **уста́нем.**

Мы вчера́ **вста́ли** в пять часо́в и о́чень **уста́ли.**

Verbs with the root -СТА́Н- are accented on the root and take regular first-conjugation endings. The final consonant of the stem is, of course, lost before the consonantal endings of the infinitive and past tense: вста́ну, вста́нешь, вста́нут; встал; встать; уста́ну, уста́нешь, уста́нут; уста́л; уста́ть.

The past tense of **уста́ть** is the equivalent of 'to be tired' — the result of the past action is still relevant in the present: Я о́чень уста́л. 'I'm very tired'. Note, that in the English equivalent we see an adjective with the verb 'to be'.

Упражне́ния 14.10

а. *Запо́лните про́пуски* (вста-ва́й + / вста́н-ут).

1. Мы обы́чно ... в 7 часо́в, но сего́дня мы ... в 10 часо́в. 2. За́втра я ...

в 4 часа́. 3. Ра́ньше мы всегда́ ... в 6 часо́в, но, когда́ мы бу́дем на ю́ге, мы ... то́лько в 8 часо́в. 4. Когда́ де́ти ... за́втра у́тром? 5. У нас за́втра бу́дет ле́кция в 9 часо́в. Поэ́тому мы ... в 7 часо́в 30 мину́т.

б. *Запо́лните про́пуски* (у-ста-ва́й + / у-ста́н-ут).

1. Я уже́ ... . Дава́йте отдохнём! 2. Студе́нты мно́го рабо́тают ка́ждый день и о́чень ... . 3. Де́ти сего́дня вста́ли ра́но. Я ду́маю, что они́ о́чень ... . 4. Когда́ мы учи́лись в университе́те, мы о́чень ... . Тепе́рь мы рабо́таем в институ́те и не так ..., как ра́ньше. 5. Де́ти до́лго игра́ли в па́рке и о́чень ... . 6. Когда́ я встаю́ в 6 часо́в, я о́чень ... . 7. Аня, ты ещё не ...? Ты уже́ 8 часо́в рабо́таешь. 8. Я сего́дня до́лжен о́чень мно́го рабо́тать. Наве́рно, я о́чень ... .

14.11 Suggestions for Joint Action

Дава́йте говори́ть то́лько по-ру́сски.
Дава́йте поговори́м по-ру́сски.
Дава́йте не бу́дем говори́ть об э́том. Let's not...

You already know how to express suggestions for joint action ('Let's...') involving perfective verbs: Дава́йте поговори́м, Дава́йте сыгра́ем, etc. When an *imperfective* verb is needed (when reference is not to one specific complete action), the *infinitive* is used: Дава́йте всегда́ говори́ть по-ру́сски.

'Let's not...' is expressed by **Дава́йте не бу́дем,** *always with an imperfective* infinitive: Дава́йте не бу́дем смотре́ть э́ту переда́чу.

In the case of *perfective* verbs, **Дава́йте** may be omitted. Including **Дава́йте** makes the invitation more polite. Поговори́м по-ру́сски, Сыгра́ем в ша́хматы, etc.

The going verbs are used with particular frequency without **Дава́йте**: Пойдём / Пое́дем вме́сте! (Идём / Едем also occur in this meaning, but are less polite.)

When making such invitations in *familiar address* the imperfective is formed with **Дава́й**: Ви́тя, дава́й смотре́ть телеви́зор. However the *perfective* is usually formed without the **Дава́й**: Ва́ня, сыгра́ем в ша́хматы.

Remember that none of these forms has tense meanings, only aspect meanings, i. e. either reference to one specific complete event or lack of such reference.

Упражне́ния 14.11

а. *Образе́ц:* — Вы хоти́те загора́ть? — *Да, дава́йте загора́ть.*
— Вы хоти́те погуля́ть в па́рке? — *Да, дава́йте погуля́ем.*

1. Вы хоти́те поговори́ть о фи́льме? 2. Вы хоти́те купа́ться? 3. Вы хоти́те сыгра́ть в ша́хматы? 4. Вы хоти́те посмотре́ть э́ту переда́чу? 5. Вы хоти́те говори́ть по-ру́сски? 6. Вы хоти́те купи́ть биле́ты на э́тот фильм? 7. Вы хоти́те погуля́ть в па́рке? 8. Вы хоти́те пойти́ в библиоте́ку? 9. Вы хоти́те пое́хать в Ленингра́д? 10. Вы хоти́те пообе́дать в рестора́не?

б. *Образе́ц:* — Ва́ня, посмо́трим переда́чу? — *Дава́й посмо́трим.*

1. Аня, пойдём на э́тот фильм? 2. Ва́ся, сыгра́ем в ша́хматы? 3. Ве́ра, посмо́трим э́ту переда́чу? 4. Анто́н, ку́пим но́вые сту́лья? 5. Ве́рочка, поу́жинаем в кафе́? 6. Га́ля, погуля́ем в па́рке? 7. Ко́ля, сыгра́ем в футбо́л?

в. *Образец:* — Я не хочу́ смотре́ть э́тот фильм.— *Да, дава́йте не бу́дем смотре́ть.*

1. Я не хочу́ покупа́ть но́вый телеви́зор. 2. Я не хочу́ говори́ть о Ма́шеньке. 3. Я не хочу́ отдыха́ть. 4. Я не хочу́ чита́ть э́ту кни́гу. 5. Я не хочу́ говори́ть о фи́льме. 6. Я не хочу́ покупа́ть э́ту маши́ну.

14.12 Indirect Speech with the Particle ли (Review)

(Review section 5.10 concerning the use of the particle ли.)

Using **ли** is the equivalent of adding **и́ли нет,** so they should not both be used in the same sentence: Ве́ра спроси́ла Анто́на, он хо́чет пойти́ в кино́ и́ли нет.

Упражне́ния 14.12

а. *Образе́ц:* — Ма́ма сейча́с до́ма? – *Я не зна́ю, до́ма ли ма́ма.*

— Мэ́ри говори́т по-ру́сски? – *Я не зна́ю, говори́т ли Мэ́ри по-ру́сски.*

1. Оле́г сейча́с в Москве́? 2. Лари́са хорошо́ говори́т по-англи́йски? 3. Ве́ра уже́ пошла́ в магази́н? 4. Зи́на рабо́тает в институ́те? 5. Ве́ра уже́ всё купи́ла?

б. *Образе́ц:* Макси́м спроси́л: „Ма́ма до́ма?" – *Макси́м спроси́л, до́ма ли ма́ма.*

Лари́са спроси́ла меня́: „Вы зна́ете ру́сский язы́к?" – *Лари́са спроси́ла меня́, зна́ю ли я ру́сский язы́к.*

Ма́ша спроси́ла: „Где ба́бушка?" – *Ма́ша спроси́ла, где ба́бушка.*

1. Анто́н спроси́л Ве́ру: „Ты всё купи́ла?" 2. Анна Петро́вна спроси́ла Макси́ма: „Куда́ ты идёшь?" 3. Лари́са спра́шивает Джо́на: „Вы живёте в Чика́го?" 4. Лари́са спроси́ла пассажи́ра: „Вы говори́те по-ру́сски?" 5. Анто́н Никола́евич спроси́л: „Заче́м приходи́л сосе́д?" 6. Ве́ра спроси́ла Анто́на: „Ты не хо́чешь сего́дня пообе́дать в рестора́не?" 7. Васи́лий Никола́евич спроси́л: „Твоя́ ма́ма на рабо́те?" 8. Ма́ма спроси́ла меня́: „Ты ве́чером бу́дешь до́ма?" 9. Мари́я Влади́мировна спроси́ла му́жа: „Зи́на сейча́с в институ́те?"

14.13 The Form of Nouns Used with Compound Numerals

оди́н ме́сяц = 30 дней и́ли 31 день

1, 31	день
2, 3, 4, 32, 33, 34	дня
5, 6, 12, 17, 35, 36	дней

Оди́н is not a numeral at all, but a modifier which simply agrees with the noun.

This is true also of compound numerals ending in 1 (21, 31) but not 11 (**оди́н день, 21 день**).

The numerals 2, 3, 4 and all compound numerals ending in 2, 3, 4 require a special form of the noun (2, 3, 4, 22, 23, 24, 32, 33, 34 **дня**).

The numerals 5 and above, the teens and compound numerals ending in 5 and above require a different form (5, 6, 7, 11, 12, 13, 17, 25, 36 **дней**).

(In the case of the teens the last component of the word is a form of the root **де́сять, оди́н-на-дцать,** etc. Therefore the teens act like the numerals 5 and above.)

14.14 Perfective Verbs Which Require a Direct Object

Я вчера́ весь ве́чер чита́л. Я прочита́л э́ту кни́гу.

Мы до́лго говори́ли о Москве́. Джон сказа́л, что э́то о́чень интере́сный го́род.

Сыгра́ем в ша́хматы.

Many verbs which can be used without a direct object in the imperfective *must* have a direct object present or implied when used in the perfective (since the perfective stresses the result of the action). The direct object may be a quote or a clause (as in the second example). In the case of **сыгра́ть** ('to play a game of...') the direct object is implied, and the perfective verb cannot be used without the name of the game being played (**в ша́хматы, в футбо́л**).

Упражне́ние 14.14. Additional Drill on Aspects. *Complete the sentences with appropriate forms of verbs given in parentheses. Explain your choice of aspect in each case.*

1.— Я весь ве́чер (чита́ть / про-) э́ту кни́гу. — Вы её уже́ (чита́ть / про-)? 2. Снача́ла Ве́ра (чи́стить / по-) о́вощи и ры́бу, пото́м она́ положи́ла их в кастрю́лю. 3.— Я ви́жу, что у вас но́вый телеви́зор. — Да, мы (покупа́ть / купи́ть) его́ в суббо́ту. 4.— Зи́на, что ты де́лала ве́чером? — Гуля́ла, (чита́ть / про-), (смотре́ть / по-) телеви́зор. 5. Вади́м (забыва́ть / забы́ть) до́ма свою́ бри́тву. Пусть (брать / взять) мою́ бри́тву. 6. Вот письмо́, кото́рое я сейча́с (получа́ть / получи́ть). Хо́чешь, я (чита́ть / про-) его́ тебе́? 7. Вы (забыва́ть / забы́ть) у нас свой портфе́ль. Я его́ (взять) сего́дня ве́чером. 8. Уже́ 10 часо́в. Мне на́до (идти́ / пойти́). Я до́лжен быть на заня́тиях в 11 часо́в. 9. Ра́ньше заня́тия всегда́ (конча́ться / ко́нчиться) в 4 часа́, а тепе́рь они́ (конча́ться / ко́нчиться) то́лько в 5 часо́в. 10. В воскресе́нье мы е́дем в дере́вню. Я ду́маю, что мы там хорошо́ (отдыха́ть / отдохну́ть). 11.— Вы должны́ (забыва́ть / забы́ть) его́. — Я никогда́ никого́ не (забыва́ть / забы́ть). 12. Ва́ня, (приходи́ть / прийти́) Анто́н Никола́евич. Он хо́чет сыгра́ть в ша́хматы. 13. Э́ту кни́гу не на́до (покупа́ть / купи́ть). Она́ у нас уже́ есть. 14. Аня, мы е́дем на юг! Я (получа́ть / получи́ть) путёвки в дом о́тдыха. 15. Профе́ссор до́лго (спра́шивать / спроси́ть) нас сего́дня. Мы хорошо́ (отвеча́ть / отве́тить) на все его́ вопро́сы.

14.15 Notes on Individual Words

за-гор-а́й + / за-гор-е́-ть — These verbs show particularly clearly the contrast between the basic meanings of the two aspects — the imperfective for the process ('to sunbathe'), the perfective for the result ('to get a suntan').

А как вы отдыха́ете?

Ле́том все е́дут отдыха́ть. Вади́м то́же е́дет. Он е́дет на юг. Там Чёрное мо́ре и пляж. Вади́м о́чень хо́чет отдыха́ть на ю́ге, загора́ть и купа́ться.

ле́том in the summer(time)

— Сейча́с я уста́л,—говори́т Вади́м.—А че́рез ме́сяц, когда́ я отдохну́, я бу́ду поднима́ться на девя́тый эта́ж без ли́фта.

Но э́то непра́вда. Он бу́дет отдыха́ть то́лько в самолёте. В го́роде он обы́чно встаёт в семь часо́в и в во́семь за́втракает. В де́вять часо́в он начина́ет рабо́тать, в час обе́дает, в шесть конча́ет рабо́ту и идёт домо́й. До́ма он у́жинает, а пото́м отдыха́ет: смо́трит телеви́зор и́ли идёт в кино́, в теа́тр.

На ю́ге он бу́дет встава́ть в шесть часо́в. Он бу́дет спеши́ть на пляж и не бу́дет за́втракать. Он бу́дет загора́ть и купа́ться весь день. А пото́м в кафе́ бу́дет танцева́ть весь ве́чер. И так ка́ждый день.

Че́рез ме́сяц он вернётся в Москву́ и, коне́чно, не бу́дет поднима́ться на девя́тый эта́ж без ли́фта. Но че́рез год, ле́том, он опя́ть захо́чет отдыха́ть на ю́ге, там, где Чёрное мо́ре и пляж.

ДАВА́ЙТЕ ПОГОВОРИ́М:

— Где вы бу́дете отдыха́ть ле́том?
— Мы хоти́м пое́хать в дере́вню.
— И что вы там бу́дете де́лать?
— Там река́, бу́дем купа́ться, загора́ть, гуля́ть в лесу́.

— Где вы бу́дете отдыха́ть ле́том?
— Ра́ньше мы всегда́ отдыха́ли на ю́ге, а тепе́рь хоти́м пое́хать отдыха́ть на се́вер, на Бе́лое мо́ре. Дом о́тдыха стои́т в лесу́, там споко́йно. Мы бу́дем загора́ть и купа́ться. Я ду́маю, мы хорошо́ отдохнём.
— А когда́ вы вернётесь в Москву́?
— Че́рез ме́сяц.

— Когда́ ты пое́дешь в Москву́?
— Че́рез ме́сяц. А что?
— Я то́же хочу́ пое́хать в Москву́.
— Ну и прекра́сно. Пое́дем вме́сте.

— Оле́г, где ты отдыха́л ле́том?
— На ю́ге.
— Покажи́, пожа́луйста, фотогра́фии, кото́рые ты там сде́лал.

Дава́йте потанцу́ем

— Разреши́те вас пригласи́ть?
— Пожа́луйста.
— Вы всегда́ отдыха́ете на ю́ге?
— Нет, я ра́ньше не была́ на ю́ге. Здесь о́чень хорошо́, тёплое мо́ре, хоро́ший пляж... Вы москви́ч?
— Да, но сейча́с я живу́ в Новосиби́рске и в Москве́ быва́ю не о́чень ча́сто. Я строи́тель.
— А я учи́тельница, рабо́таю в шко́ле.
— И живёте в Москве́?
— Да.

непра́вда
бе́лый ≠ чёрный
А что?
при-глас-и́-ть (приглашу́, пригласи́шь) p. to invite

Разреши́те вас пригласи́ть. Allow me to invite you.
тёплый — не горя́чий, но и не холо́дный
покажи́!

— С удово́льствием. Ви́дишь э́тот краси́вый дом? Здесь я жил.
— А здесь на фотогра́фии я ви́жу тебя́ и о́чень краси́вую де́вушку. Кто э́то?
— Это Та́ня. Она́ учи́тельница, живёт в Москве́, мы вме́сте отдыха́ли.

— Когда́ ты вернёшься?
— Че́рез час.
— Пожа́луйста, не опа́здывай. В шесть часо́в мы идём в теа́тр.
— Хорошо́.

— Аня, ты не хо́чешь пойти́ ве́чером в кино́? Ка́жется, сего́дня хоро́ший фильм.
— Хочу́, но сего́дня я немно́го уста́ла. Дава́й лу́чше пойдём в кино́ в воскре-се́нье.
— В воскресе́нье я бу́ду смотре́ть по телеви́зору футбо́л.
— Но э́то ве́чером. А днём?
— Хорошо́, дава́й пойдём в кино́ в воскресе́нье днём.

— Зи́на, разреши́те пригласи́ть вас в кино́. У меня́ уже́ есть биле́ты.
— А как называ́ется фильм?
— «Дя́дя Ва́ня». Говоря́т, что о́чень хоро́ший фильм.
— Спаси́бо, я его́ уже́ ви́дела. Хоро́ший фильм. Пусть лу́чше пойдёт Лари́са, она́, наве́рно, ещё не ви́дела его́.

Упражне́ния

14.16 Спроси́те Оле́га, в Академгородке́ бу́дут стро́ить ещё оди́н институ́т.— *Оле́г, в Академгородке́ бу́дут стро́ить ещё оди́н институ́т?*
Спроси́те Ви́ктора, он бу́дет сего́дня смотре́ть телеви́зор.—... ?
Спроси́те Ива́на Ива́новича, бу́дет он сего́дня игра́ть в ша́хматы.—...?
Спроси́те Лари́су, где она́ бу́дет отдыха́ть ле́том.—...?
Спроси́те, где Васи́лий Никола́евич бу́дет сего́дня обе́дать.—...?

14.17 — Когда́ постро́ят но́вую шко́лу?
— *Не зна́ю. Ду́маю, что че́рез ме́сяц.*
— Когда́ вы ко́нчите свою́ рабо́ту?
— ... че́рез неде́лю.
— Когда́ вы бу́дете хорошо́ говори́ть по-ру́сски?
— ... че́рез год.
— Ви́ктор, когда́ ты вернёшься домо́й?
— ... че́рез 3 часа́.
— Когда́ сде́лают на́ши фотогра́фии?
— ... че́рез час.

14.18 — *Что он бу́дет де́лать* в Новосиби́рске?—Он бу́дет стро́ить ещё оди́н институ́т.
— ... за́втра ве́чером?—Мы пойдём в теа́тр и́ли в кино́.
— ... всю неде́лю?—Я бу́ду рабо́тать.
— ... на ю́ге?—Она́ бу́дет проводи́ть весь день на пля́же.

не опа́здывай +
ка́жется
Дава́й лу́чше...

«Дя́дя Ва́ня» *a film based on the play by Anton Pavlovich Chekhov (1860-1904).*
Спаси́бо *can mean* Спаси́бо, я не хочу́.

14.19 — Па́па, *когда́ ты вернёшься?*

— В 5 часо́в.

— *Не опа́здывай, пожа́луйста.* Ты не забы́л, что в 6 часо́в мы идём в кино́?

— Нет.

— Зи́на, ... ?

— Че́рез 2 часа́.

— ... Ведь в час ты должна́ быть на рабо́те.

— Коне́чно, я зна́ю.

— Оле́г, ... ?

— В 6 часо́в.

— ... Сего́дня ве́чером мы идём в теа́тр.

14.20 — *Вы не хоти́те сыгра́ть в ша́хматы?*

— Спаси́бо, лу́чше за́втра, я сего́дня о́чень уста́л.

(пойти́ в кино́, посмотре́ть наш го́род, посмотре́ть мои́ фотогра́фии)

14.21 — Лари́са хорошо́ говори́т по-францу́зски? — *Ка́жется*, хорошо́.

— Анна Петро́вна сейча́с в шко́ле? — ...

— Ива́н Ива́нович уже́ на рабо́те? — ...

— Ни́на ещё у́чится в шко́ле? — ...

— Де́ти уже́ пришли́ домо́й? — ...

— Ви́ктор занима́ется в библиоте́ке? — ...

14.22 — *Разреши́те вас пригласи́ть в кино́?*

— С удово́льствием. Я о́чень хочу́ посмотре́ть э́тот фильм.

— ...

— С удово́льствием. Я никогда́ не́ был в Су́здале.

— ...

— С удово́льствием. Я ещё не ви́дел ваш но́вый рестора́н.

— ...

— С удово́льствием. Я ещё не была́ в кафе́.

(пое́хать в Су́здаль, в но́вый рестора́н пообе́дать, в но́вое кафе́ потанцева́ть)

14.23 1. Когда́ вы обы́чно встаёте? Вы мно́го рабо́таете? Вы о́чень устаёте? Что ну́жно сде́лать, когда́ вы о́чень уста́ли? Где вы обы́чно отдыха́ете ле́том? Как вы отдыха́ете? Вы прово́дите свобо́дное вре́мя на пля́же? Что вы там де́лаете? Вы ча́сто танцу́ете? Где вы танцу́ете?

2. У вас в до́ме есть лифт? Вы обы́чно поднима́етесь на свой эта́ж на ли́фте и́ли без ли́фта? Как вы поднима́етесь на свой эта́ж, когда́ вы уста́ли? Как вы поднима́етесь на свой эта́ж, когда́ вы хорошо́ отдохну́ли?

14.24 Word Study

Double Letters in Spelling. Russian roots almost never have double letters. Most of the cases you have seen so far have been in borrowed words: пассажи́р, профе́ссор, грамма́тика, троллейбус, стюардéсса, Алло́! Except in such borrowed words Russian normally has double letters in cases where the two identical letters belong to different parts of the word—prefix & root, root & suffix, or between two roots: по-обéд-ай +, рас-с-каз-à-ть, рýс-ск-ий, со-времéн-н-ый, старú-н-н-ый, одú-н-на-дцат-ый.

вста-вáй + / встáн-ут — у-ста-вáй + / у-стáн-ут, сто-я́-ть; *cf. also* вс- = upward — воскресéнье, взять, (возьмý)

за-гор-áй + / за-гор-é-ть — горя́чий

недéля — понедéльник

поднимáй + ся — по-ним-áй +, возьмýт

танц-ев-á-ть — dance

тёплый — tepid

Но́вые слова́ и выраже́ния

бéлый

быть: бýд-ут

вер-нý-ть-ся *p.*

вста-вáй + / встáн-ут

давáйте не бýдем..., да-
вáйте лýчше...

за-гор-áй + / за-го-
р-é-ть

кáждый

кáжется

куп-áй + ся

лéтом

лифт
на ли́фте, без ли́фта

лýчше: давáйте лýч-
ше...

мéсяц

недéля

непрáвда

о-пáзд-ывай + : не опáз-
дывай!

пляж

под-ним-áй + ся

по-каз-à-ть: покажи́!

при-глас-и́-ть *p.*

разреши́те!

Спаси́бо. = Спаси́бо, не
хочý.

сыгр-áй + *p.*

танц-ев-á-ть / по-

тёплый

три́дцать

у-ста-вáй + / у-стáн-ут

хот-é-ть / за-

чéрез *что*

чёрный

четы́рнадцать, четы́р-
надцатый

что: А что?

этáж

Бéлое мóре

Чёрное мóре

Чéхов А. П.

Папа купил **Максиму** книгу, а **Нине** журнал.
— **Какая** сегодня погода? — **Хорошая.**
Сегодня **хо́лодно.** Вчера **бы́ло хо́лодно.** За́втра **бу́дет хо́лодно.**
Мне сегодня **хо́лодно.**
Ве́ра, **кото́рую** вы ви́дели вчера́, живёт в на́шем до́ме.
Е́сли бу́дет хоро́шая пого́да, мы пойдём гуля́ть в парк.
Я не сове́тую вам **покупа́ть** но́вый телеви́зор.
За́втра мы **е́дем** в Ки́ев.

Фоне́тика:

Read p. 42 concerning the soft velar consonants **г, к, х.**

Слу́шайте и повторя́йте!

кни́ги ... други́е ... гео́логи ... на ю́ге ... о реке́ ... в Академгородке́ ...
Ки́ев ... языки́ ... каки́е ... кино́ ... кио́ск ... уро́ки ... фи́зики ... в па́рке ...
о му́зыке ... ру́сский ... хи́мия ... стихи́ ... плохи́е ... об о́тдыхе

— **Кака́я** сегодня пого́да?
— **Хоро́шая.**

Зимо́й **холо́дная пого́да.**
Зимо́й **хо́лодно.**
Ему́ сегодня **хо́лодно.**

Папа купи́л Макси́му кни́гу, а Ни́не журна́л.
Кому́ папа купи́л кни́гу и журна́л?

кому́?	бра́ту
	Васи́лию Никола́евичу
	сестре́
	Мари́и Влади́мировне

Анто́ну интере́сно смотре́ть футбо́л
Ве́ре неинтере́сно смотре́ть футбо́л.

пятна́дцать, пятна́дцатый
пого́да weather
зимо́й in the winter(time)

хо́лодно
интере́сно/не- *кому́*

222

В па́рке гуля́ет Макси́м, кото́рого вы хорошо́ зна́ете.
Ни́на, кото́рую мы ви́дим, идёт в шко́лу.
Это институ́т, кото́рый стро́ил Оле́г.
Это фотогра́фия, кото́рую сде́лал Оле́г в Академгородке́.
Где письмо́, кото́рое я вчера́ получи́л?
Если бу́дет хоро́шая пого́да, мы пойдём в парк.
За́втра мы **е́дем** в Ки́ев.

Вот де́ти, а вот взро́слые.
Это наш двор весно́й. Весно́й тепло́.

Это наш двор ле́том. Ле́том жа́рко.

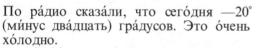

Это наш двор о́сенью.
Идёт дождь.

Это наш двор зимо́й.
Зимо́й хо́лодно. Идёт снег.

По ра́дио сказа́ли, что сего́дня —20°
(ми́нус два́дцать) гра́дусов. Это о́чень
хо́лодно.
Вчера́ бы́ло —10°. Это дово́льно хо́-
лодно.

1 гра́дус
2, 3, 4 (32) гра́дуса
0 (ноль), 5, 6 ...
(35) гра́дусов

теплó
жа́ркий, жа́рко ≠ холо́дный, хо́лодно
е́сли if
взро́слые ≠ де́ти
двор (во дворе́) (court)yard
весно́й in the spring(time)
о́сенью in the autumn, fall
дождь [dóš'] (pl. дожди́) m. rain
  идёт дождь it's raining

ра́дио: по ра́дио
ми́нус
два́дцать (20)
дово́льно quite, rather
снег snow
  идёт снег
гра́дус degree
ноль (гра́дусов) (pl. ноли́) m. zero

На у́лице хо́лодно, и Ма́ша не хо́чет идти́ на у́лицу.

Ни́на пи́шет Джо́ну письмо́. Джон то́же пи́шет Ни́не пи́сьма. Они́ перепи́сываются.

Мэ́ри — америка́нка. Она́ живёт в Аме́рике (США), в Вашингто́не.

Ни́на спра́шивает Васи́лия Никола́евича, что́ написа́ть Мэ́ри. Он ей сове́тует написа́ть, кака́я сейча́с пого́да в Москве́. «Ра́зве э́то интере́сно?» — спра́шивает Ни́на.

— Отку́да Васи́лий Никола́евич зна́ет, кака́я сего́дня пого́да в Ленингра́де?
— Он э́то слы́шал по ра́дио.

ГРАММА́ТИКА И УПРАЖНЕ́НИЯ

15.1 The Dative Case of Nouns

Па́па купи́л Макси́му кни́гу, а Ни́не журна́л.
Ни́на пи́шет письмо́ Васи́лию Никола́евичу и Мари́и Влади́мировне.
Анто́н смо́трит по телеви́зору футбо́л.

The basic ending for masculine and neuter nouns in the dative case is **-У** (spelled **-у / -ю**): преподава́телю, Васи́лию, бра́ту. Feminine nouns (and masculines in **-а / -я**) have the same forms as in the prepositional case: сестре́, Та́не, ма́тери, Мари́и; па́пе.

Упражне́ние 15.1. *Complete the sentences with appropriate forms of words given in parentheses.*

1. Анна Петро́вна приготовила (сын и дочь) вку́сный обе́д. 2. Ни́на помога́ла (ма́ма) гото́вить обе́д. 3. Я за́втра покажу́ (де́душка) э́тот краси́вый но́вый га́лстук. 4. Лари́са всегда́ улыба́ется (Вади́м). 5. Я ча́сто пока́зываю (Васи́лий Никола́евич и Мари́я Влади́мировна) свои́ фотогра́фии. 6. Ба́бушка чита́ет (Ма́ша и Га́ля) интере́сную де́тскую кни́гу. 7. Ве́ра помога́ет (муж) положи́ть в чемода́н ве́щи, кото́рые ему́ ну́жно взять. 8. Оле́г пока́зывает (Ви́ктор Ива́нович и Татья́на Васи́льевна) фотогра́фии, кото́рые он сде́лал

на у́лице outside (*loc.*)
  на у́лицу (*dir.*)
пис-а́-ть / на- (пишу́, пи́шешь) to write
пере-пи́с-ывай + ся to correspond
США [ššá] U.S.A.

Вашингто́н
сове́т-ов-а-ть / по- *кому́ + инфинити́в* (сове́туют) to advise
ра́зве really?!
отку́да (он зна́ет) from where, how

224

в Академгородке. 9. Пётр Антонович улыбнулся (Наталья Николаевна), но он ничего ей не сказал. 10. Я пишу письмо (Александр Васильевич). 11. Вадим сказал (папа), что он вернётся через два часа. 12. Олег купил (отец и мать) новый большой телевизор.

15.2 The Formation and Use of Adverbs

Олег показал нам очень интересные фотографии.
Олег очень интересно рассказал нам о работе в Академгородке.
Вадим говорит **интересно.**
Вода **очень** горячая.
Лариса **очень** хорошо говорит по-английски.

You have probably already noticed that many adverbs are formed from adjectives expressing quality by means of the ending **-o.** These adverbs represent *neuter* short-form adjectives (which is logical, since adverbs do not agree with other words in the sentence). Normally only adjectives of quality form adverbs in this manner. (Remember that adjectives of nationality have adverbs of the type **по-русски**— 'in the Russian manner'). In the future adverbs in **-o** will not be listed separately from the related adjectives unless there is a difference in the place of accent.

Just as in English, Russian adverbs can modify a verb, an adjective, or another adverb.

Упражнёние 15.2. *Заполните пропуски.*

1. (спокойный / спокойно) Галина Васильевна очень ... человек. Она всегда работает ... и хорошо. 2. (хороший / хорошо) Это ... машина. Она ... работает. 3. (вкусный / вкусно) Мама приготовила ... обед. Она всегда очень ... готовит. 4. (интересный / интересно) Какая ... передача! Этот профессор очень ... говорит. 5. (хороший / хорошо) Какое ... письмо! Ты это очень ... написал. Как ..., что ты написал письмо Саше!

15.3 как, так ~ какой, такой

Как хорошо Лариса говорит по-английски!
Лариса **так** хорошо говорит по-английски!
Какая у вас комната? **Какая** большая комната!
Сегодня **такая** плохая погода!

With nouns and full-form adjectives one must use the appropriate forms of **какой / такой** ('such a'). With adverbs and short-form adjectives use **как / так.**

Упражнёния 15.3. *Заполните пропуски.*

а. (как / какой)

1. ... вкусно готовит твоя мама! 2. ... вкусный завтрак! 3. ... хорошо Олег говорит по-испански! 4. ... интересный человек! 5. ... плохо ты почистил свои брюки! 6. Входите, ... хорошо, что вы пришли! 7. ... горячий кофе! 8. ... мало Лариса работает! 9. ... красивое пальто!

спокойный / не-

б. (так / такóй)

1. Сегóдня ... хорóшая погóда! 2. Борѝс ... серьёзный студéнт! 3. Эта стюардéсса ... хорошó говорѝт по-немéцки! 4. Сегóдня ... вкýсный суп! 5. У вас ... хорóшая квартѝра! 6. Этот лифт ... плóхо рабóтает! 7. Водá в рекé ... холóдная! 8. У мáмы всегдá ... вкýсный чай! 9. Онá сейчáс ... мнóго рабóтает. 10. Вадѝм всегдá расскáзывает ... интерéсно!

15.4 Impersonal Constructions

Сегóдня на ýлице **хóлодно.**
Сегóдня на занятиях бы́ло **интерéсно.**
Мне здесь **жáрко.** 'I'm hot here'.

	сегóдня		
Емý	вчерá	бы́ло	хóлодно.
	зáвтра	бýдет	

Russian makes widespread use of *impersonal constructions* to describe a state or situation which exists. They are called "impersonal" because there is *no subject* in the Russian construction. The English equivalent usually contains an "empty" 'it' and the verb 'to be'. If a person is affected by the prevailing situation, this is expressed in the *dative* case. You saw examples of this in Lesson 13: **Мне** нýжно / нáдо купѝть нóвый костю́м. In this type of construction the person is not an active, responsible agent. Responsibility is placed instead on prevailing external circumstances.

The past and future tenses of impersonal constructions are formed with the apprорrіate neuter singular forms of **быть.**

Упражнéния 15.4

а. *Образéц:* — Сегóдня так хорошó! — *Да, сегóдня хорóший день.*

1. Сегóдня так теплó! 2. Сегóдня так хóлодно! 3. Сегóдня так жáрко! 4. Сегóдня так хорошó!

б. *Образéц:* — Какóй хорóший вéчер! — *Да, сегóдня вéчером так хорошó!*

1. Какóй холóдный вéчер! 2. Какóй жáркий вéчер! 3. Какóй интерéсный вéчер! 4. Какóй тёплый вéчер!

в. *Образéц:* Сейчáс теплó. — *И вчерá бы́ло теплó. Говоря́т, что зáвтра тóже бýдет теплó.*

1. Сейчáс жáрко. 2. Сейчáс хóлодно. 3. Сейчáс на ýлице теплó.

г. *Образéц:* Шýра говорѝт, что зáвтра *емý* нýжно бýдет рабóтать.

1. Дéти говоря́т, что ... здесь хóлодно. 2. Мáшенька дýмает, что ... интерéсно бýдет смотрéть этот фильм. 3. Почемý ты мне не сказáл, что ... там бы́ло хóлодно? 4. Вы прáвы, ... сегóдня не нýжно рабóтать. 5. Мы вернýлись домóй, потомý что ... там бы́ло неинтерéсно. 6. Пойдём домóй. Олéг говорѝт, что ... здесь неинтерéсно. 7. Я не хочý идтѝ в дом, ... здесь так теплó и прия́тно! 8. Тáнечка пѝшет, что ... бы́ло óчень интерéсно рабóтать в Новосибѝрске.

226

д. *Complete the sentences with appropriate forms of words given in parentheses.*

1. (Василий Николаевич) бы́ло хо́лодно в па́рке, и он пошёл домо́й.
2. (Ве́ра) за́втра не на́до е́хать в Ленингра́д. 3. Я ду́маю, что (Макси́м и Ни́на) бу́дет о́чень интере́сно отдыха́ть в дере́вне. 4. (Гали́на Васи́льевна) жа́рко до́ма, и она́ хо́чет пойти́ в парк. 5. (Строи́тель) интере́сно рабо́тать на се́вере.

15.5 The Relative Adjective кото́рый in the Accusative Case

Э́то институ́т, кото́рый стро́ил Оле́г.
Вот идёт Макси́м, кото́рого вы уже́ зна́ете.
Э́то фотогра́фия, кото́рую сде́лал Оле́г в Академгородке́.
Вот идёт Ни́на, кото́рую вы уже́ зна́ете.
Вот письмо́, кото́рое я вчера́ получи́л.
Вот пи́сьма, кото́рые я сейча́с написа́л.
Мы говори́ли о Никола́е Петро́виче, кото́рого вы сейча́с ви́дели.

Remember that the relative adjective кото́рый takes its gender and number from the noun to which it refers, but its *case* is determined by its function in *its own clause.*

Упражне́ние 15.5

Образе́ц: Э́то Макси́м. Вы его́ уже́ зна́ете.— *Э́то Макси́м, кото́рого вы уже́ зна́ете.*

1. Вот портфе́ль. Я его́ купи́л вчера́. 2. Вот путёвка. Я её получи́л вчера́. 3. Э́то наш сосе́д. Вы его́ ви́дели в библиоте́ке. 4. Са́ша, где кни́га? Я купи́л её тебе́ сего́дня у́тром. 5. Э́то но́вые стихи́. Ви́ктор написа́л их вчера́. 6. Вот пальто́. Его́ ну́жно почи́стить. 7. Вот но́вый врач. Вы его́ ещё не зна́ете. 8. Вот симпати́чная де́вушка. Мы её ви́дели вчера́ во дворе́. 9. Вот бри́тва. Анто́н забы́л её взять на юг. 10. Э́то матема́тик. Его́ зна́ют все учёные. 11. Ты уже́ прочита́л журна́л? Я купи́л его́ тебе́ вчера́. 12. Вы зна́ете э́ту ру́сскую стюарде́ссу? Мы её ви́дели в Вашингто́не. 13. Вы уже́ смотре́ли фотогра́фии? Оле́г сде́лал их на ю́ге. 14. Ты уже́ прочита́л письмо́? Мы его́ получи́ли сего́дня у́тром. 15. Вы не зна́ете но́вую студе́нтку? Она́ была́ сего́дня на заня́тиях.

15.6 Conditional Clauses with the Conjunction е́сли = *if*

Е́сли бу́дет хоро́шая пого́да, мы пойдём гуля́ть в парк.	*If* it's nice weather...
Е́сли придёт Анто́н Никола́евич, мы сыгра́ем в ша́хматы.	*If* Anton Nikolaevich comes...
Е́сли мы не о́чень уста́нем, ве́чером мы бу́дем танцева́ть.	*Unless* we get very tired...

A *conditional clause* sets forth a condition upon which the contents of the main clause depend. Russian conditional clauses are formed similarly to those

---

е́сли ... не unless

in English, but note that the tenses may differ. In English in such clauses we often use a present tense or present perfect tense when future time is clearly meant. In such situations Russian uses the *future* tense (cf. the similar situation with **когда** clauses, section 12.7).

Note that 'when' used with a negation **éсли** = unless.

Я не знаю, дома **ли** Лариса.	I don't know if Larisa's at home.
Спросите Вадима, дома **ли** Лариса.	Ask Vadim if Larisa's at home.

The major difficulty you will have is *avoiding* the use of **éсли** in indirect speech, since English uses 'if' interchangeably with 'whether' in such cases.

Упражнения 15.6

а. *Образец:* — Мы поедем в лес?—Да, если будет хорошая погода.
— *Если будет хорошая погода, мы поедем в лес.*

1.—Ваши дети пойдут в парк?—Да, если будет тепло. 2.—Мы будем танцевать?—Да, если не очень устанем. 3.—Нина покажет им новые фотографии?—Да, если они придут сегодня вечером. 4.—Ты сейчас приготовишь обед?—Да, если у нас есть всё, что мне нужно. 5.—Вы расскажете всё это Зине?—Да, если она будет дома.

б. *Заполните пропуски* (если / ли).

1. Вы не знаете, будет ... Зина на работе завтра? ... Зина завтра будет на работе, дайте ей, пожалуйста, это письмо. 2.—Ты не знаешь, есть ... в киоске «Известия»?—... в киоске будет газета «Известия», я её куплю тебе. 3. Вы не знаете, был ... Вадим уже на юге? ... Вадим уже был на юге, он захочет поехать туда опять. 4. Ты не знаешь, есть ... у них телефон? 5. ... Таня купила эту книгу, она даст её мне почитать. 6. Я ещё не знаю, приду ... я завтра. 7. ... у него будет свободное время, он придёт вечером. 8. ... будет не очень холодно, мы будем купаться в море весь день. 9. Я не помню, знает ... Лариса испанский язык. 10. ... вы хотите посмотреть старинный русский город, я вам советую поехать в Суздаль. 11. Олег спрашивает, знаем ... мы, где сейчас живут Ивановы. 12. Учительница спросила Нину, знает ... она, как по-английски «Мне очень жаль».

15.7 The Verb **совет-ов-а-ть / по-**

— Что вы мне посоветуете?—Я вам советую поехать на юг.

This verb has the same suffix as **танц-ев-а́-ть,** but in its hard variant. Note that in this verb the stress is on the *stem* in all forms. Note also that this verb requires an infinitive and the dative case of the person to whom advice is given.

Упражнение 15.7. *Заполните пропуски* (совет-ов-а-ть / по-).

1. Я вам ... ехать туда не на автобусе, а на троллейбусе. 2. Как ты думаешь, что они ... мне сделать? 3. Врач вчера ... мне отдохнуть в доме отдыха. 4. Если ты спросишь Борю, он, наверно, ... тебе ехать домой на метро. 5. Как вы ... мне это сделать? 6. Учительница вчера ... мне учить немецкий язык. 7. Значит, ты нам не ... смотреть эту передачу? 8. Олег спросил, куда мы ... ему поехать отдыхать.

15.8 The Verb пис-а́-ть / на-

— Кому́ ты пи́шешь? — Я пишу́ письмо́ ба́бушке.

This is a regular verb of the first conjugation, with the consonant mutation
с / ш and with shifting accent pattern.

Упражне́ние 15.8. *Запо́лните про́пуски* (пис-а́-ть / на-).

1. Де́ти сейча́с ... письмо́ де́душке в дере́вню. 2. За́втра мы ... письмо́
Оле́гу в Новосиби́рск. 3. Я вчера́ весь ве́чер ... пи́сьма и ... все пи́сьма,
кото́рые ну́жно бы́ло написа́ть. 4. — Что э́то ты ...? — Я ... стихи́. Ве́чером
я их прочита́ю тебе́. 5. Вчера́ ве́чером Ни́на до́лго ... , но она́ не ... все
пи́сьма, кото́рые ну́жно бы́ло написа́ть. 6. Когда́ вы ... Вади́му, напиши́те,
пожа́луйста, что он забы́л у меня́ свои́ журна́лы. 7. Не на́до ... Васи́лию
Никола́евичу, я вчера́ отве́тил на его́ письмо́. 8. Почему́ вы так ре́дко ... Та́не?
9. — Что вы бу́дете де́лать ве́чером? — Я ... пи́сьма. 10. Ты уже́ ... письмо́,
кото́рое ты у́тром на́чал ... Ва́не?

15.9 Aspect Use with Expressions of Necessity and Advice

Тебе́ **ну́жно (на́до) написа́ть** сего́дня письмо́.
Мне **не ну́жно (не на́до) писа́ть** сего́дня письмо́.
Я его́ написа́л вчера́.

In Lesson 13 you saw that **ну́жно** and **на́до** can be used with infinitives
of either aspect. However, with **не ну́жно** and **не на́до** the infinitive of the
imperfective aspect must be used.

Я **сове́тую** вам **купи́ть** но́вый телеви́зор.
Я **не сове́тую** вам **покупа́ть** но́вый телеви́зор.

Note the similar use of the imperfective infinitive with the verb **сове́товать**
when it is negated.

Упражне́ние 15.9. *Complete the sentences with the appropriate forms of verbs
chosen from those given in parentheses.*

1. Вади́му ну́жно (покупа́ть / купи́ть) но́вые брю́ки. 2. Мы вам не сове́туем
(отдыха́ть / отдохну́ть) зимо́й в Новосиби́рске. 3. Та́не не ну́жно (брать / взять)
в библиоте́ке э́тот журна́л. 4. Оле́г мне не сове́тует (покупа́ть / купи́ть) э́ти
но́вые сигаре́ты. 5. Мне не на́до за́втра (встава́ть / встать) в 5 часо́в. 6. Гали́на
Васи́льевна не сове́тует нам (выпи́сывать / вы́писать) э́тот журна́л. 7. Когда́
я был на ю́ге, я всю неде́лю отдыха́л и ничего́ не (чита́ть / про-). 8. Не на́до
(обе́дать / по-) в рестора́не, я уже́ пригото́вила вку́сный обе́д. 9. Мне на́до
бы́ло отве́тить на её письмо́, но я весь ве́чер смотре́л телеви́зор и ничего́
не (писа́ть / на-). 10. Оле́г весь ве́чер расска́зывал об Академгородке́, но свои́
фотогра́фии он нам не (пока́зывать / показа́ть).

15.10 Verbs of Mutual Action with the Particle -ся

Ни́на и Мэ́ри уже́ три го́да перепи́сываются.

Certain verbs with the particle **-ся** indicate mutual action, with two or more
subjects doing the same thing to each other.

15.11 The Use of the Present Tense for Immediate Future

Анто́н, не опа́здывай. Не забу́дь, что в шесть часо́в мы **идём** в кино́. За́втра мы **е́дем** в Ки́ев.

As in English, a present tense of a going verb (verb of motion) may be used to refer to a future action upon which one is already firmly determined. The present tense *cannot* be used for such future actions if there are words indicating lack of firm intention, as in the following examples:

— Что вы бу́дете де́лать ве́чером?—Ве́чером мы, **наве́рно, пойдём** в кино́.
— Куда́ вы е́дете отдыха́ть ле́том?—Ле́том мы, **мо́жет быть, пое́дем** отдыха́ть на юг.

15.12 Notes on Individual Words

взро́слый—The plural of this adjective can function as a noun (with **лю́ди** understood).

двор—Because of the consonant cluster at the beginning of this word, the preposition **в** acquires a fill vowel when it occurs before this word: **во дворе́.** For the great majority of city-dwellers in Russia a yard is a courtyard surrounded by the various wings of a building, or neighboring buildings. Therefore it is used with the preposition **в**.

жа́ркий / жа́рко—is used of weather, **горя́чий** of things hot to the touch.

отку́да—Note that the accent differs from that of the unprefixed **куда́.**

ра́зве—Used only in questions to express surprise or doubt ('really?!', 'can it be that?!').

15.13 Fahrenheit and Celsius Conversions

To convert Fahrenheit temperatures to Celsius, subtract 32 degrees and multiply by 5/9. To convert Celsius to Fahrenheit, multiply by 9/5 and add 32 degrees. Equivalents for temperatures mentioned in the text and dialogs of this lesson are:

Celsius	$+22°$	$+15°$	$+12°$	$+10°$	$+5°$	$+3°$	$-15°$	$-25°$	$-30°$
Fahrenheit	$+71,6°$	$+59°$	$+53.6°$	$+50°$	$+41°$	$+37,4°$	$+5°$	$-13°$	$-22°$

У нас во дворе́

Сего́дня хоро́шая пого́да. И ве́чером мно́гие прово́дят свобо́дное вре́мя во дворе́. Де́ти игра́ют, а взро́слые чита́ют газе́ты, слу́шают по ра́дио футбо́л, игра́ют в ша́хматы.

Ни́на чита́ет письмо́, кото́рое она́ то́лько что получи́ла. Она́ и америка́нка Мэ́ри перепи́сываются уже́ давно́. А вот и Васи́лий Никола́евич. Ни́на пока́зывает ему́ фотогра́фии Мэ́ри и её письмо́.

мно́гие / не- = мно́гие / не- (лю́ди)   то́лько что just (now)

— Васи́лий Никола́евич, вот письмо́, кото́рое я сейча́с получи́ла. А э́то фотогра́фии Мэ́ри. Она́ живёт в США.

— Очень интере́сно.

— Васи́лий Никола́евич, я сейча́с отвеча́ю на её письмо́. Как вы ду́маете, что ещё мне написа́ть Мэ́ри?

— А что ты уже́ написа́ла?

— Я написа́ла, что уже́ прочита́ла кни́гу, кото́рую Мэ́ри сове́товала мне прочита́ть. Ещё я написа́ла, что Макси́м, кото́рого Мэ́ри зна́ет, пойдёт о́сенью в шко́лу.

— Напиши́, кака́я сейча́с в Москве́ пого́да.

— Ра́зве э́то интере́сно?

— По-мо́ему, ей бу́дет интере́сно. Ведь в Вашингто́не не тако́й кли́мат, как у нас. В Москве́ зимо́й хо́лодно, а там почти́ никогда́ не идёт снег и ре́дко быва́ет так хо́лодно, как у нас.

— А кака́я сейча́с в Вашингто́не пого́да?

— Весно́й там дово́льно тепло́.

— Васи́лий Никола́евич, а кака́я пого́да в Вашингто́не зимо́й?

— Там не хо́лодно: 3-5 гра́дусов.

— Я напишу́ Мэ́ри, что у нас зимо́й иногда́ быва́ет о́чень хо́лодно: ми́нус 25 гра́дусов.

— Ни́на, когда́ бу́дешь писа́ть, ско́лько у нас гра́дусов, напиши́ 10 гра́дусов по Це́льсию. Ведь Мэ́ри тебе́ пи́шет, ско́лько в Вашингто́не гра́дусов по Фаренге́йту.

— Да? Интере́сно.

ДАВАЙТЕ ПОГОВОРИМ:

Кака́я бу́дет пого́да?

— Ива́н Ива́нович, вы не зна́ете, кака́я за́втра бу́дет пого́да?
— Хоро́шая. За́втра бу́дет не о́чень жа́рко: 22 гра́дуса.
— А дождь бу́дет?
— По ра́дио не говори́ли, что бу́дет дождь.

— Ма́ма, е́сли ве́чером то́же бу́дет плоха́я пого́да, мо́жет быть, лу́чше посмо́трим телеви́зор?
— И гуля́ть не пойдём?
— Ви́дишь, идёт дождь. А по телеви́зору бу́дет хокке́й. Я хочу́ посмотре́ть.
— Хорошо́. Но то́лько за́втра пойдём обяза́тельно.

пойдёт в шко́лу = начнёт
  учи́ться в шко́ле
напиши́!
не тако́й, как... different from, not like
кли́мат
у нас here, in our country (city, *etc.*)
почти́ almost
иногда́ sometimes

по Це́льсию
по Фаренге́йту
хокке́й
обяза́тельно for sure, without fail

— Дава́йте в воскресе́нье пое́дем в лес.
— Дава́йте. Но то́лько е́сли бу́дет не так хо́лодно, как сего́дня.
— По ра́дио сказа́ли, что бу́дет 10-12 гра́дусов.
— Е́сли бу́дет 10 гра́дусов, коне́чно, пое́дем.

— Гали́на Ива́новна, вы получи́ли письмо́?
— Да, сын пи́шет.
— Он в Ленингра́де? Кака́я там пого́да?
— Пи́шет, что хо́лодно, дожди́.
— Да, в Ленингра́де ча́сто иду́т дожди́. Там не тако́й хоро́ший кли́мат, как в Москве́.

— До́брый день! Сего́дня хоро́шая пого́да.
— Прости́те, что вы сказа́ли?
— Я говорю́, сего́дня неплоха́я пого́да.
— Да, действи́тельно, сего́дня тепло́.

— Ма́ма, пойдём сего́дня гуля́ть в парк.
— Но сего́дня хо́лодно!
— По ра́дио сказа́ли, что бу́дет ми́нус 15 гра́дусов. Ра́зве э́то хо́лодно? Вот ми́нус три́дцать — э́то хо́лодно.
— Хорошо́, е́сли бу́дет то́лько ми́нус 15, пойдём.

— Ма́ма, ты не забы́ла, что ве́чером мы идём гуля́ть?
— Но ты ви́дишь, на у́лице хо́лодно.
— Как, хо́лодно? Почти́ 10 гра́дусов. По-мо́ему, э́то совсе́м не хо́лодно.
— Е́сли действи́тельно 10 гра́дусов, тогда́ обяза́тельно пойдём.

— Е́сли пойдёшь в кио́ск, купи́ мне газе́ты, пожа́луйста.
— Хорошо́, обяза́тельно куплю́.

Упражне́ния

15.14 — *Вы не слы́шали, кака́я пого́да бу́дет за́втра?* — За́втра бу́дет хоро́шая пого́да.
— ...? — Ле́то бу́дет жа́ркое.
— ...? — В воскресе́нье бу́дет дождь.
— ...? — Зимо́й в Москве́ быва́ет хо́лодно.

15.15 — *Кака́я сего́дня пого́да?*
— ....? — Сего́дня хо́лодно.
— ....? — Вчера́ бы́ло хо́лодно.
— ....? — В Москве́ ле́том жа́рко.
— ....? — За́втра бу́дет хоро́шая пого́да.
— ....? — В воскресе́нье был дождь.
— ....? — В Ло́ндоне сейча́с не хо́лодно.

не так..., как
До́брый день! (**До́брое у́тро!**, **До́брый ве́чер!**)
Good day! (*not used when taking leave*)
неплохо́й

действи́тельно really, indeed (*do not confuse with* **ра́зве** 'really?!')
Как, хо́лодно? What do you mean "cold"?
совсе́м не not at all
Ло́ндон

15.16 Сего́дня ... , ми́нус 23 гра́дуса.
Вчера́ то́же бы́ло ... , ми́нус 25 гра́дусов.
За́втра бу́дет ... , плюс 30 гра́дусов.
В Москве́ сейча́с ... , плюс 21 гра́дус.
На ю́ге сейча́с не ... , плюс 12 гра́дусов.
В воскресе́нье бы́ло ... , ми́нус 22 гра́дуса.
В Ленингра́де сего́дня ... , плюс 10 гра́дусов.
В Ки́еве не о́чень ... , то́лько ми́нус 3 гра́дуса.

жа́рко
тепло́
хо́лодно

15.17 — Дава́йте за́втра пойдём гуля́ть! — *Хорошо́. Но то́лько е́сли бу́дет тепло́.*
— Дава́й пое́дем в лес в воскресе́нье! — ... .
— Дава́й посмо́трим э́тот америка́нский фильм! — ... .
— Дава́йте ве́чером пойдём в парк! — ... .

(бу́дет не так жа́рко, бу́дет не так хо́лодно, э́то хоро́ший фильм)

15.18. *Complete each sentence with the appropriate phrase from the right-hand column.*

Е́сли на у́лице бу́дет хо́лодно,	мы пойдём на пляж.
Е́сли у нас бу́дет свобо́дное вре́мя,	он обяза́тельно забу́дет до́ма сигаре́ты.
Е́сли ты не хо́чешь опа́здывать,	де́ти не пойду́т в парк.
Е́сли па́па бу́дет спеши́ть,	ты до́лжен встава́ть ра́ньше.

15.19 — Как вы ду́маете, э́та кни́га об Аме́рике интере́сная?
— Да, сове́тую вам *прочита́ть её.*

(хоро́ший фильм — посмотре́ть, интере́сный журна́л — купи́ть, интере́сная переда́ча — посмотре́ть, интере́сная газе́та — прочита́ть)

15.20 — Это мой журна́л.
— *Ра́зве э́то твой журна́л?*

(твои́ кни́ги, мои́ сигаре́ты, Макси́м, Ви́ктор, Лари́са)

15.21 — Ива́н Ива́нович рабо́тает здесь. — *Ра́зве он здесь рабо́тает?*
— Лари́са живёт в пя́той кварти́ре. — ...?
— Макси́м ещё не у́чится. — ...?
— Сего́дня хо́лодно. — ...?
— Это интере́сно. — ...?

15.22 У нас ма́ленькая кварти́ра. У вас больша́я кварти́ра. — *У нас не така́я кварти́ра, как у вас.*
У них большо́й двор. У нас ма́ленький двор. ...
В суббо́ту была́ хоро́шая пого́да. В воскресе́нье шёл дождь. ...
На ю́ге жа́ркий кли́мат. На се́вере холо́дный кли́мат. ...
Я купи́ла бе́лые ту́фли. Лари́са купи́ла чёрные ту́фли. ...

плюс американский

233

15.23 — Сего́дня о́чень прия́тный день.— *Да, сего́дня действи́тельно прия́тный день.*

— Сего́дня так жа́рко! —...
— Вчера́ была́ о́чень холо́дная пого́да.—...
— Анто́н хорошо́ игра́ет в ша́хматы.—...
— Лари́са хорошо́ понима́ет по-францу́зски.—...

15.24 — Сего́дня так хо́лодно! — *Как, хо́лодно? По-мо́ему, совсе́м не хо́лодно.*
— Сейча́с так жа́рко! —...
— Здесь так интере́сно! —...
— В па́рке так прия́тно! —...

15.25 Где вы живёте? Кака́я пого́да у вас быва́ет зимо́й?
Како́й у вас кли́мат? Ле́том у вас быва́ет о́чень жа́рко? Ско́лько гра́дусов у вас быва́ет ле́том? Кака́я пого́да у вас обы́чно весно́й? О́сенью у вас ча́сто идёт дождь? Когда́ у вас идёт снег? У вас ча́сто идёт снег? Ско́лько гра́дусов быва́ет зимо́й? Где вы прово́дите свобо́дное вре́мя, когда́ о́чень хо́лодно? Когда́ о́чень жа́рко? Когда́ вы купа́етесь и загора́ете?

15.26 Word Study

взро́слый — cf. prefix **воз-/вос-/вз-/вс-** upward (*The root has to do with growing.*)
гра́дус — **grad**e
действи́тельно — де́л-ай +
жа́ркий — горя́чий (**г/ж**)
зимо́й — **Him**alayas
иногда́ — когда́, всегда́
пере-пи́с-ывай + ся — переда́ча, переведи́те (**пере-** = across, over, trans-)
сове́т-ов-а-ть — сове́тский (сове́т = advice, council)

Но́вые слова́ и выраже́ния

америка́нский	зимо́й	пойти́: пойти́ в шко́лу	тако́й: не тако́й..., как
весно́й	иногда́	почти́	тепло́
взро́слые	Как,...?!	прия́тный / не-	то́лько что
гра́дус	кли́мат	пятна́дцать, пятна́дца-тый	у нас (в Москве́, *etc.*)
два́дцать	ми́нус	ра́дио: по ра́дио	у́лица: на у́лице, на у́лицу
двор (во дворе́)	мно́гие / не- (лю́ди)	ра́зве	Фаренге́йт: по Фаренге́йту
действи́тельно	неплохо́й	снег	хокке́й
До́брое у́тро! (До́брый день!, До́брый ве́чер!)	ноль (ноли́)	идёт снег	хо́лодно
	обяза́тельно	сове́т-ов-а-ть / по- *кому́* + инфинити́в	Це́льсий: по Це́льсию
	о́сенью		шко́ла: пойти́ в шко́лу
дово́льно	отку́да (он зна́ет)?	совсе́м не	
дождь (дожди́) *m.*	пере-пи́с-ывай + ся	споко́йный / не-	Вашингто́н
идёт дождь	пис-а́-ть / на- (пиши́!)	США	Ло́ндон
е́сли, е́сли ... не	плюс	так: не так..., как	
жа́ркий	пого́да		

УРОК-ПОВТОРЕНИЕ **III** (УРОКИ 11-15)

Nouns and Pronouns

You know the dative case of nouns in the singular and of the personal and interrogative pronouns:

Макси́му, учи́телю, Васи́лик
Лари́се, Мари́и, ма́тери, до́чери

я — мне
ты — тебе́
он — ему́
она́ — ей

мы — нам
вы — вам
они́ — им
кто — кому́

You know the use of the dative case for indirect object, for object with certain verbs (**помога́ть, сове́товать**), and to express the person affected in impersonal constructions (including expressions of necessity):

Ива́н Ива́нович даёт Макси́му кни́гу, а Ни́не журна́л.
Ма́ша помога́ет ма́тери в ку́хне.
Анто́ну на́до купи́ть но́вый чемода́н.
Ве́ре здесь неинтере́сно.

You know the forms of certain nouns for use with numerals (including compound numerals (and that **оди́н** is not a numeral but a modifier):

оди́н, одна́, 21, 31	два, две, 3, 4, 22-24, 32-34	0, 5-20, 25-30, 35-39
мину́та	мину́ты	мину́т
час	часа́	часо́в
день	дня	дней
год	го́да	лет
гра́дус	гра́дуса	гра́дусов

You know that a few nouns have a special form for location: в лесу́, в саду́ (but: о ле́се, о са́де).

You know that points of the compass are used with **на**: **на** юг / ю́ге, **на** се́вер / се́вере.

You know the indeclinable nouns **кафе́, ко́фе** (the latter masculine!). You know the special form **ча́ю** = 'some tea'.

You know that some nouns are used only (or predominantly) in the singular (**мя́со, вода́, ры́ба, ко́фе, чай, хлеб**) and that some are used only (or predominantly) in the plural (**брю́ки, фру́кты, о́вощи, ша́хматы, стихи́, взро́слые**).

You know additional adjectives used as nouns: **учёный, взро́слые, мно́гие / немно́гие**.

Modifiers

You know the new special modifiers **э́тот, од(и́)н, в(е)сь** (and the latter's forms used as pronouns **все, всё**):

э́тот		э́т-а		э́т-о		э́т-и	
од(и́)н	год	одн-а́	неде́ля	одн-о́	воскресе́нье	одн-и́	ту́фли
в(е)сь		вс-я		вс-ё		вс-е	

You know the difference between the modifier **э́тот** and the pronoun **э́то**:

Э́то мой чемода́н. **Э́тот** чемода́н мой.
Чья **э́то** кни́га? Кака́я **э́то** кни́га?

You know the reflexive possessive modifier **свой** used with all persons, singular and plural:

Он взял **свой** костю́м, **свою́** бри́тву, **своё** пальто́ и **свои́** брю́ки.
Ты возьмёшь **свой** портфе́ль, **свою́** кни́гу, **своё** письмо́ и **свои́** журна́лы.

235

You know the accusative singular (all forms) and *inanimate* plural endings of adjectives and special modifiers (including the relative adjective **кото́рый**):

Вы уже́ посмотре́ли э́тот интере́сный журна́л, э́ту интере́сную кни́гу, э́то интере́сное письмо́ и э́ти интере́сные стихи́?

Вы уже́ ви́дели э́того серьёзного молодо́го челове́ка и э́ту краси́вую де́вушку?

Вот идёт молодо́й челове́к, кото́рого мы вчера́ ви́дели в институ́те.

You know the short-form adjective **до́лжен (должна́, должны́)**: Анна Петро́вна должна́ приго́товить му́жу у́жин.

Adverbs

You know the formation of adverbs from qualitative adjectives (**вку́сный — вку́сно**) and the use of adverbs. You know, that mental states are used with words expressing *intensity*, not quantity: Мы **о́чень** хоти́м купи́ть но́вый телеви́зор.

Impersonal Constructions

You know how to use impersonal (subjectless) constructions to describe an existing state or situation: Сего́дня хо́лодно. Вчера́ бы́ло тепло́. Говоря́т, что за́втра бу́дет жа́рко. Мне совсе́м не хо́лодно. Тебе́ ну́жно отдохну́ть.

You know the use of **как / како́й, так / тако́й: как / так хорошо́, како́й / тако́й хоро́ший.**

Numerals

You know the numerals 11-15, 20, 30 and know that in a compound numeral the last component determines the form of the noun used (cf. above in connection with noun forms). You know that **два** has a special form for use with feminine nouns: **две мину́ты.**

Verbs

You have been introduced to the Russian system of verb aspects, and know that the *perfective* is used for a single complete act which results in an accomplishment, a change of situation, and whose result is generally valid at the moment of speech (Вади́м **уже́ верну́лся** домо́й). You know of the use of this aspect for consecutive complete actions (Когда́ Анто́н **верну́лся** домо́й, он **посмотре́л** переда́чу по телеви́зору.

You know that the *imperfective* is used for other situations: general factual (Вы **смотре́ли** э́тот фильм?), progressive (Когда́ ма́ма **гото́вила** у́жин, мужчи́ны **игра́ли** в ша́хматы), habitual (Ка́ждое у́тро Вади́м **покупа́л** газе́ты в э́том кио́ске.) You know that after verbs of beginning, ending, continuing, *only* imperfective infinitives may be used: Оле́г уже́ на́чал **расска́зывать** об Академгородке́.

You know that the perfective going verbs **пойти́, пое́хать** indicate the beginning of the action, setting out for some destination. You also know that on some verbs the prefix **по-** forms a special type of perfective which indicates short duration of the action: **поговори́ть, поигра́ть, погуля́ть.**

You know that the *imperfective* aspect of the infinitive is normally used in certain negated contexts: Вам **не на́до покупа́ть** чемода́н. Я **не сове́тую** вам **е́хать** в э́тот дом о́тдыха.

You also know that the *imperfective* aspect is used if the result of the action has been annulled (Когда́ вы бы́ли на рабо́те, **приходи́л** оди́н студе́нт) and with expressions of necessity when the implication is one of "it's time to...": Уже́ 11 часо́в, мне **ну́жно идти́** домо́й!

You know that *perfective* verbs are sometimes formed from imperfectives by prefixation (пис-à-ть / **на**-пис-à-ть); sometimes imperfectives are formed from perfectives by suffixation (рас-с-каз-à-ть, рас-с-ка́з-**ывай** +); and that in a very few cases the two aspects come from different roots (**говор-и́-ть / с-каз-à-ть, при-ход-и́-ть / прид-у́т**).

You know the complete conjugation of Russian verbs in both aspects:

	Imperfective Aspect	*Perfective Aspect*
Present Tense	я чита́ю	
	ты чита́ешь	
	они́ чита́ют	
Past Tense	он чита́л	он прочита́л
	она́ чита́ла	она́ прочита́ла
	они́ чита́ли	они́ прочита́ли

236

Future Tense	я бу́ду чита́ть	я прочита́ю
	ты бу́дешь чита́ть	ты прочита́ешь
	они́ бу́дут чита́ть	они́ прочита́ют

| *Infinitive* | чита́ть |
| *Basic Form* | чит-а́й + |

You know how to make necessary forms of a verb from the *basic form*, removing a stem-final consonant before endings beginning with a consonant, removing a stem-final vowel before endings beginning with a vowel:

жив-у́т — жил, жить; живу́, живёшь
де́л-ай + — де́лал, де́лать; де́лаю, де́лаешь
говор-и́-ть — говори́л, говори́ть; говорю́, говори́шь, говоря́т
смотр-ѐ-ть — смотре́л, смотре́ть; смотрю́, смо́тришь, смо́трят
сто-я́-ть — стоя́л, стоя́ть; стою́, стои́шь, стоя́т
слы́ш-а-ть — слы́шал, слы́шать; слы́шу, слы́шишь, слы́шат
отдох-ну́-ть — отдохну́л, отдохну́ть; отдохну́, отдохнёшь, отдохну́т

You know the convention of indicating a shifting accent pattern by means of the grave accent mark (ˋ): смотр-ѐ-ть — смотрю́, смо́тришь, смо́трят.

You know the following consonant mutations, and know that in second conjugation verbs they occur only in the first-person singular form, while in first-conjugation verbs they occur in all present / future-tense forms:

д / ж	вѝд-е-ть — ви́жу, ви́дишь, ви́дят
т / ч	отве́т-и-ть — отве́чу, отве́тишь, отве́тят
з / ж	с-каз-а̀-ть — скажу́, ска́жешь, ска́жут
с / ш	с-прос-и́-ть — спрошу́, спро́сишь, спро́сят
	пис-а̀-ть — пишу́, пи́шешь, пи́шут
ст / щ	чѝст-и-ть — чи́щу, чи́стишь, чи́стят
п / пл	куп-и́-ть — куплю́, ку́пишь, ку́пят
в / вл	гото́в-и-ть — гото́влю, гото́вишь, гото́вят

You know the following new consonant-stem verbs:
на-чн-у́т (нача́ть)
возьм-у́т (взять)
бу́д-ут (быть), за-бу́д-ут (забы́ть)
вста́н-ут (встать), у-ста́н-ут (уста́ть)

You know the conjugation of verbs with the suffix -ОВ-: сове́т-ов-а-ть — сове́туют, танц-ев-а̀-ть — танцу́ют.

You know the conjugation of verbs with the suffix -ВАЙ- following the vowel -a:
вста-ва́й + — встаю́т; встава́л; встава́й!; встава́ть
у-ста-ва́й + — устаю́т; устава́л; не уставай!; устава́ть

You know the irregular verb **дать:** дам, дашь, даст, дади́м, дади́те, даду́т; дал, дала́, да́ли; дай!

You know the past tense forms of verbs based on the verb ид-у́т: ш(ё)л (идти́); пош(ё)л (пойти́); приш(ё)л (прийти́); уш(ё)л (уйти́).

You know the verb of mutual action пере-пѝс-ывай + ся.

You know that **что** requires a neuter verb in the past tense: **Что** стоя́ло в ко́мнате?

You know the forms for suggestions for joint action in both positive and negative: **Дава́й(те) бу́дем смотре́ть** телеви́зор. (**Дава́йте) посмо́трим** телеви́зор. **Дава́й(те) не бу́дем смотре́ть** телеви́зор.

You know the construction equivalent to 'Let / Have (somebody do something)': **Пусть** де́ти **смо́трят** телеви́зор. **Пусть** де́ти **посмо́трят** э́ту переда́чу.

You are aware of differences in tense usage between Russian and English:
Action begun in the past and continuing into the present:
Мы уже́ **давно́ живём** в Москве́.   We *have been living* in Moscow.
(But: Мы всегда́ жи́ли в Москве́. Мы никогда́ не жи́ли в Москве́.)
Future action in temporal and conditional clauses:
Когда́ я приду́ домо́й, я пригото́влю у́жин.   *When* I *come* home...
Если придёт Анто́н Никола́евич, мы сыгра́ем   *If* Anton Nikolaevich *comes*...
в ша́хматы.
Tense in indirect speech is the same as in the actual utterance:
Вади́м сказа́л: «Я **рабо́таю** в Москве́».
Вади́м сказа́л, что он **рабо́тает** в Москве́. (*worked*)

Вади́м сказа́л: «Я ра́ньше **рабо́тал** в Ки́еве».

Вади́м сказа́л, что он ра́ньше **рабо́тал** в Ки́еве. (*used to work*)

Вади́м сказа́л: «Я **пое́ду рабо́тать** в Ленингра́д».

Вади́м сказа́л, что он **пое́дет рабо́тать** в Ленингра́д. (*would go*)

You know the use of the present tense to indicate a future action already firmly decided upon:

— Что вы бу́дете де́лать ве́чером?

— Ве́чером мы **идём** в теа́тр. (But: Ве́чером мы, мо́жет быть, **пойдём** в теа́тр.)

Time Expressions

You know the new time expressions and constructions:

Duration of time (**ско́лько вре́мени?**):

Я рабо́тал **весь день** (**всю суббо́ту, два часа́**).

Я **до́лго** жил в Новосиби́рске.

Я уже́ **давно́** (**пять лет**) живу́ в Москве́.

Ско́лько вре́мени е́хать на заво́д? **Ско́лько вре́мени** вы е́дете...?

Repeated occassions: **Ка́ждую суббо́ту** Анто́н Никола́евич прихо́дит игра́ть в ша́хматы.

Period of time after which something happens (*in*): Лари́са вернётся домо́й **че́рез неде́лю**.

Season in which something happens: **весно́й, ле́том, о́сенью, зимо́й.**

The expressions **сего́дня (вчера́, за́втра) у́тром / днём / ве́чером.**

Indefinite Subjects and Impersonal Constructions

You know sentences with indefinite subjects: Ско́лько вре́мени стро́или ваш дом?

You know impersonal (subjectless) constructions: Сего́дня жа́рко. Вчера́ бы́ло тепло́. За́втра бу́дет хо́лодно. Нам ну́жно / на́до купи́ть хлеб.

Complex Sentences

You know complex sentences:

(1) in which **кото́рый** appears in the accusative case: Вот идёт молодо́й челове́к, **кото́рого** мы ви́дели в институ́те.

(2) with the relative pronoun **что** (referring back .to a pronoun): Ве́ра купи́ла всё, **что** ну́жно.

(3) containing a conditional clause: Е́сли бу́дет хоро́шая пого́да, мы пойдём в лес гуля́ть.

(4) containing indirect speech:

Я не зна́ю, где он.

Я не зна́ю, до́ма ли он.

Спроси́те Ма́шу, до́ма ли он or Спроси́те Ма́шу, он до́ма?[3]

Conversational Expressions

You know the following conversational expressions:

Greeting people upon meeting: **До́брое у́тро. До́брый день. До́брый ве́чер.**

Russians inquire about people's health and well-being: **Как ваш сын?**

A neutral, not overly enthusiastic response to such a question: **Ничего́.**

Russians express a polite request for information or directions: **Вы не ска́жете,...**

Russians extend an invitation: **Разреши́те вас пригласи́ть.**

Russians express intensified gratitude: **Большо́е спаси́бо**; gratitude which is at the same time a refusal of something offered or an invitation: — Вы не хоти́те посмотре́ть э́тот фильм? — **Спаси́бо, я его́ уже́ ви́дел.**

Russians express curiosity: **Интере́сно,** (что сего́дня на обе́д)? **А что?** 'Why do you ask?'

Russians express surprise, disagreement, uncertainty: **Не мо́жет быть! Как, хорошо́? Ра́зве** Оле́г зна́ет испа́нский язы́к? (Not to be confused with действи́тельно.) **Не ду́маю.**

Russians express opinions: **По-мо́ему,** Лари́са хорошо́ говори́т по-англи́йски.

УПРАЖНЕ́НИЯ

1. *Запо́лните про́пуски. Use the pronouns* э́тот / э́то *in required form.*

1. ... их журна́лы. 2. ... молоды́е лю́ди её сыновья́. 3. Скажи́те, пожа́луйста, что ... тако́е? 4. ... моя́ зубна́я щётка, а ... зубна́я щётка ва́ша. 5. Вы не зна́ете, ...

теа́тр и́ли кафе́? 6. Говоря́т, что ... рестора́н о́чень хоро́ший. Дава́й там пообе́-
даем. 7. Вы не зна́ете, чьи ... сигаре́ты и спи́чки? 8. ... о́вощи о́чень невку́сные.
9. ... инжене́ры то́лько что прие́хали в Нью-Йо́рк. 10. Познако́мьтесь, по-
жа́луйста, ... мои́ до́чери, Зи́на и Та́ня. А ... де́вушка на́ша сосе́дка Лари́са.

2. *Complete the sentences with appropriate forms of words given in parentheses.*

1. Вы зна́ете (Васи́лий Никола́евич)? Да́йте (он), пожа́луйста, (э́та фотогра́фия).
2. Куда́ вы сове́туете пое́хать (Анто́н и Ве́ра) ле́том? 3. Ма́ма спра́шивает
(Ма́ша), не хо́чет ли она́ сего́дня пригото́вить у́жин. 4. Я вчера́ ви́дел (э́тот
молодо́й челове́к) на у́лице. 5. Прости́те, уже́ 10 часо́в, (мы) ну́жно идти́ домо́й.
6. (Мари́я Влади́мировна) жа́рко, она́ хо́чет пойти́ на пляж. 7. (строи́тель)
бы́ло о́чень интере́сно рабо́тать на се́вере. 8. Вы уже́ зна́ете (симпати́чная
де́вушка), (кото́рый) мы вчера́ ви́дели в институ́те. 9. Мы рабо́тали (вся
суббо́та и всё воскресе́нье). 10. (вся э́та неде́ля) мы прово́дим на мо́ре. 11. Вы
уже́ слы́шали о путёвке, (кото́рый) получи́л Анто́н? 12. Та́ня, покажи́ (ма́ма)
но́вые ту́фли, (кото́рый) ты вчера́ купи́ла. 13. В кинотеа́тре мы ви́дели Ви́ктора,
Оле́га и ещё (оди́н но́вый студе́нт). 14. Васи́лий Никола́евич ча́сто пока́зывает
свои́ кни́ги (Макси́м и Ма́ша) и расска́зывает (они́), как он ра́ньше рабо́тал
в шко́ле. 15. Макси́м, когда́ ты придёшь домо́й, скажи́ (Ни́на), что я приду́
домо́й то́лько в 7 часо́в. 16. Васи́лий Бори́сович, когда́ вы прочита́ете (мы)
(свой но́вый) стихи́?

3. *Complete the sentences with appropriate forms of words given in parentheses.*

1. Подожди́те нас, пожа́луйста (1 мину́та)! 2. Вчера́ бы́ло ми́нус 25 (гра́дус),
а сего́дня дово́льно тепло́, 2 (гра́дус). 3. Ка́ждый год мы прово́дим 10 (день)
в Москве́. 4. Мы 8 (год) жи́ли на се́вере, а пото́м 3 (год) жи́ли в Ки́еве.
5. Я вчера́ рабо́тал 9 (час) и о́чень уста́л. 6. Сего́дня в Ленингра́де не о́чень
хо́лодно, ми́нус 4 (гра́дус). 7. Где же Зи́на? Мы стои́м здесь уже́ 30 (мину́та).
8. В ме́сяце 28 (день), 30 (день) и́ли 31 (день). 9. Ма́ма уже́ 30 (мину́та)
говори́т по телефо́ну.

4. *Запо́лните про́пуски* (е́сли / ли).

1. ... пойдёшь в кио́ск, купи́ мне, пожа́луйста, спи́чки. 2. Я не зна́ю,
есть ... у него́ в кварти́ре телефо́н. 3. Спроси́ Васи́лия Никола́евича, до́ма ...
сего́дня Мари́я Влади́мировна. 4. Вы не зна́ете, говори́т ... стюарде́сса по-не-
ме́цки? 5. ... у вас есть вопро́сы, я с удово́льствием отве́чу на них. 6. ...
у Ве́ры бу́дет вре́мя, она́ пригото́вит нам вку́сный обе́д. 7. Я спроси́л Лари́су,
быва́ет ... она́ иногда́ в Вашингто́не. 8. ... ты за́втра бу́дешь в библиоте́ке,
возьми́, пожа́луйста, кни́гу, кото́рую ты до́лжен прочита́ть. 9. Я ещё не зна́ю,
бу́дут ... за́втра заня́тия.

5. *Complete the sentences with appropriate forms of verbs chosen from those in
parentheses.*

1. Е́сли вы за́втра (хоте́ть / за-) пойти́ на э́тот фильм, я вам (дать) свой
биле́т. 2.—За́втра мне ну́жно (встава́ть / встать) в 5 часо́в.—Я вам не (сове́то-
вать / по-) (встава́ть / встать) в 5 часо́в. Е́сли вы (встава́ть / встать) в 5 часо́в,
вы о́чень (устава́ть / уста́ть). 3. Гали́на Васи́льевна почти́ ка́ждый день (гото́вить /
при-) нам вку́сные обе́ды, но сего́дня она́ нам ничего́ не (гото́вить / при-).
4.—Вы не (хоте́ть / за-) 5 мину́т (говори́ть / по-) по-ру́сски?—Нет, сейча́с не

(хотéть / за-). 5.—Где Вéра?—Онá (идти́ / пойти́) в магази́н. Ей ну́жно (покупáть / купи́ть) фру́кты и óвощи. 6. Когдá Антóн (приходи́ть / прийти́) домóй, он (смотрéть / по-) по телеви́зору одну́ передáчу, (обéдать / по-) и потóм (идти́ / пойти́) в кинотеáтр смотрéть нóвый францу́зский фильм. 7. Если Ни́на (быть) сегóдня в шкóле, дáйте ей, пожáлуйста, эти кни́ги. 8. Если зáвтра (быть) теплó, мы обязáтельно (éхать / по-) в Су́здаль. 9. Если я вéчером (быть) в цéнтре, я (покупáть / купи́ть) тебé нóвый журнáл. 10. Что (быть) на столé, когдá вы вчерá (приходи́ть / прийти́) домóй? 11. Когдá ты был на рабóте, (приходи́ть / прийти́) Васи́лий Николáевич. Он (говори́ть / сказáть), что он зáвтра (приходи́ть / прийти́) опя́ть. 12.—Ужé 12 часóв? Мне ну́жно идти́ на заня́тия.—Рáзве ты (забывáть / забы́ть), что заня́тия сегóдня (начинáть(ся) / начáть(ся)) в 2 часá? 13.—Что вы (дéлать / с-) сегóдня вéчером?—Не знáю, мóжет быть, (идти́ / пойти́) смотрéть нóвый фильм. 14. Я вам не (совéтовать / по-) (éхать / по-) на юг отдыхáть. Говоря́т, что там óчень жáрко. 15.—Антóн, не опáздывай домóй сегóдня. Мы в 7 часóв (идти́ / пойти́) в теáтр.—Хорошó, я не (забывáть / забы́ть). 16. Вчерá вéчером, когдá мы (смотрéть / по-) телеви́зор, Ни́на (писáть / на-) пи́сьма. Когдá онá (писáть / на-) все пи́сьма, онá тóже (начинáть(ся) / начáть(ся)) смотрéть телеви́зор. 17. Олéг зáвтра (верну́ться) в Новосиби́рск. Он сказáл, что он нам чáсто (писáть / на-). 18. Говоря́т, что это óчень интерéсная кни́га. Вы её (читáть / про-)? 19. Я óчень (хотéть / за-) посмотрéть егó нóвые фотогрáфии. Ты ужé (смотрéть / по-) их? 20. Я всё у́тро (писáть / на-) эту рабóту, но ещё не (писáть / на-) её. 21. Вади́м недóлго (расскáзывать / рассказáть) о рабóте на юге. Потóм он дóлго нам (покáзывать / показáть) фотогрáфии, котóрые он там (дéлать / с-).

6. *Заполните прóпуски* (егó / её / их ∼ свой).

1. Мáша сказáла, что это не вáши кни́ги, а её кни́ги. Онá взялá ... кни́ги. 2. Лари́са забы́ла здесь ... кни́ги. Олéг не взял ... кни́ги, когдá он был здесь? 3. Почему́ её вéщи ещё здесь? Когдá онá возьмёт ... вéщи? 4. Вади́м забы́л, что сегóдня ... передáча начинáется в 5 часóв. 5. Вади́м рабóтает в Москвé, а ... сестрá Лéна рабóтает в Ки́еве. 6. Анна Петрóвна спроси́ла меня́, где ... дéти. 7. Антóн отвéтил, что все ... вéщи ужé в чемодáне. 8. Вéра знáет, что ей ну́жно положи́ть в чемодáн ещё ... нóвые ту́фли, котóрые онá вчерá купи́ла. 9. Олéг чáсто забывáет дóма ... бри́тву.

7. *Образéц:* Макси́м сказáл: «Пáпа дóма».—*Макси́м сказáл, что пáпа дóма.*

1. Тáня сказáла: «Зáвтра я не бу́ду рабóтать в киóске». 2. Анна Петрóвна сказáла: «Дéти ужé давнó пришли́ домóй». 3. Антóн сказáл: «Все мои́ вéщи ужé в чемодáне». 4. Васи́лий Николáевич сказáл: «Зáвтра я весь день бу́ду дóма». 5. Макси́м говори́т: «Вéчером мы, навéрно, пойдём в кинó».

УРОК № 16 (ШЕСТНАДЦАТЬ) — ШЕСТНАДЦАТЫЙ УРОК

Вади́м расска́зывает о Москве́. **О ней** мо́жно мно́го расска́зывать.

Лари́са мно́го говори́т о **свое́й** рабо́те в Аэрофло́те.
Макси́му семь лет.

— Когда́ Анто́н верну́лся в Москву́? — **Три часа́ наза́д.**
— Где Анто́н Никола́евич? — Он пошёл **к сосе́ду** игра́ть в ша́хматы.
— Где ты был у́тром? — Я **ходи́л** в библиоте́ку.
— Вчера́ **бы́ло** ми́нус пять гра́дусов. — Говоря́т, что за́втра **бу́дет** де́сять гра́дусов.

Фоне́тика:

Read pp. 42-43 concerning the unaccented vowel **я** in grammatical endings.

Слу́шайте и повторя́йте!

ле́кция ... дя́дя ... Ва́ня ... дере́вня ... неде́ля ... бра́тья ... сту́лья ... смо́трит — смо́трят ... ви́дит — ви́дят ... ку́пит — ку́пят ... спро́сит — спро́сят

— О ком он говори́т?
— Он говори́т обо **мне** (о **тебе́**, о **нём**, о **ней**, о **нас**, о **вас**, о **них**). Я говорю́ о своём сы́не и свое́й до́чери.

— Ско́лько **Ма́ше** лет?   — **Ей** то́лько пять лет.

— Где Макси́м? — Он пошёл **к Анто́ну Никола́евичу.**

— Где ты был у́тром? — Я **ходи́л** в библиоте́ку. = Я был в библиоте́ке.

Это байда́рка. Мы лю́бим похо́ды на байда́рке.

Мы идём в похо́д на лы́жах.

шестна́дцать, шестна́дцатый
к *кому́* to (toward)
ход-и́-ть to walk, go (*multidirectional*)
байда́рка canoe
люб-и́-ть (люблю́, лю́бишь) to love, like

похо́д hike, walking tour
идти́/пойти́ в похо́д
лы́жа ski
на лы́жах

Сейча́с шесть часо́в. Анто́н пришёл домо́й в пять часо́в. Он пришёл домо́й **час наза́д.**

Вади́м был на ю́ге це́лый ме́сяц. Он верну́лся **неде́лю наза́д.**

когда́?	2 часа́ 4 дня неде́лю ме́сяц год	наза́д

Зимо́й, в хоро́шую пого́ду, мы идём в похо́д, е́сли не сли́шком хо́лодно.

Этого челове́ка мы хорошо́ зна́ем. Он наш хоро́ший **знако́мый.**

Одна́ моя́ знако́мая пое́хала рабо́тать в Ленингра́д.

— О чём он поёт? — Он о́чень лю́бит мо́ре и ча́сто поёт пе́сни о мо́ре.

Это пала́тка.

Он поёт.

ГРАММАТИКА И УПРАЖНЕНИЯ

16.1 Prepositional Case of Personal and Interrogative Pronouns

я — обо мне́	он ⎫	мы — о нас	кто — о ком
ты — о тебе́	оно́ ⎬ — о нём	вы — о вас	что — о чём
	она́ — о ней ⎭	они́ — о них	

Remember that when the third-person forms of the personal pronoun are governed by a preposition, they are prefixed with **н-.**

Note that when used with **мне,** the preposition **о** has a special variant form **обо.**

Упражне́ние 16.1. *Запо́лните про́пуски.*

1. Вы слы́шали, что о ... (вы) пи́шут сего́дня в газе́те? 2. Это Лари́са. Все студе́нты говоря́т то́лько о ... . 3. Вы ви́дите э́того молодо́го челове́ка? О ... сейча́с спра́шивала Анна Петро́вна. 4.—О ... вы сейча́с говори́те?—О шестна́дцатом уро́ке. 5. Интере́сно, что обо ... (я) говоря́т на́ши преподава́тели. 6.—О ... вы сейча́с говори́ли?—О ... (ты). 7. Я ду́маю, что он о ... (мы) уже́ давно́ забы́л. 8. Мой сын хо́чет знать, что я написа́л о ... в письме́.

16.2 Prepositional Case Forms of Special Modifiers

о моём	о чьём ⎫		о мое́й	о чьей ⎫	
о твоём	об э́том ⎬ портфе́ле,		о твое́й	об э́той ⎬	
о своём	об одно́м ⎬ письме́,		о свое́й	об одно́й ⎬ кни́ге	
о на́шем	обо всём ⎭ уро́ке		о на́шей	обо всей ⎭	
о ва́шем			о ва́шей		

наза́д ago
це́лый a whole
в хоро́шую пого́ду = е́сли хоро́шая пого́да
сли́шком too (excessively)
пала́тка tent

петь to sing
   пою́т
знако́мый, знако́мая acquaintance
оди́н мой знако́мый
пе́сня song

The clues for the endings of the special modifiers are found in the forms of the third-person pronouns for the same case (minus the prefixed **н-**):

он
оно́ } (**о нём**) -ОМ (spelled **-ом**/**-ём**/**-ем**)   моём, ва́шем, э́том

она́   (**о ней**) -ОЙ (spelled **-ой**/**-ей**)   мое́й, ва́шей, э́той

Note that one uses **обо** with the prepositional case forms of **в(е)сь: обо всём, всех,** etc.

Упражне́ния 16.2

а. *Запо́лните про́пуски.* (*Use the pronoun* **свой.**)

1. Их сын рабо́тает в Академгородке́, и они́ ча́сто говоря́т о ... сы́не. 2. Что ты написа́л в ... письме́ ба́бушке? 3. Расскажи́ нам о ... рабо́те на заво́де. 4. На́ши сосе́ди говоря́т то́лько о ... до́чери. 5. Его́ оте́ц шофёр, и он ча́сто говори́т о ... отце́. 6. В письме́ он интере́сно пи́шет о ... семье́. 7. Мы ча́сто ду́маем о ... де́душке, кото́рый живёт в дере́вне.

б. *Complete the sentences with appropriate forms of pronouns given in parentheses.*

1. Макси́м спра́шивает о (свой) руба́шке, кото́рая была́ на (э́тот) сту́ле. 2. Вади́м нам до́лго расска́зывал об (э́тот) фи́льме. 3.—О (чей) отце́ говори́т учи́тельница?—О (твой). 4. Во (весь наш) до́ме тепе́рь есть и горя́чая вода́ и газ. 5. Расскажи́те, что́ вы зна́ете об (э́тот) фи́зик. 6. В (свой) письме́ Зи́на пи́шет об (оди́н) гео́логе, кото́рый то́же рабо́тает в (э́тот) институ́те. 7. Ве́ра спра́шивала о (ваш) ма́тери. 8.—О (чей) до́ме спра́шивает э́тот мужчи́на?—О (ваш). 9. В (ваш) до́ме есть лифт? 10. Лари́са спра́шивает об (оди́н) письме́, кото́рое бы́ло на (э́тот) столе́. 11. В (наш) кафе́ молоды́е лю́ди танцу́ют весь ве́чер.

16.3 The Use of **свой** and the Specific Possessive Modifiers

Да́же зимо́й мы мно́го говори́м о **на́шем** похо́де.

This sentence from the text of the lesson seems to violate the use of **свой** as we have become accustomed to using it. We would expect **своём,** since the possessive modifier refers back to the subject. In the *first* and *second* persons one may use the specific modifiers (**мой, твой, наш, ваш**) as well as the reflexive possessive modifier **свой.** (Using the specific modifiers is simply slightly more emphatic). The above sentence could as well have been: Да́же зимо́й мы мно́го говори́м о **своём** похо́де.

In the *third* person, however, the reflexive modifier **свой** *must* be used if reference is back to the subject: Они́ мно́го говоря́т о своём похо́де. To use **их** here would indicate that they were talking about somebody else's hike rather than their own.

Note, however, the use of **свой** in such sentences as the following: Мне ну́жно взять **свою́** бри́тву. This is an impersonal (subjectless) sentence. Nevertheless an infinitive can have an implied subject (here **я**), and therefore this sort of sentence is not an exception to the rule that свой refers back to the subject of the verb. It is the *immediately relevant* verb, the infinitive, which concerns us in this sentence.

Упражнéние 16.3. *Запóлните прóпуски. Give variants when possible* (свой ~ *specific modifiers*).

1. Это мои вéщи. Я не забýду взять ... вéщи. 2. Дéти, не забýдьте, что вам нáдо взять ... книги. 3. Ивáн Ивáнович не знáет, где сейчáс ... дочь. 4. Мы с удовóльствием покáзываем ... нóвую квартиру. 5. Максим стоит на ýлице. Но Нина не видит ... брáта. 6. Мы чáсто дýмаем о ... дóчери, котóрая ýчится в Ленингрáде. 7. Вы не знáете, где Анна Петрóвна? ... дéти спрáшивают о ней. 8. Витя, расскажи нам о ... похóде.

16.4 Expressing Age

Ивáну Ивáновичу Петрóву 33 гóда. Егó дóчери Нине 13 лет.
Чéрез 2 гóда Нине бýдет 15 лет.

Age is expressed in Russian with the person in the dative case. The grammatical subject is *the numeral*.

Упражнéние 16.4

Образéц: Это Максим. (7) — *Емý 7 лет.*

1. Это Мáша. (5) 2. Это Борис Петрóвич. (37) 3. Это Лариса. (22) 4. Это Олéг. (25) 5. Это мой брат. (23) 6. Это Бóря. (14) 7. Это Лéна. (13) 8. Это Анна Петрóвна. (31) 9. Это Волóдя. (16)

16.5 назáд = *ago*

Сейчáс шесть часóв. Антóн пришёл домóй в пять часóв. Он пришёл **час назáд.**
Вадим вернýлся в Москвý ужé **недéлю назáд.**

What case is used in this new time expression?

Упражнéние 16.5

а. *Образéц*: Сейчáс 5 часóв. Максим пришёл в 4 часá. — *Максим пришёл час назáд.*

1. Сейчáс час. Зина кóнчила рабóту в 10 часóв. 2. Сейчáс 12 часóв. Вóва встал в 7 часóв. 3. Сегóдня пятница. Шýра приéхал в понедéльник. 4. Сегóдня воскресéнье. Анна поéхала на юг в понедéльник. 5. Сегóдня втóрник. Мы были в теáтре в четвéрг. 6. Сейчáс 5 часóв. Урóк начался в 3 часá. 7. Сейчáс 9 часóв. Передáча началáсь в 8 часóв.

б. *Образéц*: Мы здесь ужé мéсяц. — *Мы вернýлись мéсяц назáд.*

1. Пётр Васильевич здесь ужé недéлю. 2. Лариса здесь ужé 5 дней. 3. Сáша здесь ужé 2 минýты. 4. Олéг здесь ужé 5 лет. 5. Вадим здесь ужé 2 часá. 6. Алексáндр Ивáнович здесь ужé 10 минýт. 7. Дéти здесь ужé 30 минýт. 8. Зина здесь ужé год. 9. Виктор здесь ужé недéлю. 10. Мы здесь ужé 22 минýты.

16.6 The Preposition к = *to (toward)*

Антóн Николáевич пошёл к Ивáну Ивáновичу.
Anton Nikolaevich went to Ivan Ivanovich's / to see Ivan Ivanovich.

244

The preposition **к** means 'to / toward' and requires the dative case. It *must* be used with nouns indicating people (since **в** and **на** would obviously be inappropriate).

Used with persons this preposition can be the equivalent of 'to one's house / apartment / office' or '(to go) to see'. (Never try to translate word-for-word 'to go to see someone!') Similarly, the preposition **у** used with a word indicating a person can mean 'at one's house / apartment / office': Мы вчера́ бы́ли **у него́.**

When used before words beginning with certain consonant clusters this preposition occurs with a fill vowel (e. g.: **ко мне**).

Упражне́ние 16.6. *Запо́лните про́пуски* (к ~ у *with appropriate forms of noun or pronoun*).

1. Анто́н Никола́евич живёт недалеко́ и ча́сто прихо́дит (мы) смотре́ть телеви́зор. 2. Оле́г сейча́с живёт в Академгородке́, но его́ роди́тели ча́сто быва́ют (он). 3. Та́ня и её сёстры ча́сто прихо́дят (Ко́ля), и они́ весь ве́чер танцу́ют. 4.—Вы не зна́ете, где Васи́лий Никола́евич?—Он пошёл (Ива́н Никола́евич). 5. Ве́чером Ива́н Ива́нович прихо́дит (Анто́н Никола́евич) и они́ игра́ют в ша́хматы. 6.—Куда́ идёт Пе́тя?—Он идёт (Зи́на). 7. Когда́ Мэ́ри быва́ет в Москве́, она́ всегда́ прихо́дит (мы). 8. Ве́чером мои́ знако́мые ча́сто быва́ют (мы) и моя́ ма́ма гото́вит нам всем вку́сный у́жин. 9. Почему́ никто́ никогда́ не прихо́дит (Гали́на Васи́льевна)? 10. Вчера́ (Вади́м) прие́хали бра́тья, кото́рые живу́т в Ленингра́де.

16.7 The Multidirectional Going Verb ход-и́-ть

— Где Лари́са?—Она́ **пошла́** в магази́н. Она́ вернётся че́рез де́сять мину́т.
— Где вы бы́ли у́тром?—**Я ходи́л** в библиоте́ку. = Я был в библиоте́ке.

Unprefixed going verbs have what are really two sub-aspects in the imperfective. The *unidirectional* verb **идти́** refers to motion toward a specific goal, in a specific direction. The *multidirectional* verb **ход-и́-ть** can refer to a completed round trip—to some goal and back (therefore involving *two* directions). Such a construction can be the equivalent of constructions using **быть** + *a location*. This construction can be used *only in the past tense.*

The perfective of the unidirectional verb, **пойти́** refers only to the *setting out* for a particular goal and does not include the return trip.

Note that in Russian one must keep in mind the present location of the person involved, something which we do not normally take into consideration in English.

Упражне́ния 16.7

a. *Образе́ц:* Макси́м у́тром был в па́рке.—*Макси́м у́тром ходи́л в парк.*

1. Ни́на вчера́ ве́чером была́ в библиоте́ке. 2. Мы вчера́ бы́ли у них. 3. Ива́н Ива́нович уже́ был в магази́не. 4. Мари́я Влади́мировна сего́дня уже́ была́ в библиоте́ке. 5. Де́ти бы́ли на у́лице, но там хо́лодно, и они́ верну́лись домо́й. 6. Мои́ бра́тья днём бы́ли в институ́те. 7. Мы вчера́ ве́чером бы́ли в но́вом кинотеа́тре.

б. *Запо́лните про́пуски* (пойти́ ~ ход-и́-ть).

1.—Где вы бы́ли вчера́ ве́чером?—Я ... в университе́т на о́чень интере́сную ле́кцию. 2.—Где Ни́на?—Она́ ... в магази́н купи́ть хлеб. 3.—Где де́ти?—Они́ ...

245

в парк гуля́ть. 4.—Где ты был, когда приходи́ла Лари́са?—Я ... в библиоте́ку взять одну́ кни́гу. 5. Днём я ... в магази́н. Каки́е хоро́шие фру́кты я там купи́ла! 6.—Что вы де́лали ве́чером?—Мы ... в но́вый теа́тр. 7.—Где Ни́на?—Она́ уже́ ... в шко́лу. 8.—Где ма́ма?—Она́ ... на рабо́ту. Она́ вернётся то́лько че́рез 6 часо́в. 9.—Где вы бы́ли сего́дня у́тром?—Я ... в библиоте́ку занима́ться. 10.—Где Ма́ша?—Она́ ... к Ле́не игра́ть.

16.8 The Verb ПОЙ + *to sing*

Вади́м лю́бит петь и хорошо́ **поёт.** (пою́, поёшь, пою́т; пел; петь)

When consonantal endings are added to this root (in the past tense and infinitive) the vowel in the root changes, **o / e.**

Упражне́ние 16.8. *Запо́лните про́пуски* (пой +).

1.—О чём вы ...?—Мы ... о Москве́. 2.—Вы лю́бите ...?—Да, я люблю́ ... и всегда́ ... с удово́льствием. 3. Вчера́ ве́чером на́ши студе́нты о́чень до́лго ... ру́сские и америка́нские пе́сни. 4. Когда́ Зи́на учи́лась в институ́те, она́ ча́сто ... , а тепе́рь она́ о́чень ре́дко ... . 5.—Почему́ ты не ...?—Я о́чень пло́хо ... и не люблю́ ... .

16.9 Verb Agreement with Numerals

Вчера́ **бы́ло** ми́нус 10 гра́дусов. Говоря́т, что за́втра **бу́дет** ми́нус 15. Ма́ше тогда́ **бы́ло** то́лько 3 го́да. В бу́дущем году́ ей **бу́дет** 5 лет. Ви́ктору тогда́ **был** 21 год.

When a numeral is a subject, the verb is normally neuter and singular. But remember that од(и́)н is not a numeral in form, but a modifier which simply agrees with its noun.

Remember that nouns are governed by the *last* component of a compound numeral.

Упражне́ния 16.9

а. *Образе́ц:* — Сейча́с то́лько 2 гра́дуса.—*Вчера́ то́же бы́ло 2 гра́дуса.*

1. Сейча́с то́лько 5 гра́дусов. 2. Сейча́с то́лько 1 гра́дус. 3. Сейча́с то́лько 10 гра́дусов. 4. Сейча́с то́лько 3 гра́дуса. 5. Сейча́с то́лько ми́нус 15 гра́дусов.

б. *Образе́ц:* — Сего́дня 25 гра́дусов.—*Говоря́т, что за́втра то́же бу́дет 25 гра́дусов.*

1. Сего́дня 21 гра́дус. 2. Сего́дня 15 гра́дусов. 3. Сего́дня почти́ 30 гра́дусов. 4. Сего́дня ми́нус 2 гра́дуса. 5. Сего́дня ноль гра́дусов.

16.10 Notes on Individual Words

знако́мый (знако́мая, знако́мые)—another adjective used as a noun.

Любо́вь—remember that feminine nouns in **-ь** take the prepositional case ending **-и:** Мы говори́м о Любо́ви Ива́новне.

Любо́вь (Лю́ба) (Love)

246

оди́н: оди́н мой знако́мый—'a (certain) acquaintance of mine'. The word од(и́)н is often an equivalent of 'a / an', 'a certain'.

пого́да: в хоро́шую пого́ду—Compare with the accusative use for many time expressions.

спорт = sport(s)—Remember that in Russian this noun is *singular only*.

це́лый = 'a whole'; весь = 'the whole'; це́лый is somewhat emotionally colored, while весь is a neutral word.

Мы **весь ве́чер** пе́ли ру́сские пе́сни.

Мы **це́лый час** стои́м здесь! Где же ты так до́лго был?

Во́лга—the major river of the European part of the U.S.S.R.

Ока́—a tributary of the Volga.

Семья́ и спорт

В кварти́ре № 16 вся семья́ о́чень лю́бит спорт. Вот что расска́зывает о свое́й семье́ и о спо́рте Любо́вь Ива́новна:

— На́ша семья́—э́то муж, я и ма́ленькие де́ти: сын и дочь. Когда́ Алексе́й и я ещё учи́лись в институ́те, мы о́чень люби́ли похо́ды на байда́рке. Иногда́ мы ви́дели, что на́ши знако́мые беру́т в похо́д да́же дете́й. Де́ти в похо́де? Мы удивля́лись.

Тепе́рь удивля́ются на́ши знако́мые. Ле́том мы все вме́сте обяза́тельно идём в похо́д на байда́рке. Два го́да наза́д мы бы́ли на Оке́, а год наза́д мы провели́ це́лую неде́лю на Во́лге. Три го́да наза́д до́чери бы́ло то́лько два го́да, а тепе́рь мы берём в похо́д и её.

На́ши де́ти то́же лю́бят э́ти похо́ды. Да́же зимо́й мы мно́го говори́м о на́шем похо́де: на́до реши́ть, когда́ мы пойдём, куда́, что возьмём в похо́д. У нас есть больша́я байда́рка и пала́тка, но ну́жно ничего́ не забы́ть, да́же ме́лочи.

И вот мы на реке́. Я люблю́ быва́ть на реке́ и в хоро́шую пого́ду, и когда́ идёт дождь. А каки́е интере́сные и краси́вые места́ мы ви́дим! Весь день мы прово́дим на реке́, купа́емся, загора́ем. Ве́чером мы гото́вим у́жин, слу́шаем ра́дио, поём пе́сни. Мы все о́чень лю́бим петь.

В Москве́ ка́ждое воскресе́нье мы то́же идём в похо́д. Весно́й, ле́том и о́сенью, е́сли пого́да неплоха́я, мы идём в похо́д в суббо́ту ве́чером, а возвраща́емся в воскресе́нье. Зимо́й, е́сли не сли́шком хо́лодно, мы идём в похо́д на лы́жах.

ДАВАЙТЕ ПОГОВОРИМ:

В похо́д
— Что вы де́лаете ле́том?
— Идём в похо́д.
— А де́ти?
— И дете́й берём.

Алексе́й (Алёша)
бер-у́т (брать; брал, брала́, бра́ли) / взять
у-дивл-я́й + ся to be surprised
проводи́ть / про-вед-у́т (провёл, провела́; провести́)

реш-а́й + / реш-и́-ть to decide
ме́лочи trifles, the little things
ме́сто (*pl.* места́) place
воз-вращ-а́й + ся / верну́ться

— На байда́рке?!
— Коне́чно. А что?
— Но ведь на реке́ хо́лодно, иногда́ идёт дождь...
— У нас хоро́шая пала́тка, больша́я байда́рка. Де́ти о́чень лю́бят э́ти похо́ды.

— Ни́на, о чём э́то ты расска́зываешь?
— В воскресе́нье мы бы́ли на реке́. Мы все — и па́па, и ма́ма, и я, и да́же Макси́м — о́чень лю́бим похо́ды на байда́рке. У нас есть больша́я байда́рка и пала́тка.
— Как, и Макси́м то́же был в похо́де?
— Да, коне́чно. Е́сли хоро́шая пого́да, мы берём и его́ в похо́д. Он ещё зимо́й мно́го говори́т о на́шем похо́де: когда́ мы пое́дем, куда́ пое́дем, что возьмём.
— В воскресе́нье была́ хоро́шая пого́да?
— Да, о́чень хоро́шая. Бы́ло тепло́. Мы купа́лись, загора́ли, гуля́ли, пе́ли пе́сни.
— И Макси́м то́же поёт?
— Да, он о́чень лю́бит петь и зна́ет хоро́шие пе́сни о спо́рте, о мо́ре, о Москве́.
— Когда́ вы верну́лись в Москву́?
— Мы верну́лись то́лько ве́чером. Хорошо́ бы́ло на реке́!

— Ива́н Ива́нович, ва́ша семья́ лю́бит спорт?
— О́чень. Ле́том, в хоро́шую пого́ду, мы обяза́тельно идём в похо́д в суббо́ту. И дете́й берём в похо́д.
— Вы берёте в похо́д да́же Макси́ма? Ему́ всего́ семь лет!
— Коне́чно. Он о́чень лю́бит на́ши похо́ды и всю неде́лю ду́мает то́лько о похо́де.
— Куда́ вы ходи́ли в про́шлую суббо́ту?
— К сожале́нию, была́ плоха́я пого́да, и мы никуда́ не ходи́ли.

— Ма́ма, э́то ну́жно брать в похо́д?
— Да, коне́чно.
— А э́то?
— Обяза́тельно.

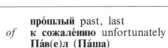

— Лари́са, я слы́шал, что вы бы́ли в Пари́же?
— Да, я провела́ там це́лую неде́лю.
— Когда́ вы верну́лись в Москву́?
— Совсе́м неда́вно, то́лько три дня наза́д.

— Ле́на, о ком э́то ты расска́зываешь?
— О Па́вле, моём бра́те. Он о́сенью пойдёт в шко́лу.
— Ра́зве он ещё не у́чится?
— Нет, он сли́шком ма́ленький. Ему́ всего́ пять лет.
— А что он де́лает днём? Твоя́ ма́ма ведь рабо́тает в магази́не.
— Он весь день прово́дит в де́тском саду́. Он возвраща́ется домо́й в четы́ре.

Как,... What,...!
всего́ only (in all; *used to stress smallness of quantity or number*)

про́шлый past, last
к сожале́нию unfortunately
Па́в(е)л (Па́ша)

— Анна Петро́вна, как ва́ша семья́ прово́дит свобо́дное вре́мя зимо́й?
— Е́сли не сли́шком хо́лодно, мы идём в похо́д на лы́жах.
— А е́сли о́чень плоха́я пого́да?
— Тогда́ мы чита́ем, слу́шаем му́зыку.

— Га́ля, где ты была́ у́тром?
— Я ходи́ла в библиоте́ку. Мне сейча́с ну́жно мно́го занима́ться. Там хорошо́ занима́ться!
— А я всегда́ занима́юсь до́ма.

— Ва́ня, где на́ши места́?
— Вон там, ви́дишь?

Упражне́ния

16.11 — Почему́ вы всё вре́мя чита́ете о *спо́рте*?
— *Я о́чень люблю́ спорт и поэ́тому мно́го чита́ю о нём.*

(теа́тр, Москва́, Ленингра́д, се́вер, Аме́рика, му́зыка, кино́, фи́зика, хи́мия, футбо́л)

16.12 — Вы давно́ верну́лись в Москву́?
— *Нет, то́лько два дня наза́д.*

(Нет, то́лько час наза́д. Да, уже́ четы́ре ме́сяца наза́д. Да, уже́ ме́сяц наза́д. Нет, то́лько неде́лю наза́д. Да, уже́ три го́да наза́д.)

16.13 Сейча́с пять часо́в. Макси́м пришёл в четы́ре часа́.
Скажи́те, пожа́луйста, когда́ пришёл Макси́м?— *Час наза́д.*
Сего́дня понеде́льник. Анто́н прие́хал в четве́рг. Скажи́те, пожа́луйста, когда́ прие́хал Анто́н?—...
Сего́дня вто́рник. Ни́на получи́ла письмо́ в сре́ду. Скажи́те, пожа́луйста, когда́ Ни́на получи́ла письмо́?—... .
Сейча́с три часа́. Ви́ктор пришёл в час. Скажи́те, пожа́луйста, когда́ пришёл Ви́ктор?—...

16.14 — *Оди́н мой знако́мый* пое́хал рабо́тать в Академгородо́к.
Он пи́шет, что ви́дел там *ва́шего сы́на*.
— Вот интере́сно! Что *он* ещё вам пи́шет?
— *Он пи́шет о свое́й рабо́те.*

(одна́ моя́ знако́мая, твой брат, пого́да; одни́ мои́ знако́мые, твоя́ сестра́, э́тот го́род)

16.15 — У меня́ есть биле́ты *на но́вый фильм.*
— К сожале́нию, сего́дня ве́чером мне ну́жно рабо́тать.
— О́чень жаль.

(на футбо́л, в кино́, в теа́тр, в но́вый кинотеа́тр)

вон там (way) over there

16.16 — *Наши сосе́ди беру́т дете́й в похо́ды.*
— Как, де́ти в похо́де? Я удивля́юсь!

(Макси́му уже́ семь лет. Ле́на уже́ у́чится в институ́те. Анто́н сего́дня пригото́вил обе́д.)

16.17 — Дава́й пойдём к *Лари́се!*
— Ну, что ж? Дава́й. У *неё* всегда́ интере́сно.

(Вади́м, Анна Петро́вна и Ива́н Ива́нович, Та́ня, Оле́г, Анто́н и Ве́ра)

16.18 — *Ма́ше уже́ пять лет.*
— Всего́ пять лет? А я ду́мал, что ей бо́льше.

(Макси́м — 7, Лари́са — 23, Оле́г — 31, Зи́на — 27, Вади́м — 24, Ива́н Ива́нович — 35, Ви́ктор — 21, Ле́на — 16, Ни́на — 13)

16.19 1. Как вы лю́бите проводи́ть свобо́дное вре́мя? Вы лю́бите спорт? Вы лю́бите похо́ды? Каки́е похо́ды вы лю́бите? Вы лю́бите похо́ды на лы́жах? В како́е вре́мя го́да вы идёте в похо́д на лы́жах? Вы лю́бите похо́ды на байда́рке? В како́е вре́мя го́да? Что вы берёте, когда́ идёте в похо́д? У вас есть байда́рка (пала́тка)? В каку́ю пого́ду вы идёте в похо́д?
2. Когда́ вы на́чали учи́ться в э́том институ́те (шко́ле, университе́те)? Вы лю́бите кино́? Вы ча́сто быва́ете в кино́? Вы лю́бите теа́тр? Вы ча́сто быва́ете в теа́тре? Ско́лько вам лет? (Е́сли э́то не секре́т!)

16.20 Word Study

бер-у́т — to bear
воз-вращ-а́й + ся — вер-ну́-ть-ся (*with prefix* воз-)
знако́мый — знай +, зна́чит, познако́мьтесь
люб-и́-ть, Любо́вь — love
ме́сто — вме́сте
про́шлый — про- (through), ш(ё)л
сожале́ние — жаль

Но́вые слова́ и выраже́ния

байда́рка
бер-у́т (брать)
воз-вращ-а́й + ся *куда́*
вон там
всего́
знако́мый
и́ли ... и́ли
к / ко *кому́*
как: Как,...
лы́жа
   на лы́жах
люб-и́-ть
ме́лочи
ме́сто
наза́д

од(и́)н: оди́н мой знако́-
   мый
пала́тка
пе́сня
пой + (пою́, поёшь; пел;
   петь)
пого́да: в хоро́шую по-
   го́ду
похо́д
идти́ / пойти́ в похо́д
про-вед-у́т *p.*
   (провёл, провела́;
   провести́)
про́шлый
реш-а́й + / реш-и́-ть

сли́шком
сожале́ние: к сожале́-
   нию
у-дивл-я́й + ся
ход-и́-ть
це́лый
шестна́дцать, шестна́д-
   цатый

Алексе́й (Алёша)
Во́лга
Любо́вь (Лю́ба)
Ока́
Па́в(е)л (Па́ша)

УРОК № **17** (СЕМНАДЦАТЬ) — СЕМНАДЦАТЫЙ УРОК

Василий Николаевич живёт на **втором** этаже, в **третьей** квартире.
Раз в неделю Василий Николаевич приходит в этот магазин.
— Где вы были в воскресенье?— Мы **ездили** в Суздаль.
Василий Николаевич советует, что **мне читать.**
Василий Николаевич покупает книги на английском языке.
Он покупает книги **и** на немецком языке.

Фонетика:

Read pp. 43-45 concerning the Russian "flap" consonant **р**.

Слушайте и повторяйте!

сестра ... трамвай ... здравствуйте ... метро ... взрослые ... другой ... гараж ...
вчера ... урок ... хорошо ... по-русски ... берут ... старый ... радио ... раньше ...
раз ... родители ... русский ... рубашка ... рыба ... номер ... шофёр ...
диктор ... двор ... вечер ... север ... инженер ... брат ... прав ... француз ...
врач ... журнал ... квартира ... парк ... портфель ... вторник ... четверг ...
наверно ... байдарка ... чёрный ... спорт ... центр ... театр

	где ?	**Раз**
Он живёт	в **этом новом** доме. в хорош**ей нов**ой квартире. на втор**ом** этаже, в трет**ьей** квартире.	Два ра́за ⎫ Пять раз ⎬ **в неделю** Василий Николаевич приходит в этот магазин.

	третий		
Это	третий дом	третья квартира	третье окно.
Я вижу	третий дом	третью квартиру	третье окно.
Я вижу	третьего студента	третью студентку	
Я говорю о	третьем доме	третьей квартире	третьем окне.

Как часто?				
Раз 2-3 раза 5...⎫ много⎬ раз	в {	день неделю месяц год		

семнадцать, семнадцатый
раз (2 раза, 5 раз) в... once (twice, 5 times) a/per
третий (третья, третье)

251

— Где вы бы́ли в воскресе́нье?—Мы е́здили в Су́здаль.

Васи́лий Никола́евич, как вы ду́маете, что́ ещё **мне написа́ть** Мэ́ри?

Васи́лий Никола́евич сове́тует, **кому́** что **чита́ть.**

Васи́лий Никола́евич хорошо́ чита́ет по-англи́йски. Ни́на **то́же** чита́ет по-англи́йски.

Васи́лий Никола́евич хорошо́ чита́ет по-англи́йски. Он чита́ет **и** по-францу́зски.

Ви́ктор вчера́ дал мне э́ту кни́гу.

Он ча́сто **даёт** мне чита́ть свои́ кни́ги.

да-ва́й + (дава́ть)

я даю́, ты даёшь, они́ даю́т

Ива́н Ива́нович давно́ зна́ет Анто́на Никола́евича. Они́ вме́сте учи́лись в шко́ле. Они́ друзья́.

Это кни́жный магази́н «Дру́жба» на у́лице Го́рького.

Он **нахо́дится** на пе́рвом этаже́. Здесь **продаю́т кни́ги на иностра́нных языка́х.**

В букинисти́ческом магази́не продаю́т ста́рые кни́ги.

Здесь Васи́лий Никола́евич покупа́ет **кни́ги по фи́зике.**

Снача́ла Васи́лий Никола́евич идёт в кни́жный магази́н на **Пу́шкинской у́лице.**

На э́той у́лице нахо́дится **ещё оди́н** кни́жный магази́н.

ГРАММА́ТИКА И УПРАЖНЕ́НИЯ

17.1 The Prepositional Singular Adjective Endings

он
оно́ } **(о нём) -ОМ** (spelled **-ом**/**-ем**)   но́вом, вече́рнем, большо́м, хоро́шем

она́ **(о ней) -ОЙ** (spelled **-ой**/**-ей**)   но́вой, вече́рней, большо́й, хоро́шей

The endings for adjectives in the prepositional singular are the same as those used for the special modifiers (cf. Lesson 16). Remember that the clues for them can be found in the prepositional case forms of the third-person pronouns.

Упражне́ния 17.1

а. *Образе́ц:* Вот пе́рвый эта́ж. Я рабо́таю ... —*Я рабо́таю на пе́рвом этаже́.*
Вот пя́тая кварти́ра. Я живу́ ... —*Я живу́ в пя́той кварти́ре.*

1. Вот пе́рвая кварти́ра. Я живу́ ... . 2. Вот второ́й эта́ж. Мы живём ... . 3. Вот четвёртая кварти́ра. Аня живёт ... . 4. Вот пя́тый эта́ж. Вади́м рабо́тает ... . 5. Вот шеста́я ко́мната. Ве́ра рабо́тает ... . 6. Вот седьмо́й дом. Бори́с Петро́вич живёт ... . 7. Вот восьмо́й эта́ж. На́ши знако́мые живу́т ... . 8. Вот девя́тая кварти́ра. Еле́на Влади́мировна живёт ... . 9. Вот деся́тый

е́зд-и-ть to go (ride, drive) (*multidirectional*)
да-ва́й + / дать
  (даю́, даёшь, даю́т; дава́ть)
друг (*pl.* друзья́) (close) friend
кни́жный магази́н
«Дру́жба» "Friendship"
у́лица Го́рького
на-ход-и́-ть-ся *где* to be (situated, located)

про-да-ва́й + / про-да́ть (*like* да-ва́й + / дать; *past accent* про́дал, продала́, про́дали)
иностра́нный foreign
кни́ги на иностра́нных языка́х
букинисти́ческий магази́н second-hand bookstore
кни́га по фи́зике
Пу́шкинская у́лица
ещё оди́н

эта́ж. Вади́м рабо́тает ... . 10. Вот оди́ннадцатая кварти́ра. Алекса́ндр Петро́-
вич живёт ... . 11. Вот двена́дцатый дом. Мои́ друзья́ живу́т ... . 12. Вот
трина́дцатый эта́ж. Ко́ля рабо́тает ... . 13. Вот четы́рнадцатая ко́мната. Бо́ря
рабо́тает ... . 14. Вот пятна́дцатая кварти́ра. Мои́ де́душка и ба́бушка жи-
ву́т ... . 15. Вот шестна́дцатый дом. Гали́на Васи́льевна живёт ... . 16. Вот
семна́дцатый эта́ж. Библиоте́ка нахо́дится ... .

6. *Образе́ц:* (э́та но́вая шко́ла) — Где у́чится Ни́на? — *Ни́на у́чится в э́той но-*
вой шко́ле.

1. (э́тот букинисти́ческий магази́н) Где вы купи́ли э́ту кни́гу? 2. (но́вый
газе́тный кио́ск) Где тепе́рь рабо́тает Та́нечка? 3. (Большо́й теа́тр) Где вы бы́ли
вчера́ ве́чером? 4. (знако́мая де́вушка) О ком говори́т Вади́м? 5. (хоро́ший
испа́нский фильм) О чём вы говори́те? 6. (стари́нный го́род Су́здаль) Где вы
бы́ли в воскресе́нье? 7. (де́тский сад) Где Макси́м? 8. (э́тот большо́й бе́лый
дом) Где живу́т ва́ши роди́тели? 9. (Чёрное мо́ре) О чём так до́лго расска́зывал
Анто́н? 10. («Вече́рняя Москва́») Где вы чита́ли об э́том? 11. (Сове́тский Сою́з)
Вы не зна́ете, где сейча́с Джон? 12. (хоро́шая но́вая кварти́ра) Где живёт
Любо́вь Ива́новна? 13. (францу́зский язы́к) На како́м языке́ э́та кни́га? 14. («Мо-
ско́вская пра́вда») Где вы чита́ли об э́том? 15. (э́та краси́вая совреме́нная
шко́ла) Где рабо́тает Анна Петро́вна? 16. (больша́я но́вая библиоте́ка) Где
рабо́тает Мари́я Влади́мировна? 17. (э́тот большо́й парк) Где вы бу́дете гуля́ть?
18. (ста́рый ма́ленький дом) В како́м до́ме живёт ваш де́душка?

17.2 The Declension of the Adjective Numeral трет(и)й

Это тре́тий дом, тре́тья кварти́ра, тре́тье окно́.
Я ви́жу тре́тий дом, тре́тью кварти́ру, тре́тье окно́.

The adjective numeral **трет(и)й** is one of a very small group of adjectives
which take the same endings as do special modifiers — the endings of the nominative
and accusative cases are like noun endings; the endings of other cases are like
regular adjective endings.

This adjective is very similar to the special modifier **ч(е)й (чья, чьё, чьи)**
(root [čу]). The root of **трет(и)й** is [tr'éty], and the vowel **и** in the masculine
nominative is a fill vowel. (Do not confuse this *false* ending with the genuine
ending in **вече́рний!**)

Упражне́ние 17.2. *Запо́лните про́пуски* (тре́тий).

1. Я не отве́тил на ... вопро́с. 2. Анто́н чита́ет уже́ ... газе́ту. 3. Ни́на
спра́шивает о ... кварти́ре. 4. Профе́ссор сейча́с спра́шивает ... студе́нта. 5. Ви́-
дите ... окно́ на второ́м этаже́? Там моя́ ко́мната. 6. Это ... кварти́ра. 7. Его́
друзья́ живу́т на ... этаже́. 8. Это уже́ ... такси́ идёт ми́мо. 9. Вади́м рабо́тает
в ... ко́мнате, на второ́м этаже́. 10. Ни́на говори́т о ... письме́, кото́рое ей
написа́ла Мэ́ри.

17.3 The Multidirectional Verb езд-и-ть ~ Unidirectional е́хать / по-

— Где ва́ши де́ти? — Они́ сего́дня **пое́хали** в Су́здаль.
— Где вы бы́ли в воскресе́нье? — Мы **е́здили** в Су́здаль.

See 16.7 concerning the verbs **ходи́ть, идти́** and **пойти́.**

Упражне́ние 17.3. *Запо́лните про́пуски* (е́здить ~ пое́хать).

1.—Где Мари́я Влади́мировна?—Она́ уже́ ... в библиоте́ку на рабо́ту. 2.—Где же Макси́м был так до́лго?—Он ... в библиоте́ку. 3.—Где па́па? Он уже́ ... на рабо́ту. 4. Мы о́чень лю́бим стари́нные ру́сские города́. В про́шлое воскресе́нье мы ... в Су́здаль. 5.—Алёша до́ма?—Нет, он час наза́д ... к врачу́. 6.—Почему́ вы не пришли́ к нам вчера́?—Мы ... в дере́вню к сестре́. 7.—Где Вади́м?—Он ... в Ки́ев к ма́тери. 8.—Где был Макси́м ле́том?—Он ... в дере́вню к де́душке. 9.—Где сейча́с Оле́г?—Он ... в институ́т. 10.—Вчера́ на́ши друзья́ показа́ли нам фотогра́фии, кото́рые они́ сде́лали на Чёрном мо́ре.—Ра́зве они́ уже́ ... на юг?

17.4 в = *per/a* (как ча́сто?)

Раз в неде́лю Васи́лий Никола́евич прихо́дит в э́тот кни́жный магази́н. **Два ра́за в ме́сяц** мы идём в похо́д на байда́рке.

Раз followed by the preposition **в** and an expression of time in the accusative case expresses frequency of occurrence (к а к ч а́ с т о?) within the indicated span of time.

Упражне́ние 17.4

Образе́ц: (1, ме́сяц)—Как ча́сто вы прихо́дите в э́тот магази́н?—*Раз в ме́сяц.*

1. (1, неде́ля) Как ча́сто вы покупа́ете «Огонёк»? 2. (2, год) Как ча́сто вы быва́ете в Академгородке́? 3. (2, ме́сяц) Как ча́сто прихо́дят ва́ши знако́мые? 4. (3, ме́сяц) Как ча́сто ты пи́шешь ба́бушке и де́душке? 5. (2, день) Как ча́сто прихо́дит сестра́?

17.5 The Infinitive Used to Express Appropriateness of Action

Васи́лий Никола́евич, как вы ду́маете, что ещё **мне написа́ть** Мэ́ри? (= что мне ну́жно написа́ть)

Васи́лий Никола́евич сове́тует, **кому́** что **чита́ть.**

The infinitive is frequently used with the dative case to indicate appropriateness of an action for that individual, as an equivalent of 'should', 'ought to', etc. (The words **ну́жно, на́до** etc. are understood.)

Упражне́ние 17.5

Образе́ц: Я не зна́ю, куда́ пое́хать отдыха́ть.—*Посове́туйте, куда́ мне пое́хать отдыха́ть.*

1. Ве́ра не зна́ет, что пригото́вить на у́жин. 2. Ко́ля не зна́ет, что написа́ть Лари́се. 3. Алексе́й Влади́мирович не зна́ет, каки́е газе́ты выпи́сывать. 4. Мы не зна́ем, како́й га́лстук купи́ть де́душке. 5. Эти студе́нты не зна́ют, како́й язы́к изуча́ть в институ́те. 6. Алексе́й Ива́нович не зна́ет, на како́й фильм пойти́. 7. Анто́н не зна́ет, что купи́ть Ве́рочке.

17.6 The Verbs с-пра́ш-ивай + / с-прос-и́-ть ~ прос-и́-ть / по-

Аня **спроси́ла** му́жа, когда́ он придёт домо́й.
Аня **попроси́ла** му́жа прийти́ домо́й в шесть часо́в.

Макси́м пришёл к Васи́лию Никола́евичу и **попроси́л** у него́ де́тскую кни́гу.

These two verbs although they come from the same root, have different meanings and are used in different constructions. The English-speaking student must be particularly careful to distinguish between them, since they are both equivalents of 'to ask'.

спра́шивать / спроси́ть means to inquire, ask for information, and takes a direct object of the person asked. *It is not followed by infinitives.*

проси́ть / по- means to request, to ask for something or to ask someone to do something, and is used in two different constructions:

проси́ть / по- *что у кого́* 'to ask someone for something'
проси́ть / по- *кого́ + инфинити́в* 'to ask someone to do something'

Упражне́ния 17.6

а. *Запо́лните про́пуски* (прос-и́-ть / по-).

1. Анто́н вчера́ ... Ве́ру почи́стить ему́ брю́ки. 2. Де́ти в на́шем до́ме ча́сто ... Оле́га рассказа́ть о свое́й рабо́те в Академгородке́. 3. Па́вел Петро́вич, ... , пожа́луйста, Ви́ктора прийти́ ко мне в 3 часа́. 4. Влади́мир Ива́нович вчера́ ... меня́ написа́ть письмо́ Ната́лье Бори́совне. 5. Са́ша, вот идёт Вади́м. ..., пожа́луйста, у него́ спи́чки. 6. Никола́й Алексе́евич ... нас не забы́ть, что мы за́втра все вме́сте пойдём в похо́д. 7. Ве́ра ча́сто ... Анто́на пригото́вить обе́д.

б. *Запо́лните про́пуски* (с-пра́ш-ивай + / с-прос-и́-ть ~ прос-и́-ть / по-).

· 1. Де́вушка улыбну́лась мне и ... , где нахо́дится остано́вка тролле́йбуса. 2. Мои́ друзья́ ... меня́ показа́ть но́вые фотогра́фии. 3. Ве́ра никогда́ не ... му́жа пригото́вить обе́д. 4. Анто́н ... Ве́ру, купи́ла ли она́ всё, что ну́жно. 5. Знако́мые вчера́ ... нас, где мы лю́бим отдыха́ть ле́том. 6. Пришёл сосе́д и ... у нас «Вече́рнюю Москву́». 7. Анто́н ... Ве́ру, куда́ она́ положи́ла его́ но́вые брю́ки. 8. Макси́м ... ма́му купи́ть ему́ де́тскую кни́гу. 9. Мы за́втра ... Ви́ктора, где он был всю неде́лю. 10. Я о́чень ... вас не забыва́ть об э́том. 11. Пассажи́р ... стюарде́ссу, говори́т ли она́ по-англи́йски. 12. Ма́ша всё вре́мя смо́трит в окно́ и ... ба́бушку, когда́ приду́т домо́й ма́ма и па́па.

17.7 The Verb да-ва́й +

даю́, даёшь, даю́т; дава́л; дава́й!; дава́ть

This verb belongs to the same type as **вста-ва́й +**, **у-ста-ва́й +**. Note also the prefixed verb from this stem, **про-да-ва́й +** 'to sell': В букинисти́ческом магази́не продаю́т ста́рые кни́ги.

Упражне́ния 17.7

а. *Запо́лните про́пуски* (да-ва́й +).

1.—Ма́ша никогда́ не ... мне свои́ кни́ги.—Она́ и ра́ньше никому́ не ... свои́ кни́ги. 2. Мы всегда́ ... свои́ газе́ты Никола́ю Анто́новичу. 3. Когда́ прихо́дят де́ти, я ... им свои́ кни́ги. 4. Не покупа́йте журна́л «Октя́брь», я всегда́ бу́ду ... вам свой журна́л. 5. Анто́н и Ве́ра всегда́ ... нам смотре́ть свои́ но́вые журна́лы.

б. *Запо́лните про́пуски* (да-ва́й + ~ дать).

1. Вади́м вчера́ ... мне э́ту кни́гу. Он ча́сто ... мне чита́ть свои́ кни́ги. 2. Он мне сказа́л, что сего́дня он мне ... ещё одну́ кни́гу. 3. Макси́м ра́ньше никогда́ не ... нам свои́ кни́ги. 4. Та́ня, когда́ ты мне ... но́вую кни́гу? 5. Когда́ ма́ма придёт домо́й, я ... ей э́ти пи́сьма. 6. Ва́ня, ... мне, пожа́луйста, пи́сьма. 7. Вчера́ она́ нам ... о́чень вку́сный ко́фе.

17.8 то́же ~ и = *also*

Васи́лий Никола́евич хорошо́ говори́т по-англи́йски. Ни́на **то́же** говори́т по-англи́йски. / **И** Ни́на говори́т по-англи́йски.

Васи́лий Никола́евич хорошо́ говори́т по-англи́йски. Он говори́т **и** по-францу́зски.

You know both **то́же** and **и** as equivalents of 'also', but they are not interchangeable. Of the two, **то́же** is the more restricted. It can be used only when some statement is being made about more than one topic of conversation. In the first example above the same statement is being made about Vasily Nikolaevich and Nina. Here **то́же** is the equivalent of an English 'also / too' which bears *strong sentence stress*.

In the second example more than one statement is being made about one topic of conversation (Vasily Nikolaevich). In this situation **то́же** may not be used. Here the English equivalent is a *weakly stressed* 'also / too' or 'in addition'.

Note that **и** may be used in either situation (but precedes the topic rather than following it).

Упражне́ние 17.8. *Заполните про́пуски* (то́же ~ и).

1. Ива́н Ива́нович лю́бит игра́ть в ша́хматы. Анто́н Никола́евич ... лю́бит игра́ть в ша́хматы. 2. В э́том до́ме живёт Ива́н Ива́нович. Анто́н Никола́евич ... живёт в э́том до́ме. В э́том до́ме живёт ... Васи́лий Никола́евич. 3. Лари́са ча́сто быва́ет в Пари́же. Она́ быва́ет ... в Нью-Йо́рке. 4. «Москва́ и москвичи́» хоро́шая переда́ча. «Вре́мя» ... хоро́шая `переда́ча. 5. Ве́ра купи́ла о́вощи. Она́ купи́ла ... мя́со. 6. Здесь рабо́тает Анна Петро́вна. Здесь рабо́тает ... Еле́на Алекса́ндровна. 7. Васи́лий Никола́евич ча́сто хо́дит в кни́жный магази́н «Дру́жба». Он хо́дит ... в кни́жный магази́н «Дом кни́ги». 8. Ни́на хорошо́ у́чится в шко́ле. Ле́на ... у́чится о́чень хорошо́. 9. У нас в ку́хне есть горя́чая вода́. У нас есть ... газ. 10. Ма́ма идёт домо́й пешко́м. Па́па ... идёт домо́й пешко́м.

17.9 У ка́ждого свои́ увлече́ния (Cf. dialogs later in lesson.)

There is one important exception to the rule that the reflexive modifier **свой** cannot modify the subject of the clause. This is in constructions with **у** and the verb 'to be' (equivalent to 'to have').

17.10 Note on Capitalization

Note that in geographical names the common noun ('sea', 'river', 'street', etc.) is not capitalized, only the word distinguishing that geographical feature from others: Чёрное мо́ре, Пу́шкинская у́лица.

17.11 Мы вчера́ бы́ли у него́. ~ Мы вчера́ бы́ли в его́ кварти́ре.

You know that when forms of the third-person pronouns **он, она́, оно́, они́** are governed by prepositions they are prefixed with an **н-**. This does *not* occur when **его́, её, их** = 'his', 'her', 'their'. (In this case the preposition really does not govern the possessive, which means 'of him', 'of her', 'of them'.)

17.12 Notes on Individual Words

друг (*pl.* **друзья́**) — Note the unexpected consonant mutation, **г/з** (normally **г/ж**).

дру́жба, кни́жный — Note that the same mutations that take place in verb conjugations can occur in other parts of speech (here **г/ж**).

кни́жный магази́н «Дру́жба» — bookstore on Gorky street which sells foreign books, particularly from Socialist countries.

ещё (оди́н) — '(one) more', 'still another'. Do not confuse with **друго́й** = 'another' ('different').

Это о́чень вку́сный ко́фе. Да́йте мне, пожа́луйста, ещё.

Этот ко́фе холо́дный. Да́йте мне, пожа́луйста, друго́й.

знако́мая де́вушка = 'a girl friend', 'a girl I know'. Note that **знако́мый** can be used as a regular attributive adjective.

кни́га — Note the special expressions: **кни́ги на англи́йском (языке́), кни́ги по (фи́зике)**.

люби́ть: Я бо́льше люблю́... — Note that with **люби́ть** one must *not* use лу́чше.

нахо́дится — Кни́жный магази́н «Дру́жба» нахо́дится на у́лице Го́рького. Note that when 'to be' = 'to be situated/located', it should usually be translated by **находи́ться**.

у́лица Го́рького, Пу́шкинская у́лица — у́лицы в це́нтре Москвы́.

Макси́м Го́рький (1868-1936) — outstanding Soviet writer.

Алекса́ндр Серге́евич Пу́шкин (1799-1837) — great Russian poet and the father of modern Russian literature and the Russian literary language.

Левита́н И. И. (1860-1900), **Ре́пин И. Е.** (1844-1930) — Russian painters.

Ру́сский музе́й — the largest museum of Russian art, located in Leningrad.

язы́к: — На како́м языке́ говоря́т э́ти де́ти? — Они́ говоря́т **на испа́нском языке́**. Они́ говоря́т **по-испа́нски**.

Васи́лий Никола́евич покупа́ет **кни́ги на англи́йском языке́**.

Note the way of expressing the language in which a book is written, and also the fact that this construction is used in the question when an adverb of language is expected in the answer.

Библиоте́ка в кварти́ре

На второ́м этаже́ в кварти́ре № 3 живёт Васи́лий Никола́евич. Вы его́ уже́ зна́ете. Он давно́ на пе́нсии, но он не скуча́ет.

Я хочу́ рассказа́ть вам о его́ увле-че́нии. Васи́лий Никола́евич о́чень лю-

увлече́ние hobby

бит кни́ги и собира́ет их. У него́ в кварти́ре настоя́щая библиоте́ка. Васи́лий Никола́евич собира́ет худо́жественную литерату́ру и кни́ги по иску́сству.

Раз в неде́лю, в суббо́ту, он е́дет в кни́жные магази́ны. Снача́ла он е́дет в магази́н на Пу́шкинской у́лице, где он покупа́ет кни́ги по иску́сству. «Здра́вствуйте, Иро́чка»,— говори́т он и про́сит показа́ть но́вые кни́ги. В э́том магази́не все давно́ зна́ют Васи́лия Никола́евича, потому́ что он ча́сто прихо́дит сюда́. Ему́ говоря́т: «Здра́вствуйте. У нас сейча́с ничего́ но́вого нет». Или: «У нас сего́дня есть но́вая кни́га о Левита́не». В большо́м кни́жном магази́не «Дру́жба», кото́рый нахо́дится на у́лице Го́рького, Васи́лий Никола́евич покупа́ет кни́ги на испа́нском и неме́цком языка́х.

Недалеко́ отсю́да нахо́дится ещё оди́н кни́жный магази́н—букинисти́ческий магази́н. Его́ Васи́лий Никола́евич осо́бенно лю́бит. В э́том магази́не продаю́т то́лько ста́рые кни́ги. Здесь всегда́ есть интере́сные и ре́дкие кни́ги.

Кварти́ру № 3 в до́ме зна́ют все. Сюда́ прихо́дят друзья́ и знако́мые Васи́лия Никола́евича и беру́т чита́ть кни́ги. Осо́бенно ча́сто прихо́дят де́ти. Васи́лий Никола́евич не то́лько даёт свои́ кни́ги, но и сове́тует, кому́ что чита́ть.

ДАВА́ЙТЕ ПОГОВОРИ́М:

— Извини́те за беспоко́йство.
— Ничего́.

Где живёт...?

— Скажи́те, пожа́луйста, где живу́т Ивано́вы?
— Ивано́вы? Ивано́вы живу́т на четвёртом этаже́ в семна́дцатой кварти́ре.
— Спаси́бо.

— Прости́те, пожа́луйста, в э́той кварти́ре живёт Ива́н Ива́нович, шофёр?
— Нет, Ива́н Ива́нович живёт во второ́й кварти́ре на пе́рвом этаже́.
— Извини́те за беспоко́йство.
— Пожа́луйста.

— Где вы бы́ли вчера́ ве́чером?
— Мы ходи́ли к Вади́му. Там бы́ло так интере́сно! Он расска́зывал нам, как он отдыха́л на ю́ге, на Чёрном мо́ре. И он показа́л нам но́вые фотогра́фии.
— Вы у него́ ча́сто быва́ете?
— Да, раз в неде́лю.

со-бир-а́й + / **со-бер-у́т** (собра́л; собра́ть) to collect, gather
настоя́щий real, genuine
худо́жественная литерату́ра fiction and poetry
иску́сство art
 кни́ги по иску́сству
Иро́чка (Ири́на; Ира)
ничего́ но́вого нет

отсю́да from here
осо́бенно particularly, especially
ре́дкий
извини́те = прости́те
 Извини́те за беспоко́йство. Pardon me for bothering you.
Ничего́. That's OK, don't mention it. (*when discomfort or inconvenience is caused*)

В книжном магазине

— Что у вас есть по искусству?
— Есть «Левитан», «Репин», «Русский музей»...
— Покажите мне, пожалуйста, книгу о Левитане.
— Вот, пожалуйста.
— Хорошо, я возьму её и «Русский музей».
— Больше ничего? А «Репин»?
— Нет, спасибо, «Репин» у меня уже есть.

— Где вы купили эту книгу?
— В магазине «Дружба» на улице Горького.
— Давно?
— Год назад.
— Жаль. Я очень хочу купить эту книгу.
— Может быть, она есть в букинистическом магазине.

Моя библиотека

— Вот мои книги. Я их очень люблю. Книги — моё увлечение.
— Я тоже люблю книги, но почти не покупаю их, потому что я беру книги в библиотеке.
— Приходите ко мне, берите читать мои книги.

Наши увлечения

— Вы знаете, мой сын собирает пластинки.
— Ну, что же, пластинки — это хорошее увлечение. Он любит музыку?
— Да, особенно классическую. У нас дома есть Бах, Чайковский, Прокофьев, Шостакович... Приходите послушать.
— Спасибо. Да, у каждого свои увлечения. Мой муж любит играть в шахматы, а наш сосед собирает книги...
— Ну, что ж, это хорошее увлечение. А вот мы каждый год летом идём в поход на байдарке.
— И детей берёте?
— Конечно. Дети очень любят эти походы.

В самолёте

— Лариса, какие иностранные языки ты знаешь? К сожалению, я совсем не понимаю одного пассажира. Он не говорит ни по-русски, ни по-английски.
— Я понимаю и по-французски, и по-испански. Сейчас приду, подожди минуточку.

— Мэри, я не понимаю одно слово в письме, которое мне написала Нина.
— Я тоже не знаю, что это значит. Давай посмотрим в словаре. У меня есть хороший русско-английский словарь.

Ну, что ж(е)
пластинка (phonograph) record
классический
по-слуш-ай + *p.* (немного)
ни...ни... (не) neither... nor...

слово (*pl.* слова) word
словарь *m.* dictionary
   посмотреть в словаре
русско-английский словарь (*only the second stem declines*)

Упражне́ния

17.13 — Прости́те, пожа́луйста, *здесь живёт Лари́са Соколо́ва?*
— Нет, не здесь.
— Извини́те за беспоко́йство.
— Пожа́луйста.

(Ива́н Ива́нович Петро́в, Васи́лий Никола́евич Соколо́в, Вади́м Ивано́в, Макси́м Петро́в, Оле́г Васи́льевич Соколо́в, Зи́на Соколо́ва)

17.14 Я люблю́ чита́ть *кни́ги. Моё увлече́ние — кни́ги.*
Он лю́бит игра́ть в футбо́л. ... . Они́ лю́бят игра́ть в ша́хматы. ... .
Она́ лю́бит кино́. ... . Он лю́бит теа́тр. ... . Они́ лю́бят спорт. ... .

17.15 — Вы лю́бите чита́ть?
— Да, я о́чень люблю́ чита́ть, осо́бенно кни́ги *о спо́рте.*

(Москва́, Аме́рика, мо́ре, му́зыка, теа́тр, кино́)

17.16 В магази́не есть кни́ги о Мо́царте, Проко́фьеве, Гли́нке, Бетхо́вене, Пагани́ни. Соста́вьте диало́г «В магази́не».
Слова́ и выраже́ния: *У вас есть...? Покажи́те мне, пожа́луйста,... Хорошо́, я э́то возьму́. Да́йте мне ещё... Бо́льше ничего́...?*

17.17 Это но́вый дом. Здесь живу́т ва́ши знако́мые. Вчера́ вы бы́ли у них. У них хоро́шая кварти́ра. Сейча́с вы и ваш брат е́дете в авто́бусе и ви́дите э́тот дом. Расскажи́те бра́ту, что ва́ши знако́мые живу́т в э́том но́вом до́ме.
Слова́ и выраже́ния: *На како́м этаже́? В како́й кварти́ре? У них хоро́шая кварти́ра?*

17.18 Расскажи́те об увлече́ниях ва́ших знако́мых.
Слова́ и выраже́ния: *собира́ть кни́ги по иску́сству, собира́ть кни́ги на иностра́нных языка́х, собира́ть пласти́нки, покупа́ть худо́жественную литерату́ру, люби́ть му́зыку, люби́ть спорт, люби́ть игра́ть в ша́хматы, люби́ть похо́ды на байда́рке, люби́ть теа́тр (кино́).*

17.19 Каки́е у вас увлече́ния? Вы лю́бите чита́ть? Вы собира́ете кни́ги и́ли вы их берёте в библиоте́ке? Каки́е кни́ги вы осо́бенно лю́бите? Вы ча́сто быва́ете в кни́жных магази́нах? Ва́ши знако́мые и друзья́ про́сят у вас кни́ги чита́ть? Вы им сове́туете, что чита́ть? Вы лю́бите му́зыку? Вы бо́льше лю́бите совреме́нную и́ли класси́ческую му́зыку? У вас есть пласти́нки? Вы их собира́ете? Каки́х компози́торов вы осо́бенно лю́бите? На каки́х иностра́нных языка́х вы говори́те? На каки́х иностра́нных языка́х вы чита́ете? Что ну́жно сде́лать, е́сли вы не понима́ете сло́во, когда́ вы чита́ете? У вас есть хоро́ший слова́рь?

17.20 Word Study

Note the suffix **-ическ-** (букинисти́ческий, класси́ческий) *equivalent to* -ic(al). *Note that the accent is always on the first vowel of this suffix.*
беспоко́йство — без, споко́йно

иностра́нный — иногда́ (ино- = other)
настоя́щий — стоя́т
со-бир-а́й +, со-бер-у́т — беру́т, бра́ть; со- = *English prefixes borrowed from the Latin* **cum-com-** / **con-** / **col-**.

Но́вые слова́ и выраже́ния

бер-у́т (кни́ги) в биб-
  лиоте́ке
беспоко́йство: Извини́-
  те за беспоко́йство.
букинисти́ческий мага-
  зи́н
да-ва́й +
друг (*pl.* друзья́)
дру́жба
е́зд-и-ть
ещё од(и́)н
знако́мая де́вушка
извини́!
иностра́нный
иску́сство
  кни́ги по иску́сству
класси́ческий

кни́га:
  кни́ги на ... языке́
  кни́ги по фи́зике, по
  иску́сству
кни́жный
литерату́ра
  худо́жественная ли-
  терату́ра
люби́ть: бо́льше лю-
  би́ть
музе́й
настоя́щий
на-ход-й-ть-ся
ни...ни... (не)
ничего́:
1.— Извини́те за бес-
  поќойство.— Ничего́,

2. Ничего́ но́вого нет.
ну: Ну, что ж(е)...
осо́бенно
отсю́да
пласти́нка
по-слу́ш-ай + *р.*
про-да-ва́й + / про-да́ть
прос-й-ть / по- *что у ко-*
  го́, кого́ + инфини-
  ти́в
раз в...
ру́сско-англи́йский
семна́дцать, семна́дца-
  тый
слова́рь *m.*
  смотр-е́-ть / по-: сло́-
  во в словаре́

сло́во
со-бир-а́й + / со-бер-у́т
  (собра́л, собрала́, со-
  бра́ли; собра́ть)
тре́тий
увлече́ние
худо́жественная лите-
  рату́ра
язы́к: кни́ги на ... язы-
  ке́

Го́рький: у́лица Го́рь-
  кого
Дом кни́ги
Ири́на (Ира; Иро́чка)
Пу́шкин: Пу́шкинская
  у́лица

УРОК № 18 (ВОСЕМНАДЦАТЬ) — ВОСЕМНАДЦАТЫЙ УРОК

Дай мне, пожа́луйста, твою́ кни́гу.
Оте́ц хо́чет, что́бы сын учи́лся в университе́те.
Куда́ пойти́ в воскресе́нье?
Са́ша хо́чет пойти́ учи́ться в университе́т.

Фоне́тика:

Read p. 51 concerning the hard consonant л.

Слу́шайте и повторя́йте!

клуб ... класси́ческий ... пригласи́ть ... до́лго ... лу́чше ... слу́шать ... полу́чит ... стул ... верну́лся ... тепло́ ... пло́хо ... холо́дный ... сло́во ... слы́шать ... столы́ ... молодо́й ... пала́тка ... ма́ло ... снача́ла ... до́лжен ... журна́л ... чита́л ... брал ... сказа́л

Интона́ция:

Review of intonation in long utterances.

Слу́шайте и повторя́йте!

Анна Петро́вна Петро́ва / живёт на пе́рвом этаже́ / во второ́й кварти́ре.

Васи́лий Никола́евич Соколо́в / живёт на второ́м этаже́ / в тре́тьей кварти́ре.

Он о́чень лю́бит кни́ги / и собира́ет худо́жественную литерату́ру / и кни́ги по иску́сству.

В большо́м кни́жном магази́не „Дру́жба", кото́рый нахо́дится на у́лице Го́рького, / Васи́лий Никола́евич / покупа́ет кни́ги на иностра́нных языка́х.

Васи́лий Никола́евич не то́лько даёт свои́ кни́ги, / но и сове́тует, / кому́ что чита́ть.

Basic Form	Императи́в	Basic Form	Императи́в
чит-а́й+/про-воз-вращ-а́й+ся прос-и́-ть/по-вер-ну́-ть-ся возьм-у́т сказ-а́-ть	чита́йте/про-возвраща́йтесь проси́те/по-верни́тесь возьми́те скажи́те	гото́в-и-ть/при-встан-ут ко́нч-и-ть вста-ва́й+ танц-ев-а́-ть/по-	гото́вьте/при-вста́ньте ко́нчите встава́йте танцу́йте

Мы говори́м «пойдёмте», е́сли мы идём вме́сте.
Оте́ц говори́т сы́ну: «Учи́сь в университе́те».

восемна́дцать, восемна́дцатый   пойдёмте = дава́йте пойдём

Отéц хóчет, **чтóбы** сын **учи́лся** в университéте.
Сын хóчет | **учи́ться** в институ́те.
Отéц хóчет, | **чтóбы сын учи́лся** в университéте.

Куда́ пойти́ в воскресéнье?
Сáша хóчет **пойти́ учи́ться в университéт.**

Мне **не хóчется** бóльше смотрéть телеви́зор.
Макси́му **бу́дет тру́дно** отвéтить на э́тот вопрóс, а Ни́не **бу́дет легкó.**
Ни́на у́чится в шкóле, в шестóм клáссе. Чéрез 4 гóда онá кóнчит шкóлу.

кóнчить {
шкóлу
профессионáльно-техни́ческое учи́лище (ПТУ) [pe-te-ú]
тéхникум
институ́т
Москóвский госудáрственный университéт (МГУ) [em-ge-ú]
физи́ческий факультéт
}

Кóля у́чится **в университéте на физи́ческом факультéте, на трéтьем ку́рсе.**
Лари́са рабóтает, но вéчером онá у́чится в институ́те. Онá у́чится на вечéрнем отделéнии. В бу́дущем году́ онá кóнчит институ́т.

Áня у́чится в деся́том клáссе. Онá хóчет **поступи́ть в университéт на физи́ческий факультéт.** Ей говоря́т, что **экзáмены в университéт** нелёгкие, но онá всё-таки хóчет их сдавáть. Éсли онá сдаст экзáмены, онá óсенью посту́пит в университéт.

Они́ у́чатся в консерватóрии.

ГРАММАТИКА И УПРАЖНЕНИЯ

18.1a. Formation of the Imperative

Formation of the imperative is very simple if you know the *basic form* of the verb. For a great many verbs, such as **читáй +, пообéдай +,** the basic form is in fact the imperative form (with a zero ending).

чтóбы *cf.* section 18.4
(мне) хóчется I feel like...
бóльше не no longer / more
тру́дный / не- difficult, hard
лёгкий / не- (**легкó**) [l'óxk'iy, l'ixkó] ≠ **тру́дный**
класс class, grade (grades 1-10)
конч-áй + / кóнч-и-ть (шкóлу) to graduate from, finish (school)
ПТУ (профессионáльно-техни́ческое учи́лище) vocational school
тéхникум technical secondary school
госудáрственный state (*adj.*)

МГУ (Москóвский госудáрственный университéт)
физи́ческий
факультéт (на) department (*of college or university*)
курс (на) year of study (*higher education*)
вечéрнее отделéние (на) evening division
экзáмен в университéт
экзáмен *куда́* entrance examination
всё-таки nevertheless, all the same
с-да-вáй + экзáмен to take an examination
с-дать (*like* дать) **экзáмен** *p.* to pass an exam
по-ступ-áй + / по-ступ-и́-ть *куда́* to enroll in, enter
консерватóрия

Keep the following three rules in mind in forming imperatives:

(1) The final consonant of the stem is softened (if it has a soft variant): возьми́, живи́, пригото́вь.

(2) Mutations which occur in the *third-person plural* will occur also in the imperative (first-conjugation verbs only, of course): скажи́, пиши́.

(3) The accent of the imperative will be as in the *first-person singular*: спроси́те, купи́те, проводи́те.

Remembering these rules, it is simple matter to form the imperative. If the accent is on the *stem* of the first-person singular form, the imperative has zero ending. But the soft sign will have to be added to indicate the softness of the stem except on stems in **-ай +**. The intransitive particle **-ся**/**-сь** is added according to the regular rule.

слу́шай(те)	бу́дь(те)	возвраща́йся — возвраща́йтесь
сде́лай(те)	забу́дь(те)	купа́йся — купа́йтесь
постро́й(те)	встань(те)	перепи́сывайся — перепи́сывайтесь
потанцу́й(те)	пригото́вь(те)	поднима́йся — поднима́йтесь
посове́туй(те)	отве́ть(те)	улыба́йся — улыба́йтесь

Упражне́ние 18.1а

Образе́ц: Я сове́тую вам прочита́ть э́ту кни́гу.— *Прочита́йте э́ту кни́гу.*

1. Я сове́тую вам забы́ть об э́том. 2. Я сове́тую вам отдыха́ть на ю́ге. 3. Я сове́тую вам потанцева́ть. 4. Я сове́тую тебе́ изуча́ть испа́нский язы́к. 5. Я сове́тую тебе́ встать за́втра в семь часо́в. 6. Я сове́тую тебе́ отве́тить на её письмо́. 7. Я сове́тую вам быть до́ма в шесть часо́в. 8. Я сове́тую тебе́ бо́льше улыба́ться. 9. Я сове́тую вам поднима́ться на пя́тый эта́ж без ли́фта. 10. Я сове́тую тебе́ поду́мать об э́том. 11. Я сове́тую тебе́ бо́льше помога́ть ма́ме.

18.1б If, however, the stem ends in a consonant cluster, the ending **-и** is added: ко́нчите, по́мните, чи́стите, почи́стите.

Упражне́ние 18.1б

Образе́ц: Вам на́до почи́стить ры́бу!— *Почи́стите ры́бу!*

1. Вам на́до всегда́ по́мнить э́то! 2. Тебе́ на́до почи́стить пальто́! 3. Вам на́до чи́стить о́вощи! 4. Тебе́ на́до ко́нчить э́ту рабо́ту сего́дня ве́чером! 5. Тебе́ на́до всегда́ по́мнить об э́том!

18.1в Verbs with the suffix **-вай-** following **-а** *keep* this suffix in the imperative (although they lose it in the present tense): дава́й, продава́й, сдава́й, встава́й, устава́й.

Упражне́ние 18.1в

Образе́ц: Я не сове́тую вам встава́ть за́втра в пять часо́в.— *Не встава́йте за́втра в пять часо́в.*

1. Я не сове́тую вам продава́ть э́ту маши́ну. 2. Я не сове́тую тебе́ дава́ть э́ту кни́гу до́чери. 3. Я не сове́тую тебе́ сдава́ть экза́мен сейча́с. 4. Я не сове́тую вам встава́ть в де́сять часо́в.

18.1г If the accent is on the *ending* of the first-person singular form, the imperative ending is **-и:** говорю́—говори́(те), живу́—живи́(те), иду́—иди́(те), пойду́—пойди́(те), приду́—приди́(те), уйду́—уйди́(те), верну́сь—верни́тесь, учу́сь—учи́тесь, улыбну́сь—улыбни́тесь.

However if the *root* of the verb ends in **-й,** the imperative normally has zero ending, even if the accent of the first-singular form is on the ending: стой (сто́ю), пой (пою́).

Упражне́ние 18.1г

Образе́ц: Макси́м, ты до́лжен стоя́ть здесь.—*Макси́м, стой здесь.*

1. Анто́н, ты до́лжен положи́ть мя́со в кастрю́лю. 2. Вы должны́ сказа́ть э́то Алекса́ндру Васи́льевичу. 3. Вы должны́ попроси́ть Лю́бу помо́чь вам. 4. Макси́м, ты до́лжен взять свои́ руба́шки. 5. Вы должны́ ему́ написа́ть об э́том. 6. Ве́ра, ты должна́ купи́ть чай и хлеб. 7. Вы должны́ говори́ть то́лько по-ру́сски. 8. Вы должны́ петь бо́льше. 9. Вы не должны́ стоя́ть здесь. 10. Вы должны́ показа́ть э́то инжене́ру.

18.1д The following imperatives must be simply learned: дать—**да́йте (прода́йте, сда́йте);** пое́хать—**поезжа́йте.**

The following verbs have *no imperative*: **ви́деть, слы́шать, хоте́ть**/**за-.** This is logical, since we cannot really command another person's vision, hearing or wanting (but we *do* have imperatives from the English equivalents).

Упражне́ние 18.1д

Образе́ц: Попроси́те Макси́ма купи́ть спи́чки.—*Макси́м, купи́, пожа́луйста, спи́чки.*

1. Попроси́те Аню́ пригото́вить обе́д. 2. Попроси́те Анну Петро́вну почи́стить о́вощи. 3. Попроси́те Бори́са Никола́евича прочита́ть э́тот журна́л. 4. Попроси́те Анто́на Никола́евича забы́ть об э́том. 5. Попроси́те Ве́ру Бори́совну посове́товать вам, куда́ пое́хать отдыха́ть. 6. Попроси́те Га́лю дать вам ча́ю и́ли ко́фе. 7. Попроси́те Васи́лия Никола́евича показа́ть свои́ но́вые фотогра́фии. 8. Попроси́те Ва́сю посмотре́ть, во дворе́ ли де́ти. 9. Попроси́те Иро́чку не опа́здывать. 10. Попроси́те Ири́ну Алекса́ндровну рассказа́ть о свое́й рабо́те. 11. Попроси́те Пе́тю написа́ть ба́бушке письмо́. 12. Попроси́те Петра́ Петро́вича отве́тить на э́то письмо́. 13. Попроси́те Татья́ну Ви́кторовну ко́нчить э́ту рабо́ту сего́дня.

18.2 The Use of the Imperative

Спроси́ ма́му об э́том.
Говори́те всегда́ по-ру́сски.

It is important to remember that the imperative forms have no *tense* meanings. In *positive* commands the imperatives of the two aspects are used in keeping with the general meanings of the aspects: perfective for reference to a single complete action, otherwise the imperfective.

When the imperative form is used not for a command, but for an *invitation,* the *imperfective* is usually used: **Входи́те,** пожа́луйста. **Приходи́те** к нам, когда́ у вас бу́дет свобо́дный день.

Ва́ня, не говори́ Анто́ну об э́том.
Не выпи́сывай э́ту газе́ту: я её уже́ получа́ю.

Negative commands are normally expressed by the *imperfective* aspect (it is hoped that the action will not take place at all, so emphasis cannot be on the result).

Упражне́ние 18.2. *Complete the sentences with the imperatives formed from the verbs in parentheses.*

1. Óчень прошу́ тебя́, не (говори́ть) па́пе об э́том! 2. (приходи́ть) к нам в суббо́ту ве́чером, бу́дем смотре́ть телеви́зор вме́сте. 3. Ле́на, ты ма́ло чита́ешь, (чита́ть) бо́льше! 4. Оле́г Васи́льевич, (показа́ть) нам фотогра́фии, кото́рые вы сде́лали в Новосиби́рске. 5. Éсли ты хо́чешь пойти́ в кино́, (сде́лать) уро́ки сейча́с же. 6. (посмотре́ть) э́тот фильм, он о́чень хоро́ший. 7. Сего́дня к нам приду́т друзья́. (возвраща́ться) домо́й, пожа́луйста, в пять часо́в. 8. Áня, (пригото́вить), пожа́луйста, сего́дня ры́бу. 9. Не (сове́товать) им идти́ сего́дня в похо́д. 10. Не (забыва́ть) нас. 11. (входи́ть), пожа́луйста. Ма́ма сейча́с придёт. 12. (посове́товать) нам, куда́ пое́хать отдыха́ть в э́том году́. 13. Éсли у тебя́ бу́дет свобо́дное вре́мя в воскресе́нье, (приходи́ть) ко мне, бу́дем игра́ть в ша́хматы.

18.3 Пойдёмте. = Дава́йте пойдём.

Sometimes suggestions for joint action involving *going verbs* have the particle **-те.** (This particle is *not* used in familiar address — it is related to the **-те** in the ending of second-person plural verbs.)

18.4 Indirect Commands

Анна Петро́вна говори́т Ни́не: «Пригото́вь уро́ки».
Анна Петро́вна **хо́чет, что́бы** Ни́на **пригото́вила** уро́ки.

Ни́на **хо́чет пойти́** к Ле́не.
Её ма́ма **хо́чет, что́бы** она́ пригото́вила уро́ки.

An indirect command is the expressing of a desire for someone to perform some action without using quoted speech (imperative forms). Indirect commands are formed very simply by introducing the clause containing the desired action with the conjunction **что́бы.** The verb in this clause will be identical in form to the past tense. But it is important to remember that indirect commands, just like imperatives, have *no tense meaning*. The verb of the main clause will indicate the relevant time perspective:

Па́па хоте́л, что́бы я отве́тил на письмо́ де́душки.
Papa wanted me to answer Grandpa's letter.
Па́па хо́чет, что́бы я отве́тил на письмо́ де́душки.
Papa wants me to answer Grandpa's letter.
Па́па захо́чет, что́бы я отве́тил на письмо́ де́душки.
Papa will want me to answer Grandpa's letter.

266

Упражнения 18.4

а. *Образец:* Отец говорит сыну: «Купи мне журнал «Москва».

— *Отец хочет, чтобы сын купил ему журнал «Москва».*

1. Лена говорит Гале: «Дай мне почитать твою новую книгу». 2. Виктор говорит Вадиму: «Пригласи Таню танцевать». 3. Вера говорит Антону: «Помоги мне приготовить ужин». 4. Наши знакомые попросили: «Расскажите нам о своём отдыхе на севере». 5. Мама посоветовала Вите: «Читай больше». 6. Мама сказала Боре: «Не бери в поход эти вещи». 7. Папа говорит Нине: «Занимайся больше».

б. *Заполните пропуски* (что / чтобы).

1. Нина пишет Мэри, ... сейчас в Москве очень жарко. 2. Мои родители пишут, ... они очень хорошо провели неделю на юге. 3. Дедушка пишет, ... мы обязательно отдыхали у него летом. 4. Мои сёстры пишут, ... они обязательно будут отдыхать на юге летом. 5. Наши знакомые попросили, ... мы им показали новые фотографии, которые мы недавно сделали в Суздале. 6. Лариса сказала, ... мы обязательно пришли к ней в четверг вечером. 7. Мои сыновья написали, ... на юге было холодно, и они совсем не купались в море. 8. Антон сказал Вере, ... она взяла только его бритву и зубную щётку. 9. Антон сказал Вере, ... он забыл дома чемодан.

18.5 Куда пойти в воскресенье?

Василий Николаевич советует, **кому что читать.**

In earlier lessons we saw examples of infinitives used to express 'ought to', 'should' in complex sentences. Infinitives can be used in this meaning also when not part of a complex sentence and without the person involved being expressed explicitly. Such sentences are often used to express uncertainty about what to do or to ask for advice.

18.6 Double Expressions of Direction

Зина спешит **на работу в институт.**
Саша хочет работать на заводе.
Саша хочет **пойти работать на завод.**

You are already well acquainted with situations in which Russians use two directional constructions (in the accusative) where English uses one directional construction and one locational construction: 'Zina's hurrying to work **at** the institute'. The same principle prevails when one of the directional constructions is replaced by an infinitive: 'Sasha wants to go to work **at the plant**'.

Иван Иванович советует дочери поступить **в университет на физический факультет.**

When such double-directional constructions are present, there is a tendency in Russian to place the larger of the two units first.

Упражнение 18.6

Образец: Вот школа. Нина сейчас идёт на урок.— *Нина сейчас идёт в школу на урок.*

1. Вот институ́т. Зи́на поступи́ла на физи́ческий факульте́т. 2. Вот университéт. Ви́ктор хо́чет поступи́ть на физи́ческий факульте́т. 3. Вот шко́ла. Де́ти
сейча́с иду́т на уро́к. 4. Вот кинотеа́тр. Де́вушки иду́т на но́вый фильм. 5. Вот
заво́д. Са́ша спеши́т на рабо́ту. 6. Вот университе́т. Ни́на хо́чет идти́ учи́ться.
7. Вот магази́н. А́ня хо́чет идти́ рабо́тать. 8. Вот университе́т. Студе́нты
спеша́т на заня́тия.

18.7 Impersonal Constructions (continuation)

Са́ша не хо́чет поступа́ть в институ́т.
Sasha doesn't want to...
Са́ше **не хо́чется** поступа́ть в институ́т.
Sasha doesn't feel like...

It is difficult to find a close English equivalent for the intransitive impersonal
verb **хот-é-ть-ся / за-.** The result of using this verb is to remove the responsibility
for the desire from the individual, to make the desire seem more the result
of external forces.

Макси́му **бу́дет тру́дно** сде́лать э́то, а Ни́не **бы́ло легко́.**
Нам **на́до купи́ть** хлеб и ко́фе.
Вчера́ нам **на́до бы́ло** купи́ть хлеб и ко́фе.
За́втра нам **на́до бу́дет** купи́ть хлеб и ко́фе.

Remember that when impersonal constructions are formed not with verbs but with
predicate adverbs (such as **хо́лодно, интере́сно, ну́жно**), the past and future tenses are
formed with **бы́ло / бу́дет.** Do not let the nearness of **бу́дет** to the perfective
infinitive in the last example just above confuse you—it is not the future tense
of the verb **купи́ть** which is being formed, but the future tense of the impersonal
expression of necessity.

In the past and future tenses of impersonal constructions with **ну́жно / на́до**
бы́ло / бу́дет must be immediately after the predicate adverb itself: **ну́жно бы́ло,**
на́до бу́дет.

Упражне́ния 18.7

a. *Запо́лните про́пуски* (хот-é-ть / за- ~ хот-é-ть-ся / за-).

1. Макси́му вчера́ не ... идти́ в де́тский сад. 2. Макси́м сего́дня ... пойти́
в парк. 3. Сего́дня тако́й прия́тный день, мне так не ... рабо́тать! 4. Э́тот
гео́лог ... пое́хать рабо́тать на се́вер. 5. Ле́том Вади́му, наве́рно, опя́ть ... пое́хать
отдыха́ть на Чёрное мо́ре. 6. Э́тот матема́тик о́чень ... пое́хать рабо́тать
в Академгородо́к. 7. Де́ти должны́ идти́ домо́й. Но им не ... идти́ домо́й.
8. Моя́ ма́ма так вку́сно гото́вит, что мне никогда́ не ... обе́дать в рестора́не.
9. Там бы́ло так интере́сно, что нам не ... е́хать домо́й. 10. Е́сли ты ...
поступи́ть в университе́т, ты до́лжен бу́дешь лу́чше учи́ться. 11. В э́том году́ нам
не ... отдыха́ть на ю́ге. Говоря́т, что там в э́том году́ о́чень холо́дная пого́да.
12. Вчера́ всё у́тро шёл дождь и мне не ... идти́ на заня́тия.

б. *Запо́лните про́пуски* (бы́ло / бу́дет / zero).

1. Вчера́ ве́чером ... так тепло́ в саду́, что жаль ... идти́ домо́й. 2. Тебе́
за́втра ну́жно ... прочита́ть всю э́ту кни́гу. 3. Васи́лий Никола́евич пожило́й

челове́к, ему́ тру́дно ... поднима́ться на тре́тий эта́ж без ли́фта. 4. На пля́же ... так жа́рко, что мы верну́лись домо́й уже́ в де́сять часо́в. 5. Мне за́втра на́до ... пое́хать в Ленингра́д. 6. Вам здесь не ... хо́лодно? Пойдёмте лу́чше домо́й. 7. Мне всегда́ ... тру́дно отвеча́ть на таки́е вопро́сы, когда́ я учи́лся в шко́ле. 8. Говоря́т, что поступи́ть в э́тот институ́т ... нелегко́. 9. Мне в Москве́ так интере́сно, жаль ... за́втра возвраща́ться домо́й!

18.8 Additional Time Expressions: *this week*, *last week*, etc.

на э́той неде́ле, **на** про́шлой неде́ле, **на** бу́дущей неде́ле
в э́том ме́сяце, **в** про́шлом ме́сяце, **в** бу́дущем ме́сяце
в э́том году́, **в** про́шлом году́, **в** бу́дущем году́

Expressions of the point in time at which something occurs are normally in the prepositional case if the length of time involved is longer than a day. Note that **неде́ля** is used with the preposition **на,** and that the word **год** has a special form of the prepositional case: **в ... году́.**

18.9 Compound Adjectives

Ви́тя у́чится в профессиона́льно-техни́ческом учи́лище.
Посмотри́те э́то сло́во в ру́сско-англи́йском словаре́.

Compound hyphenated adjectives decline only in the second component; the first component remains always in an unchanging neuter-like form.

18.10 Culture through Language: Education in the Soviet Union

In the U.S.S.R. education is free. While one can choose which type of secondary educational establishment to attend following an incomplete secondary education (8 years)—a general education school, a vocational school (ПТУ—**профессиона́льно-техни́ческое учи́лище**) or a specialized secondary school (**те́хникум, учи́лище**)—all of them cover the secondary school program, which enables graduates to enter, if they desire, any institution of higher education. The students at vocational and specialized secondary schools receive state grants.

Tuition at Soviet institutions of higher education is also free. Most students receive state grants.

Soviet institutions of higher education accept persons who have completed their secondary education and who have passed the required entry examinations. During the last ten years, the number of students at institutions of higher education has increased by 700,000, but the number of those who wish to receive a higher education is growing at a still greater rate. The entrance examinations are, therefore, highly competitive. There is, for this reason, a great deal of discussion and worrying in families as pupils approach the end of secondary education.

All those who have graduated from higher or specialized secondary education establishments, or vocational schools, are guaranteed jobs in their fields of training.

факульте́т (на)—a department or division in a Soviet institution of higher education. A typical Soviet university has the following **факульте́ты: филологи́ческий** (languages and literatures), **физи́ческий, хими́ческий, биологи́ческий, геологи́ческий, математи́ческий, истори́ческий, филосо́фский, экономи́ческий.** Engineering, medicine, art, music, etc. are taught in other institutions of higher education (institutes, academies, schools, conservatories, etc.)

Note that in elementary and secondary education the grade level is indicated by **класс (в)** while in higher education the level of study is indicated by **курс (на)**.

18.11 Notes on Individual Words

всё-таки — 'nevertheless', 'in spite of that'; a less emphatic expression than **всё равно́** (which often contrariness or argumentativeness).

МГУ, ПТУ — such abbreviations made up of the initial letters of the component words, are indeclinable if they end in a vowel.

по-ступ-а́й + / **по-ступ-и́-ть** *куда́* — Note that these verbs must be used in directional constructions (the root means 'step'). Contrast with English 'to enroll **at** / **in**...'.

с-да-ва́й + **экза́мен =** 'to take an examination'
с-дать экза́мен = 'to pass an examination'
This pair of verbs serves as an excellent illustration of the fact that the imperfective aspect refers to the action itself, to the attempt, while the perfective refers to the successful completion, the result of the action.

учи́лище — a broad term, referring to educational institutions of different levels and different types.

экза́мен (в университе́т, etc.) — Note that entrance examinations are, logically enough, used in a *directional* construction. Used in a *locational* construction the word **экза́мены** refers to examinations taken at the end of a course of study.

Все у́чатся

В на́шем до́ме мно́гие у́чатся: в шко́ле, в те́хникуме, в институ́те. Лари́са у́чится в институ́те на вече́рнем отделе́нии. Вади́м у́чится в те́хникуме, а его́ сестра́ в консервато́рии. Ви́ктор у́чится в университе́те, на тре́тьем ку́рсе.

Ми́ша у́чится в ПТУ (профессиона́льно-техни́ческом учи́лище).

Ско́ро конча́ется уче́бный год в шко́ле, и все уже́ волну́ются: куда́ пойти́ учи́ться?

Юра и Га́ля у́чатся в шко́ле вме́сте и вме́сте хотя́т пойти́ учи́ться в МГУ (Моско́вский госуда́рственный университе́т).

А Са́ша хо́чет пойти́ рабо́тать. Но оте́ц сове́тует Са́ше снача́ла пойти́ в те́хникум.

Оля о́чень лю́бит теа́тр и ду́мает пойти́ в театра́льный институ́т. Но её ма́ма хо́чет, что́бы она́ поступи́ла в педагоги́ческий, потому́ что Оля о́чень лю́бит дете́й.

Ми́ша (Михаи́л, Миха́йлович)
ско́ро soon
уче́бный год school year
волн-ов-а́-ть-ся (волну́ются) to be worried, concerned

Юра (Юрий)
Оля (Ольга)
театра́льный
педагоги́ческий

Бо́льше всего́, коне́чно, волну́ются роди́тели. Ни́на ещё у́чится в шко́ле, в шесто́м кла́ссе. Она́ ко́нчит шко́лу то́лько че́рез четы́ре го́да, но её роди́тели уже́ сейча́с ду́мают, где она́ бу́дет учи́ться. Ива́н Ива́нович хо́чет, чтобы Ни́на поступи́ла в университе́т на физи́ческий факульте́т. А Анна Петро́вна сове́тует до́чери пойти́ на филологи́ческий факульте́т. Ни́на хорошо́ у́чится и лю́бит и фи́зику, и литерату́ру. Она́ ду́мает, что сейча́с волнова́ться ра́но. Она́ говори́т: «Не волну́йтесь, я ещё ничего́ не реши́ла. Мо́жет быть, я не бу́ду учи́ться, а пойду́ рабо́тать».

Васи́лий Никола́евич, кото́рый живёт в кварти́ре № 3, уже́ давно́ на пе́нсии, но он всё-таки у́чится: на про́шлой неде́ле он на́чал изуча́ть францу́зский язы́к по телеви́зору.

ДАВА́ЙТЕ ПОГОВОРИ́М:

Куда́ пойти́ учи́ться?

— Вади́м поступи́л в институ́т?
— Нет. Он поступи́л в ПТУ.
— В ПТУ? Это хорошо́. А в како́е учи́лище он поступи́л?
— В строи́тельное.

— Вы зна́ете, Оля поступи́ла в институ́т!
— Что вы удивля́етесь? Она́ всегда́ прекра́сно учи́лась.
— Зна́ю. Но я ду́мал, что она́ не пойдёт в институ́т, а бу́дет рабо́тать.
— Она́ и рабо́тает. Она́ поступи́ла на вече́рнее отделе́ние.

— Здра́вствуйте, Лари́са.
— Здра́вствуйте!
— Как дела́ в институ́те?
— Спаси́бо, хорошо́.
— Вы ведь рабо́таете и у́читесь?
— Да, но сейча́с у меня́ о́тпуск. Я уже́ конча́ю институ́т.

— Здра́вствуйте, Ива́н Ива́нович!
— А, Ле́ночка, здра́вствуй! Куда́ ты реши́ла пойти́ учи́ться? Ты ведь в бу́дущем году́ конча́ешь шко́лу.
— Хочу́ сдава́ть экза́мены в университе́т на филологи́ческий факульте́т.
— Это хорошо́. А Са́ша?
— Са́ша хо́чет пойти́ рабо́тать на заво́д.

— Вы зна́ете, Ле́на сдаёт экза́мены на физи́ческий факульте́т в университе́т. Мы все так волну́емся и бои́мся, что она́ не сдаст.
— Не волну́йтесь, Ле́на ведь всегда́ прекра́сно учи́лась.
— Да, вы пра́вы. Когда́ она́ учи́лась в шко́ле, она́ мно́го занима́лась. Но мы всё-таки волну́емся. Поступи́ть в МГУ дово́льно тру́дно.

бо́льше всего́ most of all
филологи́ческий philological (*of languages and literatures*)
ра́но early
пойти́ рабо́тать = нача́ть рабо́тать
строи́тельный

Что вы удивля́етесь? = Почему́ вы удивля́етесь?
де́ло (*pl.* дела́) affair, matter
    Как дела́?
о́тпуск leave (vacation)
бо-я́-ться (боя́тся) to be afraid of, fear

271

— Лёночка, ты сдавáла экзáмены в университéт?
— Сдавáла.
— Ну и как? Сдалá, навéрно?
— Да, сдалá. Скóро бýду учи́ться в МГУ!
— Вот хорошó! Я рад.

Взрóслые тóже ýчатся

— Пáпа, рáзве взрóслые ýчатся в шкóле?
— А кто тебé э́то сказáл?
— Ни́на говори́т, что Пётр Николáевич ýчится в шкóле.
— Да, он ýчится. Но э́то шкóла, где взрóслые ýчатся вéчером. Днём они́
  рабóтают, а вéчером ýчатся.

Упражнéния

18.12 — Когдá вы *вернýлись в Москвý?* — *В прóшлом мéсяце.*

(начáть изучáть рýсский язы́к, э́тот год; получи́ть э́то письмó, прóшлая
недéля; быть в Ленингрáде, прóшлый год)

— Когдá вы *кончáете институ́т?* — *В бýдущем годý.*

(поéхать в Ки́ев, бýдущая недéля; быть в Новосиби́рске, бýдущий
мéсяц; поступи́ть в ПТУ, бýдущий год)

18.13 — Комý вы посовéтуете поступи́ть *в педагоги́ческий институ́т?* — *Лéне,
потомý что онá лю́бит детéй.*

(консерватóрия, Юра, он хорошó поёт; университéт, филологи́ческий
факультéт, Ни́на, онá хорошó знáет и лю́бит литератýру; тéхникум,
вечéрнее отделéние, Ми́ша, он хóчет рабóтать и учи́ться)

18.14 — *Я óчень волнýюсь:* ужé шесть часóв, а Ни́на ещё не пришлá.
— *Не волнýйтесь;* вы ведь знáете, что онá пошлá в кинó.

— ...: мой муж и дéти хотя́т пойти́ в похóд на байдáрке.
— ...; ведь он всегдá берёт в похóды детéй.

— ...: Ви́ктор ещё не приéхал.
— ...; он приéдет в суббóту.

— ...: моя́ женá в дóме óтдыха, и я сегóдня готóвлю обéд.
— ...; обéд бýдет вкýсный.

— ...: сегóдня по телеви́зору выступáет наш сын.
— ...; он всегдá говори́т óчень интерéсно.

18.15 Вы хоти́те рассказáть нам о Москвé? (Олéг) — *Нет, я хочý, чтóбы
Олéг рассказáл нам о Москвé.*
Вы хоти́те показáть нам свои́ кни́ги? (мой сын)
Вы хоти́те посмотрéть э́тот нóвый фильм? (вы)

Лёночка (Елéна, Лéна)

Вы хоти́те купи́ть кни́гу о Ру́сском музе́е? (он)
Вы хоти́те написа́ть письмо́ ва́шей ма́тери? (моя́ дочь)

18.16 Ва́ша дочь конча́ет шко́лу. Что вы ей посове́туете:
а) е́сли она́ хорошо́ у́чится и лю́бит фи́зику;
б) е́сли она́ лю́бит дете́й;
в) е́сли она́ хорошо́ поёт.

(пойти́ рабо́тать в де́тский сад, поступи́ть в консервато́рию, поступи́ть в университе́т на фи́зический факульте́т)

18.17 — Ты хо́чешь пойти́ ве́чером в парк гуля́ть?
— *Нет, не хо́чется.* Сейча́с так жа́рко.

— Вы хоти́те пойти́ сего́дня в кино́?
— ... . Говоря́т, что фильм не о́чень хоро́ший.

— Хо́чешь пое́хать в воскресе́нье в похо́д на Во́лгу?
— ... . Говоря́т, что в воскресе́нье бу́дет идти́ дождь.

— Хо́чешь во вто́рник пое́хать в Ленингра́д?
— ... . Я о́чень уста́ла и никуда́ не хочу́ е́хать на э́той неде́ле.

— Ма́ша, хо́чешь пойти́ во двор игра́ть?
— ... . Ви́дишь, на у́лице идёт дождь.

— Вы не хоти́те пойти́ сего́дня в похо́д?
— ... . Э́то о́чень далеко́.

18.18 Здра́вствуйте, А́нна Петро́вна! *Как дела́* в шко́ле?
Здра́вствуй, Зи́на! ... в институ́те?
Здра́вствуйте, Мари́я Влади́мировна! ... в библиоте́ке?
Здра́вствуйте, Любо́вь Ива́новна! ... до́ма?
Здра́вствуйте, Ви́ктор! ... на рабо́те?

18.19 1. Вы сейча́с рабо́таете и́ли у́читесь? В како́м го́роде вы учи́лись в шко́ле? Когда́ вы ко́нчили шко́лу, вы мно́го ду́мали о том, где вы бу́дете учи́ться? Вы волнова́лись? А ва́ши роди́тели? Вам на́до бы́ло сдава́ть экза́мены в университе́т? Вы волнова́лись, когда́ вы сдава́ли э́ти экза́мены? Вы всегда́ волну́етесь, когда́ сдаёте экза́мен? Вам легко́ и́ли тру́дно бы́ло сдава́ть экза́мен? На како́м ку́рсе вы сейча́с у́читесь?

2. У вас есть бра́тья, сёстры? Они́ рабо́тают и́ли у́чатся? В каки́е институ́ты и́ли учи́лища они́ поступи́ли?

3. Вы мно́го занима́етесь? Вы лю́бите занима́ться и́ли бо́льше лю́бите гуля́ть?

18.20 Word Study

де́ло — дел-а́й +
за-**ним**-а́й + ся — по-**ним**-а́й, под-**ним**-а́й + ся
лёгкий — light
о́тпуск — **пусть**
по-**ступ**-а́й + / по-**ступ**-и́-ть, вы-**ступ**-а́й + — step

Но́вые слова́ и выраже́ния

бо́льше
  бо́льше не
  бо́льше всего́
бо-я́-ть-ся (боя́тся)
вече́рнее отделе́ние (на)
волн-ов-а́-ть-ся
восемна́дцать, восем-
  на́дцатый
всё-таки
год: в (э́том) году́
госуда́рственный
де́ло: Как дела́?
класс
консервато́рия
конч-а́й + / ко́нч-и-ть
  шко́лу (институ́т,

университе́т, *etc.*)
курс (на)
лёгкий / не- (легко́ / не-)
нелёгкий (нелегко́)
отделе́ние: вече́рнее от-
  деле́ние (на)
о́тпуск
педагоги́ческий
пойдёмте
пойти́ рабо́тать, учи́ть-
  ся
по-ступ-а́й + / по-сту-
  п-и́-ть *куда́*
профессиона́льно-тех-
  ни́ческое учи́лище
  (ПТУ)

ПТУ
ра́но
с-да-ва́й + экза́мен
  с-дать экза́мен
ско́ро
строи́тельный
театра́льный
те́хникум
техни́ческий
тру́дный / не-
  уче́бный год
учи́лище
факульте́т (на)
физи́ческий
филологи́ческий
хоте́ться / за- *кому́*

что
  Что вы удивля́етесь?
что́бы
экза́мен
  экза́мен в университе́-
  те́т

Еле́на (Ле́на, Ле́ночка)
МГУ (Моско́вский го-
  суда́рственный уни-
  версите́т)
Михаи́л (Ми́ша; Ми-
  ха́йлович)
О́льга (О́ля)
Ю́рий (Ю́ра)

УРОК № **19** (ДЕВЯТНАДЦАТЬ) — ДЕВЯТНАДЦАТЫЙ УРОК

Антóну нрáвится Новосибúрск.
Нúна читáет кнúгу **своемý мáленькому** брáту.
На нáшей ýлице скóро **бýдет** кнúжный магазúн.
Зáвтра Олéг **дóлжен бýдет** вернýться в Новосибúрск.
Ларúса **сáмая красúвая** дéвушка в нáшем дóме.

Фонéтика:

Read p. 52 concerning the soft **л**.

Слýшайте и повторяйте!

úли ... купúли ... ходúли ... Васúлий ... учúлище ... ли ... лифт ... клúмат ... ýлица ... англúйский ... телефóн ... билéт ... лéкция ... пляж ... гуляю ... самолёт ... лёгкий ... лю́ди ... люблю́ ... куплю́ ... портфéли—портфéль ... стрóители—стрóитель ... учúтель ... жаль ... ноль ... тóлько ... пальтó ... фильм ... бóльше ... довóльно ... понедéльник

Антóну нрáвится Новосибúрск.

— Комý нрáвится Новосибúрск?— **Антóну.**
— Чтó нрáвится Антóну?— **Новосибúрск.**

Антóну Вéре Мне Тебé Емý Ей Нам Вам Им	нрáвится э́тот гóрод_. нрáвятся нóвые ýлицы.	Что нрáвится...?
	понрáвился э́тот гóрод_. понрáвилась нóвая ýлица. понрáвилось тёплое мóре. понрáвились нóвые ýлицы.	Что понрáвилось...?

комý?

моемý твоемý своемý нáшему вáшему э́тому мáленькому	брáту	моéй твоéй своéй нáшей вáшей э́той мáленькой	сестрé

девятнáдцать, девятнáдцатый

нрáв-и-ть-ся / по- to like (*literally* to be pleasing to)

18*

275

— На ва́шей у́лице есть кни́жный магази́н?
— Нет, но ско́ро **бу́дет** но́вый кни́жный магази́н.

Сего́дня Оле́г в Москве́, но за́втра он **до́лжен бу́дет** вер-
ну́ться в Новосиби́рск.

Зи́на и Та́ня краси́вые де́вушки, но Лари́са **са́мая краси́вая**
де́вушка в на́шем до́ме.

— Вади́м поступи́л в ПТУ.
— **Это** хорошо́. А в како́е учи́лище он пошёл?

Макси́м похо́ж на
отца́.

Это ма́ленький
ма́льчик и ма́лень-
кая де́вочка.

— Поздравля́ю!
У вас родили́сь
де́вочка и ма́ль-
чик.

— Познако́мьтесь,
пожа́луйста.
— **Меня́ зову́т** Оле́г.
— Га́ля.
— Очень прия́тно.
Его́ **и́мя** — Алексе́й.
Мне осо́бенно нра́-
вятся **имена́** Ива́н и
Мари́я.

— Как его́ зову́т?
— Мы его́ ещё не
назва́ли.
Наве́рно, мы
назовём его́
Оле́г.
де́ти (*pl.*) — **ре-
бён(о)к** (*sing.*)

ГРАММАТИКА И УПРАЖНЕНИЯ

19.1 The Dative Case of Modifiers

Ни́на чита́ет сво**ему́** ма́леньк**ому** бра́ту.
Ма́ша помога́ет сво**е́й** ста́р**ой** ба́бушке.

он
оно́ } ему́ -ОМУ (spelled **-ому** / **-ему**) но́вому, вече́рнему, большо́му, хоро́ше-
му, э́тому, моему́, ва́шему, всему́

она́ — ей -ОЙ (spelled **-ой** / **-ей**) но́вой, вече́рней, большо́й, хоро́шей,
э́той, мое́й, ва́шей, всей

(Note that the feminine endings are the same as in the prepositional case.)

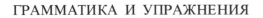

са́мый краси́вый the most beautiful
похо́ж *на кого́* resembles, looks like
ма́льчик (little) boy
де́вочка (little) girl
по-здравл-я́й + / **по-здра́в-и-ть** to congratulate
род-и́-ть-ся *p.* to be born (**роди́лся, родила́сь,
роди́лись**)

меня́ зову́т (**его́ зову́т, её зову́т**) (my) name is...
на-зов-у́т (**назва́ть; назва́л, назвала́, назва́ли**) *p.*
to name, call
ребён(о)к (*sing.*) — **де́ти**
и́мя (*pl.* **имена́**) (**оно́**) (first) name

276

Упражнéние 19.1

Образéц: Мой друг помогáет мне занимáться.—*И я помогáю моемý дрýгу.*

1. Этот молодóй человéк помогáет нам. 2. Эта красúвая дéвушка чáсто пúшет Вадúму. 3. Мой брат чáсто пúшет Вúктору. 4. Наш дéдушка чáсто покáзывает нам своú фотогрáфии. 5. Эта серьёзная студéнтка чáсто помогáет Ларúсе. 6. Мой стáрый дéдушка чáсто пúшет мне. 7. Мой друг чáсто пúшет мне. 8. Нáша бáбушка чáсто помогáет нам. 9. Одúн знакóмый молодóй человéк чáсто пúшет Зúне. 10. Этот пожилóй мужчúна чáсто помогáет Пáвлу Михáйловичу.

19.2 The Verb нрáв-и-ть-ся / по- *to like*

Этому фúзику нрáвится Академгородóк.
— **Комý** нрáвится Академгородóк?—**Этому фúзику.**
— **Что** нрáвится этому фúзику?—**Академгородóк.**
В этом годý мы пéрвый раз отдыхáли на юге. Нам óчень **понрáвилось Чёрное мóре.**

This verb literally means 'to be pleasing to', so it is used in a construction which is the reverse of that used with 'to like'. The perfective refers to the beginning of the feeling, 'we liked' ('it made a good impression on us').

Я **люблю** рýсские пéсни.
Мне **нрáвится** эта рýсская пéсня.

While **нрáвиться** is an equivalent of 'to like', **любúть** may be the equivalent of either 'to love' or 'to like'. Note also the use of **любúть** in general contexts, referring to classes of things, while **нрáвится** is used of specific objects or persons, particularly on first acquaintance.

With an infinitive the student should use **любúть** if reference is to habitual, established attitudes: Вы люби́те загорáть и купáться?

Remember that a perfective verb normally indicates that the result of the action is still in effect, while the imperfective makes no commitment about this.

Мне óчень **понрáвилась** эта пéсня.	Мне **нрáвились** такúе пéсни.
I *liked* this song very much.	I *used to like* such songs.

Упражнéние 19.2

а. Образéц: На прóшлой недéле я был в Кúеве.—*Мне óчень понрáвился Кúев.*

1. Онú вчерá бýли в нáшем нóвом кафé. 2. Вадúм вчерá был в нóвой библиотéке. 3. Однá моя знакóмая дéвушка вчерá былá в Сýздале. 4. Лéтом Мэри былá в Москвé. 5. В прóшлом мéсяце этот америкáнский профéссор был в Москвé и Ленингрáде. 6. Эта америкáнская студéнтка вчерá ходúла на егó лéкцию. 7. В этом годý Ларúса éздила в Нóвгород. 8. Лéтом мы éздили на Бéлое мóре. 9. Эта мáленькая дéвочка вчерá пéрвый раз былá в нóвом дéтском садý.

б. Заполните прóпуски (по-нрáв-и-ть-ся).

1. Сейчáс нáша мáма дóма. Онá приготóвила обéд. Обéд был вкýсный. Максúму, Нúне и пáпе óчень ... обéд. Им ... суп, им ... мя́со, им ... óвощи,

277

им ... чай. 2. А сейча́с ма́ма в до́ме о́тдыха. Обе́д пригото́вил па́па. Макси́му не ... суп, Ни́не не ... ры́ба, па́пе не ... ко́фе. Им не ... обе́д.

в. *Запо́лните про́пуски* (нра́в-и-ть-ся ~ по-нра́в-и-ть-ся *in the past tense*).

1. Нам о́чень ... наш но́вый преподава́тель. 2. Джо́ну о́чень ... симпати́чная ру́сская стюарде́сса в самолёте. 3. Я вчера́ ви́дел в на́шем кни́жном магази́не но́вую кни́гу по иску́сству. Она́ мне о́чень ... . 4. Мне ра́ньше ... совреме́нная му́зыка, но тепе́рь я бо́льше люблю́ класси́ческую. 5. Тебе́ ... сту́лья, кото́рые мы ви́дели сего́дня в магази́не? 6. Ра́ньше таки́е фи́льмы мне не ... . 7. Алексе́ю Па́вловичу о́чень ... но́вый фильм, кото́рый мы вчера́ ви́дели. 8. Джо́ну осо́бенно ... моско́вское метро́. 9. А́нне Петро́вне о́чень ... дом о́тдыха на се́вере.

г. *Запо́лните про́пуски* (нра́в-и-ть-ся ~ люб-и́-ть).

1. Я о́чень ... ру́сскую му́зыку. Мне осо́бенно ... э́та пе́сня. 2.—Вы ... смотре́ть ру́сские фи́льмы?—Да, ... Мне осо́бенно ... э́тот но́вый фильм. 3. Я ... собира́ть кни́ги по иску́сству. Э́та но́вая кни́га о Левита́не мне о́чень ... . Я её куплю́. 4. Вы ... у́жинать в рестора́не и́ли кафе́? 5. Вам ... мои́ но́вые брю́ки? 6. Вы ... похо́ды на лы́жах? 7. Вы ... отдыха́ть на мо́ре? 8. Вам ... э́ти совреме́нные сту́лья? 9. Ты ... помога́ть ма́ме в ку́хне? 10. Га́ля о́чень ... Са́шу.

д. *Переведи́те на ру́сский язы́к.*

1. Did you like the new modern buildings we saw in Moscow? 2. Her little sons were here today. I liked them very much. I have always loved children very much. 3. Do you like to sing Russian songs? 4. I have always lived in the north and don't like hot weather. 5. I wonder whether she liked the new movie yesterday. 6. I used to like such children's books. 7. "Do you like these Russian songs?" "I like all Russian music very much".

19.3 На на́шей у́лице ско́ро бу́дет кни́жный магази́н.

Past and future tense equivalents of 'there is / are' are formed simply with the appropriate forms of **быть.**

Упражне́ние 19.3. *Запо́лните про́пуски.*

1.—В ва́шем до́ме есть лифт?—Да, в на́шем до́ме ... лифт. 2. Ра́ньше на на́шей у́лице ... и библиоте́ка, и кни́жный магази́н. 3. На ста́рой у́лице, где мы жи́ли ра́ньше, ... о́чень хоро́шее кафе́. 4. Говоря́т, что в на́шем го́роде ско́ро ... и институ́т, и те́хникум. 5. У нас в кварти́ре ско́ро ... телефо́н.

19.4 до́лж(е)н in Future and Past Tenses

Лари́са сего́дня **должна́ была́** о́чень ра́но встать.
За́втра Оле́г **до́лжен бу́дет** верну́ться в Новосиби́рск.

Remember that in such sentences, in the future tense, **бу́дет** applies to **до́лж(е)н** and not to the following infinitive (which in these examples is perfective). Since **до́лж(е)н** is used in *personal* constructions, the verb agrees with the subject (and is not neuter, as is the case with **ну́жно / на́до).**

278

Упражне́ние 19.4. *Запо́лните про́пуски.*

1. Че́рез три неде́ли па́па до́лжен ... пое́хать в Ленингра́д. 2. На про́шлой неде́ле Вади́м до́лжен ... три ра́за выступа́ть по телеви́зору. 3. Че́рез ме́сяц Вади́м до́лжен ... верну́ться в Москву́ на рабо́ту. 4. Бо́ря и Алёша забы́ли кни́ги и должны́ ... верну́ться домо́й. 5. Сего́дня ма́ма до́лго была́ на рабо́те и Ни́на должна́ ... пригото́вить па́пе и Макси́му обе́д.

19.5 The Superlative Degree of Adjectives

Зи́на и Та́ня краси́вые де́вушки, но Лари́са **са́мая краси́вая** де́вушка в на́шем до́ме.

Вади́м пригласи́л танцева́ть **са́мую краси́вую** де́вушку в кафе́.

The superlative degree of adjectives ('the prettiest', 'most beautiful', etc.) is formed by simply adding **са́мый** with the appropriate adjectival ending to the adjective being used.

Упражне́ние 19.5. *Запо́лните про́пуски* (са́мый).

1. Все счита́ют, что Зи́на ... симпати́чная де́вушка у нас в институ́те. 2. Да́йте мне ... интере́сную кни́гу, кото́рая у вас есть. 3. Алекса́ндр Петро́вич рабо́тает в ... большо́м до́ме в на́шем го́роде. 4. Э́то, наве́рно, ... жа́ркий день в э́том году́. 5. Ко́ля ... споко́йный ма́льчик в кла́ссе. 6. Почему́ я всегда́ до́лжен отвеча́ть на ... тру́дные вопро́сы? 7. Мари́я Влади́мировна рабо́тает в ... ста́рой библиоте́ке в го́роде. 8. Сейча́с то́лько ноль гра́дусов. Зна́чит, сего́дня ... холо́дный день в э́том году́. 9. Я счита́ю, что э́то его́ ... хоро́шие стихи́. 10. Э́то, наве́рно, ... лёгкий уро́к в кни́ге. 11. Э́то ... тру́дные слова́ в те́ксте. Мне ну́жно бу́дет их посмотре́ть в словаре́.

19.6 — Вади́м поступи́л в те́хникум.—Это хорошо́.

Remember that **он, она́, оно́, они́** must refer to some specific noun. Where reference is to a whole clause or a whole idea **э́то** must be used.

19.7 Вот что расска́зывает о свое́й семье́ Любо́вь Ива́новна.

Note the Russian equivalent of 'This's / That's / Here's what...'.

19.8 The Verb зов-у́т (звать)

— Как **зову́т** ва́шего ребёнка?

This verb has a non-syllabic (vowel-less) root, with a fill vowel in the present tense:

З/В зову́т; зови́те!; звал, звала́, зва́ли

Remember that this construction is used only of people. For inanimates one must use a different verb (from the same root): Как **называ́ется** ва́ша у́лица?

The perfective verb **назва́ть** means 'to name': Мы ещё не **назва́ли** на́шего сы́на. Наве́рно, мы **назовём** его́ Оле́г.

Вот что расска́зывает

You have had now a number of verbs which shift the accent to the ending in the feminine form. In the future the grave accent mark (`) will be used to indicate a past tense with this type of shifting accent: жѝл = жил, жила́, жѝли; назва̀л = назва̀л, назвала́, назва̀ли.

Упражне́ния 19.8

a. *Образе́ц:* — Вот идёт моя́ ба́бушка.— *Как её зову́т?*

1. Вот идёт но́вый студе́нт. 2. Вот иду́т мои́ до́чери. 3. Вот идёт моя́ тётя. 4. Вот иду́т на́ши сыновья́. 5. Вот идёт мой ма́ленький брат. 6. Вот иду́т Ве́ра и Аня и их мужья́. 7. Вот иду́т мои́ бра́тья.

б. *Complete the sentences with appropriate forms of words given in parentheses.*

1. Ма́льчики, как зову́т (ваш но́вый учи́тель)? 2. Де́вушки, вы не зна́ете, как зову́т (наш но́вый преподава́тель)? 3. Ма́льчик, как зову́т (твоя́ ма́ма)? 4. Де́ти, как зову́т (ваш оте́ц)? 5. Ни́на, как зову́т (твой ма́ленький брат)? 6. Вот иду́т на́ши сосе́ди. Ты не зна́ешь, как зову́т (их ма́ленькая дочь)? 7. Лари́са, ты не зна́ешь, как зову́т (шофёр), кото́рый живёт в кварти́ре № 2?

в. *Запо́лните про́пуски* (на-з / в-а́-ть; назва̀л).

1. Анто́н, ты не зна́ешь, как сосе́ди ... своего́ ребёнка? 2.—Как зову́т ва́шего ребёнка?—Мы ещё его́ не ... . Наве́рно, мы ... его́ Юрий. 3.—Как Ни́на Никола́евна ... свою́ ма́ленькую дочь?—По-мо́ему, она́ ... её Ольга. 4. У них роди́лся ма́ленький сын. Ка́жется, его́ ... Влади́мир. 5. Своего́ пе́рвого ребёнка Анна Петро́вна ... Ни́на. Ива́н Ива́нович хоте́л её ... Эмма, но его́ жене́ не нра́вятся иностра́нные имена́.

19.9 Culture through Language: Names

Before the Great October Socialist Revolution Russians traditionally restricted children's names to those of the saints listed in the Orthodox Church calendar. Following the Revolution there was a brief fad for giving new and sometimes bizarre names. There was also a period when foreign names were popular. Recently, however, there has been a return to the traditional Russian names. In 1982 the most popular names for boys were Алекса́ндр, Серге́й, Алексе́й and for girls Еле́на, Ната́лия, Екатери́на.

19.10 Notes on Individual Words

де́вочка—Note that care in pronunciation is required to distinguish this word from **де́вушка.**

и́мя—This noun (and **вре́мя**) belongs to a very small class of *neuter* nouns which end in **-мя.** They have one less syllable in the nominative and accusative singular than in other forms. The plurals are **имена́, времена́.**

похо́ж (похо́жа, похо́жи) *на кого́*—A short form adjective: Макси́м **похо́ж** на отца́, а Ни́на **похо́жа** на мать.

мать-геро́иня—honorary title awarded to women who have given birth to and brought up ten or more children.

Ру́сские имена́

У Анто́на и Ве́ры, кото́рые живу́т в кварти́ре но́мер двена́дцать, ско́ро бу́дет ребёнок. Коне́чно, Анто́н хо́чет сы́на, а Ве́ра хо́чет дочь. Они́ ещё не зна́ют, как назва́ть ребёнка, но мно́го говоря́т об э́том. Им нра́вятся имена́ Кири́лл и Оле́г, Мари́на и Тама́ра.

Сосе́ди и друзья́ то́же ду́мают, как назва́ть ребёнка.

— Назови́те своего́ сы́на Ива́н. Настоя́щее ру́сское и́мя. Сейча́с в мо́де э́то и́мя,—говори́т Лари́са.

— А по-мо́ему, са́мое хоро́шее и́мя Алекса́ндра. А е́сли роди́тся сын, бу́дет Алекса́ндр,—говори́т Ве́ре Анна Петро́вна,—Са́ша, Шу́ра, Са́шенька.

— А моему́ па́пе нра́вится и́мя Мари́я,—говори́т Зи́на.

— Это потому́, что твою́ ма́му зову́т Мари́я Влади́мировна,—смеётся Ве́ра.

В кварти́ре но́мер девятна́дцать живу́т Серге́евы. Ни́на Никола́евна—мать-геро́иня. В семье́ де́сять дете́й. Ве́ра ча́сто прихо́дит сюда́, потому́ что ей о́чень нра́вятся их де́ти, осо́бенно ма́ленькие. Она́ да́же зави́дует Ни́не Никола́евне. Ей ведь уже́ не ну́жно ду́мать, как назва́ть ребёнка. У них в семье́ есть и Са́ша, и Воло́дя, и Та́ня, и Ва́ня, и Юра, и Ле́на, и Ве́ра, и Кири́лл, и Оле́г, и Мари́на.

ДАВА́ЙТЕ ПОГОВОРИ́М:

В рестора́не

— Посове́туйте, что́ нам взять?
— Возьми́те ры́бу, она́ о́чень вку́сная.
— Хорошо́, да́йте нам, пожа́луйста, ры́бу.

— Ско́лько с нас?
— Вам вме́сте?
— Да, пожа́луйста, вме́сте.
— Рубль пятна́дцать.
— Вот, пожа́луйста.

Как зову́т...?

— Как тебя́ зову́т?
— Меня́ зову́т Макси́м.

— А её?
— Её зову́т Ма́ша.

Кири́лл
Мари́на
Тама́ра
мо́да fashion
  в мо́де fashionable, in style
Алекса́ндра (Са́ша / Шу́ра; Са́шенька)

сме-я́-ть-ся (смею́тся) (first conjugation!) to laugh
мать-геро́иня
де́ти: 10 дете́й
за-ви́д-ов-а-ть (зави́дуют) кому́ to envy
Ско́лько с нас? How much do we owe?
рубль m.

— Макси́м, ты не зна́ешь, как зову́т де́вочку, кото́рая живёт в пя́той кварти́ре?
— Зна́ю, Ма́ша.
— А как зову́т её ма́му?
— Ве́ра Васи́льевна.

— Вам нра́вится и́мя Ни́на?
— Коне́чно. Ведь так зову́т мою́ дочь.

— А́нна Петро́вна, вы слы́шали, что у Анто́на и Ве́ры ско́ро бу́дет ребёнок?
— Да, слы́шала. Они́ сейча́с реша́ют, как назва́ть ребёнка.
— Я слы́шала, что Анто́н хо́чет назва́ть его́ Ро́берт.
— Зна́ете, э́то и́мя мне совсе́м не нра́вится. Я зна́ю, не́которые лю́бят иностра́нные имена́. А мне бо́льше нра́вятся настоя́щие ру́сские имена́.
— Мне то́же. Сейча́с не в мо́де иностра́нные имена́.
— Я ду́маю, пусть Анто́н и Ве́ра назову́т ребёнка, как захотя́т.
— Да, коне́чно, вы пра́вы.

— Прости́те, ва́ша фами́лия Серге́ев?
— Да, Серге́ев.
— А как ва́ше и́мя и о́тчество?
— Пётр Алексе́евич.
— Очень прия́тно. Ива́н Влади́мирович. Я зна́ю, что вы рабо́таете в Академгородке́ в физи́ческом институ́те. Я чита́л ва́ши кни́ги.

Поздравля́ем!

— Поздра́вьте меня́! У меня́ родила́сь дочь!
— Поздравля́ем! Как вы её назовёте?
— Мы ещё не зна́ем. Мо́жет быть, Ка́тя, а мо́жет быть, Ната́ша.

— Поздравля́ем вас! Как вы назва́ли сы́на?
— Ива́н.
— Прекра́сно! Настоя́щее ру́сское и́мя—Ива́н Серге́евич!

Упражне́ния

19.11 — Поздра́вьте меня́! У меня́ *родила́сь дочь*!
    — *Поздравля́ем*! Как вы *её* назва́ли?
    — Мари́я.

    — Поздра́вьте меня́! У меня́ ... сын!
    — ...! Как вы *его́* назва́ли?
    — ... .

    — Поздра́вьте меня́! У меня́ ... дочь и сын!
    — ...! Как вы *их* назва́ли?
    — ... и ... .

не́которые = some (*but not all*)
фами́лия surname, last name
о́тчество patronymic

Екатери́на (Ка́тя)
Серге́й (Серёжа)
Серге́ев

19.12 — Ви́тя о́чень серьёзный студе́нт!
— Да, *он са́мый серьёзный студе́нт в на́шем институ́те.*

— Иро́чка о́чень серьёзная студе́нтка!
— ... .

— Влади́мир Серге́евич о́чень хоро́ший преподава́тель!
— ... .

— Га́ля о́чень симпати́чная де́вушка!
— ... .

19.13 — Как ва́ша фами́лия?
— *Ивано́в.*
— А как ва́ше и́мя и о́тчество?
— *Ива́н Ива́нович.*

(Петро́ва, Ната́лья Бори́совна; Соколо́в, Па́вел Миха́йлович; Серге́ева, Ольга Васи́льевна; Проко́фьев, Юрий Алекса́ндрович; Ивано́ва, Любо́вь Юрьевна)

19.14 — Это *мой брат Макси́м.*
— Он, ка́жется, о́чень *похо́ж на ва́шего отца́.*

(сестра́ Ни́на, ма́ма; брат Воло́дя, дя́дя; сестра́ Ле́на, мать; сестра́ Иро́чка, тётя; брат Юра, па́па; брат Серёжа, де́душка; сестра́ Га́ля, ба́бушка)

19.15 1. На кого́ вы похо́жи, на па́пу и́ли на ма́му? У вас есть брат? У него́ есть де́ти? Как их зову́т? На кого́ они́ похо́жи? У вас есть сестра́? У неё есть де́ти? Как она́ их назвала́? На кого́ они́ похо́жи? Каки́е ру́сские имена́ вам осо́бенно нра́вятся?
2. Вам нра́вится ру́сский язы́к? Вам ка́жется, что он лёгкий?
3. Вы лю́бите му́зыку? Вам нра́вится ру́сская му́зыка? Каки́е ру́сские пе́сни вы зна́ете? Каки́е ру́сские пе́сни вам осо́бенно нра́вятся?

19.16 Word Study

за-ви́д-ов-а-ть — ви́д-е-ть
о́тчество — оте́ц
похо́ж — ход-и́-ть (*cf. English* to take after)
род-и́-ть-ся — роди́тели

Но́вые слова́ и выраже́ния

вот: Вот что расска́-зывает...
де́вочка
девятна́дцать, девятна́дцатый
де́ти: 10 дете́й
за-ви́д-ов-а-ть *кому́*
з / в-а-ть
   Как ... зову́т?
и́мя
ма́льчик

мать-герои́ня
мо́да
   в мо́де
на-з / в-а́-ть (назову́т; назва́л) *р.*
не́которые
нра́в-и-ть-ся / по- *кому́*
о́тчество
по-здравл-я́й + / по-здра́в-ить
похо́ж *на кого́*

ребён(о)к
род-и́-ть-ся (роди́лся) *р.*
ру́бль
са́мый
Ско́лько с нас?
сме-я́-ть-ся (смею́тся)
фами́лия
   Как ва́ша фами́лия?

Алекса́ндра (Са́ша / Шу́ра; Са́шенька)

Екатери́на (Ка́тя)
Кири́лл
Мари́на
Серге́й (Серёжа)
   Серге́ев
Тама́ра (То́ма)

УРОК № 20 (ДВАДЦАТЬ) — ДВАДЦАТЫЙ УРОК

Анто́на нет до́ма.
Это остано́вка **авто́буса**.
Мы вчера́ бы́ли у **Анто́на** и **Ве́ры**.
На на́шей у́лице **есть остано́вка авто́буса**.
На э́той у́лице **нет остано́вки авто́буса**.
— **Ско́лько сто́ит** биле́т? — **Пять копе́ек**.

Фоне́тика:

Read p. 44 concerning the soft consonant **р**.

Слу́шайте и повторя́йте!

говоря́т ... горя́чий ... говорю́ ... брю́ки ... смотрю́ ... сестре́ ... ре́ки ... тре́тий ...
дере́вня ... вре́мя ... ре́дко ... во дворе́ ... интере́сно ... три ... Ири́на ...
Кири́лл ... Мари́на ... говори́т ... прия́тно ... среда́ ... река́ ... в теа́тре ...
у́лица Го́рького ... в октябре́ — октя́брь

Анто́н		до́ма.	Кто до́ма?
Анто́на	нет	до́ма.	Кого́ нет до́ма?

кого́? чего́?	бра́та строи́теля Ива́на Ива́новича сестры́ А́нны Петро́вны до́чери	меня́ тебя́ его́ её нас вас их	

Вчера́ мы бы́ли у Анто́на и Ве́ры.

— Чей э́то га́лстук?
— Это га́лстук Вади́ма.

Это остано́вка авто́буса.
Мы стои́м на остано́вке авто́буса.
На э́той у́лице есть остано́вка авто́буса.
На на́шей у́лице **нет** остано́вки авто́буса.

1 (одна́) копе́йка

2 (две) копе́йки

10 (де́сять) копе́ек

3 рубля́

два́дцать, двадца́тый
нет (= не + есть)

копе́йка kopeck (100 *to a rouble*)

284

1 (одна́, оди́н)	копе́йка	рубль
2, 3, 4	копе́йки	рубля́
5, 6...		
мно́го, ма́ло ⎫	копе́ек	рубле́й
ско́лько ⎭		

У меня́ есть де́ньги. У меня́ нет де́нег.

— **Ско́лько сто́ит** биле́т в авто́бусе?
— Пять копе́ек.

Это большо́й де́тский магази́н «Де́тский мир».

В магази́не «Де́тский мир» есть де́тская ко́мната.

Анто́н выхо́дит на остано́вке «Пу́шкинская пло́щадь».

Ве́ра должна́ пересе́сть на трамва́й.

— Что случи́лось? — В магази́не Анна Петро́вна вдруг уви́дела, что Макси́ма нет.

ГРАММАТИКА И УПРАЖНЕНИЯ

20.1 Genitive Forms of Personal and Interrogative Pronouns (Review)

я — меня́	мы — нас	
ты — тебя́	вы — вас	
он ⎫	они́ — их, у них	
оно́ ⎭ — его́, у него́	кто — кого́	
она́ — её, у неё	что — чего́	

You are already acquainted with these forms from their use with the preposition **у**, which always requires the genitive case. (Remember that the **н-** is prefixed to the

---

де́ньги (нет де́нег) (*pl. only*) money
сто́ит / сто́ят (*watch accent!*) costs / cost
  Ско́лько сто́ит / сто́ят...?
«Де́тский мир» (*магази́н, где продаю́т де́тские ве́щи*)
де́тская ко́мната
вы-ход-и́-ть / вы́йд-ут (вы́йти) ≠ в-ход-и́-ть / войд-у́т

пло́щадь *f.* (city) square
пере-са́ж-ивай + ся / пере-ся́д-ут (пересе́л; пересе́сть) *куда́* to transfer (*public transport*)
с-луч-и́-ть-ся *p.* to happen
вдруг suddenly
у-ви́д-е-ть *p.* to see (*suddenly, unexpectedly*)

third-person pronoun forms only when they are actually governed by the preposition: Мы бы́ли у **н**его́. It is *not* prefixed to **его́, её, их** in their *possessive* meaning 'his', 'her', 'their': Мы бы́ли у его́ бра́та.)

20.2 The Genitive Case of Nouns

дом о́тдых**а**, остано́вка автобус**а**
без ли́фт**а**
два час**а́**, две мину́т**ы**
У Анто́н**а** и Ве́р**ы** ско́ро роди́тся ребёнок.

You have already been using forms of the genitive case for some time without being aware of it, either in expressions which you simply learned or after the numerals 2, 3, 4; for masculine nouns the form is the same as the animate accusative.

		spelled	
он } оно́ }	-А	-а / -я	ди́ктор**а**, учи́тел**я** о́кн**а**, мо́р**я**
она́	-Ы	-ы / -и	сестр**ы́**, неде́л**и**, ма́тер**и**, до́чер**и**

The following two genitive forms are irregular: **вре́мени, и́мени.**
(Note that in the case of some feminine and neuter nouns the genitive form differs from the nominative plural in accent, while the endings are written the same: сестры́ — сёстры, окна́ — о́кна.)

Упражне́ния 20.1-2

а. *Образе́ц*: Это Вади́м.— *Мы вчера́ бы́ли у него́.*
            Это его́ сестра́.— *Мы вчера́ бы́ли у его́ сестры́.*

1. Это его́ брат. 2. Это Анто́н и Ве́ра. 3. Это А́нна Петро́вна. 4. Это её брат. 5. Это Лари́са. 6. Это её мать. 7. Это Васи́лий Никола́евич. 8. Это его́ дочь. 9. Это Макси́м и Ни́на. 10. Это их де́душка.

б. *Образе́ц*: Мы вчера́ ходи́ли к Вади́му.— *Мы вчера́ бы́ли у Вади́ма.*

1. Мы вчера́ ходи́ли к А́нне Петро́вне и Ива́ну Ива́новичу. 2. Мы вчера́ ходи́ли к Лари́се и её ма́тери. 3. Мы вчера́ е́здили к де́душке и ба́бушке. 4. Мы вчера́ ходи́ли к Васи́лию Никола́евичу и Мари́и Влади́мировне. 5. Мы вчера́ ходи́ли к преподава́телю и его́ жене́. 6. Мы вчера́ ходи́ли к Ми́ше и И́ре. 7. Мы вчера́ е́здили к Ю́рию Серге́евичу и Ири́не Па́вловне.

20.3 The Use of the Genitive Case of Modification / Limitation / Possession

дом о́тдых**а**, остано́вка троллейбус**а**
на пе́рвом этаже́ магази́н**а**
Это кварти́ра Гали́н**ы** Васи́льевн**ы**.

The genitive case is capable of making a noun act like an adjective — it can become an attribute, modifying or limiting in some way another noun. Often it is the equivalent of 'of' or an English possessive construction ('of Galina Vasilyevna' or 'Galina Vasilyevna's'). In other cases English can make a noun serve as an attribute by simply placing it before another noun ('rest home').

Упражнение 20.3. *Complete the sentences with appropriate forms of words given in parentheses.*

1. Вы не ска́жете, где здесь остано́вка (трамва́й)? 2. Вы не зна́ете, кто роди́тели (Макси́м и Ни́на)? 3. Мне о́чень понра́вились но́вые у́лицы (Москва́). 4. На́ша но́вая кварти́ра на девя́том этаже́ но́вого (дом). 5. Говоря́т, что э́то бра́тья (Екатери́на Миха́йловна). 6. Нам о́чень понра́вились стари́нные дома́ (Су́здаль). 7. Лари́се о́чень понра́вились ста́рые у́лицы и пло́щади (Пари́ж). 8. Анна Петро́вна не зна́ет, где портфе́ль (её дочь). 9. Вода́ Бе́лого (мо́ре) всегда́ холо́дная. 10. Анто́н забы́л положи́ть в чемода́н ту́фли (Ве́рочка). 11. По-мо́ему, э́то кни́ги (преподава́тель).

20.4 есть ~ нет + Genitive

На э́той у́лице	есть	остано́вка авто́буса.
На на́шей у́лице	нет (не + есть)	остано́вки авто́буса.

The negative of **есть** is **нет,** which is always used with the genitive case of that which does not exist or is not possessed. The result is an impersonal expression in Russian, there being no subject (nominative case). This is really quite logical, since a non-existent thing can scarcely be an active agent.

Упражне́ния 20.4

а. *Образе́ц:* — В ва́шем го́роде есть университе́т?— *Нет, в на́шем го́роде нет университе́та.*

1. В ва́шем до́ме есть лифт? 2. В ва́шей кварти́ре есть телефо́н? 3. В э́том магази́не есть кни́га о Су́здале? 4. В кио́ске есть газе́та «Вече́рняя Москва́»? 5. В кио́ске есть журна́л «Октя́брь»? 6. На ва́шей у́лице есть кинотеа́тр? 7. У вас сейча́с есть вре́мя поговори́ть? 8. В ва́шем го́роде есть консервато́рия? 9. На ва́шей у́лице есть остано́вка трамва́я? 10. В ва́шем го́роде есть метро́? 11. В ва́шей дере́вне есть река́? 12. В э́том до́ме есть магази́н? 13. В ва́шем го́роде есть музе́й?

б. *Образе́ц:* — У вас есть портфе́ль?— *Нет, у меня́ нет портфе́ля.*

1. У вас есть сестра́? 2. У вас есть дочь? 3. У вас есть рубль? 4. У вас есть пала́тка? 5. У вас есть путёвка на юг? 6. У вас есть брат? 7. У вас есть байда́рка? 8. У вас есть маши́на? 9. У вас есть чемода́н? 10. У вас есть газе́та «Изве́стия»? 11. У вас есть копе́йка? 12. У вас есть кни́га о Москве́?

20.5 The Genitive Case in Expression of Absence

— Па́па до́ма?—Нет, па́пы нет до́ма.
Ра́ньше мой портфе́ль был на э́том столе́, а тепе́рь **его́** здесь нет.

The genitive case is also used to express the absence of a person or thing from a place where it could reasonably be expected to be. This construction is *not* used however when the verb 'to be' = 'to visit', 'to travel to' (which is not really absence): Я никогда́ не́ был в Ки́еве.

The genitive case is also not used when both positive and negative sides are given (here there is an active agent subject of the positive verb): Па́па не до́ма, а на рабо́те.

Students sometimes tend to overuse the genitive construction. Remember the genitive case replaces an absent or non-existent *subject*. It is *not* used for negated predicate nominatives (which establish the identity of a thing or person): Э́то не наш преподава́тель. Здесь не теа́тр, а консервато́рия.

Упражне́ния 20.5

а. *Образе́ц:* — Попроси́те к телефо́ну Вади́ма.—*Вади́ма сейча́с нет до́ма.*

1. Попроси́те к телефо́ну Еле́ну Никола́евну. 2. Попроси́те к телефо́ну Ю́рия Па́вловича. 3. Попроси́те к телефо́ну Васи́лия Никола́евича. 4. Попроси́те к телефо́ну О́льгу Влади́мировну. 5. Попроси́те к телефо́ну Алексе́я Серге́евича. 6. Попроси́те к телефо́ну Га́лю.

б. *Образе́ц:* — Анто́н сейча́с до́ма?—*Нет, Анто́н не до́ма, а на рабо́те.*

1. Зи́на сейча́с до́ма? 2. Гали́на Васи́льевна сейча́с до́ма? 3. Серёжа сейча́с до́ма? 4. Мари́я Влади́мировна сейча́с до́ма? 5. Ива́н Ива́нович сейча́с до́ма?

в. *Образе́ц:* — Что в э́том до́ме, кафе́?—*Нет, э́то не кафе́, а шко́ла.*

1. Что в э́том до́ме, институ́т? 2. Что в э́том до́ме, библиоте́ка? 3. Что в э́том до́ме, кни́жный магази́н? 4. Что в э́том до́ме, консервато́рия? 5. Что в э́том до́ме, ПТУ?

20.6 The Genitive Case of Quantity

— Ско́лько вре́мени вы бы́ли в Ленингра́де?— Две неде́ли.

У меня́ сейча́с о́чень мно́го рабо́ты.

Expressions of quantity also require the genitive case. Numerical expressions fit this category, but are a bit more complicated:

1. **Од(и́)н** is not a numeral in form, it is a modifier which agrees with its noun: У нас то́лько оди́н сын и одна́ дочь.

2. **Два/две, три, четы́ре** require the genitive *singular* of the noun governed: две копе́йки, три рубля́, четы́ре гра́дуса.

3. **Пять** and higher require genitive *plural* of the noun governed: пять копе́ек, де́сять рубле́й, два́дцать гра́дусов.

The following are the only genitive plural fórms you are expected to know for the present: мину́т, часо́в, дней, неде́ль, ме́сяцев, лет, гра́дусов, копе́ек, рубле́й, дете́й.

4. In a compound numeral the last cipher governs the noun: два́дцать одна́ копе́йка, два́дцать две копе́йки, два́дцать пять копе́ек.

Numerals from 11 to 19 require the genitive *plural*, since in the Russian word the last part of the *word* refers to 10, **двена́дцать** = 'two on ten'.

Remember that when a numeral or an expression of quantity is subject, the verb is normally neuter singular:

Ей тогда́ **бы́ло 3 го́да.**   (But: Ей тогда́ **был 21 год.**)

На столе́ **бы́ло 28 копе́ек.**

Ско́ро бу́дет **10 часо́в.**

Упражне́ние 20.6. *Complete the sentences with appropriate forms of words given in parentheses and forms of the verb* быть.

1. Ей ско́ро ... 22 (год). 2. Ю́ре тогда́ ... всего́ 5 (год). 3. Ве́ре сейча́с 31 (год). 4. Подожди́те, пожа́луйста, 5 (мину́та). 5. Мы там бы́ли то́лько 2 (мину́та). 6. Я сто́ю здесь уже́ 31 (мину́та). 7. Сейча́с уже́ 11 (час). 8. ... уже́ 3 (час), когда́ Ва́ня верну́лся домо́й. 9. Мы е́хали сюда́ 21 (час). 10. Я бу́ду в Нью-Йо́рке то́лько 2 (день). 11. Мы провели́ на ю́ге 21 (день). 12. Мы ка́ждый год прово́дим в Ленингра́де 10 (день). 13. Ско́лько (неде́ля) в ме́сяце? 14. Аня уже́ 2 (неде́ля) рабо́тает в Новосиби́рске. 15. Мы в Москве́ уже́ 1 (неде́ля). 16. Ско́лько (ме́сяц) в году́? 17. Мы живём здесь уже́ 3 (ме́сяц). 18. Вчера́ ... то́лько ми́нус 33 (гра́дус) по Фаренге́йту. 19. Вы не слы́шали, ско́лько за́втра ... (гра́дус)? 20. Сего́дня тепло́, 21 (гра́дус). 21. Ни́на Никола́евна уже́ мать-герои́ня—у неё 10 (ребёнок). 22. У Анто́на и Ве́ры то́лько 1 (ребёнок). 23. У Анны Петро́вны 2 (ребёнок).

20.7 The Expression of Cost

— Ско́лько сто́ит биле́т в авто́бусе?—Пять копе́ек.
Эта кни́га сто́ит рубль три́дцать одну́ копе́йку.

The amount which an item costs is expressed in the accusative case. Since the accusative case of all numbers except **од(и́)н** is the same as the nominative, this will be obvious only when the last part of the number is **одна́.**

Упражне́ние 20.7 *Answer the questions using the words given in parentheses.*

1. Ско́лько сто́ят э́ти брю́ки? (1 р. 20 к.)[1] 2. Ско́лько сто́ит э́та бри́тва? (12 р. 32 к.) 3. Ско́лько сто́ит биле́т в трамва́е? (3 к.) 4. Ско́лько сто́ит «Комсомо́льская пра́вда»? (3 к.) 5. Ско́лько сто́ят э́ти сту́лья? (31 р. 30 к.) 6. Ско́лько сто́ит э́тот де́тский костю́м? (2 р. 30 к.) 7. Ско́лько сто́ит биле́т в тролле́йбусе? (4 к.) 8. Ско́лько сто́ит биле́т в метро́? (5 к.) 9. Ско́лько сто́ит э́тот слова́рь? (3 р. 21 к.) 10. Ско́лько сто́ит биле́т в кинотеа́тр? (30 к.)

20.8 The Genitive Case with Prepositions у, без

Ма́шенька до́лго стоя́ла **у** окна́ и смотре́ла на у́лицу.
Без сы́на и до́чери мы в похо́д не пойдём.

Many prepositions require the genitive case. When used with inanimate nouns **у** means 'at, by (near)'.

Упражне́ние 20.8. *Complete the sentences with appropriate forms of words given in parentheses.*

1. Ни́на сего́дня пришла́ в шко́лу без (портфе́ль). 2. Анна Петро́вна не лю́бит гуля́ть одна́, без (сын). 3. Мне о́чень тру́дно чита́ть неме́цкие кни́ги без (слова́рь). 4. Мы живём в до́ме без (лифт). 5. Пётр Алексе́евич уже́ на пе́нсии и скуча́ет без (рабо́та). 6. Ле́на и Га́ля пошли́ в кино́ без (я). 7. Кто э́то стои́т там у (стол)? 8. Ба́бушка стои́т у (окно́) и смо́трит, как игра́ют де́ти во дворе́. 9. Оле́г сего́дня опа́здывает и идёт в шко́лу без (брат). 10. Как мне е́хать на юг без (ты)?

---

[1] р. = рубль, к. = копе́йка

20.9 Nouns in Apposition

Ни́на чита́ет кни́гу своему́ ма́ленькому бра́ту Макси́му.
Ка́ждый ве́чер я покупа́ю в кио́ске газе́ту «Вече́рняя Москва́».
Ка́ждый ве́чер я покупа́ю «Вече́рнюю Москву́».

An *appositive* is a noun or noun phrase which accompanies another noun and serves to further identify the first noun. In Russian appositives are normally in the same case as the noun they accompany. You are already acquainted, however, with the exception made in the case of appositives which are in quotation marks. Compound hyphenated nouns such as **мать-геро́иня** should also be treated as appositives — both parts decline: к ма́тери-геро́ине.

Упражне́ние 20.9. *Complete the sentences with appropriate forms of words given in parentheses.*

1. Ни́на пошла́ в парк без (брат Макси́м). 2. Дай э́ту кни́гу (твоя́ ма́ленькая сестра́ Ма́ша). 3. Купи́ мне, пожа́луйста, (журна́л «Семья́ и шко́ла»). 4. Америка́нскому пассажи́ру о́чень понра́вилась (ру́сская стюарде́сса Лари́са). 5. Ка́ждую суббо́ту мы смо́трим (переда́ча «Москва́ и москвичи́»). 6. Вади́м о́чень лю́бит расска́зывать о (свой) (хоро́ший друг Ю́рий Серге́евич). 7. Ири́на Ю́рьевна о́чень волну́ется о (свой) (дочь Ка́тя) — она́ ведь в э́том году́ сдаёт экза́мены в университе́т. 8. Ве́ра о́чень зави́дует (мать-геро́иня Ни́на Никола́евна). 9. Все сосе́ди говоря́т о (на́ша мать-геро́иня Ни́на Никола́евна) — у неё ско́ро бу́дет оди́ннадцатый ребёнок!

20.10 Notes on Individual Words

биле́т — Remember the directional concept involved in buying a ticket for an event or an admission ticket: биле́т **в теа́тр, на фильм.** Compare with this **Ско́лько сто́ит биле́т в авто́бусе?**, since the bus is the *location* of the purchase.

вы́йти — The prefix **вы-** is *always* accented if on a *perfective* verb.

пере-ся́д-ут (пересе́л; пересе́сть) — This is one of very few Russian verbs in which the basic form and infinitive stem are so different. Note particularly the different vowels in the two stems. Also note that the imperfective, **пере-са́ж-ивай + ся,** has the particle **-ся,** while the perfective does not.

у-ви́д-е-ть *p.* — Seeing is a continuous type of action and not normally perfectivizable. The perfective form means 'to catch sight of', 'to notice', i.e. it *stresses the beginning* of the action. It is particularly used of sudden or unexpected sighting of something. In the past tense it is also used in a sequence of actions: Когда́ она́ **уви́дела** меня́, она́ улыбну́лась. Only in the future tense is this verb used to refer to a single occasion which is not necessarily sudden or in a sequence of actions: Я его́ **уви́жу** за́втра.

The verbs **объ-явл-я́й + / объ-яв-и́-ть** are the first words with the hard sign which you have learned. Check on page 65 to see how this letter is written. Note that this letter is no taller than lower-case vowel letters.

Макси́м потеря́лся

Вчера́ А́нна Петро́вна и Макси́м бы́ли в магази́не «Де́тский мир». А́нна Петро́вна хоте́ла купи́ть сы́ну брю́ки и пальто́. А Макси́м хоте́л, чтобы ма́ма купи́ла ему́ маши́ну и самолёт.

И вдруг Анна Петро́вна уви́дела, что Макси́ма нет. Она́ бы́стро пошла́ в де́тскую ко́мнату, кото́рая нахо́дится на пе́рвом этаже́ магази́на. Объяви́ли по ра́дио, что потеря́лся ма́льчик, кото́рого зову́т Макси́м.

А в э́то вре́мя Макси́м уже́ был на у́лице.

— Вы не зна́ете, где здесь остано́вка авто́буса но́мер пять? — спроси́л он.

— Вот она́.

— Спаси́бо.

В авто́бусе

— Скажи́те, пожа́луйста, ско́ро бу́дет остано́вка «Улица Вави́лова»?

— Этот авто́бус не идёт туда́. А куда́ ты е́дешь, ма́льчик? И почему́ ты оди́н? Ты потеря́лся?

— Нет, моя́ ма́ма потеря́лась. А я е́ду домо́й.

— А где ты живёшь?

— На у́лице Вави́лова, дом два.

— Я то́же е́ду туда́. Сейча́с нам ну́жно вы́йти и пересе́сть на четвёртый тролле́йбус. А кто у тебя́ сейча́с до́ма? Па́па до́ма?

— Нет, па́пы нет, он на рабо́те.

— А брат и́ли сестра́ у тебя́ есть?

— Сестра́ есть. Но её то́же нет до́ма. Она́ в шко́ле. Я ду́маю, что ско́ро прие́дет ма́ма.

В тролле́йбусе

— Сейча́с я возьму́ биле́ты.

— У меня́ есть де́ньги. Я зна́ю, ско́лько сто́ит биле́т: вот четы́ре копе́йки.

— Ничего́. Я уже́ взял. Ско́ро на́ша остано́вка. То́лько не потеря́йся опя́ть.

Ве́чером, когда́ прие́хал домо́й Ива́н Ива́нович, Макси́м рассказа́л ему́, как ма́ма потеря́лась в магази́не и как он е́хал домо́й оди́н.

ДАВА́ЙТЕ ПОГОВОРИ́М:

Разгово́р по телефо́ну

— Па́па до́ма?

— Нет, его́ нет, он на рабо́те.

— А ма́ма?

— Ма́мы то́же нет.

— А кто же до́ма?

— Мой брат и я.

— Позови́, пожа́луйста, бра́та к телефо́-
ну.

— Но он ещё ма́ленький.

Вы не ска́жете,...

— Скажи́те, пожа́луйста, остано́вка авто́буса здесь?

— Нет, здесь нет остано́вки. Остано́вка вон там.

— Спаси́бо.

тер-я́й + / по-(ся) to lose (get lost)
объ-явл-я́й + / объ-яв-и́-ть to announce
в э́то вре́мя
при-е́д-ут, прие́хать *р.* (приезжа́йте!)

взять биле́т = купи́ть биле́т (*on public transport*)
по-з/в-а́ть (позову́т; позва́л) to call (summon)
Позови́те ... к телефо́ну.

А: — Вы не ска́жете, как нам дое́хать до Большо́го теа́тра?
Б: — До Большо́го теа́тра? Вам ну́жно е́хать на пя́том авто́бусе.
В: — А мне ка́жется, до Большо́го теа́тра лу́чше е́хать на метро́!
А: — На метро́? А где здесь метро́?
В: — Вот оно́, ря́дом.
А: — Тогда́, действи́тельно, лу́чше пое́дем на метро́.

В метро́

— Скажи́те, пожа́луйста, где ну́жно пересе́сть на восьмо́й тролле́йбус?
— На ста́нции «Библиоте́ка и́мени Ле́нина».
— Это не ско́ро?
— Че́рез две остано́вки.
— Спаси́бо.
— Пожа́луйста.

В авто́бусе

А: — Сейча́с я возьму́ биле́ты... О, я забы́ла де́ньги.
Б: — У меня́ есть ме́лочь. Вот, де́сять копе́ек. Вы не ска́жете, ско́ро бу́дет остано́вка «Теа́тр Пу́шкина»?
В: — Этот авто́бус не идёт туда́.
Б: — Ра́зве э́то не тре́тий авто́бус?
В: — Нет, э́то пя́тый. Вам ну́жно вы́йти на остано́вке «Ули́ца Го́рького». Это сле́дующая остано́вка.
Б: — Большо́е спаси́бо.

— Скажи́те, пожа́луйста, ско́ро бу́дет Кра́сная пло́щадь?
— Этот тролле́йбус туда́ не идёт. На Кра́сную пло́щадь идёт пя́тый авто́бус.
— А где нам ну́жно пересе́сть?
— Че́рез три остано́вки.
— Большо́е спаси́бо.
— Пожа́луйста.

— Вы не ска́жете, ско́лько сто́ит биле́т в авто́бусе?
— Пять копе́ек.
— Спаси́бо. Я иностра́нец и пе́рвый раз е́ду в моско́вском авто́бусе. А в тролле́йбусе ско́лько сто́ит биле́т?
— В тролле́йбусе — четы́ре копе́йки, а в метро́ — пять копе́ек.

до *чего́* up to, as far as
   Как дое́хать до... ?
ря́дом alongside, close at hand
лу́чше (пое́дем)
ста́нция (на) station
Библиоте́ка и́мени (им.) Ле́нина The Lenin Library

че́рез две остано́вки at the 3rd stop
ме́лочь (small) change
сле́дующий following, next
Кра́сная пло́щадь
иностра́н(е)ц / иностра́нка foreigner
пе́рвый раз

— Де́вушка, вы сейча́с выхо́дите?

— А кака́я сейча́с остано́вка?

— «Пу́шкинская пло́щадь».

— А сле́дующая?

— «У́лица Че́хова».

— Я выхожу́ на «У́лице Че́хова».

— Авто́бус е́дет так ме́дленно, и я бою́сь, что опозда́ю в Большо́й теа́тр.

— Е́сли вы о́чень спеши́те, я вам сове́тую пересе́сть на метро́, а то вы опозда́ете. Ско́ро бу́дет ста́нция «Университе́т».

— Спаси́бо, я так и сде́лаю. А на како́й ста́нции мне ну́жно вы́йти?

— На ста́нции «Проспе́кт Ма́ркса». А там Большо́й теа́тр совсе́м ря́дом.

— Ты хо́чешь ве́чером пойти́ в кино́?

— Сего́дня у меня́ нет вре́мени. За́втра я иду́ в похо́д на байда́рке.

— Дава́йте посмо́трим э́тот фильм по телеви́зору.

— Нет, у нас нет вре́мени. Сейча́с по телеви́зору уро́к францу́зского языка́.

Упражне́ния

20.11 — Скажи́те, пожа́луйста, *Ни́на до́ма*?

— Нет, *Ни́ны нет*.

— А *А́нна Петро́вна*?

— А́нна Петро́вна до́ма.

— Позови́те *её*, пожа́луйста, к телефо́ну.

— Подожди́те мину́точку, сейча́с.

(Оле́г — Васи́лий Никола́евич, Ма́ша — Анто́н Петро́вич, Лари́са — Вади́м)

20.12 — *Ни́на* уже́ в библиоте́ке?

— Нет, *её* ещё нет.

(Оле́г, Лари́са, Вади́м, Влади́мир)

20.13 — *А́нна Петро́вна* ещё до́ма?

— Нет, *её* уже́ нет. *Она́* пое́хала на рабо́ту.

(Ю́рий Па́влович, О́ля, Никола́й Петро́вич, И́ра, Ко́ля)

20.14 — *Вы не ска́жете, како́й авто́бус идёт в центр?* — В центр идёт 5-й (пя́тый) авто́бус.

— ...? На Кра́сную пло́щадь идёт 5-й (пя́тый) авто́бус.

— ...? На Ле́нинский проспе́кт идёт 14-й (четы́рнадцатый) трамва́й.

— ...? На у́лицу Че́хова идёт 23-й (два́дцать тре́тий) тролле́йбус.

20.15 Вам ну́жно е́хать в центр. Вы спра́шиваете, как вам дое́хать. Молодо́й челове́к сове́тует вам е́хать на восьмо́м трамва́е, а пото́м пересе́сть на четвёртый тролле́йбус. Де́вушка сове́тует е́хать на авто́бусе.

ме́дленно ≠ бы́стро
о-па́зд-ывай + / о-позд-а́й +

а то or (else) (*referring to undesirable consequences*)

Слова́ и выраже́ния:
Вы не ска́жете, как лу́чше дое́хать до це́нтра? До це́нтра лу́чше е́хать на... А где здесь остано́вка...? Я лу́чше пое́ду на...

20.16 Спроси́те, ско́лько сто́ит биле́т в авто́бусе, в тролле́йбусе, в метро́, в трамва́е.

20.17 — *Скажи́те, пожа́луйста, кака́я сле́дующая остано́вка?*
— Сле́дующая остано́вка «Метро́ Университе́т».

(«Теа́тр Пу́шкина», «Улица Го́рького», «Ле́нинский проспе́кт», «Проспе́кт Ма́ркса», «Библиоте́ка и́мени Ле́нина»)

20.18 — Вы сейча́с выхо́дите?
— Нет, я выхожу́ *на сле́дующей остано́вке.*

(че́рез одну́ остано́вку, че́рез две остано́вки, на сле́дующей остано́вке)

20.19 — У вас есть ме́лочь?
— Да, есть. Вот 5 *копе́ек.*

(2, 10, 15, 23, 31, 3, 4, 5)

20.20 — Что случи́лось?
— *Макси́ма нет!*

(Я потеря́л де́ньги, Я забы́л до́ма свои́ кни́ги, Ма́ша потеря́лась!, У меня́ нет ме́лочи.)

20.21 Вдруг *Анна Петро́вна* увидела, *что Макси́ма нет.*
(учи́тельница, Ни́ны в кла́ссе нет; Вади́м, к нему́ идёт Лари́са; ба́бушка, Ма́ши нет во дворе́)

20.22 — Дава́й приглаcи́м Лари́су за́втра в теа́тр.
— *У неё* нет вре́мени. Она́ у́чится на вече́рнем отделе́нии.
— Ты не хо́чешь пойти́ с на́ми за́втра в похо́д?
— ... . Ведь в понеде́льник начина́ются экза́мены.
— Дава́й пойдём в консервато́рию на конце́рт.
— ... . Я сего́дня до́лжен обяза́тельно написа́ть не́сколько пи́сем.
— Вы не хоти́те посмотре́ть с на́ми по телеви́зору футбо́л?
— ... . К нам ве́чером приду́т знако́мые.

20.23 1. У вас есть брат (сестра́, де́душка, ба́бушка, дя́дя, тётя, де́ти)?
2. У вас есть маши́на? Если нет, как вы е́дете на заня́тия (на рабо́ту)? В ва́шем го́роде (в го́роде, где вы у́читесь) есть метро́ (авто́бус, трамва́й, тролле́йбус, такси́)? Ско́лько вре́мени вы е́дете на заня́тия (на рабо́ту) на маши́не (на метро́, на авто́бусе, на такси́)?
3. Ско́лько сто́ит в СССР биле́т в авто́бусе (в метро́, в тролле́йбусе, в трамва́е)?

294

Word Study

до — До свида́ния! (Until seeing you)
кра́сный — прекра́сный, краси́вый (*This Slavic root originally meant* beautiful.)
на-ход-и́-ть / найти́ — *cf.* to come upon
объ-явл-я́й + / объ-яв-и́-ть — о / об
пере-са́ж-ивай + ся / пере-ся́д-ут — пере + са́дка, пере-пи́с-ывай +, переведи́те, переда́ча

Но́вые слова́ и выраже́ния

а то
биле́т: взять биле́т
бы́стро
вдруг
взять: взять биле́т
вре́мя: в э́то вре́мя
вы-ход-и́-ть / вы́йд-ут
    (вы́ш(е)л; вы́йти)
два́дцать, двадца́тый
де́ньги (де́нег)
де́тская ко́мната
до *чего́*
до-е́д-ут (дое́хать) *р.*
    Как дое́хать до... ?

и́мя: Библиоте́ка и́мени
    (им.) Ле́нина
иностра́н(е)ц / иностра́н-
    ка
копе́йка
кра́сный
лу́чше: лу́чше (по-
    е́дем)...
ме́дленно
ме́лочь
мир
на-ход-и́-ть / найд-у́т
    (наш(ё)л; найти́)
нет

объ-явл-я́й + / объ-
    яв-и́-ть
о-позд-а́й + *р.*
пере-са́ж-ивай + ся /
    пере-ся́д-ут (пересе́л;
    пересе́сть)
пло́щадь
по-з / в-а́-ть (позову́т;
    позва́л) *р.*
при-е́д-ут (прие́хать) *р.*
раз: пе́рвый раз
ря́дом
сле́дующий
с-луч-и́-ть-ся *р.*

ста́нция
сто́ит / сто́ят
тер-я́й + (ся) / по-
    то: а то
у-ви́д-е-ть *р.*
че́рез (две остано́вки)

Библиоте́ка им. Ле́нина
Де́тский мир
Кра́сная пло́щадь
Ле́нинский проспе́кт
проспе́кт Ма́ркса

УРОК-ПОВТОРЕНИЕ IV (УРОКИ 16-20)

Nouns

You now know five cases:

	мальчик	стол	место	сестра	мать
Nominative кто, что	мальчик	стол	место	сестра	мать
Accusative кого, что	мальчика	стол	место	сестру	мать
Genitive кого, чего	мальчика	стола	места	сестры	матери
Prepositional о ком, о чём	о мальчике	о столе	о месте	о сестре	о матери
Dative кому, чему	мальчику	столу	месту	сестре	матери

You know the following new nouns which are used in the plural only: **деньги, мелочи** (in the singular the latter has a different meaning!). You know the following new adjectives which can be used as nouns: **знакомый, некоторые.** You know that the singular of **дети** is **реб(ё)нок.**

You know two neuter nouns ending in -мя: **имя, время** (plural **имена, времена**; genitive singular **имени, времени**).

You know the noun **друг** with irregular plural **друзья.**

You know the genitive plural of a few nouns used with the expressions of quantity: **минут, часов, дней, недель, месяцев, лет, градусов, копеек, рублей, денег, детей.**

You know that appositives must agree with the noun which they accompany, and that both components of compound hyphenated nouns are declined: Мы говорим о своём новом соседе Иване Ивановиче. Вера завидует матери-героине Нине Николаевне.

You know that abbreviations made up of initials which end in a vowel do not decline: Миша учится в ПТУ (МГУ).

Pronouns

You know five cases of the interrogative and personal pronouns:

Nominative	кто	что	я	ты	он	оно	она	мы	вы	они
Accusative	кого	что	меня	тебя	его	его	её	нас	вас	их
Genitive	кого	чего	меня	тебя	его	его	её	нас	вас	их
Prepositional	о ком	о чём	обо мне	о тебе	о нём	о нём	о ней	о нас	о вас	о них
Dative	кому	чему	мне	тебе	ему	ему	ей	нам	вам	им

You know that when governed by a preposition, the third-person pronouns are prefixed by **н-**: у **н**его, без **н**её, о **н**ей, etc. This does *not* occur when **его, её, их** occur as possessives: у **его** брата, в **её** доме.

Modifiers

You know four cases of adjectives and special modifiers: (Remember spelling rules!)

	Masc. Anim.	Masc. Inanim.	Neut.
Nominative	-ЫЙ (-ОЙ)	-ЫЙ (-ОЙ)	-ОЕ
	знакомый, вечерний, большой, хороший, русский, мой, ваш, один, этот, весь		знакомое, вечернее, большое, хорошее, русское, моё, ваше, одно, это, всё
Accusative	-ОГО	like Nom.	like Nom.
	знакомого, вечернего, большого, хорошего, русского, моего, вашего, одного, этого		
Prepositional	-ОМ	-ОМ	-ОМ
	знакомом, вечернем, большом, хорошем, русском, моём, вашем, одном, этом, всём		
Dative	-ОМУ	-ОМУ	-ОМУ
	знакомому, вечернему, большому, хорошему, русскому, моему, вашему, одному, этому, всему		

	Feminine
Nominative	**-АЯ**

знако́мая, вече́рняя, больша́я, хоро́шая, ру́сская, моя́, ва́ша, одна́, э́та, вся

Accusative	**-УЮ**

знако́мую, вече́рнюю, большу́ю, хоро́шую, ру́сскую, мою́, ва́шу, одну́, э́ту, всю

Prepositional / Dative	**-ОЙ**

знако́мой, вече́рней, большо́й, хоро́шей, ру́сской, мое́й, ва́шей, одно́й, э́той, все́й

You know the declension of **тре́тий** (similar to that of **чей**)—the stem is треть-, to which are added regular soft endings: тре́тьему ма́льчику, о тре́тьей кварти́ре, в тре́тьем учи́лище, etc.

You know that in compound hyphenated adjectives only the last stem declines: в ру́сско-англи́йском словаре́.

You know how to form the superlative degree of adjectives: са́мая симпати́чная де́вушка, в са́мом хоро́шем до́ме, о са́мом серьёзном студе́нте, са́мому ма́ленькому ма́льчику.

You know that in the first and second persons **свой** and the specific possessive modifiers (**мой, твой, наш, ваш**) are interchangeable when reference is to the subject of the relevant verb, while in the third person **свой** must be used always in this situation. You know that **свой** is used in possessive constructions: У ка́ждого свой увлече́ния. You also know that it is the immediately relevant verb which must be kept in mind, and that infinitives have implicit subjects: Тебе́ ну́жно взять свой ве́щи.

You know how to form the past and future of **до́лж(е)н:** до́лжен был / бу́дет, должна́ была́ / бу́дет, должны́ бы́ли / бу́дут.

You know the use of **од(и́)н:** оди́н мой знако́мый ('a certain acquaintance of mine', 'one of my acquaintances'). You also know the difference between **ещё од(и́)н** ('another' = 'one more') and **друго́й** ('another' = 'a different').

Case Usage

You know the following new case uses:

Accusative:
(1) Expressions of cost: Э́та кни́га сто́ит **три́дцать одну́ копе́йку.**
(2) Double accusative of direction (even when one is expressed by an infinitive): Они́ иду́т **в университе́т на ле́кцию.**

Dative:
(1) Indirect object: Ни́на дала́ кни́гу **бра́ту Макси́му.**
(2) Age: **Макси́му** ско́ро бу́дет 7 лет.
(3) The person influenced or affected by an impersonal verb or other impersonal expression: **Мне** не хо́чется занима́ться сего́дня. **Ни́не** бы́ло хо́лодно. **Тебе́** за́втра ну́жно бу́дет рабо́тать.
(4) With certain verbs: **зави́довать, нра́виться / по-, сове́товать / по-, помога́ть.**
(5) With the preposition **к / ко:** Ребёнок сейча́с идёт **к окну́.** Мы вчера́ ходи́ли **к Вади́му** (= к нему́ в кварти́ру).
(6) With the preposition **по:** кни́ги **по фи́зике, по иску́сству,** etc.

Genitive:
(1) Modification / limitation / possession: дом **о́тдыха,** остано́вка **авто́буса,** пло́щадь **Пу́шкина,** фотогра́фия **Ни́ны,** на пе́рвом этаже́ **магази́на.**
(2) Lack of existence or absence: В на́шем до́ме нет **ли́фта.** У нас нет **маши́ны. Па́пы** сейча́с нет до́ма.
(3) Quantity: Ско́лько **вре́мени...,** мно́го **хле́ба.**
With numerals (not including од(и́)н): 2, 3, 4 + genitive singular: две **неде́ли,** три **ме́сяца,** четы́ре **го́да.**
5 & above + genitive plural: 5 **дете́й,** 10 **часо́в,** 20 **гра́дусов.**
But the last component governs: 21 **гра́дус,** 22 **гра́дуса,** 27 **гра́дусов.**
Verbs are neuter and singular: Вчера́ **бы́ло** ми́нус 3 гра́дуса. За́втра **бу́дет** плюс 10 гра́дусов.
(4) With the prepositions **у, без, до:** Ми́ша стои́т **у окна́.** Мы бы́ли **у Ви́ктора** (= в его́ кварти́ре). Я всегда́ поднима́юсь **без ли́фта.** Как лу́чше дое́хать **до це́нтра?**

297

Verbs

You know the following verbs whose conjugation requires special attention: **брать (собра́ть), дава́ть (продава́ть, сдава́ть), звать (назва́ть, позва́ть), пересе́сть, петь, провести́, сдать, смея́ться.**

You know the convention of using the grave accent mark to indicate shifting past tense accent pattern: зва̀л = звал, звала́, зва̀ли.

You know the multidirectional verbs **ходѝть, е́здить:** Мы ходи́ли / е́здили к де́душке (= Мы бы́ли у де́душки).

You know the use of the infinitive to express suitability of action: Что (мне) де́лать?

You know the formation of the *imperative* (command form):

(1) accent on the stem of first-person singular—zero ending (слу́шайте, пригото́вьте, возвраща̀йтесь), but if there is a consonant cluster at the end of the stem—**-и** (ко́нчите, по́мните, чи́стите), verbs in **-вай** + keep this suffix in the imperative (дава́йте, встава́йте, не устава́йте).

(2) accent on ending of first-person singular—**-и** (говори́те, верни́тесь), but if root ends in **-й**—zero ending (сто́йте, по́йте).

(3) irregular: **да́йте, поезжа́йте.**

(4) no imperatives: **ви́деть, слы́шать, хоте́ть / за-.**

You know the use of the aspects in the imperative—normally based on the fundamental concept underlying the aspects: **Говори́те** всегда́ по-ру́сски. **Скажи́те** э́то Зинаи́де Миха́йловне. But in invitations one normally uses the imperfective: **Приходи́те** к нам в суббо́ту.

Negative commands are normally imperfective: **Не говори́те** мне об э́том.

You know that with quantity expressions one uses neuter singular verbs (cf. p. 288).

You know the constructions in which the following verbs are used:

(1) **нра́виться / по-:** Вам нра́вятся ру́сские пе́сни? Нам о́чень понра́вилась ва́ша но́вая знако́мая.

(2) **звать / на-:** Как зову́т ва́шего ма́ленького сы́на? Как вы назва́ли сы́на?

(3) **спра́шивать / спроси́ть:** Ве́ра спроси́ла му́жа, положи́л ли он её ту́фли в чемода́н.

   проси́ть / по- *кого́ + инфинитѝв:* —О чём вы попроси́ли Лари́су? —Мы попроси́ли её рассказа́ть о свое́й рабо́те.

   проси́ть / по- *что у кого́:* Де́ти про́сят у меня́ кни́ги почита́ть.

You know how to form indirect commands using **что̀бы:** Макси́м хо́чет, **что̀бы** ма́ма купи́ла ему́ маши́ну и самолёт.

то́же ~ и

You know the restriction on the use of **то́же:** Васи́лий Никола́евич собира́ет кни́ги. Вади́м **то́же** собира́ет кни́ги. But: Вади́м собира́ет **и** пласти́нки.

Time Expressions

You know the following new time expressions: Мы верну́лись в Москву́ **неде́лю наза́д.** Ба́бушка прихо́дит к нам **раз в неде́лю, на про́шлой / э́той / бу́дущей неде́ле, в про́шлом / э́том / бу́дущем ме́сяце,** etc.

Conversational Expressions

Russians express regret for physical discomfort or inconvenience caused: —**Извини́те за беспоко́йство.** —**Ничего́. (Пожа́луйста.)**

Russians inquire about the names of people: **Как (вас) зову́т? Как ва́ше и́мя и о́тчество? Как ва́ша фами́лия? Как вы назва́ли (своего́ сы́на)?**

Russians express regret: **К сожале́нию,....**

Russians inquire about the affairs of others: **Как (ва́ши) дела́?**

Russians ask to speak to someone on the phone: **Позови́те, пожа́луйста, к телефо́ну....**

In a cafe or restaurant Russians ask how much is owed: **Ско́лько с нас?**

Russians ask the cost of an item: **Ско́лько э́то сто́ит?**

Russians ask how to reach a destination: **Как дойти́ (дое́хать) до...?**

УПРАЖНЕ́НИЯ

1. *Complete the sentences with appropriate forms of words given in parentheses.*

1. В (э́тот но́вый магази́н) я люблю́ покупа́ть кни́ги по (иску́сство и хи́мия) на (англи́йский и италья́нский) языка́х. 2. Вы слы́шали, что Оля поступи́ла в (но́вая консервато́рия), (кото́рый) неда́вно постро́или в (наш го́род)? 3. Сту-

де́нты, (кото́рый) у́чатся в (э́тот но́вый институ́т), ча́сто гуля́ют в (большо́й краси́вый парк), (кото́рый) нахо́дится недалеко́. 4. Ко́ля пи́шет письмо́ (оди́н студе́нт), (кото́рый) живёт в Ки́еве и (кото́рый) он уже́ давно́ зна́ет. 5. В воскресе́нье мы е́здили в (дере́вня) к (наш ста́рый де́душка). Он говори́т, что (он) там хорошо́ и споко́йно и (он) не хо́чется жить в (большо́й го́род). 6. Анна Петро́вна пое́хала в (магази́н «Де́тский мир») покупа́ть (свой) (ма́ленький сын Макси́м) (но́вые брю́ки) и (дочь Ни́на) (но́вое пальто́). 7. Ива́н Ива́нович сове́тует (дочь Ни́на) поступи́ть в (университе́т) на (физи́ческий факульте́т), а Ни́на хо́чет учи́ться в (наш но́вый педагоги́ческий институ́т) на (вече́рнее отделе́ние). 8. Са́ша ко́нчил (шко́ла) и говори́т (свой) (оте́ц Михаи́л Влади́мирович), что (он) не хо́чет бо́льше учи́ться. (Он) хо́чет пойти́ рабо́тать на (большо́й заво́д). 9. (Моя́ ма́ленькая дочь Ира) всего́ четы́ре го́да, а (мой сын Юра) уже́ двена́дцать лет. 10. Да́йте (э́та де́тская кни́га) (ма́ленький ма́льчик), (кото́рый) стои́т там у (окно́). 11. Я ду́маю, что (вся ва́ша семья́) бу́дет интере́сно посмотре́ть (э́тот но́вый америка́нский фильм). 12.—Почему́ Ве́ра так зави́дует (на́ша мать-геро́иня Ольга Бори́совна)?—Потому́ что Ве́ра о́чень лю́бит (де́ти), а у (Ольга Бори́совна) уже́ 10 (де́ти). 13. Это ве́щи (Вади́м и Лари́са). Я за́втра скажу́ им, что (они́) ну́жно взять (their) ве́щи. 14. На (на́ша у́лица) нет (остано́вка) (авто́бус), а на у́лице Го́рького есть (остано́вка). 15. Вы не ска́жете, как (мы) лу́чше дое́хать до (Большо́й теа́тр)? 16. Скажи́те, пожа́луйста, како́й авто́бус идёт до (Кра́сная пло́щадь)? 17. Без (сын и дочь) они́ никогда́ не отдыха́ют. 18. У (Юрий Серге́евич и Мари́я Ива́новна) (прекра́сная но́вая кварти́ра) в (но́вый дом), а у (его́ брат Алексе́й Серге́евич) ещё (ста́рая кварти́ра) в це́нтре (го́род). 19.—На (э́та но́вая фотогра́фия), (кото́рый) я неда́вно сде́лал, мы ви́дим (стари́нный ру́сский го́род Су́здаль).—Да, э́то действи́тельно о́чень (интере́сный го́род). Мы е́здили туда́ на (про́шлая неде́ля). 20. (Я) хочу́ купи́ть (э́та пласти́нка) (одна́ знако́мая де́вушка), (кото́рый) живёт в (наш дом) в (тре́тья кварти́ра). Она́ о́чень лю́бит (совреме́нная му́зыка) и собира́ет пласти́нки. 21. Не́которые сейча́с лю́бят дава́ть (иностра́нное и́мя *pl.*), а (я и моя́ жена́) бо́льше нра́вятся (настоя́щее ру́сское и́мя *pl.*), наприме́р Ива́н и Мари́я. 22. У ка́ждого (his own) увлече́ния. Я собира́ю (ре́дкие кни́ги) на (францу́зский язы́к), а мои́ (друг) собира́ют пласти́нки. Они́ лю́бят и (класси́ческая и совреме́нная му́зыка).

2. *Complete the sentences with appropriate forms of words given in parentheses.*

1. Подожди́те нас, пожа́луйста, 2 (мину́та)! 2. Я там бу́ду всего́ 10 (мину́та). 3. Ле́кция всегда́ начина́ется в 4 (час), а конча́ется в 6 (час). 4.—Ско́лько (день) вы бу́дете в Ки́еве?—Я там бу́ду, наве́рно, 3 и́ли 4 (день). 5. Я то́лько что провёл в Ленингра́де 1 (неде́ля). 6. Оле́г уже́ 5 (неде́ля) наза́д верну́лся домо́й в Новосиби́рск. Он был в Москве́ то́лько 2 (неде́ля). 7.—Ско́лько (ме́сяц) вы живёте в но́вой кварти́ре?— 3 (ме́сяц). 8. Э́тому ма́льчику всего́ 3 (год), а э́тому 7 (год). 9. Лари́се тогда́ был 21 (год). 10. Э́та газе́та сто́ит 2 (копе́йка), а э́тот журна́л 35 (копе́йка). 11. Э́тот хлеб сто́ит 21 (копе́йка), а э́тот—18 (копе́йка). 12.—Ско́лько с нас?—1 (рубль) 23 (копе́йка). 13. Э́ти сту́лья стоя́т 35 (рубль). 14. Э́та ре́дкая кни́га сто́ит 24 (рубль). 15. Вчера́ бы́ло ми́нус 3 (гра́дус), а сего́дня дово́льно тепло́, 12 (гра́дус). 16.—У вас есть (де́ти)?—Да, у нас есть оди́н (ребёнок). 17. Оля и Ми́ша о́чень зави́дуют Ни́не Никола́евне—у неё ведь уже́ 10 (ребёнок). 18. Ско́лько у тебя́ (де́ньги)?

3. *Complete the sentences with imperative forms of verbs indicated.*

1. Ни́на, (гото́вить) уро́ки. 2. Макси́м, (написа́ть) письмо́ ба́бушке. 3. (Сказа́ть) преподава́телю об э́том. 4. Юра, не (петь) сейча́с. 5. Не (ду́мать) об э́том. 6. Де́ти, не (смея́ться). 7. Де́вушки, (рассказа́ть) нам о своём похо́де. 8. Не (волнова́ться), Ми́ша прекра́сно сдаст экза́мены в институ́т. 9. Ира, не (у́жинать) так ра́но. 10. Не (загора́ть) сли́шком до́лго. 11. (Узна́ть), когда́ начнётся фильм. 12. Де́ти, (послу́шать), что́ я хочу́ вам сказа́ть. 13. Ле́на, не (сдава́ть) экза́мены в э́том году́. 14. (Собра́ть), пожа́луйста, ве́щи и (положи́ть) их в чемода́н. 15. Ни́на, всегда́ (по́мнить) об э́том. 16. Ма́льчики, не (стоя́ть) здесь. 17. (Выходи́ть) на ста́нции «Ле́нинский проспе́кт». 18. (Назва́ть) сы́на Алекса́ндр.

4. *Образе́ц:* Ни́на говори́т Макси́му: «Расскажи́ мне, где ты сего́дня был».— *Ни́на хо́чет, что́бы Макси́м рассказа́л ей, где он сего́дня был.*

1. Па́па сказа́л мне: «Посмотри́ в програ́мме, что́ бу́дет днём по телеви́зору». 2. Макси́м сказа́л Васи́лию Никола́евичу: «Да́йте мне почита́ть са́мую интере́сную кни́гу, кото́рая у вас есть». 3. Анна Петро́вна сказа́ла Ни́не: «Узна́й у Лари́сы, когда́ начнётся переда́ча Вади́ма». 4. Ири́на Алексе́евна говори́т до́чери: «Напиши́ письмо́ тёте Га́ле». 5. Ма́ма говори́т нам: «Собери́те все э́ти ве́щи и положи́те их на ме́сто». 6. Ле́на сказа́ла Ни́не: «Посмотри́ э́то сло́во в твоём ру́сско-англи́йском словаре́». 7. Преподава́тель сказа́л нам: «Не опа́здывайте бо́льше на заня́тия!» 8. Ба́бушка говори́т Ма́ше и Оле: «Ничего́ не бо́йтесь!». 9. Сосе́ди сове́туют нам: «Назови́те дочь Ната́лья». 10. Де́душка говори́т Серёже: «Позови́ к телефо́ну ма́му».

УРОК № 21 (ДВАДЦАТЬ ОДИН) — ДВАДЦАТЬ ПЕРВЫЙ УРОК

На нашей улице **не́ было** (**не бу́дет**) кинотеа́тра.
Антон — брат **э́того ма́ленького ма́льчика**.
Это Антон. Я рабо́таю вместе **с ним**.
Лекция начала́сь в девять часо́в утра́.

Фоне́тика:

Read pp. 52-53 concerning the hard "hushing sounds" **ж** and **ш** and review the reading rules on pp. 60-61.

Слу́шайте и повторя́йте!

му́жу ... скажу́ ... ви́жу ... журна́л ... у́жин ... жёны ... жа́рко ... жаль ...
уже́ ... же́нщина ... то́же ... да́же ... живу́ ... скажи́те ... пассажи́р ... жена́ ...
до́лжен ... ну́жно ... дру́жба ... кни́жный ... должна́ ... пишу́ ... спрошу́ ...
слы́шу ... ва́шу ... ба́бушка ... хорошо́ ... ша́хматы ... на́ша ... шофёр ...
шестой ... ва́ше ... на́ши ... спеши́т ... маши́на ... Пари́ж ... эта́ж ... муж ...
похо́ж ... сли́шком ... ра́ньше ... большо́й

На на́шей у́лице	нет не́ было не бу́дет	кинотеа́тра.
Антон — брат	э́того ма́ленького ма́льчика. э́той ма́ленькой де́вочки.	

С кем рабо́тает Антон? — Антон рабо́тает	со мно́й. с тобо́й. с ним. с ней. с на́ми. с ва́ми. с ни́ми.

Лекция начала́сь в 9 часо́в вечера.
Лекция начала́сь в **21 час.**

Я сего́дня по́здно встал и чуть не опозда́л на заня́тия.

Это Антон. Я рабо́таю вместе **с ним.**

Анто́ну интере́сно смотре́ть футбо́л.
Ве́ре ску́чно смотре́ть футбо́л.

два́дцать один, два́дцать пе́рвый
с *кем* with (together with)
нача́ться (**начался́, -ла́сь** — *Note accent!*)

по́здно ≠ ра́но
чуть не almost
ску́чно *кому́*

301

Максиму ве́село.

Это прое́кт кинотеа́тра. Михаи́л Петрович делал этот прое́кт. Он а́втор э́того прое́кта.

Это новый кинотеа́тр. Он недалеко от на́шего до́ма. Он ско́ро откро́ется.

Вот фойе́. Здесь есть буфе́т.

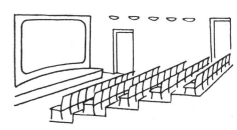

Это зал кинотеа́тра.

В буфе́те **пьют** ко́фе или сок и **едя́т** бутербро́ды или моро́женое.

ПЬ + (пить)	ЕД + (есть)
пью, пьёшь, пьют	ем еди́м
пѝл; пить;	ешь еди́те
пе́йте!	ест едя́т
	ел; е́шьте!

мо́г-ут (мочь)

могу́	мо́жем
мо́жешь	мо́жете
мо́жет	мо́гут

мог, могла́

Де́ти не мо́гут пойти́ в кино́.
Идёт фильм, на который де́ти до 16 (шестна́дцати) лет не допуска́ются.

— Прекра́сный фильм! **Я хоте́л бы посмотре́ть** его **ещё раз.**
— Тогда́ я куплю́ билеты **на пятницу.**

ве́село *кому́* ≠ **ску́чно**
прое́кт design, plan
а́втор author, originator
недалеко́ от *чего́*
от-кры-ва́й + (ся) / от-кро́й + (ся) (откры́ть)(ся) to open
фойе́ (*indecl.*)
буфе́т snack bar
зал auditorium
пь-ют (пить) / вы́- (пѝл; пе́йте!) to drink
сок juice

бутербро́д (open-faced) sandwich
есть (ем, ешь, ест, еди́м, еди́те, едя́т; ел; е́шьте!) / съесть to eat
моро́женое ice cream
мо́г-ут (могу́, мо́жешь; мог, могла́; мочь) to be able to (can)
идёт фильм
   (дети до 16 лет) не допуска́ются are not admitted
хоте́л бы would like to
ещё раз

ГРАММАТИКА И УПРАЖНЕНИЯ

21.1 нет, не́ было, не бу́дет

На э́той у́лице **нет** кинотеа́тра.
На э́той у́лице **не́ было** кинотеа́тра.
На э́той у́лице никогда́ **не бу́дет** кинотеа́тра.

Ма́мы до́ма **не́ было (не бу́дет)**.

Past and future expressions of absence or non-existence are formed by using the *neuter singular* forms of the verb **быть** (remember that these are impersonal, subjectless constructions).

Упражне́ния 21.1

а. *Образе́ц:* — О́ли нет на заня́тиях? — *Нет. Вчера́ её то́же не́ было.*

1. Ви́ктора нет на заня́тиях? 2. Са́ши и Пе́ти нет на заня́тиях? 3. Алёши нет на заня́тиях? 4. И́ры нет на заня́тиях? 5. Ва́си и Во́вы нет на заня́тиях? 6. Та́ни нет на заня́тиях? 7. Ле́ны нет на заня́тиях?

б. *Образе́ц:* — По-мо́ему, здесь был телефо́н. — *Нет, здесь никогда́ не́ было телефо́на.*

1. По-мо́ему, здесь была́ остано́вка трамва́я. 2. По-мо́ему, здесь был кио́ск. 3. По-мо́ему, здесь был лифт. 4. По-мо́ему, здесь была́ шко́ла. 5. По-мо́ему, здесь бы́ло кафе́. 6. По-мо́ему, здесь была́ консервато́рия. 7. По-мо́ему, здесь был парк. 8. По-мо́ему, здесь бы́ло окно́.

в. *Образе́ц:* — В ва́шем до́ме есть лифт? — *Нет, и я ду́маю, что в на́шем до́ме никогда́ не бу́дет ли́фта.*

1. В ва́шем го́роде есть консервато́рия? 2. На ва́шей у́лице есть теа́тр? 3. На ва́шей у́лице есть остано́вка тролле́йбуса? 4. На ва́шей у́лице есть кафе́? 5. В ва́шем го́роде есть университе́т? 6. На ва́шей у́лице есть библиоте́ка? 7. На ва́шей у́лице есть кио́ск? 8. На ва́шей у́лице есть метро́?

г. *Образе́ц:* — Где Ива́н Ива́нович? — *Говоря́т, что его́ сего́дня не бу́дет.*

1. Где Мари́я Па́вловна? 2. Где Тама́ра Бори́совна? 3. Где Бори́с Петро́вич? 4. Где Алекса́ндра Миха́йловна? 5. Где О́ля и И́ра? 6. Где Алекса́ндр Алексе́евич? 7. Где Ле́ночка? 8. Где Серге́й Ива́нович? 9. Где Татья́на Серге́евна? 10. Где Анто́н и Ве́ра?

21.2 Genitive Forms of Adjectives and Special Modifiers

у́лица Го́рьк**ого**
Как дое́хать до Больш**о́го** теа́тра?
Ничего́ но́в**ого** нет.
У ка́жд**ого** свои́ увлече́ния.

Э́то но́вая фотогра́фия одн**о́й** мо**е́й** знако́м**ой** де́вушки.

You already know the genitive modifier endings for masculine and neuter from several set expressions and as the endings for use with *animate* masculine accusative. For feminine the endings are the same as in the prepositional and dative cases.

Упражнение 21.2

Образец: Это маленький ма́льчик. А это его кни́га.— *Это кни́га ма́ленького ма́льчика.*

1. Это молодо́й инжене́р. А это его прое́кт. 2. Это моя́ ма́ма. А это её пальто́. 3. Это на́ша но́вая сосе́дка. А это её маши́на. 4. Это на́ша ста́рая учи́тельница. А это её де́ти. 5. Это наш но́вый сосе́д. А это его жена́. 6. Это моя́ знако́мая, Мари́на Петро́вна. А это её сыновья́. 7. Это америка́нский учёный. А это его кни́га. 8. Это строи́тельный институ́т. А это студе́нты. 9. Это мой хоро́ший друг Серёжа. А это его до́чери.

21.3 The Instrumental Case of Personal and Interrogative Pronouns

Это Ле́на и Га́ля. Я занима́юсь вме́сте **с ни́ми.**

я—со мной	мы — с на́ми	кто — с кем
ты—с тобо́й	вы — с ва́ми	что — с чем
он | оно́ | — с ним	они́— с ни́ми	
она́— с ней		

The sixth and last case to be studied is the *instrumental*, which you will be using for the present with the preposition **с/со** = 'with' ('together with', 'accompanied by').

Упражнение 21.3. *Заполните про́пуски.* (*Use appropriate pronouns.*)

1. Это Анто́н Никола́евич. Ива́н Ива́нович игра́ет с ... в ша́хматы. 2. Это Юра и Шу́ра. Ни́на у́чится с ... в шко́ле. 3. Это Вади́м. Лари́са ходи́ла с ... в кино́. 4. Это А́нна Петро́вна. Моя́ жена́ рабо́тает с ... . 5. Ты идёшь в кино́? Я пойду́ с ... . 6. Мы е́дем в воскресе́нье в дере́вню. Вы не хоти́те пое́хать с ... ? 7. Макси́м, с ... ты игра́л в па́рке? 8. Вы е́дете в центр на такси́? Я пое́ду с ... , а то опозда́ю на рабо́ту. 9. Я сейча́с е́ду в центр. Кто хо́чет пое́хать со ... ? 10. Ни́на, с ... ты сейча́с говори́ла во дворе́? 11. Е́сли вы в суббо́ту пойдёте в похо́д на Во́лгу, я пойду́ с ... . 12. Я слы́шал, что вы идёте смотре́ть но́вый фильм. Разреши́те нам пойти́ вме́сте с ... . 13. Мы рабо́таем в Академгородке́. С ... рабо́тает и э́тот матема́тик.

21.4 Time Expressions — Divisions of the Day

Оле́г прие́хал ве́чером. Он прие́хал в 8 часо́в **ве́чера.**
Я сего́дня встал в 6 часо́в **утра́.**

When divisions of the day are used without a specific time, one uses the forms **у́тром, днём, ве́чером, но́чью.** If a time is mentioned one must use the genitive case of the division of the day: **утра́** (Note accent!), **дня, ве́чера, но́чи.** Russians break the day down into parts as follows:

утро—4 or 5 a.m. to noon	**ве́чер**—5 or 6 p.m. to midnight
день—noon to 5 or 6 p.m.	**ночь**—midnight to 4 or 5 a.m.

Since the calendar changes at midnight, 'last night' (if after midnight) will be **сегодня ночью**. (What would be the meaning of **вчера ночью**?)

Фильм начинается в 21 час. (= в 9 часов вечера)
Билеты начинают продавать в 20.30 (двадцать часов тридцать минут).

In official uses, such as rail and air timetables, on the radio, for film showing times, etc., Russians often use the twenty-four hour clock. Note that Russians use a period instead of a colon in expressing the time of day.

Упражнения 21.4

а. *Заполните пропуски. Insert the necessary division of the day*: утра, дня, вечера, ночи.

1. Наш газетный киоск открывается в 7 часов ... . 2. Московское метро начинает работать в 6 часов ... и кончает работать в (1) ... . 3. Занятия в институте начинаются в 9 часов ... и кончаются в 2 часа ... . 4. Передача «Москва и москвичи» начинается в 8 часов ... . 5. Детские передачи начинаются в воскресенье в 9 часов ... . 6. Наши друзья пригласили нас на ужин в 7 часов ... . 7. Этот книжный магазин открывается в 10 часов ... . 8. Вчера мы долго танцевали и вернулись домой только в 2 часа ... . 9. Я сегодня очень рано встал, в 4 часа ... .

б. *Complete the sentences with words in parentheses choosing between* утром / утра, *etc.*

1. Доброе утро! Где вы были вчера (вечер)? 2. Мы вернулись домой очень поздно, только в два часа (ночь). 3. Занятия в университете кончаются в 3.30 (день). 4. Передача Вадима начинается в 10.30 (вечер). 5. Я сегодня встал очень поздно, в 11 часов (утро). 6. (утро) я долго занималась в библиотеке, а (день) ходила на улицу Горького в книжный магазин «Дружба». 7. В воскресенье (утро) мы пойдём в поход в лес. 8. У Тани завтра экзамен, и она хочет заниматься даже (ночь).

в. *Образец*: Олег уехал в 10 часов вечера.— *Олег уехал в 22 часа.*

1. Лекция профессора Соколова началась в 8 часов вечера. 2. Занятия начинаются в 9 часов утра. 3. Этот детский фильм начинается в 2 часа дня. 4. Передача «Время» начинается в 9 часов вечера. 5. Мы вернулись в Москву в 4 часа дня. 6. Самолёт опоздал, и Юрий Павлович вернулся в Москву только в 11 часов вечера. 7. Детские передачи начинаются в 10 часов утра. 8. Передача Вадима начинается в 9 часов вечера.

21.5 The Verb **от-крой + (ся)** *p.*

открою, откроешь, откроют; откройте! открыл; открыть

When a verb root ends in **-ой,** this changes into **-ы** before consonant endings (i.e., in the past tense and infinitive).

ночь, ночью night, at night

Упражнение 21.5. *Заполните пропуски*: от-кро́й + (ся).

1. Нина ещё не ... кни́гу. 2. Здесь о́чень жа́рко, я сейча́с ... о́кна. 3. На на́шей у́лице ско́ро ... но́вый кни́жный магази́н. 4. Вы не зна́ете, когда́ ... но́вая шко́ла, кото́рую стро́ят недалеко́ от на́шего до́ма? 5. Этот университе́т ... пятна́дцать лет наза́д. 6. Все эти но́вые де́тские сады́ и шко́лы ... че́рез два—три ме́сяца. 7. Ле́на, ... , пожа́луйста, окно́. Здесь так жа́рко! 8. Сего́дня Гали́на Васи́льевна ... кио́ск в семь часо́в. 9. Тако́й тёплый день. ... , пожа́луйста, о́кна, Ива́н Ива́нович. 10. Говоря́т, что но́вый кинотеа́тр ... в сле́дующую суббо́ту.

21.6 The verb ПЬ + (пить / вы́-)

пью, пьёшь, пьют; пе́йте; пил; пить

The root of this verb contains no vowel (as in the special modifier **чей, чья**). The vowels in the imperative, past tense and infinitive are fill vowels.

Упражне́ния 21.6

а. *Заполните пропуски*: пь + (пь-ют, пил).

1. Макси́м, что ты ... ? 2. Мы ка́ждый ве́чер ... ко́фе в э́том кафе́. 3. На за́втрак я всегда́ ... горя́чий ко́фе. 4. На́ши де́ти никогда́ не ... ко́фе. 5. Де́вушки, что вы ..., ко́фе и́ли чай? 6.—Почему́ ма́ма не ... чай?—Он, наве́рно, уже́ холо́дный. 7. Вчера́ ве́чером в э́том кафе́ мы до́лго ... чай и говори́ли о фи́льме, кото́рый мы то́лько что ви́дели. 8. Ра́ньше Ма́шенька никогда́ не ... ко́фе. 9. Де́ти, ... чай!

б. *Заполните пропуски* (пить / вы́-).

1. Я сейча́с ... ко́фе, и мы пойдём. 2. Когда́ Ива́н Ива́нович ... ко́фе, он чита́л газе́ту. 3. Па́па ... ко́фе и пошёл в гара́ж на рабо́ту. 4. А́ня, ... чай! Мы уже́ должны́ идти́, а то опозда́ем на ле́кцию. 5. Ни́на ... чай и начала́ занима́ться. 6. Когда́ де́ти ... чай, мы пойдём в парк гуля́ть.

21.7 The Verb ЕД + (есть / съесть)

ем, ешь, ест, еди́м, еди́те, едя́т; е́шьте!; ел; есть

This is one of the two truly irregular verbs in Russian, the other being *дать*. Note that there are resemblances to this other irregular verb (but note the third-person plural).

This verb must not be used with the names of meals, since there are specific verbs for that purpose: **за́втракать, обе́дать, у́жинать.**

Упражне́ния 21.7

а. *Заполните пропуски* (есть).

1. Мои́ бра́тья никогда́ не ... ры́бу. 2. ... о́вощи, Та́ня! Они́ о́чень вку́сные. 3. Я ... моро́женое да́же зимо́й. 4. Что ты ..., Са́шенька? 5. Суп о́чень вку́сный, и мы ... его́ с удово́льствием. 6. Ма́ша не о́чень лю́бит ры́бу, но она́ всё-таки ... её. 7. Что вы ... , Серге́й Алекса́ндрович, мя́со и́ли ры́бу? 8. В буфе́те мы ... [past] бутербро́ды и моро́женое. 9. Ра́ньше Макси́м о́чень ре́дко ... о́вощи, а тепе́рь он их лю́бит.

6. *Заполните пропуски* (есть / съесть).

1. Если ты ... весь суп, я дам тебе мороженое. 2. Мама приготовила нам вкусный ужин, и мы всё ... с удовольствием. 3. Когда мы ... бутерброды и пили чай, Лариса нам рассказывала о своей работе. 4. Я быстро ... мороженое, и потом мы пойдём в кино. 5. Когда мы жили на море, мы часто ... рыбу. 6. Если вы быстро ... мясо и овощи, я дам вам фрукты. 7. Нина, ... овощи. 8. Если дети быстро всё ... , мама им даст мороженое. 9. Дети слишком медленно ... , и мы опоздали в кино.

21.8 The Verb мо́г-ут (мочь)

могу́	мо́жем	мог, могла́; могли́
мо́жешь	мо́жете	мочь
мо́жет	мо́гут	

This is a new type of verb for you, verbs whose root ends in г / к. In these verbs the mutation of the consonant takes place in *all forms* of the present tense except before -у. Note that the masculine past tense form is missing the usual л. As with many verbs, the infinitive is the most irregular form, the ч resulting from a complex palatalization of the velar consonant with the -ть normally found in infinitives.

This verb has *no imperfective future*!

Be careful not to overuse this verb. Note that the Russian equivalent of 'I can't hear' ('see, remember') is **Я не слы́шу (ви́жу, по́мню)**. Do not use the verb **мо́г-ут** in sentences of this type.

Упражнение 21.8. *Заполните пропуски* (мо́г-ут).

1. Извини́те, мы не ... прийти́ к вам сего́дня ве́чером. 2. Это очень тру́дный урок, и Нина не ... ко́нчить его́ сего́дня ве́чером. 3. Если хоти́те, я ... дать вам почита́ть эту но́вую кни́гу. 4. Мама дала́ Макси́му сли́шком мно́го су́па, и он не ... всё съесть. 5. Ири́на Ива́новна, вы ... прийти́ ко мне в четы́ре часа́? 6. Дети сего́дня должны́ занима́ться и не ... пойти́ в кино́. 7. Если ты не ... это сде́лать сего́дня, очень прошу́ тебя сде́лать всё за́втра. 8. У Юрия Ива́новича сего́дня бы́ло очень мно́го рабо́ты и он не ... прийти́ к нам. 9. Нина очень до́лго гото́вила уроки, но всё равно она не ... их ко́нчить.

21.9 The Declension of Numerals

Идёт фильм, на который дети до шестна́дцати лет не допуска́ются.

You can see here that Russian numerals decline. However, with the exception of this one expression, you will not be expected to decline them actively during this course. (Numerals ending in -ь decline like feminine nouns of that class.)

21.10 Compound Ordinal (Adjective) Numerals

В два́дцать пе́рвой кварти́ре живёт Михаи́л Петро́вич.

As in English, only the last part of a compound ordinal numeral is an adjective in form, and only that part declines to agree with the noun modified.

21.11 Additional Time Expressions

— Давайте ку́пим биле́ты на 21 час.
— **На сего́дня** ничего́ нет, я куплю́ биле́ты **на за́втра.**

The preposition **на** is used with the accusative case of numbers to indicate intended or projected time. Also note the use of this preposition with the adverbs **вчера́ / сего́дня / за́втра** (theoretically impossible, since adverbs do not decline).

21.12 Verb Agreement with Quantity Expressions

На столе́ **бы́ло немно́го** хле́ба.

Just as was the case with numerals, verbs whose subject is an indefinite quantity (**ма́ло, мно́го, немно́го, ско́лько**) are in the neuter singular form.

21.13 Ве́ре ску́чно смотре́ть футбо́л.

Note that some impersonal expressions can be followed by infinitives.

21.14 Culture through Language: **в кинотеа́тре**

In Russian movie theaters tickets are sold for specific seats at specific showings (**сеа́нсы**). Tickets may be bought or ordered in advance (and for very popular films must be bought well in advance). Late-comers are allowed to enter the auditorium only between the short subject or news reel (**киножурна́л**) and the feature film. There will generally be a **буфе́т** in the lobby, and in some larger theaters there may be an art exhibit or some sort of entertainment in the lobby for those waiting for the next showing to begin.

On page 310 you see a drawing of a typical movie ticket, with the coupon (**контро́ль**) which is torn off by the ticket taker.

21.15 Notes on Individual Words

а́втор—This does *not* mean 'author' as a profession. It is used in a broader sense than the English word, and can refer to a person who creates something in various types of endeavor. The word *cannot* be used without indicating what has been created: а́втор **прое́кта**, а́втор **кни́ги.**

ве́село *кому́*—This impersonal expression is difficult to translate literally into English, but it is the equivalent of 'to enjoy oneself', 'to have fun', 'to have a good time'.

ещё раз = 'once more', 'again' only as a repetition of some specific action (which can be counted); it cannot refer to a repeated *state*, for which **опя́ть** must be used.

Прекра́сный фильм. Я хоте́л бы его́ посмотре́ть **ещё раз.**

Вы **опя́ть** волну́етесь? Оле́г вернётся за́втра.

идёт фильм—Note the use of this verb concerning films, etc.: Како́й фильм **идёт** сего́дня? Что **идёт** в на́шем кинотеа́тре?

моро́женое—an adjective in form.

чуть не = 'almost', but is not the same as **почти́,** which = 'almost (not quite)'. **Чуть не** refers to something which was barely avoided or averted (and most often occurs referring to undesirable events, such as falling down, etc.):

Я **почти́** ко́нчил эту работу. (Я ещё поработаю и ко́нчу её.)

Я сегодня по́здно встал и **чуть не** опозда́л на лекцию (но всё-таки не опозда́л).

Ах, я **чуть не** забы́л сказа́ть вам, что приходи́ла Лариса.

Новый кинотеа́тр[1]

В нашем доме живут очень интересные люди. Например, в 21-й (двадцать первой) квартире живёт архитектор Михаил Петрович. Сегодня он приглаша́ет всех свои́х сосе́дей в кино. Де́ло в том, что он а́втор прое́кта нового кинотеа́тра, который открыва́ется сегодня. Раньше на нашей улице не́ было кинотеа́тра. А сейчас совсе́м  недалеко́ от нашего дома постро́или прекра́сный совреме́нный кинотеа́тр. Все очень ра́ды, потому что мно́гие в нашем доме лю́бят кино.

Друзья́ и соседи Михаи́ла Петровича собира́ются во дворе́. Все поздравля́ют а́втора. Михаи́л Петрович, конечно, немного волну́ется. Он ещё совсе́м молодой архите́ктор, и это только второй его прое́кт.

Когда я пришёл во двор, там было уже мно́го наро́ду. Наконе́ц собрали́сь все взро́слые, кро́ме Ларисы и Василия Николаевича. Василий Николаевич не очень лю́бит кино. А дети не мо́гут пойти́ в кино. Они должны́ оста́ться дома, потому что идёт фильм, на который «дети до 16 лет не допуска́ются». Ну ничего́, ве́чером они мо́гут смотреть телевизор.

А Лариса чуть не опозда́ла, но наконец пришла и она.

В кинотеа́тр пришли ра́но и всё посмотрели: и зал, и фойе́, в котором есть кни́жный киоск и хороший буфе́т. До нача́ла сеа́нса в буфе́те мо́жно съесть моро́женое или бутербро́д, вы́пить ча́шку ко́фе или стака́н со́ка. Когда мы пришли́, в фойе́ был концерт, выступала молодая арти́стка. Новый кинотеа́тр, который построил Михаи́л Петрович, всем очень понра́вился.

Наш сеа́нс начался́ в 20 часо́в. По́сле сеа́нса некоторые пошли́ в кафе́, где пи́ли ко́фе и танцева́ли. Всем было очень ве́село, и мы верну́лись домой по́здно, только в час но́чи.

---

[1] Did you notice that many accent marks have been omitted in this lesson? Accent marks are not printed in materials provided for Russians, and the foreign student should become accustomed as early as possible to reading unaccented material. Therefore we have begun, on a selective basis, to omit accent marks on words which you can be expected to know very actively by now.

архите́ктор
при-глаш-а́й + / при-глас-и́-ть
Де́ло в том, что... The reason (fact, problem) is that...
рад (ра́да, ра́ды) glad
со-бир-а́й + ся / со-бер-у́т-ся (собра́лся; собра́ться)
мно́го наро́ду = мно́го люде́й
наконе́ц at last, finally
кро́ме чего́ / кого́ except for
о-ста-ва́й + ся / о-ста́н-ут-ся to remain, stay

ничего́ that doesn't matter, never mind
до чего́ before, up to
нача́ло beginning
сеа́нс showing (of a film)
мо́жно кому́ one can, may
ча́шка cup
стака́н glass
концерт
арти́ст / -ка (performing) artist
по́сле чего́ after

ДАВАЙТЕ ПОГОВОРИМ:

— Хо́чешь пойти́ в кино́?
— С удово́льствием. А что идёт в на́шем кинотеа́тре?
— Сейча́с я посмотрю́ в «Вече́рней Москве́». Ты не зна́ешь, где газе́та?
— Нет, лу́чше позвони́ по телефо́ну. В на́шем кинотеа́тре по телефо́ну отвеча́ет автома́т.

А в т о м а́ т: «Сего́дня в на́шем кинотеа́тре демонстри́руется фильм «Война́ и мир», сеа́нсы в 9, 11, 13, 15, 17, 19 и 21 час».

— Ока́зывается, в на́шем кинотеа́тре сего́дня фильм «Война́ и мир». Ты, ка́жется, его́ уже́ ви́дела?
— Ничего́, я с удово́льствием посмотрю́ его́ ещё раз.

По телефо́ну

— Кинотеа́тр «Октя́брь».
— Я хочу́ заказа́ть биле́ты на 21 (два́дцать оди́н) час.
— Пожа́луйста, есть 1—8 (пе́рвый—восьмо́й) и 18—21 (восемна́дцатый—два́дцать пе́рвый) ряды́.
— Два биле́та, восьмо́й ряд, пожа́луйста.
— Ва́ша фами́лия?
— Никола́ев.
— Биле́ты вы мо́жете получи́ть в 20.30 (два́дцать три́дцать).
— Спаси́бо.

В ка́ссе

А: — У вас есть биле́ты на семь часо́в?
Б: — Нет, уже́ нет.
А: — А на де́вять?
Б: — То́же нет.
А: — Что же нам де́лать?
В: — Дава́й ку́пим биле́ты на за́втра.
 У вас есть биле́ты на за́втра?
Б: — На за́втра есть.
А: — Да́йте, пожа́луйста, два биле́та на де́вять часо́в, восьмо́й ряд, е́сли есть.
В: — А зна́ешь, я чуть не забы́ла, что Лари́са хо́чет посмотре́ть э́тот фильм вме́сте с на́ми.
А: — Тогда́, да́йте, пожа́луйста, ещё оди́н биле́т.
Б: — Пожа́луйста. Рубль два́дцать.
А: — Ах, у меня́ то́лько рубль.
В: — Ничего́, я заплачу́ за биле́ты.

КИНОТЕАТР «СПОРТ»
РЯД 8 МЕСТО 16
КОНТРОЛЬ

звон-и́-ть / по- *куда* to phone, call
автома́т answering device
демонстри́р-ов-а-ть-ся
«Война́ и мир» *War and Peace*
ока́зывается it turns out

за-ка́з-ывай + / за-каз-а́-ть (зака́жут) *что* to order
ряд (в ряду́) row
ка́сса box office
плат-и́-ть / за-
за *что* for (in exchange for)

310

— Скажи́те, пожа́луйста, како́й фильм идёт сего́дня ве́чером?
— Это не де́тский фильм. Де́ти до шестна́дцати лет не допуска́ются. Ты мо́жешь посмотре́ть де́тские фи́льмы у́тром.
— Есть биле́ты на пе́рвый сеа́нс?
— Пожа́луйста.

— Алло́! Это кинотеа́тр «Спорт»?
— Да, я вас слу́шаю.
— Како́й фильм идёт в ва́шем кинотеа́тре?
— «Дя́дя Ва́ня».
— Спаси́бо.

Посмотри́те э́тот фильм

— Как вы ду́маете, э́то хоро́ший фильм?
— Говоря́т, неплохо́й. Мне сове́товали его́ посмотре́ть.

— Что ты вчера́ смотре́ла в на́шем кинотеа́тре?
— О́чень хоро́ший фильм. Сове́тую тебе́ посмотре́ть его́.
— А как он называ́ется?
— «Степь».

— А́ня, где ты? Уже́ по́здно. Я бою́сь, что мы опозда́ем в кино́!
— Ничего́. Бу́дет киножурна́л, а я их не люблю́.
— Но ведь быва́ют интере́сные киножурна́лы, наприме́р, о спо́рте, об иску́сстве.
— Сейча́с, сейча́с. А когда́ начина́ется сеа́нс?
— В во́семь часо́в.
— Ну, у нас оста́лось ещё де́сять мину́т. Кинотеа́тр ведь недалеко́. Не волну́йся, не опозда́ем.
....
— Ви́дишь, ты так волнова́лся. А мы всё равно́ пришли́ во́время.
— Да, но чуть не опозда́ли. Ви́дишь, уже́ открыва́ют зал.

В буфе́те

— До нача́ла сеа́нса оста́лось ещё пятна́дцать мину́т. Не хо́чешь пойти́ в буфе́т? Там мо́жно споко́йно разгова́ривать.
— С удово́льствием. Я хоте́л бы вы́пить ча́шку ко́фе.
— А я вы́пью стака́н со́ка.

Алло́! [al'ó] (*only on telephone*)
киножурна́л newsreel
сейча́с right away

во́время on time
раз-гова́р-ивай + *с кем* to talk, converse

Упражнения

21.16 — Алло́! Это кинотеа́тр?
— Да, я вас слушаю.
— Какой фильм идёт в вашем кинотеа́тре?
— *«Степь»*.
— Спасибо.

(«Анна Каре́нина», «Га́млет», «Дом, в кото́ром я живу́», «Три сестры́», «Дя́дя Ва́ня»)

21.17 — У вас есть биле́ты *на 5 часо́в*?
— Да, то́лько *19-й, 20-й и 21-й ряды́*.
— Да́йте, пожа́луйста, 3 биле́та, *19-й ряд*.
— Пожа́луйста, рубль 20 копе́ек.

(на 8 часо́в — 11-й, 12-й и 13-й ряды́, на 6 часо́в — 1-й, 2-й, 3-й и 5-й ряды́, на 5 часо́в — 8-й, 9-й и 10-й ряды́)

21.18 — Скажи́те, пожа́луйста, у вас есть биле́ты *на за́втра*?
— *На за́втра*? Пожа́луйста. На како́й сеа́нс?
— *На 6 часо́в*, е́сли есть, 11-й ряд.
— Есть то́лько 9-й ряд.
— Два биле́та, 9-й ряд, пожа́луйста.

(на ве́чер — на 9 часо́в; на сего́дня — на 8 часо́в)

21.19 — Дава́й пойдём в кино́.
— С удово́льствием, но куда́?
— В «Спорт».
— *Только не туда́*. Там идёт «Га́млет», а я уже́ ви́дел э́тот фильм.
— Дава́йте пойдём в теа́тр.
— ... сего́дня. Я рабо́таю ве́чером.
— Вы не хоти́те пообе́дать в кафе́?
— ... сего́дня, у нас до́ма сего́дня вку́сный обе́д.

21.20 Утром здесь *идёт* но́вый де́тский фильм. На вече́рнем сеа́нсе ... фильм Эйзенште́йна «Броцено́сец Потёмкин». На како́м сеа́нсе ... мультфи́льмы? В како́м кинотеа́тре ... фильм «Война́ и мир»? В пя́тницу и в суббо́ту в э́том кинотеа́тре ... фи́льмы на англи́йском, испа́нском, неме́цком и францу́зском языка́х.

21.21 — *Ока́зывается*, у меня́ нет ме́лочи.
— *Ничего́*, я возьму́ биле́ты.

— ..., мы опозда́ли на сеа́нс.
— ..., мо́жно бу́дет войти́ в зал по́сле киножурна́ла.

— ..., у меня́ ма́ло де́нег.
— ..., я заплачу́ за биле́ты.

«Броцено́с(е)ц Потёмкин» *Battleship Potyomkin*   мультфи́льм animated cartoon

— ..., я должна́ оста́ться на рабо́те до ве́чера.

— ..., я пригото́влю па́пе обе́д.

21.22 1. Вы лю́бите кино́? Вы ча́сто быва́ете в кинотеа́тре? Каки́е фи́льмы вы осо́бенно лю́бите? Каки́е фи́льмы вам бо́льше нра́вятся, америка́нские и́ли иностра́нные?

2. Недалеко́ от ва́шего до́ма (университе́та, институ́та) есть кинотеа́тр? Как мо́жно узна́ть, како́й фильм идёт в ва́шем кинотеа́тре? Е́сли позвони́ть в ваш кинотеа́тр, отвеча́ет автома́т?

3. Е́сли ва́ши знако́мые иду́т в кино́, вы обы́чно идёте с ни́ми? Когда́ вы идёте в кино́, вы приглаша́ете друзе́й?

4. В ва́шем кинотеа́тре пока́зывают киножурна́лы?
Что мо́жно сде́лать, е́сли вы ра́но прихо́дите в кино́?
В ва́шем кинотеа́тре есть буфе́т? Что там мо́жно купи́ть?

5. Что вы лю́бите де́лать, когда́ у вас есть свобо́дное вре́мя? Когда́ вы встаёте (за́втракаете, идёте на заня́тия, обе́даете, прихо́дите домо́й, у́жинаете)?

21.23 Word Study

бутербро́д — butter + bread
до-**пуск**-а́й + ся — пусть, о́т**пуск**
есть, ед-я́т — edible, eat
за-ка́з-ывай + — сказа́ть, пока́зывать, расска́зывать, ка́жется, ока́зывается
зал — hall
мо́г-ут, **мо́ж**но might (*i.e.* power)
наконе́ц — конч-а́й +
наро́д (nation, people) — роди́тели, роди́ться
ночь — no**ct**urnal, **night**
о-ка́з-ывает-ся — сказа́ть, пока́зывать, расска́зывать, ка́жется
о-ста-ва́й-ся / о-ста́н-ут-ся — в-става́й +, у-става́й +
от — о́тпуск, отвеча́й +, отделе́ние, о́тдых

Но́вые слова́ и выраже́ния

автома́т	за-ка́з-ывай + / за-ка́з-а́ть	недалеко́ от	раз-гова́р-ивай +
а́втор	зал	ничего́: Ну ничего́,...	ряд (в ряду́)
Алло́!	звон-и́-ть / по- *куда́*	ночь, но́чью	с кем
арти́ст / -ка	идёт фильм	ока́зывается	ссапс
архите́ктор	ка́сса	о-ста-ва́й + ся	Сейча́с, сейча́с!
буфе́т	киножурна́л	о-ста́н-ут-ся	ску́чно
бутербро́д	конце́рт	от *чего́*	со-бир-а́й + ся / со-бер-у́т-ся (собра́ться)
ве́село	кро́ме *чего́*	от-кры-ва́й + (ся) / от-кро́й + (ся) (от-кры́ть(ся)	сок
во́время	мир: «Война́ и мир»		стака́н
война́: «Война́ и мир»	мо́г-ут (мочь)	плат-и́-ть / за- *за что*	у́тро: 6 часо́в утра́
два́дцать пе́рвый	мо́жно	по́здно	фильм: идёт фильм
де́ло: Де́ло в том, что...	моро́женое	по́сле	фойе́
демонстри́р-ов-а-ть-ся	мультфи́льм	при-глаш-а́й +	хоте́ть: хоте́л бы
до *чего́*	наконе́ц	прое́кт	ча́шка
до-пуск-а́й + ся	наро́д: мно́го наро́ду	пь-ют (пи́л) / вы-рад	чуть не
ед + (есть) / съесть	нача́ло		
ещё раз	нача́ться (начался́)	раз: ещё раз	
за *что*			

УРОК № 22 (ДВАДЦАТЬ ДВА) — ДВАДЦАТЬ ВТОРОЙ УРОК

— Отку́да вы идёте? — С рабо́ты, из библиоте́ки.
Макси́му мо́жно (нельзя́) игра́ть сего́дня во дворе́.
— Что у вас боли́т? — У меня́ боли́т нога́.
Я позвони́л в кинотеа́тр, что́бы узна́ть, како́й фильм там идёт.
Па́па пое́хал в Ленингра́д на неде́лю.
Я сего́дня купи́л себе́ но́вое пальто́.

Фоне́тика:

Read p. 54 concerning the hard consonant ц.

Слу́шайте и повторя́йте!

у́лица ... ме́сяца ... у́лицу ... францу́з ... оте́ц ... наконе́ц ... ме́сяц ... америка́нцы ... иностра́нцы ... ме́сяцы ... ста́нция ... танцева́ть ... це́лый ... центр ... конце́рт ... неме́цкий ... де́тский ... сове́тский ... отца́ ... отцу́ ... об отце́ ... два́дцать ... три́дцать ... учи́ться ... ка́жется ... оте́ц — петь ... наконе́ц — смотре́ть

Интона́ция:

Read p. 56 concerning the use of IC-4 in questions having an implication of request (questionnaire questions).

Слу́шайте и повторя́йте!

— Ва́ше и́мя?⁴   — Фами́лия?⁴   — Ва́ше и́мя?⁴   — Фами́лия?⁴
— Ива́н.   — Петро́в.   — А́нна.   — Петро́ва.
— О́тчество?⁴   — О́тчество?⁴
— Ива́нович.   — Петро́вна.

	куда́?		где?	
	в шко́лу		в шко́ле	
	на рабо́ту		на рабо́те	
	к дру́гу		у дру́га	

	отку́да?	
	из шко́лы	
	с рабо́ты	
	от дру́га	

МАГАЗИН

— Отку́да вы идёте?
— Я иду́ с рабо́ты из магази́на.

отку́да   из *чего́* ≠ в   с *чего́* ≠ на   мо́жно *кому́*

314

— Анто́ну мо́жно кури́ть? — Да, мо́жно. Ему́ мо́жно кури́ть.
— Нет, нельзя́. Ему́ нельзя́ кури́ть.

У него́ **боли́т** живо́т.

У неё **боли́т** голова́.

У Васи́лия Николаевича **боля́т но́ги и ру́ки**. Врач говорит, что ему́ нельзя́ **ходи́ть**.

Что у вас	боли́т?	У меня́	боли́т голова́. боля́т но́ги.
	боле́ло?		боле́л живо́т. боле́ла голова́. боле́ли но́ги.

Я позвони́л в кинотеа́тр, **что́бы узна́ть**, како́й фильм там идёт.
Па́па сего́дня пое́хал в Ленингра́д **на неде́лю**. Он вернётся через неде́лю.

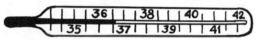

У Ве́ры норма́льная температу́ра, 36,6 (три́дцать шесть и шесть).

У Ве́ры температу́ра, 38,3 (три́дцать во́семь и три).

Как вы себя́ чу́вствуете? Он чу́вствует себя́ пло́хо. Он **лежи́т**. У него́ температу́ра.

Он чу́вствует себя́ хорошо́. У него́ норма́льная температу́ра.

нельзя́ *кому* ≠ мо́жно
кур-и́-ть to smoke
бол-е́-ть *у кого* to ache, hurt
живо́т stomach, abdomen
голова́ (го́лову) head
нога́ (но́гу, но́ги) foot, leg
рука́ (ру́ку, ру́ки) hand, arm

что́бы + *инфинити́в* in order to
норма́льный / не-
температу́ра
чу́вств-ов-а-ть себя́ to feel (*of health*)
себя́ oneself (*reflexive*)
звон-и́-ть / по- *кому* to phone, call
леж-а́-ть (лежа́т) *где* to be lying, be in bed

315

Я купи́л **себе́** новое пальто.
В похо́д они всегда беру́т **с собо́й** де-
те́й.

Олег звони́т (по телефо́ну) Ларисе.

БОЛЬНИЦА

Это больни́ца.

Зина **должна́ лечь** в больни́цу.
Зина в больни́це. У нее аппендици́т.
Врачи́ де́лают ей опера́цию.

Это лека́рство. Дети принима́ют
лека́рство.

ГРАММАТИКА И УПРАЖНЕНИЯ

22.1 Prepositions of Direction, Location, and Direction From

Нина пошла́ **в** шко́лу.	Нина сейча́с **в** шко́ле.	Нина ско́ро придёт **из** шко́лы.
Зина пошла́ **на** рабо́ту.	Зина сейча́с **на** рабо́те.	Зина ско́ро придёт **с** рабо́ты.
Антон пошёл **к** бра́ту.	Антон сейча́с **у** бра́та.	Антон ско́ро придёт **от** бра́та.

Куда́?	Где?	Отку́да?
1. **в**/**во** *что*	**в**/**во** *чём*	**из**/**изо** *чего*
2. **на** *что*	**на** *чём*	**с**/**со** *чего*
3. **к**/**ко** *кому*	**у** *кого*	**от** *кого*

больни́ца hospital
ля́г-ут (лечь) в больни́цу to go to the hospital
    (*as a patient*)
аппендици́т

опера́ция operation
де́л-ай + / **с-** *кому* **опера́цию**
лека́рство medicine
при-ним-а́й + **лека́рство** to take medicine

| в | из | | у | ← | к |
| на | с | | | → | от |

Note that all prepositions denoting direction away from are used with the genitive case.

Упражнения 22.1

а. *Образец*: Лариса пошла в библиотеку.—*Лариса будет в библиотеке недолго. Она скоро придёт из библиотеки.*

1. Нина пошла в школу. 2. Максим пошёл в детский сад. 3. Зина пошла в магазин. 4. Василий Николаевич пошёл в книжный магазин. 5. Олег поехал в Академгородок. 6. Таня поехала в Суздаль. 7. Боря пошёл в кафе. 8. Мама поехала в «Детский мир».

б. *Образец*: Зина пошла на работу.— *Зина сейчас на работе. Она скоро придёт с работы.*

1. Екатерина Сергеевна поехала на юг. 2. Саша пошёл на завод. 3. Лариса пошла на лекцию. 4. Этот геолог поехал работать на север. 5. Нина пошла на урок. 6. Наши друзья поехали отдыхать на море. 7. Вадим пошёл на пляж. 8. Врач пошёл на операцию. 9. Мои сыновья поехали на работу.

в. *Образец*: — Я иду в институт.—*А когда вы вернётесь из института?*

1. Я еду на юг. 2. Мы едем к бабушке. 3. Я иду на лекцию. 4. Мы едем в Киев. 5. Мы идём к Наташе. 6. Я иду на работу. 7. Мы идём в ресторан. 8. Я еду на север. 9. Мы идём к моей сестре. 10. Я иду на пляж. 11. Я иду на экзамен.

22.2 мо́жно ~ нельзя́ (кому)

— Максиму мо́жно сегодня играть во дворе?
— Нет, нельзя́. Сегодня плохая погода.

Possibility/permission is expressed in Russian by means of an impersonal construction.

When **нельзя́** expresses prohibition, it should be used with the *imperfective.* When it expresses impossibility/inability, it should be used with *perfective* verbs.

Вам **нельзя́ кури́ть,** если у вас болит голова.   You *mustn't smoke...*

Сейчас **нельзя́ входи́ть** в зал, идёт фильм.   *One can't enter* the auditorium...

Сейчас **нельзя́ позвони́ть** от нас. Не работает телефон.   *It is impossible* to call from our phone.

Although Russians are themselves often not precise in their usage, it is always best to use **мо́жно** for permission or external possibility, and to use the verb **мо́г-ут** for one's ability or possibility for which the person himself takes responsibility:

Здесь **мо́жно** пересе́сть на метро?

Это очень трудное упражнение, я не **могу** его сделать.

Извините, мы не **могли** прийти к вам вчера вечером.

Упражнения 22.2

а. *Образец*: У меня болит нога. (играть в футбол) — *Мне нельзя играть в футбол.*

1. У Антона болит голова. (курить) 2. У Максима болит голова. (смотреть телевизор) 3. У Зины болит нога. (идти в поход) 4. У этого студента болит рука. (писать) 5. У Нины болит живот. (есть фрукты) 6. У Виктора завтра экзамен. (идти сегодня в кафе) 7. Олечке всего 6 лет. (смотреть этот фильм)

б. *Give short answers in the positive or negative.*

Образец: — У меня уже не болят ноги. Можно мне пойти в поход? — *Да, можно.*

1. — У Василия Николаевича болят ноги. Можно ему вставать? — Нет, ... 2. — У Лены уже не болит голова. Можно ей идти на лекцию? — Да, ... 3. — У Максима болит живот. Можно ему есть мороженое? — Нет, ... 4. — У меня температура. Можно мне пойти на занятия? — Нет, ... 5. — У Маши болит голова. Можно ей посмотреть эту передачу? — Нет, ... 6. — Сегодня минус 20 градусов. Можно Максиму гулять в парке? — Нет, ... 7. — У меня завтра нет экзамена. Можно мне пойти в кино? — Да, ... 8. — Ира не сделала уроки. Можно ей пойти на концерт? — Нет, ...

22.3 Additional Uses of the Multidirectional Verb **ходить**

У Василия Николаевича болят ноги, и врач говорит, что ему нельзя **ходить.**

Их ребёнок совсем маленький и ещё не **ходит.**

Multidirectional going verbs (in addition to the use already seen as a way of expressing a two-way trip, equivalent to **был**) express general action, without context of time or direction, or the ability to perform the motion.

Упражнение 22.3. *Заполните пропуски* (ход-и-ть ~ идти/пойти).

1. У Антона болит нога, и он уже две недели не может ... . 2. Смотрите, ребёнок ... на улицу! 3. Я очень люблю ..., а мой муж всё время смотрит футбол или хоккей по телевизору. 4. — Где Лариса? — Она ... в институт на лекцию. 5. Их ребёнку всего 11 месяцев, но он уже хорошо ... . 6. — Где вы были вчера вечером? — Мы ... в новый кинотеатр на французский фильм. 7. — Куда вы сейчас ...? — В магазин. 8. Вы не знаете девушку, которая сейчас ... к нам? 9. Маленький сын Наташи уже хорошо ... . 10. Доктора сказали, что мне 10 дней нельзя будет ... . 11. — Вы любите ...? — Не очень, но всё-таки я иногда ... домой с работы пешком.

22.4 **чтобы** + Infinitive = (*in order*) *to*

Я позвонил в больницу, **чтобы узнать,** как чувствует себя Зина.

In addition to its use in indirect commands, **чтобы** is used to introduce purpose clauses. In this case the subject of both actions is the same and the *infinitive* is used with **чтóбы.**

Only with going verbs can the **чтóбы** be omitted in such purpose constructions: Анна Петровна **поéхала** в «Детский мир» (, чтóбы) **купи́ть** сыну новые брю́ки.

Упражнения 22.4

a. *Complete the sentences with* чтóбы *where necessary. In which cases may there be variants*?

1. Я чуть не забы́ла тебе сказа́ть, что приходи́ла Лари́са ... спроси́ть, мóжем ли мы прийти́ к ней вечером. 2. Позвони́л Ваня ... сказа́ть, что его вечером не будет. 3. Мы вчера́ е́здили в Су́здаль ... посмотреть этот интере́сный стари́нный город. 4. Мне написа́ла бабушка ... узна́ть, прие́дем ли мы к ней летом. 5. Нина очень много занима́лась вчера вечером ... хорошо́ отве́тить урок сего́дня.

б. *Complete the sentences with appropriate forms of verbs given in parentheses.*

1. Антон Никола́евич пришёл, чтóбы (сыгра́ть) в ша́хматы. 2. Мама хóчет, чтóбы Маша (почи́стить) óвощи. 3. Лари́са пришла́ к нам, чтóбы (поговори́ть) о свое́й работе. 4. Я пришёл, чтóбы (сказа́ть) вам, что Анна Петровна сего́дня не мóжет прийти́ на концерт. 5. Папа хóчет, чтóбы я (рассказа́ть) ему, чтó вчера было в шкóле.

22.5 Duration of Time vs. Intended or Resultant Time

Папа поехал в Ленингра́д **на неде́лю.**
Папа был в Ленингра́де неде́лю.
Наша бабушка прие́хала к нам на неде́лю, но она была у нас **це́лый ме́сяц.**
You already know how to express the actual duration of time by means of the accusative case with *no prepositions.* In such cases the time span covered by the verb is the same as the time period mentioned.

For intended or resultant time one uses the accusative case with the preposition **на.** In such cases the time span involved begins *after,* as a result of, the action rather than covering the same period as the action expressed by the verb.

Упражнение 22.5. *Insert the preposition* на *only where necessary.*

1. Весной мы провели́ ... очень приятную неде́лю на Чёрном море. 2.—Где Вадим?—Он поéхал на юг ... три неде́ли. 3. Я ка́ждый день провожу́ ... два-три часа́ в библиоте́ке. 4. Я сейчас пойду́ в театра́льную ка́ссу ... мину́ту. 5. Вадим только что верну́лся из Нью-Йóрка, где он провёл ... це́лый ме́сяц. 6.—Давно́ мы вас не видели! Где вы были?—Мы ... всю неде́лю были в Ки́еве у моей ма́тери. 7. Вы сего́дня пóсле обе́да мóжете прийти́ ко мне ... де́сять мину́т? 8. Ка́ждое ле́то мы быва́ем у де́душки в деревне ... три недели. 9. Василий Никола́евич лежа́л в больни́це всегó ... де́сять дней.

22.6 The Perfectives of **есть**

Маша **съе́ла суп.**
Маша уже **пое́ла** и не хóчет ужинать.

The verb **есть** has two perfectives: **съесть** *must have an object* and means 'to eat up', 'eat all of...'.

If there is no direct object, one must use **поесть.**

Упражнение 22.6. *Заполните пропуски* (съесть ~ поесть).

1. Леночка ... всё, что дала́ ей ма́ма, и пошла́ во двор игра́ть. 2. Макси́м, ... ры́бу, и я дам тебе́ моро́женое. 3.— Пойдём в кафе́!— Спаси́бо, я уже́ ... . 4. Обе́д был о́чень вку́сный, и мы всё ... с удово́льствием. 5. Дава́йте пойдём в кафе́. ... там моро́женое, вы́пьем ча́ю. 6. Макси́м бы́стро ... мя́со и о́вощи. 7. Та́ня неда́вно ..., и ей сейча́с не хо́чется обе́дать. 8. Когда́ я ... моро́женое и вы́пью ко́фе, мы пойдём в кино́.

22.7 The Reflexive Pronoun **себя**

Сего́дня Макси́м чу́вствует **себя́** хорошо́.
Лари́са купи́ла **себе́** но́вое пальто́.
Вади́м говори́т то́лько **о себе́.**
В похо́д они́ всегда́ беру́т **с собо́й** дете́й.

The reflexive pronoun is used when the action of the verb is reflected back upon the subject as direct object, indirect object, or object of preposition. The reflexive pronoun has no nominative case, and is used for all persons, singular and plural. Its forms parallel those of **ты** (**тебя́,** etc.).

The verb **чу́вств-ов-а-ть** is transitive and *must* have a direct object, which is expressed by means of **себя́** when referring to health ('How do you feel?').

Упражнение 22.7. *Заполните пропуски.*

1. Ты до́лжен купи́ть ... но́вый портфе́ль. 2. До́брое у́тро! Как вы сего́дня чу́вствуете ... ? 3. Ни́на весь ве́чер занима́лась у ... в ко́мнате. 4. Я хорошо́ отдохну́л в до́ме о́тдыха и тепе́рь прекра́сно чу́вствую ... . 5. А́нна Петро́вна должна́ была́ оста́ться на рабо́те, и Ива́ну Ива́новичу ну́жно бы́ло пригото́вить ... обе́д. 6.— Заче́м ты ходи́л в магази́н?— Я ходи́л покупа́ть ... но́вую руба́шку. 7. Ни́на, не забу́дь, что тебе́ сего́дня ну́жно взять с ... э́ти кни́ги. 8. Алексе́й Миха́йлович сли́шком мно́го ду́мает о ... . 9. Мои́ бра́тья никогда́ не беру́т меня́ с ... , когда́ они́ иду́т в похо́д.

22.8 **ля́г-ут ~ леж-а́-ть**

Ма́ма о́чень уста́ла и **легла́** на де́сять мину́т.   ля́гу, ля́жешь, ля́гут;
Ма́ма сего́дня пло́хо себя́ чу́вствует и **лежи́т.**   лёг, легла́; лечь; ля́гте!

Russian is much more precise than contemporary English in distinguishing between verbs of getting into body position and being in a particular body position.

The verb **ля́г-ут** is like **пере-ся́д-ут** (**пересе́сть**) in having a different vowel in the infinitive and past tense than in the future tense.

To what conjugation does **лежа́ть** belong?

поесть *p.*

320

У Зины аппендицит. Она должна будет **лечь** в больницу.

Василий Николаевич уже две недели **лежит** в больнице.

Врач думает, что у Зины аппендицит. Он сейчас **положит** её в больницу.

Note that these verbs, as well as the related verb of putting, **по-лож-й-ть,** are also used of hospital stays.

Упражнение 22.8. *Заполните пропуски* (ляг-ут ~ леж-á-ть ~ по-лож-й-ть).

1. Я очень устал. Я сейчас ... . 2. Михаил Сергеевич весь вечер ... и читал книгу. 3. Вы слышали, что Витю сегодня ночью ... в больницу? 4. Позвонили врачу, который сейчас же приехал. Он думает, что нужно будет ... Колю в больницу. 5. Василий Николаевич недолго ... в больнице. 6. Мама устала и ... , но через пять минут она уже встала. 7. Я так устал! Я сейчас ... на десять минут. 8. Мама ... пять минут, потом она встала и пошла готовить ужин. 9. Я слышал, что вам должны будут делать операцию. Когда вы ... в больницу?

22.9 The Expression of Decimal Numbers in Russian

У Веры нормальная температура, 36,6 (тридцать шесть и шесть).

У Веры температура, 38,3 (тридцать восемь и три).

Note that Russians use a comma instead of a period when writing decimal numbers.

22.10 Expressions Connected with Illness

У Зины **аппендицит.**

У неё **температура, 38,3.**

У Василия Николаевича **болят ноги.**

У Веры **болит голова.**

Note that **есть** is not used in expressions of illness, fever, etc.

Normal body temperature in the Soviet Union is considered to be 36.6. This is not an exact equivalent of 98.6 Fahrenheit because temperature there is taken under the arm, which gives a slightly lower reading.

Note the special construction for expressing aches. Also note that the possessive modifiers are not used in these constructions referring to parts of the body.

22.11 Notes on Individual Words

брать / взять с собой = 'to take along'
Мы всегда **берём с собой** детей, когда идём в поход.

доктор — Both **врач** and **доктор** = 'doctor (physician)', but **доктор** should be used only as a form of address or as a title (**врач** *may not* be used in these ways).

звон-й-ть / по- — In Lesson 21 you used this verb in directional constructions (Давай **позвоним** в кинотеатр). The directional equivalent when used with persons is, of course, the dative case: Вадим часто **звонит** Ларисе.

нога, рука — Note that **нога** refers to both 'leg' and 'foot', and **рука** refers to both 'arm' and 'hand'.

А что у вас боли́т?

В воскресе́нье ве́чером Зи́на вдруг почу́вствовала себя́ пло́хо. У неё была́ температу́ра, боле́ла голова́, боле́л живо́т. Васи́лий Никола́евич позвони́л врачу́. Пришёл врач и сказа́л, что Зи́на больна́, что у неё, наве́рно, аппендици́т. Он сказа́л, что ну́жно бу́дет положи́ть Зи́ну в больни́цу, что́бы сде́лать опера́цию. Зи́на легла́ в больни́цу. В больни́це она́ лежа́ла недо́лго. Ей сде́лали опера́цию, и она́ ско́ро почу́вствовала себя́ хорошо́. Температу́ра у Зи́ны была́ норма́льная. Врач сказа́л, что уже́ мо́жно ходи́ть и не ну́жно бо́льше принима́ть лека́рство. Зи́на была́ о́чень дово́льна. Ей вы́писали больни́чный лист, и она́ уе́хала домо́й. Когда́ Зи́на прие́хала домо́й, она́ мно́го расска́зывала о больни́це, о враче́, об опера́ции.

Когда́ Васи́лий Никола́евич почу́вствовал, что у него́ боля́т но́ги, он сра́зу пошёл в поликли́нику. Врач осмотре́л его́ и сказа́л, что ему́ нельзя́ ходи́ть и ну́жно лечь в больни́цу. В больни́це он лежа́л две неде́ли, а когда́ верну́лся домо́й, то́же до́лго расска́зывал о больни́це. Тепе́рь утро́м он говори́т не «До́брое у́тро!» и ве́чером не «Споко́йной но́чи», а «Как ты себя́ чу́вствуешь?». И когда́ прихо́дят его́ друзья́ и знако́мые, он всегда́ спра́шивает: «Как вы себя́ чу́вствуете?» и расска́зывает о больни́це.

ДАВА́ЙТЕ ПОГОВОРИ́М:

Как вы себя́ чу́вствуете?

— Я пло́хо себя́ чу́вствую. У меня́ боли́т голова́. Ду́маю, что у меня́ температу́ра.
— Пойди́ в поликли́нику. Наш врач рабо́тает сего́дня у́тром. Он вы́пишет тебе́ больни́чный лист.

— Что с ва́ми?
— До́ктор, у меня́ боли́т голова́.
— А кака́я у вас температу́ра?
— 37,5 (три́дцать семь и пять).
— Я ду́маю, что у вас грипп. Вам нельзя́ кури́ть. И принима́йте э́то лека́рство три ра́за в день.

— Вы больны́, у вас грипп. Вам нельзя́ рабо́тать. На́до принима́ть лека́рство и лежа́ть.
— Вы ду́маете, у меня́ грипп? Но у меня́ норма́льная температу́ра!
— Хотя́ температу́ра у вас норма́льная, вы больны́.

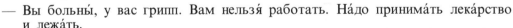

по-чу́вств-ов-а-ть себя́ р. (the beginning of the feeling)
бо́л(е)н, больна́ ill
дово́л(е)н, дово́льна satisfied, happy
вы́-пис-а-ть больни́чный лист р. to give a sick-leave certificate
у-езж-а́й + / у-е́хать
сра́зу at once, immediately

поликли́ника clinic
о-сма́тр-ивай + / о-смотр-е́-ть кого́ to examine (a patient)
Споко́йной но́чи! Good night!
Что с ва́ми? (colloquial) = Что у вас боли́т?
грипп flu
хотя́ although

— Ско́лько дней принима́ть лека́рство?
— Три и́ли четы́ре дня.

— Как вы себя́ чу́вствуете?
— Спаси́бо, до́ктор, уже́ хорошо́. У меня́ сейча́с ничего́ не боли́т. Я тепе́рь почти́ здоро́в.
— А температу́ра у вас есть?
— Небольша́я, 37,3 (три́дцать семь и три).

— Кто у вас бо́лен?
— Сын. У него́ температу́ра и боли́т живо́т, он ничего́ не ест.
— Сейча́с я осмотрю́ его́.
— Скажи́те, до́ктор, у него́ не аппендици́т?
— Ду́маю, что нет.

— Что с ва́ми?
— У меня́ о́чень боли́т голова́.
— Сейча́с я вас осмотрю́. Да, вам ну́жно бу́дет три-четы́ре дня лежа́ть. Я вам вы́пишу больни́чный лист. И принима́йте э́то лека́рство два ра́за в день.
— А в больни́цу ложи́ться не на́до?
— Ду́маю, что нет.
— О́чень ра́да!

— Как себя́ чу́вствует ва́ша жена́?
— Спаси́бо, уже́ лу́чше. Ей сде́лали опера́цию. Всё хорошо́.
— О́чень рад.

— До́брое у́тро, Ви́ктор. Ты не пойдёшь с на́ми сего́дня ве́чером в кино́?
— Ду́маю, что нет. Я пло́хо себя́ чу́вствую, голова́ боли́т.
— Тогда́ пойди́ в поликли́нику к врачу́.
— Я сейча́с иду́ от врача́. Он сказа́л, что́бы я два дня принима́л лека́рство.
— Наде́юсь, что ты ско́ро почу́в-ствуешь себя́ лу́чше.
— Спаси́бо! Всего́ хоро́шего!
— До свида́ния!

— Мо́жно?
— Пожа́луйста.
— Ива́н Ива́нович, у нас не рабо́тает телефо́н. Мо́жно позвони́ть от вас?
— Коне́чно.
— Я позвоню́ в больни́цу, что́бы узна́ть, как чу́вствует себя́ Зи́на.

— Мо́жно?
— Пожа́луйста.

Упражне́ния

22.12

— Как вы себя́ чу́вствуете?
— Не о́чень хорошо́. У меня́ ещё боли́т *голова́*.

здоро́в, здоро́ва ≠ бо́л(е)н, больна́
на-де́-я-ть-ся (наде́ются) to hope

Всего́ хоро́шего! = До свида́ния!
Мо́жно позвони́ть от вас?

— А температу́ра у вас норма́льная?

— Нет, 37,3 (три́дцать семь и три).

(нога́, живо́т; 37,6, 38,4)

22.13 — *Как вы себя́ чу́вствуете?*

— Спаси́бо, до́ктор, хорошо́.

— ...?

— Спаси́бо, до́ктор, пло́хо.

— ...?

— Бою́сь, что у меня́ температу́ра.

22.14 — Что *с ва́ми?*

— Не зна́ю, до́ктор, *у меня́* ничего́ не боли́т, но температу́ра 37,5.

— Ду́маю, что *у вас* грипп.

(с ним, с ней, с тобо́й)

22.15 — Оле́г? Здра́вствуй! Ты не хо́чешь пойти́ в кино́?

— Спаси́бо, но у меня́ боли́т нога́, мне нельзя́ ходи́ть.

— *О́чень жаль.*

— *Мне то́же. Всего́ хоро́шего!*

— Зи́на, вы не хоти́те за́втра пойти́ в теа́тр?

— Спаси́бо, но за́втра ве́чером я рабо́таю.

— ...

— Макси́м, дава́й пойдём сего́дня в парк?

— Мне нельзя́, у меня́ боли́т нога́.

— ...

— ...

22.16 — Кто у вас бо́лен?

— *Дочь.*

— Кака́я *у неё* температу́ра?

— 38,3.

— Сейча́с я осмотрю́ *её.*

(муж, жена́, де́ти)

22.17 **1.** Как вы себя́ чу́вствуете? Что у вас боли́т? Кака́я у вас температу́ра? Куда́ ну́жно позвони́ть, е́сли вы пло́хо себя́ чу́вствуете?

2. Что говори́т врач, когда́ у вас боли́т голова́ и когда́ у вас температу́ра? Что говори́т врач, когда́ у вас боли́т живо́т и есть температу́ра? Мо́жно ходи́ть, когда́ у вас боля́т но́ги?

3. Вы ку́рите? Мо́жно кури́ть, когда́ у вас боли́т голова́?

22.18 Word Study

живо́т — живу́т
здоро́в — Здра́вствуйте!, по-здравл-я́й +
леж-а́-ть, ля́г-ут, по-лож-и́-ть — lie, lay
при-ним-а́й + — за-ним-а́й + ся, по-ним-а́й +, под-ним-а́й + ся (*the root* = to take)
с *чего́* — снача́ла, сра́зу
себя́ — -ся

Новые слова и выражения

аппендици́т
бо́л(е)н, больна́
бол-е́-ть
больни́ца
больни́чный лист
  вы́писать больни́ч-
  ный лист
брать / взять с собо́й
голова́
грипп
дово́л(е)н, дово́льна
до́ктор
живо́т
звон-и́-ть / по- *кому*

здоро́в
из
кур-и́-ть
леж-а́-ть
  леж-а́-ть в больни́це
лека́рство
лист: больни́чный лист
лечь в больни́цу
на: (прие́хать) на (не-
  де́лю)
на-де́-я-ть-ся
нельзя́
нога́
норма́льный / не-

ночь: Споко́йной но́чи!
опера́ция
  де́лать / с- опера́цию
отку́да
по-ед-я́т (пое́сть) *p.*
поликли́ника
при-ним-а́й + лека́рст-
  во
рука́
с *чего*
с: Что с ва́ми?
себя́
о-сма́тр-ивай + /
  о-смотр-е́-ть

Споко́йной но́чи!
сра́зу
температу́ра
у-езж-а́й + / у-е́хать
хоро́ший: Всего́ хоро́-
  шего!
хотя́
чтобы + *инфинитив*
чу́вств-ов-а-ть / по-
  себя́
  чу́вств-ов-а-ть / по-,
  что...

УРОК № 23 (ДВАДЦАТЬ ТРИ) — ДВАДЦАТЬ ТРЕТИЙ УРОК

Жан—**француз. Французский** язык—его родно́й язык.
Лариса говорит по телефону **с Вадимом.**
Адрес лучше написа́ть не **карандашо́м**, а **ру́чкой.**

Фоне́тика:

Read pp. 54-55 concerning the soft Russian sound **ч.**

Слушайте и повторяйте!

москвичи́ ... чита́ю ... чи́стить ... учи́ть ... чей ... зачем ... уче́бный ... челове́к ...
о́чень ... четы́ре ... чай ... час ... ча́сто ... ча́шка ... учёный ... чёрный ...
учу́ ... чу́вствую ... ночь ... врач ... дочь ... спи́чки ... почти́ ... вчера́ ...
ма́льчик ... ко́нчить ... больни́чный ... де́вочка—де́вушка ... чёрный—тёплый

Жан—**француз. Французский** язык—его родно́й язык.

кто он	кто она	кто они	какой?	как?
по национа́льности?				
америка́нец	америка́нка	америка́нцы	америка́нский	по-английски
англича́нин	англича́нка	англича́не	английский	по-английски
армяни́н	армя́нка	армя́не	армя́нский	по-армя́нски
испа́нец	испа́нка	испа́нцы	испанский	по-испа́нски
украи́нец	украи́нка	украи́нцы	украи́нский	по-украи́нски
эсто́нец	эсто́нка	эсто́нцы	эсто́нский	по-эсто́нски
француз	францу́женка	французы	французский	по-францу́зски
русский	русская	русские	русский	по-русски
тата́рин	тата́рка	тата́ры	тата́рский	по-тата́рски

— С кем вы говорите по телефону?
— **С Анто́ном.**

с кем?	с бра́том со строи́телем с сестро́й с Аней с учи́тельницей с до́черью

Это каранда́ш. Это ру́чка.

родно́й язык native language
национа́льность
  Кто он по национа́льности?

тата́рин / тата́рка / тата́рский a Tatar
каранда́ш (*pl.* карандаши́) pencil
ру́чка pen

326

Виктор жил в де́тском до́ме, и **это бы́ли** его **дом и семья́.**

Де́тский дом находи́лся в Каза́ни, и там Ви́ктор научи́лся хорошо́ говори́ть по-тата́рски.

Ра́ньше они́ жи́ли вме́сте, а тепе́рь они́ живу́т в ра́зных города́х.

Де́тский дом — это дом, где живу́т де́ти, е́сли у них нет ни отца́, ни ма́тери.

Макси́м не ви́дит Анто́на. Анто́н не ви́дит Макси́ма. Они́ не ви́дят **друг дру́га.**

ви́деть знать понима́ть	друг дру́га
дава́ть помога́ть расска́зывать	друг дру́гу
ду́мать говори́ть забы́ть	друг о дру́ге
говори́ть разгова́ривать	друг с дру́гом

Анто́н и Бо́ря — друзья́. Они́ познако́мились уже́ давно́.

Это па́спорт.

Это мой де́душка, а я его́ внук.

Я всегда́ пишу́ пи́сьма ру́чкой.

ГРАММА́ТИКА И УПРАЖНЕ́НИЯ

23.1 Nouns with the Suffix -ин

sing.   *pl.*
тата́рин — тата́ры
англича́нин — англича́не
армяни́н — армя́не

The Russian suffix **-ин** denotes an individual member of some group. Since its meaning is singular, it is logical that it does not appear in plural forms. If this suffix follows **-ан/-ян,** the nominative plural ending is **-е.**

де́тский дом
Каза́нь *f.*
учи́ться/на- + *инфинити́в* to learn to...
ра́зный different, various

друг дру́га each other, one another
па́спорт (*pl.* -а́)
внук/вну́чка grandson/granddaughter
знако́м-и-ть-ся/по- *с кем*

Упражнения 23.2

а. *Образец*: Ара́м из Арме́нии.—*Кто он по национа́льности?—Он по национа́льности армяни́н.*

1. Джон из Нью-Йо́рка. 2. Жан из Фра́нции. 3. Майкл из Англии. 4. Мари́я из Испа́нии. 5. Мари́на из Ленингра́да. 6. Гали́я из Каза́ни. (Tatar *f.*) 7. Эн из Сан-Франци́ско. 8. Мари́ из Пари́жа. 9. Ла́йне (*f.*) из Эсто́нии. 10. Клер из Ло́ндона. 11. Ася из Арме́нии. 12. Хосе́ из Мадри́да. 13. Ли́дия из Ки́ева. (Ukrainian) 14. Курт из Эсто́нии. 15. Мура́т из Каза́ни. (Tatar) 16. Тара́с из Ки́ева. (Ukrainian) 17. Олег из Москвы́.

б. *Образец*: — Кто живёт в Арме́нии?—*В Арме́нии живу́т армя́не.*

1. Кто живёт в Англии? 2. Кто живёт в Эсто́нии? 3. Кто живёт в Каза́ни? 4. Кто живёт в Америке? 5. Кто живёт в Испа́нии? 6. Кто живёт во Фра́нции? 7. Кто живёт в Москве́? 8. Кто живёт на Украи́не?

в. *Образец*: Я русский.—*Поэтому я говорю́ по-русски.*

1. Я америка́нец. 2. Мари́—францу́женка. 3. Хосе́—испа́нец. 4. Ла́йне—эсто́нка. 5. Мэ́ри—англича́нка. 6. Мура́т—тата́рин. 7. Ася—армя́нка. 8. Ли́дия—украи́нка. 9. Вадим—русский.

г. *Образец*: — На каком языке́ говоря́т русские?—*Русские говоря́т по-русски.*

1. На каком языке́ говоря́т францу́зы? 2. На каком языке́ говоря́т тата́ры? 3. На каком языке́ говоря́т испа́нцы? 4. На каком языке́ говоря́т эсто́нцы? 5. На каком языке́ говоря́т армя́не? 6. На каком языке́ говоря́т америка́нцы? 7. На каком языке́ говоря́т русские? 8. На каком языке́ говоря́т украи́нцы? 9. На каком языке́ говоря́т англича́не?

д. *Образец*: Иван Иванович русский.—*Его родно́й язык—русский.*

1. Ара́м—армяни́н. 2. Тара́с—украи́нец. 3. Гео́рг—эсто́нец. 4. Гали́я—тата́рка. 5. Джон—америка́нец. 6. Зина—русская. 7. Эн—англича́нка. 8. Мари́я—испа́нка. 9. Мари́—францу́женка.

23.3 Фамилии—русские и нерусские

You already know that most truly Russian surnames are adjectives in form or in origin, and they agree with the person involved: Максим Петров, Нина Петрова, Максим и Нина Петровы. This is also true of surnames in **-ин**: Александр Пушкин, Наталья Пушкина, Александр и Наталья Пушкины. Surnames such as **Чайко́вский, Го́рький** are adjectives in form and decline as adjectives.

Non-Russian surnames do not change for feminine or plural. In the text of this lesson you meet **Ася Суре́новна Акопя́н,** who is Armenian.

23.4 The Instrumental Endings of Nouns

вечером, утром, ле́том, днём, с удовольствием
зимо́й, весно́й, о́сенью, но́чью

328

$$\left.\begin{array}{l}\text{он}\\\text{оно}\end{array}\right\} \text{-ОМ (spelled } \text{-ом}/\text{-ём}/\text{-ем)} \qquad \begin{array}{l}\text{она}-\text{-ОЙ (spelled}-\text{-ой}/\text{-ёй}/\text{-ей)}\\\text{feminine in -ь}-\text{-ЬЮ}\end{array}$$

Упражнения 23.4

а. *Образец:* — Вот идёт Анна Петровна.— *С Анной Петровной мы познакоми-лись уже давно.*

1. Вот идёт Иван Иванович. 2. Вот идёт его дочь. 3. Вот идёт Зинайда Васильевна. 4. Вот идёт её семья. 5. Вот идёт Оля. 6. Вот идёт Мария Владимировна. 7. Вот идёт её мать. 8. Вот идёт Максим. 9. Вот идёт его отец. 10. Вот идут Таня и Юра.

б. *Complete the sentences with appropriate forms of words given in parentheses.*

1. Я часто играю в шахматы с (Антон Николаевич). 2. Анна Петровна часто разговаривает с (соседка). 3. Нина давно переписывается с (американка Мэри). 4. Вчера вечером я долго разговаривал с (Юрий Сергеевич). 5. Мы живём рядом с (Василий Николаевич и Мария Владимировна). 6. Я давно познакомился с (Олег Васильевич). 7. Борис часто бывает в театре с (Таня). 8. Кто стоит рядом с (Максим и его мама)?

23.5 The Instrumental Case Without Prepositions

Я всегда пишу упражнения не карандашом, а ручкой.

One of the uses of the instrumental case without prepositions is to express the instrument by means of which something is accomplished. Do not confuse this use with that of the instrumental with the preposition **с** ('with' in the sense of 'together with', not 'with' = 'by means of').

23.6 Agreement of the Verb *to be* with **кто, что, это**

Кто это **сделал?** Кто там **был?**
Что **лежало** на столе?
Кто **были** его родители?
Он жил в детском доме, и это **были** его дом и семья.

With verbs other than **быть** or when **быть** indicates location, verb agreement is with the subject (masculine with **кто**, neuter with **что**). However when **кто, что, это** are used with this verb in equational sentences (with predicate nominative), the agreement is with the predicate nominative.

Упражнение 23.6. *Complete the sentences with appropriate forms of words given in parentheses.*

1. Кто (быть) ваши родители по национальности? 2. Кто (работать) сегодня в киоске? 3. Кто (быть) ваши друзья в университете? 4. Кто (написать) книгу «Война и мир»? 5. Он жил в детском доме, и это (быть) его дом и семья.

23.7 друг друга = *each other, one another*

Антон и Максим не видят **друг друга.**
Нина и Мэри часто пишут **друг другу.**

Вадим и Лариса часто бывают **друг у дру́га.**
Юра и Галя часто думают **друг о дру́ге.**
Мы познако́мились **друг с дру́гом** в доме отдыха на ю́ге.

Note that only the second element declines, and that if there is a preposition it comes *between* the two elements.

Упражнение 23.7. *Заполните пропуски* (друг дру́га, *etc.*).

1. Нина и Лена часто помогают ... . 2. Неправда, что Вадим и Оля уже не любят ... . 3. Серёжа и Наташа говорят, что они не мо́гут жить ... без ... . 4. Ока́зывается, Ольга Борисовна и Наталья Алексе́евна уже давно перепи́сываются ... . 5. Нина и Лена часто звонят ... . 6. Джон и Лариса часто получа́ют письма ... от ... . 7. Ваши дети совсем не похо́жи ... на ... . 8. Когда урок очень тру́дный, Коля и Серёжа обяза́тельно помогают ... . 9. Таня и Оля теперь живут в ра́зных домах, и они очень редко видят ... . 10. Американский пассажир и русская стюарде́сса очень хорошо понимают ... . 11. Вадим и Лариса всё время думают ... о ... . 12. Эти студенты часто дают ... читать свои книги.

23.8 Verbs of Learning

Василий Николаевич **изучает / у́чит английский язык** по телевизору.
Наш сын **учится в МГУ.**
В школе Нина всегда прекра́сно **учи́лась.**
Где вы так хорошо **научи́лись** петь?
— Где ты был утром? — Я **занима́лся** в библиотеке.

Remember that **изуча́ть / учи́ть** *must* have a direct object. **Учи́ться** *где, как* means 'to study / be a student', and since it is intransitive, it cannot take a direct object. It can, however, be used with infinitives—'to learn to...', in which case its perfective is formed with **на-. Занима́ться** is also intransitive, and it refers to the day-by-day process of preparing lessons.

Упражнение 23.8. *Заполните пропуски* (изуча́ть *or* учи́ть ~ учи́ться ~ учи́ться / на- ~ занима́ться).

1.—Ира поступи́ла в МГУ!—Что вы удивля́етесь, она всегда хорошо ... в школе. 2. В про́шлом году́ наша дочь кончила школу, и теперь она ... в Ленингра́де в театра́льном институте. 3. Где вы обычно ... , в библиотеке или у себя́ в комнате? 4. Днём Вера работает, а вечером она ... французский язык. 5. Давай лучше ... в парке, там сейчас так приятно! 6. Джон два года жил в Москве, и там он ... прекра́сно говорить по-русски. 7. Тебе ну́жно больше ... , а то ты летом не сдашь экза́мены в институт. 8. Саша уже работает на заводе, а его маленький брат Витя ещё ... в пятом кла́ссе. 9.— Как дела, Вера Па́вловна? — Хорошо. Дочь уже кончила школу и ... в консерва́тории. 10. Это очень хорошая арти́стка. Где она ... ? 11. В университете Витя ... на физи́ческом факульте́те, а его родители хоте́ли, что́бы он ... иностра́нные языки́. 12. Где эти де́вочки ... так хорошо говорить по-английски?

23.9 Culture through Language

In the Soviet Union there are over 100 nations and nationalities. Uniform federal citizenship is established for the U.S.S.R. The equal rights of citizens are guaranteed in all fields of economic, political, social and cultural life.

All Soviet citizens over the age of sixteen are issued the Passport of a Citizen of the Union of Soviet Socialist Republics.

The passport is the main document identifying its owner as a Soviet citizen. In addition to the photograph, the family name, first name and patronymic, the following information is indicated in the passport: date and place of birth, nationality, place of residence, the date of registration of marriage or divorce, and the number of children.

23.10 Notes on Individual Words

бабушка — In Russian such relationship terms as **бабушка, дедушка, дядя, тётя** are sometimes used by children in addressing or speaking of unrelated persons of a suitable age with respect to the speaker. (See text below.)

говор-и́-ть / по- This verb must be used with **с** + instrumental when it means 'to talk / speak to'. The perfective **сказать** must have a direct object and refers to a specific bit of information communicated; it takes the dative case of the person addressed.

С кем вы сейчас **говори́ли?**

Я хочу́ **с вами поговори́ть.**

Олег **сказа́л нам:** «Здравствуйте!»

Олег **сказа́л нам,** что он ско́ро вернётся в Новосибирск.

ра́зный = 'different' ('not the same'), 'various'. (From the meaning of this word you can see that it will be used almost entirely in the plural.) **Другой** = 'different' ('not this one').

Ва́ля живёт не в этом, а в **друго́м** доме. Ва́ля и Оля живут в **ра́зных** дома́х.

Вечером по телевизору быва́ют **ра́зные** интересные переда́чи.

Это неинтересная переда́ча. Давай посмотрим **другу́ю** переда́чу.

родно́й = 'native' with respect to languages, cities, regions, etc. It is also used with relationship terms to indicate actual blood relationship (as opposed to the additional ways in which **бабушка,** etc., can be used as discussed above, or in the case of adoption).

Кто вы по национа́льности?

В два́дцать третьей кварти́ре нашего дома живёт инженер Виктор Тара́сович Акопя́н. Когда он должен был получа́ть па́спорт, он долго думал, кто же он по национа́льности.

Виктор говорит по-русски, по-украи́нски и по-тата́рски. Отца́ и ма́тери у него нет. Виктор не знает, кто были его родители, потому что он потеря́л их во вре́мя войны́. Он жил и учи́лся в детском доме, и это были его дом и семья. Дире́ктор детского дома, украи́нец Тара́с Ива́нович, люби́л Виктора

во вре́мя *чего́* during

дире́ктор (*pl.* -а́)

как отец, и о́тчество Ви́ктора—Тара́сович, Виктор Тара́сович. Ви́ктор зна́ет родно́й язы́к Тара́са Ива́новича. Его́ люби́мая учи́тельница, армя́нка Ася Су́реновна Акопя́н, была́ ему́ как мать. И фами́лия Ви́ктора—Акопя́н. Де́тский дом, где жил Ви́ктор, был в Каза́ни, поэ́тому Ви́ктор говори́т и по-тата́рски. И тата́рка—ба́бушка Гали́я, кото́рая рабо́тала в де́тском до́ме, всегда́ говори́ла: «Ви́тя—мой внук». Пото́м Ви́ктор учи́лся в институ́те в Москве́. Там он познако́мился с эсто́нцем Ку́ртом. Он и Курт учи́лись и жи́ли вме́сте, и Ви́ктор научи́лся говори́ть по-эсто́нски, потому́ что к Ку́рту ча́сто приходи́ли его́ друзья́-эсто́нцы. Они́ тепе́рь живу́т в ра́зных города́х, но перепи́сываются друг с дру́гом. Курт ча́сто пи́шет ему́ пи́сьма и всегда́ конча́ет так: «Твой брат Курт». Ви́ктор мечта́ет пое́хать к Ку́рту в Эсто́нию, познако́миться с его́ родны́м го́родом и семьёй.

ДАВА́ЙТЕ ПОГОВОРИ́М:

— Как вас зову́т?
— Джон.
— Кто вы по национа́льности?
— Америка́нец. А вы?
— Я ру́сская.
— Но вы хорошо́ говори́те по-англи́йски!
— Я мно́го лет учи́ла англи́йский.

— Как вас зову́т?
— Та́ня.
— Зна́чит, вы ру́сская?
— Мои́ роди́тели ру́сские, но я родила́сь в Чика́го.
— А где вы так хорошо́ научи́лись говори́ть по-ру́сски?
— Мы немно́го говори́ли по-ру́сски до́ма. Пото́м я три го́да учи́ла ру́сский язы́к в университе́те, а пото́м я провела́ четы́ре ме́сяца в Москве́, где я учи́лась в Институ́те ру́сского языка́ и́мени Пу́шкина.

На по́чте

— Ско́лько сто́ит ма́рка для авиаписьма́?
— Куда́ вы отправля́ете письмо́?
— В Аме́рику.
— 45 копе́ек.
— Вот, пожа́луйста. А конве́рты мо́жно у вас купи́ть? Это по́чта.
— Да, пожа́луйста.

— Мне ну́жно отпра́вить междунаро́дную телегра́мму.
— Пожа́луйста. О, подожди́те, вы забы́ли написа́ть здесь свою́ фами́лию и а́дрес.

люби́мый beloved, favorite
мечт-а́й + to dream (hope, aspire)
по́чта (на) post office
ма́рка (postage) stamp
для чего́ for (use of, purpose of)
авиаписьмо́ air mail letter

от-правл-я́й + / от-пра́в-и-ть to send
конве́рт envelope
междунаро́дный international
телегра́мма
а́дрес (pl. -а́)

332

— Прости́те. Пожалуйста, вот я написа́л.
— Тепе́рь всё в поря́дке. Три рубля́ два́дцать копе́ек, пожалуйста.
— Вот, пожалуйста. Спаси́бо.

— Скажи́те, пожалуйста, как мо́жно отпра́вить де́ньги в другой го́род?
— Мо́жно отпра́вить по по́чте де́нежный перево́д. Тре́тье окно́, пожалуйста.
— Спаси́бо.

— У вас есть откры́тки?
— Вот, пожалуйста, смотри́те.
— Я возьму́ э́ту. И ещё три ма́рки для письма́ и одну́ ма́рку для откры́тки.
— Откры́тку вы хоти́те отпра́вить авиапо́чтой?
— Да, пожалуйста.

— Восемна́дцать копе́ек.
— Спаси́бо.

— Ва́ля, у тебя́ есть ру́чка? Я хочу́ отпра́вить сестре́ откры́тку.
— А у тебя́ нет ру́чки?
— Ка́жется, я её потеря́л.

— У вас мо́жно получи́ть де́нежный перево́д?
— Да. Ваш па́спорт, пожалуйста. Распиши́тесь вот здесь.
— Спаси́бо.
— Пожалуйста.

Это де́нежный перево́д.

— У вас есть коллекцио́нные ма́рки по иску́сству?
— Четвёртое окно́, пожалуйста.
— Скажи́те, пожалуйста, каки́е но́вые ма́рки по иску́сству у вас есть?
— Есть «Ру́сский музе́й» и «Левита́н». Вот, посмотри́те. А вот ещё но́вые ма́рки для колле́кции.
— Да́йте мне, пожалуйста, э́ти ма́рки.
— Два рубля́ три́дцать копе́ек.
— Спаси́бо.

Упражнения

23.11 — Ва́ша фами́лия?
— *Никола́ев.*
— Имя?
— *Юрий.*
— Отчество?
— *Ива́нович.*
— Кто вы по национа́льности?
— *Ру́сский.*
— Вот ваш па́спорт.
— Спаси́бо.

Ася Суре́новна Акопя́н — армя́нка
Тара́с Ива́нович Ковале́нко — украи́нец
Ви́ктор Эдуа́рдович Отс — эсто́нец

всё в поря́дке everything's OK, in order
по по́чте by mail
де́нежный перево́д money order
  получи́ть де́нежный перево́д to cash a money order
откры́тка post card

авиапо́чтой by air mail
рас-пи́с-ывай + ся / рас-пис-а́-ть-ся to sign (one's name)
коллекцио́нные ма́рки
колле́кция

23.12 — Здесь мо́жно отпра́вить *перево́д?*
— *Перево́д?* Нет. Тре́тье окно́, пожа́луйста.
— Мне ну́жно отпра́вить *перево́д.*
— Пожа́луйста.

(письмо́, телегра́мма)

23.13 — Мне ну́жно *две откры́тки и ма́рки.* — 12 *копе́ек.*
(2 авиаконве́рта — 14 копе́ек, 5 ма́рок — 20 копе́ек, 5 откры́ток — 15 копе́ек, авиаконве́рт — 7 копе́ек, 5 конве́ртов — 25 копе́ек).

23.14 — У вас мо́жно *купи́ть ма́рки и конве́рты?*
— *Второ́е окно́.*

(получи́ть де́нежный перево́д — пе́рвое окно́, отпра́вить телегра́мму — тре́тье окно́)

23.15 а) Спроси́те, где мо́жно купи́ть ма́рки и конве́рты.
— *Скажи́те, пожа́луйста, где мо́жно купи́ть ма́рки и конве́рты?*
Спроси́те, где мо́жно отпра́вить де́нежный перево́д. — ... ?
Спроси́те, ско́лько сто́ит ма́рка. — ... ?
Спроси́те, где мо́жно получи́ть де́нежный перево́д. — ... ?
Спроси́те, где мо́жно отпра́вить междунаро́дное письмо́. — ... ?
б) Отве́тьте, что ма́рка и конве́рт сто́ят 46 копе́ек, е́сли на́до отпра́вить письмо́ в Пари́ж. — *Ма́рка и конве́рт сто́ят 46 копе́ек, е́сли на́до отпра́вить письмо́ в Пари́ж.*
Отве́тьте, что де́нежный перево́д мо́жно посла́ть по по́чте. — ... .
Отве́тьте, что ма́рки и конве́рты мо́жно купи́ть на по́чте и в газе́тном кио́ске. — ... .

23.16 1. Кто вы по национа́льности? Где вы роди́лись?
Кто по национа́льности (был) ваш оте́ц? (мать, ба́бушка, де́душка, жена́ / муж)
Кто по национа́льности э́тот студе́нт? (э́та студе́нтка, ваш преподава́тель ру́сского языка́)
2. Что вы мечта́ете де́лать, когда́ вы нау́читесь хорошо́ говори́ть по-ру́сски?
Что вы мечта́ете де́лать, когда́ вы ко́нчите университе́т (институ́т, шко́лу)?
3. Вы собира́ете ма́рки? Каки́е ма́рки вы собира́ете? У вас больша́я колле́кция?
4. Вы ча́сто пи́шете пи́сьма ма́ме (па́пе, бра́ту, сестре́, ба́бушке, де́душке, дру́гу, знако́мой де́вушке)?
Как ча́сто вы пи́шете?
Чем вы обы́чно пи́шете пи́сьма, карандашо́м и́ли ру́чкой?

23.17 Word Study

между**наро́д**ный — **ме́жду** between; **наро́д** people (nation)
от**кры́**тка — от**кры́**ть (*i.e*, an open letter)
перево́д (*literally* transfer) — прово**ди́**ть, **переведи́**те
по**ря́д**(о)к (в по**ря́д**ке) — **ряд**
по́чта — post
ру́чка — рука́

Новые слова и выражения

авиаписьмо́
авиапо́чтой
а́дрес
англича́нин / англича́н-
ка
армяни́н / армя́нка
армя́нский
внук / вну́чка
во вре́мя
де́нежный перево́д
де́тский дом
дире́ктор
для
друг дру́га

знако́м-и-ть-ся / по-
испа́н(е)ц / испа́нка
каранда́ш
коллекцио́нные ма́рки
колле́кция
конве́рт
люби́мый
ма́рка
междунаро́дный
мечт-а́й +
национа́льность
    Кто вы по национа́ль-
    ности?
откры́тка

от-правл-я́й + / от-
    пра́в-и-ть
па́спорт
перево́д: де́нежный пе-
    рево́д
поря́д(о)к: Всё в по-
    ря́дке.
по́чта
ра́зный
рас-пи́с-ывай + ся / рас-
    пис-а́-ть-ся
родно́й
ру́чка
тата́рин / тата́рка

тата́рский
телегра́мма
украи́н(е)ц / украи́нка
украи́нский
уч-и́-ть-ся / на-
эсто́н(е)ц / эсто́нка
эсто́нский

Каза́нь

УРОК № 24 (ДВАДЦАТЬ ЧЕТЫРЕ) — ДВАДЦАТЬ ЧЕТВЁРТЫЙ УРОК

— Какое сегодня число? — Сегодня **второе** октября́.
— Когда вы верну́лись в Москву? — **Второго** октября́.
Я сегодня познако́мился с **нашим новым врачом.**
Вадим работает **диктором.**
Вадима считают очень хорошим **диктором.**
Зина пошла в магазин **за хлебом.**

Фонетика:

Read p. 55 concerning the long soft "hushing sound" **щ.**

Слушайте и повторяйте!

ве́щи ... бу́дущий ... настоя́щий ... сле́дующий ... же́нщина ... о́вощи ... пло́-
щадь ... возвраща́ться ... ещё ... щётка ... чи́щу ... бу́дущую ... вещь ...
дождь ... мужчи́на ... с чем ... счита́ть

месяцы:			
янва́рь		первое	
февра́ль		второе	
март		третье	
апре́ль	**Какое число́?**	четвёртое	января́
май		пятое	февраля́
ию́нь		...	ма́рта
ию́ль		двадцать первое	апре́ля
а́вгуст		тридца́тое	ма́я
сентя́брь			ию́ня
октя́брь		первого	ию́ля
ноя́брь		второго	а́вгуста
дека́брь	**Когда? (Какого**	третьего	сентября́
	числа́?)	четвёртого	октября́
		пятого	ноября́
		...	декабря́
		двадцать первого	
		тридца́того	

янва́рь *m.*	сентя́брь *m.*
февра́ль *m.*	октя́брь *m.*
март	ноя́брь *m.*
апре́ль *m.*	дека́брь *m.*
май	число́ date
ию́нь *m.*	**Како́е число́? Како́го числа́?**
ию́ль *m.*	тридца́тый
а́вгуст	

336

Сегодня		второе апре́ля.
Вчера	бы́ло	пе́рвое апре́ля.
За́втра	бу́дет	тре́тье апре́ля.

Это молоды́е лю́-
ди. Они друзья́.

Это де́вушки. Они
подру́ги.

с кем?

с(со)	мои́м ста́рым хоро́шим э́тим	дру́гом	с (со)	мое́й ста́рой хоро́шей э́той	подру́гой

Оле́г рабо́тает строи́телем. Его́ счита́ют о́чень хоро́шим строи́телем.
Она́ нам показа́лась о́чень хоро́шей учи́тельницей.
— Где Шу́ра? — Она́ пошла́ в магази́н за хле́бом.
Это ты о́чень хорошо́ сде́лал. **Молоде́ц!**

В ко́мнате есть свет.

В ко́мнате нет све́та. = Свет пога́с.

Он монтёр.

Он сиди́т на дива-
не.

подру́га girl friend (*of a girl*)
за *чем* for (*to get*)
каз-á-ть-ся / по- *кем / чем*
молод(é)ц [*term of praise*]

свет (*no pl.*) light
по-га́с-ну-ть (**пога́с**) *p.* to go out (be extinguished)
монтёр electrician
сид-é-ть (**сидя́т**) *где* to be sitting

Вчера у нас в институте был концерт художественной самодеятельности. Выступали не профессиональные музыканты, а любители.

Сначала я подумал, что не **смогу** пойти в театр. Но потом я **вспомнил,** что лекции вечером не будет.

ГРАММАТИКА И УПРАЖНЕНИЯ

24.1 Months

январь	— в январе	июль	— в июле
февраль	— в феврале	август	— в августе
март	— в марте	сентябрь	— в сентябре
апрель	— в апреле	октябрь	— в октябре
май	— в мае	ноябрь	— в ноябре
июнь	— в июне	декабрь	— в декабре

The names of all months are masculine. Except for March through August, the accent is on the endings.

24.2 Time Expressions—Point of Time *when* with Months

Вадим был на Чёрном море **в июле.**
Мы были в Ленинграде **в ноябре.**
If only a month is given, without a date, use the prepositional case with **в.**

Упражнение 24.2. *Complete the sentences with appropriate forms of words given in parentheses.*

1. В (сентябрь) Максим пойдёт в школу. 2. В (май) Володя был болен, но он всё-таки поехал на север в (июнь). 3. Если не будет слишком жарко, мы в (август) поедем в Киев. 4.—Где вы так хорошо загорели?—Мы в (июль) ездили на юг. 5. Наверно, в будущем году, в (сентябрь), Владимир Петрович опять захочет поехать на север в этот дом отдыха. 6. Эта артистка выступала у нас в Москве в (январь). 7. В (март) я хочу поехать в Новосибирск к одной знакомой девушке. 8. Эти иностранцы начали изучать русский язык только в (февраль), но они уже довольно хорошо говорят по-русски. 9. В (декабрь) у нас обычно очень холодно. 10. Этот чёрный костюм я купил себе в (апрель). 11. В (ноябрь) к нам приедет один наш знакомый из Казани. 12. В (октябрь) Тамара Павловна первый раз была в Эстонии. 13. В (июнь) мы провели целую неделю на Волге.

24.3 Expressing Dates

— Какое сегодня число?—Сегодня третье июля.
— Какое число *было* вчера?—Вчера *было* второе июля.
— Какое число *будет* завтра?—Завтра *будет* четвёртое июля.

концерт художественной самодеятельности amateur concert
профессиональный
музыкант

любитель amateur
по-дум-ай + *р.*
с-мочь *р.*
вс-по-мин-ай + / вс-по-мн-и-ть to remember, recall

If a date is merely identified, this is done by using the neuter form of the adjective numeral, with the month in the genitive. (The neuter form is dictated by the word **числó,** which is seldom included except in the question.)

— Когда / Какóго числá вы леглú в больнúцу? — Двáдцать седьмóго сентября́.

To indicate *when* something took place / will take place, use the *genitive* case of the adjective numeral with the name of the month in the *genitive* case.

When Russians express dates in numerals, the date precedes the month, and the month is expressed thus: 17.02 = 17 февраля́.

Упражнения 24.3

а. *Образец:* (25.03) — *Сегóдня двáдцать пя́тое мáрта. Вчерá бы́ло двáдцать четвёртое мáрта. Зáвтра бýдет двáдцать шестóе мáрта.*

1. (7.02) 2. (19.06) 3. (4.05) 4. (12.11) 5. (1.01)

б. *Отвечáйте.*

1. Какóго числá архитéктор кóнчил этот проéкт? (19.05) 2. Когдá приéдут вáши друзья́ из Амéрики? (15.11) 3. Когдá Владúмир Алексéевич вернýлся из Вашингтóна? (31.12) 4. Какóго числá Валентúна Пáвловна получúла эту откры́тку? (14.02) 5. Когдá начинáются заня́тия в университéте? (1.09) 6. Какóго числá бýдет слéдующая передáча Вадúма? (16.01) 7. Когдá открóется наш нóвый теáтр? (6.10) 8. Когдá Нúна написáла это письмó Джóну? (23.06) 9. А когдá Джон получúл егó? (1.07) 10. Какóго числá бýдет концéрт худóжественной самодéятельности? (12.08) 11. Когдá начинáется у вас óтпуск? (29.04) 12. Какóго числá вы приéхали в СССР? (3.03)

24.4 The Instrumental Case Endings of Modifiers

он
оно } (**с ним**) -ЫМ (spelled **-ым / -им**)

стáрым, вечéрним, лёгким, хорóшим, большúм, мои́м, вáшим, однúм, э́тим, всем

онá (**с ней**) -ОЙ (spelled **-ой / -ей**)

стáрой, вечéрней, лёгкой, хорóшей, большóй, моéй, вáшей, однóй, э́той, всей

Упражнение 24.4. *Complete the sentences with appropriate forms of words given in parentheses.*

1. Я сегóдня познакóмился с (одúн óчень интерéсный рýсский учёный). 2. Вадúм сейчáс танцýет с (однá красúвая англичáнка). 3. Почемý вы это написáли (крáсный карандáш)? 4. Вúктор провóдит всё свобóдное врéмя с (эта симпатúчная америкáнская студéнтка). 5. Письмó от Ирочки лежúт там на столé, вмéсте с («Вечéрняя Москвá»). 6. Бóря мечтáет познакóмиться с (эта эстóнская артúстка). 7. Ря́дом с (нáша нóвая консерватóрия) нахóдится мáленький парк. 8. Кто стои́т там ря́дом с (твоя́ мать)? 9. На концéрте я сидéл ря́дом с (одúн óчень симпатúчный строúтель). 10. Нáша дочь перепúсывается с (одúн америкáнский студéнт), с (котóрый) онá познакóмилась на концéрте худóжественной самодéятельности. 11. Мы вчерá познакóмились со (вся семья́) Любóви Ивáновны. 12. Ря́дом с (этот большóй нóвый дом) бýдет небольшóй парк. 13. Вчерá я дóлго разговáривал с (наш нóвый студéнт).

24.5 The Instrumental Case with Certain Verbs

Вадим работает диктором. Его считают очень хорошим диктором.
— Таня красивая? — Мне она кажется красивой.

With the verb **работать** the instrumental case is used to express 'as...', 'in the capacity of...'.

With verbs of seeming, appearing, considering, etc., the instrumental case is used of the adjective or noun which expresses the manner in which somebody or something is viewed by another person.

The perfective **показаться** refers to the beginning of the impression.

Упражнения 24.5

а. *Образец:* — Я слышал, что Анна Петровна — учительница.
— *Да, она работает учительницей.*

1. Я слышал, что Вера — шофёр. 2. Я слышал, что Миша — монтёр. 3. Я слышал, что Татьяна Сергеевна — геолог. 4. Я слышал, что Алёша — инженер. 5. Я слышал, что Олег — строитель. 6. Я слышал, что Сергей Петрович — преподаватель. 7. Я слышал, что Лариса — стюардесса. 8. Я слышал, что Вера — инженер.

б. *Образец:* — Ваня хороший шофёр? — *Все считают его хорошим шофёром.*

1. Антон хороший врач? 2. Аня красивая девушка? 3. Виктор серьёзный студент? 4. Зина симпатичная девушка?

в. *Образец:* — Как вы думаете, это хорошая песня? — *Мне она кажется хорошей.*

1. Как вы думаете, Лариса симпатичная девушка? 2. Как вы думаете, это трудный урок? 3. Как вы думаете, это лёгкое упражнение? 4. Как вы думаете, это интересный фильм? 5. Как вы думаете, Оля серьёзная девушка?

г. *Образец:* — Аня очень красивая девушка. — *Нам она тоже показалась красивой.*

1. Это очень хороший ресторан. 2. Николай очень серьёзный студент. 3. Это очень интересная передача. 4. Это очень интересный фильм. 5. Зина очень красивая девушка.

24.6 The Preposition за *чем = for (to get)*

Упражнение 24.6. *Заполните пропуски.*

1. У нас кончился кофе. Таня пошла в магазин за ... . 2. Виктор ещё не купил газету. Он пошёл в киоск за ... . 3. У нас кончился чёрный хлеб. Мама пошла в магазин за ... . 4. У нас кончился чай. Боря пошёл в магазин за ... . 5. — Я ещё не купил «Огонёк». — Ничего, папа пошёл в киоск за ... . 6. — Мой русско-английский словарь у Иры. — Таня уже пошла к Ире за ... .

24.7 The Verb по-гас-(ну)-ть

— Что случилось? — Вдруг в комнате **погас** свет.

Some verbs which have the suffix -ну- lose this suffix in the past tense. (But some, such as **улыбнуться, вернуться** retain the suffix in all forms.)

24.8 The Verb с-мо́г-ут (смочь)

Я бою́сь, что сего́дня не **смогу́** прийти́ к вам.
Мы пригласи́ли Олю на ужин, но она́ не **могла́** прийти́. У неё за́втра экза́мен.
Я хоте́л откры́ть окно́, но не **смог**.

The verb **мочь** has no *imperfective* future. It has only the perfective future **смогу́**.

In the past tense the imperfective is used to indicate a condition which prevailed; the perfective is used only when an actual attempt was made to accomplish something.

Упражне́ние 24.8. *Запо́лните про́пуски.*

1.—Дава́й пригласи́м в теа́тр и Ольгу Петро́вну.—Она́ всё равно́ не ... пойти́, у неё сейча́с о́чень мно́го рабо́ты. 2. Я бою́сь, что я не ... пойти́ в похо́д за́втра. У меня́ боля́т но́ги. 3. Я наде́юсь, что вы ... прийти́ к нам в суббо́ту ве́чером. Бу́дет о́чень ве́село. 4. Вопро́сы бы́ли о́чень тру́дные, и Ми́ша не ... на них отве́тить. 5. Я зна́ю, что у тебя́ мно́го рабо́ты, но всё-таки наде́юсь, что ты ... сего́дня прийти́ домо́й ра́но. Ведь ве́чером мы идём в теа́тр. 6. Васи́лий Никола́евич хоте́л встать, но не ...: у него́ боле́ли но́ги. 7. Е́сли де́ти не ... прийти́ к нам за́втра у́тром, да́йте нам знать сего́дня. 8. К нам вчера́ приходи́ли мои́ бра́тья и мы не ... прийти́ к вам. 9. Здесь о́чень жа́рко. Я хоте́л откры́ть окно́, но не ... . Мо́жет быть, ты ... . 10. Ви́тя до́лжен занима́ться и не ... пойти́ с на́ми в кино́ ве́чером. 11. Я мечта́ю пое́хать отдыха́ть в э́том году́ в Эсто́нию, но не зна́ю ещё, ... ли я пое́хать.

24.9 Notes on Individual Words

вс-по-мин-а́й + / **вс-по́-мн-и-ть**—Since memory is a continuing process, the verb **по́мнить** does not have a perfective in the resultative sense. The perfective **вспо́мнить** and its imperfective **вспомина́ть** refer to recalling, bringing back into memory something. (Remember that **мочь** as a rule is *not* used with **по́мнить**!)

Я забы́л её и́мя и не могу́ **вспо́мнить.**
Джоп ча́сто **вспомина́ет** ру́сскую стюарде́ссу, с кото́рой он познако́мился в самолёте. (He doesn't think about her every minute, only from time to time.)

молод(е́)ц—A term of praise used of either sex and in the plural, for which the English equivalent will vary from one context to another.

Вади́м — молоде́ц!	*Vadim's quite a guy!*
Лари́са — молоде́ц!	*Larisa's great!*
Молодцы́!	*Well done! That's how to do it!*

подру́га is only the girl friend of a girl, not of a fellow. For the girl friend of a fellow the most common expression is **знако́мая (де́вушка)** (Note that the plural is regular—**подру́ги.**)

по-ду́м-ай + *p*. Thinking is usually a continuing process, but the perfective can be used of a single thought or of a small amount of the activity.

Концерт Паганини

Отец Ани, Пётр Васильевич, старый профессор, сидел дома, писал письмо и слушал радио. Вдруг в комнате погас свет. К счастью, в одном доме с ними на втором этаже жил монтёр Миша, симпатичный молодой человек. Пётр Васильевич вспомнил о Мише, потому что Аня знакома с ним и часто рассказывала о нём.

Пётр Васильевич позвонил Мише. Миша сразу пришёл, и через десять минут всё было в порядке: был свет и работало радио.

По радио передавали прекрасную музыку.

— Миша, это концерт Паганини. Вы знаете, кто такой Паганини? — спросил Пётр Васильевич монтёра.

— Знаю, композитор.

Профессор улыбнулся и подумал: «Это хорошо, что молодые люди в наше время знают классическую музыку».

— А вы не знаете, кто так прекрасно играет концерт Паганини?

— Знаю, — ответил Миша. — Это я.

В это время концерт кончился, и диктор сказал: «Вы слушали концерт художественной самодеятельности. Второй концерт Паганини исполнял монтёр Михаил Иванов».

ДАВАЙТЕ ПОГОВОРИМ:

— Джейн, какое сегодня число?

— Двадцатое апреля.

— Сегодня в нашем клубе концерт художественной самодеятельности! Вход бесплатный. Я иду с подругой. Вы не хотите пойти с нами?

— А что такое концерт художественной самодеятельности?

— Это значит, что выступают не профессиональные музыканты, а любители.

— С большим удовольствием пойду с вами.

— Прекрасно! До вечера.

концерт concerto
к счастью ≠ к сожалению
в одном доме с ними in the same house as they
знаком, знакома с кем
пере-да-вай + / пере-дать — передача
композитор composer

в наше время
ис-полн-яй + to perform (a musical composition)
клуб
Вход бесплатный.
С большим удовольствием.
До вечера.

Какого числа...?

— Олег, здравствуй! Когда ты приехал?
— Уже давно, двадцать пятого августа.
— Ну, и как ты живёшь?
— Всё хорошо, спасибо. Борис, извини, я сейчас спешу. Я позвоню тебе сегодня вечером.
— Хорошо, обязательно позвони.

— Папа, послушай, по радио говорят о Михаиле Иванове.
— Об Иванове? А кто это такой?
— Ты не знаешь, кто такой Миша Иванов? Это наш сосед, который третьего января исполнял концерт Паганини.
— А, знаю. Способный молодой человек. Он ведь только любитель.
— Да, Миша — молодец!

— Что это передают?
— По-моему, это Чайковский.
— Нет, что ты! Это, конечно, не Чайковский. Кажется, это Глинка.

— У меня есть билеты в Большой театр. Хотите пойти?
— Спасибо, к сожалению, я не могу пойти. У меня сегодня нет времени.
— Очень жаль.

Лишний билет

— Скажите, пожалуйста, у вас нет лишнего билета?
— Я ещё не знаю. У меня два билета, но я жду подругу. Может быть, она не придёт.
— Если она не придёт, дайте мне её билет, пожалуйста.
— С удовольствием.

— А где же наши места?
— Вот они, в третьем ряду. Садитесь!
— Какие хорошие места!
— Да, действительно, очень хорошие места.

Ему повезло

способный capable
Что-ты/вы! = Что ты говоришь!/Что вы говорите!
лишний extra

жд-а-ть (ждут)/подождать кого/что (ждал)
садитесь! sit down!
(Ему) повезло. p. (He) was lucky.

— Как вам понра́вился но́вый конце́рт Щедрина́?
— О-о! Он произвёл на меня́ большо́е впечатле́ние! Мне тру́дно сказа́ть, что́ мне понра́вилось бо́льше всего́.

— Вы бы́ли на конце́рте Евге́ния Мрави́нского? Вам повезло́!
— Да, удиви́тельный дирижёр! Конце́рт произво́дит большо́е впечатле́ние!
— Я согла́сен с ва́ми.

Кино́, теа́тр, конце́рт

— Эдвард, вы хоте́ли бы посмотре́ть ру́сский бале́т?
— С удово́льствием. Я ви́дел фи́льмы-бале́ты, они́ произвели́ на меня́ большо́е впечатле́ние.

— Анто́н Па́влович, вы лю́бите кино́?
— О́чень. Мы с жено́й ка́ждую неде́лю быва́ем в кино́.
— Каки́е фи́льмы вам нра́вятся бо́льше всего́?
— Мне истори́ческие, а жене́ музыка́льные.

— Я звони́л вам вчера́ ве́чером, но вас не́ было до́ма.
— Да, мы с жено́й бы́ли вчера́ в Большо́м теа́тре.
— Что вы смотре́ли?
— Бале́т «Бахчисара́йский фонта́н».
— Кто танцева́л Мари́ю?
— Тимофе́ева. Прекра́сная балери́на!
— А Заре́му?
— Плисе́цкая. Я всегда́ с больши́м удово́льствием смотрю́, как она́ танцу́ет.
— Да, вам действи́тельно повезло́!

Упражне́ния

24.10 — Како́е сего́дня число́?
   — *20-е апре́ля.*
   — Ра́зве сего́дня уже́ 20-е? А я ду́мал, что то́лько 19-*е.*

   (четы́рнадцатое ма́рта, трина́дцатое; пя́тое февраля́, четвёртое; седьмо́е января́, шесто́е; деся́тое ию́ля, девя́тое)

24.11 — Како́е сего́дня число́?
   — *17-е ма́рта.*
   — 17-*е ма́рта?* Ты не забы́л, что 18-*го* мы идём на конце́рт худо́жественной самоде́ятельности?
   — Ну, коне́чно, забы́л.

   (второ́е ма́я, тре́тьего; оди́ннадцатое января́, двена́дцатого; шесто́е а́вгуста, седьмо́го; два́дцать второ́е апре́ля, два́дцать тре́тьего)

про-из-вод-и́-ть / про-из-вед-у́т
  произвести́ впечатле́ние *на кого́* to make an impression (on...)
удиви́тельный amazing
дирижёр conductor (music)
согла́с(е)н, согла́сна *с кем* agree, in agreement

бале́т
истори́ческий
музыка́льный
«Бахчисара́йский фонта́н» *Fountain of Bakhchisarai*
балери́на

24.12 — *Мы* в субботу *идём* на концéрт. Хотúте пойти *с нáми*?
— Конечно, с большим удовóльствием.

(они, он, она, я)

24.13 — Когда в Париже обычно хóлодно?
— *В январé.*
— А когда жáрко?
— *В июле.*
— Когда в Нью-Йорке тепló?
— ...
— А когда идёт дождь?
— ...
— Когда в Москве бывáет жáрко?
— ....
— А когда хóлодно и идёт дождь?
— ....

24.14 — Познакомьтесь, это *Лариса.*
— А мы *с Ларисой* уже знакóмы.

(Вадим, Мария Владимировна, Юрий Васильевич, Таня, Саша)

24.15 — Мне дали *билет на балéт!*
— Вам повезлó.

(получил путёвку на юг; был на концéрте Елéны Образцóвой; смотрел, как танцýет Максúмова; купил билет на новый французский фильм)

24.16 — *Павлова прекрасная балерúна.*
— Я с вáми соглáсен.

(Мравúнский, дирижёр; Сергéев, архитéктор; Тимофéева, балерúна; Петрóв, артúст)

24.17 — *Я сдал экзáмены в институт.*
— Молодéц!

(уже кончил эту работу, выступал по радио, приготовил обед, научúлся говорить по-русски)

24.18 1. Какого числá вы родилúсь?
Какого числá вы нáчали учиться в университете?
Какого числа вы приехали в этот город?
2. Какое сегодня числó? Какое вчера было числó? Какое числó будет завтра?
3. Вы любите музыку? Какую музыку вы больше всегó любите?
4. Кто ваш самый любúмый композúтор (дирижёр, балерúна, артúст, артúстка, музыкáнт)? Какое впечатлéние произвёл на вас его (её) концéрт (пластúнка)?

24.19 Word Study

беспла́тный — без, плат-и́-ть
любитель — *What is the origin of the English word* amateur?
монтёр — to mount (= to install)
про-из-вод-и́-ть / про-из-вед-у́т — про-вод-и́-ть / про-вед-у́т, пере-вед-и́-те
сид-е́-ть — si**t**

Новые слова и выражения

а́вгуст
апре́ль
балери́на
бале́т
беспла́тный
вечер: До вечера.
впечатле́ние
  про-из-вод-и́-ть / про-из-вед-у́т (произве-сти́) впечатле́ние *на кого*
время: в наше время
вс-по-мин-а́й + / вс-по́-мн-и-ть
вход: Вход беспла́т-ный.
дека́брь
дирижёр
До вечера.
жд-а-ть / подо-

за *чем*
знако́м *с кем*
ис-полн-я́й +
истори́ческий
ию́ль
ию́нь
каз-а́-ть-ся / по- *кем / чем*
клуб
компози́тор
конце́рт
к· сча́стью
ли́шний
люби́тель
май
март
молод(е́)ц
монтёр
музыка́льный
музыка́нт

ноя́брь
один: в одном доме с *кем*
октя́брь
пере-да-ва́й + / пере-да́ть
повезло́ *кому p.*
по-га́с-(ну)-ть *p.*
подру́га
по-ду́м-ай + *p.*
про-из-вод-и́-ть / про-из-вед-у́т (произвести́) впечат-ле́ние *на кого*
профессиона́льный
сади́тесь
самоде́ятельность: кон-це́рт худо́жественной самоде́ятельности

свет
сентя́брь
сид-е́-ть
с-мо́г-ут (смочь)
согла́с(е)н *с кем*
спосо́бный
сча́стье: к сча́стью
тридца́тый
удиви́тельный
удово́льствие
  С большим удово́ль-ствием.
февра́ль
число́
  Како́е число́?
  Како́го числа́... ?
Что ты / вы!
янва́рь

Маша уже **ходит** в детский сад.

— **Кто́-нибудь** звони́л, когда меня не́ было? — Да, **кто́-то** звони́л.

Если бы у меня **был** билет, я **пошёл бы** на этот бале́т.

Фонетика:

Read p. 35 concerning the sound [y] following a consonant.

Слушайте и повторяйте!

семья́ ... итальянский ... чья ... с семьёй ... серьёзно ... пьёт ... пью ... семью́ ... но́чью ... о́сенью ... с до́черью ... к сча́стью ... Нью-Йо́рк ... чьей ... съем ... о семье́ ... чьи ... семьи́ ... тре́тья ... тре́тьи ... воскресе́нье ... объяви́ть

Катя уже **ходит** в детский сад.

Василий Николаевич каждую неделю **ходит** в кни́жные магазины.

— Я вам звони́л вчера вечером, но вас. не́ было дома.

— **Мы с женой** ходили на концерт.

— **Кто́-нибудь** звони́л, когда меня не было? — Да, звони́ла **кака́я-то** девушка.

— Где Елена Александровна? — Она **куда́-то** пошла с дочерью.

Если в ка́ссе есть билеты, я обязательно пойду на этот бале́т.

Если бы у меня был билет, я **пошёл бы** на этот бале́т.

Это торт.   Это вино́.   Это часы́.   Максим в крова́ти. Ему захотелось спать. Он лёг спать. Он уже спит.

торт cake
вино́ wine
часы́ (*pl. only*) clock, watch
крова́ть bed

сп-а-ть (сплю, спишь; спа̀л) to sleep;
   хотеть **спать** to be sleepy;
   лож-и́-ть-ся / лечь спать to go to bed;
   положить спать *p.* to put to bed

— Ваня, **посмотри́**, пожалуйста, **на** часы́. Сколько сейчас времени?
— Сейчас **полови́на** седьмо́го (6.30).
— Когда начинается конце́рт?
— **В полови́не** восьмо́го (7.30).
Бабушка положила ребёнка спать, а **сама́** начала смотре́ть телевизор.
Поздравля́ю вас **с** Но́вым **го́дом**! or С Но́вым го́дом!

— С пра́здником! — И вас тоже!

ГРАММА́ТИКА И УПРАЖНЕ́НИЯ

25.1 An Additional Use of Multidirectional Verbs

Ма́ша уже **хо́дит** в детский сад.
Мы с жено́й ка́ждую неде́лю **хо́дим** в кино.
Мы ка́ждый год **е́здим** отдыха́ть на се́вер.

You have already used multidirectional verbs to express: (1) general action without context of time or place (Их ребёнок уже **хо́дит**), and (2) a single round trip in the past tense, as an equivalent of **был** (Я утром **ходи́л** в букинисти́ческий магази́н). Remember that it is only in the *past* tense that such verbs can refer to a *single* round trip.

Multidirectional verbs can, however, be used for reference to *multiple* round trips in any time period, present, past or future. As you can see from the first example, the result is sometimes the equivalent of 'to attend' (this should not be used at the university level, however, where you should continue to use **учи́ться**). From the English point of view it appears that only one direction is involved, but before the second trip can be started the return part of the first trip must be made — therefore the motion is multidirectional.

Упражне́ния 25.1

a. *Запо́лните про́пуски* (идти́ ~ пойти́ ~ ходи́ть).

1. Ле́том я ча́сто ... на пляж загора́ть и купа́ться. 2. Ко́ле де́вять лет, и он уже́ два го́да ... в шко́лу. 3. — Куда́ вы сейча́с ...? — Я ... в магази́н за хле́бом. 4. — Где Алекса́ндра Миха́йловна? — Она́ ... в кни́жный магази́н на у́лице Го́рького. 5. Когда́ мы жи́ли в Москве́, мы раз в неде́лю ... и́ли в теа́тр, и́ли на конце́рт. 6. Гали́на Васи́льевна о́чень лю́бит ... и всегда́ ... на рабо́ту пешко́м. 7. Мой дя́дя неда́вно купи́л маши́ну, и тепе́рь он никуда́ не ... пешко́м. 8. — Где вы бы́ли вчера́ ве́чером? — Мы ... в наш клуб на конце́рт худо́жественной самоде́ятельности. 9. Наш но́вый дом нахо́дится совсе́м недалеко́ от университе́та, и я всегда́ ... на заня́тия пешко́м. 10. — Где ты был два часа́ наза́д? — Я ... к Мари́не Петро́вне. 11. — Куда́ ... э́ти де́ти? — Они́ ... в шко́лу. Сего́дня ведь пе́рвое сентября́, сего́дня начина́ются заня́тия в шко́ле. 12. Ребёнок Мари́ны совсе́м ма́ленький, он ещё не ... . 13. — Где ты был так до́лго? — Я ... на по́чту. Мне ну́жно бы́ло купи́ть ма́рку для авиаписьма́.

смотр-е́-ть / по- на / в *кого* / *что* to look at, glance at
полови́на half; Сейчас полови́на седьмого.
в полови́не восьмого

сам (сама́, са́ми) -self
пра́здник holiday
С пра́здником!

6. *Заполните пропуски* (ехать / по- ~ е́здить).

1. Два раза в месяц мы ... в дере́вню к ба́бушке и де́душке. 2. Вы лю́бите ... на маши́не? 3.—Кто э́то ... на но́вой маши́не?—Э́то Вади́м. Ра́зве ты не знал, что он купи́л маши́ну? 4.—Где Алекса́ндра Миха́йловна?—Она́ ... к до́чери. У неё сейча́с бо́лен внук. 5.—Где вы бы́ли в четве́рг?—Мы ... в Су́здаль. 6. Ма́ма, смотри́, вот ... тётя Та́ня на свое́й но́вой маши́не. 7. Ка́ждый год мы ... на Чёрное мо́ре отдыха́ть. 8.—Где ма́ма?—Она́ ... в «Де́тский мир» покупа́ть Макси́му но́вые брю́ки и руба́шку. 9.—Идёт снег, а Во́ва сейча́с ... домо́й на маши́не.—Не волну́йся, ты ведь зна́ешь, что он уже́ давно́ ... на маши́не. Всё бу́дет хорошо́. 10. Пого́да ле́том така́я плоха́я, что мы никуда́ не ... . А в про́шлом году́ мы ча́сто ... в лес гуля́ть и́ли на ре́ку купа́ться. 11. По ра́дио объяви́ли, что сего́дня бу́дет ми́нус 20 гра́дусов. Я ду́маю, что я в дере́вню сего́дня не ... . 12. Ма́ша смо́трит в окно́ и ви́дит, что ма́ма и па́па ... на свое́й но́вой маши́не. 13. На про́шлой неде́ле мы ... в Ленингра́д. Там сейча́с така́я плоха́я пого́да, что мы недо́лго остава́лись там.

25.2 Мы с жено́й...

Мы с жено́й (= я и моя́ жена́) о́чень лю́бим танцева́ть.
Что **мы с тобо́й** бу́дем де́лать в воскресе́нье?

In conversational Russian it is a common practice to combine two subjects (**я и моя́ жена́, я и ты**) into a special construction using a plural pronoun (**мы, вы, они́**) with the second subject in the instrumental case after the preposition **с**. Note that the use of the plural pronoun does not necessarily mean that more than two persons are involved (although this may sometimes be the case)—the pronoun sums up the totality of subjects, the noun in the instrumental case indicates who the other member(s) of the party is / are.

Упражне́ние 25.2

Образе́ц: Я и мой брат вчера́ ходи́ли в теа́тр.—*Мы с бра́том вчера́ ходи́ли в теа́тр.*

1. Что вы и ва́ша сестра́ де́лали вчера́ ве́чером? 2. Она́ и её муж вчера́ ходи́ли в кино́. 3. Я и мой брат Шу́ра хоти́м пойти́ учи́ться в те́хникум. 4. Вчера́ к нам приходи́ли тётя Га́ля и её дочь. 5. Я и Кири́лл Петро́вич вчера́ до́лго сиде́ли во дворе́ и говори́ли о спо́рте. 6. Ни́на и её подру́га Ле́на ча́сто хо́дят в кинотеа́тр. 7. Когда́ вы и ваш сын придёте к нам?

25.3 The Particles -то, -нибудь

— **Кто́-нибудь** звони́л, когда́ меня́ не́ было?—Да, **кто́-то** звони́л.
"Did *anybody* call while I was out?" "Yes, *somebody* called."

— Вади́м **куда́-нибудь** пое́дет ле́том?—Да, он пое́дет **куда́-то** на юг отдыха́ть.
"Is Vadim going *any place* this summer?" "Yes, he'll go *someplace* in the south to vacation."

— У Ма́ши есть **каки́е-нибудь** кни́ги?—Да, у неё есть **каки́е-то** кни́ги.
"Does Masha have *any sort* of books?" "Yes, she has *some* books."

The unaccented particles **-то, -нибудь** can be suffixed to interrogative pronouns, adverbs or modifiers to form what are sometimes called "indefinite pronouns", etc. The term is misleading, however, since only one of the resulting forms is actually indefinite in meaning.

It is *not* helpful to try to distinguish between the two particles by equating them with 'any' and 'some', since English uses these words in a different manner. The student should instead become thoroughly acquainted with the basic *idea* expressed by each particle.

The particle **-то** expresses something *specific but unidentified*, either because the speaker does not know the exact identity or because he finds it unnecessary to reveal it.

Кто́-то звони́л. (It had to be some definite person, whether or not we know who it was.)

Анто́н **куда́-то** пошёл. (He had to go in some definite direction, whether or not we know what his goal was.)

The particle **-нибудь** (literally 'whatever it may be') expresses complete indefiniteness:

Кто́-нибудь звони́л? Did *anyone* (at all) call?

Ты **куда́-нибудь** пойдёшь по́сле ужина? Are you going *anyplace* (at all) after supper?

Расскажи́те нам **что́-нибудь.** Tell us *something or other.*

У вас есть **каки́е-нибудь** ру́сские журна́лы? Do you have *any kind* of Russian magazines?

In *questions, commands,* and in *future-*tense statements one normally uses **-нибудь:**
Кто́-нибудь приходи́л? Купи́те себе́ **каку́ю-нибудь** кни́гу. Купи́ мне **что́-нибудь** в Москве́. Ты мне ку́пишь **что́-нибудь** в Москве́? Я куплю́ тебе́ **что́-нибудь** в Москве́.

In statements in the *past* one normally uses **-то:** Приходи́ла **кака́я-то** студе́нтка. Я тебе́ купи́л **что́-то** в Москве́.

In the present tense **-то** is most frequently found. But if reference is not to *one specific* thing or if repeated or habitual action is indicated, or if **наве́рно** is present, **-нибудь** will generally be used:

— Ни́на **что́-то** чита́ет.—Она́ всё вре́мя **что́-нибудь** чита́ет. (*something or other*)
— Ма́ма **что́-то** гото́вит.—Наве́рно, **что́-нибудь** вку́сное.
— **Кто́-то** пришёл.—Наве́рно, **кто́-нибудь** из университе́та.

Упражне́ние 25.3. *Запо́лните про́пуски* (-то ∼ -нибудь).

1. Кто-... был до́ма, когда́ вы пришли́? 2. К вам приходи́л како́й-... молодо́й челове́к. 3. Вы сего́дня что-... купи́ли в кни́жном магази́не? 4. У тебя́ есть каки́е-... ма́рки? 5. Вот тебе́ два рубля́. Купи́ себе́ каку́ю-... кни́гу. 6.—Где ва́ши сосе́ди?—Они́ куда́-... пое́хали на такси́. 7. Оля что-... сказа́ла профе́ссору, но я не слы́шал, о чём они́ говори́ли. 8.—Ви́тя, пришла́ кака́я-... де́вушка. Она́ хо́чет с тобо́й поговори́ть.—Это, наве́рно, кто-... из институ́та. 9. Вы когда́-... чита́ли «Войну́ и мир»? 10. Я сего́дня где-... потеря́л портфе́ль. 11. Ты что-... ел по́сле обе́да? 12. Ва́ня, е́сли бу́дешь в магази́не, купи́ нам на обе́д каки́е-... фру́кты. 13. Па́па сказа́л мне, что он тебе́ что-... купи́л, когда́ он был в Москве́. 14. Ольга Бори́совна почти́ всегда́ что-... вку́сное гото́вит. 15. Я нашёл каку́ю-... ру́чку у себя́ в столе́. Это не ва́ша ру́чка? 16. Что-... объяви́ли по ра́дио о пого́де?

25.4 Conditional Constructions

Я пойду́ на э́тот бале́т, е́сли я смогу́ купи́ть биле́т.
I'll go to that ballet if I can get a ticket.
Я **пошёл бы** на э́тот бале́т, **е́сли бы** у меня́ **был** биле́т.
(Но биле́та у меня́ нет.)

A conditional clause is one which contains a condition upon which the situation expressed in the main clause depends. Both English and Russian have two types of conditional situations:

(1) So-called "real conditions", as in the first example. The speaker views the condition as realizable or possible. (Remember that in English in such clauses the verb will generally be in the present tense, even if future time is referred to. Russian uses the tense required by the actual time involved.)

(2) So-called "unreal conditions", as in the second example. The condition was unrealized in the past or the speaker views it as unlikely to be realized in the future. Unreal conditions are expressed in the *conditional mood.* (*Mood* is a grammatical term referring to devices used to indicate the speaker's attitude toward what he is saying—is it a fact, is it something viewed as desirable/undesirable, is it doubtful of realization, is it something he wishes to have done?)

In Russian the conditional mood is expressed by using the particle **бы** in *both the conditional clause and the main clause,* together with the past tense form of the verb. But remember that, just as with **что́бы** these forms have no actual tense meaning. Thus the second example above could mean 'I would have gone to that ballet if I had had a ticket' or 'I would go to that ballet if I had a ticket'.

The conditional particle **бы** (sometimes **б** after words ending in a vowel) is never accented, and may not come first in a sentence. In the conditional clause it usually comes immediately after **е́сли.** In the main clause it most frequently comes after the verb, but it may also come ·after other independent words (such as nouns, pronouns). It may not come after prepositions or particles (including the negative particle **не**).

The particle **бы** is also used in certain constructions expressing a wish, suggestion, or a non-categorical request:

Я хоте́л бы провести́ ме́сяц на Чёрном мо́ре. *I would like* to spend a month on the Black Sea (*if I could do what I wanted to*).
Хорошо́ бы́ло бы провести́ ме́сяц на мо́ре. *It would be good* to spend a month at the sea (*if we could do what we really should*).
Вы бы позвони́ли Вади́му. *It would be good if* you called Vadim/You ought to call Vadim.

As you can see from the clauses in parentheses, such sentences can be viewed as conditional constructions with the conditional clause omitted. One may also have sentences in which the main clause is omitted: **Е́сли бы мы** ра́ньше **зна́ли** об э́том! *If only we had know* about that earlier (we would have ...).

The conditional construction requires learning no additional forms, and is very simple to use. But the English-speaking student must remember that 'would' is not always conditional—often it is a future tense from a past tense point of view, a construction with which you are already familiar: Лари́са сказа́ла, что она́ **запла́тит** за биле́ты. Larisa said she *would pay* for the tickets.

Упражнения 25.4

а. *Insert the particle* бы *in those sentences where it is necessary.*

1. Если ... Алёша уже купил байдарку, мы завтра пойдём в поход. 2. Если ... ты больше не хочешь читать, давай пойдём на пляж загорать. 3. Если ... вы пришли раньше, вы могли ... познакомиться с моей подругой Вёрочкой. 4. Здесь так скучно! Хорошо было ... пойти домой. 5. Если ... Боря знал номер телефона Иры, он позвонил ... ей. Но он забыл номер и никак не может вспомнить. 6. Говорят, что это очень хороший фильм. Если ... я знал раньше, что он идёт! Но я уже сказал Оле, что я приду к ней сегодня вечером. 7. Если ... в кассе есть ещё билеты, купите нам, пожалуйста, два билета на сеанс в двадцать один час. 8. Серёжа позвонил и сказал, что он приедет ... только поздно вечером. 9. Если ... не погас свет, Пётр Васильевич не познакомился ... с монтёром Мишей. 10. Если ... в киоске есть ещё «Огонёк», я обязательно куплю тебе. 11. Если ... вы когда-нибудь были на Волге, вы знаете, какие там есть красивые места. 12. Если ... ты хочешь выпить кофе, пойдём в это кафе. 13. Ты ... написал бабушке письмо. 14. Сегодня так жарко! Хорошо было ... поесть мороженого. 15. Если ... я знал, что у вас есть палатка, я ... не купил палатку. 16. Если ... я знал, что вы будете в Москве сегодня! К сожалению, вечером я должен пойти к одному знакомому. 17. Я думаю, что папа будет очень доволен, если ... мы купим ему этот портфель. 18. Если ... мы пришли вовремя, мы могли ... посмотреть и киножурнал.

б. *Переведите с английского языка на русский.*

1. If you had arrived earlier, you could have bought a ticket to the ballet. 2. If you can come to see us next week, we'll show you the new pictures we made when we were in the North. 3. John wrote Nina and told her he would arrive in Moscow the 23rd of September. 4. I didn't know you would be in the South. If only they had given me a leave for a week! But I'll be here only two days. 5. I would very much like to hear Dmitry Shostakovich's concerto. 6. Aren't you cold here? It would be good to go into the house. 7. If you have a free minute after dinner, please come to see me. 8. If you had studied more, you would have passed the test. 9. Anna Petrovna called Nina and said she would arrive home late today and that Nina would have to prepare dinner. 10. If only I had known Zina's address!

25.5 Telling Time on the Half Hour

Сейчас **половина второго** (1.30).
Галина Алексеевна сказала, что она придёт **в половине третьего** (2.30).

This is the most common way of expressing time on the half hour in conversational Russian. Note that Russians are *forward-looking* when they tell time—once an hour has passed, they no longer mention that hour, but are looking forward to the next hour: **половина второго** = 1.30, i.e. the first hour has passed and half of the second.

Упражнение 25.5. *Read aloud!*

1. Я всегда встаю в 6.30 утра. 2. Иван Иванович всегда идёт в гараж

352

в 7.30. 3. Магазин открыва́ется в 9.30. 4.— Ско́лько сейча́с вре́мени?— Сейча́с 10.30. 5. Макси́м обы́чно ложи́тся спать в 8.30 ве́чера. 6. Я обы́чно обе́даю в 1.30. 7. Оле́г заказа́л такси́ на 12.30. 8.— Вы не ска́жете, ско́лько сейча́с вре́мени?— Сейча́с 11.30. 9. Па́па всегда́ возвраща́ется домо́й в 4.30. 10.— Кото́рый сейча́с час?— Сейча́с 2.30. 11. Заня́тия конча́ются в 3.30. 12. Мы все собрали́сь во дворе́ в 5.30, что́бы вме́сте пойти́ в кинотеа́тр.

25.6 The Emphatic Pronoun **сам** = -*self*

Сам профе́ссор Мака́ров мне э́то сказа́л. Он **сам** мне э́то сказа́л.
Ба́бушка положи́ла ребёнка спать, а **сама́** начала́ смотре́ть телеви́зор.
Мы **са́ми** не зна́ем, где сейча́с наш сын.

Do not confuse the *emphatic* pronoun **сам** with the reflexive pronoun **себя** (both are equivalents of '-self')! The emphatic pronoun usually precedes a noun but follows a pronoun.

Упражне́ние 25.6. *Запо́лните про́пуски* (сам ~ себя).

1. Вы ... ходи́ли на по́чту, и́ли вы попроси́ли Ви́тю сде́лать э́то? 2. ... Мари́я Влади́мировна дала́ мне прочита́ть э́ту кни́гу. 3. Зи́на купи́ла ... но́вые бе́лые ту́фли. 4. Ма́ма купи́ла Ма́ше моро́женое, а ... ничего́ не хоте́ла есть. 5. Любо́вь Ива́новна и её муж всегда́ беру́т с ... дете́й, когда́ они́ иду́т в похо́д. 6. Ива́н Ива́нович и А́нна Петро́вна сказа́ли, что Ни́не мо́жно пойти́ в кино́, а ... оста́лись до́ма смотре́ть по телеви́зору переда́чу Вади́ма. 7. ... преподава́тель сказа́л мне, что экза́мен бу́дет не за́втра, а в сре́ду. 8. Ма́ма заказа́ла для Макси́ма суп, мя́со и фру́кты, а ... съе́ла то́лько ры́бу и вы́пила ча́шку ча́ю. 9. Роди́тели положи́ли дете́й спать, а ... пошли́ в кино́. 10. Как вы сего́дня чу́вствуете ... ? 11. Арти́стка до́лго расска́зывала нам о ... и о свое́й рабо́те в теа́тре.

25.7 Words with Two Accents

In the introductory phonetics lessons you were told that each Russian word has only one accent. An exception to this is presented by words which contain two or more *roots*, such as **мѐждунаро́дный, а̀виаписьмо́.** In such words the major accent will be on the second root, while the first root *may* have a secondary, weaker accent. (Note that the addition of prefixes and suffixes does *not* permit a secondary accent, only the combining of two or more *roots* in one word.)

25.8 Notes on Individual Words

поздравля́й + / поздра́вить *с чем*
— С Но́вым го́дом! (Поздравля́ем Вас с Но́вым го́дом!)
— И вас то́же! (— И вас та́кже!)
— С пра́здником!
This verb is used with the preposition **с** and the instrumental case to express the occasion for the congratulations and holiday greetings. When used of holidays the verb itself is generally omitted except in rather formal style.
лож-и́-ть-ся— Note that the imperfective has the suffixed particle **-ся**, while the perfective **ля́г-ут** (**лечь**) does not.

смотре́ть / по- *на что / кого* — Until now you have used this verb with a direct object, without a preposition. This occurs when the meaning is to look something over completely, thoroughly, examine something. Used with the preposition **на** and the accusative case (since it is really a directional concept), the verb means 'to turn one's attention to something', 'to glance at':

Лари́са **посмотре́ла на** часы́ и поспеши́ла на рабо́ту.

Ни́на, **не смотри́** в окно́, смотри́ в кни́гу!

С кем оста́вить ребёнка?

У Ве́ры и Анто́на есть ма́ленький сын. По́мните, все сосе́ди ду́мали, как назва́ть ребёнка. Коне́чно, назва́ли его́ совсе́м не так, как сове́товали знако́мые. Ма́льчика зову́т Вале́рий, Вале́рка. Сейча́с Вале́рка уже́ хо́дит в де́тский сад. Но когда́ Ве́ра и Анто́н иду́т ве́чером в теа́тр и́ли в го́сти, они́ ка́ждый раз ду́мают, с кем оста́вить ребёнка.

Оди́н раз реши́ли оста́вить ма́льчика с сосе́дкой. Ве́ра купи́ла фру́кты, торт. Но к сосе́дке пришла́ её подру́га с му́жем. Пригласи́ли и подру́гу, и её му́жа...

Ве́ра волнова́лась, всё вре́мя звони́ла домо́й, спра́шивала, спит ли Вале́рка. Коне́чно, Вале́рка не спал.

В сле́дующий раз Ве́ра и Анто́н пошли́ в го́сти с Вале́ркой. Всем бы́ло ве́село и интере́сно: пе́ли, игра́ли, смотре́ли телеви́зор. Но в де́вять часо́в уже́ ну́жно бы́ло идти́ домо́й—Вале́рке ну́жно бы́ло спать.

Ве́ра и Анто́н привы́кли остава́ться до́ма с Вале́ркой. В про́шлом году́ они́ да́же встреча́ли Но́вый год до́ма. Вме́сто шампа́нского они́ пи́ли сок и молоко́, а в де́вять часо́в Вале́рке уже́ захоте́лось спать.

Ско́ро Но́вый год. Ве́ра и Анто́н хоте́ли бы пойти́ в го́сти. Но ну́жно бу́дет с ке́м-нибудь оста́вить Вале́рку. Их сосе́д Васи́лий Никола́евич сказа́л:

— Позвони́те в бюро́ до́брых услу́г.

— Куда́?

— Как!? Вы не зна́ете, что тако́е бюро́ до́брых услу́г? Позвони́те туда́ и скажи́те, что у вас есть ма́ленький ребёнок и вы хоти́те ве́чером пойти́ в теа́тр и́ли в го́сти. Придёт де́вушка и́ли пожила́я же́нщина, и вы оста́вите с ней Вале́рку.

— Пра́вда? Прекра́сно! Е́сли бы мы зна́ли об э́том ра́ньше! Ве́рочка, мы идём в го́сти встреча́ть Но́вый год!

о-ставл-**я́й** + / о-ста́в-и-ть *кого́ / что* to leave
не так, как
идти́ в го́сти to go visiting, calling
в сле́дующий раз
при-вык-**а́й** + / при-вы́к-(ну)-ть (привы́к) to get used to
встреч-**а́й** + Но́вый год to see in the New Year

вме́сто *чего́* instead of
шампа́нское
молоко́ milk
бюро́ до́брых услу́г *literally* bureau of good services (domestic services bureau) (**бюро́** *indecl.*)
Пра́вда? Is that so?

ДАВАЙТЕ ПОГОВОРИМ:

Мы встреча́ем Новый год

— С Новым годом, Лариса!
— И вас тоже, Анна Петровна!

— Давай пригласим на Новый год Олега.
— Ему будет ску́чно с на́ми.
— А мы пригласим ещё Таню. Будем танцевать, слушать музыку, всем будет ве́село. Купим фрукты, торт, буты́лку шампа́нского.
— Ну что ж, давай встреча́ть Новый год вместе с Олегом и Таней.

— Я слушаю!
— Позови́те, пожалуйста, Олега к телефону.
— Да!
— Олег? Здравствуй, это Наташа.
— Здравствуй, Наташа.
— Олег, где ты встреча́ешь Новый год?
— Я ещё не реши́л. А что?
— Мы хотим встреча́ть Новый год дома. Приходите к нам вместе с Таней.
— Спасибо. Придём обяза́тельно.

— Здравствуй, Вера. С пра́здником! Где вы будете встреча́ть Новый год?
— Мы ещё не реши́ли. Нужно ведь с ке́м-нибудь оста́вить нашего сына. Наверно, будем встреча́ть Новый год дома.
— А мы собира́емся встреча́ть Новый год в ресторане. Ваня уже заказа́л стол. Будет орке́стр, будем танцевать, надеюсь, будет очень ве́село. Вы с Антоном мо́жете пойти с нами, если хотите.
— Мы можем пойти, если кто́-нибудь оста́нется с Вале́ркой.
— Вы бы позвони́ли в бюро́ до́брых услу́г. Придёт девушка или пожилая женщина, с которой мо́жно будет оста́вить Вале́рку.
— Да? Это прекрасно! Почему мы са́ми об этом не подумали?
— Значит, пойдёте! Я очень ра́да. Мы встре́тимся в ресторане в полови́не восьмого.

В гостя́х

— Вам чёрный кофе или с молоко́м?
— Бу́дьте добры́, чёрный.
— Вам с са́харом?
— Да, с са́харом. Спасибо.
— Иван Иванович, а вам, как всегда, чаю?
— Конечно.
— Бери́те, пожалуйста, торт.
— Спасибо.

Да! = Слушаю! (*по телефону*)
со-бир-а́й + ся + *инфинитив* = хоте́ть to plan to
встреч-а́й + ся / встре́т-и-ть-ся *с кем* to meet (encounter, gather)

орке́стр
в гостя́х
бу́дьте добры́ = пожалуйста
са́хар sugar

— Вы лю́бите ры́бу?
— Не о́чень. Лу́чше я возьму́ мя́со.
— Возьми́те ещё сала́т.
— Спаси́бо, возьму́ обяза́тельно.

В кафе́

— Мы не зна́ем, что́ взять. Вы не помо́жете нам?
— Я вам сове́тую взять борщ. И ещё у нас сего́дня вку́сное мя́со.
— Пожа́луй, мы так и сде́лаем. Да́йте нам, пожа́луйста, сала́т, борщ, мя́со и ко́фе с молоко́м. Да, и ещё пиро́жное.

— Я так хочу́ есть!
— Тогда́ пойдём в э́то кафе́. Я сам хоте́л бы вы́пить что́-нибудь.

— Скажи́те, пожа́луйста, э́ти места́ свобо́дны?
— Свобо́дны, сади́тесь, пожа́луйста.
— Спаси́бо.
— Прия́тного аппети́та!

Упражне́ния

25.9 — Дава́й пригласи́м на Но́вый год *Лари́су*.
— *Ей* бу́дет ску́чно.
— А мы пригласи́м ещё *Оле́га*.
— Ну что ж, дава́й.

(Аня, Ви́ктор; Анто́н, Ве́ра; Ма́ша, Макси́м; Га́ля и Та́ня, Ко́ля и Бо́ря)

25.10 — *Зи́на*, где вы встреча́ете Но́вый год?
— Я ещё не реши́ла, а что?
— Я хочу́ пригласи́ть вас встреча́ть Но́вый год в рестора́не.
— С удово́льствием.

(Та́ня, Вади́м, Ве́ра, Ви́ктор)

25.11 — С кем Лари́са пойдёт на конце́рт?
— *Я не зна́ю. Мо́жет быть*, с Ви́ктором.
— С кем Ива́н Ива́нович бу́дет игра́ть в ша́хматы?
— ..., с сы́ном.

сала́т
по-мог-а́й + / по-мо́г-ут (помо́чь)
борщ *soup with beets, cabbage, etc.*
пожа́луй perhaps (you're right)
пиро́жное pastry

хоте́ть есть / пить to be hungry, thirsty
свобо́д(е)н free, unoccupied, vacant
Прия́тного аппети́та! Bon appétit! I hope you enjoy your meal.

— С кем Зина говорит по телефону?
— ..., с мамой.
— С кем Максим идёт в школу?
— ..., с сестрой.

25.12 — Вам *чёрный кофе* или *с молоком*?
— Бу́дьте добры́, *чёрный*.
— Вам с са́харом?
— Да, с са́харом.

(чай или чёрный кофе; молоко́ или чай)

25.13 — Вам какой ряд, восьмой или восемнадцатый?
— *Бу́дьте добры́*, восьмой. А какой это сеанс?
— В восемь часов, через пятнадцать минут.

— Вы хотите купить марку?
— ..., две марки, мне нужно отпра́вить два письма.
— А конве́рты?
— ..., и два конве́рта.

— Вы реши́ли, какую книгу вы возьмёте?
— ..., эту, о Левита́не.
— Пожалуйста.

25.14 — Что вы мне советуете заказа́ть?
— Я советую вам взять рыбу. Она сегодня очень вкусная.
— *Пожа́луй, я так и сделаю.* Дайте мне, пожалуйста, рыбу.

— Что вы мне советуете купить?
— Вот очень хорошая книга о Чайко́вском.
— ... Дайте мне эту книгу, пожалуйста.

— Какой фильм вы мне советуете посмотреть?
— Говоря́т, что очень хороший фильм «Степь».
— ... Интересно, есть ли ещё билеты на сегодня?

25.15 — Говоря́т, что завтра приедет из Новосибирска Олег.
— *Правда? Я очень рад.*
— Говоря́т, что на нашей улице ско́ро будет кинотеатр.
— ...
— Говоря́т, что Лена сдала́ экза́мены в МГУ.
— ...

25.16 1. Сколько часо́в вы обычно спи́те но́чью? Когда вы обычно ложи́тесь спать? А когда вы обычно встаёте?
2. Вы часто ходите в кино, в театр, на конце́рты? Вы часто ходите в го́сти? К кому вы ходите в го́сти?
3. Как вы обычно встреча́ете Новый год? Где? Как вы собира́етесь встреча́ть Новый год в этом году́?

25.17 Word Study

вме́сто — ме́сто
гость — guest
молоко́ — milk
о-ставл-я́й + / о-ста́в-и-ть — вста-ва́й, сто-я́-ть
са́хар — saccharin, sugar
сп-а-ть — sleep, soporific

Новые слова и выражения

аппети́т
    Прия́тного аппети́та!
борщ
бу́дьте добры́
буты́лка
бы
бюро́
    бюро́ до́брых услу́г
вино́
вме́сто
встреч-а́й +
    встреча́ть Новый год
встреч-а́й + ся
    встре́т-и-ть-ся
гость m.

идти́ / пойти́ в го́сти
    быть в гостя́х
Да! (по телефо́ну)
есть: хоте́ть есть
крова́ть
лож-и́-ть-ся
молоко́
-нибудь
Новый год: С Новым
    го́дом!
орке́стр
о-ставл-я́й +
    о-ста́в-и-ть
пиро́жное
пить: хоте́ть пить

пожа́луй
полови́на
    полови́на пе́рвого
    в полови́не второ́го
по-мо́г-ут (помо́чь) p.
Пра́вда?
пра́здник
    С пра́здником!
при-вы́к-а́й + / при-
    вы́к-(ну)-ть
раз: в сле́дующий раз
сала́т
сам
са́хар
свобо́д(е)н

смотр-ѐ-ть / по- на
со-бир-а́й + ся + инфи-
    нити́в
сп-а-ть
    хоте́ть спать
    ложи́ться / лечь спать
    положи́ть спать
так: не так, как...
-то
торт
часы́
шампа́нское

Вале́рий, Вале́рка

УРОК-ПОВТОРЕНИЕ V (УРОКИ 21-25)

You now know the complete singular declension of nouns, pronouns, and modifiers:

Nouns

Nom.	*кто, что*	монтёр	каранда́ш	письмо́	и́мя	арти́стка	дочь
Acc.	*кого́, что*	монтёра	каранда́ш	письмо́	и́мя	арти́стку	дочь
Gen.	*кого́, чего́*	монтёра	карандаша́	письма́	и́мени	арти́стки	до́чери
Prep.	*о ком, о чём*	о монтёре	о карандаше́	о письме́	об и́мени	об арти́стке	о до́чери
Dat.	*кому́, чему́*	монтёру	карандашу́	письму́	и́мени	арти́стке	до́чери
Instr.	*кем, чем*	монтёром	карандашо́м	письмо́м	и́менем	арти́сткой	до́черью

Notes:

(1) Feminine nouns in **-ь** have the same forms for genitive, prepositional and dative.
(2) Feminine nouns have the same forms in prepositional and dative.
(3) Nouns with stem ending in **-й** [y] (i.e., nouns in **-ий, -ия, -ие**) have the prepositional ending spelled **-и**: Вале́рии, упражне́нии, консервато́рии.
(4) A few short masculine nouns have special locational forms: в году́, в лесу́, в ряду́, в саду́.
    You know the indeclinable nouns **фойе́, бюро́** and the noun **часы́,** which has no singular form.
    You know the adjectives used as nouns **моро́женое, пиро́жное, шампа́нское.**
    You know the plurals of nouns which have the suffix **-ин:** англича́н-ин — англича́н-е, армя́н-ин — армя́н-е, тата́р-ин — тата́р-ы.
    You know that non-Russian surnames do not change for feminine or plural: **Ася Суре́новна Акопя́н, Ара́м и Ася Акопя́н.**

Pronouns

Personal Pronouns and Reflexive Pronoun

Nom.	я	ты	он	оно́	она́	мы	вы	они́	—
Acc.	меня́	тебя́	его́	его́	её	нас	вас	их	себя́
Gen.	меня́	тебя́	его́	его́	её	нас	вас	их	себя́
Prep.	обо мне	о тебе́	о нём	о нём	о ней	о нас	о вас	о них	о себе́
Dat.	мне	тебе́	ему́	ему́	ей	нам	вам	им	себе́
Instr.	(со) мной	(с) тобой	(с н)им	им	(с н)ей	(с) нами	(с) вами	(с н)ими	(с) собой

You know the use of the reflexive pronoun **себя:**

Как вы **себя** чу́вствуете?
Мари́на **у себя** в комнате.
Са́ша думает только **о себе.**
Ми́ша купил **себе** новый телевизор.
Мы всегда берём **с собой** детей, когда идём в похо́д.

You know the emphatic pronoun **сам:**

Сам профессор Серге́ев нам рассказал об этом.
Бабушка положила Машу спать, а **сама́** начала смотреть телевизор.
Мы **са́ми** не знаем, куда он пошёл.

You know the mutual pronoun **друг дру́га:**

Они часто видят **друг дру́га.**
Они часто бывают **друг у дру́га.**
Они всё время думают **друг о дру́ге.**
Они часто звоня́т **друг дру́гу.**
Они уже знако́мы **друг с дру́гом.**

Adjectives and Special Modifiers (*Remember the spelling rules!*)

	Masc. Anim.	Masc. Inanim.	Neut.
Nom.	-ЫЙ (-ОЙ)	-ЫЙ (-ОЙ)	-ОЕ

люби́мый, родно́й, ли́шний, большой, хоро́ший, русский, мой, ваш, один, этот, весь — люби́мое, родно́е, ли́шнее, большое, хорошее, русское, моё, ваше, одно, это, всё

Acc.	like Gen.	like Nom.	like Nom.
Gen.	-ОГО	-ОГО	-ОГО

люби́мого, родно́го, ли́шнего, большого, хорошего, русского, моего, вашего, одного, этого, всего

Prep.	-ОМ	-ОМ	-ОМ

люби́мом, родно́м, ли́шнем, большом, хорошем, русском, моём, вашем, одном, этом, всём

Dat.	-ОМУ	-ОМУ	-ОМУ

люби́мому, родно́му, ли́шнему, большому, хорошему, русскому, моему, вашему, этому, всему

Instr.	-ЫМ	-ЫМ	-ЫМ

люби́мым, родны́м, ли́шним, большим, хорошим, русским, моим, вашим, одним, этим, всем

	Fem.
Nom.	-АЯ

люби́мая, родна́я, ли́шняя, большая, хорошая, русская, моя, ваша, одна, эта, вся

Acc.	-УЮ

люби́мую, родну́ю, ли́шнюю, большую, хорошую, русскую, мою, вашу, одну, эту, всю

All others	-ОЙ

люби́мой, родно́й, ли́шней, большой, хорошей, русской, моей, вашей, одной, этой, всей

You know the new short-form adjectives **рад, бо́л(е)н, дово́л(е)н, здоро́в, знако́м, согла́с(е)н, свобо́д(е)н, (бу́дьте) добры́.**

You know that in compound ordinal (adjective) numerals only the last component is an adjective in form and declines: два́дцать тре́тье ма́рта, два́дцать тре́ть**его** ма́рта.

Language and Nationality

You know the use of the nouns, adjectives and adverbs of nationality and language, and the expression **Кто ... по национа́льности?** Он **русский**/Она **русская. Русский язык** его родно́й язык. Он знает **русский язык.** Он понимает **по-русски.**

Case Usage

You know the following new uses of cases:

Accusative:
With the preposition **за** (= 'in exchange for'): Я заплати́л два рубля́ **за** эту ру́чку.
With the preposition **на:** Вадим поехал в Ленинград **на** неделю.

Genitive:
With additional prepositions: **из, с, от, во время, до, кроме, после, для, вместо.**

Instrumental:
To express instrument of action: писа́ть карандашо́м/ру́чкой.
With the preposition **с** (= 'with, accompanied by'): говорить **с** арти́стом. With this preposition in the formation of compound subjects: **Мы с женой** часто ходим на конце́рты.
With the preposition **за** (= 'for, to get'): Я ходил в киоск **за** газетой.
With certain verbs: Лариса **работает** стюарде́ссой. Её **считают** хорошей стюарде́ссой. Она **считается** хорошей стюарде́ссой.

Verbs

You know how to express "unreal conditions" with the conditional mood: **Если бы** мне да́ли о́тпуск, я **бы** поехал отдыхать на юг.

You now know three uses of multidirectional verbs (**ходить, е́здить**):

(1) general motion with no reference to direction or time: Я очень люблю **ходить.** Их маленький сын ещё не **ходит.**

(2) a single round trip (in the past tense only): Утром я **ходил** на пляж.

(3) multiple round trips: Два ра́за в год мы **е́здим** в Суздаль. Максим уже **ходит** в детский сад.

You know the set of verbs dealing with body location: **ложи́ться / лечь** *куда* ~ **лежа́ть** *где*.
You know the verbs of learning / studying:

В этом году́ я **изуча́ю / учу́** русский язык.
В этом году́ Миша **у́чится** в ПТУ.
В школе Нина всегда **учи́лась** хорошо.
Где вы так хорошо **научи́лись** говорить по-русски?
Я всегда **занима́юсь** в библиотеке.

You know two verbs which lose the suffix -ну- in the past tense: **пога́снуть — пога́с** (Пога́с свет); **привы́кнуть — привы́к** (Мы ещё не **привы́кли**·всё время остава́ться дома.)
You know the verbs **от-кро́й + (ся)** (открыть(ся)), **сп-а-ть** (спят), **мо́г-ут** (мочь) / с-, **по-мо́г-ут** (помо́чь), **ПЬ +** (пить), **ЕД +** есть (ем, ешь, ест, еди́м, еди́те, едя́т) / съ- and поесть.
You know the special constructions used with the verbs **звон-и́-ть** *куда*, *кому*, **говори́ть** *с кем*, **поздравля́ть / поздра́вить** *кого с чем*, **смотре́ть / по- в / на что**, **собира́ться + инфинити́в**.
You know the agreement of the verb **быть** in equational sentences such as: Кто **бы́ли** ваши родители? Он жил в детском доме, и это **бы́ли** его дом и семья.

The Particles -нибудь and -то

You know the use of the suffixed particles **-нибудь** to express indefiniteness and **-то** to express something definite but undefined:

— **Кто-нибудь** звони́л, когда меня не было? — Да, **кто-то** звони́л.
— Ты мне **что-нибудь** купи́л в Москве? — Я тебе **что-то** купи́л.
— Нина **что-то** читает. — Она всегда **что-нибудь** читает.
— Мама **что-то** готовит. — Наве́рно, **что-нибудь** очень вкусное.
— У Олега есть **каки́е-нибудь** словари́? — Да, у него́ есть **каки́е-то** словари́.

Impersonal Expressions

You know the additional impersonal predicate adverbs and the use of such predicate adverbs with infinitives: **мо́жно, нельзя́, ве́село, ску́чно** (смотреть футбол).
You know the impersonal verb (*кому*) **повезло́.**
You know how to express non-existence or absence in the past and future: Ничего **не было** на столе. Вадима **не будет** сегодня на работе.

Prepositions and Conjunctions

You know the three series of prepositions to express direction *отку́да*: **из, с, от;** *где*: **в, на, у;** *куда*: **в, на, к.**
You know the use of **чтобы** = 'in order to': Я позвони́л вам, **чтобы** сказать, что меня сегодня не будет на работе. You know that **чтобы** may be omitted only when it follows going verbs: Мама пошла в магазин покупать вино́ и фрукты.

Numerals

You know how to express decimal numbers: **У меня температу́ра, 38,3 (три́дцать восемь и три).**

Time Expressions

You know the names of the months and the manner of expressing dates:

— Какое сегодня число́? — Сегодня **пятое ма́я.** (5.05)
— Како́го числа́ вы приехали в Москву? — **Два́дцать тре́тьего сентября́.** (23.09)

You know how to express duration of time and intended or resultant time:

Мы были на юге **три неде́ли.** Мы поехали на юг **на три неде́ли.**
Я купил билеты **на за́втра.** Дайте нам два билета **на 21 час.**

You know the divisions of the day: **утром, днём, вечером, но́чью** (but **в 5 часо́в утра́,** etc.). You also know the twenty-four hour clock: Сеа́нс начинается **в 20 часо́в.**
You know how to express time on the half hour: Сейчас **полови́на первого** (12.30). Лекция начнётся **в полови́не второго** (13.30).
You know the additional time-related expressions: **ещё раз, в сле́дующий раз, каждый раз, сра́зу, в наше время, До вечера.**

You know a number of expressions connected with illness (cf. Lesson 22) and with the post office (cf. Lesson 23). You know additional expressions of taking leave: **Всего хорошего!, Спокойной ночи!, До вечера.** You know additional ways of answering the phone: **Алло!, Да!** You know how to express holiday greetings: **С праздником!, С Новым годом!** When Russians join persons already eating or when they begin to eat they say: **Приятного аппетита!**

УПРАЖНЕНИЯ

Review of Declensions

1. *Complete the sentences with appropriate forms of words given in parentheses.*

1. Наши (дочь) уже давно знакомы с (этот способный молодой архитектор), (который) сделал проект (наше новое профессионально-техническое училище). 2. В (этот большой букинистический магазин) я заплатил только (2 руб. 31 коп.) за (эта редкая книга) по (современная музыка). 3. Эти (англичанин и американец) хорошо говорят по-русски, потому что они учились в (один очень хороший институт) в Москве. 4. В этом буфете нет (мороженое). 5. Танечка пошла в (новый магазин), (который) находится недалеко от (наш дом), за (белый хлеб и молоко). 6. Почему ты написал (эта работа) не (чёрная ручка), а (красная)? 7. Вадим (весь вечер) танцевал с (одна красивая студентка), (который) учится в (строительный институт). 8. Мама дала Максиму стакан (холодное молоко), а сама выпила чашку (горячий кофе) с (молоко и сахар). 9. Все считают (эта эстонская девушка), (который) учится на (исторический факультет), (очень красивая). 10. В (этот современный кинотеатр) есть буфет, в (который) можно купить (мороженое) или стакан (сок) до (начало) (сеанс). 11. — Какое сегодня число? — Сегодня (3 ноябрь). — А (какое число) вернутся с (север) Соколовы? — Они писали, что они вернутся (12 декабрь). 12. Из (бюро добрых услуг) пришла (пожилая женщина), с (который) мы оставили на (весь день) (наш маленький сын). 13. Лариса поехала в (дом отдыха) на (неделя), но (она) там так понравилось, что она отдыхала там (2 недели). 14. — Вы не знаете, какой у (он) (родной язык)? — Он по (национальность) (русский), но хорошо говорит (английский) и часто покупает книги на (английский язык). 15. — Вера, сколько сейчас времени? — Подожди (одна минута), я сейчас посмотрю на (часы). — Сейчас 8 (час). — Когда мы идём к (наша тётя)? — В (8.30). 16. — Я сейчас пойду в киоск за («Вечерняя Москва» и «Огонёк»). 17. В киоске не было ни («Вечерняя Москва»), ни («Огонёк»). 18. Любовь Ивановна с (дочь) часто ходит в (книжный магазин «Дружба») на улице (Горький). 19. Мы вчера были в (Большой театр). У нас были очень (хорошие места) — в (седьмой ряд). 20. У меня нет (красная ручка). Ты не дашь мне (свой) (красная ручка)? 21. Мой сын очень болен, и врач хочет положить (он) в (больница). 22. — Я сейчас иду на (почта) покупать марки для (моя коллекция). — Когда ты будешь на (почта), купи мне, пожалуйста, два (конверт) для (международное письмо). Нет, знаешь, я лучше пойду с (ты). Я (целый день) сижу дома, (я) хорошо бы немного походить. — Если хочешь пойти со (я), поспеши: почта работает только до (8.30). 23. — С (кто) это ты разговаривал так долго на улице? — С (наш новый сосед Алёша). Оказывается, он из (Академгородок). 24. — Вадим вернулся из (Киев) вчера (вечер)? — Нет, сегодня, в 5 (час) (утро). 25. Я всегда занимаюсь в (эта большая новая библиотека).

2. *Заполните пропуски* (себя ~ сам).

1. Мы всегда берём с ... детей в похо́ды. 2. ... Мария Петровна рассказала нам об этом. 3. Родители положили дете́й спать, а ... начали смотреть телеви́зор. 4. Галина Васильевна была дома одна и приготовила ... только суп и чай. 5. В своём письме Оля пи́шет только о ... и о своей семье. 6. ... Евгений Мрави́нский дирижи́ровал! 7. Я слышал, что вы не совсем здоро́вы. Как вы ... чу́вствуете сегодня? 8.—Где Нина?—Она занимается у ... в комнате.

3. *Заполните пропуски* (друг дру́га).

1. Почему Нина и Лена так часто звоня́т... ? 2. Эти молодые люди работают вместе, но вечером они всё равно часто бывают ... . 3. Вадим и Лариса всё время думают ... . 4. Эти ма́льчики всегда помогают ... , когда они готовят уроки.

4. *Заполните пропуски* (-то ~ -нибудь).

1.—Где Коля?—Он почему-... не мог прийти сегодня. 2. Вы когда-... читали «Войну́ и мир»? 3.—Кто-... приходил, когда мы были на занятиях?— Да, приходили какие-... молодые люди.—Это, наверно, кто-... из института. 4.—У тебя есть, может быть, какая-... ме́лочь?—Да, вот. десять копе́ек. 5. У меня на стуле лежа́т какие-... вещи. Может быть, это ваши вещи? 6. Вы куда-... е́здили отдыхать в этом году́? 7.—Где папа?—Он куда-... поехал с Петро́м Васильевичем. 8.—Что делает Оля?—Она что-... читает.—Она всегда что-... читает. Она бы гуляла больше. 9. Когда Вера и Антон хотят пойти в го́сти, они должны каждый раз оставля́ть с кем-... своего ребёнка. 10. Если будешь на по́чте, купи мне какие-... коллекцио́нные ма́рки.

5. *Заполните пропуски* (ходить ~ идти/пойти).

а. 1.—Ваша дочь ещё ... в школу?—Нет, она уже учится в консервато́рии. 2.—Вот ... Ка́тя и Ва́ля.—А куда же они ...? Я думала, что они всё утро дома. 3. Каждую субботу Василий Николаевич ... к соседу играть в ша́хматы. 4.—Куда вы сейчас ... ?—Я ... в кассу покупать билеты на новый францу́зский фильм. 5.—Где Ира?—Она ... в библиотеку за книгой. 6. Их дочери только одиннадцать месяцев, но она уже ... . 7. Максиму только шесть лет, и он ещё ... в детский сад. Но о́сенью ему будет семь лет и он ... в школу. 8. Галина Васильевна больна́, и она сегодня ... в поликли́нику к врачу́. 9. Любо́вь Ивановна очень лю́бит ... и почти́ всегда ... на работу пешком.

б. (е́здить ~ ехать/по-)

1. В этом году́ мы ... отдыхать в Эсто́нию. 2.—Где твой папа?—Он ... на три недели в Ленинград. 3.—Где вы были в воскресенье?—Мы ... в деревню к моей матери. 4. Смотри, Маша, вот ... на троллейбусе наш сосед Василий Николаевич. 5. Два раза в год мы ... в Ки́ев к нашей дочери.

6. *Заполните пропуски* (ложи́ться/лечь ~ лежа́ть).

1. Очень прошу тебя, не ... на эту крова́ть! 2. Мама очень устала и ... на дива́н на пять минут. 3.—Вы слышали, что Серёжа уже две недели ... в больни́це?—Нет, я не слышал. А когда он ... в больни́цу? 4. Лариса плохо себя чу́вствовала и весь день ... в крова́ти. 5. Наши дети всегда ... спать в полови́не девятого. 6. Что это ... на моём столе?

УРОК № 26 (ДВАДЦАТЬ ШЕСТЬ) — ДВАДЦАТЬ ШЕСТОЙ УРОК

— **Кем будет** ваш сын? — Он хочет стать **музыкантом.**
Они живут в **разных городах.**
На работу я всегда **еду** на трамвае, а домой я часто **иду**
пешком.
Пётр Васильевич с удовольствием **слушал, как пел** молодой артист.

Фонетика:

Read p. 45 concerning unaccented **a** after soft consonants (except in grammatical endings).

Слушайте и повторяйте!

язык ... январь ... часы ... в первом ряду ... девять ... десять ... месяц ... площадь ... Чайковский ... объявить ... армянин ... начала ... начался ... в октябре ... в ноябре ... самодеятельность

Интонация:

Read p. 55 concerning the intonation of polite requests.

Слушайте и повторяйте!

Входите! ... Садитесь! ... Приходите к нам! ... Слушайте! ... Подождите!
Помогите! ... Скажите, пожалуйста! ... Простите!

— Ваш сын студент?	о ком/чем		
— Да.			
— **Кем** он **будет,** когда кончит институт?	о	новых хороших моих ваших	журналах портфелях книгах письмах
— Инженер**ом**-строител**ем.**	об обо	этих всех	увлечениях дочерях
— Ваша сестра учится в институте?			
— Да, но скоро она кончит институт и **станет** врач**ом.**			

Кто он?	Антон		врач.
Кем он будет?	Антон	будет	врачом.
Кем он был?	Антон	был	врачом.

Утром я всегда спешу и **еду** на работу на метро, но вечером я обычно **иду** домой пешком.

инженер-строитель   станов-и-ть-ся / стан-ут (стать) кем / чем to become

364

Я всегда **éзжу** на работу на троллейбусе, а моя жена работает недалеко и всегда **ходит** пешком.

Мы с большим удовольствием **слушали, как** Миша **исполнял** концерт Чайковского.

Бабушка сидела во дворе и **смотрела, как играли** дети.

У меня к вам прóсьба. Когда вы будете в Москве, купите мне, пожалуйста, **одну** книгу.

— Кто вы по специáльности? — Я инженер-строитель.

Два рáза в год сестра Анны Петровны приезжáет с Дáльнего Востóка в Москву. А брат Анны Петровны работает на зáпаде страны́, в Эстóнии.

Соседи весь вечер задавáли Олегу вопросы о его работе в Новосибирске.

Антон и его млáдший брат. Антон — стáрший брат. Виктор — млáдший брат.

Она крановщи́ца.·

Это вокзáл.

Это вагóн.

Это спрáвочное бюрó.

Это кáсса вокзáла.

Это пóезд.

ГРАММАТИКА И УПРАЖНЕНИЯ

26.1 The Instrumental Case as Complement of *to be*, *to become*

— **Кем будет** ваш сын, когда кончит институт? — Инженером-строителем.

прóсьба — проси́ть: У меня к вам прóсьба.
од(и)н a / an, a certain
специáльность occupation;
  Кто (вы) по специáльности?
при-езж-áй + / приéхать
востóк (на) east
Дáльний Востóк Far East
зáпад (на) west
за-да-вáй + / за-дáть (зàдал) вопрóс(ы) to ask question(s)

странá country (nation)
млáдший younger / youngest
стáрший ≠ млáдший
кранов-щи́к / -щи́ца crane operator
вокзáл (на) train station (terminal)
вагóн (train) car
пóезд (*pl.* -á) train
спрáвочное бюрó information office / booth
кáсса ticket office

— **Кем был** ваш отец?—Геоло́гом.

Когда наша дочь кончит институт, она **ста́нет** врачо́м.

Кем стано́вятся молодые люди, которые кончают этот институт?

In Russian equational sentences one frequently uses the instrumental case instead of the nominative case for the complement of the verb **быть** in the *past* and *future* tenses. With verbs meaning 'to become' (which include the verb **быть** when a change of status is implied) the instrumental should *always* be used in all tenses.

Although the student may sometimes see other usage in his reading, the following guidelines should be used in one's own speaking and writing:

(1) Remember that in the *present* tense of **быть** the *nominative must* be used: Антон—врач.

(2) With the infinitive the *instrumental must* be used: Антон говорит, что интересно **быть** врачо́м.

(3) In the future tense use the instrumental: Сын Антона тоже **будет** врачо́м.

(4) In the past tense the instrumental is most frequently used, but the nominative may be used of permanent status. But of *nationality* one *must* use the nominative: Отец Антона **был** врачо́м. Отец Антона **был** русский.

Remember that in Russian one must always use **кто** of animates, even though we use 'what' when speaking of occupations in English: **Кем** вы будете, когда кончите университет? '*What* will you be when you graduate from the university?'

Упражнения 26.1

a.

Максим хочет быть   Оля скоро будет   Коля был   Нина будет

б. *Образец*: — Максим будет шофёром.—*Кем будет Максим?*

1. Нина будет учительницей. 2. Миша будет музыка́нтом. 3. Ира будет математиком. 4. Валерий будет геологом. 5. Боря будет инженером-строителем.

в. *Образец*: Отец Максима—шофер.—*Его дедушка тоже был шофёром. Наверно, и Максим будет шофёром.* (*Or use* бабушка *where appropriate.*)

1. Отец Воло́ди—врач. 2. Мать Нины—учительница. 3. Мать Лены—арти́стка. 4. Отец Ми́ши—музыка́нт. 5. Отец Бо́ри—компози́тор. 6. Отец Коли—дирижёр. 7. Мать Гали—крановщи́ца. 8. Мать Ка́ти—математик. 9. Отец Саши—физик. 10. Мать Тани—стюарде́сса.

г. *Образец*: Иван Иванович—шофёр.—*Он надеется, что его сын тоже будет шофёром.* (*Or use* дочь *where appropriate.*)

366

1. Николай Петрович—строитель. 2. Вера Па́вловна—геолог. 3. Михаи́л Петрович—архите́ктор. 4. Вадим Серге́евич—диктор. 5. Вера Петровна—кра-новщи́ца. 6. Ирина Алексе́евна—инженер-строитель. 7. Па́вел Николаевич—арти́ст. 8. Михаи́л Иванович—монтёр. 9. Юрий Серге́евич—преподаватель.

д. *Заполните пропуски.*

1. Если вы хотите стать ... , поступи́те в педагоги́ческий институт. Там учатся будущие учителя́. 2. Если вы хотите стать ... , поступи́те в консер-вато́рию. Там учатся будущие дирижёры. 3. Если вы хотите стать ... , поступи́те в театра́льный институт. Там учатся будущие арти́сты. 4. Если вы хотите стать ... , поступи́те в строи́тельный институт. Там учатся будущие инже-неры-строители. 5. Если вы хотите стать ..., поступи́те на физи́ческий фа-культет. Там учатся будущие физики.

26.2 The Prepositional Plural Declension

Виктор и Курт теперь живут в ра́зн**ых** города́**х**.
Василий Николаевич покупает книги на английском и немецком язык**ах**.
Зимой мы каждую субботу идём в поход на лы́ж**ах**.

The prepositional plural ending for nouns of *all genders* is -АХ (spelled **-ах/-ях**). Remember to form prepositional plurals from the nominative *plural*, not singular!
For modifiers the ending is -ЫХ (spelled **-ых/-их**—cf. о **них**). As in other forms, **в(е)сь** has **е** where one would expect **-ы/и**.

Упражне́ние 26.2. *Complete the sentences with appropriate forms of words given in parentheses.*

1. Расскажи́те нам о (ваши впечатле́ния) о Да́льнем Восто́ке. 2. Теперь Курт и Виктор живут в (ра́зные города́), далеко друг от дру́га, но сейчас Виктор в (го́сти) у Курта в Эсто́нии. 3. Расскажи́те, пожалуйста, о (ваши дела́) на заводе. 4. Я часто вспомина́ю о (наши занятия) в университете у профессора Никола́ева. 5. Что пишут сегодня в («Известия»)? 6. Врач долго говорил обо (все лека́рства), которые я должен буду принима́ть по́сле опе-ра́ции. 7. Джон долго нам рассказывал о (симпати́чные москвичи), с которыми он познако́мился. 8. Дети с удовольствием рассказывали бабушкс о (детские мультфи́льмы), которые они видели сегодня утром. 9. Все студенты рассказы-вали друг дру́гу о (свой) (увлече́ния). 10. Вы слышали о (новые стихи), которые Витя написал вчера? 11. В (свой) (пи́сьма) Джон очень интересно рассказывает обо (все американские города́), в (который) он был. 12. Николай Па́влович лю́бит говорить о (свой) (дочери), которые теперь работают строите-лями на Да́льнем Восто́ке. 13. Больше всего Нина Николаевна любит рассказы-вать о (свой) (ста́ршие сыновья́), которые теперь работают в Ленинграде. 14. Наверно, все родители лю́бят говорить о (свой) (дети). 15. Мэри пишет обо (все интересные люди), с которыми она встре́тилась в Советском Союзе.

26.3. Утром я еду на работу на автобусе, а вечером иду домой пешком.

Remember that multidirectional verbs indicate motion in more than one direction. Therefore they can indicate round trips in such sentences as:

В воскресенье мы **ездили** в Суздаль (= были в Суздале).

Каждый день Саша **ходит** на завод на работу (= бывает на заводе на работе).

In these sentences both parts of the trip, there and back, are covered by the one verb. If the various parts of a trip are described separately, using different verbs, as in the heading of this section, then of course *unidirectional* verbs must be used. Each verb now refers only to a specific portion of a complex trip.

Упражнение 26.3. *Заполните пропуски* (∧ = ходить ∼ идти / пойти, ⊙ = ездить ∼ ехать / по-).

1. Утром я всегда ⊙ на работу на трамвае, а домой обычно ⊙ на метро. 2. Вчера мы ∧ в кинотеатр пешком, но когда мы вы́шли из кино, шёл дождь, и мы ⊙ в кафе на такси. 3.—Где вы были утром?—Мы ∧ в «Детский мир» покупать дочери новое пальто. 4. Летом мы часто ⊙ в деревню к бабушке и дедушке. 5. В воскресенье мы ∧ в похо́д на лы́жах, но вдруг Галя почу́вствовала себя плохо, и мы вернулись в город на по́езде. 6.—Ваша дочь уже ∧ в школу?—Да, ей уже 7 лет. 7. Обычно дети ∧ в школу пешком, но если погода очень плохая, они ⊙ на автобусе. 8. Сегодня утром я ⊙ на работу на троллейбусе, но по́сле работы я реши́л ∧ домой пешком. 9.—Где вы были вчера вечером?—Мы ∧ в наш клуб на конце́рт худо́жественной самоде́ятельности. 10.—Где ты была всё утро?—Сначала я ⊙ в кни́жный магазин «Дру́жба», а отту́да я ∧ в кни́жный магазин на Пу́шкинской улице. Потом я ∧ в «Детский мир», чтобы купить детские брюки и рубашки для Максима. Там я встре́тилась с Верой, и мы ∧ в кафе обедать. Потом я при-⊙ домой на метро.

26.4 Constructions with Verbs of Perception

Мы с удовольствием **слушали, как** Ми́ша **исполня́л** конце́рт Чайко́вского.

After verbs of perception ('hearing', 'seeing', etc.) English generally uses a direct object of the person(s) observed, followed by a verb form in '-*ing*' or an infinitive (used without 'to'). Note that with the verbs of *active* perception **слушать** and **смотреть** in Russian only a clause introduced by **как** can be used. You have previously seen the verbs of *passive* perception **слышать** and **видеть** used in a similar construction with **что**: Мы **видели, что** наши знако́мые беру́т в похо́д детей. Мы **слышали, что** кто-то поёт в фойе. This construction is closer to the English 'We saw / heard (the fact) that...' With these same two verbs one can also use **как**. The result is to stress more what was observed and not just the mere fact that something was occurring.

Вы **видели, как** Шура **играет** в хоккéй? Молодец!	*Have* you *seen* Shura *play* hockey? He's great!
Мы **слышали, как** Вера **пела** русские песни вчера вечером.	We *heard* Vera *singing* Russian songs yesterday evening.

Упражнение 26.4. *Переведите с английского языка на русский.*

1. We sat in the park for a long time and watched the children playing soccer. 2. When we studied at the institute we saw that some students every

day studied at the library. 3. Did you see Vadim and Larisa dancing last night? They dance so well! 4. All evening we listened to Oleg tell about his work in Akademgorodok. 5. Did you hear that Ekaterina Maksimovna is now a heroine mother? 6. Last night we listened with great pleasure to Misha performing the Paganini concerto. 7. Masha stood for a long time at the window and watched the people going to work. 8. Have you ever watched Sasha play chess? He's a real whiz! 9. Anna Petrovna looked out the window and saw that the boys were playing soccer in the yard. 10. Have you ever seen Plisetskaya dance? She's an amazing ballerina!

26.5 The Prefixed Verb Stem -езж-а́й +

The verb **е́здить** cannot be used with *directional* prefixes, such as **при-** and **у-**. Instead one must use a different form of the same stem, **-езж-а́й +** to form imperfective prefixed verbs: **приезжа́ть, уезжа́ть.**

26.6 Notes on Individual Words

вопро́с—This noun *must not* be used as direct object of **спра́шивать / спроси́ть** ('to ask questions'). Use instead **за-да-ва́й + / за-да́ть.**

Да́льний Восто́к (на)—The name of a region in the extreme eastern part of the U.S.S.R.

од(и́)н—Remember that this word is frequently the equivalent of 'a / an', 'a certain'. **Купи́те мне одну́ кни́гу.** Omitting this word will often result in changing the meaning from 'a...' to 'the...'.

про́сьба: У меня́ к вам про́сьба. Note that there is no **есть** in this construction.

На́ша Кла́ва—депута́т Верхо́вного Сове́та СССР

Сего́дня вся втора́я кварти́ра ждёт го́стя. С Да́льнего Восто́ка в столи́цу приезжа́ет Кла́вдия Петро́вна—мла́дшая сестра́ Анны Петро́вны.

Кла́вдия Петро́вна—депута́т Верхо́вного Сове́та СССР. Кла́вдия Петро́вна— так зову́т ее[1] то́лько на рабо́те. Знако́мые и друзья́ зову́т ее Кла́ва, потому́ что она́ еще совсе́м молода́я же́нщина. Ива́н Ива́нович ча́сто говори́т:

— Поду́мать то́лько! Кла́ва—депута́т Верхо́вного Сове́та. Впро́чем, у нее всегда́ был реши́тельный хара́ктер. Реши́ла пое́хать на Да́льний Восто́к—и пое́хала, как то́лько ко́нчила шко́лу. Реши́ла стать крано́вщицей—и ста́ла.

— Кла́вочка, ско́лько вре́мени ты уже́ рабо́таешь на Да́льнем Восто́ке?

— Четы́ре го́да,—улыбну́лась Кла́ва.

— А по́мните, как Кла́ва пое́хала на Да́льний Восто́к?—сказа́ла Анна Петро́вна.—В шко́ле Кла́ва всегда́ учи́лась прекра́сно и мечта́ла пое́хать на Да́ль-

---

[1] In Lesson 21 we began to omit accent marks from words which you should be expected to know actively. Beginning with Lesson 26 we begin to omit the two dots over ё in such words. (They will be retained in **всё** to avoid confusion with **все.**)

Кла́вдия, Кла́ва, Кла́вочка
депута́т deputy (representative)
Верхо́вный Сове́т СССР The Supreme Soviet of the U.S.S.R. (*the highest body of state authority of the U.S.S.R.*)
столи́ца (Москва́—столи́ца СССР)

Поду́мать то́лько! Just think of it!
впро́чем however, but then, incidentally
реши́тельный / не- resolute, decisive, determined
хара́ктер
как то́лько as soon as

ний Восто́к. Говорила, что надо знать свою страну́, что ей там будет интересно работать.

— И мне действительно интересно жить на Да́льнем Восто́ке,— говорит Кла́ва,— и крановщи́цей работать интересно. Я уже работала на мно́гих ра́зных стро́йках и в ра́зных новых города́х. Работаю и вижу весь город. А сейчас я учусь в институте на вечернем отделе́нии и ско́ро буду инженером-строителем.

— Кла́вочка, расскажи, как ты ста́ла депута́том,— спрашивает Зина.— Ведь ты еще такая молодая!

— Ну, в нашем городе все, молодые. И город наш молодой.

Все с большим интере́сом слушали, как Кла́ва рассказывала о своей работе на Да́льнем Восто́ке, и долго задавали ей вопросы.

ДАВАЙТЕ ПОГОВОРИМ:

Кем быть?

— Ваш сын будет учиться в институте?
— Он говорит, что можно и учиться, и работать. Он хочет работать монтёром.
— А кем он ста́нет потом?
— Он хочет быть инженером, как дедушка.

— Познакомьтесь, пожалуйста, это моя дочь Оля.
— Как? Это ваша дочь? Такая взрослая! Подумать только, у вас уже взрослая дочь! А кто вы по специальности, Оля?
— Я только в этом году́ кончаю школу.
— Кем же вы хотите стать?
— Я хочу быть врачо́м, а папа и мама хотят, чтобы я ста́ла учительницей.

— Вас мо́жно поздра́вить? Вы теперь депута́т Верхо́вного Сове́та?
— Спасибо.
— Говорят, вы ско́ро едете в Москву?
— Да, во вторник.
— У меня к вам про́сьба, купите мне, пожалуйста, одну книгу.
— Конечно, конечно, Мария Петровна. Скажите только, как называется эта книга.
— Я напишу вам... Вот, пожалуйста.
— Очень хорошо, обязательно куплю.
— Здравствуйте, Нина Николаевна. Что нового?
— Мой ста́рший сын, Юра, приезжа́ет с Да́льнего Восто́ка.
— Вот хорошо! Я давно его не видел. Он ведь там работает на стро́йке?
— Да. Он обычно очень занят и редко приезжает в столи́цу.
— Я с интере́сом буду слушать, что́ он будет рассказывать о Да́льнем Восто́ке. Я тоже хотел бы поехать туда работать.

стро́йка (на) construction site, construction project
интере́с: с интере́сом

Что нового?
за́нят, занята́, за́няты ≠ свобо́д(е)н

— Саша, здравствуй!
— Здравствуй. Я тебя давно не видел.
— А я теперь живу на Дальнем Востоке.
— Как ты там живешь?
— Там очень интересно: хорошие люди, интересная работа.

— Нам еще нужно ехать на вокзал.
— А ты не знаешь телефон кассы вокзала?
— Нет, позвони, пожалуйста, в справочное бюро.
— Алло! Это касса? У вас есть билеты до Москвы на двадцатое августа?
— Есть.
— Будьте добры, мне нужно два билета.
— Шестой вагон, двадцать первое и двадцать второе места. Ваша фамилия?
— Фёдоров. Благодарю вас.
— Давай возьмём билеты на тринадцать часов. А... вот справочное бюро... Скажите, пожалуйста, в какой кассе можно взять билеты до Ленинграда?
— В пятой.
— Благодарю вас.

— Вы уже решили, каким поездом вы поедете в Киев?
— Нет. Я хотел бы поехать утром, а жена утром занята. Мы, наверно, возьмём билеты на девятнадцать часов.

Разговор по телефону

— Алло! Попросите, пожалуйста, директора к телефону.
— Директор вышел. Позвоните через десять минут.

— Алло! Мне нужно поговорить с директором.
— Директора нет. Он уже ушёл. Позвоните, пожалуйста, завтра.
— Прошу вас, передайте ему, пожалуйста, что звонил Иванов.
— Хорошо, обязательно передам, товарищ Иванов.

Мы обедаем в кафе

— Дедушка, вот кафе.
— Ты хочешь есть?
— Да, хочу.
— Ну, давай пообедаем здесь... Здесь свободно?
— Да, пожалуйста.
— Будьте добры, меню.
— Вот, возьмите, пожалуйста.

телефон = номер телефона
нуж(е)н, нужна, нужны
билет до Москвы
место seat, berth
благо-дар-и́-ть / по- *кого за что*
Благодарю вас. = Спасибо. (*But the first is more formal.*)

Попросите ... к телефону.
пере-да-ва́й + / пере-да́ть to tell, inform that...
товарищ comrade
меню (*neut. indecl.*)

— Что же мы с тобой будем есть?
— Суп я не хочу. Я буду пиро́жное и я́блоки.
— Нет, Машенька, суп надо есть обязательно.

— Я слушаю вас.
— Пожалуйста, салат, два супа, мясо...
— Я вам советую взять рыбу. У нас вкусная рыба.
— Хорошо, дайте нам рыбу. Еще, пожалуйста, черный кофе, чай, пиро́жное. У вас есть фрукты?
— Есть я́блоки...
— Очень хорошо, тогда и я́блоки, пожалуйста.

— Сколько с нас?
— Минуточку... С вас два десять.
— Сколько?
— Два рубля́ десять копе́ек.
— Вот, пожалуйста, десять рубле́й.
— Вот вам сда́ча.
— Спасибо. До свидания.

Упражнения

26.7   — *Ваш сын* уже учится в институте?
       — Да, *он* совсем взро́слый.
       — И кем *он* будет потом?
       — *Врачо́м.*

       (ваша дочь — учительница, твой брат — строитель, его сестра — диктор)

26.8   а) — Ваш сын реши́л, кем он ста́нет?
          — Еще нет. Мы хотим, что́бы он стал *врачо́м*, а он хочет стать *гео́логом*.

          (инженер — физик, монтёр — строитель, архите́ктор — шофер)

       б) — Ваша дочь реши́ла, кем она ста́нет?
          — Нет еще. Мы хотим, что́бы она ста́ла *учи́тельницей*, а она хочет стать *физиком*.

          (строитель — крановщи́ца, инженер — врач, физик — геолог)

26.9   — Слушаю.
       — *Попроси́те, пожалуйста, к телефону Олега.*
       — Пожалуйста.

       — Да!
       — ... Таню.
       — Её нет дома.
       — Алло́!
       — ... Анну Петровну.
       — Минуточку.

я́блоко (*pl.* **я́блоки**) apple   **сда́ча** change (*from transaction*)
Минуточку.

26.10 — Кла́ва — депута́т Верхо́вного Сове́та.
— *Подумать только!* Такая молодая!

— Мой сын кончает институт.
— ...! А я думал, он еще маленький.

— Мой дедушка ходит на лы́жах.
— ...! Ведь он уже старый.

26.11 — *Что нового?*
— Кажется, ничего.

— ...?
— Вы знаете, у Веры роди́лся сын!

— ...?
— Вы знаете, Вадим едет в Америку!

— ...?
— К нам в го́сти приезжа́ет мой мла́дший брат.

26.12 — У меня к вам про́сьба.
— Пожалуйста.
— *Купите мне одну пласти́нку.*
— Обязательно *куплю.*

(купите мне новую ру́чку; переда́йте Олегу, что я приеду вечером; возьми́те для меня билет на по́езд на тринадцать часо́в)

26.13 — Я хочу купить *билеты до Ленинграда.*
— Пожалуйста. На какое число?
— На два́дцать пятое.
— Вам один билет?
— Нет, два.

(билеты до Москвы, билеты до Новосибирска, билеты до Ло́ндона)

26.14 — Бу́дьте добры́, *два билета до Ленинграда.*
— Пожалуйста.
— Сколько с меня?
— *Два́дцать рубле́й.*
— Благодарю́ вас.

(билет до Новосибирска — 27 рублей; два билета до Москвы — 18 рублей; билет до Ленинграда — 9 рублей)

26.15 — *Вас мо́жно поздра́вить?*
— Да, у меня родила́сь дочь! Спасибо!

— ...?
— Да, наш сын поступил в театра́льный институт. Спасибо.

— ...?
— Да, у нас новая прекрасная квартира. Спасибо.

— ...?
— Да, я кончила институт. Спасибо.

26.16 1. Кто по специа́льности ваш оте́ц? А ва́ша мать? Кем бы́ли ва́ши де́душки? Ва́ши ба́бушки?

2. У вас есть ста́рший брат (ста́ршая сестра́)? Кем он (она́) рабо́тает?

3. Кем вы хоти́те быть, когда́ вы ко́нчите университе́т?

4. Вы хорошо́ зна́ете свою́ страну́? В каки́х города́х вы уже́ бы́ли? Вы когда́-нибудь бы́ли в СССР? В каки́х города́х? Вы бо́льше лю́бите е́здить на по́езде и́ли на авто́бусе?

5. Како́й го́род столи́ца США? СССР? А́нглии? Фра́нции?

6. Что вы осо́бенно лю́бите де́лать в свобо́дное вре́мя?

26.17 Word Study

восто́к — воскресе́нье, вспо́мнить, вста́нут, взро́слый, взять (*What does this prefix mean?*)
за́нят — заня́тия, занима́ться
мла́дший — молодо́й
сда́ча — дать
страна́ — иностра́нный (from another country) (ино́й = another)
я́блоко — apple

Но́вые слова́ и выраже́ния

биле́т до Москвы́
благо-дар-и́-ть / по-
  ваго́н
Верхо́вный Сове́т
  СССР
вокза́л
вопро́с: задава́ть / за-
  да́ть вопро́с
восто́к: Да́льний Вос-
  то́к
впро́чем
Да́льний Восто́к
депута́т
за-да-ва́й + / за-да́ть
  вопро́сы
за́нят

за́пад
инжене́р-строи́тель
интере́с: с интере́-
  сом
как то́лько
ка́сса (вокза́ла)
кранов-щи́к / -щи́ца
меню́
ме́сто (в по́езде)
Мину́точку.
мла́дший
но́вый: Что но́вого?
ну́ж(е)н
од(и́)н
пере-да-ва́й + / пере-
  -да́ть, что...

подума́ть: Подума́ть
  то́лько!
по́езд
при-езж-а́й +
про́сьба
  У меня́ к вам про́сь-
  ба.
реши́тельный / не-
  сда́ча
Сове́т: Верхо́вный
  Сове́т СССР
специа́льность
  Кто ... по специа́ль-
  ности?
спра́вочное бюро́

станов-и́-ть-ся /
  ста́н-ут
ста́рший
столи́ца
страна́
стро́йка
телефо́н (= но́мер теле-
  фо́на)
това́рищ
хара́ктер
я́блоко

Кла́вдия, Кла́ва, Кла́-
  вочка

УРОК № 27 (ДВАДЦАТЬ СЕМЬ) — ДВАДЦАТЬ СЕДЬМОЙ УРОК

Антон приехал со **всеми своими братьями** и **сестрами**.
Это случилось четвертого октября тысяча девятьсот пятьдесят **седьмого года**.
Вы уже знакомы с Сашей **Сергеевым** и Олей **Николаевой**?
Всё у нас **нормально**.

Фонетика:

Read p. 22 concerning **н** before **к/г**. Remember that the Russian **н** must *always* be pronounced on the teeth.

Слушайте и повторяйте!

маленький ... ребёнка ... по Фаренгейту ... американка ... армянка ... испанка ... английский ... англичанка ... деньги

Интонация:

Exclamations are normally pronounced with raised pitch level on the accented syllable of the stressed word, followed by a lowering of tone toward the end of the exclamation (the fall in tone is sharper than in IC-2).

Слушайте и повторяйте!

Лариса! ... Вадим! ... Иван Иванович! ... Спасибо! ... Пожалуйста! ... Очень хорошо ... Прекрасно! ... Не спешите! ... Поедем отдыхать вместе!

с кем?	с **моими** студентами	40 — сорок, сороковой	100 — сто
	с **этими** строителями	50 — пятьдесят, пятидесятый	200 — двести
	с **твоими** братьями		300 — триста
	с **вашими** друзьями	60 — шестьдесят, шестидесятый	400 — четыреста
	со **всеми** сестрами		500 — пятьсот
	с **нашими** дочерьми	70 — семьдесят, семидесятый	600 — шестьсот
	с **вашими** детьми		700 — семьсот
	с **этими** людьми	80 — восемьдесят, восьмидесятый	800 — восемьсот
			900 — девятьсот
		90 — девяносто, девяностый	1000 — тысяча

Это случилось **в** 1957 (тысяча девятьсот) пятьдесят седьм**ом** году.
Это случилось 4 (четвёртого) октября 1957 (тысяча девятьсот) пятьдесят седьм**ого** года.

сорок, сороковой	восемьдесят, восьмидесятый	триста	семьсот
пятьдесят, пятидесятый	девяносто, девяностый	четыреста	восемьсот
шестьдесят, шестидесятый	сто	пятьсот	девятьсот
семьдесят, семидесятый	двести	шестьсот	тысяча

кто? кого?	Олег Соколов Олега Соколова	Зина Соколова Зину Соколову
у кого? о ком? кому?	у Олега Соколова об Олеге Соколове Олегу Соколову	у Зины Соколовой о Зине Соколовой Зине Соколовой
с кем?	с Олегом Соколо- вым	с Зиной Соколовой

Всё у нас нормаль-
но.
Это очень хорошо.

Желаем вам счастья!

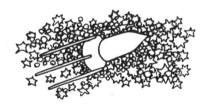

Это космона́вт Юрий Гагарин. Он в ко́смосе.

Это спу́тник. Все знают сигна́л спу́т-ника: «бип-бип-бип»!

Он радиолюби́тель, он не только любит радио, но и сам делает радиоприёмники.

Один раз, когда он слушал радио, он вдруг услышал «бип-бип-бип». Он первый при́нял сигна́лы спу́тника из ко́смоса. Он сра́зу посла́л телегра́мму в Акаде́мию нау́к СССР.

при-ня́-ть		по-сл-а́-ть	
приму́	при́нял	пошлю́	посла́л
при́мешь	приняла́	пошлёшь	посла́ла
при́мут	при́няли	пошлю́т	посла́ли
прими́те!		пошли́те!	

жел-а́й + / по- *кому чего* to wish
сча́стье happiness, luck, good fortune
космона́вт cosmonaut (a Soviet astronaut)
ко́смос
спу́тник
сигна́л
радиолюби́тель

радиоприёмник radio receiver
у-слы́ш-а-ть *р.*
при-ним-а́й + / при-ня́ть (приму́, при́мешь; при́нял)
    to receive, accept
по-сыл-а́й + / по-сл-а́-ть (пошлю́т; посла́л) to send
нау́ка science, learning
Акаде́мия нау́к

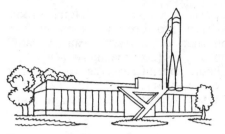

Это павильо́н.

Это вы́ставка.

Это контролёр.

Они пришли на вы́ставку, они посети́тели вы́ставки.

Это игру́шки.

ГРАММАТИКА И УПРАЖНЕНИЯ

27.1 The Instrumental Plural Declension

Профессор Никола́ев разгова́ривал со **все́ми** **свои́ми** **но́выми** студе́нт**ами**.
Вы уже знако́мы с **мои́ми** брат**ьями** и сёстр**ами**?
Алекса́ндра Петро́вна пришла со **свои́ми** дочерь**ми́**.
Макси́м игра́ет в парке с **други́ми** детьми́.
Вы знако́мы с **э́тими** симпати́ч**ными** людьми́?

The instrumental plural ending for nouns of *all genders* is -АМИ (spelled **-ами/-ями**). (Remember to form instrumental plurals from the nominative *plural*, not the nominative singular!) Note the irregular forms **дочерьми́, детьми́, людьми́.**

For modifiers the ending is -ЫМИ (spelled **-ыми/-ими;** cf. **с ни́ми**). As in other forms, **в(е)сь** has **e** where one would expect **ы/и.**

Упражнения 27.1

а. *Образец:* — Вот мои́ сёстры.— *Кто разгова́ривает с ва́шими сёстрами?*

1. Это на́ши но́вые студе́нты. 2. Это на́ши молоды́е преподава́тели. 3. Это на́ши де́ти. 4. Это его́ ста́ршие бра́тья. 5. Это все её сыновья́. 6. Это молоды́е балери́ны на́шего теа́тра. 7. Это на́ши люби́мые профессора́. 8. Это на́ши до́чери. 9. Это их мужья́. 10. Это молоды́е врачи́. 11. Это а́вторы прое́кта на́шего но́вого институ́та. 12. Это сове́тские космона́вты.

б. *Complete the sentences with appropriate forms of words given in parentheses.*

1. Эти де́вушки показа́лись нам о́чень (симпати́чные). 2. Ма́ша за́втракает в де́тском саду́ вме́сте с (други́е де́ти). 3. Ле́на пошла́ в магази́н за (фру́кты

вы́ставка (на) exhibition, display
контролёр ticket-taker

павильо́н
посети́тель visitor

и овощи). 4. Вадим пошёл в киоск за (сигареты и спички). 5. Лена утром ходила на по́чту за (марки и откры́тки). 6. Что э́то стро́ят ря́дом с (э́ти больши́е но́вые дома́)? 7. Нина Николаевна привы́кла остава́ться до́ма со (свой) (ма́ленькие де́ти). 8. Вадим вчера́ ве́чером танцева́л со (все краси́вые де́вушки). 9. Что мне де́лать со (все э́ти ве́щи)? 10. Джон перепи́сывается со (мно́гие ру́сские знако́мые). 11. Я совсе́м не согла́сен с (э́ти лю́ди). 12. Ря́дом с (на́ши сту́лья) стои́т небольшо́й стол. 13. Ма́ма пое́хала в «Де́тский мир» за (игру́шки и но́вые брю́ки) для Макси́ма.

27.2 The numerals from 40 through 1.000

40 — со́рок, сороково́й
50 — пятьдеся́т, пятидеся́тый ... *See p. 375*

Note that, except for **со́рок** and **девяно́сто,** the word-formation involved in these numerals is immediately clear. Except for these two, the second element in each case is, in effect, a form which was originally a genitive singular or plural. Note that in the adjective numerals 50th through 80th the first part has become genitive in form (but it does not change further). Remember to learn the accent of the numerals when you learn the forms!

27.3 Dating: the Year, Month, and Day when an Event Happened

Оле́г пое́хал рабо́тать в Новосиби́рск **в** 1976 (ты́сяча девятьсо́т) се́мьдесят шесто́**м** год**у́**.

Лари́са была́ в Пари́же в сентябре́ 1981 (ты́сяча девятьсо́т) во́семьдесят пе́рв**ого** го́д**а**.

Я пе́рвый раз прие́хал в СССР 15 (пятна́дцатого) февраля́ 1979 (ты́сяча девятьсо́т) се́мьдесят девя́т**ого** го́д**а**.

When only the year of an occurrence is indicated, use the prepositional case with the preposition **в.** If the month is given, then the genitive case of the year must be used.

When the century is clear from context, particularly in speaking of the current century, Russians often omit the first two elements of the year (**ты́сяча девять-со́т,** etc.). (But they *never* do as we do in English when we say 'nineteen fifty-seven').

Remember the manner in which Russians express dates entirely in numerals: 4.10.1957 or 4.10.57 = четвёртое октября́ (ты́сяча девятьсо́т) пятьдеся́т седьмо́го го́да.

Упражне́ния 27.2-3. *Read aloud*!

а. 1. Пу́шкин роди́лся в 1799 г. 2. Толсто́й роди́лся в 1828 г. 3. Че́хов роди́лся в 1860 г. 4. Чайко́вский роди́лся в 1840 г. 5. Компози́тор Дми́трий Шостако́вич роди́лся в 1906 г.

б. 1. Ко́ля пошел в шко́лу в 1979 г. 2. Оле́г пое́хал рабо́тать в Академгоро-док в 1978 г. 3. Наш но́вый дом постро́или в 1984 г. 4. Наш но́вый кинотеа́тр откры́ли в 1982 г.

в. 1. Серге́й Анто́нович услы́шал сигна́л спу́тника 4.10.57. 2. Алексе́й Серге́евич поступи́л рабо́тать на наш заво́д 3.02.76. 3. Никола́й Миха́йлович на́чал рабо́тать в э́том музе́е 29.09.80. 4. Никола́й Васи́льевич роди́лся 5.01.18. 5. Гали́на

Васильевна родила́сь 17.12.26. 6. Эту библиоте́ку откры́ли 3.04.39. 7. О́ля посту́пит в институ́т 1.09.85. 8. Де́душка Ма́ши роди́лся 10.05.1898. 9. Ми́ша пе́рвый раз исполня́л э́тот конце́рт Пагани́ни 12.06.84. 10. Серёже сде́лали опера́цию аппенди́та 19.08.82. 11. Джон пе́рвый раз прие́хал в Москву́ 23.07.79. 12. Ба́бушка Вади́ма родила́сь 02.03.1929. 13. Кла́ва уе́хала на Да́льний Восто́к 9.08.81. 14. Э́тот но́вый теа́тр откро́ют 10.09.85. 15. Сын Алёши и Ка́ти роди́лся 13.12.80.

27.4 The Declension of Surnames in -ов, -ин

кто?	Виктор Петров	Юрий Гага́рин	Ири́на Серге́ева
кого?	Ви́ктора Петро́ва	Юрия Гага́рина	Ири́ну Серге́еву
у кого?	Ви́ктора Петро́ва	Юрия Гага́рина	Ири́ны Серге́евой
о ком?	Ви́кторе Петро́ве	Юрии Гага́рине	Ири́не Серге́евой
кому?	Ви́ктору Петро́ву	Юрию Гага́рину	Ири́не Серге́евой
с кем?	Ви́ктором Петро́вым	Юрием Гага́риным	Ири́ной Серге́евой

Russian surnames in **-ов** and **-ин** show a mixture of noun and adjective endings. In the masculine only the instrumental ending is adjective-like. In the feminine all endings are adjective-like except for the nominative and accusative. (The feminine surnames decline, then, like the special modifiers.)

Упражне́ние 27.4. *Complete the sentences with appropriate forms of words given in parentheses.*

1. Ах да, я чуть не забы́л переда́ть. Вас про́сят позвони́ть (Иван Ива́нович Петро́в). 2. В газе́тах мно́го писа́ли о космона́вте (Юрий Гага́рин). 3. Вчера́ ве́чером мы бы́ли у (Ири́на Алексе́евна Орло́ва). 4. Нина вчера́ ходи́ла со всем свои́м кла́ссом в дом-музе́й (Антон Па́влович Че́хов). 5. Мы о́чень давно́ ждём письмо́ от (Мария Кири́лловна Фёдорова). 6. Сего́дня по телеви́зору бу́дет переда́ча о балери́не (Анна Па́влова). 7. Я возьму́ э́ту кни́гу о (Ре́пин). А у вас есть каки́е-нибудь кни́ги о (Пу́шкин)? 8. Это прое́кт молодо́го архите́ктора (Михаи́л Петро́вич Никола́ев). 9. Вчера́ мы познако́мились с нашим но́вым преподава́телем (Борис Алекса́ндрович Серге́ев). 10. Переда́йте, пожа́луйста, (Анна Петро́вна Павлова), что звони́ла Зина Соколова. 11. Вы уже́ знако́мы с (Зинаи́да Васи́льевна Соколова)? 12. Вы знако́мы с молоды́м музыка́нтом (Алексе́й Бори́сович Тимофе́ев)? 13. Эта телегра́мма не мне, а (Кири́лл Алекса́ндрович Фёдоров).

27.5 Agreement of the Short-Form Adjective When the Subject is всё or это

Температу́ра у меня́ норма́льная. **Всё** у нас норма́льно.
Эта кни́га о́чень интере́сная. **Это** о́чень интере́сно.

Predicate adjectives must be in the short neuter form when the subject is a pronoun such as **всё, это**.

Упражне́ние 27.5. *Complete the sentences with appropriate forms of adjectives.*

1. Эти но́вые ма́рки о́чень (краси́вый). 2. Когда́ его́ спра́шивают: «Как дела́?», он всегда́ отвеча́ет: «Всё (норма́льный)». 3. Не хоти́те пойти́ с нами на э́тот конце́рт? Говоря́т, что вход (беспла́тный). 4.—Сего́дня я смогу́ ра́но

прийти домой.—Это очень (хороший), потому что мы вечером идём к Марии Николаевне. 5. Завтрак сегодня особенно (вкусный). 6. Всё у вас так (вкусный)! 7. Коллекция пластинок у Иры очень (большой). 8. Я с таким удовольствием слушаю, как вы рассказываете о Дальнем Востоке. Это всё так (интересный)! 9.—Коля ушел во время лекции.—Это (нехороший). 10. Этот вопрос очень (лёгкий). 11. Это слишком (трудный). Я не смогу это сделать сегодня. 12. Этот фильм такой (интересный). Очень советую вам посмотреть его.

27.6 The Verb при-ня́ть *p.* = *to receive, accept, take* (*medicine*)

приму́, при́мешь, при́мут; прими́те!; при́нял; приня́ть

The root of this verb is a very common one in Russian, but it is not always easy to recognize it due to complex phonetic changes which occurred in the history of Russian. You have already seen this root in the variant from -НИМ- as it occurs in imperfectives: по-ним-ай +, за-ним-ай + ся, под-ним-ай + ся, при-ним-а́й +. You also know the related perfective verb возьм-ут (взять).

In perfective verbs with this root the н- disappears in future tense forms following prefixes ending in a vowel.

Приня́ть = 'to accept', 'receive' and implies some active willingness on the part of the recipient or a frame of mind favorable to receipt (as in receiving guests, etc.) (**принима́ть** гостя). **Получи́ть** means just 'to receive' and implies simply passive receipt, with the recipient not responsible in any way (**получи́ть** письмо, телегра́мму).

Упражнение 27.6. *Заполните пропуски* (при-ня́ть). ˙

1. Вы слышали, что Ка́тю ... в консервато́рию? 2. Как вы думаете, профессора́ ... мой прое́кт? 3. Его дядя первый ... сигна́лы спу́тника из ко́смоса. 4. Как вы думаете, дире́ктор ... нас завтра? 5. Профессор Фёдоров не ... прое́кт Коли. Он должен будет приготовить новый прое́кт. 6. Оля только что узнала, что её ... в педагоги́ческий институт. 7. Я бою́сь, что дирижёр нас не ... сра́зу по́сле конце́рта. 8.—Ты уже ... лека́рство?—Нет, я сейчас ... .

27.7 The Verb по-сл-а́-ть *p. кому куда to send*

пошлю́, пошлёшь, пошлю́т; пошли́те!; посла́ть

The irregularity in the root of this verb is due simply to the palatalization of the consonant с because of the soft л following it.

Упражнение 27.7. *Заполните пропуски* (по-сл-а́-ть).

1.—Нина, где твоя новая фотография?—Я ... её Джону в Нью-Йорк. 2. Пётр Иванович купил красивые коллекцио́нные ма́рки и ... их мла́дшему брату. 3. Кла́ва попроси́ла, чтобы ее ... работать на Да́льний Восто́к. 4. Ваня, ..., пожалуйста, де́нежный перево́д Шуре, а то у него совсем нет де́нег. 5. Какая красивая откры́тка! Давай ... её Маше и Алёше. 6. У нас кончилось молоко. Я сейчас ... Максима в магазин за молоко́м. 7. Вместе с письмом Нина ... Мэри и свою фотографию. 8. Кому ты ... эти вещи?

27.8 Elliptical Sentences

Вам чаю? = **Дать** вам чаю?
Минуточку. = **Подождите** минуточку.
Я буду пиро́жное и я́блоки. = Я буду **есть** пиро́жное и я́блоки.
Вы сейчас на работу? = Вы сейчас **идёте**/**едете** на работу?

Elliptical sentences (in which some element has been omitted) are common in conversational Russian when the meaning is clear from context. This is particularly true in the case of the going verbs.

27.9 The Noun-Forming Suffix -ость

но́**вость**, национа́ль**ность**, специа́ль**ность**, самоде́ятель**ность**

The suffix **-ость** is used to form abstract nouns from adjective roots. Nouns with this suffix are always *feminine*. (But note that **гость** does *not* belong to this group, since here the **-ость** is part of the *root*.)

27.10 Letter Writing

In the conversations of this lesson you will find the forms of salutation and closing used in official and personal letters.

Note that in writing official and formal letters it is customary to capitalize the forms of **Вы** and **Ваш** when used in polite address to a single person.

Note the order of elements in the address, and note that the addressee's name is in the dative case. On the envelope the return address comes below that of the addressee. (Cf. p. 384.)

27.11 Notes on Individual Words

ВДНХ (Вы́ставка достиже́ний наро́дного хозя́йства СССР)—'Exhibition of the Achievements of the National Economy of the U.S.S.R.', the nation's largest permanent exhibition.

жел-а́й +: Жела́ем вам сча́стья! Note that this verb requires the genitive case of what is wished someone. Cf. the expressions you already know in which the verb **желаю**/**желаем** is omitted: **Всего хоро́шего!**, **Споко́йной но́чи!**

космона́вт, ко́смос—Remember that in Russian **м** does not cause preceding consonants to become voiced. In English we pronounce [z] before the [m] in the equivalent words. Be careful not to do so in Russian!

пе́рвый: Он пе́рвый при́нял сигна́лы из ко́смоса. 'He was the first to...' Note that the Russian expression is really much simpler than the English equivalent.

радиоприёмник—While **радио** is sometimes used to refer to a radio set, actually this word should be restricted to the abstract concept of radio transmission. For the receiver one should use **радиоприёмник** or simply **приёмник.**

у-слы́ш-а-ть—As with **увидеть** the perfective is used for the instantaneous perception of sounds, catching the sound of something, particularly of something heard suddenly or unexpectedly; it is also used to indicate sequence of actions: Он **услы́шал** сигна́лы из ко́смоса и сра́зу **позвони́л** дру́гу. The student must be careful not to use the verb in the past tense in other types of situations.

Сигналы из космоса

В воскресенье Василий Николаевич и Максим ходили на ВДНХ. Максим уже был здесь с папой и мамой и уже знал, что самый интересный павильон выставки — это павильон «Космос», потому что здесь можно увидеть модель космического корабля. Василий Николаевич показал ему модель первого советского спутника и сказал:

— А ты знаешь, что в нашем доме живёт человек, который в 1957 году принял сигналы из космоса?

— Нет. Расскажите, кто это? Это очень интересно.

Вот что рассказал Василий Николаевич.

Сергей Антонович Фролов из двадцать седьмой квартиры был самым обыкновенным человеком. Когда соседи спрашивали: «Как дела?», он отвечал: «Нормально». Всё в его жизни было нормально и обыкновенно. Каждое утро Сергей Антонович завтракал и шёл на работу. Но каждый вечер и каждое воскресенье он проводил дома. Я чуть не забыл сказать, что Фролов был радиолюбителем, и очень хорошим радиолюбителем.

Но четвёртого октября 1957 года, когда все узнали, что первый советский спутник в космосе, Фролов принял сигналы из космоса. Да, это «бип-бип-бип», которое знают все. Фролов очень обрадовался и послал телеграмму в Академию наук СССР. Скоро все узнали о Фролове. Когда я вечером разговаривал по телефону с моими друзьями, которые жили в Новосибирске, они тоже уже знали о Фролове.

Через неделю Фролов получил письмо из Академии наук: «Многоуважаемый Сергей Антонович! Благодарим Вас за телеграмму. Поздравляем Вас ... желаем Вам дальнейших успехов...»

Так Сергей Антонович стал известным человеком, и мы все очень гордимся, что в нашем доме живёт такой необыкновенный человек.

ДАВАЙТЕ ПОГОВОРИМ:

На ВДНХ

Вчера дедушка и Маша ходили на ВДНХ. Дедушка уже бывал здесь раньше, а Маша была на выставке первый раз.

Когда они дали контролёру билеты, контролёр вдруг сказал:

— Подождите минуточку, пожалуйста.

— Почему? — спросил дедушка. — В чём дело?

Контролёр улыбнулся и сказал:

— Дело в том, что вы наш миллионный посетитель. Разрешите предложить вам этот сувенир. А теперь с вами хотят поговорить журналисты.

модель *m.*
космический корабль *m.* space ship
обыкновенный / не- usual, ordinary
жизнь *f.* life
рад-ов-а-ть-ся / об- to rejoice
(много)уважаемый (much) esteemed
успех success

жел-ай + дальнейших успехов to wish further
  success
известный well-known
горд-и-ть-ся to be proud
так thus
В чём дело? What's the matter?
миллионный

382

— Мо́жно зада́ть вам вопро́сы?

— Пожалуйста,—отве́тил де́душка.

— Как ва́ша фами́лия?

— Ка́рпов. Никола́й Дени́сович Ка́рпов.

— Никола́й Дени́сович, вы москви́ч?

— Нет, я живу́ в дере́вне, а в Москву́ я прие́хал в го́сти. Здесь живу́т мои́ де́ти.

— Вы пе́рвый раз на вы́ставке?

— Коне́чно, нет. Я быва́ю здесь ка́ждый год вме́сте с вну́ками или с друзья́ми.

— Что вам здесь понра́вилось бо́льше всего́?

— Прости́те, что́ вы сказа́ли?

— Я говорю́, что́ вам осо́бенно понра́вилось на вы́ставке?

— Тру́дно сказа́ть, что́ мне бо́льше всего́ понра́вилось. Здесь всё произво́дит о́чень большо́е впечатле́ние. Пожа́луй, мне бо́льше всего́ понра́вился прекра́сный павильо́н «Ко́смос».

— А что вы ска́жете о вы́ставке?

— Я счита́ю, что вы́ставка и интере́сная, и поле́зная. Здесь мо́жно познако́миться с достиже́ниями промы́шленности, нау́ки, се́льского хозя́йства, культу́ры.

— Спаси́бо, Никола́й Дени́сович.

Пото́м журнали́сты разгова́ривали с Ма́шей.

— Как тебя́ зову́т, де́вочка?

— Ма́ша.

— Ма́шенька, ско́лько тебе́ лет?

— Мне пять лет.

— Ты пе́рвый раз на вы́ставке?

— Пе́рвый.

— Тогда́ мы сове́туем тебе́ посмотре́ть игру́шки в э́том павильо́не. Ви́дишь, вон там. Они́ тебе́ понра́вятся. Еще раз спаси́бо, Никола́й Дени́сович. До свида́ния.

— Всего́ хоро́шего.

— Вы бы́ли в э́том году́ на ВДНХ?

— Да, совсе́м неда́вно.

— Что вам там понра́вилось бо́льше всего́?

— Мне понра́вился павильо́н «Ко́смос», а жене́—павильо́ны се́льского хозя́йства.

— Я хочу́ отпра́вить авиаписьмо́. Скажи́те, пожа́луйста, ско́лько сто́ит ма́рка?

— Шесть копе́ек.

— Да́йте мне, пожа́луйста, одну́ ма́рку за шесть копе́ек и одну́—за четы́ре.

— Де́сять копе́ек.

— Пожа́луйста. Спаси́бо.

пред-лага́й + / пред-лож-и́-ть *что кому* to offer, suggest
сувени́р
вме́сте с *кем* / *чем*
журнали́ст

поле́зный useful
промы́шленность (*sing. only*) industry
се́льское хозя́йство agriculture
культу́ра
ма́рка за шесть копе́ек

Как русские пишут письма:

Уважа́емая Анна Петровна!   21.12.83
    Вся наша семья поздравля́ет Вас с Но́вым го́дом. Наш сын учи́лся у Вас
пять лет. Сейча́с он уже́ студе́нт, ско́ро бу́дет инжене́ром. Вы бы́ли его́
люби́мой учи́тельницей, и он ча́сто вспомина́ет шко́лу, Вас. Все мы счита́ем
Вас са́мым дороги́м челове́ком.
    Жела́ем Вам дальне́йших успе́хов в Ва́шей рабо́те.
                                                    С уваже́нием Фёдоровы.

Дорога́я Зи́на!   15 апре́ля 1983
    Пишу́ тебе́ уже́ из Новосиби́рска. Ты зна́ешь, что я давно́ мечта́л об э́том
дне — за́втра мы начина́ем рабо́ту. Мы — э́то Ива́н Петро́вич, И́горь, я и Ле́ночка.
Все мы больши́е друзья́. Как всё хорошо́! Осо́бенно хорошо́, что Ле́ночка
здесь. Домо́й я прие́ду то́лько о́сенью. Как ма́ма и па́па? Как твои́ дела́
в институ́те? Пиши́. Жду твоего́ письма́.
                                                        Целу́ю. Ю́ра.

Как русские пишут адреса́:

Ваш знако́мый, Влади́миров Па́вел Серге́евич, живёт в Ленингра́де на Не́вском
проспе́кте, в до́ме № 8, в кварти́ре № 62.

СССР
Ленингра́д
Не́вский пр., д. 8, кв. 62.
Влади́мирову Па́влу Серге́евичу.

Упражне́ния

27.12 — Я хочу́ отпра́вить *письмо́.*
        — У вас одно́ письмо́?
        — Да.
        — Вот ма́рка за *четы́ре копе́йки.*

        (письмо́ авиапо́чтой — 6, междунаро́дное письмо́ авиапо́чтой — 45)

27.13 — *Как вам понра́вился* конце́рт худо́жественной самоде́ятельности?
        — О́чень понра́вился. Я счита́ю, что э́то был прекра́сный конце́рт.
        — ... вы́ставка?
        — О́чень, осо́бенно павильо́н «Ко́смос».
        — ... фильм, кото́рый вы ви́дели вчера́?
        — Прекра́сный фильм, мы мно́го смея́лись.

27.14 — Что мы с тобо́й бу́дем есть?
        — Я возьму́ *сала́т, ры́бу и фру́кты.*
        — А суп?
        — Суп я не хочу́.

дорого́й dear
С уваже́нием... Respectfully yours...

Жду твоего́/вашего письма́.
цел-ов-а́-ть to kiss

— Тогда давай возьмём *ещё чёрный кофе и пирожное.*
— Хорошо.

(мясо, салат и яблоки, ещё чай и пирожное)

27.15 — Сколько с нас?
— С вас *два тридцать.*

(три пятнадцать, рубль двадцать восемь, два десять, четыре рубля)

27.16 а. Дорогой *Юра!*
Поздравляю тебя с Новым годом! Ты, конечно, вспомнишь всех нас первого января—маму, папу и меня. Ждём твоего письма.

Целую. *Катя*

(Олег—Зина; Саша—Галя)

б. Уважаемый *Пётр Васильевич!*
Поздравляем Вас с Новым годом! Желаем Вам дальнейших успехов в работе.
С уважением. *Ваши студенты.*

(Антон Васильевич—ваши друзья. Анна Петровна—ваши соседи)

27.17 Брат Зины, Олег Васильевич Соколов, живёт в Новосибирске на Московской улице, в доме № 14, в квартире № 57. Напишите его адрес. Сестра Василия Николаевича, Наталья Николаевна Виноградова, живёт в Киеве на улице Чехова, в доме № 5, в квартире № 82. Напишите её адрес.
Ваш знакомый, Кирилл Петрович Фёдоров, живёт в Москве, на Ленинском проспекте, в доме № 44, в квартире № 193. Напишите его адрес.

27.18 1. Когда вы родились? Когда вы кончили (кончите) школу? Когда вы поступили (поступите) в университет (институт)? Кем вы мечтаете стать, когда вы кончите университет (школу, институт)?
2. Когда родился ваш отец? Ваша мама? У вас есть братья? Когда они родились? Кем они работают? У вас есть сёстры? Когда они родились? Кем они работают?
3. У вас есть знакомые и друзья, с которыми вы переписываетесь? Вы переписываетесь с кем-нибудь в СССР?
4. Первый спутник был советским или американским? Кто был первым советским космонавтом? Кто был первым американским астронавтом, который был на Луне? Что вы знаете об американском космическом корабле «Апполон» и советском корабле «Союз»?

27.19 Word Study

известный — известия
народный — народ, родиться
наука — учить, *etc.*
пред-лаг-ай + / пред-лож-и-ть — лож-и-ть-ся, лягут, лежать, положить
радиоприёмник — при-ним-ай +, принять

сто — cent
ты́сяча — thousand
успе́х — спеш-и-ть

Новые слова и выражения

академия: Академия
наук СССР
ВДНХ
вы́ставка
Выставка достиже́-
ний наро́дного хо-
зяйства СССР
горд-и́-ть-ся
дальне́йший: Жела́ем
вам дальне́йших
успе́хов.
де́ло:
В чём де́ло?
дорого́й
достиже́ние: Выставка
достиже́ний наро́дно-
го хозяйства СССР
жд-а-ть: Жду твоего́
письма́.
жел-а́й +
Жела́ем вам сча́стья,
дальне́йших успе́хов.
жизнь
журнали́ст
за: ма́рка за шесть ко-
пе́ек
игру́шка

изве́стный
контролёр
космона́вт
ко́смос
культу́ра
ма́рка: ма́рка за шесть
копе́ек
миллио́нный
многоуважа́емый
наро́дный: Выставка
достиже́ний наро́дно-
го хозяйства СССР
наука
Акаде́мия наук
СССР
необыкнове́нный
обыкнове́нный
павильо́н
первый: Он первый при́-
нял сигна́лы.
поле́зный
посети́тель
по-сыл-а́й + / по-
сл-а́ть
пред-лаг-а́й + / пред-
лож-и́-ть
при-ня́ть р.

промы́шленность
радиолюби́тель
радиоприёмник
ра́д-ов-а-ть-ся / об-
се́льское хозя́йство
сигна́л
спу́тник
сувени́р
сча́стье: Жела́ем вам
сча́стья.
уважа́емый
уваже́ние
С уваже́нием.
у-слы́ш-а-ть р.
успе́х
Жела́ем вам дальне́й-
ших успе́хов.
хозя́йство
се́льское хозя́йство
Вы́ставка достиже́-
ний наро́дного хо-
зяйства СССР
цел-ов-а́-ть

со́рок, сороково́й
пятьдеся́т, пятидеся́-
тый

шестьдеся́т, шестидеся́-
тый
се́мьдесят, семидеся́-
тый
во́семьдесят, восьмиде-
ся́тый
девяно́сто, девяно́стый
сто
две́сти
три́ста
четы́реста
пятьсо́т
шестьсо́т
семьсо́т
восемьсо́т
девятьсо́т
ты́сяча

Игорь

УРОК № 28 (ДВАДЦАТЬ ВОСЕМЬ) — ДВАДЦАТЬ ВОСЬМОЙ УРОК

Здесь учится много **иностранных студентов**.
Дедушка и Маша долго **ходили** по вы́ставке.

Фонетика:

Practice the following words which contain a soft consonant before a hard consonant.

Слушайте и повторяйте!

письмо́ ... возьму́ ... про́сьба ... ра́ньше ... пальто́ ... то́лько ... фильм ... дово́льно ... больна́ ... театра́льный ... национа́льность ... культу́ра ... се́льское ... норма́льно ... действи́тельно ... реши́тельный ... бо́льше

Интонация:

Read p. 45 concerning the intonation of utterances in which a speaker asks to have something repeated because he did not hear or understand what was said.

Слушайте и повторяйте!

— Кто́² это?   — Как вас зову́т²?   — Куда́ вы иде́те²?
— Это Макси́м.   — Ми́ша.   — В теа́тр.
— Кто́³?   — Как³?   — Куда́³?

— С вас рубль два́дцать копе́ек.¹ — Прости́те, ско́лько³?
— За́втра у́тром мы уезжа́ем в Новосиби́рск.¹ — Прости́те, куда́³?
— Биле́ты мо́жно получи́ть в ка́ссе но́мер два́.¹ — Прости́те, в како́й³?
— В Су́здале я ещё не́ был.¹ — Прости́те, что вы сказа́ли³?

— Ско́лько у вас ру́сских журна́л**ов**? — У меня́ **ма́ло** ру́сских журна́лов.
— Ско́лько посети́тел**ей бы́ло** вчера́ на вы́ставке? — Там **бы́ло** пять ты́сяч посети́тел**ей**.
Ленингра́д счита́ют **одни́м из** са́мых краси́вых городо́в ми́ра.
— О чём вы попроси́ли Анто́на?
— **Я попроси́л, что́бы** он **помо́г** мне.
— **Я попроси́л** Анто́на **помо́чь** мне.
Пётр Никола́евич до́лго **ходи́л по** ко́мнате. Наконе́ц он сел писа́ть пи́сьма.
Мои́ го́сти пе́рвый раз в Москве́, и всё их о́чень интересу́ет.

од(и́)н из   интерес-ов-а́-ть *кого́* to interest
по *чему́* around, along (over the surface of)

25*   387

Лариса, не хотите ли вы пойти с нами на концерт сегодня вечером?

посетитель		посетителей
кровать		кроватей
дочь		дочерей
карандаш		карандашей
студент		студентов
от(е)ц	5, 12...20	отцов
американ(е)ц	сколько	американцев
музей	много	музеев
книга	мало	книг_
слово	несколько	слов_
студентка		студент(о)к_
письмо		пис(е)м_
фамилия		фамилий_
достижение		достижений_
человек		человек_

Я врач, и он врач.
Он мой коллега.

Это лаборатория.

Это комната в общежитии университета. Здесь живут студенты.

Это бассейн.

Он **ставит** книгу на полку.

Он **поставил** книгу на полку.

Книга стоит на полке.

несколько a few, several
не хотите ли вы...
коллега *m.* & *f.*

лаборатория
общежитие dormitory
бассейн swimming pool

став-и-ть / по- to put (standing)
полка shelf

Он **кладёт** книгу на стол.

Он **положи́л** книгу на стол.

Кни́га лежи́т на столе́.

ГРАММАТИКА И УПРАЖНЕНИЯ

28.1 The Genitive Plural of Nouns

5 рубл**е́й**, 10 дет**е́й**
6 час**о́в**, 25 гра́дус**ов**, 8 ме́сяц**ев**
15 мину́т_, 20 копе́ек_, 7 неде́ль_
Вы́ставка достиже́ний_ наро́дного хозя́йства

At first glance the endings of the genitive plural may seem more confusing than they actually are. In fact, you have already been using all of the endings of these forms on the above words. Much of the confusion is caused by the writing system, which makes it appear that there are more endings than there actually are. Also, in the genitive plural you will find neuter nouns taking the same endings as feminine nouns, while you are used to their taking endings like masculine nouns.

It is handy to remember the following rule which holds true for most nouns: If the nominative singular has an *explicit* ending, the genitive plural will usually have *zero* ending (кни́га—кни́г_; сло́во—слов_). If the nominative singular has *zero* ending, the genitive plural will usually have an *explicit* ending (студе́нт_—студе́нт**ов**; посети́тель_—посети́тел**ей**; крова́ть_—крова́т**ей**).

There are only *three* basic endings for the genitive plural: -ЕЙ, -ОВ, and zero ending. But sometimes it is necessary to add **-ь** or **-й** to restore the root of the word to its full form when other endings are removed (though **ь** and **й** are *not* endings). Also, it is sometimes necessary to break up by fill vowels consonant clusters which result when endings are removed. This makes things appear more complicated than they are.

28.1a The basic ending -ЕЙ is taken by *both masculine and feminine* nouns whose nominative singular ends in a soft consonant (spelled with **-ь**) and by masculine nouns ending in a "hushing sound" (spelled **ж, ш, ч, щ**; note that **ц** is *not* included here!).

учи́тель — учител**е́й**, портфе́ль — портфе́л**ей**, день — дн**ей**, гость — гост**е́й**
крова́ть — крова́т**ей**, вещь — вещ**е́й**, пло́щадь — площад**е́й**, дочь — дочер**е́й**
каранда́ш — карандаш**е́й**, врач — врач**е́й**, эта́ж — этаж**е́й**, това́рищ — това́рищ**ей**

клад-у́т (класть) / положи́ть

Many nouns in **-ь** shift the accent to the genitive plural and all other plural endings except nominative: гост**е́й**, дочер**е́й**, матер**е́й**, вещ**е́й**, мелоч**е́й**, площа-д**е́й**. (In the case of рубл**е́й**, словар**е́й**, карандаш**е́й**, врач**е́й**, этаж**е́й**, гараж**е́й**, москвич**е́й** the accent shift is to be explained by the fact that these nouns have the accent on *all* explicit endings.)

Упражнение 28.1а. *Complete the sentences with appropriate forms of words given in parentheses.*

1. На вы́ставке сейчас 1.500 (посети́тель). 2. Сколько (учи́тель) работает в вашей школе? 3. Сколько (день) вы бу́дете в Сан-Франци́ско? 4. Антон взял с собо́й всё, что ну́жно, кро́ме (ме́лочи). 5. В этой больни́це работает 17 (врач). 6. Сколько (этаж) в вашем новом доме? 7. Нина ушла без свои́х (вещь). 8. У Нины Никола́евны 5 (дочь). 9. На этой стро́йке сейчас работает 325 (строи́тель). 10. В Ленинграде много красивых (площадь). 11. На Чёрном море много прекрасных (пляж). 12. У Тани бы́ло дово́льно мало (гость). 13. Я заплати́л 48 (рубль) за эти сту́лья. 14. В нашей библиотеке не́сколько хороших русско-английских (словарь). 15. Почему у тебя так много кра́сных (каранда́ш)? 16. Я купил моро́женое для всех мои́х (това́рищ). 17. В общежи́тии живут все студенты, кро́ме (москвич).

28.1б The basic ending -OB (spelled **-ов / -ев**) appears on masculine nouns with hard stems (except for those ending in "hushing sounds"): час — час**о́в**, градус — гра́дус**ов**, конве́рт — конве́рт**ов**.

Following **-ц** observe Spelling Rule No. 4: от(е́)ц — отц**о́в**, молод(е́)ц — мо-лодц**о́в**, ме́сяц — ме́сяц**ев**.

The soft variant is taken by nouns in **-й:** музе́й — музе́**ев**, трамва́й — трам-ва́**ев**.

If the accent is on the *stem*, nouns like **бра́тья,** with an extended stem in the plural, also take the soft variant: брат — бра́тьев, стул — сту́льев.

Упражнение 28.1б. *Complete the sentences with appropriate forms of words given in parentheses.*

1. Сегодня 12 (градус) по Цельсию, а только 3 недели назад бы́ло минус 15 (градус). 2. Антон, поста́вь, пожалуйста, 8 (стака́н) на стол. 3. Мы приехали в Москву только 10 (месяц) назад. 4. Мне ну́жно пойти на по́чту: у меня нет (авиаконве́рт). 5. В нашем городе не́сколько хороших (музей). 6. Сколь-ко нам ну́жно будет (стул)? 7. Вы не знаете, сколько (ваго́н) в этом по́езде? 8. У моего дедушки теперь 9 (внук). 9. В ваго́не бы́ло всего 14 (пассажи́р). 10. В Москве сейчас учится много (иностра́нец). 11. Сколько нам ну́жно будет (билет) на новый фильм в пятницу? 12. В нашем городе много (трамвай). 13. У Саши 6 (брат) и две сестры. 14. На вы́ставке Джон купил не́сколько (сувени́р). 15. На вы́ставке очень много разных (павильо́н), и мы побывали во всех.

28.1в Zero ending is taken by other nouns:

a) Feminine and masculine nouns in -A: нау́ка — нау́к_, страна́ — стран_, мужчина — мужчи́н_, колле́га — колле́г_. It may be necessary to add **-ь** or **-й** in the *written* form to restore the root to its full form when the vowel is removed—but remember that these are not endings: неделя—неде́ль‿, геро́йня—геро́йнь‿, лаборато́рия—лаборато́рий‿, фами́лия—фами́лий‿.

b) Neuter nouns: сло́во—слов‿, я́блоко—я́блок‿, и́мя (имена́)—имён‿, вре́мя (времена́)—времён‿. It may be necessary to add **-й** in the *written* form: общежи́тие—общежи́тий‿, достиже́ние—достиже́ний‿.

c) Masculine nouns which have the suffix **-ин** in the singular: англича́нин—англича́н‿, тата́рин—тата́р‿.

d) A very small number of masculine nouns have zero ending in both nominative singular and genitive plural: раз—**раз;** челове́к—**челове́к** (after numbers only); год—**лет** (the last form is not an exception, since it comes from the neuter ле́то).

Упражнение 28.1в. *Complete the sentences with appropriate forms of words given in parentheses.*

1. В э́том уро́ке сли́шком мно́го тру́дных но́вых (сло́во)! 2. В за́ле бы́ло о́чень мно́го наро́ду и совсе́м не́ было свобо́дных (ме́сто). 3. Ва́ля неда́вно провела́ не́сколько (неде́ля) в Ленингра́де. 4. Сейча́с в на́шем институ́те у́чится не́сколько (англича́нин). 5. Ско́лько (общежи́тие) в ва́шем университе́те? 6. Ни́на купи́ла моро́женое для всех свои́х (подру́га). 7. В про́шлом году́ откры́ли не́сколько но́вых (ста́нция) моско́вского метро́. 8. Ско́лько ра́зных (учи́лище) в Москве́? 9. Что ты бу́дешь де́лать сего́дня по́сле (заня́тия)? 10. Ско́лько у нас оста́лось прекра́сных (впечатле́ние) о Да́льнем Восто́ке! 11. Ма́ма, посмотри́, вот не́сколько но́вых (фотогра́фия), кото́рые я получи́ла от Мэ́ри. 12. Ско́лько (раз) вы бы́ли в Ки́еве? 13. В на́шем го́роде живёт 5 (мать-геро́йня). 14. Ко́ля хо́чет пойти́ с на́ми в похо́д, но у него́ нет (лы́жи). 15. На столе́ ра́ньше лежа́ло 10 (я́блоко), а тепе́рь их то́лько 6. 16. Ви́ктор до́лго жил в Каза́ни, и у него́ мно́го друзе́й-(тата́рин).

28.2 Fill Vowels

от(е́)ц—отцы́, молод(е́)ц—молодцы́
копе́йка—5 копе́ек

You are already accustomed to fill vowels in the nominative singular of masculine nouns which have zero ending and in one feminine genitive plural (копе́ек), as well as in short-form adjectives (бол(е)н—больна́) and in the past tense (ш(е)л—шла). Until now fill vowels posed no particular problem, since they were present in the first form of the word which you learned.

Fill vowels must often be inserted between the final consonants of feminine and neuter nouns when the vowel endings are removed to form the genitive plural. (Although rules can be given concerning which vowel to add, the student should concentrate on learning a number of such forms to serve as models for additional words in the future.)

a) *After* the consonants **г, к, х** (the three velar consonants), always add **о:** окно́—о́кон, ку́хня—ку́хонь.

b) *Before* the same three velar consonants the fill vowel will be **о** unless the preceding consonant is one of the "hushing sounds" (spelled **ж, ш, ч, щ**) in which case Spelling Rule № 4 must be observed: остано́вка—остано́вок, ма́рка—ма́рок, байда́рка—байда́рок, but: игру́шка—игру́шек, де́вочка—де́вочек, ча́шка—ча́шек.

c) In other situations in the genitive plural the fill vowel will normally be spelled **e**, whether the preceding consonant was hard or soft: сестра—сестёр, семья—семéй, копéйка—копéек, песня—пéсен, письмо—пúсем. (Note that **пéсен** does *not* add a soft sign, as might be expected.)

There are a few clusters which do not require a fill vowel: бритва—бритв, óтчество—óтчеств, прóсьба—просьб.

An exception exists when the first of the two consonants involved is *hard* **л**, which must be kept hard by inserting **о**: пóлка—пóлок.

Masculine nouns like **мужья** take zero ending and require a fill vowel in the genitive plural if the accent in the plural is on the *ending*: муж, мужья—мужéй, сын, сыновья—сыновéй, друг, друзья—друзéй. The **-й** in these forms is simply the [y] which is represented by **-ь** in forms which have vowel endings. Be careful not to confuse these forms, in which **-ей** is *not* an ending, with forms like **вещéй,** where **-ей** *is* an ending.

Упражнение 28.2. *Complete the sentences with appropriate forms of words given in parentheses.*

1. Анна Петровна вы́пила нéсколько (чáшка) чая. 2. Если ты будешь на пóчте, купи мне, пожалуйста, 5 (откры́тка) и 6 (мáрка) для международных (авиаписьмó). 3. Сигареты у меня есть, а (спичка) нет. 4. У Маши в комнате нéсколько (пóлка) для (книга). 5. У моей бабушки теперь 7 (внýчка). 6. Скóро на нашей улице открóется новый магазин (игрýшка). 7. Будьте добры́, дайте мне 6 (буты́лка) шампáнского. 8. В нашем институте сейчас нéсколько (студéнтка-американка). 9. У Нины Николаевны 8 (сын). 10. Сегодня я получил 7 (письмо) и нéсколько (откры́тка). 11. Эту откры́тку я получил от (друг), которые отдыхают сейчас на дáльнем сéвере. 12. Максим хорошо поёт и уже знает нéсколько красивых (песня). 13. У Шуры нéсколько брáтьев, а (сестра) нет. 14. Антон положил в чемодан всё, что ему было нужно, крóме (рубашка). 15. ВДНХ считают одной из самых больших (вы́ставка) в мúре.

28.3 The Genitive Plural of **человек**

— Сколько там было **человек**/ **людéй?**

— Там было 150 **человек.**
— Там было нéсколько **человек.**
— Там было много/мало **народу.**

Although **человек** is generally replaced by forms of **люди** in the plural, there is a special genitive plural form, **человек,** which must be used with numerals and **нéсколько.** With the indefinite expressions of quantity **много** and **мало** contemporary conversational Russian uses **народу.** (With **сколько** one may use either **человек** or **людéй.**)

Упражнение 28.3. *Заполните пропуски.*

1. Почти все пришли на лекцию вóвремя, но нéсколько ... опоздáло на нéсколько минут. 2. В вагóне было очень много ... и не было свободных мест. 3. У многих сейчас грипп. В нашей больнúце сейчас лежúт 380 ... . 4.—Разве на концéрте худóжественной самодéятельности было 1.500 ...?—Да, там действительно было очень много ... . 5. Мы рáно пришли на сеáнс, но в зале уже было нéсколько ... . 6. Хотя было утро, на пляже было

много ... . 7.—Сколько ... на первом ку́рсе вашего института?—325 ... .
8. Ра́зве вы зна́ете имена́ и о́тчества всех этих ... ?

28.4 The Genitive Forms of Nouns Used Only (or Mainly) in the Plural

The following genitive plural forms present no new types, but will need to be learned since you do not know singular forms of these nouns or they present other irregularities.

де́ти — дете́й	фру́кты — фру́ктов	брю́ки — брюк
лю́ди — люде́й	часы́ — часо́в	де́ньги — де́нег
сосе́ди — сосе́дей	стихи́ — стихо́в	ту́фли — ту́фель
роди́тели — роди́телей		ша́хматы — ша́хмат
о́вощи — овоще́й		

Упражне́ние 28.4. *Complete the sentences with appropriate forms of words given in parentheses.*

1. У Лари́сы не́ бы́ло до́ма (фру́кты), и она́ пошла́ в магази́н. 2. Ско́лько у тебя́ сейча́с (де́ньги)? 3. Э́то де́ти на́ших но́вых (сосе́ди). 4. Анто́н положи́л в чемода́н всё, что ему́ ну́жно, кро́ме (брю́ки и ту́фли). 5. У меня́ нет (часы́). Вы не ска́жете, ско́лько сейча́с вре́мени? 6. Ве́ра купи́ла всё, что ну́жно для у́жина, кро́ме (о́вощи). 7. Вот кни́га но́вых (стихи́). 8. По́сле войны́ Ви́ктор оста́лся без (роди́тели). 9.—Мне хо́чется игра́ть в ша́хматы.—У нас нет (ша́хматы).

Упражне́ние 28.5. *Complete the sentences with appropriate forms of words given in parentheses.*

1. У меня́ о́чень мно́го (кни́га), но для них у меня́ ма́ло (по́лка). 2. В на́шем университе́те рабо́тает 865 (профе́ссор и преподава́тель). 3. У вас есть програ́мма (радиопереда́ча) на сего́дня? 4. Вот вам сда́ча, 7 (рубль) 18 (копе́йка). 5. Ско́лько (эта́ж) в но́вой больни́це? 6. У О́ли 6 (брат) и 5 (сестра́). 7. Студе́нты расска́зывали о специа́льностях свои́х (оте́ц). 8. Э́то оди́н из са́мых интере́сных (музе́й) на́шего го́рода. 9. У Ири́ны Миха́йловны 5 (сын), но (дочь) нет. 10. В аудито́рии бы́ло не́сколько небольши́х (стол) и мно́го (стул). 11. Ско́лько (сло́во) в э́том но́вом словаре́? 12. Профе́ссор Никола́ев прочита́л нам 6 (ле́кция) об Алекса́ндре Серге́евиче Пу́шкине. 13. Так мно́го (маши́на) сего́дня на у́лицах! 14. Сего́дня в наш институ́т прие́хало не́сколько (англича́нин). 15. Мы уже́ не́сколько (раз) е́здили в стари́нный ру́сский го́род Су́здаль. 16. Макси́м съел не́сколько (я́блоко). 17. В мое́й ко́мнате не́сколько больши́х (окно́). 18. Э́то фотогра́фии мои́х (друг). 19. Почему́ вме́сто (конве́рт) ты купи́л мне 6 (откры́тка)? 20. Мы бы́ли в Ленингра́де 10 (ме́сяц) и 20 (день). 21. Ско́лько (неде́ля) оста́лось до нача́ла (заня́тия)? 22. Из всех (вре́мя) го́да я бо́льше всего́ люблю́ о́сень. 23. В Ленингра́де Ю́рий Ива́нович купи́л мно́го (игру́шка) для всех свои́х (де́ти). 24. Мы зна́ем не́сколько прекра́сных ру́сских (пе́сня).

28.6 The Genitive Plural of Modifiers

Я купи́л не́сколько интере́сн**ых** книг по иску́сству.
Макси́м купи́л я́блоки для вс**ех** сво**и́х** това́рищей.

You saw the genitive forms of the modifiers used in many of the sentences in the preceding exercises. The endings are the same as in the prepositional case: basic ending **-ЫХ** (spelled **-ых / их**).

Упражнение 28.6 *Complete the sentences with appropriate forms of words given in parentheses.*

1. Я сегодня купил несколько очень (красивая коллекционная марка). 2. В августе у нас было много очень (жаркий день). 3. Из (весь) (старинный город) СССР я больше всего люблю Суздаль. 4. Сейчас в нашем городе ставят несколько (новый газетный киоск). 5. Сколько (свободное место) осталось в зале? 6. Это сувениры из Америки для (все мои знакомые и друзья). 7. В этом году мы видели несколько очень (хороший исторический фильм). 8. В Москве много (большой красивый парк). 9. В Париже Лариса купила сувениры для (все свои друзья).

28.7 Verb Agreement with Numbers and Quantity Expressions

Приехал**о много** иностранц**ев**. Приед**ет много** иностранц**ев**.
Приехал**о пять** американцев.
На столе лежа́л**о пять** карандаше́й.

When a quantity expression (including numbers) is the grammatical subject, the verb should be singular and neuter.

This does not apply to **од(и)н** (which is not a numeral but a modifier) or to **тысяча** (which is not a numeral but a noun—it has a plural): Там бы**ла** только **одна** девочка. Приехал**а тысяча** иностранцев.

You saw several examples of verb agreement with quantity expressions in the preceding exercises.

28.8 The Use of the Modifier **в(е)сь**

Вы взяли **все** деньги?   Did you take *all of* the money?

You have been using **в(е)сь** as a modifier since Lesson 11. Now that you know the genitive plural, do not be misled by the fact that in English we often say 'all of'!

28.9 много ~ многие

В нашем институте работает **много** преподавателей.
Многие преподаватели / **Многие** из преподавателей живут недалеко от института.

Много establishes a quantity of individuals or things and must always have a complement ('many / much'...). As a quantity expression it requires the genitive case of the noun governed.

Многие is a modifier meaning 'many of' ('but not all') of some already established group of people or things. It can often be used as a noun (with **люди** understood): Сегодня хорошая погода и **многие** проводят свободное время на пляже и в лесу. As a modifier, this word agrees with its noun rather than governing it.

In cases other than nominative and accusative the difference between the two words disappears, and regular adjective endings are used: Я уже был во мног**их** русс**ких** городах.

394

Упражнение 28.9. *Заполните пропуски* (много ~ многие).

1. На выставке сегодня очень ... посетителей. ... из них иностранцы из разных стран. 2. Во ... московских кинотеатрах по телефону отвечает автомат. 3. Завтра экзамены, и ... студенты очень волнуются, сдадут ли они экзамены. 4. В нашем институте учится ... студентов. ... из них приехали из других городов СССР. 5. ... считают, что это неинтересный фильм, а мне он очень понравился. 6. Наверно, ... думают, что работать на стройке неинтересно, но Клава очень любит свою работу. 7. На стройках на Дальнем Востоке работает очень ... строителей. ... из них совсем недавно приехали сюда. 8. Некоторые студенты занимаются дома, но ... занимаются в библиотеке. 9. Джон переписывается со ... советскими студентками. 10. ... раньше давали детям иностранные имена, но теперь это не в моде.

28.10 Indirect Commands with **просить / по-**

— О чём Олег **попросил** Антона?
— Олег **попросил** Антона, **чтобы** он **помог** ему.
— Олег **попросил** Антона **помочь** ему.

With **просить / по-** one may use either a direct object with infinitive or a complex sentence using the indirect command construction with **чтобы.** (With **хотеть** one must *always* use the **чтобы** construction.) Note the form of the question used: **О чём попросил** Олег... ?

Упражнение 28.10

Образец: Олег попросил Антона помочь ему.—*Олег попросил Антона, чтобы он помог ему.*

1. Анна Петровна попросила Нину почистить овощи и рыбу. 2. Вадим просит красивую девушку, которая стоит у входа в театр, продать ему лишний билет. 3. Друг попросил меня пойти на вокзал за билетами. 4. Дедушка просит Машу дать ему еще один стакан сока. 5. Анна Петровна попросила девушку объявить по радио, что потерялся ее сын Максим.

28.11 Дедушка и Маша долго ходили по выставке.

An additional use of multidirectional going verbs is for movement in different directions, or random motion with no destination.

But if the motion is performed by *different* people, each going a different direction at the same time, then the *unidirectional* verb must be used, since each individual can go in only one direction at any given moment:

Вот наша улица. **Едут** машины, **идут** люди.
Я **иду** в кино, а мой брат **идёт** в театр.

It is only the *unprefixed* going verbs идти ~ ходить, ехать ~ ездить (and the related perfectives **пойти, поехать**) which are involved in the unidirectional ~ multidirectional contrast. Verbs with directional prefixes, such as **при-, у-, в-, вы-, до-** have only a single imperfective and a perfective—the directionality is taken care of in the prefix (**при-** = arrival, **у-** = departure).

Упражнение 28.11. *Заполните пропуски* (идти ~ пойти ~ ходить, ехать/по- ~ ездить).

1. Тури́сты долго ... по Москве́ и очень уста́ли, но они́ очень дово́льны, потому́ что ви́дели много краси́вых и интере́сных мест. 2.—Где Аня?—Она ... на тре́тий эта́ж за монтёром Ми́шей. Она, наве́рно, сейча́с вернётся с ним. 3.—Где вы отдыха́ли в этом году́?—Мы ... на две неде́ли в Эсто́нию. 4. Серге́й Никола́евич долго ... по ко́мнате. Потом он на́чал рабо́тать. 5. Ка́ждый день Саша ... на заво́д на метро́. 6. Утром Серге́й Анто́нович за́втракает и ... на рабо́ту. В пять часо́в, когда́ он конча́ет рабо́ту, он при-... домо́й и весь ве́чер слу́шает ра́дио. 7. По́сле конце́рта мы долго ... по го́роду. 8. Вади́м неда́вно купи́л маши́ну, и теперь он всё свобо́дное время ... на ней по го́роду.

28.12 The Equivalent of *to have* with Inanimate Nouns

У вас **есть** маши́на?

You know that in Russian possession ('to have') is expressed by using the preposition **у** with the genitive case of *animate* nouns.

В вашем доме есть лифт?
Does your building *have* en elevator?
Ско́лько **в вашем университе́те** факульте́тов?
How many departments does your university *have*?

With *inanimate* nouns one must use the prepositions **в / на** with the prepositional case.

Remember that with *inanimate* nouns the preposition **у** means 'at/by': Стол стои́т **у** окна́.

28.13 Verbs of Putting

Макси́м **кладёт** кни́гу на стол. Он **положи́л** кни́гу на стол.
Макси́м **ста́вит** кни́гу на по́лку. Он **поста́вил** кни́гу на по́лку.

As in many other cases, Russian is more precise than English in its use of verbs of putting. One must distinguish between putting things in a standing position or in a lying position. The forms of these new verbs will cause no problems (but note the infinitive of the imperfective counterpart of **положи́ть** — **класть** [клад-у́т, клал]).

28.14 Adjectives Derived from Proper Names

Аня и Коля теперь живу́т на **Ле́нинском** проспе́кте.
Мне очень понра́вились **ленингра́дские** пло́щади.

Adjectives derived from proper names are capitalized only in titles. The student must become sensitive to this type of adjective formation, so that such forms can be more quickly recognized in reading.

28.15 Notes on Individual Words

интерес-ов-а́-ть *кого* — Note that the verb requires a direct object, while the impersonal **интере́сно** requires the dative:

396

Меня интересу́ет всё. Everything *interests me.*

Мне интере́сно смотре́ть футбо́л. *It's interesting for me* to watch soccer (games).

од(и)н из — Note that one cannot just use the genitive case without a preposition as an equivalent of 'one of...': Оля **одна́ из** на́ших са́мых серьёзных студе́нток.

хоте́ть: Не хоти́те ли вы... — An especially polite way of formulating a question. (Except in this expression the use of the particle **ли** should be avoided in *direct* questions in the contemporary spoken language; one should use instead intonation to express questions.)

МГУ

В Москве́ сейча́с идет конгре́сс враче́й. Прие́хало мно́го иностра́нцев. Прие́хал и знако́мый Анто́на, его́ колле́га из Аме́рики, Эдвард Смит. Эдвард то́же де́тский врач. Анто́н и Эдвард познако́мились уже́ давно́ и не́сколько лет перепи́сываются. Но в Москве́ Эдвард пе́рвый раз. Его́ интересу́ет всё: и де́тские больни́цы, и но́вые райо́ны, и метро́, и университе́т.

Конгре́сс идет в МГУ, и Эдвард всё вре́мя задаёт Анто́ну вопро́сы об университе́те. Он всё хо́чет знать: как живу́т студе́нты, кто у́чится в университе́те, получа́ют ли студе́нты стипе́ндию.

— Скажи́те, пожа́луйста, колле́га, когда́ был осно́ван МГУ?

— Он был осно́ван в 1755 году́ вели́ким ру́сским учёным Михаи́лом Васи́льевичем Ломоно́совым.

— А ско́лько студе́нтов у́чится в университе́те?

— 30 ты́сяч. И здесь рабо́тает 7 ты́сяч преподава́телей.

— На Ле́нинских гора́х все факульте́ты МГУ?

— Нет, не все. Не́сколько факульте́тов нахо́дится в це́нтре, на проспе́кте Ма́ркса. Там находи́лись все факульте́ты, пока́ не́ бы́ли постро́ены но́вые зда́ния университе́та на Ле́нинских гора́х в 1953 году́.

— Анто́н, я ви́жу здесь есть общежи́тие, да? Здесь живу́т все студе́нты?

— Коне́чно, нет. Москвичи́ живу́т до́ма. В общежи́тии живёт 10 ты́сяч студе́нтов. И мно́гие профессора́ живу́т в э́том райо́не, о́коло университе́та. Не хоти́те ли вы пото́м посмотре́ть университе́т? Ведь э́то настоя́щий го́род. Здесь есть не то́лько аудито́рии, лаборато́рии, библиоте́ки, но и магази́ны, бассе́йн, большо́й клуб.

— Коне́чно, обяза́тельно посмо́трим. Я заме́тил, что здесь мно́го иностра́нцев.

— Да, здесь у́чатся студе́нты из Евро́пы, А́зии, Аме́рики, А́фрики и да́же Австра́лии.

конгре́сс congress, conference
  идет конгре́сс
райо́н district
стипе́ндия state grant
был осно́ван was founded
вели́кий great
гора́ (*pl.* го́ры) hill, mountain
пока́ не until
был постро́ен

зда́ние building
о́коло *чего* = **недалеко́ от**
аудито́рия lecture room, classroom
за-меч-а́й + / за-ме́т-и-ть to notice
Евро́па
А́зия
А́фрика
Австра́лия

— А вы тоже учились здесь?

— Нет, в Москве есть медицинский институт. Даже два. Я учился во Втором медицинском институте.

— Да, вспомнил еще один вопрос. Как насчёт стипендий? Все студенты получают стипендию?

— Нет, не все. Это зависит от успехов студента.

— Это, пожалуй, правильно.

— А что это за современное здание там?

— Это новое здание для гуманитарных факультетов. Оно было открыто несколько лет назад.

— Замечательный университет!

— Да, все москвичи очень гордятся своим университетом.

ДАВАЙТЕ ПОГОВОРИМ:

В университете

— Ты знаешь, Миша, я видел вчера в университете Игоря. Он учится на физическом факультете и живет в общежитии на Ленинских горах.
— Что ты говоришь! А я не знал, что он сейчас учится в университете. Он ведь работал.
— Да, он работал на заводе, а сейчас решил учиться.
— Передай ему привет от меня, когда увидишь.
— Хорошо, обязательно передам.

— Простите, вы иностранец?
— Да, я американец.
— Вы очень хорошо говорите по-русски.
— Я уже давно живу в Москве.
— Вы студент?
— Да, я учусь на физическом факультете.
— А я на филологическом. Вы живете на этом этаже?
— Да.
— Оказывается, мы соседи. Знаете, я учу английский язык. Может быть, мы будем иногда говорить по-английски?
— С удовольствием.

— Таня, хочешь пойти завтра на концерт художественной самодеятельности? У меня есть два билета. Будут выступать студенты из Африки и Австралии.
— Конечно, я с удовольствием пойду на этот концерт. А где он будет?
— В Доме культуры МГУ на Ленинских горах.

— Коллега, вы, кажется, работаете в Московском университете?
— Нет, я работаю в медицинском институте.
— Жаль, я хотел попросить вас познакомить меня с профессором Новиковым.

медицинский
Как насчёт *чего* How about... ?
за-вис-е-ть (зависит) *от чего* to depend upon
правильно / не- correct
Что это за...? = Какой это...?
гуманитарный
был открыт was opened

замечательный remarkable, wonderful
горд-и-ть-ся *чем*
привет greetings, regards
    Передайте *кому* привет
Дом культуры МГУ = клуб МГУ
знаком-и-ть / по- *кого с кем*

— У меня нет знакомых в этом городе. Я хочу попросить тебя, чтобы ты познакомил меня со своими друзьями.

— Хорошо, приходи завтра в институт. Я познакомлю тебя с ними.

Как попасть... ?

— Скажите, пожалуйста, как попасть в центр?

— А что вам надо в центре?

— Детский театр.

— Детский театр? Это недалеко от Большого театра, совсем рядом.

— Рядом с Большим театром? Спасибо. Я знаю, где это.

— Скажите, пожалуйста, до университета далеко?

— Да нет. Вот он!

— Действительно! А я и не вижу, ведь он совсем рядом! Большое спасибо!

— Пожалуйста.

— Скажите, пожалуйста, на какой станции нужно выйти, чтобы попасть на Ленинские горы?

— Есть такая станция «Ленинские горы».

— Спасибо.

— Пожалуйста.

— Простите, вы не знаете, на каком троллейбусе можно доехать до университета?

— До университета лучше всего доехать на метро.

— Я знаю, что можно на метро, но я хочу посмотреть Юго-западный район Москвы.

— Тогда вы должны поехать на 33 (тридцать третьем) троллейбусе. Остановка здесь недалеко, около Библиотеки имени Ленина.

В такси

— Вам куда?

— Посоветуйте мне, пожалуйста, где можно остановиться в вашем городе?

— Очень советую вам остановиться в гостинице «Центральная». Это новая современная гостиница, она находится в центре города. Около гостиницы есть театр, недалеко от гостиницы музей.

— Ну, что ж, прекрасно, едем в гостиницу «Центральная».

— Скажите, пожалуйста, что это за здание?

— Это гостиница «Россия». Это одна из наших новых гостиниц.

— Замечательное современное здание.

— Да, и рядом Кремль, Москва-река, Красная площадь...

— Действительно, очень красиво.

Как попасть *куда?* = **Как дойти / доехать до...**   «Центра́льная»
Да нет... (*unaccented* **да** *here is an emphatic particle*)   «Россия»
о-станов-й-ть-ся *p.* to stay, put up (*as at a hotel*)   **Кремль** *m.*
гостиница hotel   **Москва-река**

399

В гости́нице

— Скажи́те, пожа́луйста, у вас есть свобо́дные номера́?
— Есть на пя́том этаже́ и на седьмо́м.
— Да́йте, пожа́луйста, но́мер на пя́том этаже́.
— Ваш па́спорт, пожа́луйста.
— Пожа́луйста.
— Вот ключ от ва́шего но́мера. Лифт там.
— Спаси́бо.

Упражне́ния

28.16 — Я вчера́ ви́дел *Оле́га*.
— Что вы говори́те! Я ду́мал, *он в Новосиби́рске*. Переда́йте *ему́* приве́т.
— Спаси́бо, обяза́тельно переда́м.

(Лари́са — в Ленингра́де, Ива́н Ива́нович — на ю́ге, Кла́ва — на Да́льнем Восто́ке, Вади́м — в Москве́)

28.17 — Уважа́емый колле́га, вы, ка́жется, рабо́таете *в Моско́вском университе́те*?
— Да, я рабо́таю *на физи́ческом факульте́те*.
— Бу́дьте добры́, познако́мьте меня́ *с профе́ссором Москвины́м*.
— С удово́льствием познако́млю.
— Благодарю́ вас.

(Ленингра́дский университе́т, физи́ческий факульте́т, профе́ссор Семёнов; Ки́евский университе́т, филологи́ческий факульте́т, профе́ссор Черно́в; Новосиби́рский университе́т, математи́ческий факульте́т, профе́ссор Па́влов)

28.18 Спроси́те, хо́чет ли Зи́на пойти́ на конце́рт.— *Зи́на, не хоти́те ли вы пойти́ на конце́рт?*
Спроси́те, хо́чет ли Анто́н посмотре́ть по телеви́зору футбо́л.—...?
Спроси́те, хо́чет ли Ве́ра ко́фе с молоко́м.—...?
Спроси́те, хо́чет ли Оле́г встреча́ть Но́вый год с ва́ми.—...?
Спроси́те, хо́чет ли Ми́ша пойти́ с ва́ми на конце́рт.—...?

но́мер (*pl.* -а́) = ко́мната в гости́нице   ключ *от чего* key

28.19 — Простите, вы русский?

— Да.

— Может быть, вы немного говорите *по-французски*?

— Немного говорю.

— Я *француз* и не понимаю, что́ говорят по радио. Вы не скажете мне, когда будет остановка «Университет»?

— С удовольствием.

(по-английски, англичанка; по-немецки, не́мец)

28.20 а. Спросите шофера такси, где вы мо́жете останови́ться, есть ли в городе театр, музей, далеко ли от гости́ницы кинотеатр. Поблагодари́те шофера.

б. Ответьте, что вы советуете останови́ться в гости́нице «Ленинград», что в городе есть два театра и музей, что кинотеатр находится о́коло гости́ницы.

28.21 а. Спросите, есть ли в гости́нице номера́, есть ли в номере ванная, есть ли в гости́нице кафе, есть ли недалеко от гости́ницы кинотеатр.

б. Ответьте, что есть номер на восьмом этаже, что в номере есть ванная, что в гости́нице есть кафе и о́коло гости́ницы есть кинотеатр.

28.22 — Скажите, пожалуйста, как попа́сть в центр?

— А что вам надо в центре?

— Музе́й Ле́нина.

— Вам нужно ехать на метро до станции «Пло́щадь Револю́ции».

— Спасибо. Это далеко?

— Нет. На метро двадцать мину́т. А там ря́дом.

(Расскажите, как попа́сть в центр вашего города, в театр, в магазин, в музей, в кинотеатр.)

28.23 — На какой ста́нции нужно вы́йти, что́бы попа́сть *в МГУ*?

— На ста́нции «*Университет*».

(в Библиотеку имени Ле́нина—«Библиотека имени Ле́нина»; в Большо́й теа́тр—«Пло́щадь Револю́ции»; на Ки́евский вокза́л—«Ки́евская»; на улицу Го́рького—«Проспект Ма́ркса»)

28.24 1. Сколько человек в вашей семье? Сколько у вас братьев, сестёр? У вас есть дети? Сколько у вас дете́й? У вас сыновья или дочери? Сколько у вас сынове́й, дочере́й?

2. У вас много друзе́й и знакомых? Что вы любите делать в свобод-ное время? Что вас интересу́ет? Какие книги, фильмы, какая музыка?

3. Ваш университет большой или маленький? Сколько в нем факульте́тов? Сколько в нем учится студентов? Сколько в нем работает преподава-телей? В вашем университете есть студенты-иностра́нцы? Из каких стран? Когда был осно́ван ваш университет? Когда было постро́ено самое новое зда́ние в вашем университете? Что есть в вашем уни-верситете, кро́ме аудито́рий, лаборато́рий и библиотек? Вы живете

дома или в общежи́тии? Сколько в вашем университете общежи́тий? Когда было постро́ено ваше общежи́тие?

4. В вашем го́роде есть гости́ницы? Сколько гости́ниц? Кака́я гости́ница в вашем го́роде счита́ется са́мой хоро́шей? Где она нахо́дится?

28.25 Word Study

общежи́тие — жить (*The first root* **общ-ий** *means* common.)
о-**станов**-й-ть-ся — остано́вка, **сто́я**ть, вста́нут
приве́т — от-**ве́т**-и-ть
ста́в-и-ть — **сто́я**ть, о-**ста́в**-и-ть, о-**ста**-ва́й + ся

Но́вые слова́ и выраже́ния

аудито́рия	ки́евский	о́коло	ста́в-и-ть / по-
бассе́йн	клад-у́т (класть)	осно́ван	стипе́ндия
вели́кий	ключ	о-станов-й-ть-ся *р.*	хоте́ть
гора́	колле́га	откры́т	Не хоти́те ли вы... ?
горд-й-ть-ся *чем*	конгре́сс	по	Что это за... ?
гости́ница	идёт конгре́сс	по-знако́м-и-ть *р.*	юго-за́падный
гуманита́рные нау́ки	Кремль *т.*	пока́ не...	
за-ви́с-е-ть *от чего*	лаборато́рия	по́лка	Австра́лия
за-меч-а́й + / за-	ленингра́дский	попа́сть *р.*	Азия
ме́т-и-ть	медици́нский	Как попа́сть... ?	Африка
замеча́тельный	насчёт: Как насчёт... ?	по-ста́в-и-ть *р.*	Дом культу́ры МГУ.
зда́ние	не́сколько	постро́ен	Евро́па
знако́м-и-ть / по-	новосиби́рский	пра́вильно / не-	Ле́нинские го́ры
идти́: идёт конгре́сс	но́мер (*в гости́нице*)	приве́т	Москва́-река́
интерес-ов-а́ть	общежи́тие	пере-да́ть приве́т	
Как насчёт... ?	од(и)н из	райо́н	

УРОК № 29 (ДВАДЦАТЬ ДЕВЯТЬ) — ДВАДЦАТЬ ДЕВЯТЫЙ УРОК

Я видел **этих де́вушек** на вы́ставке.
В нашем университете два **хоро́ших** бассе́йна.
Я куплю́ своим де́тям книги.
Книга **интере́снее фильма.**
В Москве **холодне́е, чем** в Ленинграде.

Фонетика:

Practice the following words containing final soft consonants.

Слушайте и повторяйте!

семь ... познако́мь ... о́чень ... жизнь ... день ... пригото́вь ... весь ... здесь ... гость ... будь ... пусть ... игра́ть ... крова́ть ... говори́ть ... ию́ль ... жаль ... ноль ... неде́ль ... Кремль ... Игорь ... слова́рь

Интонация:

Read p. 56 concerning the repetition of a question before answering it. If the question does not have an interrogative word, the repetition of it by the person addressed must be formed with the particle **ли.**

Слушайте и повторяйте!

— Как ее зову́т?

— Как ее зову́т? Тама́ра.

— Аня, ты пойдёшь на вы́ставку?

— Пойду́ ли я на вы́ставку? Думаю, что нет.

— Когда вы прие́дете в Москву́?

— Когда я прие́ду в Москву́? Сейчас не знаю.

— Где мои пи́сьма?

— Твои пи́сьма? Там, на столе.

благодари́ть видеть встре́тить ждать знать спросить } к о г о ?	этого молодо́го человека эту симпатичную девушку	этих молоды́х	людей девушек

Я сегодня купил две но́вых книги по искусству.

встреч-а́й + / встре́т-и-ть   **чем** than

26*   403

— Кому́ вы купи́ли моро́женое? — **Всем мои́м друзья́м.** кому́?

Кни́га интере́сн**ая**. Оле́г расска́зывает интере́сн**о**.
Кни́га интере́сн**ее** фи́льм**а**. Оле́г расска́зывает интере́снее Зи́ны.

В Москве́ хо́лодн**о**.
В Москве́ холодн**ее**, **чем** в Ленингра́де.

студе́нт**ам**
преподава́тел**ям**
бра́ть**ям**
сёстр**ам**
дочер**я́м**
де́т**ям**

интере́сн-ый ⎱ интере́сн-ее
интере́сн-о ⎰

дешёв-ый ⎱ дешёвл-е
дёшев-о ⎰

молод-о́й   моло́ж-е

больш-о́й ⎱ больш-е
мно́г-о ⎰

дорог-о́й ⎱ доро́ж-е
до́рог-о ⎰

ма́леньк-ий ⎱ ме́ньш-е
ма́л-о ⎰

жа́рк-ий ⎱ жа́рч-е
жа́рк-о ⎰

хоро́ш-ий ⎱ лу́чш-е
хоро́ш-о ⎰

ча́ст-ый ⎱ ча́щ-е
ча́ст-о ⎰

плох-о́й ⎱ ху́ж-е
пло́х-о ⎰

ре́дк-ий ⎱ ре́ж-е
ре́дк-о ⎰

ста́р-ый   ста́рш-е

Это интере́сная кни́га, а э́та кни́га ещё интере́сн**ее**. Она́ **намно́го / гора́здо** интере́сн**ее**.

Ни́не двена́дцать лет, Макси́му шесть лет. Ни́на **ста́рше** Макси́ма **на шесть лет.**

Они́ де́лают заря́дку.

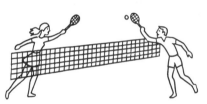

Ве́ра и Анто́н игра́ют в те́ннис.

Они́ игра́ют в волейбо́л.

Они́ пла́вают зимо́й.

Он ката́ется на велосипе́де.

дорого́й (до́рого) expensive
дешёвый (дёшево) ≠ дорого́й
ме́ньше ≠ бо́льше
ху́же ≠ лу́чше
намно́го / гора́здо much (*with comparatives*)
заря́дка calisthenics

де́лать заря́дку
те́ннис
волейбо́л
пла́в-ай + to swim
кат-а́й + **ся** to ride (*for pleasure*)
велосипе́д bicycle

404

Они ката́ются на конька́х.

Они ката́ются на лыжах.

Они бе́гают.

— Вы **занима́етесь** спортом?
— Да, я пла́ваю. А каким **ви́дом** спорта вы **занима́етесь**?
— Я **увлека́юсь** хокке́ем.

ГРАММАТИКА И УПРАЖНЕНИЯ

29.1 Animate Accusative Plural

Вы зна́ете **этих** молод**ых** арти́сток?

In the plural, *all* animate nouns have the same form for the accusative as for the genitive. (Remember that in the singular this is true only of masculine animate nouns.)

Упражне́ние 29.1. *Complete the sentences with appropriate forms of words given in parentheses.*

1. Макси́м и Ни́на потеря́лись в «Де́тском ми́ре», но Анна Петро́вна сейча́с же нашла́ (свой) (де́ти) в де́тской комна́те. 2. Все счита́ют, что Макси́м о́чень похо́ж на (свой) (роди́тели). 3. Ра́зве ты не заме́тил (ма́ленькие де́вочки), кото́рые игра́ли в парке? 4. Ни́на Серге́евна за́втра пое́дет в Ленингра́д и возьмёт с собо́й (все до́чери и сыновья́). 5. Мы с больши́м интере́сом слу́шали (эти молоды́е арти́сты) Большо́го теа́тра. 6. Мы обы́чно посыла́ем (на́ши де́ти) на ле́то к ба́бушке в дере́вню. 7. Ни́на всегда́ ждёт (все свои́ подру́ги) во дворе́, и пото́м они́ иду́т вме́сте в шко́лу. 8. По-мо́ему, Мари́на совсе́м не похо́жа на (свой) (сёстры и бра́тья). 9. По́сле конце́рта мы поблагодари́ли (молоды́е музыка́нты-люби́тели). 10. Я всё вре́мя вспомина́ю (люби́мые профессора́), кото́рые бы́ли у нас в университе́те.

29.2 The Form of Modifiers with Numerals

На столе́ лежа́ла одна́ небольша́**я** кни́га, два кра́сн**ых** карандаша́, три чер**ные** ру́чки и пять кра́сных ру́чек.

Even with 2-3-4 the adjective will be in the genitive plural (masc.) and nominative plural (fem.), although the noun is in genitive singular.

конькӣ (*sing.* кон(ё)к) ice skates
бе́г-ай + to run
за-ним-а́й + ся спортом to engage in sports
вид kind, sort

вид спо́рта a sport
у-влек-а́й + ся *чем* to be very interested in, crazy about, be carried away by

Упражнение 29.2. *Complete the sentences with appropriate forms of words given in parentheses.*

1. В нашем городе 3 (хороший букинистический магазин). 2. Весной к нам с Да́льнего Восто́ка приезжа́ли 2 (старый друг). 3. Я вы́пил 2 (большой стака́н) воды. 4. Во время лекции Виктор за́дал профессору 2 очень (интере́сный вопрос). 5. Нет, вы не правы, у него 3 (мла́дший брат) и 2 (ста́ршая сестра).

29.3 The Dative Plural Forms of Nouns and Modifiers

Нина посла́ла свою новую фотографию все**м** сво**им** подру́г**ам**.

The dative plural ending for nouns of *all genders* is -AM (spelled **-ам**/**ям**). Remember to form dative plurals from nominative plural, not from nominative singular.

The basic ending for modifiers is -ЫМ (spelled **-ым**/**-им**; cf. к **ним**).

Упражнение 29.3. *Complete the sentences with appropriate forms of words given in parentheses.*

1. (эти молодые люди) повезло́: они купили билеты на новый балет. 2. Вы не помо́жете (эти иностранные тури́сты)? Они спрашивают, как попа́сть в Кремль. 3. Мы предложи́ли (наши новые друзья) поехать с нами в Суздаль в понедельник. 4. Переда́йте приве́т (все наши знакомые) в Киеве. 5. Анна Петровна читает в своем классе детскую книгу (ма́льчики и де́вочки). 6. (все де́вушки) вдруг захоте́лось пое́сть моро́женого. 7. (не́которые тури́сты) больше всего понра́вился павильо́н «Ко́смос». 8. (эти молодые люди) нужно сейчас много заниматься: скоро будут экзамены. 9. (мои дети) нельзя́ вставать, они еще больны́. 10. Давай лучше пошлём эту фотографию не Оле, а (твои родители). 11. Скоро Новый год, и я отправля́ю поздрави́тельные телегра́ммы (все друзья). 12. Нина всегда с удовольствием помогает (свой) (маленькие подру́ги), когда они читают по-английски.

29.4 The Comparative Degree of Adjectives and Adverbs

Книга интересная. Книга интере́снее фильма.
Олег рассказывает интересно. Олег рассказывает интере́снее Зины.

29.4a. The comparative degree ('more...', '-er') of both adjectives and adverbs is most commonly formed by means of the suffix **-ee** (sometimes **-ей** in conversational style).

интересный / интересно — интере́снее
красивый / красиво — краси́вее
вкусный / вкусно — вксне́е
спосо́бный — спосо́бнее
быстрый / быстро — быстре́е
скорый / скоро — скоре́е
трудный / трудно — трудне́е
холодный / холодно — холодне́е

The accent tends to shift to the suffix in the case of adjectives of two syllables, but remains on the stem in the case of longer adjectives (but note **холоднéе**).

Упражнение 29.4а. *Заполните пропуски.*

1. Твоя мама вкусно готовит, а моя мама готовит еще ... . 2. Надо всегда помнить, что дедушка очень старый, и он ходит ... (мéдленно) нас. 3. В Москве сегодня очень тепло, а на юге еще ... . 4. Я считаю, что Вася ... (спосóбный) Юры. 5. Саша бéгает ... (быстро) меня, но я лучше плáваю. 6.—Этот урок ... (трудный) двадцать восьмого.—Ты прав, этот урок ... . 7. Ира очень серьезная студентка, а Кáтя еще ... . 8. Сегодня в Киеве ... (холодно), чем в Москве. 9. Вася ... (симпатичный) Олега.

29.4б. The same types of consonant mutations occur in the formation of comparative forms as in verbs, and in these cases the suffix is only **-е** (always unaccented) instead of **ее**:

молодой — молóже   легкий / легко — лéгче
дорогóй / дóрого — дорóже   частый / часто — чáще
жаркий / жарко — жáрче   дешёвый / дёшево — дешéвле

Sometimes the suffix **-к-/-ок-** is lost before the comparative is formed, and a mutation will take place if the stem then ends in a consonant which undergoes mutation: редкий / редко — рéже

Упражнение 29.4б. *Complete the sentences with forms of comparative degree of adjectives and adverbs.*

1. На юге летом (жарко), чем в Москве. 2. Мне кажется, что этот урок (легкий) двадцать восьмого. 3. Мы ходим к Вадиму (часто), чем к Ларисе. 4. Миша (молодой) своего брата на 3 года. 5. Это очень дорогúе туфли, а эти туфли еще ... . 6. Почему вы приходите к нам (редко), чем раньше? 7. Эта книга дешёвая, а эта книга еще ... .

29.4в Some comparative forms must be simply memorized:

большой / много — больше   старый — стáрше
маленький / мало — мéньше   рáно — раньше
хороший / хорошо — лучше   пóздно — пóзже / позднéе
плохой / плохо — хýже   далеко — дáльше

Упражнение 29.4в. *Complete the sentences with forms of comparative degree of adjectives and adverbs.*

1. У тебя мало полок, а у меня еще ... . 2. Максим плохо пишет, а Маша пишет еще ... . 3. Лена обычно возвращáется домой (пóздно) меня. 4. Я сегодня очень долго спал, но всё-таки я встал (рáно) тебя. 5. Анна Петровна (старый) Клáвы на 8 лет. 6. Борис живет далеко от работы, а я живу еще ... . 7. В твоей коллéкции (много) мáрок, чем в моей. 8. Я сегодня

пóзже / позднéе   дáльше

чу́вствую себя (хорошо), чем вчера. 9. Наша новая школа намно́го (большой) старой. 10. Ира мало занима́лась вчера, а Шура занима́лся еще ... .

29.4г The comparative forms never change for gender, number or case. They may be used only as *predicate* adjectives in equational sentences. There are, however, a few *attributive* adjectives formed from comparative roots, for use as direct modifiers of nouns:

хоро́ший — лу́чший the better
плохо́й — ху́дший the worse

ста́рый — ста́рший the older
молодо́й — мла́дший the younger

Упражне́ние 29.4г. *Complete the sentences with comparative forms of adjectives in parentheses.*

1. Это моя́ (старый) сестра́ Оля. Она́ ... меня́ на четы́ре го́да. 2. Это на́ши (хороший) студе́нты. 3. Ваш проéкт (хороший) моего́. 4. Это (хороший) проéкт этого спосо́бного молодо́го архите́ктора. 5. Та рабо́та (плохой) этих. 6. Нина Никола́евна взяла́ с собо́й в теа́тр свои́х (старый) дете́й, а са́мых ма́леньких она́ оста́вила с сосе́дкой. 7. Та́ня всегда́ помога́ет свои́м (молодой) бра́тьям и сёстрам. 8. Мой брат (молодой) меня́ на пять лет. 9. Этот врач счита́ет спорт (хороший) лека́рством.

29.4д As you have seen, the second of two persons or things being compared is normally in the genitive case. If, however, the first item being compared is *not* in the nominative case, the conjunction **чем** must be used (this is a form of **что** and it must be preceded by a comma):

В Москве́ холодне́е, чем в Ленингра́де.
Я пла́ваю лу́чше, чем бе́гаю.
Ма́ма мне дала́ бо́льше де́нег, чем тебе́.

The amount by which two persons or things differ is expressed with **на** and the accusative case: Нина ста́рше Макси́ма **на** шесть лет.

Note the equivalents of 'even' and 'much' which are used with comparatives:
Зина о́чень краси́вая, а Ле́на **еще краси́вее** (*even prettier*).
Васи́лий Никола́евич **намно́го / гора́здо ста́рше** (*much older*) Ива́на Ива́новича.

Упражне́ние 29.4д. *Переведи́те с англи́йского языка́ на ру́сский.*

1. In our times young people like contemporary music more than classical. 2. Victor is studying much better this year than last. 3. This television set is more expensive than ours, and it's much better. 4. They say the book is much more interesting than the movie. 5. I run faster than my brother, but he swims better than I. 6. We go to the movies more frequently than to the theater. 7. Everybody considers that Tanya's more beautiful than her sister, but her sister is more capable. 8. They say it will be even hotter next week than this week. 9. "Here are some good seats." "No, let's sit a little farther." 10. Nina went later than she wanted. 11. It's more difficult for me to go up to the third floor without the elevator than formerly. 12. Anna Petrovna's 8 years older than her younger sister Claudia Petrovna.

лу́чший   ху́дший

29.5 Verbs Requiring the Instrumental Case

— Каким ви́дом спо́рта вы **занима́етесь?**
— Ле́том я бе́гаю, а зимо́й я игра́ю в хокке́й.
— А я **увлека́юсь** те́ннисом.

Since **занима́ться** means 'to occupy oneself' and **увлека́ться** means 'to get carried away by', it is logical that the complement should be in the instrumental case.

Except when used to refer to someone's *name*, **называ́ть / назва́ть** require the instrumental case of the second complement (that word which indicates how something is being viewed). Compare with the use of the instrumental case as a complement with **счита́ть** and **каза́ться / по-.**

29.6 Notes on Individual Words

бол-е́й + (**боле́ют**) (cf. text)—Do not confuse this *first*-conjugation verb, meaning 'to be ill', with the second-conjugation verb **бол-е́-ть,** 'to ache / hurt'.
Оля ча́сто **боле́ет.** У меня́ **боля́т** но́ги.

заря́дка—Note that this word is *singular only*.

кат-а́й + ся—This verb is similar to **гуля́ть** in that it refers to action undertaken for pleasure only. It can be used of any type of vehicle, or with skis and skates. (With skis one can also use **ходи́ть,** although **ката́ться** puts more stress on the purely recreational aspect of the sport.)

пла́в-ай +—This is a going verb, referring to propelling oneself through the water; **купа́ться** means 'to bathe', but is often used to refer to all that one does at the beach or swimming pool; **купа́ться** is not a going verb.

спорт—Remember that this noun is *singular* only. To refer to an individual specific sport one must use **вид спо́рта.**

те́ннис—This word is still felt to be a foreign borrowing and is usually pronounced with hard [t].

Чуда́к из три́дцать второ́й кварти́ры

Не́сколько ме́сяцев наза́д в три́дцать втору́ю кварти́ру прие́хала но́вая семья́— муж и жена́. Он рабо́тает в магази́не, а она́ гео́лог. В на́шем до́ме Алексе́я Фёдоровича так зову́т но́вого сосе́да—сра́зу назва́ли чудако́м. Де́ло в том, что Алексе́й Фёдорович ка́ждое у́тро де́лает заря́дку во дворе́ до́ма.

Но сосе́ди удиви́лись ещё бо́льше, когда́ узна́ли, что Алексе́й Фёдорович зимо́й пла́вает в Москве́-реке́. Васи́лий Никола́евич да́же ходи́л смотре́ть, а пото́м расска́зывал: «Действи́тельно, идёт снег, температу́ра ми́нус 15, а наш чуда́к пла́вает...»

Васи́лию Никола́евичу сра́зу не понра́вился э́тот сосе́д. Он ведь не о́чень молодо́й, а бе́гает, как ма́льчик. Васи́лий Никола́евич сказа́л жене́: «Мне ка́жется, что неприли́чно де́лать заря́дку во дворе́ до́ма».

Васи́лий Никола́евич не де́лает заря́дку да́же до́ма. «Это совсе́м не обяза́тельно»,— ду́мает он. Но чу́вствует себя́ Васи́лий Никола́евич не о́чень хорошо́ и вы́глядит пло́хо. У него́ ча́сто боли́т голова́.

чуда́к (*pl.* чудаки́) an eccentric (person)
у-дивл-я́й-ся / у-див-и́-ть-ся

прили́чный / не- decent / in-
вы́-гляд-е-ть (вы́глядят) to look (appear)

И вот одна́жды Василий Никола́евич реши́л пойти к своему́ но́вому сосе́ду и поговори́ть с ним. Он до́лго был у Алексе́я Фёдоровича. Они́ говори́ли обо всём, но осо́бенно мно́го о спо́рте. Домо́й Василий Никола́евич пришёл о́чень расстро́енный. Он узна́л, что Алексе́й Фёдорович на де́сять лет ста́рше его́, но чу́вствует себя́ прекра́сно, никогда́ не боле́л. Он счита́ет, что лу́чшее лека́рство — спорт.

Ско́ро все сосе́ди Алексе́я Фёдоровича на́чали занима́ться спо́ртом. Тепе́рь мно́гие вме́сте с Алексе́ем Фёдоровичем де́лают у́тром заря́дку во дворе́, ле́том игра́ют в те́ннис и́ли в волейбо́л, а зимо́й ката́ются на конька́х и на лы́жах. Они́ чу́вствуют себя́ лу́чше и вы́глядят моло́же.

И чудако́м тепе́рь счита́ют Василия Никола́евича, кото́рый ду́мает, что занима́ться спо́ртом не обяза́тельно.

ДАВА́ЙТЕ ПОГОВОРИ́М:

А вы занима́етесь спо́ртом?

— Каки́м ви́дом спо́рта вы занима́етесь?
— Ле́том я игра́ю в волейбо́л и пла́ваю, а зимо́й ката́юсь на конька́х. А вы чем увлека́етесь?
— Я игра́ю в те́ннис.

— Здра́вствуйте, Василий Никола́евич. Как ва́ши дела́?
— Нева́жно, Алексе́й Фёдорович. Я пло́хо себя́ чу́вствую.
— На ва́шем ме́сте я пошёл бы к врачу́.
— Да я неда́вно был у врача́. Он говори́т, ну́жно занима́ться спо́ртом. Это в моём-то во́зрасте!
— А я ду́маю, что врач прав. Мне уже́ се́мьдесят лет, а я прекра́сно себя́ чу́вствую, потому́ что ка́ждое у́тро де́лаю заря́дку. Ле́том я игра́ю в те́ннис, а зимо́й хожу́ на лы́жах. И вам сове́тую: де́лайте заря́дку ка́ждое у́тро, бу́дете себя́ хорошо́ чу́вствовать.

— Врач посове́товал мне занима́ться спо́ртом.
— Прекра́сно! Каки́м же ви́дом спо́рта ты бу́дешь занима́ться?
— Ша́хматами.

— Здра́вствуйте, Анна Петро́вна.
— Здра́вствуйте, Ве́рочка.
— Анна Петро́вна, вы прекра́сно вы́глядите!
— Да, Ве́рочка, я о́чень хорошо́ себя́ чу́вствую, потому́ что занима́юсь спо́ртом. Ка́ждый день де́лаю заря́дку, ле́том мы хо́дим в похо́ды, пла́ваем, зимо́й хо́дим на лы́жах, ката́емся на конька́х. Вот почему́ я никогда́ не боле́ю.

— Куда́ вы идёте?
— На Москву́-ре́ку. Пойдёмте вме́сте с на́ми.

одна́жды = оди́н раз
расстро́енный upset
бол-е́й + to be ill
нева́жно = не о́чень хорошо́, но и не пло́хо
на твоём / ва́шем ме́сте if I were you

во́зраст age
Это в моём-то во́зрасте! (The -то is an emphatic particle.)
Вот почему́... That's why...

— А что мы будем там делать?

— Говорят, там сегодня плавают.

— Как плавают? Идёт снег, температура — минус 15 градусов...

— Да, да! Есть чудаки, которые плавают зимой в Москве-реке, когда идет снег и температура — минус 15! Например, Алексей Фёдорович из тридцать второй квартиры.

— Алексей Фёдорович? Тогда я пойду с вами, посмотрю.

Что ты делал сегодня?

— Ну, что ты сегодня делал?

— Утром я помогал бабушке готовить обед.

— Молодец! А потом?

— Потом мы пошли гулять... и всё.

— Нет, не всё! Расскажи маме, что было потом.

— Потом я потерялся. Но я встретил Антона Николаевича из двенадцатой квартиры, и мы вместе пришли домой.

Мы летим на самолёте

— Внимание! Внимание! Объявляется посадка на рейс № 28 Киев — Ленинград. Пассажиров просят пройти на посадку.

— Скажите, пожалуйста, это объявили посадку на Ленинград?

— Да, на рейс № 28.

— А как пройти на посадку?

— Направо, пожалуйста.

— Спасибо.

В аэропорту

— Девушка, мне нужно лететь в Харьков. Скажите, пожалуйста, когда будет самолёт?

— В Харьков? Рейс № 32, в 19.30.

— А где можно купить билет?

— В кассе.

— Благодарю вас.

Счастливого пути!

— Вы летите в Москву?

— Да.

— У меня к вам просьба. Не можете ли вы передать моим хорошим знакомым к Новому году этот торт?

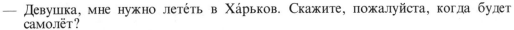

аэропорт (в аэропорту)
лет-е́-ть (летя́т) to fly (*unidirectional*)
внима́ние attention
объявля́й + ся
поса́дка *куда* boarding
рейс flight

пройти́ на поса́дку to proceed for boarding
напра́во to the right
нале́во to the left
Счастли́вого пути́! Bon voyage!
к Но́вому го́ду for New Year's

— С удовольствием. Дайте мне, пожалуйста, а́дрес.
— Вот, пожалуйста, их а́дрес и телефон. Переда́йте им большой приве́т от Галины Ивановны.
— Обяза́тельно переда́м и приве́т, и торт. С Новым годом!
— И вас тоже, молодой человек! Счастли́вого пути́!

— Вы не скажете, где здесь телефо́н-автома́т?
— Иди́те пря́мо, потом напра́во.
— Спасибо.
— Пожалуйста.

Упражнения

29.7 Каким ви́дом спорта они занимаются?

Виктор играет...

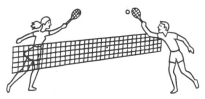

Лариса играет...

Алексей Фёдорович делает...

Иван Иванович и Антон Николаевич играют...

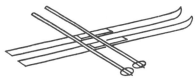

Нина ката́ется...

Максим ката́ется...

29.8 — *Как твои дела́?*
— Нева́жно.

(Как вы себя́ чу́вствуете?, Как вы пла́ваете, хорошо?, Как ты бе́гаешь, наверно, хорошо?)

телефо́н-автома́т pay phone   **пря́мо** straight (ahead)

29.9 — Я очень быстро устаю.
— На вашем месте я бы пошёл к врачу.

(У меня болят ноги—пойти в поликлинику; Я очень устал—лечь спать сегодня немного раньше; Мне нужно поехать в Ленинград— полететь на самолёте, это быстрее, чем на поезде)

29.10 — Вы так хорошо выглядите!
— Правда? Я только что вернулся с юга.

(Я провёл две недели в доме отдыха. Я каждое утро делаю зарядку. Я теперь занимаюсь спортом. Я хорошо отдохнул в Эстонии.)

29.11 — Я не занимаюсь спортом.
— Вот почему вы так часто болеете.

(Я считаю, что не обязательно делать зарядку—плохо выглядеть.—Я теперь каждый день плаваю—хорошо выглядеть. Я ночью плохо спал—болеть голова)

29.12 Меня зовут Алексей Фёдорович, мне 70 лет. Я живу в этом доме недавно. Каждое утро я... (продолжайте).

29.13 Расскажите, как отдыхает Иван Иванович и его семья в воскресенье а) летом; б) зимой.

29.14 Вы живёте в Ленинграде. Вам нужно передать вашей сестре, которая живёт в Москве, книгу. Ваша знакомая едет в Москву. Попросите её передать книгу вашей сестре. Make up 'a dialog.

29.15 Which picture refers to each of the following expressions?

Счастливого пути!
Извините, пожалуй-
ста!
С Новым годом!
Можно?
Вы сейчас выходите?

29.16 1. Вы занимаетесь спортом? Каким видом спорта вы занимаетесь? Расскажите, какими видами спорта занимаются ваша семья, ваши знакомые, ваши друзья.

2. Как вы отдыхаете летом? Зимой? Что вы больше всего любите делать в свободное время?

29.17 Word Study

велосипе́д — пешко́м, pedal
внима́ние — понима́й +
во́зраст — взро́слый
заря́дка — ряд, в поря́дке
расстро́енный — стро́ить
Счастли́вого пути́! — к сча́стью; путёвка, спу́тник
у-влек-а́й + ся — увлече́ние

Новые слова и выражения

аэропо́рт
бе́г-ай +
бол-е́й +
велосипе́д
вид: вид спо́рта
внима́ние
во́зраст
  Это в моем-то во́зрасте!
волейбо́л
встре́т-и-ть *р.*
вы́-гляд-е-ть
гора́здо
дешёвый (дёшево)
дорого́й (до́рого)
занима́ться спо́ртом
заря́дка
  де́лать заря́дку
кат-а́й + ся

кон(ё)к: кат-а́й + ся на
  конька́х
лет-е́-ть
лу́чший
лыжа: кат-а́й + ся на
  лы́жах
ме́сто: на твоём / ва́-
  шем ме́сте
на: моло́же / ста́рше на
  ... лет
нале́во
намно́го
напра́во
нева́жно

Но́вый год: к Но́вому
  году́
объ-явл-я́й + ся
одна́жды
пла́в-ай +

поса́дка (на рейс)
  пройти́ на поса́дку
почему́: Вот почему́...
прили́чный / не-
  пройд-у́т *р.*
  Как пройти́ на поса́д-
  ку?
пря́мо
расстро́енный
рейс
спорт: вид спо́рта
Счастли́вого пути́!
телефо́н-автома́т
те́ннис
у-влек-а́й + ся
у-див-и́-ть-ся *р.*
ху́дший
чем
чуда́к

Irregular comparatives
and those with conso-
nant mutation:
да́льше
дешёвле
доро́же
жа́рче
ле́гче
ме́ньше
моло́же
по́зже / поздне́е
ре́же
ста́рше
ху́же
ча́ще

Фёдоров
Ха́рьков

УРОК № **30** (ТРИДЦАТЬ) — ТРИДЦАТЫЙ УРОК

Работа (**была, будет**) **сде́лана** хорошо.
Этот проект **был сде́лан** молодым **архите́ктором.**

Фоне́тика:

Read p. 43 concerning the quality of the unaccented vowels written as **a** and **o** when they occur first in a word.

Слу́шайте и повторя́йте!

остано́вка ... автома́т ... акаде́мия ... «Огонёк» ... опозда́ть ... армяни́н ... опера́ция ... обыкнове́нный ... америка́нец ... останови́ться ... аппендици́т ... Академгородо́к

Интона́ция:

Remember that in many situations commas are a purely formal written device in Russian and do not always indicate a pause in pronunciation. Read the following utterances without pauses.

Слу́шайте и повторя́йте!

До́брое у́тро, Ви́ктор! ... Вы не ска́жете, где ста́нция метро́? ... Я не зна́ю, когда́ прие́дет Лари́са. ... Ты не зна́ешь, что́ де́лает Макси́м? ... Спроси́ Ни́ну, куда́ она́ идёт. ... Вы не зна́ете молоды́х люде́й, кото́рые сейча́с иду́т ми́мо?

кто?	**что?**	**что?**		**кем?**
Молодо́й учёный написа́л *кни́гу.*		*Кни́га* напи́сана **молоды́м учёным.**		
с-де́л-а-й +	на-пис-а́-ть	по-стро́-и-ть	куп-и́-ть	при-глас-и́-ть
с-де́л-а-н	на-пи́с-а-н	по-стро́-е-н	ку́пл-е-н	при-глаш-ё-н
с-де́л-а-н-а	на-пи́с-а-п-а	по-стро́-е-н-а	ку́пл-е-н-а	при-глаш-е-н-а́
с-де́л-а-н-о	на-пи́с-а-н-о	по-стро́-е-н-о	ку́пл-е-н-о	
с-де́л-а-н-ы	на-пи́с-а-н-ы	по-стро́-е-н-ы	ку́пл-е-н-ы	при-глаш-е-н-ы́
	от-кры́-ть	за-ня́-ть		при-ня́-ть
	от-кры́-т	за́-ня-т		при́-ня-т
	от-кры́-т-а	за-ня-т-а́		при-ня-т-а́
	от-кры́-т-о	за́-ня-т-о		при́-ня-т-о
	от-кры́-т-ы	за́-ня-т-ы		при́-ня-т-ы

Кни́га		напи́сана молоды́м учёным.	кто / кого́	Ивано́вы / Ивано́вых
Кни́га	была́	напи́сана молоды́м учёным.	у кого́ / о ком	у Ивано́вых / об Ивано́вых
Кни́га	бу́дет	напи́сана молоды́м учёным.	кому́ / с кем	Ивано́вым / с Ивано́выми

Я всю неделю много занимался. **Сегодня у меня экзамен.**

— Вова, давай сыграем в те́ннис.— Не могу, Витя, у меня сейчас лекция.
— Что у тебя сейчас, Вера, физика?— Нет, у меня сейчас русская литература.

Вы **не так** смотрите. Нужно смотреть вот так.
Вы **не туда** идете. Вам нужно напра́во.

Вы взяли **не ту** книгу. Вот ваша книга.

    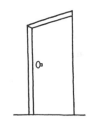

Это очки́.   Макси́м в очка́х. Он вошёл.   Он вы́шел.   Это дверь.
Она закры́та.

Университет и́ме-
ни Ломоно́сова.
У меня плохое на-
строе́ние.
У меня хорошее
настрое́ние.
Автома́т разме́ни-
вает де́ньги.

ГРАММАТИКА И УПРАЖНЕНИЯ

30.1 The Past Passive Verbal Adjective

Все билеты уже **про́даны.**

МГУ **был осно́ван** в 1755 году вели́ким русским учёным и писа́телем
Михаи́лом Васильевичем Ломоно́совым.

Новые зда́ния университета на Ле́нинских гора́х **были постро́ены** в 1953 году.

Новое зда́ние для гуманита́рных факультетов **было построено** не́сколько лет
назад.

тот, та, то, те that (one)
очки́ (*gen.* очко́в) (eye)glasses
   в очка́х
в-ход-й-ть / войти́ ≠ выходи́ть / вы́йти
дверь
за-кры-ва́й + / за-кро́й +   (закры́ть) ≠ от-кры-
   ва́й + / от-кро́й +

и́мени: университет и́мени Ломоно́сова
настрое́ние mood
раз-ме́н-и-вай + / раз-мен-я́й + to change (*money
   into smaller denominations*)
писа́тель
о-сн-ов-а́-ть *p.*

416

Verbal adjectives are adjectives which are formed from verb stems. You have already learned two adjectives which were originally verbal adjectives: расстро́енный, учёный.

Past passive verbal adjectives are formed from the *perfective* aspect of transitive verbs, and therefore they express *qualities which are the result of complete* actions.

The short form of past passive verbal adjectives, which you see in the examples here, is used to form *passive* constructions involving *perfective* verbs. A passive construction is one in which the subject is the recipient of the action. Compare:

Молодо́й архите́ктор сде́лал прое́кт.	The young architect designed the plan.
Этот прое́кт сде́лан молоды́м архи-те́ктором.	This plan has been designed by a young architect.

Note that in a passive construction the agent (doer) is expressed in the instrumental case. (Often in a passive construction the agent will not be mentioned at all.)

The past passive verbal adjectives can be used with present (zero form), past, or future tense of the verb **быть**:

Эта рабо́та о́чень хорошо́ напи́сана.	This paper *is / has been* very well *written.*
Эта рабо́та **была́** о́чень хорошо́ на-**пи́сана.**	This paper *was / had been* very well *written.*
Эта рабо́та **бу́дет** о́чень хорошо́ напи́сана.	This paper *will be* very well *written.*

Although there are many situations in which either the zero form or the past tense of the verb **быть** can be used, there is a subtle difference. The use with the zero form (the present tense) stresses the quality itself which results from the action. The English equivalent will usually be a present tense or present perfect construction.

Using the verbal adjectives with the past tense puts more stress on the action than the resultant quality (as is particularly true if the time of the action is mentioned). The English equivalent will generally be an English simple past or past perfect construction.

Past passive verbal adjectives are formed by means of the suffixes: **-н-, -ен-, -т-**.

30.1a Most first conjugation verbs with stems in **-ай-** or **-а-** have the suffix **-н-**. If the accent in the infinitive is on **-ать / -ять** the accent of the verbal adjective will normally be one syllable nearer the beginning of the· word. Compare:

с-де́л-а-й + — сде́лан but на-пис-а́-ть — напи́сан, о-сн-ов-а́-ть — осно́ван, про-чит-а́й + — прочи́тан, по-тер-я́й + — поте́рян, за-каз-а́-ть — зака́зан, по-каз-а́-ть — пока́зан.

However when the stem of the verb (without prefix) is only one syllable long the accent should be learned separately (note that it may move to a prefix, may always be on the ending, or may be on a prefix except for the feminine form): по-сл-а́-ть — по́слан, посла́на; дать — дан, дана́, дано́, даны́; про-да́ть — про́дан, продана́, про́дано, про́даны; пере-да́ть — пе́редан, передана́, пе́редано, пе́реданы.

Упражнения 30.1а

а. *Образец:* Письмо нужно посла́ть сего́дня.— *Письмо́ уже́ по́слано.*

1. Эту рабо́ту нужно сде́лать сего́дня. 2. Биле́ты нужно заказа́ть сего́дня.
3. Ваш ли́шний биле́т нужно прода́ть. 4. Этот торт нужно переда́ть сего́дня.
5. Эту кни́гу нужно прочита́ть сего́дня. 6. Письмо́ нужно написа́ть сего́дня.
7. Эти фотогра́фии нужно сде́лать сего́дня. 8. Откры́тки нужно посла́ть сего́дня. 9. Эти ве́щи нужно переда́ть Игорю Влади́мировичу сего́дня. 10. Эти стихи́ нужно прочита́ть сего́дня. 11. Все биле́ты нужно прода́ть сего́дня.

б. *Complete the sentences with short forms of past passive verbal adjectives.*

1. Кем была́ (написа́ть) кни́га «Война́ и мир»? 2. Эти прое́кты очень хорошо́ (сде́лать). 3. Когда́ был (основа́ть) ваш университе́т? 4. Я ду́маю, что эти де́ньги бы́ли (потеря́ть) или Макси́мом, или Ни́ной. 5. Я хочу́ купи́ть кни́гу со стиха́ми, кото́рые бы́ли (прочита́ть) вчера́ на конце́рте худо́жественной самоде́ятельности. 6. Интере́сно, кем (сде́лать) этот прое́кт? 7. К сча́стью, биле́ты на но́вый бале́т уже́ (заказа́ть) Воло́дей. 8. Бу́дьте добры́, объяви́те по ра́дио, что в буфе́те кем-то (потеря́ть) ключ. 9. Мне очень понра́вились фотогра́фии, кото́рые бы́ли (показа́ть) профе́ссором Виногра́довым во вре́мя ле́кции. 10. К сожале́нию, все биле́ты на за́втра уже́ (прода́ть).

30.1б Most stems in **-и-ть** form the past passive verbal adjectives by means of the suffix **-ен-(-ён-** if accented). Consonant mutations which occur in *second-conjugation* verbs occur also in the past passive verbal adjectives. If the accent shifts in the present/future tense, it will also shift onto the stem in the verbal adjective. If the accent is on the ending throughout, it will be on the gender or plural ending (except, of course, in the masculine, which has zero ending).

по-стро́-и-ть — постро́ен	куп-и́-ть — ку́плен	при-глас-и́ть — приглашён,
ко́нч-и-ть — ко́нчен	по-луч-и́-ть — полу́чен	приглашена́, приглашены́
при-гото́в-и-ть — пригото́влен	по-лож-и́-ть — поло́жен	
по-ста́в-и-ть — поста́влен		
от-пра́в-и-ть — отпра́влен		

Упражне́ние 30.1б

Образец: Этот прое́кт сде́лал молодо́й архите́ктор.— *Этот прое́кт был сде́лан молоды́м архите́ктором.*

1. Эти бе́лые ту́фли купи́ла Еле́на Кири́лловна. 2. Екатери́на Петро́вна отпра́вила де́нежный перево́д. 3. Ужин сего́дня пригото́вила Ни́на. 4. Ле́на получи́ла это письмо́ вчера́. 5. Этот дом постро́ил мой де́душка. 6. Игорь Серге́евич ко́нчил эту рабо́ту. 7. Студе́нты пригласи́ли этих дете́й на конце́рт худо́жественной самоде́ятельности.

30.1в Verbs with infinitives in **-ыть,** the verb **нача́ть,** and those based on the root НИМ **(-ня-)** take the suffix **-т-.** Accent will generally be as in the past tense.

от-кры́-ть — откры́т, откры́та, откры́то, откры́ты (*past* откры́ла)
за-кры́-ть — закры́т, закры́та, закры́то, закры́ты (*past* закры́ла)
на-ча́-ть — на́чат, начата́, на́чато, на́чаты (*past* на́чал, начала́, на́чали)

взя-ть — взят, взята́, взя́то, взя́ты (*past* взял, взяла́, взя́ли)

при-ня́ть — при́нят, принята́, при́нято, при́няты (*past* при́нял, приняла́, при́-
няли)

за-ня́ть — за́нят, занята́, за́нято, за́няты (*past* за́нял, заняла́, за́няли)

Упражнение 30.1в. *Complete the sentences with short forms of past passive verbal
adjectives.*

1. Хотя́ окно́ бы́ло (закры́ть), мне бы́ло хо́лодно. 2.— Ни́на, закро́й, пожа́-
луйста, дверь.— Она́ уже́ (закры́ть). 3.— Вы слы́шали, что О́ля (приня́ть) в МГУ?—
Да, слы́шал. Что вы удивля́етесь, она́ всегда́ прекра́сно учи́лась. 4. Роди́тели
Бо́ри о́чень дово́льны: они́ сего́дня узна́ли, что он (приня́ть) в Ленингра́дский
университе́т. 5.— Э́ту рабо́ту на́до нача́ть сего́дня же.— Рабо́та уже́ (нача́ть).
6. Э́ти места́ свобо́дны? — Нет, они́ (заня́ть). 7.— Ната́лья Па́вловна, вы не хоти́те
пойти́ с на́ми на вы́ставку? — Спаси́бо, сего́дня я (заня́ть). 8.— Говоря́т, что здесь
бу́дут стро́ить но́вую библиоте́ку.— Да, архите́ктор нам сказа́л, что прое́кт уже́
(нача́ть).

Упражнение 30.1г. *Combination Exercise on Past Passive Verbal Adjectives.*

а. *Образец:* — На́до сде́лать э́ту рабо́ту.— *Она́ бу́дет сде́лана сейча́с.*

1. Ско́ро Но́вый год. На́до заказа́ть сто́лик в рестора́не. 2. На́до посла́ть
э́то письмо́ сего́дня. 3. Э́тот прое́кт на́до ко́нчить бы́стро. 4. На́до пригласи́ть
Соколо́вых на э́тот конце́рт. 5. На́до поста́вить э́ти стака́ны на по́лку. 6. Э́то
упражне́ние на́до прочита́ть бы́стро. 7. На́до переда́ть э́ти ве́щи Алексе́ю
Петро́вичу. 8. На́до заказа́ть биле́ты. 9. На́до написа́ть э́то упражне́ние.
10. К Но́вому году́ на́до купи́ть шампа́нское. 11. На́до отпра́вить Оле́гу
де́нежный перево́д. 12. На́до откры́ть окно́.

б. *Complete the sentences with short forms of past passive verbal adjectives.*

13. Когда́ бы́ли (постро́ить) э́ти павильо́ны? 14. Здесь так хо́лодно, почему́
(откры́ть) окно́? 15. Кем был (сде́лать) э́тот удиви́тельный прое́кт? 16. В ка́ссе
сказа́ли, что на сего́дня все биле́ты уже́ (прода́ть). 17. К сожале́нию, бы́ло уже́
де́вять часо́в, и по́чта была́ (закры́ть). 18. Когда́ был (основа́ть) Ленингра́д?
19. Не волну́йтесь, Во́ва обяза́тельно бу́дет (приня́ть) в консервато́рию. 20. Ско́-
ро нача́ло конце́рта. Почему́ сту́лья ещё не (поста́вить)? 21. Когда́ была́ (по-
лучи́ть) э́та телегра́мма? 22. Когда́ была́ (написа́ть) э́та кни́га? 23. Э́то ме́сто
не (заня́ть)?

30.2 The Plural Declension of Surnames in -ов and -ин

Э́то на́ши но́вые сосе́ди Москвины́ (Во́лковы).
Вы еще не зна́ете Москвины́х (Во́лковых)?
Мы вчера́ ве́чером бы́ли у Москвины́х (Во́лковых).
В газе́те сего́дня пи́шут о Москвины́х (Во́лковых).
Мы за́втра ве́чером пое́дем к Москвины́м (Во́лковым).
Мы живем ря́дом с Москвины́ми (Во́лковыми).

In the plural surnames in **-ов** and **-ин** have noun-like endings only in the
nominative. All other forms take adjective endings. Note that when the accent
is on **-ин** (Москви́н), it will be on the ending in all forms.

Упражнение 30.2 *Complete the sentences with appropriate forms of words given in parentheses.*

1. Оля и Петя (Фёдоровы) хотят вечером пойти в театр, поэтому они решили позвонить в бюро добрых услуг. 2. Вчера вечером мы ходили к (Павловы) смотреть новые фотографии, которые они сделали, когда они отдыхали на юге. 3. У (Карповы) вчера было много гостей, и всем было очень весело. 4. Вы слышали, что говорят о (Новиковы)? Они решили поехать работать на Дальний Восток. 5. Мы уже давно переписываемся с (Семёновы). 6. Ни Аня, ни Боря (Владимировы) никогда не были в Эстонии. 7. Мы часто встречаем (Никитины), когда гуляем в парке.

30.3 У меня сегодня экзамен.

Извините, я очень спешу. **У меня сейчас лекция.**

— Нина, что у тебя сейчас, математика? — Нет, **сейчас у меня русский язык.**

Note that in this type of sentence (all from academic life) one does not include **есть** in the present tense.

30.4 Equivalents of *the wrong...*

Вы **не так** смотрите. Нужно смотреть вот так.
Вы **не туда** идёте. Справочное бюро находится направо.
Вы взяли **не ту** книгу. Вот ваша книга.
Это **не тот** автобус. Вам нужен автобус номер шесть.
Вы взяли **не свой** ключ. Ваш ключ лежит вон там, на окне.
Ты купил **не те** марки.

By using the negative particle with various demonstrative pronouns, modifiers, adverbs and **свой** one can form equivalents of 'the wrong...', 'somebody else's...'.

The demonstrative pronoun **тот** (**та, то, те**), meaning literally 'that', is used much less than **этот**. It is, however, used in certain set expressions and constructions, such as **не тот.** (It declines like **этот** except that it has **e** where one would expect **ы/и.**).

Упражнение 30.4 *Переведите с английского языка на русский.*

1. You're opening the wrong door. 2. At first Anton didn't notice that he had bought the wrong kind of shirt. 3. You're going the wrong way. In order to get to Red Square you need to go to the left. 4. I'm afraid I've taken somebody else's book. You don't happen to know whose book this is? 5. You're waiting on the wrong bus stop — there isn't a bus number three there! 6. This is the wrong trolleybus. I advise you to transfer to trolleybus No. 19 at the next stop. 7. I'll have to return to the library. I checked out the wrong book. 8. You've bought the wrong kind of stamps. For an overseas airmail letter you need 45 kopeck stamps. 9. You've given me the wrong key, this isn't the key to my room. 10. It seems I've taken somebody else's briefcase — these aren't my books.

30.5 Expression of Time When Something Occurs (Review)

Вера приехала	в час. (*but* Она приехала в половине второго.)
	в пятницу.
	на прошлой неделе.
	в ноябре.
	в восемьдесят первом году.
	в апреле восемьдесят первого года.
	23-го февраля восемьдесят первого года.
	осенью восемьдесят первого года.
	в восемьдесят первом году, кажется, в июне.
	в восемьдесят первом году, весной.

Unless a date is involved *when* is generally expressed in the *accusative* case with units a day or shorter in length, in the *prepositional* case with longer units of time (remember that неделя is used with **на**). A date when something occurs is expressed in the *genitive* case. In any event, when more than one measure of time is involved, each one requires the *genitive* case of the following unit (unless, as in the last two examples, the shorter unit occurs second, somewhat as an afterthought).

Упражнение 30.5 *Переведите с английского языка на русский.*

1. Vadim was late and arrived only at 12:30. 2. Larisa called us from Paris on Thursday at 8 a.m. 3. On March 27 I have to go to Leningrad. 4. Next time let's go to the south not in July but in September. 5. I sent John a letter last week, but he'll probably get it only in another week. 6. "Let's go to Suzdal next week." "OK, let's, if the weather's good." 7. "Claudia Petrovna went to work in the Far East in 1978, in the summer I think." "No, you're wrong, she went there in the winter of 1979." 8. The first sputnik was in outer space on October 4, 1957. 9. "When do you have the coldest weather?" "In December and January." 10. MGU was founded in 1755.

30.6 Culture through Language: Examinations

University students normally take examinations only at the end of a course (while in general secondary schools examinations are held following the 8th and 10th grades). In most cases examinations are oral, with the student appearing before the professor or before a committee and answering questions on a **билет** which he picks from among several lying face-down on a table.

30.7 Notes on Individual Words

в-ход-и́-ть / войти́—The English verb 'to enter' can take a direct object. The Russian equivalent is a going verb and *must* be used in a directional construction: Антон **вошёл в** комнату. 'Anton *entered the room.*'

Наш автобус учится

111-й автобус идет из центра Москвы на Ле́нинские го́ры, где нахо́дится университет и́мени Ломоно́сова. Я очень люблю этот автобус весной, в ма́е, когда студенты сдают экза́мены. Утром в автобусе всегда много студентов, весёлых и шу́мных. Все едут с книгами, с портфелями.

Если я еду на работу в таком автобусе, у меня весь день хорошее настрое́ние. Вчера был такой день. Я вошёл в автобус, сел на свободное место о́коло окна и увидел: одни́ читают, другие о чем-то разгова́ривают. Вот студенты, у которых, наверно, сегодня экза́мен по исто́рии. Они задаю́т друг другу вопросы: «Когда была осно́вана Москва? — В 1147 году. — Когда была первая русская револю́ция? — В 1905 году́».

Вот студентка, которая, наверно, изучает английский язык. Она, кажется, повторя́ет новые слова́, которые она смотрит в а́нгло-ру́сском словаре́.

В автобусе шу́мно, ве́село. Новый человек удивля́ется, когда видит в автобу́се такое весёлое настрое́ние. На Ле́нинском проспекте в автобус вошла старая женщина, увидела, что все читают, и удиви́лась. «Сади́тесь, пожалуйста», — сказала ей синегла́зая девушка. «Не удивля́йтесь, наш автобус учится».

Вот о́коло окна сиди́т очень серьезная девушка в очка́х, которая, кажется, ничего не видит, кро́ме книги. Один студент помогает новому пассажиру разменя́ть де́ньги, чтобы взять билет. Другой студент объясня́ет каким-то иностранным тури́стам, как попа́сть на Вы́ставку достиже́ний наро́дного хозя́йства. Ока́зывается, они се́ли не на тот автобус, и он им советует пересесть на метро.

Когда я вышел из автобуса, я увидел у шофера уче́бник английского языка и вспо́мнил слова́ девушки: «Наш автобус учится».

ДАВА́ЙТЕ ПОГОВОРИ́М:

В автобусе

— У меня нет пяти́ копе́ек. Вы не разменя́ете пятнадцать копе́ек?
— Пожалуйста.
— Большое спасибо.

Разговор об экза́менах

— Когда у вас в СССР экза́мены?
— В институтах и университетах два раза в год: зимой и весной. Зимой экза́мены в январе́.
— А весной?

весёлый cheerful, merry	револю́ция
шу́мный noisy	по-втор-я́й + / по-втор-и́ть to repeat, review
ся́д-ут (сел; сесть) куда́ p. to sit down; to get on (vehicle)	а́нгло-ру́сский
одни́... другие... some... others...	синегла́зый blue-eyed
экза́мен по чему	объ-ясн-я́й + / объ-ясн-и́-ть to explain
исто́рия	тури́ст
	уче́бник textbook

— Весной в ма́е—ию́не.
— А в школе?
— В школе экза́мены только в восьмом и деся́том классах.
— Тоже зимой и весной?
— Нет, в школах экзамены один раз в год—весной.
— А когда у вас кани́кулы, в ию́ле и а́вгусте?
— Да, в ию́ле—а́вгусте.

— Здравствуй, Оля! Как дела?
— Здравствуй, Лена. У меня сегодня после́дний экза́мен по английскому языку, а я ещё не гото́ва к нему. Я так волнуюсь. Это такой тру́дный язык!
— Не может быть! Ты всегда так хорошо отвечаешь.
— И всё-таки я волнуюсь. Я вчера ходила в кино и мало занималась. Я ещё не вы́учила все слова.
— Не волнуйся, ты, конечно, хорошо сдашь экза́мен.

На экза́мене в школе

— Теперь я хочу задать вам не́сколько вопросов. Кто и когда основа́л Москву?
— Москву основа́л Юрий Долгорукий в 1147 (ты́сяча сто со́рок седьмом) году.
— Пра́вильно. А когда был осно́ван Московский университет?
— В 1755 (ты́сяча семьсо́т пятьдеся́т пятом) году.
— А кто основа́л Московский университет?
— Ломоно́сов.
— Пра́вильно. Михаи́л Васильевич Ломоно́сов. Поэтому мы говорим: Московский университет и́мени Ломоно́сова.

— Витя, здравствуй! Какие курсы лекций ты слушаешь в этом году?
— В этом году у меня русский язык, советская литература, история русского языка, английский язык и английская литература.
— А кто читает курс исто́рии русского языка, профессор Но́виков?
— Да, Но́виков. Он прекрасно читает.

Покупаем сувени́ры

— Антон, скоро кончится конгре́сс. Я хотел бы купить сувени́ры на па́мять о Москве. Вы не помо́жете мне?
— С удовольствием, Эдвард. А что вы хотите купить?
— Я сам не знаю. Я ничего не понимаю в наро́дном искусстве. Что вы мне советуете купить? Мне нужно что-нибудь для пода́рка жене на день рожде́ния.

кани́кулы (*gen.* кани́кул) school vacation
после́дний last (*in a series*)
гото́в *к чему* ready for
от-веч-ай + (*урок*) to recite
вы-у́ч-ивай + / вы́-уч-и-ть to learn, memorize (*the small, memorizable units; not of whole subject matter*)

слу́шать курс to take a course
чита́ть курс to teach / give a course, lecture
на па́мять *о чём* as a memento of
ничего́ не понима́ю в *чём* I don't know the first thing about...
наро́дное искусство folk art
день рожде́ния birthday

— Сувениры можно купить в ГУМе, но, пожалуй, нам лучше всего пойти в магазин «Подарки» на улице Горького. Там можно купить самовары, матрёшки, шкатулки, значки...

В магазине «Подарки»

— Девушка, что вы посоветуете мне купить?
— Вот очень интересная палехская шкатулка.
— Да, красивая вещь. А что значит палехская?
— Палех—это деревня, где делают такие шкатулки. Это оригинальное народное искусство.
— Я обязательно возьму эту шкатулку. Это будет прекрасным подарком жене на день рождения.
— Что ещё? У нас есть очень красивые хохломские вазы. Или, может быть, матрёшку.
— Это тоже очень красивые вещи. Я думаю, что дочери понравится эта матрёшка. А сыну я подарю несколько значков. Это, кажется, всё.
— Пожалуйста, платите в кассу 47 рублей 60 копеек.

Упражнения

30.8 — Мне кажется, что эта шкатулка очень оригинальная. *А вы как считаете?* (народное искусство)
— *Не знаю, я ничего не понимаю в народном искусстве.*

— Я думаю, что этот молодой композитор написал хороший концерт. ... ? (современная музыка)

— ... .

— Я думаю, что Иванову надо играть в волейбол, а не в футбол. ... ? (спорт)

— ... .

— Мне кажется, что это интересная шахматная задача. ... ? (шахматы)

— ... .

30.9 — Оля, чем ты сейчас занимаешься?
— *Историей.* У меня ведь завтра экзамен по *истории.*

(физика, русский язык, английская литература, химия, история русского языка)

30.10 — Девушка, я возьму *эти открытки.*
— Пожалуйста, платите в кассу 35 *копеек.*

(матрёшка—2 р. 85 к., самовар—25 р. 40 к., палехская шкатулка—38 р. 50 к., хохломская ваза—7 р. 95 к.)

ГУМ (Государственный универсальный магазин) State Department Store
подар(о)к gift, present
самовар
матрёшка nested wooden doll
шкатулка decorative box
знач(о)к souvenir badge/pin

Палех, палехский
оригинальный
Хохлома, хохломской
ваза
дар-и-ть/по- to give (*as a gift*)
плат-и-ть/за- в кассу

424

30.11 — Какая красивая *рубашка*!

— Это я купила *мужу* на день рожде́ния.

(ва́за — мама, самова́р — дедушка, значки́ — маленький брат, матрёшка — дочь)

30.12 1. Какие курсы лекций вы слушаете в этом году? Какой ваш самый люби́мый курс? Кто ваш самый люби́мый профессор (преподава́тель)?

2. Вы любите сдавать экза́мены? Какое у вас настрое́ние в день экза́мена? Вы всегда гото́вы к заня́тиям (экза́менам)?
Как вы себя́ чу́вствуете, когда вы не гото́вы к заня́тиям (экза́менам)? Какие экза́мены у вас будут в этом году? Когда вы будете сдавать после́дний экза́мен?

3. Какие у вас пла́ны на кани́кулы?

4. Когда у вас день рожде́ния? Когда день рожде́ния вашего папы (ма́мы, сестры, брата)?

5. Вы любите покупать пода́рки своим родны́м? Вам легко или трудно покупать пода́рки? Если бы вы были в СССР, что́ бы вы купили на па́мять об СССР?

30.13 Word Study

знач(о́)к — значит
настрое́ние — строить, расстро́енный
очки́ — окно
па́мять — помнить
по-втор-я́й + — второй
после́дний — следующий

Новые слова и выражения

á́нгло-ру́сский
ва́за
весёлый
в-ход-и́-ть / войти́
вы-у́ч-ивай + / вы́-уч-и ть
гото́в *к чему*
ГУМ
дар-и́-ть / по-
дверь
за-кры-ва́й + / за-кро́й (закры́ть)
знач(о́)к
имя: Университет и́мени Ломоно́сова
исто́рия
кани́кулы
ка́сса: плати́ть / за- в ка́ссу
курс: слушать / читать курс
матрёшка

наро́дное искусство
настрое́ние
объ-ясн-я́й + / объ-ясн-и́-ть
одни́... другие...
оригина́льный
отвечать (*урок*)
очки́: в очка́х
па́мять: на па́мять о...
писа́тель
по-втор-я́й + / по-втор-и́-ть
по-дар-и́-ть *р.*
пода́р(о)к
понима́й +: ничего не понима́ю в...
после́дний
раз-мен-ивай + / раз-мен-я́й +
револю́ция
рожде́ние: день рожде́ния

на день рожде́ния
самова́р
свой: не свой
синегла́зый
ся́д-ут: сесть на авто́бус
тако́й: не тако́й
тот: не тот
туда: не туда
тури́ст
универса́льный магази́н
уче́бник
шкату́лка
шу́мный
экза́мен по
Па́лех, па́лехский
Хохлома́, хохломско́й

Past Passive Verbal Adjectives:
дан
зака́зан

закры́т
ко́нчен
ку́плен
напи́сан
на́чат
отпра́влен
пе́редан
пока́зан
поло́жен
полу́чен
по́слан
поста́влен
поте́рян
приглашён
пригото́влен
при́нят
про́дан
прочи́тан
сде́лан

УРОК-ПОВТОРЕНИЕ VI (УРОКИ 26-30)

Declension

You now know the complete declension, singular and plural, of nouns, modifiers (adjectives and special modifiers), pronouns, and surnames in **-ов** and **-ин.** (Cf. tables on pp. 450-455.)

Nouns

You know which fill vowels to add in forming the genitive plural of nouns: normally insert **e**: песня—песен. But: окно—о́кон, ма́рка—ма́рок, девочка—де́вочек, по́лка—по́лок.

You know that in the plural the accusative form for animate nouns of all genders is the same as the genitive plural form: Мы уже зна́ем э́тих де́вуш**ек**.

You know the indeclinable neuter noun **меню́.** You know the noun **кани́кулы** (*gen.* **кани́кул**), which has no singular. You know the noun **я́блоко,** which has the nominative plural form **я́блоки.**

Case Usage

You know the use of the instrumental case as complement of the verb **быть** in equational sentences (except in the present tense and in cases referring to nationality). You also know the use of this case as complement with verbs meaning 'to become':

Его отец **был дирижёром,** и он, наверно, тоже **будет дирижёром.**
Кла́ва говори́т, что интере́сно **быть крановщи́цей.**
Вы слы́шали, что Лена **ста́ла балери́ной?**
Кем стано́вятся молоды́е лю́ди, кото́рые конча́ют э́тот институ́т?

You know the use of the instrumental case to express the agent in a passive construction: Эта кни́га была́ напи́сана **вели́ким ру́сским писа́телем Толсты́м.**

You know the use of the instrumental case with **занима́ться, увлека́ться** and **горди́ться** and as "second complement" with the verb **звать / на-:**

Каки́м ви́дом спо́рта вы **занима́етесь?**
Я **увлека́юсь ма́рками.** Я о́чень **горжу́сь свое́й колле́кцией** ма́рок.
На́шего но́вого сосе́да сра́зу **назва́ли чудако́м.**

The Comparative Degree of Adjectives and Adverbs

You know the formation of the comparative degree of adjectives and adverbs:
интере́сный / интере́сно—интере́сн**ее**, вку́сный / вку́сно—вкусн**е́е**
молодо́й—моло́же, дорого́й / до́рого—доро́же, жа́ркий / жа́рко—жа́рче, ча́сто—ча́ще, дешё-вый / дёшево—деше́вле
ре́дкий / ре́дко—ре́же
and the irregulars:

большо́й / мно́го — бо́льше	ста́рый — ста́рше
ма́ленький / ма́ло — ме́ньше	ра́но — ра́ньше
хоро́ший / хорошо́ — лу́чше	по́здно — по́зже / поздне́е
плохо́й / пло́хо — ху́же	далеко́ — да́льше

You also know four forms with full endings for use as attributive adjectives: **лу́чший, ху́дший, мла́дший, ста́рший.**

You know the use of the comparatives of adjectives and adverbs, with the second item of the comparison in the genitive case: Та́ня краси́вее Оли. But if the first of the compared items is not in the nominative case, **чем** must be used: **У меня́** бо́льше ма́рок, *чем* **у вас. В Москве́** сего́дня жа́рче, *чем* **в Ки́еве.**

You know how to express 'even' and 'much' with comparatives and to express the amount by which the compared items differ: О́ля краси́вая, а Та́ня **ещё** краси́вее.

Modifiers

You know that a predicate adjective will be in the short form if the subject is **всё** or **это**: **Всё** было очень интересно. **Это** очень красиво.

You know that **в(е)сь** is a modifier and does not require genitive case, while 'one of' must be expressed by **од(и)н из** with the genitive plural: Ира взяла **все** вещи, которые были на столе. Лена **одна из** наших самых лучших молодых балерин.

You know how to use the *modifier* **многие** (which may also be used without a noun) and the *quantifier* **много**:

В МГУ работает **много** преподавателей.
Многие преподаватели живут около университета.
Сегодня хорошая погода, и **многие** проводят свободное время на пляже.

The Formation and Use of Past Passive Verbal Adjectives

You know the formation of the past passive verbal adjectives:

сделать — сделан	кончить — кончен	открыть — открыт
написать — написан	купить — куплен	начать — начат
продать — продан	пригласить — приглашён	принять — принят

You know the use of the past passive verbal adjective with the verb **быть** in passive constructions:

Работа **сделана** хорошо. Работа **была сделана** хорошо. Работа **будет сделана** хорошо.

Verbs

You know additional uses of multidirectional verbs:
(1) to express round trips to a goal: Мы часто **ездим** в деревню к матери.
(2) to express random, directionless motion: Олег долго **ходил** по комнате.

But even for repeated trips unidirectional verbs are used if each part of a trip is covered by a separate verb: Утром я **еду** на работу на автобусе, а вечером **иду** домой пешком.

You know that only unprefixed going verbs have two imperfectives, unidirectional and multidirectional: **идти ~ ходить, ехать ~ ездить**. The adding of directional prefixes to these verbs makes this contrast meaningless, and the result is a simple imperfective ~ perfective pair: **приходить / прийти, входить / войти**. You also know that **ездить** is not used with directional prefixes, being replaced by the variant form of the root (which is always prefixed), -**езж-ай+**: **приезжай+ / приехать, уезжай+ / уехать**.

You know the verb **желать** which requires the genitive case of what is wished someone: **Желаем** вам счастья и дальнейших успехов. (See above for verbs used with the instrumental case.)

You know the verbs of putting: **клад-ут (класть) / положить, ставить / по-**.

You know the verbs **принять (приму, примешь; принял)** and **по-сл-а́-ть (пошлю)**.

You know that **просить / по-** can be used in two types of construction: 1. Мама **попросила** Нину **поставить** чашки на стол. 2. Мама **попросила, чтобы** Нина поставила чашки на стол.

You know the related question form: **О чем** мама **попросила** Нину?

You know the construction used with verbs of perception: Мы с удовольствием **слушали, как** Миша исполнял концерт Паганини.

You know that when the subject is an expression of quantity (except for **од(и)н**) the verb should be neuter and singular: На столе лежало 7 яблок.

You know that **есть** is normally not used in such sentences as У меня сегодня экзамен. У меня сейчас лекция. У меня сегодня физика и математика.

You know that the construction with **у** is not normally used as an equivalent of 'have' when the subject is inanimate: **В нашей квартире** три комнаты.

Numerals

You know the cardinal numerals 40-1,000 and the ordinal (adjective numerals) 40-90:

сорок, сороковой	сто	семьсот
пятьдесят, пятидесятый	двести	восемьсот
шестьдесят, шестидесятый	триста	девятьсот
семьдесят, семидесятый	четыреста	тысяча
восемьдесят, восьмидесятый	пятьсот	
девяносто, девяностый	шестьсот	

You know that with **2-3-4** and compound numerals containing as their last element **2-3-4** a noun is in the genitive singular but an adjective is in the nominative plural (*fem.*) or genitive plural (*masc., neut.*) У Ве́ры **три** ма́леньких сы́на. У Ни́ны **две** ма́ленькие до́чери. With other numbers (other than **од(и)н**) both adjective and noun are in the genitive plural: У Ка́ти **пять** ста́рших бра́тьев.

You know that a special genitive plural form **челове́к** is used with definite numbers and **не́сколько**. With indefinite quantities one uses **наро́ду**. (With **ско́лько** one may use **челове́к** or **люде́й**.)

— Ско́лько там бы́ло **люде́й/челове́к**?
— Там бы́ло о́чень **мно́го наро́ду**. По-мо́ему, там бы́ло **пять ты́сяч челове́к**.

Time Expressions

You know how to express the time of day on the half hour: И́горь прие́хал **в полови́не пя́того**.

You have reviewed the means of expressing the time when something occurred (cf. p. 378).

'The wrong...'

You know how to express the equivalents of 'the wrong...' and 'somebody else's...' by combining the negative particle with demonstrative pronouns, adjectives, adverbs and with **свой**: Вы **не так** смо́трите. Вы **не туда́** идёте. Вы сиди́те **не на том** ме́сте. Вы купи́ли **не тако́й** хлеб. Вы взя́ли **не свой** портфе́ль.

Writing Letters

You know the formulas used in writing official and personal letters:

(Мно́го)уважа́емый... С уваже́нием...
Дорого́й... Жду твоего́ письма́. Целу́ю

You know that the address is written in reverse order from that used in America, and that the addressee's name is in the dative case.

Conversational Expressions

You know the additional expressions for use when speaking on the telephone:

Слу́шаю вас. Бу́дьте добры́, позови́те, пожа́луйста, к телефо́ну,...
Переда́йте..., пожа́луйста, что звони́л...

УПРАЖНЕ́НИЯ

1. Review of Declensions (except for genitive plural and animate accusative plural). *Complete the sentences with appropriate forms of words given in parentheses.*

1. Ле́том бы́ло о́чень жа́рко и в (река́) почти́ не́ было (вода́). 2. Ра́зве не (все взро́слые) интере́сно смотре́ть хокке́й? 3. Вы уже́ знако́мы с (на́ши друзья́ Никола́евы)? 4. Мно́гие из молоды́х люде́й, (кото́рый) конча́ют э́тот институ́т, стано́вятся (инжене́р-строи́тель). 5. Говоря́т, что его́ роди́тели бы́ли (ру́сский). 6. Все э́ти ма́ленькие де́вочки мечта́ют быть (изве́стные балери́ны). 7. Поздравля́ем Вас с (Но́вый год)! 8. Э́ти прое́кты бы́ли сде́ланы (э́ти спосо́бные молоды́е архите́кторы). 9. Серге́й Анто́нович Фроло́в пе́рвый при́нял (сигна́лы) (спу́тник) из (ко́смос), и все сосе́ди счита́ли (он) (необыкнове́нный челове́к). 10. У (Никола́й Васи́льевич) боля́т но́ги, и (он) ещё нельзя́ ходи́ть. 11. Вчера́ ве́чером мы встре́тили (ваш сын) в (университе́тский клуб) вме́сте с (Соколо́вы). 12. (Моя́ дочь) о́чень повезло́—она́ купи́ла биле́т на (но́вый бале́т). 13. На́ши знако́мые живу́т на (деся́тый эта́ж) (э́тот замеча́тельный но́вый дом). 14.—(како́й вид спо́рта) вы занима́етесь?—(ша́хматы). 15. Все счита́ют (Зи́на Соколо́ва) (са́мая спосо́бная де́вушка) в (наш институ́т). 16.—(мы все)

428

очень понравился (после́дний конце́рт) (этот молодой дирижёр).— Да, он всегда произво́дит (большо́е впечатле́ние). 17. Кто живет во (все эти новые общежи́тия)? 18. Сегодня на улице так холодно! Говорят, что сейчас минус 22 (градус) по (Цельсий). 19. Я так завидовал (весёлые и шу́мные молоды́е лю́ди) в автобусе: у них было (такое хорошее настрое́ние). 20. До (нача́ло) (учебный год) (я) обязательно надо купить (себя) (новый портфель). 21. (эти студенты) очень хочется спать: у них сегодня экза́мен, и они почти не спа́ли но́чью. 22. Я совсем не согла́сен с (Олег Соколов). Его новые фотографии (я) показа́лись очень (интересные). 23. У (Галина Васильевна) боля́т но́ги, и она должна (всё время) сидеть дома. 24. Дайте мне еще немного (это вкусное моро́женое). 25. Юра давно уехал на (Да́льний Восто́к), но он не забыва́ет о (все свои) (знакомые и друзья́) в Москве. 26. Я слышал, что и Таня и Катя у́чатся в (Московская консерватория). 27. Мы вчера ходили к (наши знакомые Петровы). 28. Вы знакомы с (Лариса Черно́ва)? 29. Профессор Попо́в прочитал нам очень (интересная лекция) об (Александр Сергеевич Пу́шкин). 30. Кто это там танцует с (Юра Виногра́дов)? 31. Я сегодня не гото́в к (занятия).

2. Review of Genitive Plural and Animate Accusative Plural. *Complete the sentences with appropriate forms of words given in parentheses.*

1. Жела́ю Вам (дальне́йшие успе́хи) в работе! 2. У меня нет (часы́). Вы не скажете, который сейчас час? 3. Это один из (самые интересные значки́) в моей колле́кции. 4. Эдвард купил не́сколько (матрёшки) на па́мять о Москве. 5. После (занятия) я пойду в магазин. У нас дома нет ни (овощи), ни (фрукты). 6. Пока у меня не будет (по́лки), мне нужно будет оставлять книги здесь на столе. 7. Не все студенты получают стипе́ндию. Это зави́сит от (успе́хи) студента. 8. Мы только что вернулись с юга, где мы провели́ пять очень (прия́тные недели). 9. Плати́те в ка́ссу 27 (рубль) 75 (копе́йка). 10. Как насчёт (Ивано́вы)? Они сегодня будут у нас? 11. Во время (кани́кулы) мы много купались и загорали. 12. В нашем городе не́сколько (прекрасные орке́стры). 13.— Сколько (человек) было сегодня на вы́ставке?— Говорят, что было десять ты́сяч (человек). Многие из (посети́тели) были иностранные тури́сты. 14. С Да́льнего Восто́ка приехал на десять (день) наш старый знакомый. 15. Вы уже знаете (наши дочери)? 16. Сегодня я видел (ваши сыновья). 17. У Вадима нет (братья), но у него есть пять (мла́дшие сёстры). 18. Максим уже знает мно́го (стари́нные наро́дные песни). 19. Дайте мне, пожалуйста, восемь (ма́рки) за шесть (копе́йка). А как насчёт (коллекцио́нные ма́рки)? Что-нибудь новое у вас есть? 20. У меня оста́лось так мало времени. Я бою́сь, что я должен буду верну́ться домой без (пода́рок). 21. Я всегда встаю в семь (час) утра́ и ложу́сь спать в одиннадцать (час) вечера. 22. У нее в комнате не́сколько (большие окна). 23. До (экза́мены) мне нужно прочитать еще восемь (большие книги). 24. Сколько в вашем университете (общежи́тия)? 25. На столе лежа́ло не́сколько (ру́чки) и (карандаши́). 26. В моей колле́кции есть ма́рки из (многие) (стра́ны). 27. Почему здесь так много (пала́тка)? 28. Сколько в Москве (техникумы)? 29. За эти новые стулья я заплати́л 39 (рубль) 45 (копе́йка).

3. *Complete the sentences with forms of comparative degree of adjectives and adverbs.*

1. Мы часто отдыхали на Оке́, но еще ... мы бывали на Волге. 2. На вы́ставке сегодня было (много) взрослых, чем дете́й. 3. Я пла́ваю еще плохо,

но всё-таки я пла́ваю (хорошо) Антона. 4. Мы редко встреча́емся с Серге́евыми, а с Петро́выми мы встреча́емся еще ... . 5. Я сего́дня опозда́л на ле́кцию, а Ира пришла́ ... меня́. 6. Днем на у́лице обы́чно (мало) люде́й, чем у́тром, когда́ все иду́т на рабо́ту. 7. Зи́на о́чень интере́сно расска́зывает о свое́й рабо́те, но ее брат Оле́г расска́зывает еще ... . 8. Нам бу́дет гора́здо (легко́), е́сли мы бу́дем помога́ть друг дру́гу. 9. Бо́ря на три го́да (ста́рый) своего́ мла́дшего бра́та Са́ши. 10. Как то́лько бу́дет немно́го (тепло́), мы пое́дем отдыха́ть в Эсто́нию. 11. Е́сли бы вы пришли́ (ра́но), вы могли́ бы познако́миться с изве́стным арти́стом Никола́евым. 12. В э́том году́ мы живем (далеко́) от университе́та, чем в про́шлом году́. 13. Э́тот телеви́зор гора́здо (дешёвый) на́шего. 14. Все счита́ют, что О́ля гора́здо (спосо́бная) А́ни. 15. Э́тот уро́к намно́го (тру́дный) два́дцать девя́того. 16. Макси́м на шесть лет (молодо́й) свое́й сестры́ Ни́ны. 17. Ва́ня бе́гает (бы́стро) Ви́ти, но он пла́вает (пло́хо) его́. 18. Кли́мат на се́вере гора́здо (холо́дный), чем в Москве́.

4. *Запо́лните про́пуски* (ходи́ть ~ идти́ / пойти́, е́здить ~ е́хать / по-).

1. Мы до́лго ⋀ по па́рку. Но когда́ пошел дождь, мы сра́зу ⋀ домо́й. 2. Почти́ ка́ждый год мы ⊙ на Чер́ное мо́ре отдыха́ть. 3.—Дава́й ⊙ в воскресе́нье в Су́здаль.—Хорошо́, дава́й ⊙! 4.—Вы не зна́ете, где Макси́м?— Он ⋀ в магази́н за хле́бом и фру́ктами два́дцать мину́т наза́д. Он ско́ро верне́тся. 5.—Где вы бы́ли у́тром?—Я ⋀ в библиоте́ку занима́ться. 6. Анто́н рабо́тает недалеко́ и всегда́ ... на рабо́ту пешко́м, а его́ жена́ Ве́ра ... на рабо́ту на метро́. 7. Я обы́чно ... на рабо́ту на тролле́йбусе, но, е́сли пого́да хоро́шая, я ча́сто ... домо́й по́сле рабо́ты пешко́м. 8. Е́сли бы вы бо́льше ⋀, вы бы лу́чше чу́вствовали себя́. 9. Любо́вь Ива́новна о́чень лю́бит ⋀, и ка́ждый ве́чер она́ до́лго ⋀ по у́лицам го́рода. 10. Их ма́ленький сын еще не ⋀. 11. Ви́ктор неда́вно купи́л себе́ маши́ну, и тепе́рь он все свобо́дное вре́мя ⊙ по го́роду. 12.—Где вы бы́ли на про́шлой неде́ле?—Мы ⊙ в Ки́ев к мое́й ма́тери. 13. Ни́на и Ле́на подру́ги, и они́ ча́сто ⋀ друг к дру́гу игра́ть. 14.—Ма́ма еще до́ма?—Нет, она́ уже́ ⊙ на рабо́ту.

5. *Complete the sentences with short forms of past passive verbal adjectives.*

1. На́ши сосе́ди о́чень дово́льны. Они́ сего́дня узна́ли, что их дочь Га́ля (приня́ть) в университе́т на филологи́ческий факульте́т. 2. В Аэрофло́те мне сказа́ли, что все биле́ты на рейс № 315 в Нью-Йо́рк уже́ давно́ (прода́ть). 3. Е́сли э́та рабо́та не бу́дет (ко́нчить) во́время, профе́ссор бу́дет недово́лен. 4. Э́то говори́т Петро́в. Переда́йте, пожа́луйста, това́рищу Серге́еву, что де́нежный перево́д был (отпра́вить) вчера́. 5. Ты не зна́ешь, когда́ был (основа́ть) Ленингра́д? 6. Я чуть не забы́ла тебе́ сказа́ть, что в пя́тницу ве́чером мы (пригласи́ть) к Ивано́вым. 7.—Обе́д сего́дня был (пригото́вить) Анто́ном.—Вот почему́ он тако́й невку́сный! 8. К сожале́нию, Аня не смо́жет прийти́ за́втра. Она́ бу́дет (за́нять). 9. Когда́ я пришел на по́чту, она́ была́ уже́ (закры́ть). 10. Приглаша́ем вас встреча́ть Но́вый год вме́сте с на́ми. Сто́лик в рестора́не уже́ (заказа́ть). 11. Кем был (сде́лать) прое́кт э́того замеча́тельного павильо́на? 12. Письмо́ и фотогра́фии уже́ давно́ бы́ли (посла́ть) Мэ́ри в Вашингто́н. 13. Шампа́нское к Но́вому году́ уже́ (купи́ть). 14. Говоря́т, что ря́дом с на́шим до́мом ско́ро бу́дет (постро́ить) но́вый рестора́н. 15. Ва́ля вчера́ позвони́ла и сказа́ла, что де́ньги уже́ (получи́ть). 16. Вы не зна́ете, когда́ бу́дет (откры́ть) э́та но́вая ста́нция метро́? 17. Ни́на, твоя́ рабо́та по исто́рии уже́ (написа́ть)?

Supplementary Lessons

LESSONS 31-34

The following lessons contain no new grammar structures which are vital for use in the *spoken* language. The new points covered in these lessons are generally used only in a bookish style. In schools which have time it is suggested that these lessons be covered, but without the stress on active oral use which has been applied in the main portion of the textbook. Also, students who are learning Russian mainly for use in reading in other subject matters, will find it useful to work through these lessons independently.

Even if Lessons 31-32 are not covered, the readings of Lessons 33 and 34 provide a very suitable culmination for the course and can be read without difficulty.

УРОК № 31 (ТРИДЦАТЬ ОДИН) — ТРИДЦАТЬ ПЕРВЫЙ УРОК

Читáя письмо, Антон вспоминáл своих друзéй.
Прочитáв газету, Антон нáчал смотреть телевизор.

Они танцевали и разговáривали.

Танцýя, они разговáривали.

Сначала они пообедали, а потом пошли в кино.

Пообéдав, они пошли в кино.

	Verbal Adverbs	
	Imperfective	Perfective
чит-áй+	читá-я	
говор-и́-ть	говор-я́	
да-вáй+	давá-я	
ид-ýт	ид-я́	
про-чит-áй+		прочитá-в
сказ-á-ть		сказá-в
да-ть		да-в
прид-ýт		прид-я́
учи́ть-ся	учá-сь	

Идёт спектакль.

Это птица.

Эта девочка на сцене — птица.

Балетная школа.

ГРАММАТИКА И УПРАЖНЕНИЯ

31.1 Imperfective Verbal Adverbs

Играя в шахматы, они слушали музыку. = Они играли в шахматы и слушали музыку *or* Когда они играли в шахматы, они слушали музыку.

Like verbal adjectives, verbal adverbs are formed from verb stems and retain certain characteristics of verbs (such as aspect). Since they are adverbs they do not change form.

Imperfective verbal adverbs are formed by adding the basic suffix -A to the stem, with the last consonant of the stem softened (if it has a soft variant). In the orthography this means adding **-я** unless spelling rules dictate **-а** (говоря, учась).

Verbs which lose the suffix **-вай** in the present tense, do *not* lose the suffix in the verbal adverb: давая, вставая.

Verbal adverbs may take the same types of complements (direct object, indirect object, etc.) as the verbs from which they are formed: **Читая эти книги,** Лена мечтала о балете. **Рассказывая нам о своей работе,** Олег показывал фотографии.

Verbal adverb constructions modify a verb, referring to the circumstances in which the action takes place ('when', 'how', 'why'). Imperfective verbal adverbs describe an *incomplete* action which occurs *simultaneously with the main action,* whatever the tense of the main verb may be: **Читая** письмо, Антон **вспоминал** своих друзей. **Читая** письмо, Антон **вспоминает** своих друзей.

As you have seen above, verbal adverbs can replace adverbial clauses intro-

---

спектакль *m.* performance (*theatrical*)
птица bird

сцена stage, scene
балетный

duced by such conjunctions as **когда.** Just like the equivalent clauses, they are separated by commas from the rest of the sentence.

When negated a verbal adverb construction can be the equivalent of 'without...-ing': **Не танцу́я** ка́ждый день, ты никогда́ не ста́нешь хоро́шей балери́ной. '*Without dancing* every day...'

Verbal adverbs are generally not used in the spoken language.

Упражне́ние 31.1

Образец: Чита́я письмо́, Анто́н вспомина́л свои́х друзе́й.— *Когда́ Анто́н чита́л письмо́, он вспомина́л свои́х друзе́й.*

1. Уча́сь в бале́тной шко́ле, Ле́на занима́лась у замеча́тельной балери́ны Гали́ны Ула́новой. 2. Гуля́я в па́рке, ма́тери говоря́т о свои́х де́тях. 3. Чита́я кни́ги об Ула́новой, Ле́на мечта́ла стать балери́ной. 4. Обе́дая, Ви́ктор обы́чно чита́ет газе́ту. 5. Игра́я в ша́хматы, Анто́н ча́сто ку́рит. 6. Отдыха́я, мои́ друзья́ смо́трят телеви́зор. 7. Расска́зывая о похо́де, наш сосе́д пока́зывал фильм. 8. Гуля́я в па́рке, подру́ги говори́ли о му́зыке. 9. Танцу́я, Ле́на никогда́ не улыба́ется. 10. Идя́ на рабо́ту, я встре́тил Лари́су. 11. Отдыха́я на ю́ге, Вади́м хорошо́ загоре́л. 12. Си́дя во дворе́, ба́бушка смотре́ла, как игра́ли де́ти.

31.2 Perfective Verbal Adverbs

Прочита́в газе́ту, Анто́н на́чал смотре́ть телеви́зор. =
Анто́н прочита́л газе́ту и на́чал смотре́ть телеви́зор *or*
Когда́ Анто́н прочита́л газе́ту, он на́чал смотре́ть телеви́зор.

For the great majority of verbs the perfective verbal adverb is formed by adding to the stem the suffix -В (or you may occasionally see -ВШИ): **прочита́в, сказа́в, дав.** For verbs with the suffix **-ся** one must add -ВШИСЬ to form the verbal adverb: **верну́вшись.**

A very few verbs form the perfective verbal adverb in the same manner as they do the imperfective verbal adverbs, with the suffix -А: **придя́, подойдя́, уйдя́, найдя́.** There will be no confusion, however, since such verbal adverbs are based on perfective stems.

Perfective verbal adverbs describe *complete* actions, usually occurring *before* the action of the main verb takes place (whatever the tense of the latter may be): **Ко́нчив** рабо́ту, я сел смотре́ть телеви́зор. '*Having finished* work...'. **Узна́в,** что Васи́лий Никола́евич бо́лен, мы пошли́ к нему́. '*Having learned* that Vasily Nikolaevich is ill,...'

Упражне́ние 31.2

Образец: Прочита́в газе́ту, Анто́н на́чал смотре́ть телеви́зор.— *Когда́ Анто́н прочита́л газе́ту, он на́чал смотре́ть телеви́зор.*

1. Хорошо́ отдохну́в на Во́лге, мы верну́лись домо́й. 2. Ко́нчив шко́лу, Кла́ва пое́хала рабо́тать на Да́льний Восто́к. 3. Узна́в, что Алексе́й Фёдорович пла́вает зимо́й в Москве́-реке́, мы все удиви́лись. 4. Войдя́ в ко́мнату, А́ня откры́ла окно́. 5. Придя́ к нам, Вади́м переда́л нам торт от на́ших знако́мых в Ки́еве. 6. Написа́в на конве́рте а́дрес, О́ля пошла́ на по́чту. 7. Пообе́дав,

Иван Иванович пошел к соседу играть в шахматы. 8. Кончив читать лекцию, профессор спросил, есть ли вопросы. 9. Вернувшись домой, я лег на десять минут отдохнуть. 10. Купив билеты в театр, Вадим позвонил Ларисе и пригласил ее на спектакль. 11. Рассказав иностранным гостям о Москве, журналист начал отвечать на вопросы. 12. Увидев в ГУМе эту пластинку, я сейчас же решил купить ее.

31.3 The Preposition **в** Used with Nouns Referring to an Activity

Вадим говорит, что он знаком с артистами, которые **играют в** этом **фильме.** Лена уже не **танцует в спектаклях.**

You are accustomed to using **на** with nouns referring to events or activities (**на спектакле, на концерте**). Note, however, that with such nouns one uses **в** when referring not to the spectators but to the performers.

Лена стала балериной

В нашем доме есть свои знаменитые люди. Вы, наверно, помните, что в девятнадцатой квартире живет мать-героиня Нина Николаевна. Ее старшая дочь—балерина. Год назад Лена кончила знаменитую балетную школу Большого театра и теперь танцует в Большом театре. О балете Лена мечтала всю жизнь, и теперь она балерина. Лена еще совсем молодая—ей только восемнадцать лет, но она уже танцует во многих балетах. А ведь стать балериной довольно трудно—это знают все. У Лены не только большой талант, она всегда прекрасно училась. И теперь она много работает. Спектакли кончаются поздно, но в девять часов утра Лена должна уже быть на репетиции в театре.

Ее учительницей была замечательная советская балерина Галина Уланова, которая не просто танцевала: она жила на сцене. Сейчас Лена уже танцует в спектаклях, но продолжает заниматься со своей любимой учительницей. Она мечтает танцевать так, как танцевала эта замечательная балерина. Об Улановой написаны книги, сделаны фильмы. Читая эти книги, Лена всегда думает, что секрет успеха Галины Улановой—это талант и огромная работа.

В книге рассказан такой случай.

Уланова была совсем маленькой девочкой и училась в балетной школе. В спектакле она играла птицу. Она должна была просто стоять на сцене. Но Галя продолжала танцевать.

— Девочка,—сказал режиссёр,—почему ты двигаешься?

— Потому что я птица, и мне холодно стоять на снегу.

...Галина Сергеевна считает, что Лена будет прекрасной балериной, но ей надо еще много работать.

знаменитый famous
талант
репетиция rehearsal
просто simply
про-долж-ай + (ся) to continue
секрет

огромный = **очень большой**
случай incident
режиссёр director (*theatrical*)
двиг-ай + **ся** to move (*intransitive*)
снег: на снегу

31.4 Word Study (Includes words introduced on p. 435.)

лицо́ — неприли́чный
моря́к — **мо́ре**
неподви́жный — **дви́г-ай-ся**
о-станов-и́-ть-ся — **остано́вка**
про-долж-а́й + ся — до́лго
слу́чай — с-луч-и́-ть-ся

Зада́ние. *Прочита́йте текст о том, как учи́лась знамени́тая сове́тская балери́на Гали́на Ула́нова.*

Когда́ Га́ле бы́ло семь лет, она́ начала́ учи́ться в бале́тной шко́ле. Га́ля всё вре́мя пла́кала: она́ не хоте́ла жить в шко́ле, не хоте́ла ви́деть ма́му то́лько оди́н раз в день (ее ма́ма — балери́на — учи́ла де́вочек танцева́ть).

Одна́жды Га́ля заболе́ла. До́ктор сказа́л, что она́ должна́ лежа́ть. В ко́мнате вме́сте с Га́лей лежа́ла еще одна́ де́вочка, кото́рую зва́ли А́ся. Но́чью Га́ля услы́шала, как А́ся пла́чет.

— Что с тобо́й? — встав с крова́ти, спроси́ла Га́ля.

Продолжа́я пла́кать, А́ся рассказа́ла, что она́ хоте́ла стать балери́ной, но у нее боли́т нога́. Тепе́рь врачи́ сказа́ли, что она́ никогда́ не бу́дет танцева́ть.

— Зна́ешь, — сказа́ла Га́ля, — е́сли у тебя́ бу́дет боле́ть нога́, ты смо́жешь быть моряко́м. Я ви́дела моряка́, у кото́рого боле́ли две ноги́!

— Я не хочу́ быть моряко́м! Я хочу́ быть балери́ной! — продолжа́я пла́кать, говори́ла А́ся.

Че́рез не́сколько дней А́ся ушла́ домо́й. А ма́ленькая Га́ля, ду́мая об А́се, о ее жи́зни, в пе́рвый раз поняла́, что быть балери́ной — большо́е сча́стье!

Одна́жды, когда́ Га́ля Ула́нова учи́лась в шесто́м кла́ссе, пришел ста́рый учи́тель и ра́достно сказа́л: «Га́ля бу́дет танцева́ть в бале́те».

Слова́ учи́теля произвели́ большо́е впечатле́ние. Танцева́ть в настоя́щем бале́те! Коне́чно, мно́гие де́вочки зави́довали Га́ле. Одна́жды, когда́ Га́ля шла на репети́цию, она́ услы́шала, как две де́вочки говори́ли о ней:

— Коне́чно, она́ хорошо́ танцу́ет, но у нее неподви́жное лицо́.

— Да, — говори́ла втора́я де́вочка, — она́ не улыба́ется, когда́ танцу́ет.

Услы́шав э́ти слова́, Га́ля останови́лась и до́лго стоя́ла, забы́в, куда́ шла. Га́ля ду́мала: «Мо́жет быть, э́ти де́вочки пра́вы? Мо́жет быть, ску́чно смотре́ть, как она́ танцу́ет? Но почему́ балери́на должна́ всегда́ улыба́ться? Мо́жно улыба́ться, когда́ геро́ине ве́село, но как мо́жно улыба́ться, когда́ геро́ине гру́стно?»

Танцу́я, Га́ля хоте́ла показа́ть, как гру́стно ее геро́ине.

Ста́рый учи́тель был о́чень дово́лен, но Га́ле бы́ло гру́стно. Одна́ балери́на сказа́ла ей:

— Вы хорошо́ танцу́ете, но вы забыва́ете, что бале́т до́лжен весели́ть.

«Нет, — ду́мала Га́ля, — э́та балери́на не права́, не пра́вы и де́вочки. Настоя́щая балери́на должна́ не то́лько танцева́ть, но и игра́ть!»

пла́к-а-ть (пла́чут) to cry
за-бол-е́й + *р.* = стать больны́м
моря́к sailor
по-ним-а́й + / по-ня́ть (пойму́; по́нял)
ра́достно joyfully
неподви́жный immobile

лицо́ face
о-станов-и́-ть-ся *р.* to stop
гру́стно ≠ ве́село
весел-и́-ть to amuse

28*

УРОК № 32 (ТРИДЦАТЬ ДВА) — ТРИДЦАТЬ ВТОРОЙ УРОК

Художники, **делающие** эти шкату́лки, живу́т в Па́лехе.
Вы ви́дите компози́тора, **написа́вшего** э́тот бале́т.

чита́-ют	говор-я́т	увлека́-ют-ся	нахо́д-ят-ся	ид-у́т
чита́-ющ-ий	говор-я́щ-ий	увлека́-ющ-ий-ся	наход-я́щ-ий-ся	ид-у́щ-ий

Вы хорошо́ зна́ете ма́ленько**го** ма́льчик**а**, кото́р**ый** игра́ет в па́рке.
Вы хорошо́ зна́ете ма́ленько**го** ма́льчик**а**, игра́ю**щего** в па́рке.

Челове́к, **кото́рый покупа́л** сигаре́ты в кио́ске, живе́т в на́шем до́ме.
Челове́к, **покупа́вший** сигаре́ты в кио́ске, живе́т в на́шем до́ме.

Это худо́жник.

чита́-л	прочита́-л	говори́-л	сказа́-л
чита́-**вш-ий**	прочита́-**вш-ий**	говори́-**вш-ий**	сказа́-**вш-ий**
	находи́-л-ся	ко́нчи-л	шёл
	находи́-**вш-ий-ся**	ко́нчи-**вш-ий**	шёд-ш-ий

ГРАММАТИКА И УПРАЖНЕНИЯ

32.1 Present Active Verbal Adjectives

Вот иду́т арти́сты, **игра́ющие** в э́том фи́льме. = Вот иду́т арти́сты, **кото́рые игра́ют** в э́том фи́льме.

Вы уже́ зна́ете арти́стов, **игра́ющих** в э́том фи́льме? = Вы уже́ зна́ете арти́стов, **кото́рые игра́ют** в э́том фи́льме?

Present active verbal adjectives are formed by removing the -т from the third-person plural form of the present tense verb and adding щ and regular adjective endings in the appropriate gender, number and case. Since they are formed from the present tense, only imperfective verbs will have these verbal adjectives: чита́ют—чита́ющий, говоря́т—говоря́щий, иду́т—иду́щий, ку́рят—куря́щий. Note that such verbal adjectives formed from second conjugation verbs with shifting accent have the accent on the same syllable as the infinitive (кур-и́-ть—куря́-щий).

Such verbal adjectives from verbs with the suffix -ся *always* have -ся (never -сь), no matter what the preceding sound may be: увлека́ющийся, увлека́ющаяся, увлека́ющиеся.

Like the verbal adverbs, the active verbal adjectives are generally not used in the spoken language.

Active verbal adjective constructions can be used to replace adjective clauses

худо́жник artist

introduced by **который**. Like the equivalent clauses, they are always separated from the rest of the sentence by commas.

Active verbal adjectives always agree with the noun modified in gender, number and case. You will remember that **который** agrees in gender and number with the noun to which it refers, but has its own function and therefore its own case in its clause. (See the examples at the beginning of this section.)

A few present active verbal adjectives have come to be used as regular adjectives: **настоя́щий, сле́дующий, бу́дущий.**

Упражне́ние 32.1

Образец: Ма́льчика, игра́ющего во дворе́, зову́т Макси́м.— *Ма́льчика, который игра́ет во дворе́, зову́т Макси́м.*

1. Де́вушку, покупа́ющую ма́рки, зову́т Зи́на. 2. К молодо́му челове́ку, стоя́щему в за́ле ки́евского аэропо́рта, подхо́дит кака́я-то незнако́мая же́нщина. 3. Она́ попроси́ла его́ переда́ть торт её знако́мым, живу́щим в столи́це. 4. Мой друг, рабо́тающий на се́вере, пи́шет мне интере́сные пи́сьма. 5. Худо́жники, де́лающие таки́е шкату́лки, живу́т в Па́лехе. 6. Лю́ди, стоя́щие у кио́ска, покупа́ют газе́ты и журна́лы. 7. Вы уже́ знако́мы с де́вушками, рабо́тающими в э́том магази́не? 8. Дома́, находя́щиеся в э́том райо́не, бы́ли постро́ены совсе́м неда́вно. 9. Молоды́е лю́ди, игра́ющие в те́ннис, мои́ друзья́. 10. Кла́ва расска́зывала о свои́х подру́гах-крановщи́цах, рабо́тающих вме́сте с ней на Да́льнем Восто́ке. 11. Вот иду́т ма́ленькие де́вочки, уча́щиеся в бале́тной шко́ле Большо́го теа́тра. 12. Иностра́нец, покупа́ющий хохломску́ю ва́зу, тури́ст из Аме́рики. 13. Вы зна́ете молоды́х люде́й, говоря́щих по-англи́йски? 14. Ле́на зави́довала балери́нам, танцу́ющим в спекта́клях Большо́го теа́тра.

32.2 Past Active Verbal Adjectives

Челове́к, **покупа́вший** сигаре́ты в кио́ске, живёт в на́шем до́ме. = Челове́к, **кото́рый покупа́л** сигаре́ты в кио́ске, живёт в на́шем до́ме.

Челове́к, **купи́вший** сигаре́ты в кио́ске, живёт в на́шем до́ме. = Челове́к, **кото́рый купи́л** сигаре́ты в кио́ске, живёт в на́шем до́ме.

Past active verbal adjectives are formed by replacing the -л of the past tense of a verb (of whichever aspect is appropriate) with **-вш-** and the regular adjective endings in the appropriate gender, number and case: чита́л—чита́**вш**ий, находи́лся—находи́**вш**ийся, прочита́л—прочита́**вш**ий, научи́лся—научи́**вш**ийся. Note that, as with the present active verbal adjectives, the suffix **-ся** (not **-сь**) occurs only in this variant, no matter what sound precedes it: находи́**вш**ийся, находи́**вш**аяся, находи́**вш**иеся.

The past active verbal adjectives of **идти** and its compounds must be learned specially: шёл—**ше́дший** (**проше́дший, уше́дший,** etc.)

Упражне́ние 32.2

Образец: Ма́льчика, игра́вшего во дворе́, зову́т Макси́м.— *Ма́льчика, который игра́л во дворе́, зову́т Макси́м.*

под-ход-й-ть/подойд-у́т (подойти́) *к чему* to approach, go up to

1. Люди, ви́девшие, как танцу́ет Ула́нова, никогда́ не забу́дут ее. 2. Режиссёр попроси́л арти́стов, игра́вших в э́том спекта́кле, рассказа́ть о свое́й рабо́те. 3. Пассажи́ры, купи́вшие биле́ты на рейс № 38, пройди́те, пожа́луйста, в зал № 2. 4. Писа́тель, написа́вший э́ту кни́гу, живёт в Новосиби́рске. 5. Я познако́мился с худо́жником, сде́лавшим э́ту шкату́лку. 6. Молодо́й челове́к, прише́дший из институ́та, хо́чет поговори́ть с дире́ктором. 7. Де́вушка, прочита́вшая мно́го книг о бале́те, хо́чет стать балери́ной. 8. Вы знако́мы с де́вушкой, рабо́тавшей сего́дня в кио́ске? 9. Мы познако́мились с мно́гими студе́нтами, жи́вшими в э́том общежи́тии. 10. Мно́гие из молоды́х люде́й, учи́вшихся вме́сте со мной в институ́те, тепе́рь рабо́тают на се́вере. 11. Вы не ви́дели здесь архите́ктора, сде́лавшего э́тот прое́кт? 12. Вади́м познако́мился с краси́выми де́вушками, загора́вшими на пля́же.

32.3 Culture through Language: **наро́дное иску́сство**

The folk arts described in the text of this lesson had all but died out in the early part of the twentieth century, but their revival has been actively encouraged by the Soviet government. They now represent some of the most attractive souvenirs for foreign tourists to buy in the Soviet Union.

Ру́сские сувени́ры

Сего́дня у́тром Эдва́рд и Анто́н пошли́ в магази́н «Пода́рки». Эдва́рд хо́чет купи́ть сувени́ры на па́мять о Москве́. В магази́не он говори́т:

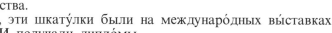

— Де́вушка, что́ вы мне посове́туете купи́ть? Я хочу́ купи́ть ру́сские сувени́ры.

— Вот о́чень интере́сная па́лехская шкату́лка.

— Да, краси́вая вещь. А что тако́е «па́лехская»?

— Па́лех—э́то дере́вня, где живу́т худо́жники, де́лающие э́ти шкату́лки.

— Как? Их де́лают то́лько в Па́лехе?

— Да, таки́е шкату́лки то́лько в Па́лехе. Э́то оригина́льное наро́дное иску́сство.

— О́чень интере́сно.

— Эдва́рд, а вы никогда́ не слы́шали о Па́лехе и его́ худо́жниках?—спра́шивает Анто́н.

— Я ви́дел таки́е шкату́лки, но не знал, что их де́лают в Па́лехе.

— Е́сли у вас бу́дет вре́мя, мо́жно пое́хать в Па́лех. Там есть музе́й наро́дного иску́сства.

— По-мо́ему, э́ти шкату́лки бы́ли на междунаро́дных вы́ставках, да?

— Коне́чно. И получа́ли дипло́мы.

— О, тогда́ я обяза́тельно куплю́ э́ту шкату́лку.

— Пожа́луйста, плати́те в ка́ссу три́дцать рубле́й.

Когда́ Анто́н и Эдва́рд вы́шли из магази́на, Эдва́рд продолжа́л спра́шивать Анто́на. Его́ всегда́ интересова́ло наро́дное иску́сство. Анто́н рассказа́л,

---

дипло́м certificate   **стиль** *m.*

438

что наро́дные худо́жники работают не только в Па́лехе, но и в Федо́скине, Хохломе́, Мстёре. Но в каждой деревне свой оригина́льный стиль. Например, в Федо́скине и Мстёре тоже делают шкату́лки, но они не похожи на па́лех-ские. А в Хохломе́ делают игру́шки и деревя́нную посу́ду.

Антон и Эдвард договори́лись в воскресенье поехать в Федо́скино. Там, ока́зывается, есть и музей наро́дного искусства и школа, где учатся будущие худо́жники.

В магазине

— Скажите, пожалуйста, это́ па́лехская шкату́лка?

— Нет, эта шкату́лка сде́лана в Федо́скине. Обрати́те внима́ние, что здесь другой рису́нок.

— Покажите мне, пожалуйста, па́лехскую шкату́лку.

— Вот посмотрите, это всё из Па́леха.

Федо́скино
Мстёра
деревя́нный wooden, of wood
посу́да (*sing. only*) dishes

до-говор-и́-ть-ся *p.* to agree, make date to
обрат-и́-ть внима́ние *на что p.* to note, turn attention to
рису́н(о)к drawing, design

УРОК №**33** (ТРИДЦАТЬ ТРИ) — ТРИДЦАТЬ ТРЕТИЙ УРОК

Антон рассказал мне об институте, **постро́енном** в Академ-городке.

сде́ла-н	на́зва-н	постро́-ен	ку́пле-н
сде́ла-нн-ый	на́зва-нн-ый	постро́-е-нн-ый	ку́пле-нн-ый
взя-т	при́ня-т	откры́-т	
взя́-т-ый	при́ня-т-ый	откры́-т-ый	

Вот письмо, **кото́рое написа́л** брат.—Вот письмо, **напи́санное** бра́том.

Это стадио́н.

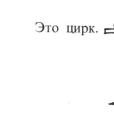

Это цирк.

Это де́тская площа́дка.

Это цветы́.

Де́ти сажа́ют цветы́.

Это като́к. Здесь ката́ются на конька́х.

стадио́н (на)
цирк
де́тская площа́дка playground

цвет(о́)к (*pl.* **цветы́**) flower
саж-а́й + / **по-сад-и́-ть** to plant
кат(о́)к (на) ice rink

ГРАММАТИКА И УПРАЖНЕНИЯ

33.1 Past Passive Verbal Adjectives Used as Attributive Adjectives

Антон рассказал об институте, **построенном** в Академгородке.
Вот станция метро, **построенная** совсем недавно.

In Lesson 30 you learned the use of the short form of past passive verbal adjectives in the predicate (with the verb **быть**) in passive constructions. Past passive verbal adjectives can also be used in a long form, with full adjective endings, for use in modifying nouns directly. In this function they replace **который** clauses. If they follow the noun modified, such constructions are separated from the rest of the sentence by commas.

As is true of the active verbal adjectives, the use of the long form *in this attributive function* is more characteristic of the written than of the spoken language.

To make the long forms of the past passive verbal adjectives, simply add to the short form of the past passive verbal adjectives the regular adjective endings in the appropriate gender, number and case. If the short form verbal adjectives ends in **-н**, a second **-н** is added before the adjectives endings.

Упражнение 33.1

Образец: Вот цветы, ку́пленные Вадимом.—

Вот цветы, | *которые были ку́плены Вадимом.*
| *которые купил Вадим.*

1. Мои́м друзья́м понра́вился прое́кт, сде́ланный этим молоды́м архите́ктором. 2. Макси́му понра́вился обе́д, пригото́вленный ба́бушкой. 3. Эдвард подари́л жене́ па́лехскую шкату́лку, ку́пленную им в Москве́. 4. Ни́на с удово́льствием прочита́ла кни́гу, пода́ренную ей Джо́ном. 5. Шкату́лка, ку́пленная мои́м дру́гом, была́ сде́лана худо́жниками Па́леха. 6. Всем тури́стам понра́вился университе́т, постро́енный на Ле́нинских гора́х. 7. Шкату́лка, по́сланная на вы́ставку, получи́ла дипло́м. 8. Но́вое пальто́, ку́пленное ма́мой в «Де́тском ми́ре», о́чень понра́вилось Макси́му. 9. Ка́тя зави́довала подру́гам, при́нятым в бале́тную шко́лу. 10. Кла́ва рабо́тает на Да́льнем Восто́ке в го́роде, осно́ванном совсе́м неда́вно. 11. Ну́жно пойти́ в ка́ссу за биле́тами, зака́занными Лари́сой.

Дом старе́ет

Не́сколько лет наза́д наш дом был но́вым, как и весь наш райо́н. Метро́ ещё не́ бы́ло; не́ бы́ло и стадио́на, бассе́йна.

А сейча́с э́то оди́н из са́мых краси́вых и совреме́нных райо́нов Москвы́. Вот ста́нция метро́, постро́енная неда́вно, а ря́дом уже́ лес. В на́шем райо́не о́чень удо́бная планиро́вка. Дома́, магази́ны, де́тские сады́ и шко́лы—всё ря́дом.

В на́шем до́ме есть и де́тский сад, и магази́н, и по́чта. Во дворе́ сейча́с

стар-е́й + = станови́ться ста́рым
удо́бный comfortable, convenient

планиро́вка plan, layout

настоящий сад. Мария Владимировна из третьей квартиры вместе с детьми́ нашего дома сажа́ет во дворе цветы́. А ря́дом детская площа́дка, где игра́ют самые ма́ленькие дети.

Алексей Фёдорович и други́е люби́тели спорта постро́или во дворе ма́ленький стадио́н: здесь мо́жно играть в футбол, в волейбо́л, в те́ннис. А зимой во дворе—большо́й като́к, где с удово́льствием ката́ются и взрослые, и дети.

Измени́лся наш двор, но больше всего измени́лись люди. Когда Петро́вы прие́хали в новый дом, у них была́ только дочь—ма́ленькая Нина, а сейчас у них есть и сын. И Максим о́сенью уже пойдёт в школу.

Алёша Си́доров учи́лся в университете, а сейчас он изве́стный физик, доктор нау́к.

Лариса из пятой квартиры, которая рабо́тала стюарде́ссой, сейчас уже ко́нчила институт, но продолжа́ет работать в Аэрофло́те.

Зина продолжа́ет работать в Акаде́мии нау́к. Она уже вы́шла за́муж и ждёт ребёнка. А её брат Олег рабо́тает в Новосибирске, в Академгородке, который он строил. Там он жени́лся, там теперь рабо́тает. Домой он пишет часто и всё время приглаша́ет всех в го́сти в Новосибирск.

Родители Олега и Зины совсем старые. Василий Никола́евич уже давно на пенсии, а теперь на пенсии и его жена. Но они не скуча́ют: Василий Никола́евич всё свобо́дное время занима́ется своей библиотекой, а Мария Владимировна—цвета́ми.

В двенадцатую квартиру десять лет назад прие́хал молодой врач Антон. Сейчас его все зовут Антон Никола́евич. Ве́рочка тоже ста́ла Верой Андре́евной. И в семье расту́т дети: Вале́рий и Маша. Вале́рий уже ходит в детский сад.

Что же, вы спро́сите, дом старе́ет? Да, дом, как и человек, старе́ет. Но в нем расту́т дети.

Зада́ние. *Review all lessons and compile information known about all of the inhabitants we have met in* Наш дом.

ДАВА́ЙТЕ ПОГОВОРИ́М:

Что нового?

— Ты знаешь, Саша жени́лся!
— Да? Очень рад. А кто его жена?
— Инженер. Она работает вместе с ним.

— Здравствуйте, Ве́рочка!
— Здравствуйте! Как дела́, что́ нового?
— Кажется, ничего. А, да! Лариса вы́шла за́муж.
— За кого?
— За врача. Они познакомились в самолете. Он был пассажиром. Я знаю его. Это коллега моего мужа.

люби́тель *чего* lover (*of something*)
из-мен-й-ть-ся *p.* to change (be altered)
вы-ход-й-ть / вы́йти за́муж *за кого* to get married (*of a woman*)

жен-й-ть-ся (*imp./p.*) *на ком* to get married (*of a man*)
раст-у́т (**рос, росла́; расти́**) to grow (*intransitive*)

— Поздра́вьте ее от моего и́мени.
— Хорошо.

— Доброе утро, Василий Фёдорович.
— Здравствуйте, Мария Владимировна. Вы теперь на пенсии?
— Да, отдыхаю.
— Ну, и как вы теперь живёте? Скучно, наверно?
— Нет, почему же? У меня много дел. Мы сейчас вместе с детьми́ сажа́ем цветы́ во дворе. Хотим, чтобы у нас во дворе был настоящий сад. Вечером иногда родители хотят пойти в кино или в театр, и я играю с детьми́.

Упражнения

33.2 — Ты знаешь, *Олег* жени́лся!
— Да? А кто его жена?
— По-моему, *врач*.
— Ну, поздра́вь его от моего и́мени.
— Хорошо.

(Вадим — студентка, Николай — инженер, Виктор — учительница, Борис — крановщица)

33.3 — Говоря́т, *Лена* вы́шла за́муж?
— Да, год назад.
— А я и не знала. За кого?
— Забыла. Ах, да! Кажется, он *строитель*.

(Зина — шофер, Таня — инженер, Ира — физик, Мария — геолог)

33.4 — Здравствуйте, Алексей Фёдорович!
— Здравствуйте.
— Что нового? Как вы живёте?
— Ничего, спасибо, всё в поря́дке.
— А как Игорь?
— *Игорь* скоро едет на *Да́льний Восто́к*.

(Таня — в Москву, Антон — в Англию, Наташа — в Африку, Вера — в Новосибирск)

33.5 — Папа, я вчера встре́тил *Сашу*.
— А кто это такой?
— Разве ты не помнишь? Мы вместе учились. А сейчас он *архите́ктор*.

(Таня — учительница, Галя — балери́на, Виктор — инженер, Вадим — композитор).

поздра́вьте от ... и́мени | У меня много дел. = Я очень за́нят.

УРОК №34 (ТРИДЦАТЬ ЧЕТЫРЕ) — ТРИДЦАТЬ ЧЕТВЁРТЫЙ УРОК

Москва

В школах идут экзамены, у Юры и Гали сегодня экзамен по литературе. Юра решил написать о Москве. Его всегда интересовала история и архитектура Москвы. Учительница литературы с удовольствием прочитала его работу и даже показала её своим коллегам.

Вот что написал Юра:

Моя Москва

> Москва, Москва... Люблю тебя, как сын, как русский,— сильно, пламенно и нежно.
>
> (*М. Ю. Лермонтов*)

Я бы не хотел родиться в другом городе. Но я часто думаю: почему я люблю Москву? Почему я горжусь тем, что я москвич?

Москва — это наша история. Ведь Москва — один из самых старых русских городов. Ей уже более 800 (восьмисот) лет. Я люблю смотреть фотографии и рисунки старой Москвы. Красная площадь, Кремль всегда были прекрасны.

Кремль и Красная площадь — это сердце Москвы. И не только Москвы. Сюда приходят все люди, которые приезжают в Москву из других городов. Здесь Мавзолей В. И. Ленина и Могила Неизвестного солдата, где всегда лежат цветы.

В Москве, как и во многих старых городах, радиальная планировка. Центр города — это Красная площадь. От центра, как лучи, идут московские улицы. Но есть улицы, которые соединяют эти лучи. Это Бульварное кольцо и Садовое кольцо. Это планировка старой Москвы. Художникам нравятся маленькие старые улицы. Они любят рисовать на бульварах, на старых площадях.

Я же больше люблю новую, молодую Москву. Я живу в новом районе и хорошо знаю свой Юго-западный район. По-моему, так должны выглядеть будущие города. В новых районах очень удобная и современная планировка. Здесь есть метро, которое соединяет район с центром, есть школы, институты, магазины, кинотеатры...

Очень часто рядом с домами начинается лес, здесь много воздуха и света. Жить в таком районе удобно и приятно.

идут экзамены
архитектура
сильно любить = очень, очень любить
пламенно ardently
нежно tenderly
сердце heart
Мавзолей
Могила Неизвестного солдата the Tomb of the Unknown Soldier

радиальный
луч ray
со-един-яй + to join, connect
бульвар, бульварный
кольцо ring
садовый — сад
рис-ов-а-ть to draw
воздух air

444

Москва—огро́мный го́род, и э́тот го́род всё вре́мя растёт. Расту́т но́вые дома́, но́вые у́лицы и проспе́кты, и они́ украша́ют го́род. Мой го́род не старе́ет.

Я люблю́ Москву́, где у́лицы и пло́щади называ́ются имена́ми писа́телей, компози́торов, худо́жников. Очень краси́вы па́мятники писа́телям: Пу́шкину и Маяко́вскому, Ле́рмонтову и Го́голю.

И еще раз я повторя́ю: как хорошо́, что я роди́лся здесь, как хорошо́, что мой родно́й го́род—Москва́! Я мечта́ю стать архите́ктором и стро́ить здесь дома́, шко́лы, теа́тры...

у-краш-а́й + to adorn, beautify   **па́мятник** *кому* monument

ДАВАЙТЕ ПОГОВОРИМ:

В Москве́

Мэ́ри прие́хала из Аме́рики. Она́ изуча́ла ру́сский язы́к и хорошо́ говори́т по-ру́сски. Ири́на, студе́нтка университе́та, пока́зывает ей Москву́.

И р и́ н а: — Мэ́ри, сего́дня я покажу́ вам Москву́. С чего́
мы начнём?   **начать с** *чего*

М э́ р и: — Коне́чно, с Кра́сной пло́щади!

И р и́ н а: — Едем!

На Кра́сной пло́щади

М э́ р и: — Вот она́, Кра́сная пло́щадь! Действи́тельно,
она́ кра́сная: кра́сный флаг над Больши́м Кремлёвским дворцо́м, кра́сные звёзды на ба́шнях,
кра́сный Кремль и тёмно-кра́сный Мавзоле́й
Ле́нина. А как называ́ется э́тот собо́р и како́й
па́мятник стои́т пе́ред ним?

флаг
над *чем* above, over
двор(е́)ц palace
звезда́ (*pl.* **звёзды**) star
ба́шня tower
тёмно-кра́сный dark red
пе́ред *чем* before, in front of

И р и́ н а: — Э́то Покро́вский собо́р, и́ли храм Васи́лия
Блаже́нного, а па́мятник перед ним—э́то па́мятник Ми́нину и Пожа́рскому—наро́дным геро́ям. Э́то пе́рвый па́мятник в Москве́. А тепе́рь
пойдём посмо́трим Кремль. Там мы уви́дим
не то́лько па́мятники архитекту́ры, но и совреме́нные зда́ния.

храм Васи́лия Блаже́нного Cathedral of St. Basil the Blessed
геро́й

В Кремлé

Мэри: — Наконец я вижу знамени́тый Царь-ко́локол и Царь-пу́шку. Мне говори́ли, что Царь-ко́локол ве́сит бо́льше двухсо́т тонн. Это правда?

Ири́на: — Да, правда. А тепе́рь посмотри́те сюда́. Это колоко́льня «Ива́н Вели́кий».

Мэри: — Кака́я высо́кая!

Ири́на: — Да, ее высота́ 81 метр. В семна́дцатом ве́ке это бы́ло са́мое высо́кое зда́ние в Москве́.

Мэри: — Смотри́те, это Дворе́ц съе́здов! Я сра́зу узна́ла его́. Я о́чень хочу́ во Дворе́ц!

Ири́на: — Это мо́жно сде́лать. За́втра здесь бу́дет идти́ о́пера «Ива́н Суса́нин». Мы мо́жем пойти́.

Мэри: — Здесь всегда́ быва́ют конце́рты, о́перы, бале́ты?

Ири́на: — Нет, здесь быва́ют та́кже съе́зды, конгре́ссы, собра́ния.

На у́лице Го́рького

Ири́на: — Тепе́рь мы пойдём посмо́трим гла́вную у́лицу Москвы́—у́лицу Го́рького.

Мэри: — А я уже́ была́ на у́лице Го́рького. Вчера́ я е́здила в кни́жный магази́н, что́бы купи́ть ру́сско-англи́йский слова́рь. А пото́м я гуля́ла, была́ в магази́не «Пода́рки». По́сле э́того я пошла́ на центра́льный телегра́ф и посла́ла телегра́мму домо́й.

Царь-ко́локол Czar Bell
Царь-пу́шка Czar Cannon
вес-и-ть to weigh
то́нна
колоко́льня bell tower

высо́кий tall, high
высота́ height
метр
век = 100 лет

Дворе́ц съе́здов Palace of Congresses
о́пера
собра́ние meeting

гла́вный main

Ири́на: — Если вы уже видели улицу Горького, поедем пря́мо на Пушкинскую площадь. Но снача́ла ку́пим в магази́не цветы́.

Мэ́ри: — Заче́м сейча́с цветы́?

Ири́на: — Мы ведь едем на Пушкинскую площадь! Все, кто любит Пушкина, всегда прино́сят цветы́ и кладу́т их о́коло его па́мятника. Даже зимой о́коло па́мятника всегда лежа́т цветы́.

при-нос-и́-ть to bring

Мэ́ри: — Я тоже хочу купить цветы́. Пушкин — мой люби́мый русский поэ́т. Правда, я люблю и стихи Маяко́вского.

поэт

Ири́на: — Тогда нам нужно пойти и на площадь Маяко́в-ского, где нахо́дится па́мятник поэ́ту. Молодёжь часто собира́ется о́коло па́мятника Маяко́вскому и читает свои люби́мые стихи.

молодёжь = молодые люди

Около метро

Ири́на: — Мэ́ри, вы не устали? Мы уже давно ходим пешком.

Мэ́ри: — Спаси́бо, я совсем не устала. Я хотела бы посмотреть ка́кой-нибудь стадио́н и бассе́йн: я увлека́юсь пла́ванием и волейболом.

Ири́на: — Тогда мы поедем на метро до ста́нции «Кро-по́ткинская», и там я покажу вам бассе́йн «Мо-сква».

Мэ́ри: — Мы поедем на метро? Мне очень нравится московское метро. Там так красиво и светло́.

светло́ light, bright

447

Бассе́йн «Москва́»

Ири́на: — Вот бассе́йн. Он вам нра́вится?

Мэ́ри: — Коне́чно! А зимо́й бассе́йн рабо́тает?
Ири́на: — Да, да́же в са́мые холо́дные дни температу́ра в бассе́йне всегда́ + 27°.

Где мост и где воро́та?

мост bridge
воро́та (*only. pl.*) gate(s)

Ири́на: — Мэ́ри, не хоти́те ли вы пое́хать в кни́жный магази́н на Кузне́цком мосту́?
Мэ́ри: — Коне́чно, я еще не ви́дела э́тот мост.
Ири́на: — Ско́ро уви́дите... Вот мы и прие́хали. Ра́ньше, действи́тельно, здесь был мост че́рез реку́ Негли́нную. Тепе́рь река́ под землёй и моста́ нет. Ра́ньше, наприме́р, бы́ли Петро́вские, Ники́тские воро́та, а тепе́рь воро́т нет, оста́лись то́лько назва́ния.

че́рез across
под *чем* under
земля́ earth, ground

В воскресе́нье

Ири́на: — Сего́дня воскресе́нье. На стадио́не в Лужника́х бу́дет интере́сная игра́. Пое́дем?

Мэ́ри: — Обяза́тельно. Я давно́ хоте́ла посмотре́ть э́тот стадио́н. Как мы пое́дем?
Ири́на: — На метро́ до ста́нции «Ле́нинские го́ры». Там мы вы́йдем на мост. Отту́да хорошо́ ви́ден стадио́н, Ле́нинские го́ры и университе́т.
Мэ́ри: — Э́то о́чень интере́сно. Пое́дем!

На стадио́не и́мени Ле́нина

Мэ́ри: — Како́й огро́мный стадио́н! Ско́лько же здесь люде́й?

Ири́на: — Здесь сто ты́сяч челове́к. А вот Дворе́ц спорта. Здесь быва́ют спорти́вные соревнова́ния, конце́рты, вечера́ поэ́зии, вечера́ молодёжи.

В университете на Ле́нинских гора́х

Ири́на: — А здесь я учу́сь. Это наш университе́т. Это зда́ние постро́или в 1953 году́. Ста́рое зда́ние нахо́дится в це́нтре. Там учи́лись Ге́рцен, Огарёв, Турге́нев, Че́хов и други́е знамени́тые писа́тели и учёные.

Word Study

гла́вный — голова́
пла́менно — flame
по-**втор**-я́й + — **второй**
се́рдце — heart, cardiac, core
собо́р, **собра́ние** — **со-бир**-а́й + ся
со-един-я́й + — один
у-**краш**-а́й + — **красивый**

Grammatical Tables

NOUNS

MASCULINE Singular

(Remember the spelling rules!)

Case	Stem Bas. End.	Hard Anim.	Hard Inanim.	Soft	Vowel + й	-и + й
Nom. *кто, что*	zero	ма́льчик	стол	портфе́ль	трамва́й	Васи́лий
Acc. *кого́, что*		ма́льчика	стол	портфе́ль	трамва́й	Васи́лия
Gen. *кого́, чего́*	-А	ма́льчика	стола́	портфе́ля	трамва́я	Васи́лия
Prep. *о ком, о чём*	-Е	ма́льчике	столе́	портфе́ле	трамва́е	Васи́лии
Dat. *кому́, чему́*	-У	ма́льчику	столу́	портфе́лю	трамва́ю	Васи́лию
Instr. *кем, чем*	-ОМ	ма́льчиком	столо́м	портфе́лем	трамва́ем	Васи́лием

Plural

Case	Stem Bas. End.	Hard Anim.	Hard Inanim.	Soft	Vowel + й
Nom. *кто, что*	-Ы	ма́льчики	столы́	портфе́ли	трамва́и
Acc. *кого́, что*		ма́льчиков	столы́	портфе́ли	трамва́и
Gen. *кого́, чего́*[1]		ма́льчиков	столо́в	портфе́лей	трамва́ев
Prep. *о ком, о чём*	-АХ	ма́льчиках	стола́х	портфе́лях	трамва́ях
Dat. *кому́, чему́*	-АМ	ма́льчикам	стола́м	портфе́лям	трамва́ям
Instr. *кем, чем*	-АМИ	ма́льчиками	стола́ми	портфе́лями	трамва́ями

NEUTER Singular

Case	Stem Bas. End.	Hard	Soft	Cons. + й	Vowel + й	-мя
Nom. *что*	-О	письмо́	мо́ре	воскресе́нье	зда́ние	и́мя
Acc. *что*	-О	письмо́	мо́ре	воскресе́нье	зда́ние	и́мя
Gen. *чего́*	-А	письма́	мо́ря	воскресе́нья	зда́ния	и́мени
Prep. *о чём*	-Е	письме́	мо́ре	воскресе́нье	зда́нии	об и́мени
Dat. *чему́*	-У	письму́	мо́рю	воскресе́нью	зда́нию	и́мени
Instr. *чем*	-ОМ	письмо́м	мо́рем	воскресе́ньем	зда́нием	и́менем

[1] See Lesson 28, sections 28.1-4, concerning the genitive plural.

Plural

Case	Stem	Bas. End.	Hard	Soft	Cons. + й	Vowel + й	-мя
Nom. *что*		-А	пи́сьма	моря́	воскресе́нья	зда́ния	имена́
Acc. *что*		-А	пи́сьма	моря́	воскресе́нья	зда́ния	имена́
Gen. *чего́*		zero	пи́сем	море́й	воскресе́ний	зда́ний	имён
Prep. *о чём*		-АХ	пи́сьмах	моря́х	воскресе́ньях	зда́ниях	об имена́х
Dat. *чему́*		-АМ	пи́сьмам	моря́м	воскресе́ньям	зда́ниям	имена́м
Instr. *чем*		-АМИ	пи́сьмами	моря́ми	воскресе́ньями	зда́ниями	имена́ми

FEMININE   Singular

Case	Stem	Bas. End.	Hard	Soft	-ь	мать (дочь)
Nom. *кто, что*		-А	сестра́	неде́ля	вещь	мать
Acc. *кого́, что*		-У	сестру́	неде́лю	вещь	мать
Gen. *кого́, чего́*		-Ы	сестры́	неде́ли	ве́щи	ма́тери
Prep. *о ком, о чём*		-Е	сестре́	неде́ле	ве́щи	ма́тери
Dat. *кому́, чему́*		-Е	сестре́	неде́ле	ве́щи	ма́тери
Instr. *кем, чем*		-ОЙ	сестро́й	неде́лей	ве́щью	ма́терью

Case	Stem	Bas. End.	Cons. + й	и + й
Nom. *кто, что*		-А	семья́	фами́лия
Acc. *кого́, что*		-У	семью́	фами́лию
Gen. *кого́, чего́*		-Ы	семьи́	фами́лии
Prep. *о ком, о чём*		-Е	семье́	фами́лии
Dat. *кому́, чему́*		-Е	семье́	фами́лии
Instr. *кем, чем*		-ОЙ	семьёй	фами́лией

Plural

Case	Stem	Basic Ending	Hard	Soft	-ь	мать (дочь)
Nom. *кто, что*		-Ы	сёстры	неде́ли	ве́щи	ма́тери
Acc. *кого́, что*			сестёр	неде́ли	ве́щи	матере́й
Gen. *кого́, чего́*[1]		zero	сестёр	неде́ль	веще́й	матере́й
Prep. *о ком, о чём*		-АХ	сёстрах	неде́лях	веща́х	матеря́х
Dat. *кому́, чему́*		-АМ	сёстрам	неде́лям	веща́м	матеря́м
Instr. *кем, чем*		-АМИ	сёстрами	неде́лями	веща́ми	матеря́ми (дочерьми́)

[1] See Lesson 28, sections 21.1-4, concerning the genitive plural.

Case	Stem	Basic Ending	Cons. + й	и + й
Nom. *кто, что*		-Ы	сéмьи	фамúлии
Acc. *когó, что*			сéмьи	фамúлии
Gen. *когó, чегó*[1]		zero	семéй	фамúлий
Prep. *о ком, о чём*		-АХ	сéмьях	фамúлиях
Dat. *комý, чемý*		-АМ	сéмьям	фамúлиям
Instr. *кем, чем*		-АМИ	сéмьями	фамúлиями

PRONOUNS

Case		Interrogative		Personal
Nom.		кто	что	я
Acc.		когó	что	меня́
Gen.		когó	чегó	меня́
Prep.		о ком	о чём	обо мнé
Dat.		комý	чемý	мне
Instr.		кем	чем	мной

Case		Personal		
Nom.	ты	он	онá	онó
Acc.	тебя́	ЕГÓ	её	ЕГÓ
Gen.	тебя́	ЕГÓ (у негó)	её (у неё)	ЕГÓ (у негó)
Prep.	о тебé	о нЁМ	о нЕЙ	о нЁМ
Dat.	тебé	ЕМÝ (к немý)	ЕЙ (к ней)	ЕМÝ (к немý)
Instr.	тобóй	ИМ (с ним)	ЕЙ (с ней)	ИМ (с ним)

Case		Personal		Reflexive	
Nom.	мы	вы	они́	себя́	(The capitalized
Acc.	нас	вас	ИХ	себя́	third-person
Gen.	нас	вас	ИХ (у них)	себя́	forms serve as
Prep.	о нас	о вас	о нИХ	о себé	the soft variant
Dat.	нам	вам	ИМ (к ним)	себé	of the basic end-
Instr.	нáми	вáми	ИМИ (с ни́ми)	собóй	ings for adjec-
					tives.)

Note: An **н-** is prefixed to the forms of the third-person pronouns whenever they are governed by any preposition (but not to **егó, её, их** in their *possessive* function ('his, her, its, their').

[1] See Lesson 28, sections 21.1-4, concerning the genitive plural.

ADJECTIVES

(Remember the spelling rules!)

MASCULINE

Case	Stem	Bas. End.	Hard	Soft	-г, -к, -х	-ж, -ш, -ч, -щ, -ц Ending Accented	Ending Unaccented
Nom. *какóй*		-ЫЙ	нóвый	послéдний	рýсский	большóй	хорóший
Acc. Inanim. *какóй*		(-ОЙ)	(вторóй)	послéдний	рýсский	большóй	хорóший
Acc. Anim. *какóго*		-ОГО	нóвого	послéднего	рýсского	большóго	хорóшего
Gen. *какóго*		-ОГО	нóвого	послéднего	рýсского	большóго	хорóшего
Prep. *о какóм*		-ОМ	нóвом	послéднем	рýсском	большóм	хорóшем
Dat. *какóму*		-ОМУ	нóвому	послéднему	рýсскому	большóму	хорóшему
Instr. *какúм*		-ЫМ	нóвым	послéдним	рýсским	большúм	хорóшим

NEUTER

Case	Stem	Bas. End.	Hard	Soft	-г, -к, -х	-ж, -ш, -ч, -щ, -ц Ending Accented	Ending Unaccented
Nom. *какóе*		-ОЕ	нóвое	послéднее	рýсское	большóе	хорóшее
Acc. *какóе*		-ОЕ	нóвое	послéднее	рýсское	большóе	хорóшее
Gen. *какóго*		-ОГО	нóвого	послéднего	рýсского	большóго	хорóшего
Prep. *о какóм*		-ОМ	нóвом	послéднем	рýсском	большóм	хорóшем
Dat. *какóму*		-ОМУ	нóвому	послéднему	рýсскому	большóму	хорóшему
Instr. *какúм*		-ЫМ	нóвым	послéдним	рýсским	большúм	хорóшим

FEMININE

Case	Stem	Basic Ending	Hard	Soft	-г, -к, -х	-ж, -ш, -ч, -щ, -ц Ending Accented	Ending Unaccented
Nom.	*какáя*	-АЯ	нóвая	послéдняя	рýсская	большáя	хорóшая
Acc.	*какýю*	-УЮ	нóвую	послéднюю	рýсскую	большýю	хорóшую
Gen. Prep. Dat. Instr.	*какóй*	-ОЙ	нóвой	послéдней	рýсской	большóй	хорóшей

453

Plural

Case \ Stem		Basic Ending	Hard	Soft	-г, -к, -х	-ж, -ш, -ч, -щ, -ц	
						Ending Accented	Ending Unaccented
Nom.	какие	-ЫЕ	новые	последние	русские	большие	хорошие
Acc. Inanim.	какие	-ЫЕ	новые	последние	русские	большие	хорошие
Acc. Anim.	каких	-ЫХ	новых	последних	русских	больших	хороших
Gen.	каких	-ЫХ	новых	последних	русских	больших	хороших
Prep.	каких	-ЫХ	новых	последних	русских	больших	хороших
Dat.	каким	-ЫМ	новым	последним	русским	большим	хорошим
Instr.	какими	-ЫМИ	новыми	последними	русскими	большими	хорошими

SPECIAL MODIFIERS

(Nominative and accusative cases have noun-type endings, other cases have adjective-type endings.)

MASCULINE

Nom.	мой[1]	наш[2]	этот	тот	весь	од(и)н	ч(е)й	трет(и)й
Acc. Inanim.	мой	наш	этот	тот	весь	од(и)н	ч(е)й	трет(и)й
Acc. Anim.	моего	нашего	этого	того	всего	одного	чьего	третьего
Gen.	моего	нашего	этого	того	всего	одного	чьего	третьего
Prep.	моём	нашем	этом	том	всём	одном	чьём	третьем
Dat.	моему	нашему	этому	тому	всему	одному	чьему	третьему
Instr.	моим	нашим	этим	тем	всем	одним	чьим	третьим

NEUTER

Nom.	моё[1]	наше[2]	это	то	всё	одно	чьё	третье
Acc. Inanim.	моё	наше	это	то	всё	одно	чьё	третье
Acc. Anim.	моего	нашего	этого	того	всего	одного	чьего	третьего
Gen.	моего	нашего	этого	того	всего	одного	чьего	третьего
Prep.	моём	нашем	этом	том	всём	одном	чьём	третьем
Dat.	моему	нашему	этому	тому	всему	одному	чьему	третьему
Instr.	моим	нашим	этим	тем	всем	одним	чьим	третьим

[1] The special modifiers **твой** and **свой** decline like **мой**.
[2] The special modifier **ваш** declines like **наш**.

454

FEMININE

Nom.	моя́[1]	на́ша[2]	э́та	та	вся	одна́	чья	тре́тья
Acc.	мою́	на́шу	э́ту	ту	всю	одну́	чью	тре́тью
Gen.								
Prep.	моéй	на́шей	э́той	той	всей	одно́й	чьей	тре́тьей
Dat.								
Instr.								

Plural

Nom.	мои́[1]	на́ши[2]	э́ти	те	все	одни́	чьи	тре́тьи
Acc. Inanim.	мои́	на́ши	э́ти	те	все	одни́	чьи	тре́тьи
Acc. Anim.	мои́х	на́ших	э́тих	тех	всех	одни́х	чьих	тре́тьих
Gen.	мои́х	на́ших	э́тих	тех	всех	одни́х	чьих	тре́тьих
Prep.	мои́х	на́ших	э́тих	тех	всех	одни́х	чьих	тре́тьих
Dat.	мои́м	на́шим	э́тим	тем	всем	одни́м	чьим	тре́тьим
Instr.	мои́ми	на́шими	э́тими	те́ми	все́ми	одни́ми	чьи́ми	тре́тьими

SURNAMES IN *-ов*, *-ин*

(The horizontal lines within the chart indicate the division between noun-type and adjective-type endings.)

Case		Masc.	Fem.	Plural
Nom.	*кто*	Петро́в	Петро́ва	Петро́вы
Acc.	*кого́*	Петро́ва	Петро́ву	
Gen.	*кого́*	Петро́ва		Петро́вых
Prep.	*о ком*	Петро́ве	Петро́вой	Петро́вых
Dat.	*кому́*	Петро́ву		Петро́вым
Instr.	*кем*	Петро́вым		Петро́выми

Note: Surnames in accented **-ин** shift the accent to the endings.

[1] The special modifiers **твой, свой** decline like **мой**.
[2] The special modifier **ваш** declines like **наш**.

VERBS

Type Form	First Conjugation			Second Conjugation		
	чит-а́й+	жд-а-ть	пис-а́-ть[1]	говор-и́-ть	люб-и́-ть	прос-и́-ть[1]
Present я ты он мы вы они́	чита́ю чита́ешь чита́ет чита́ем чита́ете чита́ют	жду ждёшь ждёт ждём ждёте ждут	пишу́ пи́шешь пи́шет пи́шем пи́шете пи́шут	говорю́ говори́шь говори́т говори́м говори́те говоря́т	люблю́ лю́бишь лю́бит лю́бим лю́бите лю́бят	прошу́ про́сишь про́сит про́сим про́сите про́сят
Past Masc. Fem. Pl.	чита́л чита́ла чита́ли	жда̀л ждала́ жда́ли	писа́л писа́ла писа́ли	говори́л говори́ла говори́ли	люби́л люби́ла люби́ли	проси́л проси́ла проси́ли
Imper.	чита́й(те)	жди́(те)	пиши́(те)	говори́(те)	люби́(те)	проси́(те)
Infin.	чита́ть	ждать	писа́ть	говори́ть	люби́ть	проси́ть

[1] Consonant mutations: т/ч к/ч   п/пл(ь) м/мл(ь)
                             д/ж г/ж   б/бл(ь)
                             с/ш х/ш   ф/фл(ь)
                             з/ж ст/щ в/вл(ь)

Form	быть	хоте́ть	есть	дать
	Future	**Present**		
я ты он мы вы они́	бу́ду бу́дешь бу́дет бу́дем бу́дете бу́дут	хочу́ хо́чешь хо́чет хоти́м хоти́те хотя́т	ем ешь ест еди́м еди́те едя́т	дам дашь даст дади́м дади́те даду́т
Past Masc. Fem. Neut. Pl.	бы̀л была́ бы́ло бы́ли	хоте́л хоте́ла хоте́ли	ел е́ла е́ли	да̀л дала́ да́ли
Imper.	бу́дь(те)		е́шь(те)	да́й(те)
Infin.	быть	хоте́ть	есть	дать

NUMERALS

Cardinal	Ordinal (Adjective)	Cardinal	
1 од(и́)н	пе́рвый	100	сто
2 два (*fem.* две)	второ́й	200	две́сти
3 три	тре́тий	300	три́ста
4 четы́ре	четвёртый	400	четы́реста
5 пять	пя́тый	500	пятьсо́т
6 шесть	шесто́й	600	шестьсо́т
7 семь	седьмо́й	700	семьсо́т
8 во́семь	восьмо́й	800	восемьсо́т
9 де́вять	девя́тый	900	девятьсо́т
10 де́сять	деся́тый	1.000	ты́сяча
11 оди́ннадцать	оди́ннадцатый		
12 двена́дцать	двена́дцатый		
13 трина́дцать	трина́дцатый		
14 четы́рнадцать	четы́рнадцатый		
15 пятна́дцать	пятна́дцатый		
16 шестна́дцать	шестна́дцатый		
17 семна́дцать	семна́дцатый		
18 восемна́дцать	восемна́дцатый		
19 девятна́дцать	девятна́дцатый		
20 два́дцать	двадца́тый		
21 два́дцать оди́н	два́дцать пе́рвый		
30 три́дцать	тридца́тый		
40 со́рок	сороково́й		
50 пятьдеся́т	пятидеся́тый		
60 шестьдеся́т	шестидеся́тый		
70 се́мьдесят	семидеся́тый		
80 во́семьдесят	восьмидеся́тый		
90 девяно́сто	девяно́стый		

Vocabularies

INTRODUCTION TO VOCABULARIES

The vocabularies include all words and set expressions included in the textbook except for personal names, most patronymics and some non-Russian place and personal names.

A lesson number is given for the first occurrence of each word. If some special explanation or comment is given concerning that word, this will be indicated together with the lesson number: 3.2 means that an explanation is given in *section* 2 of Lesson 3; 3-82 indicates a reference to this word on *page* 12 of Lesson 3. Review lessons are preceded by R and are expressed in Roman numerals (e.g. R IV).

Whenever the stress falls on a capitalized letter, the accent is not marked.

Nouns: Nouns are given in the nominative singular form (nominative plural if the noun has no singular or if the singular is not used in the textbook). Gender is indicated only when it is not clear from the endings of the nominative singular form; nouns ending in -ь are feminine unless the name of a month, unless the noun has the suffix -тель, or unless the noun is specifically marked as being masculine (*m.*).

Forms which the student cannot readily predict are given, as are shifting accent patterns. If a masculine noun with zero ending in the nominative singular has the accent always on the ending whenever there is an explicit ending, this is indicated: стòл (*gen.* столá).

Masculine nouns with the accented ending -ý for location normally have the accent on all plural endings: сад (в садý) — садЫ, садóв, садáм, etc.

Masculine nouns with a shift of accent to the ending in the masculine plural normally have the accent on all plural endings: профессорá — профессорóв, профессорáм, etc.

A fill vowel in the nominative singular form will be indicated as follows: — от(é)ц — отцá, отцЫ, etc.

When a noun is used with the preposition на but does not refer to a vehicle or an activity, this will be indicated: завóд (на).

The student should remember that some words used as nouns are adjectives in form and decline as adjectives: учёный, вáнная.

In the case of nouns of profession which have a feminine equivalent, this will be indicated: учИтель / -ница.

Pronouns: Pronouns are, as a rule, given only in the nominative case. Refer to the grammatical tables, p. 452, for the full declension.

Adjectives and Special Modifiers: Normally only the masculine nominative singular form is given.

Accent in long form adjectives is always constant. In short form adjectives the accent often shifts. If the accent is on the stem except for the feminine form, this will be indicated with the grave accent mark (`): прàв — правá, прáвы. Other accent patterns will be explicitly indicated: дóлж(е)н, должнá, должнЫ.

Comparative forms which are used in the text are given in parentheses with the basic adjective form: дорогóй (дорóже).

To indicate that an English equivalent is an adjective, a hyphen is sometimes used following the word: университéтский 'university-'.

Adverbs formed from adjectives of quality and ending in -o are given separately from the adjective only if there is a shift of accent: плохóй (плóхо).

Verbs are given in an exploded form (по-куп-áй +) in order to impress upon the student the component parts of the word, and are presented in the basic form in keeping with the presentation in the textbook. Infinitives are, however, given if the formation is not obvious from the basic form. Such infinitives are listed separately and are cross-referenced, to the basic form: мочь — *cf.* мóг-ут.

Unless specifically marked *p.* (perfective), a single verb listed is to be understood as imperfective. If both members of an imperfective / perfective pair are given, they are not marked with respect to aspect, but the imperfective is always placed to the left of the slash (/), the perfective to the right. When a perfective is formed by means of prefixation, only the prefix may be given to the right of the slash: готóв-и-ть / при-.

In a very few cases verbs are not presented in an exploded form. This happens when the prefix has fused with the stem, such as in вЫйд-ут.

Students are expected to understand the one-stem verb system sufficiently to be able to form present / future forms, past tense, imperative and infinitive from the basic form. The acute accent

458

mark (´) on a basic form indicates a fixed accent, either on the stem or on the endings of the present/future; a grave accent mark (`) indicates an accent which shifts one syllable toward the front of the word in the present/future except in the first-person singular form:

говор-и́-ть — говорю́, говори́шь, говоря́т
с-прос-и́-ть — спрошу́, спро́сишь, спро́сят

If the past tense accent is on the stem except in the feminine form, the grave accent mark will be used: жѝл — жил, жила́, жи́ли. Other accent patterns will be specifically indicated.

A similar use will be made of the accent marks to indicate the stress in short form past passive verbal adjectives:

ку́плен — ку́плен, ку́плена, ку́плено, ку́плены
за̀нят — за́нят, занята́, за́нято, за́няты

If a verb occurs in the textbook with or without the particle **-ся,** this will be indicated as follows: конч-а́й + (ся).

Verbs which lose the suffix **-ну-** in the past tense are indicated as follows: по-га́с-(ну)-ть — пога́с.

Where the case governed by a verb is not easily predictable, this is indicated by using an appropriate form of **что** or **кто:** по-мог-а́й + *кому́.*

Prepositions are entered with the case governed indicated in the same manner as verb government: без *чего́.*

Abbreviations and Symbols Used

acc. — accusative case
adj. — adjective
adv. — adverb
anim. — animate
asp. — aspect
cf. — see
comp. — comparative degree
conj. — conjugation/conjunction
cons. — consonant
constr. — construction
dat. — dative case
dem. — demonstrative
dim. — diminutive (emotive-expressive suffixes in general)
dir. — direct/directional/direction
expr. — expression
f. — feminine gender
fam. — familiar (address)
fut. — future tense
gen. — genitive case
gram. — grammar, grammatical
IC — Intonation Contour/Construction
imper. — imperative
impers. — impersonal
imp. — imperfective aspect
inanim. — inanimate
ind. — indirect
indecl. — indeclinable
inf. — infinitive
instr. — instrumental case
interr. — interrogative
intrans. — intransitive
loc. — location
m. — masculine gender

multidir. — multidirectional
n. — noun
neg. — negative
neut. — neuter gender
nom. — nominative case
obj. — object
p. — page
p. — perfective
pers. — person/personal
pl. — plural
pol. — polite (address)
poss. — possessive
pred. — predicate
prep. — preposition/prepositional case
pres. — present tense
pron. — pronoun
pronunc. — pronunciation
refl. — reflexive
rel. — relative
spec. — special
sing. — singular
super. — superlative
trans. — transitive
unidir. — unidirectional
∧ — self-propelled motion
⊙ — vehicular motion
/ — or, vs.
~ — contrasted with
≠ — antonym

—Translate ideas, not words!

RUSSIAN-ENGLISH VOCABULARY

А

а and, but (*mild contrast*), while, whereas I, II, IV, 1.4, 5.3, 9.6; And how about... ? 2-80, 2-81; **а то** or (else) 20

А,... Ah,... 18

а́вгуст August 24

авиаконве́рт air mail envelope 23

авиаписьмо́ air mail letter 23

авиапо́чтой by air mail 23

Австра́лия Australia 28

авто́бус bus 6; **на авто́бусе** by bus 6

автома́т answering device 21; coin changer 30

а́втор *чего́* author, originator 21.15

а́дрес (*pl.* адреса́) address 23

Азия Asia III, 28

акаде́мия academy III, 6, 27; **Акаде́мия нау́к СССР** Academy of Sciences of the U.S.S.R. 27

Алло́! Hello! (*only on phone*) V-57, 21

Аме́рика IV, 5

америка́н(е)ц (*gen.* америка́нца)/-ка an American 5

америка́нский American 15

англи́йский English 5.11; **англи́йский язы́к** the English language 5; **по-англи́йски** in English 5

англича́н-ин/-ка Englishman/-woman 23.1

Англия England 33

а́нгло-ру́сский English-Russian 30

аппендици́т appendicitis V, 22

аппети́т: Прия́тного аппети́та! I hope you enjoy your meal. Bon appétit! 25

апре́ль April 24

армяни́н/армя́нка an Armenian 23.1

армя́нский Armenian 23

арти́ст/-ка (performing) artist 21

архите́ктор architect 21

архитекту́ра architecture IV, 34

аспира́нт/-ка graduate student V

аудито́рия lecture hall, classroom V, 28

Африка Africa IV, 28

Ах! Ah! 13

аэропо́рт (в аэропорту́) airport IV, 29

Б

ба́бушка grandmother 6.6, 23.10

байда́рка canoe 16

балери́на ballerina V, 24

бале́т ballet 24

бале́тный 31

бассе́йн swimming pool 28

ба́шня (*gen. pl.* ба́шен) tower 34

бе́г-ай + to run *multidir.* 29

без *чего́* without 14, 20.8

бе́лый white 14; **Бе́лое мо́ре** The White Sea 14

бер-у́т (брал, брала́, бра́ли; брать) to take 16.20 (*p.* возьм-у́т); **брать кни́ги в библиоте́ке** to check out books at the library, to take out books from the library 13.9; **брать с собо́й** to take along 22.11

беспла́тный free (of charge) 24.19

беспоко́йство: Извини́те за беспоко́йство. Pardon me for bothering you. 17.21

библиоте́ка library 3.17; **брать кни́ги в библиоте́ке** to check out books at the library; to take out books from the library 13.9

биле́т *куда́* ticket (to) 10, 20, 20.11; **брать биле́т = купи́ть биле́т, взять биле́т** to buy a ticket (*on public transportation*) 20.11; **биле́т до Москвы́** ticket to Moscow 26

благо-дар-и́-ть/по- *кого́ за что* to thank 26; **Благодарю́ вас.** Thank you. 26

бол-е́й + to be ill 29.6

бо́л(е)н (больна́, больны́) ill, sick 22

бол-е́-ть (боля́т) *у кого́* to ache, hurt 22.10; **боле́ть** — *cf. also* бол-е́й +

больни́ца hospital 22; **лож-и́-ть-ся / ля́г-ут (лечь) в больни́цу** to go to the hospital (*as a patient*) 22; **клад-у́т / по-лож-и́-ть (положу́, поло́жишь)** *кого́* **в больни́цу** to send to the hospital 22

бо́льше more 29.4; **Бо́льше ничего́.** Nothing more. 10; **бо́льше люблю́** I like ... better 17.10; **бо́льше не** no more, no longer 18; **бо́льше всего́** most of all 18

большо́й big, large 9.19

бо-я́-ть-ся (бою́тся): боя́ться, что...; *чего́* to be afraid of, fear 18

брат (*pl.* бра́тья) brother V, 2.12

брать — *cf.* бер-у́т

бри́тва (*gen. pl.* бритв) razor 13, 28.2

брю́ки *only pl.* (*gen. pl.* брюк) pants, trousers 13.17

бу́д-ут (был, была́, бы́ли; быть) to be 10.1, 12, 14.5; **мо́жет быть** maybe, perhaps 9; **бу́дьте добры́** please, be so kind 25

бу́дущий *adj.* future 11.22

бу́ква letter (*of the alphabet*) II

букинисти́ческий магази́н second-hand bookstore 17

бульва́р boulevard 34

бума́га paper II

бутербро́д (open-faced) sandwich 21.23

буты́лка bottle 25

буфе́т snack bar 21.14

бы [*conditional particle*] 25.4

бы-ва́й + to be (*repeatedly*), to visit, frequent 8.19, 11.11

бы́стрый (бы́стро) quick, fast 20, 29.4

быть — *cf.* бу́д-ут

бюро́ *indecl.* office IV, 25; **бюро́ до́брых услу́г** bureau of good services, domestic services bureau 25

В

в *во что* into, to II, 7.1, 7.2, 22.1; **в чём** in, at 3.6, 3.17, 7.1, 7.2, 22.1, 31.3; **(раз) в** *во что* per, a 17.4

ваго́н (train) car 26

ва́за vase II, 30

ва́нная *adj. used as noun* bathroom 9.9

ваш (ва́ша, ва́ше, ва́ши) *pol. or pl.* your / yours V, 4

вдруг suddenly 20

ведь *particle* you know, after all 7.10, 7.17

век century 34

вели́кий great 28

велосипе́д bicycle 29.17

вер-ну́-ть(ся) *p.* [*imp.* воз-вращ-а́й + (ся)] to return, to come back 14

весел-и́-ть to amuse 31

весёлый (ве́село) merry, cheerful 30; ве́село *кому́* it's jolly; to have a good time, to enjoy oneself 31

весно́й in the spring(time) 15

в(е)сь all, all of, the whole 11.2, 11.22; Всего́ хоро́шего! Good-bye! V-57, 22

ве́чер (*pl.* вечера́) evening 11, 21.4

вече́рний evening- 10.6, 18

ве́чером in the evening 4, 21.4; сего́дня ве́чером tonight 10; вчера́ ве́чером yesterday evening, last night 10

вещь (*gen. pl.* веще́й) thing V, 13

взро́слый grown up, adult 15.12, 15.26; взро́слые adults 15.12

взять — *cf.* возьм-у́т

вид sort, kind 29; вид спо́рта a sport 29

ви́д(е)н (видна́, видны́) visible 34

ви́д-е-ть (ви́дят) to see 9.19, 10.4, 21.8, 26.4

вино́ wine 25

вку́сный delicious, tasty 12

вме́сте *с кем / чем* together 6, 27

вме́сто *чего́* instead of 25.18

внима́ние attention 29.17

внук grandson 23

вну́чка granddaughter 23

во́время on time 21

во вре́мя *чего́* during 23

вода́ (*acc.* во́ду) water 9.19

воз-вращ-а́й + (ся) (*p.* вер-ну́-ть-ся) to return 16.20

во́здух air 34

во́зраст age 29.17; Э́то в моём-то во́зрасте! At my age! 29

возьм-у́т (взял, взяла́, взя́ли; взять) *p.* (*imp.* бер-у́т) to take 13.5, 13.17

войд-у́т (вош(ё)л, вошла́, вошли́; войти́) *p.* (*imp.* в-ход-и́-ть) to enter / come / go in 18, 30.7

война́: «Война́ и мир» *War and Peace* 21

вокза́л (на) (train) station, terminal

волн-ов-а́-ть-ся to be concerned, worried 18

вон там (way) over there 16

вопро́с question 13.17; от-веч-а́й + на вопро́сы to answer questions 13

восемна́дцатый eighteenth 18

восемна́дцать eighteen 18

во́семь eight 8.19

во́семьдесят eighty 27.2

восемьсо́т eight hundred 27.2

воскресе́нье Sunday 8

восто́к (на) the east 26.17; Да́льний Восто́к the Far East 26

восьмидеся́тый eightieth 27.2

восьмо́й eighth 8.19

вот here / there is / are II, 2; Вот хорошо́! Fine! That's great! 6; Вот что (расска́зывает...) This is what... 16, 19.7

впечатле́ние impression 24

впро́чем however, but then, incidentally 26

врач (*gen.* врача́) physician, doctor 12, 22.11

вре́мя *neut.* time 7, 10, 19.10, 20.2; Ско́лько (сейча́с) вре́мени? What time is it? 7, 11; Ско́лько вре́мени (е́хать)? How long does it take to... ? 11.6; всё вре́мя all the time, constantly 11, 11.11; времена́ го́да seasons of the year 16; в э́то вре́мя at this / that time 20; в на́ше вре́мя in our days 24; во вре́мя *чего́* during 23

все everybody, all 7.10, 7.17, 10, 11.2

всё everything, all 9.19, 11.2, 27.5; всё равно́ all the same, nevertheless 9, 18.11

всегда́ always 7.17, 11.7

всего́ in all, only 16-248; Всего́ хоро́шего! Good-bye! V-57, 22

всё-таки nevertheless, in spite of that, all the same 18.11

вс-по-мин-а́й + / вс-по́-мн-и-ть to recall 24.9

вста-ва́й + / вста́н-ут (встать) to get up, stand up, rise 14.9, 14.10, 14.24

встреч-а́й + / встре́т-и-ть to meet (encounter) 25.29; встреча́ть Но́вый год to see in the New Year 25

встреч-а́й + ся / встре́т-и-ть-ся *с кем* 25 to meet (encounter, gather)

вто́рник Tuesday 8.19

второ́й second 2.12

вход *куда́* entrance of II, 28; вход беспла́тный admission is free 24

в-ход-и́-ть / войд-у́т (вош(ё)л, вошла́, вошли́; войти́) 3.17, 30.7; входи́те, пожа́луйста come in, please 3

вчера́ yesterday 10.19

вы *pol.* you III, IV, 3.3

вы́-гляд-е-ть (вы́глядят) to look (appear) 29

вы́йд-ут (вы́ш(е)л, вы́шла, вы́шли; вы́йти) *отку́да* to go out, exit, get off (transportation) 20; вы́йти за́муж за *кого́* to get married (*of a woman*) (*imp.* вы-ход-и́-ть) 33

вы-пи́с-ывай + / вы́-пис-ать: выпи́сывать газе́ты to subscribe to newspapers 10.19; выпи́сывать больни́чный лист to give a sick-leave certificate 22

вы́-пь-ют (вы́пил, вы́пить) *p.* to drink 21.6

выраже́ние expression 17

вы́ставка exhibition, display 27; Вы́ставка достиже́ний наро́дного хозя́йства СССР The U.S.S.R. Exhibition of the Achievements of the National Economy 27

вы-ступ-а́й + to perform, appear 8.19

выступа́ть по телеви́зору to appear on TV

вы-у́ч-ивай + / вы́-уч-и-ть to learn, memorize IV, 30

вы́ход *отку́да* exit II

вы-ход-и́-ть / вы́йд-ут (вы́ш(е)л, вы́шла, вы́шли; вы́йти) *отку́да* to exit, go out, get off 20; ~ за́муж *за кого́* to get married (*of a woman*) 33

Г

газ gas (*in gaseous state*) II, 9.9

газе́та newspaper III, IV, 1

газе́тный: газе́тный кио́ск newsstand 10

га́лстук (neck)tie 4

гара́ж (*gen.* гаража́) garage V, 7.10

где where III, 1, 4.16

где́-то somewhere 14, 25.3

гео́лог geologist 11

герои́ня heroine 19; мать-герои́ня heroine mother 19

геро́й hero 34

говор-и́-ть *с кем* to talk, speak, say V, 5.20, 12, 23.10 (*p.* с-каз-а́-ть); Э́то говори́т... This is... (*on phone*) 6

год (в э́том году́; *gen. pl.* лет) year 11.5, 18.8

голова́ (*acc.* го́лову) head 22

гора́ (*acc.* го́ру; *pl.* го́ры, гора́х) hill, mountain 28

гора́здо much (*with comparatives*) 29.4

горд-и́-ть-ся *чем* to be proud (of) 27, 28

го́род (*pl.* города́) city, town, 9.19

горя́чий hot (*to the touch*) 9, 15.12

гости́ница hotel 28

гость (госте́й, гостя́х) guest 25.18, 26; в го́сти (to go) visiting, calling 25; в гостя́х (to be) visiting, calling 25

госуда́рственный state- 18

гото́в *к чему́* ready 30

гото́в-и-ть / при- (ся) *что к чему́* to prepare, to cook 12.8

гра́дус degree 15.27

грипп grippe, flu 22

гру́стный (гру́стно) sad 31

гул-я́й + to stroll, be out playing / out walking 2.12, 6.1

Д

да yes, III, 2; Да! (*on phone*) Hello! 25; (Идём,) да? OK? 10

да-ва́й + / дад-у́т (*cf.* дад-у́т) to give 17.7; Дава́й(те) (поговори́м)! Let's... 1, 7, 8, 14.11

давно́ (for) a long time, since a long time ago 8.5, 11.7

дад-у́т (*cf.* 13.6 *or p.* 456; да́л, дала́, да́ли; да́йте) *p.* (*imp.* да-ва́й +) to give 13.6, 13.17, 18.1; Да́йте нам знать... Let us know... 24

да́же even 10

да́лее: и так да́лее (и т. д.) etc. R VI

далеко́ (да́льше) far 7, 29.4

дальне́йший further 27; Жела́ем Вам дальне́йших успе́хов. We wish you further success. 27

да́льше farther, further 29.4

дар-и́-ть / по- *что кому́* to give as a gift 30

два *m.*, *neut.*, две *f.* two 2.12, 11.11, 20.6

двадца́тый twentieth 20

два́дцать twenty 15

две *f.* two 11.11, 20.6

двена́дцатый twelfth 12

двена́дцать twelve 12.13, 12.20

дверь door 30

две́сти two hundred 27.2

дви́г-ай + ся *intrans.* to move 31

двор (*gen.* двора́) yard, courtyard 15.12

двор(е́)ц (*gen.* дворца́) palace 34; Большо́й Кремлёвский дворе́ц 34; Дворе́ц спо́рта 34; Дворе́ц съе́здов 34

де́вочка (little) girl V, 19

де́вушка girl 7

девяно́сто ninety 27.2

девяно́стый ninetieth 27.2

девятна́дцатый nineteenth 19

девятна́дцать nineteen 19

девя́тый nmth 9

де́вять nine 9

девятьсо́т nine hundred 27.2

де́душка *m.* grandfather 9, 23.10

действи́тельно really, indeed 15-232, 15.26

дека́брь (*gen.* декабря́) December 24

де́л-ай + / с- to do, make 2, 11

де́ло (*pl.* дела́) affair, matter 18.20; Как дела́? How are things? 18; В чём де́ло? What's the matter?; Де́ло в том, что... The reason (fact / problem) is that... 21; У меня́ мно́го дел. I'm very busy. 33

демонстри́р-ов-а-ть-ся to be shown 21

де́нежный: де́нежный перево́д money order 23

д(е)нь (*gen.* дня) *m.* day 8.19, 21.4; До́брый день! Good day! / Hello! IV, 15-232; 2 часа́ дня 2 p. m. 21.4

де́ньги *only pl.* (*gen.* де́нег) money 20

депута́т deputy representative 26

дере́вня village 9.9; в дере́вне in the country 9.9

деревя́нный wooden, of wood 32

деся́тый tenth 10

де́сять ten 10.19

де́ти (дете́й, де́тям) children 2

де́тский children's V, 7; де́тский сад kindergarten 7; де́тская ко́мната nursery 20; «Де́тский мир» Children's World (store) 20; де́тский дом orphanage 23; де́тская площа́дка playground 33

дешёвый (дёшево; деше́вле) cheap 29.4

дива́н couch III, 24

ди́ктор announcer 8

дипло́м diploma, certificate 32

дире́ктор (*pl.* директора́) director (*of institution*) IV, 23

дирижёр conductor (music) 24

для *чего́* for (*use of* / *purpose of*) 23

днём in the daytime / afternoon 4.16, 21.4

до *чего́* as far as, up to, before 20.24, 21; До ве́чера! Till evening! 24

до́брый: До́брый день! Good day! / Hello! IV, 15; До́брое у́тро! Good morning! IV, 15; До́брый ве́чер! Good evening! 15; бу́дьте добры́ please, be so kind 25

дово́л(е)н, дово́льна *чем* / *что*... satisfied, happy 22

дово́льно quite, rather 15

до-говор-и́-ть-ся *с кем p.* to come to an agreement, agree, make a date to... 32

до-е́д-ут (дое́хать) *p.* (*imp.* до-езж-а́й +) to go as far as, reach 20; Как дое́хать до *чего́*? How can I get to? 20

доехать — *cf.* до-е́д-ут

дождь (*gen.* дождя́) *m.* rain 15; идёт дождь it's raining 15; пошёл дождь it started to rain

до́ктор (*pl.* доктора́) doctor IV, 22.11

до́лго (for) a long time 11.7, 11.22

до́лж(е)н, должна́, должны́ must, have to 12.3, 13.1, 19.4

дом (*pl.* дома́) house, building I, 1; Дом культу́ры МГУ club section of MGU 28

до́ма at home I, 2

домо́й home(ward) II, 6

до-пуск-а́й + ся: Де́ти до 16 лет не допуска́ются. Children are not admitted. 21.23

дорого́й (до́рого; доро́же) dear, expensive 27, 29.4

До свида́ния! Good-bye! IV. 7

достиже́ние: Вы́ставка достиже́ний наро́дного хозя́йства СССР The U.S.S.R. Exhibition of the Achievements of the National Economy 27

дочь (*pl.* до́чери, *cf. p.* 451) daughter 2.12, 5.5.

друг (*pl.* друзья́) (close) friend 17.12

друг дру́га (друг дру́гу, *etc.*) each other, one another 23.7

друго́й another (different), other (*not this one*) 8, 17.12, 23.10 одни́ ... други́е ... some ... others ... 30

«Дру́жба» Friendship 17.12

ду́м-ай + / по- to think 5; Как вы ду́маете? What do you think? 5; Ду́маю, что да/нет. I think so/not. 5; Не ду́маю. I don't think so. 11

дя́дя *m.* uncle IV, 2, 23.10

Е

Евро́па Europe 28

его́ his, its IV-42, 2

е́д-ут (е́хать) to ride, drive, go ⊙ II, 6.1, 17.3; Едем вме́сте! Let's go together! 14.11

ед-я́т (есть, *irregular*, *cf. p.* 456) to eat II, 21.7, 21.23, 22.6; хочу́ есть I'm hungry 25

её her, its 2

е́зд-и-ть to ride, drive, go ⊙ *multidir.* 17.3, 25.1

е́сли (е́сли бы *in conditional constructions*) 15.6, 25.4; е́сли ... не unless 15.6

есть to eat (*cf.* ед-я́т)

есть there is/are V, 9.1, 9.19, 10.7, 19.3, 22.10, 30.3; У кого́ есть кни́га? Who has a book? 9

е́хать — *cf.* е́д-ут

ещё still 3.9; ещё не, нет ещё/ещё нет not yet 3.9; Кто/Что ещё? Who/What else? 6, 10; ещё од(и́)н another (one more) 17.12; ещё раз again, once more 21.15

Ж

жаль кому́ that's a pity/too bad, (I'm) sorry 10.19

жа́ркий (жа́рко; жа́рче) hot (*of weather*) 15.12, 15.26, 29.4

жд-а-ть (ждут; жда́л, ждала́, жда́ли) to wait for, expect, 24; Жду твоего́ письма́. I'll be waiting for your letter. 27

же [*emphatic particle*] 2

жел-а́й + кому́ чего́ to wish 27.11

жена́ (*pl.* жёны) wife 2

жен-и́-ть-ся (женю́сь, же́нишься) *imp./p.* to get married (*of a man*) 33

же́нщина woman 10

живо́т (*gen.* живота́) stomach (abdomen) 22.18

жив-у́т (жил, жила́, жи́ли; жить) to live 3; Как живёте? How are you? 9

жизнь life 27

жить — *cf.* жив-у́т

журна́л magazine, journal 1

журнали́ст journalist 27

З

за что for (*in exchange for*, *cause*) 21; Извини́те за беспоко́йство. Pardon me for bothering you. 17; плат-и́-ть/за- за что to pay for 21; ма́рка за 6 копе́ек a six-kopeck stamp 27; вы-ход-и́-ть (выхожу́, выхо́дишь)/вы́йд-ут за́муж за кого́ to get married (*of a woman*) 33

за чем for (to get) 24.6

за-бол-е́й + (заболе́ть) *p.* to become ill, sick 31

за-бу́д-ут — *cf.* за-быв-а́й +

за-быв-а́й + / за-бу́д-ут (забы́ть) to forget 13.5, 13.17

за-ви́д-ов-а-ть кому́ to envy 19.17

за-ви́с-е-ть (зави́сит) от чего́ to depend upon 28

заво́д (на) plant, factory 7.2

за́втра tomorrow 12.20; за́втра у́тром (ве́чером) tomorrow morning (evening) 12

за́втрак breakfast 12.20, 21.7; на за́втрак for breakfast 12

за́втрак-ай + / по- to have/eat, breakfast 4.2, 4.16, 21.7

за-гор-а́й + / за-гор-е́-ть (загоря́т) to sunbathe, get a suntan 14.15, 14.24

за-да-ва́й + / за-дад-у́т (*cf.* дад-у́т; за́дал, задала́, за́дали): ~ вопро́сы to ask questions 26.6

зада́ние assignment 1

за-ка́з-ывай + / за-каз-а́-ть (закажу́, зака́жешь, зака́жут) to order 21

за-кро́й + — *cf.* за-кры-ва́й +

за-кры-ва́й + / за-кро́й + (закры́ть) to close 30

зал auditorium 21.23

за-меч-а́й + / за-ме́т-и-ть to notice 28

замеча́тельный remarkable, wonderful 28

за́муж: вы-ход-и́-ть (выхожу́, выхо́дишь) вы́йдут за́муж за кого́ to get married (*of a woman*) 33

за-ним-а́й + ся чем to study/do one's lessons 13.17 18.20, 23.8; занима́ться спо́ртом to engage in, go out for sports 29.5

за́нят (занята́, за́няты) busy 26.17, 30.1

заня́тия *neut. pl.* classes, "school" 7

за-ня́ть (займу́; за́нял, заняла́, за́няли) *p.* to occupy 30.1

за́пад (на) west 26

за́падный western 28

за-плат-и́-ть за что *p.* to pay for 21

за-по́лн-и-ть *p.* to fill in, complete 2

заря́дка *no pl.* calisthenics 29.6, 29.17; **де́л-ай +** **заря́дку** to do calisthenics 29

за-хот-é-ть *p.* (*cf. p.* 456) (to begin) to want

за-хот-é-ть-ся *кому́ p. impers.* (*cf. p.* 456) to begin to feel like 18.7

заче́м why (what for) 10.9, 10.19

зв-а-ть (зову́т; зва̀л, звала́)/по- to call III, 20; **Как (вас) зову́т?** What's (your) name? III, 8-11, 10.9, 11.4; **Меня́ зову́т.** My name is. 19.8

звон-и́-ть / по- *кому́, куда́* to phone, call 21, 22.11; **Мо́жно позвони́ть от вас?** May I use your phone? 22

звук a sound (language, *etc.*) II

зда́ние building 28

здесь here IV, 1

здоро́вый (здоро́в) well (healthy) 22.18, RV

здра́вствуй(те) hello IV-45, 6

зима́ winter 15

зимо́й in the winter (time) 15.26

знай + (знать) to know 4

знако́м (знако́ма, знако́мы) *с кем* acquainted (with) 24

знако́м-и-ть / по- *кого́ с кем* to introduce 28

знако́м-и-ть-ся / по- *с кем* to meet, get acquainted (with) 1, 23

знако́мый familiar, one (I) know 17.12, 24.9

знако́мый, знако́мая an acquaintance IV, 16.10, 16.20

знамени́тый famous 31

Зна́чит,... So,... 8

знач(ó)к (*gen.* значка́) souvenir pin, badge 30.14

зов-у́т *cf.* зв-а-ть

зубна́я щётка toothbrush 13

И

и and, too, also II, 1.4, 7.10, 17.8; [*emphatic particle*] 12; **и...и...** both...and... 9; **и... не / нет** neither, not...either 9

игр-а́й + / сыгр-а́й + *во что* to play (a game) 6, 8.12

игру́шка toy 27

ид-у́т (ш(ё)л, шла; идти́) to walk, go л *unidir.* II, III, 6.1, 7.10, 12.5, 12.11, 16.7; **Идём.** Let's go. 8; **Вот идёт...** Here comes / There goes... 6.1; **идёт (фильм, конгре́сс, экза́мен)** to be going on, in progress 21.15, 28, 34

из *чего́* from (*inside of*) 22.1

изве́стный well-known 27.19

извини́(те)! pardon, forgive me IV, 17

из-мен-я́-ть-ся (изменю́сь, изме́нишься) *p. intrans.* to change (be altered) 33

из-уч-а́й + *что* to study, learn (*subject matter, in depth*) V, 5.20, 11.11, 23.8

и́ли or V, 2, 14.12; **и́ли...и́ли...** either... or... 16

и́мени — *cf.* и́мя

и́мя (*pl.* имена́) (*cf. p.* 450) (first) name V, 19.10

и́мени: Библиоте́ка и́мени (им.) Ле́нина Lenin Library, Library named for Lenin 20, 30; **По-здра́вьте (его́) от моего́ и́мени.** Congratulate (him) for me. 33; **называ́ются имена́ми** are named for 34

инжене́р engineer V, 6, 12; **инжене́р-строи́тель** construction engineer, civil engineer 26

иногда́ sometimes 15.26

иностра́н(е)ц (*gen.* иностра́нца) / -ка a foreigner 20

иностра́нный foreign 17.21

институ́т institute V, 3

интере́с interest 26; **с интере́сом** with interest 26; **1. Интере́сно,... ?** I wonder,... 12; **2. интере́сно** *кому́* it's interesting to 15

интере́сный interesting 8

интерес-ов-а́-ть *кого́* to interest 28.15

иску́сство art 17

испа́н(е)ц / -ка a Spaniard 23

испа́нский Spanish 5; **по-испа́нски** in Spanish 5

ис-полн-я́й + to perform (a musical composition) 24

истори́ческий historical 18, 24

исто́рия history, story 30

италья́н(е)ц / -ка an Italian 24

италья́нский Italian 5; **по-италья́нски** in Italian 5

их their, theirs 2

ию́ль July 24

ию́нь June 24

К

к *чему́, кому́* to, toward 16.6, 22.1

ка́ждый each, every 14.4

ка́жется *кому́* it seems 14

каз-а́-ть-ся (кажу́сь, ка́жется) / по- *чем* to seem, appear 24.5

как how, as II, IV, 4.3, 15.3; **Как по-ру́сски (по-англи́йски)...?** How do you say in Russian... (in English)? 1; **Как ва́ша семья́?** How's your family? 11; **Как (хо́лодно)?** What do you mean («cold»)? 15; **Как ?!** What?! 16; **Как насчёт** *чего́?* How / What about...? 28; **как то́ль-ко** as soon as 26

како́й what kind of, What a...! II, 4.16, 7, 15.3

кани́кулы *only pl.* (*gen.* кани́кул) school vacation 30

каранда́ш (*gen.* карандаша́) pencil 23

ка́сса box office, ticket office, ticket window 21, 26; **плати́те в ка́ссу** pay at the cash desk 30

кастрю́ля pot, (sauce)pan 12.20

кат-а́й + ся to ride (*for pleasure*) 29.6; **кат-а́й + ся на лы́жах / конька́х** to ski / skate 29

кат(ó)к (*gen.* катка́) (ice) rink 33

кафе́ *indecl.* cafe 11

кварти́ра apartment, flat 1.2

ки́евский 28

кино́ *indecl.* the movies IV, 10.12

киножурна́л newsreel 21.14

кинотеа́тр movie theater 11

кио́ск: газе́тный кио́ск newsstand 10

клад-у́т (клал; класть) (*p.* по-лож-и́-ть; положу́, поло́жишь) to lay, put in lying position 28.13

класси́ческий classical 17

класть — *cf.* клад-у́т

кли́мат climate V, 15

клуб club 24

ключ (*gen.* ключа́) *от чего́* key 28

матрёшка nested wooden doll 30

мать (*pl.* ма́тери) (*cf. p.* 451) mother 2.12, 5.5

маши́на car V, 6

МГУ — Моско́вский госуда́рственный университе́т Moscow State University 18.11

медици́нский medical 28

ме́дленно slowly 20

междунаро́дный international 23.17

ме́лочи trifles, little things 16

ме́лочь (*no pl.*) small change (money) 20

ме́ньше less 29.4

ме́сто (*pl.* места́) place, seat, berth V, 16.20, 26; на (ва́шем) ме́сте if I were (you) 29

ме́сяц month 14, 18.8

метро́ *indecl.* subway, metro, underground 6

мечт-а́й + to dream (hope, aspire) 23

миллио́нный millionth 27

ми́мо past, by 10

ми́нус below zero 15; ми́нус **20** гра́дусов 20 below zero

мину́та (мину́точка) minute 6, 11; Подожди́те мину́точку. Wait just a minute 6.26

мир¹: «Де́тский мир» *Children's World* 20

мир²: «Война́ и мир» *War and Peace* 21

мла́дший younger 26.17

мно́гие many, many of 15, 28.9

мно́го (бо́льше) 12, 13.9, 28.9

многоуважа́емый much esteemed (*letter salutation*) 27

моги́ла: Моги́ла Неизве́стного солда́та the Tomb of the Unknown Soldier 34

мо́г-ут (мог, могла́; мочь)/с- to be able to (can) 21.8, 21.23, 22.2, 24.8

мо́да fashion I, 19; в мо́де fashionable 19

мо́жет быть maybe, perhaps 9.19; Не мо́жет быть! It can't be! 11

мо́жно *кому́* one can, may 21.23, 22.2

мой (моя́, моё, мой) my, mine II, 4

молод(е́)ц (*gen.* молодца́) [*term of praise*] 24.9

молодо́й (моло́же) young 10.9, 29.4; молодо́й челове́к young man 10.9

молоко́ milk 25

монтёр electrician 24.19

мо́ре (*pl.* моря́, *gen.* море́й) sea 11.22; на мо́ре to/at the seashore 11

моро́женое ice cream 21.15

моря́к (*gen.* моряка́) sailor 31-5

Москва́-река́ Moskva River 28

москви́ч/-ка (*gen.* москвича́) a Muscovite 8.12

моско́вский Muscovite, of Moscow 10

мочь *cf.* мо́г-ут

муж (*pl.* мужья́) husband 2

мужско́й masculine RI

мужчи́на *m.* man 10.9

музе́й museum 17

му́зыка music III, 2

музыка́льный musical 24

музыка́нт musician III, 24

мультфи́льм animated cartoon film 21

мы we II, 3

мя́со meat 12

Н

на *что* onto, to 7.2, 22.1; на (неде́лю) for a week 22.5; (ста́рше) на (**2** го́да) 2 years older 29; на *чём* on, at III, 3.6, 7.2, 22.1, 31.3

наве́рно probably 7.17

на-де́-я-ться (наде́ются) to hope 22

на́до *кому́* one must, needs to 13.1, 13.8, 18.7

наза́д ago 16.5; неде́лю наза́д a week ago

на-зва́-ть (*cf.* зв-а́-ть) to name 19.8; назва́ть *кого́ кем* to call somebody... 29.5

на-зыв-а́й + ся to be called, named (*of a thing*) 10.9, 10.19, 19.8; Как называ́ется? What's ... called? 10

наизу́сть by heart IV

найд-у́т (наш(ё)л, нашла́, нашли́; найти́) *p.* (*imp.* на-ходи́-ть, нахожу́, нахо́дишь) to find 20.17

наконе́ц at last, finally 21.23

нале́во to/on the left 29

намно́го much (*with comparatives*) 29.4

на-пис-а́-ть (напишу́, напи́шут) *p.* (*imp.* пис-а́-ть) to write 15.8

напра́во to/on the right 29

наприме́р for example 8

наро́д people (nation) 21; мно́го наро́ду many people 21.23, 28.3

наро́дный: Вы́ставка достиже́ний наро́дного хозя́йства СССР The U.S.S.R. Exhibition of the Achievements of the National Economy 27.19; наро́дное иску́сство folk art 30

настоя́щий real, genuine 17.21

настрое́ние mood 30.14

насчёт: Как насчёт *чего́*? How / What about...? 28

нау́ка science, learning 27.19

на-уч-и́-ться (научу́сь, нау́чишься) + *inf. p.* (*imp.* уч-и́-ть-ся) to learn to 23.8

на-ход-и́-ть/найд-у́т (нашёл, нашла́, нашли́; найти́) to find 20

на-ход-и́-ть-ся (нахожу́сь, нахо́дишься) to be (situated, located) 17.12

национа́льность nationality V, 23.9; Кто (он) по национа́льности? What's his nationality? 23

нача́ло beginning 21

на-ча́-ть(ся) — *cf.* на-чин-а́й + (ся)

на-чин-а́й + (ся) / на-ча́-ть(ся) (начну́т; на́чал, нача́лся; нача́ться) *с чего́* to begin, start 8.2, 11, 12.10, 21

наш (на́ша, на́ше, на́ши) our/ours 4

не not IV, 2, 3.7, 7.8

небольшо́й small R IV, 22

нева́жно not very well, so-so 29

невку́сный not tasty R VI

неда́вно recently 12

недалеко́ *от чего́* near, close to 7, 21

неде́ля week 14.24

недово́л(е)н (недово́льна) dissatisfied 28

недо́лго not (for) long 11

не́жно tenderly 34

незнако́мый unfamiliar 25

неинтере́сный uninteresting 8

не́которые some (*but not all*) 19

466

некраси́вый homely 7
нелёгкий (нелегко́) difficult 18
нельзя́ *кому́* one musn't, may not 22.2
не́м(е)ц / не́мка a German 28
неме́цкий German 5; по-неме́цки in German 5
немно́гие few, not many (people) 15
немно́го a little V, 5, 13.9
ненорма́льный abnormal 22
необыкнове́нный unusual 27
неплохо́й (неплохо) not bad 11, 15
неподви́жный immobile, motionless 31
непра́вда a lie 14
непра́вильно incorrect(ly) 28
неприли́чный indecent 29
неприя́тный unpleasant R 11, 15
нереши́тельный indecisive 26
несерьёзный lacking seriousness 7
несимпати́чный not nice (*of a person*) 7
не́сколько several, a few 28
несовреме́нный old-fashioned 12
неспоко́йный not calm, not peaceful 4, 15
нет no III, 2
нет (не́ было, не бу́дет) *чего́* [*used to express non-possession and absence*] there isn't / aren't 17, 20.4, 20.5, 21.1
нехоро́ший bad 27
нечáсто infrequently 11
ни... ни... neither... nor... 17
-нибу́дь [*particle which expresses indefiniteness*] 25.3
нигде́ (не) nowhere *loc.* 7
ника́к (не) in no way 25
никогда́ (не) never 7
никто́ (не) nobody 7
никуда́ (не) nowhere *dir.* 7
ничего́ (не)[1] nothing, not... anything 10; бо́льше ничего́ nothing more 10; ничего́ но́вого нет there's nothing new 17
Ничего́[2]. OK, so-so 11; That's OK, don't mention it. Never mind. That doesn't matter. 17, 20
но but 5.3, 9.6
новосиби́рский of Novosibirsk 28
но́вый new III, 7.17; Но́вый год New Year 25; С Но́вым го́дом! Happy New Year! 25; к Но́вому го́ду for the New Year's 29; Что но́вого? What's new? 26; ничего́ но́вого нет there's nothing new 17
ногá (но́гу; но́ги, нога́х) foot, leg 22.11
ноль (*gen.* ноля́) *m.* zero 15
но́мер (*pl.* номера́) (identifying) number 1; room (*in a hotel*) 28
норма́льный normal 22
ночь night 21.4, 21.23; Споко́йной но́чи! Good night! 22
но́чью at night 21.4
ноя́брь (*gen.* ноября́) November 24
нра́в-и-ть-ся *кому́* (мне, им и т. д.) *imp.* (I, they, etc.) like 19.2
Ну Well,... 9; Ну, что же? Well, what of it? 17
ну́жный necessary 28
ну́ж(е)н (нужна́, нужны́) *кому́* necessary (I need...) 26

ну́жно (на́до) *кому́* one needs to, it's necessary 13.1, 13.8, 15.4, 18.7; Ну́жно смотре́ть вот так. You need to look this way. 13

О

о / об / обо *чём* about, concerning 5.6, 16.1
обе́д dinner 12; Что на обе́д? What's for dinner? 12
обе́д-ай + / по- to eat / have dinner, dine 4.2, 4.9, 12.6, 21.7
об-ра́д-ов-а-ть-ся *p.* (*imp.* ра́д-ов-а-ть-ся) to rejoice 27
о́браз(е)ц (*gen.* образца́) model, sample 1
обрат-и́-ть внима́ние *на что p.* to note, turn attention to 32
общежи́тие dormitory 28.25
объ-явл-я́й + (ся) / объ-яв-и́-ть(ся) to announce 20.24, 29
объ-ясн-я́й + / объ-ясн-и́-ть to explain 30
обыкнове́нный usual, ordinary 27
обы́чно usually 8
обяза́тельно for sure, for certain, without fail 15
о́вощи *pl.* (*gen.* овоще́й) vegetables 12
огро́мный huge 31
од(и́)н (одна́, одно́, одни́) one, a; alone 1, 6.6, 11.2, 14.13, 20.6, 28.7; оди́н мой знако́мый a friend of mine, one of my friends 16.10, 26.6; оди́н из one of 28; ещё оди́н another (one more) 17.12; одни́... други́е... some... others 30; в одно́м до́ме in the same house 24
оди́ннадцатый eleventh 11
оди́ннадцать eleven 11.22
одна́жды once (upon a time) 29
ока́зывается it turns out 21.23
окно́ (*pl.* о́кна) window, windowsill III, 5.20; смотре́ть в окно́ to look out of the window 6; на окне́ on the window-sill 13
о́коло *чего́* near 28
октя́брь (*gen.* октября́) October 10, 24
он he, it I, 1.2, 9.3
она́ she, it I, 1.2, 9.3
они́ they III, 1.2, 9.3
оно́ it *neut.* III, 1.2, 9.3
о-па́зд-ывай + / о-позд-а́й + *куда́* to be late 4.2, 4.9, 7.2, 14.20
о́пера opera IV, 34
опера́ция operation (*surgical*) 22; де́лать / с- опера́цию *кому́* to operate on 22
о-позд-а́й + *cf.* о-па́зд-ывай +
опя́ть again 12, 21.15
оригина́льный original 30
орке́стр orchestra 15
о́сень autumn, fall 28; о́сенью in the autumn, in the fall 15
о-сма́тр-ивай + / о-смотр-е́-ть (осмотрю́, осмо́тришь) *кого́* to examine (*a patient*) 22
о-сн-ов-а́-ть *p.* to found 30
осо́бенно especially, particularly 17
о-ста-ва́й + ся / о-ста́н-ут-ся (оста́ться) to remain, stay 21.23
о-ставл-я́й + / о-ста́в-и-ть *кого́, что trans.* to leave 25.18

остальны́е the rest, remaining 34.7

о-станов-и́-ться (остановлю́сь, остано́вишься) *p.* *intrans.* to stop, stay, put up (find accommodations) 28.25, 31.4

остано́вка stop (bus, *etc.*) 6

о-ста́н-ут-ся — *cf.* о-ста-ва́й + ся

от *чего́* (away) from 21.23, 22.1

от-веч-а́й + / от-ве́т-и-ть *кому́ на что* to answer 5, 13.4; от-веч-а́й + уро́к to recite 30

отделе́ние division (section) 18; вече́рнее отделе́-ние (на) the evening division 18

от-дох-ну́-ть *p.* *cf.* от-дых-а́й + о́тдых rest 4; дом о́тдыха rest home, resort vacation center 4.9

от-дых-а́й + / от-дох-ну́-ть to rest, vacation 4.2, 13

от(е́)ц father (*gen.* отца́) 2

от-кры-ва́й + (ся) / от-кро́й + (ся) (откры́ть) to open 21.5

откры́тка post card 23.17

от-кры́ть — *cf.* от-кры-ва́й +

отку́да from where, how 15.12, 22; Отку́да вы зна́ете? How do you know? 15

от-правл-я́й + / от-пра́в-и-ть to send 23

о́тпуск leave (vacation) 18.20

отсю́да from here 17

отту́да from there 26, 34

о́тчество patronymic V-56, 19.17

официа́нт / -ка waiter / waitress 26

о́чень very, very much 4, 7.10, 13.9, 14.2

очки́ (*gen.* очко́в) (eye)glasses 30; в очка́х wearing glasses 30

П

павильо́н pavilion 27

пала́тка tent 16

пальто́ *indecl.* (over)coat 4

па́мятник *кому́* monument 24, 34

па́мять memory; на па́мять *о чём* as a memento of 30.14

па́па *m.* papa I, II-30, 2.6

Пари́ж Paris 5

парк park IV, 1

па́спорт (*pl.* паспорта́) passport IV, 23.9

пассажи́р passenger 5

педагоги́ческий pedagogical 18

пе́нсия pension 3; на пе́нсии retired 3

пе́рвый first 1; он пе́рвый... he was the first to... 27.11

пере-вед-у́т (перевёл, перевела́; перевести́) *p.* to translate; Переведи́те на ру́сский язы́к. Translate into Russian.

перево́д: де́нежный перево́д money order 23.17

пере-да-ва́й + / пере-да́ть (*cf.* дать, *p.* 456) to transmit, broadcast, tell, inform that 24, 26; Переда́йте *кому́* приве́т. Give... my regards. 28

переда́ча broadcast, program 8

пере-пи́с-ывай + ся *с кем* to correspond (*exchange letters*) 15.27

пере-са́ж-ивай + ся / пере-ся́д-ут (пересе́л; пере-се́сть) *куда́* to transfer (*to another vehicle*) 20.10

пере-се́сть *cf.* пере-ся́дут

пере-ся́д-ут (пересе́л; пересе́сть) *куда́* to transfer (*to another vehicle*) 20.10

пе́сня (*gen. pl.* пе́сен) song 16, 28.2

петь — *cf.* пой +

пешко́м on foot 6.1

пиро́жное pastry 25

писа́тель writer, author 17, 30

пис-а́-ть (пишу́, пи́шешь) / на- to write 15.8

пи́сьменный written 1

письмо́ (*pl.* пи́сьма) letter 1

пить — *cf.* пь-ют

пла́в-ай + to swim *multidir.* 29.6

пла́вание swimming 34

пла́к-а-ть (пла́чут) to cry 31

пла́менно ardently 34

план plan 30; map (*of a city*) 33

плани́ровка plan, layout (*of a city*) 33

пласти́нка (phonograph) record 17

плат-и́-ть / за- *что за что* to pay 21

плохо́й (пло́хо; ху́же) bad, poor (*quality*) 5, 7

площа́дка: де́тская площа́дка playground 33

пло́щадь (*gen. pl.* площаде́й) (city) square 20

плюс above zero 15

пляж beach 14

по *чему́* along, around (*over the surface of*) 28; кни́ги по (му́зыке) (music) books, books on (music) 17

по-англи́йски in English V, 1, 5

по-благо-дар-и́-ть *p.* (*imp.* благо-дар-и́-ть) *кого́ за что* to thank 26

повезло́ *кому́* *impers.* was lucky 24

повторе́ние review 30

по-втор-я́й + / по-втор-и́-ть to repeat, review 30.14

по-га́с-(ну)-ть *p.* to go out, be extinguished 24.7

по-говор-и́-ть *p.* to talk a bit, chat 1

пого́да weather 15; в хоро́шую пого́ду in good weather 16.10

по-гул-я́й + *p.* to be out walking / playing (*for a bit*), to take a walk

по-дар-и́-ть (подарю́, пода́ришь) *p.* — *cf.* дари́ть

пода́р(о)к gift, present 30

под-ним-а́й + ся to go up, rise 14.24

подо-жд-а́-ть (подожду́т) *p.* (*imp.* жд-а-ть) *кого́ / что* to wait (for) 6, 24

подойд-у́т (подош(ё)л; подошла́, подошли́; подойти́) *p.* (*imp.* под-ход-и́-ть) *к чему́* to go up to, approach 32

подру́га girl friend (*of a girl*) 24.9

по-ду́м-ай + *p.* (*imp.* ду́м-ай +) to think 18, 24.9; Поду́мать то́лько! Just think of it! 26

под-ход-и́-ть / подойд-у́т (подош(ё)л; подошла́, подошли́; подойти́) *к чему́* to approach, go up to 32

по-е́д-ут (пое́хать) (поезжа́йте!) *p.* to go, set out for 7, 13, 14.11, 17.3

по-ед-я́т (*cf.* есть, *p.* 456) *p.* (*if there is a direct object it will be in partitive genitive*) to eat 22.6

по́езд (*pl.* поезда́) train 26

по-е́сть — *cf.* по-ед-я́т

по-е́хать — *cf.* по-е́д-ут

пожа́луй perhaps 25

пожа́луйста 1. please V, 3; Thank you. Don't mention it. **2.** You're welcome. 3, 10; **3.** Here (you are). 5; **4.** That's OK, don't mention it. 7

пожило́й elderly 10.9, 10.19

по-зв-а́-ть (позову́т; позва́л, позвала́, позва́ли) *p.* (*imp.* **зв-а́-ть**) to call (summon) 20

по-звон-и́-ть *p.* (*imp.* **звон-и́-ть**) *кому́ куда́* to phone, call 21.11

по́здно (по́зже / поздне́е) late 21, 29.4

поздрави́тельная телегра́мма congratulatory telegram 29

по-здравл-я́й + / по-здра́в-и-ть *кого́ с чем* to congratulate 19, 25.7; **Поздра́вьте ... от (моего́) и́мени.** Congratulate ... for (me). 33

по-знако́м-и-ть *p.* (*imp.* **знако́м-и-ть**) *кого́, кого́ с кем* to introduce (make acquainted) 28

по-знако́м-и-ть-ся *с кем:* **Познако́мьтесь.** Meet. (Get acquainted.) V, 1-70

по-испа́нски in Spanish 5

по-италья́нски in Italian 5

пой + (**петь**) to sing II, 16.10

пойд-у́т (пошёл, пошла́, пошли́; пойти́) *p.* to go, set out for л 12.5, 12.7, 16.7; **пойти́ в шко́лу / учи́ться / рабо́тать** to go to (start) school, to start studying, working 15, 18

пока́ не until 28

по-каз-а́-ть-ся (покажу́сь, пока́жешься) *кем / чем* *p.* (*imp.* **каз-а́-ть-ся**) to seem 24.5

по-ка́з-ывай + / по-каз-а́-ть (покажу́, пока́жешь) to show 9.19, 11

по-куп-а́й + / куп-и́-ть to buy, shop for 10, 12.6

поле́зный useful

поликли́ника polyclinic 22

по́лка shelf 28

полови́на half 25; **полови́на шесто́го** (it's) 5:30 25.5; **в полови́не шесто́го** at 5:30 25.5

по-лож-и́-ть *p.* (*imp.* **клад-у́т**) *что куда́* to put, lay 12, 22.18; **положи́ть в больни́цу** to send to the hospital (*as a patient*) 22; **положи́ть спать** to put to bed 25

по-луч-а́й + / по-луч-и́-ть to receive 13, 27.6; **получи́ть де́нежный перево́д** to cash a money order 23

по́-мн-и-ть to remember 13.17, 21.8, 24.9

по-мог-а́й + / по-мо́г-ут (помо́г, помогла́; помо́чь) *кому́* to help 12.2, 12.20, 25

по-мо́ему in my opinion, I think 12

помо́чь — *cf.* **по-мо́г-ут**

понеде́льник Monday 8.19

по-неме́цки in German 5

по-ним-а́й + / по-ня́-ть (пойму́т; по́нял, поняла́, по́няли) to understand 5, 31; **Ничего́ не понима́ю в чём** I don't know the first thing about... 30

по-нра́в-и-ть-ся *p.* (*imp.* **нра́в-и-ть-ся**) *кому́* to like (be pleasing to) (*the beginning of the impression*) 19.2

по-ня́-ть — *cf.* **по-ним-а́й +** 31

по-обе́д-ай + *p.* (*imp.* **обе́д-ай +**) to eat / have dinner 12

попа́сть: Как попа́сть *куда́?* How can one get to... ? 28

по-прос-и́-ть (попрошу́, попро́сишь) *p.* (*imp.* **про-**

с-и́-ть) 1. *кого́ + inf. /* **что́бы** to ask, request (*someone to do something*) 17.6 28.10; **2.** *кого́ о чём:* **О чём вы попроси́ли Макси́ма?** What did you ask Maxim to do? 28.10; 3; **3.** *что у кого́* to ask (*someone for something*) 17.6; **Попроси́те к телефо́ну...** Call to the phone... 26

портфе́ль *m.* briefcase 4.16

по-ру́сски in Russian V, 1.5

поря́д(о)к: всё в поря́дке everything's OK, in order 23.17

по-сад-и́-ть (посажу́, поса́дишь) *p.* (*imp.* **саж-а́й +**) to plant 33

поса́дка *куда́* boarding (plane) 29; **пройти́ на поса́дку** to proceed for boarding 29

посети́тель *m.* visitor 27

по-сл-а́-ть (пошлю́т) *p.* (*imp.* **по-сыл-а́й +**) to send 27.7

по́сле *чего́* after 21

после́дний last (*in series*) 30.14

по-слу́ш-ай + *p.* to listen (*a bit*) 17

по-смотр-е́-ть (посмо́трят) *p.* (*imp.* **смотр-е́-ть, смо́тришь) 1.** *что* to look, watch 8, 12; **2.** *на что* to look at (turn attention to) 25.10; **3.** *что где* to look up (*as in dictionary*) 12, 17

по-сове́т-ов-а-ть *p.* (*imp.* **сове́т-ов-а-ть**) *кому́ + inf.* to advise 15.7

по-спеш-и́-ть *p.* to hurry off, set off in a hurry 25.10

по-ста́в-и-ть *p.* (*imp.* **ста́в-и-ть**) *что куда́* to stand, put (*in standing position*) 28.13

по-стро́-и-ть *p.* (*imp.* **стро́-и-ть**) to build 11

по-ступ-а́й + / по-ступ-и́-ть *куда́* to enter (enroll in at) 18.11, 18.20

посу́да *only sing.* dishes 32

по-сыл-а́й + / по-сл-а́-ть (пошлю́т) to send 27

по-танц-ев-а́-ть *p.* to dance (*a bit*) 14

по-тер-я́й + (ся) *p.* (*imp.* **тер-я́й + (ся)** to lose 20

пото́м then (afterwards) 5, 12-13

потому́ что because 4

по-у́жин-ай + *p.* (*imp.* **у́жин-ай +**) to have / eat supper 14

по-францу́зски in French 5

похо́д hike, walking tour, trip 16; **идти́ в похо́д** to go on a hike 16

по-ход-и́-ть (похожу́, похо́дишь) *p.* to walk around (*a bit*) R V

похо́ж *на кого́* to look like, resemble 19.10, 19.17

почему́ why 4.16, 10.9; **Вот почему́...** That's why... 29

по-чи́ст-и-ть *p.* (*imp.* **чи́ст-и-ть**) to clean 12.8

по́чта (на) post office 23.17; **по по́чте** by mail 23

почти́ almost 15

по-чу́вств-ов-а-ть себя́ *p.* (*imp.* **чу́вств-ов-а-ть**) to feel (*of health*) 22

пошлю́т — *cf.* **посла́ть**

поэ́т poet 34

поэ́тому therefore 8.19

прав, права́, пра́вы right (*in one's opinion*) 8.7

пра́вда "Truth" 1, 10.9; **Пра́вда, что...?** Is it true that. ...? 19; **Пра́вда?** Isn't that so? 25

пра́вильно correct 28

пра́здник holiday 25; **С пра́здником!** Happy holiday! 25

пред-ла-га́й + / **пред-лож-и́ть** (предложу́, предло́жишь) *что кому́, кому́ + inf.* to offer, suggest 27.19

прекра́сный (прекра́сно) fine, excellent 13

преподава́тель/-ница instructor, teacher V-58, 2, 3

приве́т greeting(s) 28.25; **переда́ть приве́т** *кому́* to give... greetings, regards 28

при-вык-а́й + / **при-вы́к-(ну)-ть** *к чему́* to get used to, become accustomed to 25

при-глаш-а́й + / **при-глас-и́ть** *кого́ куда́* to invite 14, 20, 21

при-гото́в-и-ть *p.* (*imp.* **гото́в-и-ть**) 1. to prepare; 2. to cook 12.8

прид-у́т (приш(ё)л, пришла́, пришли́; прийти́) *p.* (*imp.* **при-ход-и́-ть**, прихожу́, прихо́дишь) *куда́* to arrive, come ∧ 12.5, 12.7

при-езж-а́й + / **при-е́д-ут** (прие́хать; приезжа́йте!) *куда́* to arrive, come 11, R III, 20, 26.5

при-е́хать — *cf.* **при-езж-а́й +**

прийти́ — *cf.* **прид-у́т**

прили́чный decent 29

при-ним-а́й + / **при-ня́ть** (приму́; при́нял, приняла́, при́няли) to receive, accept; take (medicine) 22.18, 27.6

при-нос-и́-ть (приношу́, прино́сишь) to bring 34

при-ня́ть — *cf.* **при-ним-а́й +**

при-ход-и́-ть / **прид-у́т** (пришёл, пришла́, пришли́; прийти́) *куда́* to come, arrive ∧ 8.6, 8.19, 12.5

прия́тный pleasant 15; **Очень прия́тно.** Pleased to meet you. 4

про-вод-и́-ть / **про-вед-у́т** (провёл, провела́; провести́): **проводи́ть свобо́дное вре́мя** to spend free time 10, 16

програ́мма program (schedule) IV, 9

про-да-ва́й + / **про-дад-у́т** (*cf.* **дать**, *p.* 456; про́дал, продала́, про́дали) to sell 17.7

про-долж-а́й + to continue 2, 31.4

прое́кт design, plan 21

про-из-вод-и́-ть / **про-из-вед-у́т** (произвёл, произвела́; произвести́): **производи́ть впечатле́ние** to make an impression 24.19

пройд-у́т (прошёл, прошла́, прошли́; пройти́) *p.* to go, pass through 29, 33; **пройти́ на поса́дку** to proceed for boarding 29

промы́шленность *sing. only* industry 27

про́пуски blanks (*to fill in*) 2

прос-и́-ть (прошу́, про́сишь) / **по-** 1. *кого́ + inf.* **чтобы** to ask, request (*someone to do something*) 17.6, 28.10; 2. *кого́ о чём* **О чём вы попроси́ли Макси́ма?** What did you ask Maxim to do? 28.10; 3. *что у кого́* to ask (*someone for something*) 17.6, 28.10

проспе́кт avenue 11

прости́(те)! pardon / forgive me IV-45, 7

про́сто simply 31

про́сьба (*gen. pl.* просьб) request 26.6; **У меня́ к вам про́сьба.** I have a request to make of you. 26.6

профессиона́льно-техни́ческое учи́лище (ПТУ) vocational school 18.10, 18.11.

профессиона́льный professional 24

профе́ссор (*pl.* профессора́) professor V-58, 3

про-чит-а́й + *p.* (*imp.* **чит-а́й +**) to read 11

про́шлый last, past 16.20

пря́мо straight (ahead) 29

пти́ца bird 31

ПТУ — *cf.* **профессиона́льно-техни́ческое учи́лище**

пусть let..., have... 13.7

путёвка vacation pass 13.9

путь — *cf.* **Счастли́вого пути́!**

пь-ют (пил, пить) / **вы-** to drink 21.6; **хоте́ть пить** to be thirsty 25

пятидеся́тый fiftieth 27.2

пятна́дцатый fifteenth 15

пятна́дцать fifteen 15

пя́тница Friday 8.19

пя́тый fifth 5

пять five 5.20

пятьдеся́т fifty 27.2

пятьсо́т five hundred 27.2

Р

рабо́та work, job; paper, composition 3; **контро́льная рабо́та** test, quiz 2; **на рабо́те** at work 3

рабо́т-ай + 1. *кем* to work (as) 3, 24.5; 2. *где* to work at, in 3

равно́: всё равно́ all the same 9, 18.11

рад (ра́да, ра́ды) glad 21

радиа́льная плани́ро́вка radial layout 34

ра́дио *indecl.* radio 2.6, 27.11; **по ра́дио** on the radio RII, 27.11

радиолюби́тель radio amateur 27

радиоприёмник radio receiver 27.11, 27.19

ра́д-ов-а-ть-ся / **об-** to rejoice 27

ра́достно joyfully, gladly 31

раз time (occasion) 16; **оди́н раз** once 16; **раз в (неде́лю)** once a (week) 17.4; **пе́рвый раз** / **в пе́рвый раз** (for) the first time 19.2, 20, 31; **ещё раз** again, once more 21.15; **ка́ждый раз** each / every time 25; **в сле́дующий раз** the next time 25

ра́зве really?! 15.12.

раз-гова́р-ивай + to converse, talk 21

разгово́р conversation 3.17; **разгово́р по телефо́ну** phone conversation 3

раз-ме́н-ивай + / **раз-мен-я́й +** to change (*break money down into smaller denominations*) 30

ра́зный various, different (*not the same*) 23.10

раз-реш-и́-ть *p. кому́ + inf.* to permit, allow 14; **Разреши́те вас пригласи́ть.** Allow me to invite you. 14

райо́н district 28

ра́но (ра́ньше) early 18, 29.4

ра́ньше earlier, formerly, previously 10, 29.4

рас-пи́с-ывай + ся / **рас-пис-а́-ться** (распи́шутся) to sign (*one's name in receipt of something*) 23

рас-с-ка́з-ывай + / **рас-с-каз-а́-ть** (расскажу́, расска́жешь) to tell, narrate 5.20, 11

расстро́енный upset 29.17

раст-у́т (рос, росла́; расти́) to grow *intrans.* 33

ребён(о)к (*pl.* де́ти) baby, child 19
револю́ция revolution V, 28, 30
ре́дкий (ре́дко, ре́же) rare, infrequent 11, 17, 29.4
режиссёр (theatrical) director (film, stage) 31
рейс (*scheduled*) flight 29
река́ (*pl.* ре́ки, река́х) river 9
репети́ция rehearsal 31
рестора́н restaurant IV, 12
реш-а́й + / реш-и́-ть to decide 16
реши́тельный decisive, determined, resolute, strong-willed 26
реш-и́-ть *p.* (*imp.* реш-а́й +) to decide 16
рис-ов-а́-ть to draw (art) 34
рису́н(о)к drawing, design 32
род gender RI
роди́тели (*gen.* роди́телей) parents 2
род-и́-ть-ся *p.* to be born 19.7
родно́й: родно́й язы́к native language 23.10; родно́й го́род home town 34; родны́е close relatives 30; родно́й (брат) brother (*related by blood*) 23
рожде́ние: день рожде́ния birthday 30; на день рожде́ния *кому́* for ... birthday 30
роль *f.* role 31
Росси́я Russia 28
руба́шка shirt 4
рубль *m.* (*gen.* рубля́) rouble 19
рука́ (*acc.* ру́ку, *pl.* ру́ки, рука́х) arm, hand 22.11
ру́сский: ру́сский язы́к the Russian language V, 5; ру́сский, ру́сская a Russian V, 5; по-ру́сски in Russian V, 2, 5
ру́сско-англи́йский Russian-English 17
ру́чка pen (*for writing*) 23.17
ры́ба fish 12
ряд (в ряду́) row 21
ря́дом *с чем* alongside, close at hand, nearby, next to 20, 23

С

с *чего́/кого́* from (down from, off of) 22.1, 22.18; Ско́лько с нас? How much do we owe? 19
с *кем* with (together with) 21, 23.5; Что с ва́ми? What's the matter with you? 22-322; мы с жено́й my wife and I 25.2
сад (в саду́) garden, orchard II, 7.10, 9.9; де́тский сад kindergarten 7
сади́тесь! sit down! 24
саж-а́й + / по-сад-и́-ть (посажу́, поса́дишь) to plant 33
сала́т V, 25
сам, сама́, са́ми -self [*emphatic*] 25.6
самова́р samovar IV, 30
самоде́ятельность: конце́рт худо́жественной самоде́ятельности amateur concert 24
самолёт airplane 5
са́мый *used to form superlative degree of adjectives* the most 19.5
са́хар sugar 25
свет *only sing.* light(s) 24
свобо́дный free, unoccupied, vacant 10; свобо́д-д(е)н 25

свой one's own 13.3, 16.3, 17.9; не свой somebody else's 30.4
с-да-ва́й + экза́мен to take an exam 18.11
с-дад-у́т *p.* (*cf.* дать, *p.* 456): сдать экза́мен to pass an exam 18.11
сда́ча change (*from a transaction*) 26.17
с-де́л-ай + *p.* (*imp.* де́л-ай +) to do, make 11
сеа́нс showing (*of a film*) 21.14
себя́ *reflexive pron.* oneself 22.7, 22.18, 25.6
се́вер (на) north 13
сего́дня today 7.17; сего́дня ве́чером tonight, this evening 10
седьмо́й seventh 7
сейча́с now; right away, immediately 2, 10.9
секре́т secret V, 12, 21
се́льское хозя́йство agriculture 27
семидеся́тый seventieth 27
семна́дцатый seventeenth 17
семна́дцать seventeen 17
семь seven 7
се́мьдесят seventy 27.2
семьсо́т seven hundred 27.2
семья́ family 3
сентя́брь (*gen.* сентября́) September 24
се́рдце heart 34
серьёзный serious 7
сестра́ (*pl.* сёстры, сестёр, сёстрах) sister V, 2.12
сесть — *cf.* сяд-ут
сигаре́та cigarette IV, 1; Сигаре́ты, пожа́луйста. Would you like cigarettes? 5
сигна́л signal V, 27
сид-е́-ть (сидя́т) to be sitting 24
симпати́чный *only of living beings* nice 7
синегла́зый blue-eyed 30
с-каз-а́-ть (ска́жут) *p.* (*imp.* говор-и́-ть) to tell, say V, 5, 12; Вы не ска́жете,...? Please tell me. 12; Скажи́те, пожа́луйста. Tell me, please 5-111
ско́лько how much / how many 7; Ско́лько вре́мени? (кото́рый час?) What time is it?; for how long? 7, 11; Ско́лько вре́мени (е́хать)? How long does it take to... ? 11.6; Ско́лько с нас? How much do we owe? 19
ско́ро (скоре́е) soon 18
ску́чно *кому́* it's boring 21
сле́дующий following, next 20
сли́шком too (excessively) 16
слова́рь *m.* (*gen.* словаря́) dictionary 17
сло́вник word list 1
сло́во (*pl.* слова́) word 17
слу́чай incident 31.4
с-луч-и́-ть-ся *p.* to happen 20
слу́ш-ай + *что* to listen to I, 2, 26.4; Слу́шаю! Hello! (*on phone*) 5
слы́ш-а-ть (слы́шат) to hear 10.4, 10.19, 21.8, 26.4
сме-я́-ть-ся (смею́тся) to laugh 19
с-мо́г-ут (смог, смогла́; смочь) *p.* (*imp.* мо́г-ут) to be able to 24.8
смотр-е́-ть (смотрю́, смо́тришь) / по- 1. *что* to look, watch 6.3, 7, 10.4; 12; 2. *на что* to look

at, glance at (turn attention to) 25.10; **3.** *что где* to look up (*as in a dictionary*) 17

смочь — *cf.* с-мо́г-ут

снача́ла first, at first 8.19

снег (на снегу́) snow 15; 31, идёт снег it's snowing 15

со-бер-у́т (собра́л, собрала́, собра́ли; собра́ть) *p.* (*imp.* со-бир-а́й +) to collect, gather 17

со-бер-у́т-ся (собра́лся, собрала́сь, собрали́сь) to meet, gather, assemble 21

со-бир-а́й + (ся) / со-бер-у́т(ся) (собра́л; собра́ть) to gather, collect 17, 21; со-бир-а́й + ся + *inf.* to plan, intend to 25

со-бра́ть(ся) — *cf.* со-бер-у́т-(ся)

сове́т: Верхо́вный Сове́т СССР the Supreme Soviet of the U.S.S.R. 26

сове́т-ов-а-ть / по- *кому́* + *inf.* to advise 15.7, 15.26

сове́тский Soviet 10; Сове́тский Сою́з Soviet Union 10

совреме́нный contemporary, modern 11.22

совсе́м quite, completely 12; совсе́м не not at all 15

согла́с(е)н *с кем* in agreement, agree 24

со-един-я́й + to connect, join 34

сожале́ние regret; к сожале́нию unfortunately 16.20

сок juice 21

солда́т soldier 34

со́рок forty 27.2

сороково́й fortieth

сосе́д (*pl.* сосе́ди, сосе́дей) / сосе́дка neighbor 3

со-ста́в-и-ть *p.*: Соста́вьте диало́г. Make up a dialog. 13

сою́з: Сове́тский Сою́з Soviet Union 10

спаси́бо thank you; no, thank you IV, 3, 14; Большо́е спаси́бо. Thank you very much. 13

сп-а-ти (спят; спа́л, спала́, спа́ли) to sleep 25.18; хоте́ть спать to be sleepy 25; ложи́ться / лечь спать to go bed 25; клад-у́т / положи́ть спать to put to bed 25

спекта́кль *m.* performance (theatrical) 31

с-петь — *cf.* с-пой +

специа́льность occupation 26; Кто ... по специа́льности? What's ... occupation? 26

с-пеш-и́-ть *куда́* to hurry 7.1

спи́чка match 13

с-пой (спеть) *p.* (*imp.* пой +) to sing 32

споко́йный (споко́йно) calm, peaceful 4, 15; Споко́йной но́чи! Good night! 22

спорт *only sing.* sport(s) IV, 10, 16.10; вид спо́рта a sport 29

спосо́бный capable 24

спра́вочное бюро́ information office, booth 26

с-пра́ш-ивай + / с-прос-и́-ть (спрошу́, спро́сишь) *кого́* to ask (*for information*) 5, 12.2, 12.8, 17.6

спу́тник sputnik, satellite 27

сра́зу at once, immediately 22

среда́ (в сре́ду) Wednesday 8

сре́дний род neuter gender R I

СССР — Сою́з Сове́тских Социалисти́ческих Респу́блик U.S.S.R. 10

ста́в-и-ть / по- *что куда́* to put (*in standing position*) 28.13, 28.25

стадио́н (на) stadium 33

стака́н (drinking) glass 21

станов-и́-ть-ся (становлю́сь, стано́вишься) / стан-ут (стать) *кем* to become 26.1

ста́нция (на) station 20

стар-е́й + to grow old(er) 33

стари́нный ancient 11

ста́рше — *cf.* ста́рый

ста́рший older, oldest 26

ста́рый (ста́рше) old 7, 10.9, 29.4

стать — *cf.* станов-и́-ть-ся

статья́ article (*piece of writing*) III

стиль *m.* style 32

стипе́ндия state grant 28

стихи́ (*pl.* стихо́в) verses, poetry IV, 2

сто hundred 27.2, 27.19

сто́-и-ть (сто́ят) to cost 20.7

стол (*gen.* стола́) table 9; в столе́ in the table drawer 9

столи́ца capital (city) 26

столи́чный: «Столи́чные» сигаре́ты Stolichniye (*lit.* "Capital") cigarettes 1

сто-я́-ть (стоя́т) to be standing 11.11, 11.22

страна́ (*pl.* стра́ны) country (nation) 26.17

строи́тель construction worker 3

строи́тельный construction- 18

стро́-и-ть / по- to build, construct 11

стро́йка (на) construction site 26

студе́нт / -ка student (*university level*) III, V-57, 2

стул (*pl.* сту́лья) chair 10

стюарде́сса stewardess IV, 5.11

суббо́та Saturday 8.19

сувени́р souvenir IV, 27

суп soup II, 12

сце́на stage, scene 31

счастли́вый happy, fortunate 29; Счастли́вого пути́! Bon voyage! 29.17

сча́стье happiness, luck, good fortune 27; к сча́стью fortunately 24

с-чит-а́й + *что...* to consider (that...); *кого́ кем* to consider somebody 8.19, 24.5

США U.S.A. 15

съ-ед-я́т (съесть; *cf.* есть, *p.* 456) *p.* to eat 21.7, 22.6

съезд congress, convention 34

съесть — *cf.* съ-ед-я́т

с-ыгр-а́й + *p.* (*imp.* игр-а́й +) to play 8, 14.11

сын (*pl.* сыновья́) son 2.12

сюда́ here *dir.* 10

ся́д-ут (сел; сесть) *куда́ p.* to sit down; to get on (*vehicle*) 30

Т

так thus, so 8.19, 15.3; не так the wrong way 13, 30.4; не так, как not the same way as 15, 25

тако́й such, such a 15.3; Что э́то тако́е? Just what is that? 1-70, 8.19; Кто э́то тако́й/така́я/таки́е? Just who is that? 2-80, 8.19; не тако́й, как different from, not like 15; не тако́й the wrong kind 30.4

такси́ *neut. indecl.* taxi III, 6

тала́нт talent 31

там there *loc.* I, II-28, 1, 19

танц-ев-а́-ть / **по-** to dance 14.24

тата́рин (*pl.* **тата́ры**) / **тата́рка** a Tatar 23.9

тата́рский Tatar 23

твой (**твоя́, твоё, твой**) your / yours *fam.* II, 3, 4

теа́тр theater IV, 11

театра́льный theatrical 18

телеви́зор television (set) 8; **смотре́ть телеви́зор** to watch TV 8; **по телеви́зору** on TV 8

телегра́мма telegram V, 23

телефо́н telephone V, 3; **разгово́ры по телефо́ну** phone conversation(s) 3; **телефо́н-автома́т** pay phone 29; **телефо́н = но́мер телефо́на** phone number 26

температу́ра temperature V, 22.10

те́ннис tennis 29.6

тепе́рь now 10.9

тёплый (**тепло́, тепле́е**) warm 14.24, 15

тер-я́й + (**ся**) / **по-** to lose (get lost) 20

тётя aunt IV, 1, 23.10

те́хникум technical secondary school 18.10

техни́ческий: профессиона́льно-техни́ческое учи́лище vocational school 18

то: а то or (else) 20

-то [*definite particle*] 25.3; [*emphatic particle*] 29

това́рищ comrade 26

тогда́ then (at that time, in that case) 12-195, 12.20

то́же also, too 2, 17.8

то́лько only, just 5; **не то́лько... но и...** not only... but also 10; **как то́лько** as soon as 26; **то́лько что** just (now) 15

торт cake 25

тот, та, то, те (*cf. p.* 454) that (one) 30.4; **не тот** the wrong (one) 30.4

трамва́й streetcar 6

тра́нспорт transport R IV

тре́т(и)й (**тре́тья, тре́тье**) (*cf. p.* 454) third 3, 17.2

три three 3, 20.6

тридца́тый thirtieth 24

три́дцать thirty 14

трина́дцатый thirteenth 13

трина́дцать thirteen 13

три́ста three hundred 27.2

тролле́йбус trolleybus 6

тру́дный (**трудне́е**) difficult, hard 18, 29.4

туале́т toilet 9

туда́ there *dir.* 13; **не туда́** the wrong way (direction) 30.4

тури́ст tourist IV, 30

тут here I, II-28

ту́фля shoe 13

ты (*cf. p.* 452) (*fam.* you) V, 3.3

ты́сяча thousand 27.2, 27.19, 28.7

У

у *чего́* at, by V, 2, 9.1, 16.7, 20.8, 22.1, 28.12; **у** *кого́* **есть...** (who) has... V, 9.1; **у неё в ко́мнате** in her room 9.1; **у нас** here, in our country 15

уважа́емый esteemed (*letter salutation*) 27

уваже́ние esteem; **С уваже́нием...** Sincerely yours... 27

у-ви́д-е-ть (**уви́жу, уви́дят**) *p.* to catch sight of; see (*suddenly, unexpectedly*) 20.10

у-влек-а́й + **ся** *чем* to be crazy about, be carried away by, very interested in 29.5, 29.17

увлече́ние hobby, passion 17

удиви́тельный amazing 24

у-дивл-я́й + **ся** / **у-див-и́-ть-ся** to be surprised 16, 29

удо́бный comfortable, convenient 33

удово́льствие pleasure 9; **с удово́льствием** with pleasure 9; **с больши́м удово́льствием** with great pleasure 24

у-езж-а́й + / **у-е́д-ут** (**уе́хать**) to go away, leave 22, 26.5

уже́ already 3.9, 8.5, 11.7; **уже́ не** no longer 3.9

у́жин supper 12, 21.7; **на у́жин** for supper 12

у́жин-ай + / **по-** to eat / have supper 4.2, 4.9, 21.7

у-зна́й + *p.* to find out, learn 7.17

уйд-у́т (**уш(ё)л, ушла́, ушли́; уйти́**) *p.* (*imp.* **у-хо-д-и́-ть, ухожу́, ухо́дишь**) to go away, depart л 12

Украи́на (**на**) the Ukraine 23

украи́н(е)ц / **-ка** a Ukrainian 23

украи́нский Ukrainian 23; **по-украи́нски** in Ukrainian 23

у-краш-а́й + to adorn, beautify 34

у́лица street 6; **на у́лице** outside, outdoors *loc.* 15; **на у́лицу** outside, outdoors *dir.* 15

у-лыб-а́й + **ся** / **у-лыб-ну́-ть-ся** to smile 7, 12

универса́льный магази́н department store 30

университе́т university V, 7; **университе́тский** 11

упражне́ние exercise 1

уро́к lesson I, 1, 7.10

услу́га: бюро́ до́брых услу́г domestic services bureau 25

у-слы́ш-а-ть (**услы́шат**) *p.* to hear (*suddenly, unexpectedly*) 27.11

успе́х success 27.19; **Жела́ем Вам дальне́йших успе́хов.** We wish you further success. 27

у-ста-ва́й + / **у-ста́н-ут** (**уста́ть**) to become tired, tire, get tired 14.9, 14.10, 14.24

у́тро morning 21.4; **6 часо́в утра́** 6:00 a.m. 21.4; **До́брое у́тро!** Good morning! IV, 15

у́тром in the morning 4.16, 21.4

у-ход-и́-ть (**ухожу́, ухо́дишь**) / **уйд-у́т** (**ушёл, ушла́, ушли́; уйти́**) to go away, depart л 8.6, 8.19

уче́бник textbook 30

уче́бный год school year 18

учени́к (*gen.* **ученика́**) / **учени́ца** pupil (*grades* 1-10) V-58

учёный scholar, scientist 11.22

учи́лище school 18.12

учи́тель (*pl.* **учителя́**) / **учи́тельница** teacher 3.9

у-чй-ть (**учу́, у́чишь**) to study, learn (*subject matter, in depth*) 12, 23.8

уч-й-ть-ся *где, как* to study (*be a pupil / student*) 11.11, 11.22, 23.8

уч-й-ть-ся (**учу́сь, у́чишься**) / **на-** + *inf.* to learn to... 23.8

Ф

фа́кт fact II
фами́лия last name, surname V, 19
фанта́стика fantasy R V
Фаре́нгейт: по Фаре́нгейту Fahrenheit 15.13
февра́ль (*gen.* февраля́) February 24
фи́зик physicist IV, 3
фи́зика physics 11
физи́ческий physical, physics- 18
филологи́ческий philological (*of modern languages and literature*) 18
фильм movie, film V, 9; фильм-бале́т ballet film 24
фойе́ *indecl.* II, 21
фоне́тика phonetics 1
фотоаппара́т camera V
фотогра́фия (на) photograph IV, 11
фра́за phrase IV
Фра́нция France V
францу́з/францу́женка Frenchman, French woman 5
францу́зский French 5; по-францу́зски in French 5
фру́кты (*gen.* фру́ктов) fruit 12
футбо́л soccer 12

Х

хара́ктер character (personality) 26
хи́мик chemist IV
хи́мия chemistry 11
хлеб bread 12.20
ход-й-ть (хожу́, хо́дишь) to go, walk *multidir.* 16.6, 17.3, 22.3, 25.1
хозя́йство economy 27; се́льское хозя́йство agriculture 27
хокке́й hockey IV, 15
холо́дный (хо́лодно) cold 9.19, 15
хоро́ший (хорошо́, лу́чше) good; well 5, 7, 29.4; Хорошо́. Well, OK. 8; Вот хорошо́! Wonderful! 6; Всего́ хоро́шего! Good-bye! V-57, 6
хот-е́-ть (*cf. p.* 456) to want IV, 8, 14.2, 28.10; хоте́л бы would like to 21
хот-е́-ть-ся кому́ *impers.* Мне хо́чется. I feel like. 18.7
хотя́ although 22
хохломско́й of Khokhloma 30
худо́жественный: худо́жественная литерату́ра fiction and poetry 17
ху́дший worse, worst 29
ху́же worse 29.4

Ц

цвет(о́)к (*pl.* цветы́, цвето́в) flower 33
цел-ов-а́-ть / по- to kiss 27; Целу́ю. Love. (*letter closing*) 27
це́лый a whole 16.10
Це́льсий: по Це́льсию Celsius 15.13
центр center, downtown (area) 7.17
цирк circus 33

Ч

чай tea 12.20; ча́ю some tea 12, 22.6
час (в... часа́) hour 7.17; Кото́рый час? What time is it? 7; В кото́ром часу́...? At what time...? 8
ча́сто (ча́ще) frequently, often 11, 29.4
часы́ (*only pl.*, *gen.* часо́в) watch, clock 25
ча́шка cup 21
ча́ще — *cf.* ча́сто
ч(е)й (чья, чьё, чьи) (*cf. p.* 454) *interr.* whose V, 4.1, 4.16, 11.1, 17.2
челове́к (*pl. cf.* лю́ди) person 10.9; молодо́й челове́к young man 10.9
чем than 29.4
чемода́н suitcase 13
че́рез *что* across; in (after) 14.1, 20, 34; че́рез неде́лю in a week 14.1; че́рез 2 остано́вки at the third stop 20
чёрный black 14; Чёрное мо́ре Black Sea 14
четве́рг (*gen.* четверга́) Thursday 8.19
четвёртый fourth 4
четы́ре four 4, 20.6
четы́реста four hundred 27.2
четы́рнадцатый fourteenth 14
четы́рнадцать fourteen 14
число́ date (when) 24; Како́е число́? What's the date? 24; Како́го числа́...? On what date...? 24
чи́ст-и-ть (чи́щу, чи́стишь)/по- to clean 12.8
чит-а́й + / про- to read I, 2
что what 1, 4.3, 4.16, 10.1; Что э́то тако́е? Just what is this? 1-70; что ещё what else 10; А что? Why do you ask? 14; Что (вы удивля́етесь)? Why (are you surprised)? 18; Что вы! What do you mean! 24; Что э́то за...? What kind of...? 28
что *conj.* that 4.3
что *rel. pron.* that, which 13.2
что́бы [*conditional conj.*] 18.4, 22.4, 28.10
чу́вств-ов-а-ть / по- себя́ to feel (*of one's health*) 22.7
чуда́к (*gen.* чудака́) an eccentric (person) 29
чуть не almost 21.15

Ш

шампа́нское champagne 25
ша́хматы (*gen.* ша́хмат) chess, chess set 8.11, 8.19; игра́ть в ша́хматы to play chess 8.12
шестидеся́тый sixtieth 27.2
шестна́дцатый sixteenth 16
шестна́дцать sixteen 16
шесто́й sixth 6
шесть six 6
шестьдеся́т sixty 27.2
шестьсо́т six hundred 27.2
шкату́лка decorative box 30
шко́ла school (*grades* 1-10) V, 3, 7.2
шофёр driver (*professional*) V, 3
шу́мный noisy 30

A

a/an од(и́)н (*gen.* одного́) (*cf. p.* 454) 1, 11.2, 16.10; [*expressed by word order*] 9.1; (**per**) раз в неде́лю 17.4

abdomen живо́т (*gen.* живота́) 22.18

able, to be мо́г-ут (мог, могла́; мочь; *no imper., no imp. fut.*)/с-мо́г-ут 21.8, 21.33, 22.2, 24.8

abnormal ненорма́льный 22

about (concerning) о/об/обо чём 5.6, 16.1; **How about...?** Как насчёт чего́ 28

above над чем 34

academic year уче́бный год 18

academy акаде́мия 27

accept, to при-ним-а́й +/при-ня́ть (приму̀; при́-нял) 22.18, 27.6; при́нят 30

accustomed, to get при-вык-а́й +/при-вы́к-(ну)-ть к чему́ 25

ache, to бол-е́-ть (боля́т) у кого́ 22.10

achievement достиже́ние 27

acquaint, to знако́м-и-ть/по- кого́, кого́ с кем 28; **to get acquainted** знако́м-и-ть-ся/по- с кем 1.4, 16, 23

acquaintance знако́мый/знако́мая IV, 16.10, 16.20

acquainted знако́м с кем 24

across че́рез что 34

addition, in — *cf.* **also**

address а́дрес (*pl.* адреса́) 23

admission is free вход беспла́тный 24.20

admitted, to be до-пуск-а́й + ся 21.23

adult *adj.* взро́слый 15.12, 15.26, **adults** взро́слые 15.12, 15.27

advise, to сове́т-ов-а-ть/по- кому́ + *inf.* 15.7, 15.24

affair де́ло (*pl.* дела́) 18.20

afraid, to be бо-я́-ть-ся (боя́тся) 18

after по́сле чего́ 21; (**when**) когда́ 12.4; **after all** *particle* ведь 7.10, 7.17

afternoon, in the днём 4

afterwards пото́м 5

again опя́ть 12

age во́зраст 29; **At my age!** Это в моём-то во́зрасте! 29

ago наза́д (неде́лю наза́д) 16.6

agree (in agreement with) согла́с(е)н с кем 24

agree, to (make a date) до-говор-и́-ть-ся *p.* с кем + *inf.* 32

agriculture се́льское хозя́йство 27

aid, to по-мог-а́й +/по-мо́г-ут (помо́г, помогла́; помо́чь) кому́ 12.2, 12.20

air во́здух 34

air mail, by авиапо́чтой 23; **air mail envelope** авиаконве́рт 23; **air mail letter** авиаписьмо́ 23

airplane самолёт 5

airport аэропо́рт (в аэропорту́) 29

all (the whole) в(е)сь (*cf. p.* 454) 10, 11.2, 11.22, 16.10, 28.8; (**everybody**) все 7.10, 7.17, 11.2; (**everything**) всё 9.19, 11.2, 27.5; **all the same** всё равно́ 9, 18.11; **not at all** совсе́м не 15

allow, to раз-реш-и́-ть *p.* 14

almost (*not quite*) почти́ 15, 21.15; (*something averted or avoided*) чуть не 21.15

alone од(и́)н (*cf. p.* 454)

along (*over the surface of*) по чему́ 28

alongside ря́дом с чем 20

already уже́ 3.9, 8.5, 11.7

also: (**too**) то́же 2, 17.8; (**in addition**) и II, 1, 17.8; та́кже 34; **not only... but also...** не то́лько... но и... 10

although хотя́ 22

always всегда́ 7

amateur люби́тель 24.19; **amateur concert** конце́рт худо́жественной самоде́ятельности 24; **amateur radio operator, radio amateur** радиолюби́тель 27

amazing удиви́тельный 24

American, an америка́н(е)ц/-ка 5

American *adj.* америка́нский 15

an — *cf.* **a**

ancient стари́нный 11

and и II, 1.3, 7.10, 17.8; (*contrastive*) а I, II, IV, 1.3, 2-80, 2-81, 5.3, 9.6

announce, to объ-явл-я́й(ся)/объ-яв-и́-ть(ся) 20.24, 29

announcer ди́ктор 8

another (different one) друго́й 8, 17.12, 23.10; (**one more**) ещё од(и́)н 11.8, 17.12; **one another** друг дру́га 23.7

answer, to от-веч-а́й +/от-ве́т-и-ть кому́ на что 5, 13.4

answering device автома́т 21

any — *cf.* 25.3

anything: not ... anything ничего́ (не) 10

anyway, all the same всё равно́ 9, 18.11

apartment (flat) кварти́ра 1.4

appear, to (perform) вы́-ступ-ай + 8.19; (*seem*) каз-а́-ть-ся (ка́жутся)/по- кем 24.5

appendicitis аппендици́т V, 22

appetite аппети́т 25; **Bon appétit!** Прия́тного аппети́та! 25

apple я́блоко (*pl.* я́блоки) 26.17

approach, to под-ход-й-ть/подойд-у́т (подошёл, подошли́; подойти́) к чему́ 32

April апре́ль 24

architect архите́ктор 21

architecture архитекту́ра 34

arm рука́ (ру́ку; ру́ки, рука́х) 22.11

Armenian, an армяни́н (*pl.* армя́не)/армя́нка 23.1

Armenian *adj.* армя́нский 23; **in Armenian** по-армя́нски 23

around (*over the surface of*) по чему́ 28

arrive, to:
л при-ход-й-ть/прид-у́т (пришёл; пришла́, пришли́; прийти́) 8.6, 8.19, 12.5, 12.7;
⊙ при-езж-а́й +/при-е́д-ут (прие́хать; приезжа́йте!) 11, R III 20, 26.5

art иску́сство 17

art-, artistic худо́жественный 17

article (*piece of writing*) статья́ III

artist (performing) арти́ст / -ка 21; (painter, *etc.*) худо́жник 17, 31

Asia А́зия 28

ask, to (inquire) с-пра́ш-ивай + / с-прос-и́-ть *кого́* 5, 12.2, 12.8, 17.6; (*request someone to...*) прос-и́-ть/по- *кого́* + *inf.* 17.6, 28.10; (*request something*) прос-и́-ть/по- *что у кого́* 17.6, 28.10; **Why do you ask?** А что? 14; **to ask questions** за-да-ва́й + / за-да́ть вопро́сы (*cf.* дать *p.* 456; за́дал) 26.6

asleep — *cf.* **to sleep** (= **is sleeping**)

aspire, to мечт-а́й + 23

astronaut *cf.* **cosmonaut**

at (by, near) *у чего́* V, 2, 9.1, 16.7, 20.6, 22.1, 28.12; *cf. also* **in, on**

attend, to (school) ход-и́-ть (в шко́лу) 25.1

attention внима́ние 29.17; **to turn attention to** обрат-и́-ть внима́ние на *что p.* 32

auditorium зал 21.23

August а́вгуст 24

aunt тётя IV, 1, 23.10

Australia Австра́лия 28

author (originator) а́втор *чего́* 21.15; (writer) писа́тель 17, 30

automobile маши́на 6

autumn о́сень 28; **in the autumn** о́сенью 15

avenue проспе́кт 11

B

baby — *cf.* **child**

back (again) опя́ть 12, 21.15; **to go back** — *cf.* **return**

bad, badly плохо́й (пло́хо, ху́же) 5, 7, 29.4; **not bad, not badly** неплохо́й (непло́хо) 11, 15; **(not very well, so-so)** нева́жно 29; **that's too bad** жаль 10.19

badge (*souvenir pin*) знач(о́)к (*gen.* значка́) 30

ballerina балери́на V, 24

ballet бале́т 24

ballet- бале́тный 31

bathe, to *intrans.* куп-а́й + ся 14

bathroom ва́нная *adj. used as noun* 9.9

be, to быть (*no pres.*; *cf. p.* 456) 10, 14; **to be repeatedly** бы-ва́й + 8.19, 11.11; **How are you?** Как вы живёте? 9; **there is/are** есть V, 9.1, 9.19, 10.7, 19.3, 22.10, 30.3; **there is/are not** нет *чего́* 17, 20.4, 20.5, 21.1; **to be situated, located** на-ход-и́-ть-ся 17.12; сто-я́-ть (стоя́т) 11.11, 11.22; леж-а́-ть (лежа́т) 22.8, 22.24; **if I were (you)** ... на (ва́шем) ме́сте я бы... 29

beach пляж 14

beautiful краси́вый 7

beautify, to у-краш-а́й + 34

because потому́ что 4

become, to станов-и́-ть-ся / ста́н-ут (стать) *кем* 26.1

bed крова́ть 25; **to go to bed** лож-и́-ть-ся / ля́г-ут (лёг, легла́; лечь; ля́гте!) спать 25; **to put to bed** клад-у́т / по-лож-и́-ть спать 25; **to stay in bed** леж-а́-ть 22

before: (up to) до *чего́* 21; (in front of) пе́ред *чем* 34

begin, to на-чин-а́й + (ся) / на-ча́-ть(ся) (начну́т-(ся); на́чал, начался́) *с чего́*; на́чат 30; **to begin school** пойти́ в шко́лу 15

beginning нача́ло 21

beloved люби́мый 23

below zero ми́нус ... гра́дусов 15

berth ме́сто (*pl.* места́) 26

best лу́чший 29.4

better лу́чше; лу́чший 9, 17.10, 29.4; **It would be better if we...** Лу́чше (пое́дем)... 20; Дава́й лу́чше... 14.11

bicycle велосипе́д 29.17

big большо́й (бо́льше) 9.19

bird пти́ца 31

birthday д(е)нь рожде́ния 30; **for ... birthday** на день рожде́ния *кому́* 30

black чёрный 14

blue-eyed синегла́зый 30

boarding (*transport*) поса́дка *куда́* 29; **to proceed for boarding** про-ход-и́-ть / пройду́т (прошёл, прошла́, прошли́; пройти́) на поса́дку 29

Bon voyage! Счастли́вого пути́! 29.17

book кни́га III, 1; **books in ...** кни́ги на ... языке́ 17.12; **physics books** кни́ги по фи́зике 17.12

book- кни́жный 17.12

bookstore кни́жный магази́н 17

boring, it's ску́чно *кому́* 21

born, to be род-и́-ть-ся *p.* 19.17

borshch борщ (*gen.* борща́) V, 25

both ... and ... и... и... 9

bottle буты́лка 25

box (decorative) шкату́лка 30

box office ка́сса 21

boy (little) ма́льчик 19

bread хлеб 12.20

break: What a break! Вот хорошо́! 6

breakfast за́втрак 12; **for breakfast** на за́втрак 12

breakfast, to eat / have за́втрак-ай + / по- 4.2, 4.16, 21.7

briefcase портфе́ль *m.* 4.16

broadcast (program) переда́ча 8

broadcast, to пере-ла-ва́й + / пере-да́ть (*cf.* дать, *p.* 456) 24

brother брат (*pl.* бра́тья) V, 2.12

build, to стро́-и-ть / по- 11; постро́ен 28, 30.1

building дом (*pl.* -а́) I, 1; зда́ние 28

bureau (*office*) бюро́ *indecl.* 25; **bureau of domestic services** бюро́ до́брых услу́г 25

bus авто́бус 6

busy за́нят 26.17; **I'm very busy.** У меня́ мно́го дел. 33

but (*contrast*) а I, II, 1.3, 5.3, 9.6; (*restriction, contradiction*) но 5.3, 9.6; **not only... but also...** не то́лько... но и... 10; **but then (however)** впро́чем 26

buy, to по-куп-а́й + / куп-и́-ть 10, 12.6, 12.8; ку́плен 30; (*to buy a ticket on public transport*) бер-у́т / возьм-у́т биле́т (*cf.* бер-у́т) 20.12

by (past) ми́мо 10; (at) *у чего́* V, 2, 9.1, 20.8, 22.1

C

cafe кафе́ *indecl.* 11

cake торт 25

calisthenics заря́дка *only sing.* 29

call, to (*summon*) зв-а́-ть (зову́т; зва́л) / по- 20; (*phone*) звон-и́-ть / по- *кому́, куда́* 21, 22.11; **What is this called?** Как э́то называ́ется? 10.9, 10.19, 19.8

calling (visiting), to go ид-у́т / пойд-у́т в го́сти (*cf.* иду́т) *к кому́* 25; **to be out calling (on)** быть в гостя́х *у кого́* 25

calm споко́йный 4, 15

can (be able) мо́г-ут (могу́; мог, могла́; мочь/с-) *no imp. fut.* 21.8, 21.23, 22.2, 24.8; **It can't be!** Не мо́жет быть! 11; **one can** мо́жно *кому́* 21.23, 22.2; **one cannot** нельзя́ *кому́* 22.2

canoe байда́рка

capable спосо́бный 24

capital (*city*) столи́ца 26

car маши́на 6; **train car** ваго́н 26

carried away, to be (be crazy about) у-влек-а́й + ся *чем* 29.5, 29.17

Celsius (...гра́дусов) по Це́льсию 15

center центр 7.17

central центра́льный 28

century век 34

certain, a — *cf.* a

certificate (diploma) дипло́м 32; (*medical*) больни́чный лист 22

chair стул (*pl.* сту́лья) 10

champagne шампа́нское *adj. in form* 25

change (small) ме́лочь *no pl.* 20; (*from a transaction*) сда́ча 26.17

to change:
  1. (be altered) из-мен-и́-ть-ся *p.* 33;
  2. (*money into smaller denominations*) раз-ме́н-и-вай + / раз-мен-я́й + 30;
  3. (*transfer to a different vehicle*) пере-са́ж-и-вай + ся / пере-ся́д-ут (пересе́л; пересе́сть) *куда́* 20.13

character (*personality*) хара́ктер *sing. only* 26

chat, to по-говор-и́-ть *p.* 1

chauffeur шофёр 3

cheap дешёвый (дёшево, деше́вле) 29.4

check out books, to бер-у́т / возьм-у́т кни́ги в библиоте́ке (*cf.* бер-у́т) 13.9

cheerful весёлый (ве́село) 30

chemist хи́мик IV

chemistry хи́мия 11

chess (game, set) ша́хматы (*pl. only; gen.* ша́хмат) 8.11, 8.19; 12.12

child ребён(о)к; *pl.* де́ти, дете́й, де́тям 2, 19

children's де́тский 7

cigarette сигаре́та IV, 1

circus цирк 33

city го́род (*pl.* города́) 9, 9.19

civil engineer инжене́р-строи́тель 26

class (*grades* 1-10) класс 18.10; (*higher educ.*) курс (на) 18.10; classes ("school") заня́тия (*neut. pl.; gen.* заня́тий) (на) 7

classroom аудито́рия 28

classical класси́ческий 17

clean, to чи́ст-и-ть / по- 12.8

climate кли́мат 15

clinic — *cf.* polyclinic

clock часы́ (*pl. only; gen.* часо́в) 25

close (near) недалеко́ *от чего́* 7; (alongside) ря́дом *с чем* 20, 23; **close to** о́коло *чего́* 28

close, to за-кры-ва́й + / за-кро́й + (закры́ть) 30; закры́т 30.1

club клуб 24

coat (overcoat) пальто́ *indecl.* 4

coffee ко́фе *m. indecl.* 12

cold холо́дный (хо́лодно, холодне́е) 9.19, 15, 29.4

colleague колле́га *m.* 28

collect, to со-бир-а́й + / со-бер-у́т (собра́л; собра́ть) 17

collection колле́кция 23; **stamps for collections** коллекцио́нные ма́рки 23

come, to:
  л при-ход-и́-ть / прид-у́т (приш(ё)л, пришла́, пришли́; прийти́) *куда́* 8.6, 8.19;
  ☉ при-езж-а́й + / при-е́д-ут (прие́хать; приезжа́йте!) *куда́* 20, 26.5
  Here comes... Вот идёт / е́дет... 6.1; **to come in** в-ход-и́-ть / войд-у́т (вош(ё)л; вошла́, вошли́; войти́) 3.17, 30.7; **to come back** — *cf.* return; **to come up to (approach)** под-ход-и́-ть / подойд-у́т (подош(ё)л; подошла́, подошли́; подойти́) *к чему́* 21

comfortable удо́бный 33

composer компози́тор 24

comrade това́рищ 26

concerned, to be (worried) волн-ов-а́-ть-ся 18

concerning о / об / обо *чём* 5.6, 16.1

concert конце́рт 21

concerto конце́рт 24

conductor (*music*) дирижёр 24

conference конгре́сс 28; съезд 34

congratulate, to по-здравл-я́й + / по-здра́в-и-ть *кого́ с чем* 19, 25.7; **Congratulate... for me.** Поздра́вьте... от моего́ и́мени. 33

congress конгре́сс 28; съезд 34

connect, to со-един-я́й + *что, что с чем* 34

conservatory консервато́рия 18

consider, to с-чит-а́й + **1.** *кого́ кем;* **2.** —, *что...* 8.19, 24.5

constantly всё вре́мя 11.7, 11.17

construct, to стро́-и-ть / по- 11; постро́ен 28, 30.1

construction- строи́тельный 18

construction engineer инжене́р-строи́тель 26

construction site стро́йка (на) 26

construction worker строи́тель 3

contemporary совреме́нный 11.22

continue про-долж-а́й + 31

convenient удо́бный 33

convention (conference) конгре́сс 28

conversation разгово́р 3

converse, to раз-гова́р-ивай + *с кем* 21

cook, to гото́в-и-ть / при- 12.8; пригото́влен 30.1

correct пра́вильный 28

correspond, to (*exchange letters*) пере-пи́с-ывай + ся с кем 15.27

cosmonaut космона́вт 27.11

cosmos ко́смос 27.11

cost, to сто́-и-ть (сто́ят) *что* 20.6

couch дива́н 24

country (≠ city), **in the** в дере́вне 9.9; (**nation**) страна́ (*pl.* стра́ны) 26.17

course (*higher educ.*) курс 18.10; **to take a course** слу́ш-ай + курс 30; **to give a course** чит-а́й + курс 30; **of course** коне́чно 9.19

crane operator крановщи́к / крановщи́ца 26

crazy about, to be (**passionately interested in**) у-влек-а́й + ся *чем* 25.9, 25.17

cry, to пла́к-а-ть (пла́чут) 31

culture культу́ра 27

cup ча́шка 21

D

dance, to танц-ев-а́ть (по- *p.* **a bit**) 14.24

date (*of month*) число́ (*pl.* чи́сла) 24; **What's the date?** Како́е число́? **On what date...?** Како́го числа́...? 24

date: to make a date to... до-гово́р-и́-ть-ся *p.* + *inf.* 32

daughter дочь (*pl.* до́чери, *cf. p.* 451) 2.12, 5.5

day д(е)нь *m.* (*gen.* дня) 8.19, 21.4; **Good day!** До́брый день! IV, 15, **in our days** в на́ше вре́мя 24

daytime, in the днём 4

dear дорого́й (до́рого, доро́же) 27, 29.4; (*in official letter*) (Мно́го)уважа́емый 27

December дека́брь (*gen.* декабря́) 24

decent прили́чный 29

decisive реши́тельный 26

decide, to реш-а́й + / реш-и́-ть 16

decorative box шкату́лка 30

degree (*of temperature*) гра́дус 15.27

delicious вку́сный (вкусне́е) 12, 29.4

depart, to — *cf.* **to go away**

department (*higher education*) факульте́т (на) 18.10

department store универса́льный магази́н 30

depend on, to за-ви́с-е-ть (зави́сит) *от чего* 28

deputy (**representative**) депута́т 26

design (**plan**) прое́кт 21; (**picture**) рису́н(о)к 32

determined (**strong-willed**) реши́тельный 26

dictionary слова́рь *m.* (*gen.* словаря́) 17

different (**not this one**) друго́й 8, 17.12, 23.10; (**various**) ра́зный 23.10; (**not the same as**) не тако́й, как 15

difficult тру́дный (трудне́е) 18, 29.4

dine, to обе́д-ай + / по- 4.2, 4.9, 21.7

dinner обе́д 12, 21.7; **for dinner** на обе́д 12; **to eat / have dinner** обе́д-ай + / по- 4.2, 4.9, 21.7

diploma дипло́м 32

director (*of organization*) дире́ктор (*pl.* директора́) 23; (*theatrical*) режиссёр 31

dishes посу́да (*sing. only*) 32

display вы́ставка (на) 27

dissatisfied недово́л(е)н (недово́льна) 28

district райо́н 28

divan дива́н 24

diversion увлече́ние 17

division (**section**) отделе́ние 18; **evening division** вече́рнее отделе́ние (на) 18

do, to де́л-ай + / с- 2, 11

doctor врач (*gen.* врача́) 12, 22.11; до́ктор (*pl.* доктора́) 22.11

doll, nested wooden матрёшка 30

don't... не на́до 13.8

door дверь *f.* 30

dormitory общежи́тие 28.25

downtown (**area**) центр 7.17

draw, to рис-ов-а́-ть 34

drawer: in the table drawer в столе́ 9

drawing рису́н(о)к 32

dream, to (**aspire**) мечт-а́й + 23

drink, to пь-ют (пил; пе́йте!; пить) / вы- 21.6

drive, to *intrans., unidir.* е́д-ут (е́хать; поезжа́йте!) *куда́* II, 6.1, 17.3; *multidir.* е́зд-и-ть 17.3, 25.1

driver (*professional*) шофёр 3

during во вре́мя *чего* 23

E

each ка́ждый 14.4; **each other** друг дру́га 23.7

early ра́но (ра́ньше) 18, 10, 29.4

east восто́к (на) 26.17

easy лёгкий (легко́, ле́гче) 18.20, 29.4

eat, to ед-я́т (есть, *cf. p.* 456) / съ- (**to eat up**), по- (*without dir. obj. or with partitive genitive*) 21.7, 21.23, 22.6

eccentric, an (**person**) чуда́к (*gen.* чудака́) 29

economy хозя́йство 27

eight во́семь 8

eighteen восемна́дцать 18

eighteenth восемна́дцатый 18

eighth восьмо́й 8

eight hundred восемьсо́т 27.2

eightieth восьмидеся́тый 27.2

eighty во́семьдесят 27.2

either: not either и... не IV, 9; **either... or...** и́ли... и́ли... 16

elderly пожило́й 10.9, 10.19

electrician монтёр 24.19

elevator лифт 14

eleven оди́ннадцать 11

eleventh оди́ннадцатый 11

else: Who else? Кто ещё? 6; **What else?** Что ещё? 10; **or else** а то 20; **somebody else's** не свой 30.4 [*emphatic particles*]: же 2; да 26; -то 29

encounter, to — *cf.* **meet**

end, to конч-а́й + (ся) / конч-и-ть-(ся) 8.2, 11

engage in sports, to за-ним-а́й + ся спо́ртом 29.5

engineer инжене́р 12

English англи́йский 5; **in English** по-англи́йски V, 1; **English-Russian** а́нгло-ру́сский 30

Englishman англича́нин (*pl.* англича́не) 23.1

Englishwoman англича́нка 23

479

enjoy oneself, to ве́село *кому́ impers.* 21

enroll in, to по-ступ-а́й + / по-ступ-и́-ть *куда́* 18.11, 18.20

enter, to в-ход-и́-ть/войд-у́т (вош(ё)л, вошла́, вошли́; войти́) *куда́* 3.17, 30.7; *cf. also to enroll in*

entire: an entire це́лый 16.11; **the entire** в(е)сь (*cf. p.* 454) 11.2, 11.22, 16.10, 28.8

entirely совсе́м 12

entrance, entry вход *куда́* II, 24

envelope конве́рт 23

envy, to за-ви́д-ов-а-ть *кому́* 19.17

especially осо́бенно 17

esteemed уважа́емый 27; **much esteemed** многоуважа́емый 27

Estonia Эсто́ния 23

Estonian, an эсто́н(е)ц/ -ка 23

Estonian *adj.* эсто́нский 23; **in Estonian** по-эсто́нски 23

Europe Евро́па 28

even да́же 10; (*with comparatives*) ещё 29.4

evening ве́чер (*pl.* вечера́) 11, 21.4; **this evening** сего́дня ве́чером 10; **in the evening** ве́чером 4; **Good evening!** До́брый ве́чер! 15

evening- вече́рний 10

every ка́ждый 14.4

everybody все 7.10, 7.17, 11.2

everything всё 9.19, 11.2, 27.5; **everything that** всё, что 13.2

examination (in) экза́мен *по чему́* 18.11; **entrance exam** экза́мен *куда́* 18

examine, to (a patient) о-сма́тр-ивай + / о-смотр-е́-ть *кого́* 22

excellent прекра́сный 13

except for кро́ме *чего́* 21

Excuse me! Прости́те! IV-45, 7; Извини́те! 17

exercise упражне́ние 1

exhibit, exhibition вы́ставка (на) 27; **The U.S.S.R. Exhibition of the Achievements of the National Economy** Вы́ставка достиже́ний наро́дного хозя́йства СССР (ВДНХ) 27

exit, to вы-ход-и́-ть/вы́йд-ут (вы́ш(е)л, вы́шла, вы́шли; вы́йти) *из чего́* 20

expensive дорого́й (до́рого, доро́же) 29.4

explain, to объ-ясн-я́й + / объ-ясн-и́-ть *что кому́* 30

extinguished, to be по-га́с-(ну)-ть *p.* 24

extra ли́шний 24

F

face лицо́ (*pl.* ли́ца) 31

fact факт II; **The fact is that...** Де́ло в том, что... 21

factory заво́д (на) 7.2

Fahrenheit: (... гра́дусов) по Фаренге́йту 15.13

fail: without fail обяза́тельно 15

fall (autumn) о́сень 28; **in the fall (autumn)** о́сенью 15

family семья́ 3

famous знамени́тый 31

far: Far East Да́льний Восто́к (на) 26; **far (from)** далеко́ (да́льше) *от чего́* 7, 29.4

fare-box ка́сса 20.12, 20.27

fashion мо́да 19

fashionable, in fashion в мо́де 19

father от(е́)ц (*gen.* отца́) 2

favor (request) про́сьба (*gen. pl.* просьб) 26.6 **I have a request to make of you. I have a favor to ask of you.** У меня́ к вам про́сьба. 26.6

favorite люби́мый 27

fear, to бо-я́-ть-ся (боя́тся) 18

February февра́ль (*gen.* февраля́) 24

feel, to (*of one's health*) чу́вств-ов-а-ть себя́/по- 22.7

few, a не́сколько 28

fiction and poetry худо́жественная литерату́ра 17

fifteen пятна́дцать 15

fifteenth пятна́дцатый 15

fifth пя́тый 5

fiftieth пятидеся́тый 27.2

fifty пятьдеся́т 27.2

film (movie) фильм 9; **a film is showing/playing** идёт фильм 21.15

finally наконе́ц 11.23

find, to на-ход-и́-ть / найд-у́т (нашёл, нашла́, нашли́; найти́) 20

find out, to у-зна́й + *p.* 7.17

fine! прекра́сно! 13

finish, to конч-а́й + (ся) / ко́нч-и-ть-(ся) 8.2, 11

first пе́рвый 1; (**at) first** снача́ла 8.19; **He was the first to...** Он пе́рвый... 27.11

fish ры́ба 12.12

five пять 5.20

five hundred пятьсо́т 27.2

flat (apartment) кварти́ра

flight (scheduled) рейс 29

floor (story) эта́ж (*gen.* этажа́) 14

flower цвет(о́)к (*gen.* цветка́; *pl.* цветы́, цвето́в) 33

flu грипп 22

fly, to *unidir.* лет-е́-ть (летя́т) 29

folk- наро́дный 30

following сле́дующий 20

foot нога́ (*acc.* но́гу; *pl.* но́ги, нога́х) 22.11; **on foot** пешко́м 6.1

football— *cf.* soccer

for— *cf. dative case*; (*in exchange for*) за *что* 17, 21; (*for the use of, purpose of*) для *чего́* 23; (**to get**) за *чем* 24.6; **for dinner** на обе́д 12; **Congratulate ... for me.** Поздра́вьте ... от моего́ и́мени. 33

foreign иностра́нный 17.21

foreigner иностра́н(е)ц/ -ка 20

forest лес (в лесу́; *pl.* леса́) 9, 11

forget, to за-быв-а́й + / за-бу́д-ут (забы́ть) 13.5, 13.17

Forgive me! Прости́те! IV-45, 7; Извини́те! IV-45, 17

formerly ра́ньше 10, 29.4

fortieth сороково́й 27.2

fortunately к сча́стью 24

fortune: good fortune сча́стье 27

forty со́рок 27.2

found, to о-сн-ов-а́-ть *p.* 30; осно́ван 28

four четы́ре 4
four hundred четы́реста 27.2
fourteen четы́рнадцать 14
fourteenth четы́рнадцатый 14
fourth четвёртый 4
foyer фойе́ *indecl.* 21
free (unoccupied) свобо́дный 10; свобо́д(е)н 25; free (of charge) беспла́тный 24.19
French францу́зский 5; in French по-францу́зски 5
Frenchman / Frenchwoman францу́з / францу́женка 5
frequent, to быв-а́й + *где* 11.11
frequently ча́сто (ча́ще) 11, 29.4
Friday пя́тница 8
friend друг (*pl.* друзья́) 17.12 (*cf. also* acquaint-ance); girl friend (*of a girl*) подру́га 24.9; (*of a boy*) знако́мая де́вушка 17.12, 24.9
friendship дру́жба 17.12
from: from inside из *чего́* 22.1; from off of с *чего́* 22.18; away from от *чего́* 21.23, 22.1; from where отку́да 22; from here отсю́да 17; from there отту́да 34;
frᴏnt: in front of пе́ред *чем* 34
frᴏit фру́кты (*gen.* фру́ктов) 12.12
fun: it's fun, to have fun; ве́село *кому́ impers.* 21
further — *cf.* success
future *adj.* бу́дущий 11.22

G

garage гара́ж (*gen.* гаража́) 7
garden сад (в саду́) II, 7.10, 9.9
garden- садо́вый 34
gas (*in gaseous state*) газ 9.9
gate(s) воро́та (*neut. pl.; gen.* воро́т) 34
gather, to со-бир-а́й + / со-бер-у́т (собра́л; собра́ть) 17; *intrans.* со-бир-а́й + ся / со-бер-у́т-ся (собра́лся; собра́ться) 17, 21; встреч-а́й + ся / встре́т-и-ться) *с кем* 25
gay, it's ве́село *кому́ impers.* 21
genuine настоя́щий 17.21
geologist гео́лог 11
German, a не́м(е)ц / не́мка 28
German неме́цкий 5; in German по-неме́цки 5
get, to (receive) по-луч-а́й + / по-луч-и́-ть 13, 27.6; полу́чен 30.1; to get on (board) ся́д-ут (сел; сесть) *куда́* 30; to get off (vehicle) вы-ход-и́-ть / вы́йд-ут (вы́ш(е)л; вы́шла, вы́шли; вы́йти) *отку́да* 20; to get to (reach) *р.* до-езж-а́й + / до-е́д-ут (дое́хать) 20; попа́сть *р. куда́* 28; to get up (rise) вста-ва́й + / вста́н-ут (встать) 14.9, 14.10, 14.24
gift пода́р(о)к (*gen.* пода́рка) 30
girl (little) де́вочка V, 19; де́вушка 7; girl friend (*of a girl*) подру́га 24.9; (*of a boy*) знако́мая де́вушка 17.12, 24.9
give, to да-ва́й + / дать (*cf. р.* 456) 13.6, 13.17, 17.7, 18.1; дан, дана́, дано́, даны́ 30.1; (to give as a gift) дар-и́-ть / по- *что кому́* 30; to give up (yield) у-ступ-а́й + / у-ступ-и́-ть *что кому́* 30.14; to give a course чит-а́й + курс 30

glad рад 21
glance at, to смотр-е́-ть / по- на *что* 25.10
glass (drinking) стака́н 21
glasses (eye-) очки́ (*gen.* очко́в) 30; wearing glasses в очка́х 30
go, to:
ʌ *unidir.* ид-у́т (ш(ё)л; шла, шли; идти́) II, 6.1, 7.10, 12.5, 12.11, 16.8; *multidir.* ход-и́-ть 16.7, 17.3, 22.3, 25.1; (to set out *p.*) пойд-у́т (пош(ё)л; пошла́, пошли́; пойти́) 12.5, 12.7, 16.8;
⊙ *unidir.* е́д-ут (е́хать; поезжа́йте!) II, 6.1, 17.3 *multidir.* е́зд-и-ть 17.3, 25.1; (to set out *p.*) по-е́д-ут (пое́хать; поезжа́йте!) 7, 13, 14.11, 7.3
There goes... Вот идёт / е́дет... 6.1
to go away ʌ у-ход-и́-ть / уйд-у́т (уш(ё)л, ушла́, ушли́; уйти́) 8.6, 12; ⊙ у-езж-а́й + / у-е́д-ут (уе́хать) 22, 26.5
to go back — *cf.* return
to go in ʌ в-ход-и́-ть / войд-у́т (вош(ё)л, вошла́, вошли́) 3.17, 30.7
to go out ʌ вы-ход-и́-ть / вы́йд-ут (вы́ш(е)л, вы́шла, вы́шли; вы́йти) 20
to go out (be extinguished) *р.* по-га́с(ну)-ть 24.7
to go up под-ним-а́й + ся 14.24
to go up ʌ под-ход-и́-ть / подойд-у́т (подош(ё)л, подошла́, подошли́; подойти́) *к чему́* 32
to go school (begin school) пойд-у́т (пош(ё)л, пошла́, пошли́; пойти́) в шко́лу 15
to go to the hospital (*as a patient*) лож-и́-ть-ся / ля́г-ут (лёг, легла́; лечь) в больни́цу 22
to go to bed лож-и́-ть-ся / ля́г-ут (лёг, легла́; лечь) спать 25
good хоро́ший (хорошо́, лу́чше) 5, 9, 29.4; Good morning! До́брое у́тро! IV, 15-232; Good day! До́брый день! IV, 15-232; Good evening! До́брый ве́чер! 15-232; Good night! Споко́йной но́чи! 22 Good-bye! До свида́ния! IV, 7; Всего́ хоро́шего! V, 22
good-looking краси́вый 7
grade (*in school*, 1 10) класс 18.10
graduate from, to конч-а́й + / ко́нч-и-ть (шко́лу, *etc.*) 11, 18
graduate student аспира́нт / -ка V
granddaughter вну́чка 23
grandfather де́душка *m.* 9, 23.10
grandmother ба́бушка 6.6, 23.10
grandson внук 23
grant, state стипе́ндия 28
great (distinguished) вели́кий 28
greetings приве́т 28.25; Pass on my greetings to... Переда́йте приве́т *кому́* 28
grow, to *intrans.* раст-у́т (рос, росла́; расти́) 33
grown-up взро́слый 15.13, 15.27; grown-ups взро́слые 15.13
guest гость (*gen. pl.* госте́й) 25.18
GUM ГУМ (Госуда́рственный универса́льный магази́н) 30

H

half полови́на 25; **it's half past one** полови́на второ́го 25.5; **at half past one** в полови́не второ́го 25.5

ham radio operator радиолюби́тель 27

hand рука́ (*acc.* ру́ку; *pl.* ру́ки, рука́х) 22.11

handsome краси́вый 7

happen, to *p.* с-луч-и́-ть-ся 20

happiness сча́стье 27

happy (satisfied), that... дово́л(е)н (дово́льна), что 22

hard (difficult) тру́дный (трудне́е) 18, 29.4; нелёгкий (нелегко́) 18

have, to у *кого́* есть V, 9.1, 9.19, 10.7, 19,3, 22.10, 30.3 [*with inanimates — cf.* 28.12]
Have (him do it). Пусть (он э́то сде́лает). 13.7

have to, to need to (до́лж(е)н (должна́) + *inf.* 12.3, 13.1, 19.4

he он (*cf. p.* 452) I, 1

head голова́ (*acc.* го́лову) 22

healthy здоро́в 22.18

hear, to слы́ш-а-ть (слы́шат) / у- 10.4, 10.19, 21.8, 26.4, 27.11

heart се́рдце 34

hello! здра́вствуй(те)! IV, 6; (*on phone*) Алло́! V, 21; Слу́шаю! 5; Да! 25

help, to по-мог-а́й + / по-мо́г-ут (помогу́; помо́г, помогла́) *кому́* 12.2, 12.20, 25

her *poss. pron.* её 2

here *loc.* здесь IV, 1; тут I; *dir.* сюда́ 10: **from here** отсю́да 17; **here is/are** вот II, 2

hero геро́й 34

heroine герои́ня 19; **heroine-mother** мать-герои́ня 19.10, 20.10

hike похо́д 16; **to go on a hike** ид-у́т / пойд-у́т в похо́д 16

hill: the Lenin Hills Ле́нинские го́ры 28

his *poss. pron.* его́ IV, 2

historical истори́ческий 24

history исто́рия 30

hobby увлече́ние 17

hockey хокке́й 15

holiday пра́здник 25; **Happy holiday!** С пра́здником! 25

home (*cf.* **house**): **(at) home** до́ма I, 2; **home(ward)** домо́й II, 6

hope, to на-де́-я-ть-ся (наде́ются) 22

hospital больни́ца 22; **to go to the hospital** (*as a patient*) лож-и́-ть-ся / ляг-ут (лёг, легла́; ля́гте!; лечь) в больни́цу 22; **to put in the hospital** клад-у́т (клал; класть) / по-лож-и́-ть в больни́цу 22

hot (*to the touch*) горя́чий 9, 15.12; (*of weather*) жа́ркий (жа́рче) 15.12, 15.27, 29.4

hotel гости́ница 28

hour час (2-3-4 часа́, в ... часу́) 7.17

house дом (*pl.* дома́) I, 1

how как II, 4.16, 15.3; **How's your family?** Как ва́ша семья́? 11; **How do you know?** Отку́да вы зна́ете? 15; **How about...?** Как насчёт *чего́*? 28

however впро́чем 26

huge огро́мный 31

humanities гуманита́рные нау́ки 28

hundred сто 27.2

hungry, to be хот-е́-ть есть (*cf.* есть *p.* 456) 25

hurry, to спеш-и́-ть *куда́* 7.1

hurt, to (ache) бол-е́-ть (боля́т) *у кого́* 22.10

husband муж (*pl.* мужья́) 2

I

I я (*cf. p.* 452) II, 3

ice cream моро́женое 21.15

ice rink като́к (*gen.* катка́)

ice skate конь(ё)к (*gen.* конька́) 29

ice skate, to кат-а́й + ся на конька́х 29.6

if (whether) ли 5.10, 14.12, 15.6; (*conditional*) е́сли 15.26, 25.4; **if I were you** на ва́шем ме́сте я бы... 29

ill бо́л(е)н (больна́) 22; **to be ill** бол-е́й + 29.6; **to become ill** за-бол-е́й + *p.* 31

immediately сейча́с 12; сра́зу 22

immobile неподви́жный 31

impression впечатле́ние 24; **to make an impression on** про-из-вод-и́-ть / про-из-вед-у́т (произвёл, произвела́; произвести́) впечатле́ние 24.19

in *loc.* в *чём* 3.6, 3.17, 7.1, 7.2, 31.3 *dir.* в (во) *что* II, 3, 7.2, 22.1; **in an hour** (*after an hour has passed*) че́рез час 14.1; **in Russian** по-ру́сски V, 1.5

incident слу́чай 31

incidentally впро́чем 26

incorrect непра́вильный 28

indecent неприли́чный 29

indeed действи́тельно 15, 15.27

industry промы́шленность *sing. only* 27

inexpensive дешёвый (дёшево, деше́вле) 29.4

influenza грипп 22

inform that, to пере-да-ва́й + / пере-да-ду́т (*cf.* дать *p.* 456) 26

information booth/office спра́вочное бюро́ 26

infrequently ре́дко (ре́же) 11, 29.4

instead: (Let's look) instead. (Дава́йте) лу́чше (посмо́трим). 14.11

instead of кро́ме *чего́* 25

institute институ́т V, 3

intend, to со-бир-а́й + ся + *inf.* 25

interest интере́с 26; **with (great) interest** с (больши́м) интере́сом 26

interest, to интерес-ов-а́-ть *кого́* 28.15

interested: to be very interested in у-влек-а́й + ся чем 29.5, 29.17

interesting интере́сный 8

international междунаро́дный 23.17

invite, to при-глаш-а́й + / при-глас-и́-ть 14, 21; приглашён, приглашена́ 30.1

it он / она́ / оно́ / они́ I, 1, 1.1, 9.3; э́то 1.1, 9.3, 19.6; **"empty it"** 9.3, 15.3

J

January янва́рь (*gen.* января́) 24
join (connect), to со-един-я́й + 34
jolly весёлый (ве́село) 21, 30
journal журна́л 1
journalist журнали́ст 27
joyfully ра́достно 31
juice сок 21
July ию́ль 24
June ию́нь 24
just (only) то́лько 5; **just now** то́лько что 15

K

key ключ (*gen.* ключа́) *от чего* 28
Khokhloma- хохломско́й 30
kind (sort) вид 29; **what kind of** како́й II, 4.16, 7, 15.3; Что э́то за...? 28
kind (good): Be so kind,... Бу́дьте добры́,... 25
kindergarten де́тский сад (в де́тском саду́) 7
kiosk кио́ск 10
kiss, to цел-ов-а́-ть 27
kitchen ку́хня 9.19
know, to знай + V, 3; **you know** [*particle*] ведь 7.10, 7.17; **I don't know the first thing about...** Я ничего́ не понима́ю в чём 30
komsomol- комсомо́льский 10.19
kopeck копе́йка 20
Kremlin, the Кремль *m.* 28

L

laboratory лаборато́рия 28
language язы́к (*gen.* языка́) V, 5
large большо́й (бо́льше) 9.19, 29.4
last (*in series*) после́дний 30.14; (*past*) про́шлый 16.20; **last name** фами́лия V, 19; **at last** наконе́ц 21.23
late по́здно (по́зже / поздне́е) 21, 29.4; **to be late** о-па́зд-ывай + / о-позд-а́й + *куда́* 4.2, 4.9, 7.2, 20
laugh, to сме-я́-ть-ся (смею́тся) 19
lay (put), to клад-у́т (клал; класть) / по-лож-и́-ть *что куда́* 12, 22.18, 28.13
layout (plan) планиро́вка 33
learn, to:
  (**subject, matter**) из-уч-а́й + *что* V, 5.20, 11.11, 23.8; уч-и́-ть *что* 12, 23.8;
  (**memorize**) уч-и́-ть + / вы́-уч-и-ть *что* 30;
  (**learn to...**) уч-и́-ть-ся / на- + *inf.* 23.8;
  (**find out**) у-знай + *p.* 7.17
leave (vacation) о́тпуск 18.20
leave (go away), to:
  ʌ у-ход-и́-ть / уйд-у́т (уш(ё)л; ушла́, ушли́; уйти́) 8.6, 12;
  ⊙ у-езж-а́й + / у-е́д-ут (уе́хать) 22, 26.5; (*transitive*) о-ставл-я́й + / о-ста́в-и-ть *что* 25.18
lecture ле́кция 7.10
lecture hall аудито́рия 28
left: to the left нале́во 29
leg нога́ (*acc.* но́гу; *pl.* но́ги, нога́х) 22.11

less ме́ньше 29.4
lesson уро́к (*grades* 1-10) 1, 7.10; ле́кция (*higher educ.*) 7.10; **lessons (classes)** заня́тия (*neut. pl.*) 7
let, to (permit) раз-реш-и́-ть *кому* + *inf. p.* 14; **Let (him do it).** Пусть (он э́то сде́лает). 13.7; **Let's...** Дава́йте (поговори́м / говори́ть). 1, 14.11; **Let's not...** Дава́йте не бу́дем (говори́ть). 14.11
letter 1. (**alphabet**) бу́ква II; 2.(**epistle**) письмо́ (*pl.* пи́сьма) 1
library библиоте́ка 3.17; **to take out books from the library** бер-у́т / возьм-у́т кни́ги в библиоте́ке (*cf.* беру́т) 13.9
lie down, to лож-и́-ть-ся/ля́г-ут (лёг, легла́; ля́гте!; лечь) *куда́* 22.8, 22.18, 25.10
lie (untruth) непра́вда 14
lie, to (*be in lying position*) леж-а́-ть (лежа́т) 22.8, 22.18
life жизнь 27
lift лифт 14
light(s) свет *no pl.* 24; **it's light (bright)** светло́ 34
like, to нра́в-и-ть-ся / по- *кому́* 19.2 (*cf. also* to love); **I'd like to...** Я хоте́л бы... 21
like: not like не тако́й, как 15
listen, to слу́шай + (*p.* по- a bit) *что* 2, 17, 26.4
literature литерату́ра 17; **artistic/imaginative literature (fiction and poetry)** худо́жественная литерату́ра 17
little (small) ма́ленький (ме́ньше) 9.19; небольшо́й 22
little: a little немно́го V, 5, 13.9; (**too**) **little** ма́ло (ме́ньше) 9, 13.9, 13.17, 29.4; **the little things** ме́лочи (*gen.* мелоче́й) 16
live, to жив-у́т (жил; жить) 3
lobby фойе́ *indecl.* 21
located, to be на-ход-и́-ть-ся 17.12; сто-я́-ть (стоя́т) 11.11, 11.22; леж-а́-ть (лежа́т) 22.8, 22.24
long (for a long time) до́лго 11.7, 11.22; **not (for) long** недо́лго 11; **How long does it take to... ?** Ско́лько вре́мени (е́хать...)? 11.6; **a long time ago, since a long time ago** давно́ 8.5, 11.7
longer: no longer уже́ не 3.9; бо́льше не 18
look, to смотр-е́-ть (смо́трят) / по- 6.3, 7, 8, 10.4, 12; **to look at (turn attention to)** смотр-е́-ть / по- *на что* 25.10; **to look out the window** смотр-е́-ть / по- в окно́ 6; **to look up** (*something*) смотр-е́-ть / по- (сло́во в словаре́) 17; **to look like** (быть) похо́ж *на кого́* 19.10, 19.17; (**to appear**) вы́-гляд-е-ть (вы́глядят) 29
lose, to тер-я́й + / по- 20
lost, to get тер-я́й + ся / по- 20
lot: a lot мно́го 13.9, 28.9
love, to люб-и́-ть 16.20, 17.10, 19.2
lover (*of something*) люби́тель 33
luck сча́стье 27
lucky, to be: ...was lucky *кому́* повезло́ *impers.* 24

M

magazine журна́л 1
mail: by mail по по́чте 23

make, to де́л-ай + / с- 11, 15; **make an impression** — *cf.* **impression**

mama ма́ма I, 2

man (*male*) мужчи́на *m.* 10.9; (*person*) челове́к 10.9; **young man** молодо́й челове́к 10.9

many (*people*) мно́гие 15, 28.9

March март 24

married, to get (*of man*) жен-и́-ть-ся *на ком imp./p.* 33; (*of woman*) вы-ход-и́-ть / вы́йд-ут (вы́шла; вы́йти) за́муж *за кого* 33

mathematician матема́тик 11

mathematics матема́тика 30

matter (**affair**) де́ло (*pl.* дела́) 18.20; **It doesn't matter.** Ничего́. 21; **What's the matter with (you)?** Что с (ва́ми)? 22.12; **What's the matter?** В чём де́ло? 27

May май 24

may: one may мо́жно *кому* 21.23, 22.2; **one may not** нельзя́ *кому* 22.2

maybe мо́жет быть 9.19; пожа́луй 25

mean, to (**signify**): **That means... ?** Зна́чит,... ? 8; **What do you mean, ("cold")?** Как, (хо́лодно)! 15; **What do you mean?!** Что ты / вы! 24

meat мя́со 12

medical certificate больни́чный лист 22; **to fill out a medical certificate** вы-пи́с-ывай + / вы́-пис-а-ть (вы́пишут) больни́чный лист 22

medical медици́нский 28

medicine лека́рство 22

meet, to (**get acquainted**) знако́м-и-ть-ся / по-с ке́м V, 1, 23; (**to encounter**) встреч-а́й + / встре́т-и-ть *кого*; встреч-а́й + ся / встре́т-и-ть-ся *с ке́м* 25, 29; (**to gather**) со-бир-а́й + ся / со-бер-у́т-ся (собра́лся, собрала́сь; собра́ться) 21; **to meet the New Year** встреч-а́й + Но́вый год 25

memento: as a memento of на па́мять о *чём* 30

memorize, to вы-у́ч-ивай + / вы́-уч-и-ть 30

mention: Don't mention it. (*answering thanks*) Пожа́луйста. 3-90; (*answering apology*) Ничего́. 17

menu меню́ *indecl.* 26

merry весёлый (ве́село) 21, 30

metro метро́ *indecl.* 6

milk молоко́ 25

millionth миллио́нный 27

mind: Never mind. Ничего́. 21

minus ми́нус 15

minute мину́та (мину́точка) 6, 11; **Wait a minute.** Мину́точку. 26

Monday понеде́льник 8.19

money де́ньги (*gen.* де́нег) 20

money order де́нежный перево́д 23

month ме́сяц 14, 18.8

monument (to) па́мятник *кому* 34

mood настрое́ние 30; **I'm in a good mood.** У меня́ хоро́шее настрое́ние. 30

more бо́льше 10, 29.4; **nothing more** бо́льше ничего́ 10; **once more** ещё раз 21.15; **one more** ещё од(и́)н 17; **no more** бо́льше не 18

morning у́тро (4 часа́ утра́) 15, 21.4; **in the morning** у́тром 4.16, 21.4

Moscow Москва́ II, 3

Moscow- моско́вский 10

Moscow-River Москва́-река́ 28

most: the most... (*cf. superlative formation*, 19.5)

most of all бо́льше всего́ 18

mother мать (*pl.* ма́тери, *cf. p.* 451) 2.12, 5.5

mountain гора́ (*acc.* го́ру; *pl.* го́ры, гора́х) 28

move, to *intrans.* дви́г-ай + ся 31

movie (**film**) фильм 9; **the movies** кино́ *indecl.* IV, 10; **movie theater** кинотеа́тр 11

much мно́го 13.9, 28.9; **very much** (*intensity*) о́чень 13.9, 14.2; (*with comparatives*) намно́го / гора́здо 29.4

Muscovite, a москви́ч / москви́чка 8

museum музе́й 17

music му́зыка 2

musical музыка́льный 24

musician музыка́нт 24

must до́лж(е)н (должна́) + *inf.* 12.3, 13.1, 19.4; (*cf.* necessary)

my мой (*cf. p.* 454) II, 4

N

name: first name и́мя (*cf. p.* 450) V, 19; **last name** фами́лия V, 19; **What's (your) name?** Как (вас) зову́т? IV, 8, 10.9; **What's the name of (your) street?** Как называ́ется (ва́ша у́лица)? 10.9, 10.19, 19.8

name, to на-зв-а́-ть (назову́т; назва́л, назвала́, назва́ли) 19.8

narrate, to рас-с-ка́з-ывай + / рас-с-каз-а́-ть (расска́жут) 5.20, 11

national наро́дный 27.19

nationality национа́льность V, 23; **What's (his) nationality?** Кто (он) по национа́льности? 23

native language родно́й язы́к 23

near о́коло *чего* 28; (**close to**) недалеко́ от *чего* 7; (**alongside**) ря́дом с *чем* 20, 23

necessary ну́ж(е)н (нужна́, ну́жно, нужны́); ну́жный 26, 28; **it's necessary to... (need to)** ну́жно / на́до *кому* + *inf.* 13.1, 13.8, 15.3, 18.7

necktie га́лстук 4

need, to — *cf.* **necessary**

neighbor сосе́д (*pl.* сосе́ди, сосе́дей) / сосе́дка 3

neither... nor... ни... ни... (не) 17

nested wooden doll матрёшка 30

never никогда́ (не) 7

nevertheless всё-таки 18.11; (**all the same**) всё равно́ 18.11

new но́вый (нове́е) III, 7, 29.4; **What's new?** Что но́вого? 26; **New Year** Но́вый год 25; **to see in the New Year** встреч-а́й + Но́вый год 25; **for New Year's** к Но́вому го́ду 29

News (*газета*) «Изве́стия» *neut. pl.* 10.9, 10.19

news-, newspaper- газе́тный 10

newspaper газе́та IV, 1

newsreel киножурна́л 21.14

newsstand газе́тный кио́ск 10

next (**following**) сле́дующий 20; (**next**) бу́дущий 11.22

nice (*of people*) симпати́чный 7

night ночь 21.4; **at night** но́чью 21.4; **last night** (**evening**) вчера́ ве́чером 10; **last night** (12-4/5 a. m.) сего́дня но́чью 21.4

nine де́вять 9

nine hundred девятьсо́т 27.2

nineteen девятна́дцать 19

nineteenth девятна́дцатый 19

ninetieth девяно́стый 27.2

ninety девяно́сто 27.2

ninth девя́тый 9

no нет III, 2

noisy шу́мный 30

nor: neither...nor... ни...ни... (не) 17

normal норма́льный 22

not не IV, 2

note, to (**turn attention to**) обрат-и́-ть внима́-ние *на что* p. 32

nothing ничего́ (не) 10

notice, to за-меч-а́й + / за-ме́т-и-ть 28

November ноя́брь (*gen.* ноября́) 24

now сейча́с 2, 10.9; (*implying contrast with past*) тепе́рь 10.9

nowhere *loc.* нигде́ (не) 7; *dir.* никуда́ (не) 7

number (*identifying*) но́мер (*pl.* номера́) 1; (*mathematical*) число́ (*pl.* чи́сла) 24

nursery де́тская ко́мната 20

O

occasion (**time**) раз (*gen. pl.* раз) 16

occupation (**profession**) специа́льность 26; **What's your occupation?** Кто вы по специа́льности? 26

occupied за́нят 26, 29.4

October октя́брь (*gen.* октября́) 10, 24

of — *cf. gen. case.* 20.3; **of course** коне́чно 9.19

offer, to пред-лаг-а́й + / пред-лож-и́-ть *что кому́* 27.19

often ча́сто (ча́ще) 11, 29.4

OK Хорошо́. 8; **That's OK** (*to apology*). Пожа́-луйста. 7; Ничего́. 17; ("How's your family?") **"OK."** Ничего́. 11; **Everything's OK.** Всё в поря́дке. 23.17

old ста́рый (ста́рше) 7, 10.9, 29.4; **to grow old / older** стар-е́й + 33

older / oldest ста́рший 26, 29.4

old-fashioned несовреме́нный 12

on *loc.* на чём III, 3.6, 7.2, 22.1, 31.3; *dir.* на что 7.2, 22.1

once оди́н раз 16; одна́жды 29; **once more** ещё раз 21.15; **at once** сейча́с 12; сра́зу 22

one од(и́)н (*gen.* одного́) (*cf. p.* 454) 1, 6.6, 11.2, 14.13, 20.6, 28.7; **one of** од(и́)н из 28.15; **one another** друг дру́га 23.7

oneself *refl. pron.* себя́ (*cf. p.* 452) 22.7, 22.18, 25.6

only то́лько 5; (**in all**) всего́ 16-248

open, to от-кры-ва́й + (ся) / от-кро́й-(ся) (откры́ть) 21.5; откры́т 28, 30.1

opera о́пера 34

operate on, to де́л-ай + / с- кому́ опера́цию 22

operation опера́ция 22

opinion: in my opinion по-мо́ему 12

or и́ли V, 2

or else а то 20

orchard сад (в саду́) II, 9.9

orchestra орке́стр 25

order: Everything's in order. Всё в поря́дке. 23.17

order, to (*something*) за-ка́з-ывай + / за-каз-а́-ть (зака́жут) 21

ordinary обыкнове́нный 27

original *adj.* оригина́льный 30

originator а́втор *чего́* 21.15

orphanage де́тский дом 23

other (**another, different**) друго́й 8, 17.12, 23.10; **each other** друг дру́га 23.7

ought to — *cf. inf. + dat.* 17.5

our наш (*cf. p.* 454) 4

out of doors / outside *dir.* на у́лицу 15; *loc.* на у́ли-це 15

over there вон там 16

owe: How much do we owe? Ско́лько с нас? 19

own: one's own свой (*cf. p.* 454) 13.3, 16.3, 17.9

P

Palekh- па́лехский 30

pan (**saucepan**) кастрю́ля 12.20

pants брю́ки (*gen.* брюк) 13.17

papa па́па I, 2

paper бума́га II; (**newspaper**) газе́та IV, 1

Pardon me! Прости́те! IV, 17; Извини́те! IV, 17

parents роди́тели (*gen.* роди́телей) 2

Paris Пари́ж 5

park парк 1

particularly осо́бенно 17

pass — *cf.* **vacation pass**

pass, to (*time*) *trans.* про-вод-и́-ть / про-вед-у́т (провёл, провела́; провести́) 10, 16; **to pass an exam** с-дад-у́т (*cf.* дать, *p.* 456) *p.* (экза́мен) 18.11

passenger пассажи́р 5

passport па́спорт (*pl.* паспорта́) 23

past (**by**) ми́мо 10; (**last**) про́шлый 16.20

pastry пиро́жное *adj. in form* 25

patronymic о́тчество (*gen. pl.* о́тчеств) V, 19

pavilion павильо́н 21

pay, to плат-и́-ть / за- *что за что* 21

pay phone телефо́н-автома́т 29

peace мир 21

pedagogical педагоги́ческий 18

pen (*writing instrument*) ру́чка 23.17

pencil каранда́ш (*gen.* карандаша́) 23

pension пе́нсия 3; **on pension** на пе́нсии 3

people лю́ди (люде́й, лю́дях, лю́дям, людьми́) 6.6, 10.9; **many / few people** мно́го / ма́ло наро́-ду 28.3

per (раз) в (неде́лю) 17.4

perform, to (**appear**) вы-ступ-а́й + 8.19; (*music*) ис-полн-я́й + *что* 24

performance (*theatrical*) спекта́кль *m.* 31

perhaps мо́жет быть 9.19; пожа́луй 25

permit, to раз-реш-и́-ть *кому́ + inf. p.* 14

person челове́к 10.9
philological филологи́ческий 18
phone — *cf.* **telephone**
phonograph record пласти́нка 17
photograph фотогра́фия (на) 11
physical физи́ческий 18
physician врач (*gen.* врача́) 12, 22.11; до́ктор (*pl.* доктора́) 22.11
physicist фи́зик IV, 3
physics фи́зика 11
physics- физи́ческий 18
picture фотогра́фия 25
pin (*souvenir*) знач(о́)к (*gen.* значка́) 30
pity: it's pity жаль 10.19
place ме́сто (*pl.* места́) V, 16.20, 26; **is taking place** идёт (конгре́сс, экза́мен) 12
place, to клад-у́т (клал; класть) / по-лож-и́-ть *что куда́* 12, 28.13; поло́жен 30.1
plan (**project**) прое́кт 21; (**layout**) планиро́вка 33; (**city map**) план 34
plan, to со-бир-а́й + ся + *inf.* 25
plane (**airplane**) самолёт 5
plant (**factory**) заво́д (на) 7.2
plant, to саж-а́й + / по-сад-и́-ть 33
play, to игр-а́й + / с-ыгр-а́й + 6, 8, 14.13; **to play** (**chess**) игр-а́й + (в ша́хматы) 14.13; **to be out playing** гул-я́й + 2.12; **a film is playing** идёт фильм 21
playground де́тская площа́дка 33
pleasant прия́тный 4, 15
please пожа́луйста V, 3; Бу́дьте добры́. 25; **Pleased to meet you.** Очень прия́тно. 4
pleasure удово́льствие 9; **with** (**great**) **pleasure** с (больши́м) удово́льствием 9, 24
plus плюс 15
poet поэ́т 34
poetry стихи́ (*gen.* стихо́в) IV, 2
polyclinic поликли́ника 22
poor (**not good** / **well**) плохо́й (пло́хо; ху́же) 5, 7, 29.4
post card откры́тка 23.17
post office по́чта (на) 23.17
pot (**saucepan**) кастрю́ля 12.20
prepare, to гото́в-и-ть / при- 12.8; пригото́влен 30.1
prepared гото́в *к чему́* 30
present (**gift**) пода́р(о)к 30
previously ра́ньше 10, 29.4
probably наве́рно 7.17
problem: The problem is that... Де́ло в том, что... 21
proceed, to (**for boarding**) пройд-у́т (прош(ё)л, прошла́, прошли́; пройти́) *р.* (на поса́дку) 29
profession — *cf.* **occupation**
professional профессиона́льный 24
professor профе́ссор (*pl.* профессора́) V-58, 3
program (**broadcast**) переда́ча 8; (**schedule**) програ́мма 9
project прое́кт 21
prospect (**avenue**) проспе́кт 11
proud, to be горд-и́-ть-ся *чем* 27, 28
pupil учени́к, учени́ца V-58
put, to (*lying*) клад-у́т (клал; класть) / по-лож-и́-ть

что куда́ 12, 22.18, 22.13; (*standing*) ста́в-и-ть / по- 28.13, 28.35; **to put in the hospital** клад-у́т / по-лож-и́-ть в больни́цу 22; **to put to bed** клад-у́т / по-лож-и́-ть спать 25; **to put up** (**stay**) о-станов-и́-ть-ся *где* 28.25

Q

question вопро́с 13.17; **to ask questions** за-дава́й + / за-дад-у́т (*cf.* дать, *p.* 456; за́дал, задала́, за́дали) вопро́сы 26.6
quickly бы́стро (быстре́е) 20, 29.4
quite (**rather**) дово́льно 15; (**completely**) совсе́м 12

R

radio ра́дио *indecl.* 2; **by** / **on the radio** по ра́дио 15; **radio receiver** радиоприёмник 27.11, 27.19; **radio amateur** радиолюби́тель 27
rain дождь *m.* (*gen.* дождя́) 15; **it's raining** идёт дождь 15
rapidly бы́стро (быстре́е) 20, 29.4
rare ре́дкий (ре́же) 17, 29.4
rarely ре́дко (ре́же) 11, 29.4
rather: Let's rather... Дава́й лу́чше... 14.11; (**quite**) дово́льно 15
razor бри́тва (*gen. pl.* бритв) 13
reach, to (**get to** *a place*) до-е́д-ут (дое́хать) до *чего́ р.* 20; попа́сть *р. куда́* 28
read, to чи-та́й + / про- I, 2, 11
ready гото́в *к чему́* 30
ready: to get ready гото́в-и-ть / при- 12.8; пригото́влен 30.1
real настоя́щий 17
really действи́тельно 15, 15.27; **really?!** ра́зве 15.12
reason: The reason is that... Де́ло в том, что... 21
recall, to вс-по-мин-а́й + / вс-по́-мн-и-ть 24.9
recently неда́вно 10
receive, to по-луч-а́й + / по-луч-и́-ть 13, 27.6; по́-лучен 30.1; (**receive signals**) при-ним-а́й + / при-ня́-ть (приму́; при́нял, приняла́, при́няли) 27.6
recite, to по-втор-я́й + / по-втор-и́-ть 30.14
record (**phonograph**) пласти́нка 17
red кра́сный 20.24
regards приве́т 28; **Give my regards to...** Переда́йте приве́т *кому́* 28
region райо́н 28
rehearsal репети́ция 31
rejoice, to ра́д-ов-а-ть-ся / об- 27
relate, to (**narrate**) рас-с-ка́з-ывай + / рас-с-каз-а́-ть (расска́жут) 5.20, 11
remain, to о-ста-ва́й + ся / о-ста́н-ут-ся (оста́ться) 21.23
remarkable замеча́тельный 28
remember, to по́-мн-и-ть 13.17, 21.8, 24.9; (**recall**) вс-по-мин-а́й + / вс-по́-мн-и-ть 24.9
repeat, to по-втор-я́й + / по-втор-и́-ть 30.14
representative, a депута́т 26
request про́сьба (*gen. pl.* просьб) 26.6; **I have**

a **request** to **make** of **you**. У меня́ к вам про́сьба. 26.6

request, to: 1. (*somebody to...*) прос-и́-ть / по- *кого́* + *inf.* / чтобы 17.6, 28.10; **2.** (*something from somebody*) прос-и́-ть / по- *что у кого́* 17.6, 28.10

resemble, to (быть) похо́ж на *кого́* 19.10, 19.17

resolute реши́тельный 26

resort дом о́тдыха 4.9

Respectfully yours... С уваже́нием... 27

rest о́тдых 4; **rest home (resort)** дом о́тдыха 4.9

rest, to от-дых-а́й + / от-дох-ну́-ть 4.2, 13

restaurant рестора́н 12

retired на пе́нсии 3, 7.3

return, to *intrans.* воз-вращ-а́й + ся / вер-ну́-ть-ся *куда́* 14, 16.20

review повторе́ние R I

review, to по-втор-я́й + / по-втор-и́-ть 30.14

revolution револю́ция 30

ride, to — *cf.* **to go** (*for pleasure*) кат-а́й + ся 29.6

right (*in opinions*) прав, права́, пра́вы 8.7; **(correct)** пра́вильный 28; **to the right** напра́во 29; **right away** сейча́с 12

rise, to (**get up**) вста-ва́й + / вста́н-ут (встать) 14.9, 14.10, 14.25; **(to go up)** под-ним-а́й + ся 14.24

river река́ (*pl.* ре́ки, река́х) 9

role роль *f.* 31

room ко́мната 9; (*in hotel*) но́мер (*pl.* номера́) 28

rouble рубль *m.* (*gen.* рубля́) 19

row ряд (в ряду́) 21

run, to *multidir.* бе́г-ай + 29; **(We have) run out of (coffee)**. (У нас) ко́нчился (ко́фе). 13.9

Russian ру́сский V, 5; **in Russian** по-ру́сски V, 5; **a Russian** ру́сский / ру́сская 5; **Russian-English** ру́сско-англи́йский 17

S

sad гру́стный 31

salad сала́т 25

same: in the same house в одно́м до́ме 24; **all the same** всё равно́ 9, 18,11

samovar самова́р 30

sandwich бутербро́д 21.23

satellite спу́тник 27

satisfied дово́л(е)н (дово́льна) 22

Saturday суббо́та 8.19

saucepan кастрю́ля 12.20

say, to говор-и́-ть *с кем* / с-каз-а́-ть (ска́жут) V, 5.20, 12, 23.10

scene сце́на 31

scholar учёный 11.22

scholarship (stipend) *cf.* **grant** 28

school (*grades* 1-10) шко́ла V, 3; **(studies, classes)** заня́тия (*neut. pl.*; *gen.* заня́тий) 7; **school year** уче́бный год 18

science нау́ка 27.19

scientist учёный 11.22

sea мо́ре (*pl.* моря́, море́й) 11.22; **at the seashore** на мо́ре 11

seat (place) ме́сто (*pl.* места́) V, 16

second *adj.* второ́й 2.12

secondary technical school те́хникум 18.10

second-hand bookstore букинисти́ческий магази́н 17

secret секре́т 31

see, to ви́д-е-ть (ви́дят) / у- 9.19, 10.4, 20.11, 21.8, 26.4; **to go to see** *use just a going verb* + *к кому́* 16.6; **to see in the New Year** встреч-а́й + Но́вый год 25

seem, to каз-а́-ть-ся (ка́жутся) / по- *кем* 24.5; **it seems** ка́жется *кому́* 14

seldom ре́дко (ре́же) 11, 29.4

-self *reflexive* себя́ (*cf. p.* 452) 22.7, 22.18, 25.6; *emphatic* сам, сама́, са́ми 25.6

sell, to про-да-ва́й + / про-да́ть (*cf.* дать, *p.* 456; про́дал, продала́, про́дали) 17.7; про́дан 30.1

send, to от-правл-я́й + / от-пра́в-и-ть 23; по-сыл-а́й + / по-сл-а́-ть (пошлю́т) 27.7; по́слан 30.1

September сентя́брь (*gen.* сентября́) 24

serious серьёзный 7; **not serious** несерьёзный 7

set out for, to: л пойд-у́т (пош(ё)л, пошла́, пошли́; пойти́) *куда́* 12.5, 12.7, 16.8; ⊙ по-е́д-ут (пое́хать) *куда́* 13, 14.11, 17.3

setting-up exercises заря́дка *sing. only* 29.6, 29.17

seven семь 7

seven hundred семьсо́т 27.2

seventeen семна́дцать 17

seventeenth семна́дцатый 17

seventh седьмо́й 7

seventieth семидеся́тый 27.2

seventy се́мьдесят 27.2

several не́сколько 28

she она́ (*cf. p.* 452) I, 1

shelf по́лка 28

shirt руба́шка 4

shoe ту́фля 13

shop for, to по-куп-а́й + *что* 10

should — *inf.* + *dat.* 17.5

show, to по-ка́з-ывай + / по-каз-а́-ть (пока́жут) *что кому́* 9.19, 11, **a film is showing** идёт фильм / фильм демонстри́руется 21

showing (*of a film*) сеа́нс 21.14

sick бо́л(е)н (больна́) 22; **to be sick** бол-е́й + 29.6; **to become sick** за-бол-е́й + *p.* 31

sign, to (*one's name to indicate receipt*) рас-пи́с-ывай + ся / рас-пис-а́-ть-ся (распи́шутся) 23

signal сигна́л 27

simply про́сто 31

sing, to пой + (петь) II, 16.10

singer арти́ст / -ка 21

sister сестра́ (*pl.* сёстры, сестёр, сёстрах) V, 2.12

sit, to (be sitting) сид-е́-ть (сидя́т) *где* 24.19; **to sit down** ся́д-ут (сел; сесть) *p. куда́* 30; **sit down!** сади́тесь! 24

situated, to be на-ход-и́-ть-ся 17.12

six шесть 6

six hundred шестьсо́т 27.2

sixteen шестна́дцать 16

487

sixteenth шестна́дцатый 16
sixth шесто́й 6
sixtieth шестидеся́тый 27.2
sixty шестьдеся́т 27.2
skate (ice) кон(ё)к 29; **to skate** кат-а́й + ся на конька́х 29; **ice skating rink** кат(о́)к (на) 33
ski лы́жа 16, 29.6; **to ski** кат-а́й + ся/ход-и́-ть на лы́жах 29.6
sleep, to сп-а-ть (спят; спал, спала́, спа́ли) 25.18
sleepy, to be хот-е́-ть спать 25
slowly ме́дленно (ме́дленнее) 20, 29.4
small ма́ленький (ме́ньше) 9.19; 29.4
small change ме́лочь *f. sing. only* 20
smile, to у-лыб-а́й + ся/у-лыб-ну́-ть-ся 7, 12
smoke, to (*tobacco*) кур-и́-ть IV, 22
snack bar буфе́т 21.14
snow снег (на снегу́) 15; **it's snowing** идёт снег 15
so (thus) так 8.19, 15.3; **I think so.** Ду́маю, что да. 5; **I don't think so.** Ду́маю, что нет./Не ду́маю. 5, 11; **Is that so?** Пра́вда? 25
soccer футбо́л 12
sofa дива́н 24
soldier солда́т (*gen. pl.* солда́т) 34
some: 1. (a certain) од(и́)н; **2.** -то *cf.* 25.3; **some (people)** не́которые 25.3; **some... others...** одни́... други́е... 30
somebody else's не свой 30.4
sometimes иногда́ 15
son сын (*pl.* сыновья́) 2.12
song пе́сня (*gen. pl.* пе́сен) 16
soon ско́ро (скоре́е) 18, 29.4; **as soon as** как то́лько 26
sorry, (I'm) жаль *кому́* 10.19
sort (type) вид 29; **What sort of...** како́й II, 4.16, 7, 15.3; Что э́то за... ? 28
so-so ничего́ 11; нева́жно 29
sound, a звук II
soup суп II, 12
south юг (на) 13
south-west *adj.* ю́го-за́падный 28
souvenir сувени́р 27; **as a souvenir of** на па́мять о *чём* 30
Soviet *adj.* сове́тский 10; **the Supreme Soviet** Верхо́вный Сове́т 26
Spaniard испа́н-(е)ц/-ка 23
Spanish испа́нский 5; **in Spanish** по-испа́нски 5
speak, to говор-и́-ть V, 5; **(to appear, perform)** вы-ступ-а́й + 8
spend, to (time) про-вод-и́-ть/про-вед-у́т (провёл, провела́/провести́) 10, 16
spite: in spite of that всё-таки 18.11
sport(s) спорт *sing. only* 10, 16.10; **a sport** вид спо́рта 29; **to engage in sports** за-ним-а́й + ся спо́ртом 29
spring(time): in the spring(time) весно́й 15
sputnik спу́тник 27
square (city-) пло́щадь *f.* (*gen. pl.* площаде́й) 20
stadium стадио́н (на) 33
stage (*theater*) сце́на 31
stamp (*postage*) ма́рка 27
stand (news-) кио́ск 10

stand, to (be standing) сто-я́-ть (стоя́т) 11.11, 11.22; **to stand up** встава́й + /вста́н-ут (встать) 14.9, 14.10, 14.24; **to stand (put)** ста́в-и-ть/по- *что куда́* 28.13, 28.25; поста́влен 30.1
star звезда́ (*pl.* звёзды) 34
start, to на-чин-а́й + (ся)/на-ча́-ть(ся) (начну́т(ся); на́чал, начался́) *с чего́* 8.2, 11, 12.10, 21; на́чат (нача́та) 30.1
state- (governmental) госуда́рственный 18
station (subway) ста́нция (на) 20; **(train terminal)** вокза́л (на) 26
stay, to о-ста-ва́й + ся/о-ста́н-ут-ся (оста́ться) 21.23; **to put up** о-станов-и́-ть-ся *p.* 28.25
stewardess стюарде́сса 5
still ещё 3.9
stipend *cf.* grant 28
stomach (abdomen) живо́т (*gen.* живота́)
stop (*bus-, etc.*) остано́вка 6
stop, to о-стан-ов-и́-ть-ся *p.* 31.4
store магази́н 7
story (floor) эта́ж (*gen.* этажа́) 14
straight (ahead) пря́мо 29
street у́лица 6
streetcar трамва́й 6
stroll, to гул-я́й + *где* 2
student студе́нт/-ка III, 10; **to be a student** уч-и́-ться *где* 11.11, 11.22, 23.8
study, to:
 1. (*subject matter*) из-уч-а́й + *что* V, 5.20, 11.11, 23.8; уч-и́-ть *что* 12, 23.8;
 2. (be a student) уч-и́-ть-ся *где, как* 11.11, 11.22, 23.8;
 3. (prepare lessons) за-ним-а́й + ся *где* 13.17, 18.20, 23.8
style мо́да 19; **in style** в мо́де 19
subscribe to, to (*newspapers, etc.*) вы-пи́с-ывай + /вы-пис-а-ть (вы́пишут) *что* 10.19
subway (metro) метро́ *indecl.* 6
success успе́х 27.19; **We wish you further success.** Жела́ем Вам дальне́йших успе́хов. 27
such a! тако́й 15.3
suddenly вдруг 20
sugar са́хар 25
suggest, to пред-лаг-а́й + /пред-лож-и́-ть *что кому́* 27.19
suit (*of clothes*) костю́м 13
suitcase чемода́н 13
summer(time): in the summer ле́том 14
sunbathe, to за-гор-а́й + 14.15, 14.24
Sunday воскресе́нье 8
suntan, to get a за-гор-е́-ть (загоря́т) *p.* 14
supper у́жин 12; **for supper** на у́жин 12; **to eat/have supper** у́жин-ай + /по- 4
Supreme Soviet Верхо́вный Сове́т 26
sure: for sure обяза́тельно 15
surname фами́лия V, 19
surprised, to be у-дивл-я́й + ся/у-див-и́-ть-ся 16, 29
surprising удиви́тельный 24
swim, to (bathe) куп-а́й + ся 14, 29.6; *verb of motion, multidir.* пла́в-ай + 29.6
swimming pool бассе́йн 28

T

table стол (*gen.* стола́) 9

take, to (pick up) бер-у́т (бра̀л, брала́, бра́ли; брать)/возьм-у́т (взял, взяла́, взя́ли; взять) 13.5, 16.20; взят (взята́) 30.1; to take out books бер-у́т/возьм-у́т кни́ги в библиоте́ке 13.9; How long does it take to...? Ско́лько вре́мени (е́хать...)? 11.6; to take an exam с-да-ва́й + экза́мен 18.11; to take medicine при-ним-а́й +/при-ня́ть (приму̀; при́нял) лека́рство 22.18, 27.6; to take a course слу́ш-ай + курс 30; to take place идёт (конгре́сс, экза́мен) 28

talent тала́нт 31

talk, to говор-и́-ть *с кем* V, 5.20, 23.10; (converse) раз-гова́р-ивай + *с кем* 21

tasty вку́сный (вкусне́е) 12, 29.4; not tasty невку́сный 12

Tatar тата́рский; in Tatar по-тата́рски 23

Tatar, a тата́рин (*pl.* тата́ры)/тата́рка 23.1, 23.9

taxi такси́ *neut. indecl.* 6

tea чай 12.20; some tea ча́ю 12, 22.6

teach, to пре-по-да-ва́й + V, 30; to teach a course чит-а́й + курс 30

teacher (*grades* 1-10) учи́тель (*pl.* учителя́)/учи́тельница 3.9; (*higher education*) преподава́тель/-ница V, 2

telegram телегра́мма 23

telephone телефо́н 3; by/on the telephone по телефо́ну 3; May I use your telephone? Мо́жно позвони́ть от вас? 22; pay telephone телефо́н-автома́т 29; to call to the phone зв-а-ть (зов-у́т; звал, звала́, зва́ли)/по- к телефо́ну 20; прос-й-т/по- к телефо́ну 26

telephone, to звон-и́-ть/по- *кому́, куда́* 21, 22.11

television (set) телеви́зор 8; to watch television смотр-е́-ть (смо́трят) телеви́зор 8; on television по телеви́зору 8

tell, to 1. говор-и́-ть/с-каз-а́-ть (ска́жут) *что кому́* 5.20, 12; Tell me, please... Скажи́те, пожа́луйста,... V, 5; Вы не ска́жете,...? 12; 2. (narrate) рас-с-ка́з-ывай +/рас-с-каз-а́-ть (расска́жут) 5.20, 11; 3. (to convey a message) пере-да-ва́й +/пере-дад-у́т (*cf.* дать, *p.* 456) *кому́ что* 26

temperature температу́ра 22.10

ten де́сять 10.19

tenderly не́жно 34

tennis те́ннис 29.6

tent пала́тка 16

tenth деся́тый 10

test — *cf.* examination

textbook уче́бник 30

than чем 29.4

thank, to благо-дар-й-ть/по- *кого́ за что* 26; Thank you! Спаси́бо. IV, 3; Благодарю́ вас. 26; No, thank you. Спаси́бо. 14; Thank you very much. Большо́е спаси́бо. 13

that (that one) 1. э́тот (*cf. p.* 454) 11.1; 2. тот (*cf. p.* 454) 30.4; 3. *conj.* что 4.3; 4. *rel.* кото́рый 10.3, 13.2, 15.5; that is/those are э́то

I, 1.1, 9.3, 27.5; That's why... Вот почему́... 29

theater теа́тр 11

theater-, theatrical театра́льный 18

their их 2

then (afterwards) пото́м 5, 12.20; (at that time, in that case) тогда́ 12-195

there *loc.* там I, II, 1; *dir.* туда́ 13; there is/are (*pointing out*) вот II-28, 2; There is/are (there exists/exist) есть V, 9.1, 9.19, 10.7, 19.3, 22.10, 30.3; There is/are not нет *чего́* 20.4

therefore поэ́тому 8

they они́ (*cf. p.* 452) II, 1

thing вещь (*gen. pl.* веще́й) V, 13; the little things ме́лочи (мелоче́й) 16; How are things? Как дела́? 18

think, to ду́м-ай +/по- 5, 24.9; What do you think? Как вы ду́маете? 5; I think so. Ду́маю, что да. 5; I don't think so. Ду́маю, что нет. 5; Не ду́маю. 11; Just think of it! Поду́мать то́лько! 26

third *adj.* тре́т(и)й (*cf. p.* 454)

thirsty, to be хот-е́-ть пить 25

thirteen трина́дцать 13

thirteenth трина́дцатый 13

thirtieth тридца́тый 24

thirty три́дцать 14

this э́тот (*cf. p.* 454) 11.11; this/that is, these/those are э́то I, 1.1, 9.3, 27.5; This is... (*on phone*) Э́то говори́т... 6; This is what (he tells). Вот что (он расска́зывает). 19.7

thousand ты́сяча 27.2

three три 3, 20.6

three hundred три́ста 27.2

Thursday четве́рг (*gen.* четверга́) 8.19

thus так 8.19

ticket (to) биле́т (*куда́*) 10, 20.10

ticket office ка́сса 21.26

ticket-taker контролёр 27

tie (necktie) га́лстук 4

time[1] вре́мя (*pl.* времена́, *cf. p.* 451) 7, 10, 19.10, 20.2; What time is it? Ско́лько вре́мени?/Кото́рый час? 7, 11; At what time...? В кото́ром часу́...? 8; (for) a long time — *cf.* long; all the time всё вре́мя 11.11; at this/that time в э́то вре́мя 20; in our time в на́ше вре́мя 24; on time во́время 21; to have a good time ве́село *кому́*/ве́село провод-й-ть вре́мя 20

time[2] (occasion) раз 16; every time ка́ждый раз 25; (for) the first time пе́рвый раз/в пе́рвый раз 19.2, 20, 31; the next time в сле́дующий раз 25

tire, to (get tired) у-ста-ва́й +/у-ста́н-ут (уста́ть) 14.9, 14.10, 14.24

to: (into) в (во) *что* II, 3, 7.2, 22.1; (onto) на *что* 7.2, 22.1; (toward, to somebody's) к *чему́* 16.6, 22.1; (up to) до *чего́* 20.27

today сего́дня 7.17

together вме́сте *с чем* 6

toilet туале́т 9

tomorrow за́втра 12.20

tonight сего́дня ве́чером 10

too (also, in addition) и II-27, 1.3, 17.8; (also) тóже 2, 17.8; (excessively) слúшком 16
toothbrush зубнáя щётка 13
tourist турúст 30
toward к *чемý* 16.6, 22.1
town гóрод (*pl.* городá) 9.19
toy игрýшка 27
train пóезд (*pl.* поездá) 26
tram трамвáй 6
transfer, to (*to another vehicle*) пере-сáж-ивай + / пере-сяд-ут (пересéл; пересéсть) *кудá* 20.12
transmit, to пере-да-вáй + / пере-дад-ýт (*cf.* дать *p.* 456) 24, 26
trifles мéлочи (*gen.* мелочéй) 16
trolleybus троллéйбус 6
trousers брю́ки (*gen.* брюк) 13.17
truth прáвда 10.9
Tuesday втóрник 8.19
turn out: it turns out that окáзывается 21.23
TV—*cf.* television
twelfth двенáдцатый 12
twelve двенáдцать 12
twentieth двадцáтый 20
twenty двáдцать 15
two два *m.*, *neut.*, две *f.* 2.12, 11.11
two hundred двéсти 27.2

U

Ukrainian украúнский 23; **in Ukrainian** по-украúн-ски 23
Ukrainian, a украúн-(е)ц/-ка 23
unattractive некрасúвый 7
uncalmly неспокóйно 4
uncle дя́дя IV, 2, 23.10
under под *чем* 34
underground (metro) метрó *indecl.* 6
understand, to по-ним-áй + / по-ня́-ть (поймýт; пóнял) 5, 31
unfortunately к сожалéнию 16.20
uninteresting неинтерéсный 8
union: Soviet Union Совéтский Сою́з 10
university университéт V, 7
university- университéтский 11
unless éсли ... не 15.6
unoccupied свобóдный; свобóд(е)н 10, 25
unpleasant неприя́тный 7
until 1. *prep.* до *чего* 20.27; **Until evening.** До вéчера. 24; 2. *conj.* покá ... не 28
untruth непрáвда 14
up to до *чего* 20.27
upset (disturbed) расстрóенный 29.17
U.S.A. США 15
used bookstore букинистúческий магазúн 17
used to, to get при-вык-áй + / при-вы́к-(ну)-ть к *чему* 25
useful полéзный 27
U.S.S.R. СССР 10
usual обыкновéнный 27
usually обы́чно 8

V

vacant свобóдный; свобóд(е)н 10, 25
vacation óтдых 4; (leave) óтпуск 18.20; (school vacation) канúкулы (*gen.* канúкул) 30; **vacation center** дом óтдыха 4.9; **vacation pass** путёвка 13.9
vacation, to от-ды́х-ай + 4.2
various рáзный 23.10
vase вáза 30
vegetables óвощи (*gen.* овощéй) 12.12
verses стихú (*gen.* стихóв) IV, 2
very, very much óчень 4, 7.10, 13.9, 14.2
village дерéвня 9.9
visit, to (to frequent) быв-áй + *где*, у *кого* 11.11
visiting, to go идтú в гóсти к *кому* 25; **to be visiting** быть в гостя́х у *кого* 25
visitor посетúтель 27
vocational school профессионáльно-технúческое учúлище (ПТУ) 18.10, 18.11
volleyball волейбóл 29

W

wait, to жд-а-ть (ждут; ждал, ждалá, ждáли) / подо- *кого/что* 6, 24 **Wait a minute!** Подождúте минýточку!/Минýточку! 6
walk, to *unidir.* ид-ýт (ш(ё)л; идтú) *кудá* II, 6.1, 7.10, 12.5, 12.11, 16.7; *multidir.* ход-й-ть 16.7, 17.3, 22.3, 25.1; **to be out walking** гул-я́й + / по- *где* 2.12, 6.1
walking tour похóд 16
want, to хот-é-ть/за- (*cf. p.* 456; *p.* = *beginning of desire*; *no imp. fut.*) IV, 8, 14.2, 28.10
war войнá 21
warm тёплый (теплó, теплéе) 14.24, 15, 29.4
watch (clock) часы́ (*gen.* часóв) 25
watch, to смотр-é-ть (смóтрят) / по- *что* 8, 12; **Watch out!** Смотрú(те)! 20.9
water водá (*асс.* вóду) 9.19
way: not the way that не так, как 25
way over there вон там 16
we мы (*cf. p.* 452) II, 3
weather погóда 15; **in good weather** в хорóшую погóду 16.10
Wednesday средá (*асс.* срéду) 8
week недéля 14.24
welcome: You're welcome (don't mention it). Пожáлуйста. 3.17, 19
well (healthy) здорóв 22.18; *adv.* хорошó (лýчше) 5, 29.4 **Well,...** Ну,... 9
well-known извéстный 27.19
west зáпад (на) 26
what что (*cf. p.* 452) 1, 4.10, 4.16, 10.1; **Just what is this?** Что э́то такóе? 1 (*of occupations*) кто (*cf.* who); **What do you think?** Как вы дýмаете? 5; **What's your name?** Как вас зовýт? III, 8-143, 10.9; **What's your last name?** Как вáша фамúлия? 19; **What?!** Как,...? 16; **What about...?** Как насчёт *чего* 28; **What a...!** Какóй...! 7, 15.3; **What kind of...** Какóй...? II, 4.6, 7, 15.3; Что э́то за... ? 28

when когда́ 4.16, 9,2, 12.4

where 1. *loc.* где III, 1, 4.16; **2.** *dir.* куда́ II, 6; **3. from where** отку́да 15.13

whereas а I, II-28, IV-43, 1.3, 5.3, 9.6

whether ли [*particle*] 5.10, 14.12, 15.6

which: what kind of—*cf.* what kind; *rel. adj.* кото́рый 10.3, 13.2, 15.5; *interr.* which one кото́рый 7.17

while 1. (when) когда́ 9.2, 12.4; 2. (*contrast*) а I, II, IV, 1.3, 5.3, 9.6

white бе́лый 14

who кто (*cf. p.* 452) II, 2.3, 10.1, 10.3; Just who is this? Кто э́то тако́й / така́я / таки́е? 2-80; Who else...? Кто ещё... ? 6; *rel. adj.* кото́рый 10.3, 13.2, 15.5

whole: the whole в(е)сь (*cf. p.* 454) 11.2, 11.22, 16.10, 28.8; a whole це́лый 16.10

whose? ч(е)й (*cf. p.* 454) V, 4.1, 4.16, 11.1, 17.2

why (*for what reason*) почему́ 4.16, 10.9; Что (вы удивля́етесь)? 18; (*purpose, goal*) заче́м 10.9, 10.19; That's why... Вот почему́... 29

wife жена́ (*pl.* жёны) 2

window окно́ (*pl.* о́кна) 5.20; to look out of the window смотр-е́-ть (смо́трят) / по- в окно́ 6

windowsill: on the windowsill на окне́ III

wine вино́ 25

winter(time): in the winter зимо́й 15.26

wish, to жел-а́й + кому́ чего́ 27.11

with (*together with*) с чем 21, 23.5; (*by means of*) *instr. case* 23.5

without без чего́ 14, 20.6; without fail обяза́тельно 15; without...-ing—*cf.* 31.1

woman же́нщина 10

wonder: I wonder,... Интере́сно,... ? 12

wonderful (remarkable) замеча́тельный 28; Wonderful! Прекра́сно! 13

wooden, of wood деревя́нный 32

woods лес (в лесу́; *pl.* леса́) 9, 11

word сло́во (*pl.* слова́) 17

work рабо́та 3

work, to рабо́т-ай+ кем 3, 24.5; to go to work (*begin a job*); пойд-у́т (пош(ё)л, пошла́, пошли́; пойти́) на рабо́ту 18

world мир 20

worried, to be волн-ов-а́-ть-ся 18

worse ху́же, ху́дший 29.4

worst ху́дший 29.4

would: 1. *for repeated action*—*imp. past;* 2. *in indirect speech*—*fut. tense* 14.7; 3. would like to хоте́л бы 21

write, to пис-а́-ть (пи́шут)/на- 15.8

writer писа́тель 30; а́втор чего́ 21.15

wrong (*in opinions*) не пра́в (права́, пра́вы) 8.7; What's wrong with you? Что с ва́ми? 22-322; the wrong way не так 13, 30.4; the wrong direction не туда́ 30.4; the wrong one не тот (*cf. p.* 454) 30.4; the wrong kind of не тако́й 30.4

Y

year год (в ... году́; *gen. pl.* лет) 11.5, 18.8; year (level) of study (*higher educ.*); курс (на) 18.10

yes да III, 2

yesterday вчера́ 10.19

yet ещё, уже́ 3.9; not yet ещё не / нет 3.9

yield, to (give up) у-ступ-а́й + / у-ступ-и́-ть что кому́ 30

you *fam.* ты (*cf. p.* 452) V, 3.3; *pol.* вы (*cf. p.* 452) III, IV, 3.3

young молодо́й (моло́же) 10.9, 29.4; young man / men молодо́й челове́к / молоды́е лю́ди 10.9; Young Communist League Комсомо́л 10; *adj.* комсомо́льский 10

younger / youngest мла́дший 26, 29.4

your *fam.* твой (*cf. p.* 454) II, 3, 4; *pol.* ваш (*cf. p.* 454) V, 4

Z

zero ноль *m.* 15

INDEX

See page 459 for abbreviations and symbols used. For information on the use of individual words, refer to the vocabularies, where reference is made to lesson number and section or page number within the lesson.

494